LA CASA PERFECTA

CONSEJOS PRÁCTICOS PARA EL HOGAR

LA CASA PERFECTA

CONSEJOS PRÁCTICOS PARA EL HOGAR

MARY ELLEN PINKHAM

CON DALE BURG

Random House Español ⌂ Nueva York

**A nuestros hijos, Andrew y Alden, quienes
han aportado tanto a nuestras vidas,
¡incluso muchas oportunidades para
aprender más sobre la limpieza!**

Primera edición en español de Random House Español, 2002

Traducción copyright © 2002 por Random House Español, una
división de Random House, Inc.

Todos los derechos reservados conformes a las Convenciones de
Registros Literarios Internacionales y Panamericanas
(International and Pan-American Copyright Conventions).
Publicado en los Estados Unidos por Random House Español, una
división de Random House, Inc., Nueva York, y simultaneámente en
el Canadá por Random House of Canada, Ltd., Toronto. Fue
publicado por primera vez en inglés en 1993 por la casa editorial
Crown Publishers, Inc., una división de Random House, Inc., bajo
el título *Mary Ellen's Clean House!*. Posteriormente fue publicado
en tapa rústica en 1994 bajo el título *Mary Ellen's Complete Home
Reference Book* por la casa editorial Three Rivers Press, miembro
del Crown Publishing Group, una división de Random House, Inc.
Copyright © 1993 por Mary Ellen Pinkham y Dale Burg.
Ilustraciones copyright © 1993 por Glenn Quist.

RANDOM HOUSE ESPAÑOL es marca de Random House, Inc.

www.rhespanol.com

La información CIP (Clasificación de publicación) se dispone a
petición.

Edición a cargo de Mary Haesun Lee.
Traducción de Amalia Laverde de Forero.
Diseño del libro y la cubierta por Sophie Chin y Fernando Galeano.
Producción del libro a cargo de Marina Padakis y Lisa Montebello.

ISBN 0-609-81102-9

Impreso en los Estados Unidos de América

10 9 8 7 6 5 4 3 2 1

Contenido

CAPÍTULO 4 ———— El cuidado de la ropa

CAPÍTULO 5 ———— El mantenimiento

CAPÍTULO 6 ———— Los arreglos

Capítulo 10 ———————— La diversión

De qué trata este libro y cómo usarlo

Es la meta de todo autor escribir un libro que todo el mundo necesite. Con esta obra creo haberlo logrado.

Este libro va dirigido a las personas que viven en casas, apartamentos, condominios y parques para caravanas. También es para las personas que esperan encontrar un hogar, que están por mudarse o están intentando vender una casa, un apartamento, un condominio o una caravana.

Este libro es también para todo aquél que alguna vez haya tenido que comprar una alfombra, limpiar el fregadero, lavar la ropa, prender la calefacción, colgar un cuadro o matar una cucaracha. Sirve también para personas que decidan contratar a alguien para que realice cualquiera de estas labores. Con este libro juzgarán el trabajo y sabrán si el precio pedido es justo, e incluso sabrán qué hacer en caso de no encontrar la persona calificada.

Es para hombres y mujeres, para los recién casados y los recién separados, para los jóvenes a punto de embarcarse en la vida independizada, y aun para los veteranos en las labores caseras como yo, que conocemos muchas respuestas pero no recordamos dónde las archivamos.

Por todo esto escribí este libro.

Hace muchos años publiqué una colección de trucos caseros y allí comenzó mi carrera como experta en el hogar. Desde entonces, he sido columnista regular de dos de las más importantes revistas femeninas del país y mis columnas han aparecido semanalmente en un periódico leído por más de 20 millones de personas. Los lectores del diario pueden enviarme sus preguntas, y recibo cientos de ellas, tales como: ¿Cómo se compra una casa nueva? ¿Cómo se empaca para una mudanza? ¿Cómo se cuidan las superficies de la casa? ¿Cómo se limpia todo el interior? ¿Y la terraza? ¿Las sillas del patio? ¿Las aburridas paredes blancas?

Al recibir estas preguntas me di cuenta que "las cosas más simples" no lo eran realmente.

¿SABE USTED . . .

- ...cómo quitar de su camisa la mancha de frambuesas, la cera de sus tapetes, las marcas de agua de sus muebles?
- ...por qué es peligroso si la llama del gas se vuelve amarilla?
- ...cuáles son las cláusulas que deben estar en un contrato de remodelación?
- ...cuáles ruidos no significan ningún problema en la lavadora de platos?
- ...por qué el blanqueador no sirve si lo pone en el momento indebido?
- ...cuándo causará una falla eléctrica al conectar el secador de pelo?
- ...cuál grieta indica una falla en los cimientos?
- ...cuál es el dulce que almacenado mantendrá los gorgojos fuera de sus alacenas?
- ...cómo evitar que los desagües rebalsen en vez de tragar?

Si tiene este libro, lo sabrá.

Hoy el mundo es más electrónico y más químico de lo que solía ser. Hay nuevas marcas, nuevas fibras, cosas novedosas que comprar, que limpiar y que mantener.

Mientras hay que saber más, muchos de nosotros sabemos menos. Ya no existe las labores de la mujer" en un hogar encabezado por un padre distante, y muchas de mis amigas se sienten igual de cómodas con una caja de herramientas. Hasta en las familias más tradicionales, el trabajo se ha repartido de forma poco tradicional. Parece que en todas nuestras vidas puede aparecer una olla sucia, un tapete manchado o un inodoro que no desagua.

He aquí unos ejemplos de cuándo necesitará este libro:

• Cuando contrate a un profesional para hacer algún trabajo en su casa —ya sea inspeccionar, pintar o renovar— sabrá qué esperar.

• Cuando vaya a hacer cualquier compra casera, desde accesorios hasta alarmas contra ladrones. La moda y los estilos pueden cambiar, pero no las pautas de este libro: ¿lo que va a comprar es durable, práctico y fácil de mantener?

• Cuando tiene que limpiar cualquier cosa —la alfombra, el techo, los zapatos del bebé, el teclado de su ordenador— yo le diré qué usar y cómo usarlo. Qué tan a menudo lo haga, con algunas excepciones, es asunto suyo. Al escribir sobre productos de limpieza, menciono las marcas, no necesariamente porque estas sean las mejores, aunque a veces son las únicas, sino para ayudarle a entender de qué estoy hablando. Si digo "Jet Dry" es tal vez más claro que decir "Enjuague para lavadora de platos". (Como usted sabrá, yo fabrico algunos productos de limpieza y sería una majadería no mencionarlos cuando creo que son apropiados.)

• Cuando hay alguna reparación casera, mantenimiento o renovación por hacer, este libro le ayudará a decidir, cómo y cuándo hacerlo o mejor dejárselo a un profesional. Muchas veces saber *hacerlo* es tan importante como saber *cómo hacerlo*.

Creo que le gustará este libro por las siguientes razones:

• *Es realista.* Yo sé que no hará su lavado de seis maneras diferentes, ni aspirará su alfombra de punta a punta cada semana. En mi opinión, el haber aprendido esto en casa fue lo que llevó a millones de mujeres a engrosar la fuerza laboral, abandonando sus hogares. Lo que yo sugiero son cortes sensatos que dejen el trabajo bien hecho.

• *Va directo al grano.* Seamos honestos, información sobre cómo revisar el sistema de calefacción, cómo calcular cuántos rollos de papel se necesita para empapelar la pared o la mejor manera de tratar una quemadura en la mesa de café, no es exactamente lo más interesante del mundo. Más que demostrar todo lo que sé, he intentado incluir sólo la información que se necesita para hacer bien el trabajo.

• *Es comprensivo.* Si existe la menor duda sobre algún tema relacionado con la casa lo he incluido. Por eso, encontrará información sobre cuáles comidas debe desechar cuando falla el congelador, cómo comprar un detector de humo o la mejor forma de limpiar un piso que se está volviendo amarillo. Es la clase de información que uno recorta de revistas y periódicos y que luego no puede encontrar cuando la necesita. Ahora la encontrará toda en un solo sitio.

No diré que este libro incluye la última palabra sobre todos los temas relacionados con el hogar, pero puedo decir con orgullo que con seguridad es el primero. No hay en el mercado ninguno que se le parezca.

Capítulo 1

La búsqueda
Cómo elegir su hogar

Mi corazón late tan rápido cuando hago un gasto grande, que considero las compras un ejercicio aeróbico. Cuando compré mi primera casa, mi corazón latió desbocado por varias semanas, un ejercicio que sumó a mi vida por lo menos tres o cuatro meses.

Ya sea que planee comprar o alquilar, esté considerando un condominio, una casa, un apartamento, una casa de fin de semana, una caravana o una tienda, encontrar un hogar es siempre todo un rollo. Hay libros que le enseñan en detalle cómo comprar una casa; y usted probablemente tiene amigos, familiares, un abogado o un contador, quienes están dispuestos a darle su opinión y consejo ya sea cobrándole o gratis.

Sin embargo, voy a darle mis propias opiniones y consejos propios, por lo que espero que agilice el proceso de su elección y le ayude a evitar problemas.

Alquilar

Lo mínimo que necesita saber acerca de los alquileres:
- Cómo escoger el alquiler
- Sus derechos y responsabilidades

Por dónde empezar

La forma más fácil de encontrar un lugar para vivir es mudarse con alguien que ya viva allí, lo cual por supuesto puede llegar a ser una bendición imperfecta.

Si no tiene esa oportunidad y ninguno de sus amigos conoce un apartamento que esté disponible —tal vez esté recién llegado o viva en un lugar donde no haya muchas propiedades para alquilar—, sin duda terminará buscando en los anuncios clasificados. Muy pronto se dará cuenta que los clasificados no anuncian exactamente lo que usted encontrará. A veces el lugar no tiene nada que ver con lo que fue escrito. Aún así, la gente encuentra apartamentos por medio de los periódicos y se ahorran la comisión del inmobiliario.

Pero puede que termine utilizando un agente, ya sea porque no tiene mucho tiempo, o porque él o ella le ahorrará el tiempo de ver los apartamentos que son inaceptables o demasiado caros. A lo largo descubrirá que los mejores lugares siempre están representados por un agente. Los honorarios de un agente probablemente representen de uno a tres meses de alquiler, pagaderos al firmar el contrato. (Aunque la mayoría de los alquileres son de apartamentos, obviamente también se pueden alquilar casas. Generalmente aplican las mismas reglas sobre honorarios, contratos, etcétera).

Ahorrará mucho tiempo si confía en su intuición para encontrar un agente. No admita a alguien que no le gusta. La experiencia será todavía más irritante y menos fructífera.

Todos los que han lidiado con agentes, especialmente en los sitios donde hay poco para alquilar, pueden contar historias de horror acerca de ellos. El novelista y comediante Bruce Jay Friedman una vez escribió un artículo muy gracioso sobre la búsqueda de apartamento en la ciudad de

Nueva York. Estando parado en una cocina del tamaño de una caja de fósforos, él preguntó dónde estaba la cocina. "En ese cajón", le contestó el agente, señalándolo. ¿Y el refrigerador? "En el cajón superior". Friedman sugirió que podía ser una mala idea tener el refrigerador sobre la cocina y el agente le respondió, "¿Es usted un ingeniero eléctrico?".

Hay también servicios de referencia que le prometen buscarle "pistas" de apartamentos. Desgraciadamente algunos de ellos sacan sus "pistas" del mismo sitio de donde las saca usted —los clasificados— pero le cobran mucho más de lo que vale el periódico. Llame al Better Business Bureau local y pida un reporte del servicio antes de firmar nada.

Un administrador de edificios que le informe cuándo dejan libre un apartamento, o cuándo van a desocupar un buen apartamento, puede que le pida "dinero para la llave" para asegurarle que el lugar será para usted. (El dueño de la propiedad puede ser o no, parte activa o pasiva del negocio.) Es una forma delicada de pedir un soborno y es ilegal en muchas ciudades, dado que se debe tener licencia para recibir una comisión. Pero si el apartamento le parece una oferta genial, primero pague, múdese y sólo entonces contáctese con la oficina de quejas.

De la misma manera, si tiene problemas legítimos con los honorarios del agente, pero quiere el apartamento, pague primero y luego busque demanda en el departamento estatal de licencias.

Como usted probablemente sabe, hay leyes acerca de la discriminación contra los inquilinos, pero si el administrador vive en la propiedad y hay menos de cuatro unidades, las reglas no aplican. Alquilar a parejas con niños, o a parejas no casadas, depende de las leyes locales. Si usted es soltero cuando se muda, trate de incluir en su contrato una cláusula que lo proteja si quiere vivir con alguien que no sea de su familia inmediata. ¿Quién sabe? Su suerte puede cambiar. También averigüe las reglas acerca de los animales si es que tiene uno o si puede que tenga uno más adelante. También averigüe si están permitidas actividades comerciales desde su hogar si usted tiene un negocio en su casa.

Si le piden un pago por la solicitud, pregunte si se lo devolverán si lo rechazan o si se lo aplicarán al primer mes de alquiler si lo aceptan.

Inspeccionar el lugar

Cuando vaya a inspeccionar la propiedad donde vivirá, pruebe todo lo que se le ocurra, no sea tímido. Tire de la cadena del inodoro, llene los lavabos con agua para ver si desaguan bien, verifique que las hornillas de la cocina funcionan, prenda las luces y los ventiladores, observe si hay y si funcionan los enchufes de teléfonos, y si hay aire acondicionado, compruebe su funcionamiento. Es muy difícil darse cuenta a tiempo si habrá ruidos molestos, a menos que llegue usted justo cuando está tocando la banda de rock de su vecino. Fíjese que los dormitorios no tengan paredes medianeras con el vecino. Eso le ahorrará muchos disgustos.

Si le encanta el apartamento, probablemente lo tomará, pero si tiene dudas, fíjese en las áreas comunes para ver si le inclinan la opinión en algún sentido. Observe si el incinerador o el cuarto de la basura y el lavadero están limpios y bien iluminados; si hay varias máquinas de lavar, una pileta de lavar y un espacio de trabajo en el lavadero; si hay espacio de almacenamiento para los residentes en algún lugar del edificio o en el complejo. Pregunte si el edificio tiene instalación para la televisión por cable, o por el estacionamiento de autos.

¿Hay personal de guardia en casos de urgencia? ¿Quién hace las reparaciones? ¿Cuáles aparatos electrodomésticos son su responsabilidad y cuáles son mantenidos por el administrador: lavaplatos, refrigerador, aire acondicionado? ¿Cuáles son las reglas (o regulación local) acerca de la pintura? (Por ejemplo en algunos apartamentos de la ciudad de Nueva York el administrador debe pintar el apartamento si usted firma un contrato por tres años.)

Haga una lista para identificar las cosas que quiere que le arreglen y en ella anote los daños que haya visto (quemaduras en la mesa de cocina, huecos en el piso, etcétera). Escriba una lista mencionando cada una de estas cosas y envíala al administrador por correo certificado, pidiendo recibo de entrega. Si tiene que vivir con el hueco en el piso y la quemadura en el mesón, no querrá que al final le cobren por ello. Pídale al administrador que responda a su carta explicando qué va a arreglar. Si no lo hace, por lo menos pídale que le firme una copia de su carta original. Adjunte esta carta a su contrato con una copia del cheque que usted entrega como garantía y archívelos en un sitio que pueda encontrar cuando se vaya a mudar.

Sus derechos y obligaciones

Además de la comisión al agente inmobiliario, usted probablemente tendrá que pagar un mes de alquiler por adelantado, más el depósito de garantía que retiene el administrador en caso de que se tengan que hacer reparaciones al dejar usted la propiedad. Los daños por el uso normal no son deducibles, pero los huecos en las paredes o en los pisos sí.

Algunos administradores muy cautelosos (o experimentados se podría decir), pueden pedir un "depósito por limpieza" para limpiar antes de la llegada del siguiente inquilino y, además, pedir un "depósito por daños". Las leyes locales pueden requerir que el administrador consigne estos fondos en una cuenta bancaria que dé intereses y que los devuelva cierto tiempo después que usted se mude.

El contrato de alquiler

El administrador le dará un acuerdo o contrato. El acuerdo es más corto y más informal que el contrato y usualmente lo compromete a un arreglo de mes-por-mes (lo que quiere decir que no asegura una cantidad fija de renta). Generalmente el alquiler de un apartamento no cambia en uno o dos años, a veces hasta tres, y oficialmente le garantiza algunos derechos a la vez que le impone algunas obligaciones. Pida el acuerdo o el contrato por escrito, no acepte un acuerdo verbal. Es increíble lo borrosos que se vuelven los recuerdos cuando de arreglos verbales se trata.

Los administradores no tienen derecho a escribir en el contrato de alquiler nada que les permita quedarse con sus propiedades si usted no paga la renta, ni a quedarse con su depósito de seguridad si usted no ha hecho ningún daño, ni si se ha mudado dentro de los términos del contrato. El administrador es responsable por cualquier negligencia que le cause a usted daño, y no puede éste obligarle a declinar sus derechos a una demanda legal en el caso que haya disputa.

Pero de todas maneras, los administradores tienen mucha libertad para escribir sus contratos de modo que les protejan más a ellos que a ustedes. En este caso y siempre que vaya a firmar un contrato, particularmente uno escrito por la otra parte, haga que un abogado lo revise. Los puntos que deben estar mencionados son los siguientes:

• **Conservación, reparaciones y mantenimiento.** En una casa alquilada usted puede pagar por esto, pero en un apartamento generalmente el administrador cubre los costos de las reparaciones mayores: plomería, corriente eléctrica o estructuras.

• **Luz, gas, corriente eléctrica, teléfono, garajes y otros servicios.** ¿Están incluidos en el alquiler o no?

• **Finalización o renovación.** ¿Debe avisar si se va a mudar? ¿Con cuánto tiempo de anticipación debe avisarle el administrador si va a cambiar los términos? ¿El contrato se renueva automáticamente?

• **Costos.** ¿Está fijo el costo del alquiler por el término del contrato? ¿Tiene algún incremento si no paga a tiempo?

Subarrendar

Si el contrato no dice nada sobre los subarriendos, yo supondría que está permitido por la municipalidad (la cual puede regular el tiempo del subarriendo y cuánto usted puede cobrar por ello). Consulte con un abogado sobre su derecho a subarrendar y pídale que él haga el contrato de subarriendo. Esto es importante porque si el subarrendador no cubre las obligaciones del contrato (pagar la renta por ejemplo), la responsabilidad recaerá sobre usted.

Aunque generalmente se necesita permiso del administrador para subarrendar, éste no podrá impedírselo sin buenas razones. El administrador puede requerir investigar financieramente al candidato, así que no se moleste en presentar a alguien que no tenga una cuenta bancaria (al mismo tiempo por su propio bien).

Si planea subarrendar, notifique sus planes por escrito al administrador. Si no responde en un período prudencial —ya sea aprobando o no— usted por ley puede proseguir con sus planes.

En caso de que usted decida mudarse sin presentar un candidato para sustituirlo, el administrador puede demandarlo por el valor del alquiler hasta la terminación del contrato. Sin embargo, él debe hacer un esfuerzo por encontrar otro inquilino.

Deberes y obligaciones del arrendador (administrador)

Su administrador probablemente tendrá permitido un acceso "razonable" a su apartamento, pero esto no quiere decir que pueda entrar cada vez que le provoque. El o ella tendrá el derecho de inspeccionar la propiedad, pero usted tiene el derecho de poner para ello condiciones sensatas: recibir advertencia de los planes de visita con antelación y sólo con una autorización para entrar a su propiedad.

Algunas de las obligaciones del arrendador o administrador —tales como pintar, reparar el aire acondicionado o la lavadora de platos, mantener los pasillos limpios— son diferentes en cada Estado. Si el administrador acuerda instalar aparatos nuevos o hacer cualquier reparación, su abogado debe recibir todos los detalles por escrito.

Si usted tiene alguna duda, contáctese con la oficina del fiscal de distrito o a la autoridad local de vivienda.

Problemas con el arrendador (administrador)

Si el administrador se ha negado a hacer algunas reparaciones y usted ha tenido que pagarlas de su bolsillo, las leyes locales pueden permitirle deducir los costos del valor de su alquiler o retener parte del alquiler hasta que el arrendador corrija el problema. Si usted y otros inquilinos están teniendo problemas con el administrador por el mismo tema, la mejor manera de solucionarlo es organizar un comité de inquilinos.

Una amiga mía tuvo un problema parecido y no sabía como solucionarlo, y finalmente puso un cartel sin firma que decía: "Reunión para la Organización de la Asociación de Inquilinos en el vestíbulo a las seis de la tarde" y planeó llegar a las seis y media. Contaba con que poca gente llegaría a tiempo y si daba unas vueltas por ahí, llegaría

alguien que se hiciera cargo de la reunión y eso fue exactamente lo que sucedió.

Como inquilino, su trabajo consiste en evitar que el lugar sea destruido y en pagar el alquiler a tiempo. Si usted infringe estas reglas o cualquier otro término del contrato, el administrador puede desalojarlo. Esto no suele ocurrir tan rápido como él quisiera hacerle creer. Primero debe enviarle un "Aviso de desalojo," luego recibirá una nota para comparecer en la corte y por último se llevará a cabo la audiencia.

Usted también puede ser desalojado si su contrato tiene una cláusula de cancelación y el dueño decide convertir la propiedad en una cooperativa o un condominio en vez de mantenerla para alquiler. Para quedarse, deberá comprar su vivienda. Sin embargo, durante una conversión, los inquilinos por lo general contratan a un abogado para negociar los términos de acuerdo a las leyes locales. El trato puede incluir una cláusula de "no-desalojo" que permita a los inquilinos que quieran seguir como arrendadores, a permanecer allí hasta una fecha determinada o por tiempo ilimitado.

Comprar

Lo mínimo que necesita saber para comprar su casa:

- Factores que involucran una compra.
- Evaluar la compra.
- Sopesar alternativas: casa nueva o vieja, apartamento o condominio.

Por dónde empezar

Una buena regla para tener en cuenta es la de nunca comprar nada que usted no pueda darse el lujo de dañar o perder. Como muchas de las reglas que uno se impone, ésta se puede romper en ocasiones, aunque sí vale la pena seguirla para mantenerla alejada de las joyerías o las exhibiciones de yates, y para permitirle concentrar sus intereses en otras áreas. Si bien, tarde o temprano en el curso de su vida deberá hacer una o más compras grandes, tales como alfombras (grande), un coche (más grande) y una casa (la más grande aún).

El comprender las consecuencias financieras de la compra de una casa, es muy importante. Educarse a sí misma será una experiencia similar a la de tener su primer hijo: si bien estará llena de un muy bien ganado conocimiento que tendrá disponible para uso futuro, aún así, será extremadamente cauta la próxima vez que se proponga el proyecto.

Su otra preocupación debe ser aprender las "reglas" acerca de la compra de una casa. Después de muchos años de comprar ropa, uno se vuelve experto en darse cuenta de los problemas potenciales —como cualquier cosa blanca, zapatos de lona o vestidos de gasa comprados en las ferias— pero ésta será un área nueva para juzgar.

Como compradora primeriza de casa, usted deberá confiar en ayuda profesional y en las opiniones de personas de confianza, pero lo mejor que puede hacer es informarse lo mejor posible. Sería de mucha ayuda si alguien con experiencia pudiera acompañarla a mirar viviendas, por lo menos al comienzo.

¿Cuánto puede pagar?

Lo esencial al comprar una casa, un apartamento o una casa adosada —inclusive una caravana— es: ¿Vale la propiedad lo que le piden por ella? Obviamente, las primeras decisiones que usted debe tomar son: dónde quiere vivir y cuánto puede pagar.

Una vez que decida comprar, haga una cita con un agente de préstamos bancarios o un consultor hipotecario para saber cuál será la cuota mensual que usted puede pagar. Considere el pago inicial, los impuestos locales, el seguro y los costos de cierre —y costos de mudanza— cuando haga sus planes.

El papel del agente de bienes raíces

Al hablar de un agente inmobiliario, muchas personas recuerdan el comentario del conocido diplomático estadounidense Henry Kissinger sobre los políticos —"el noventa por ciento de ellos le dan mala reputación al diez por ciento restante"— pero probablemente esto sea injusto. De todas formas, es cierto que un agente no está allí para ser su amigo, sino para cerrar un negocio y es así como debe ser el trato con él, con buena voluntad y una dosis saludable del escepticismo que usted normalmente tendría hacia alguien que quiere venderle algo. (Actualmente en algunos estados de los Estados Unidos la ley obliga al agente a recordarle que él o ella trabaja para el que vende y no para usted.)

Los agentes tienen licencias. Muchos pertenecen a la Asociación Nacional de Agentes Inmobiliarios, la cual impone ciertas normas profesionales, pero tal como pasa con expertos en todos los campos, algunos agentes serán excelentes y lo ayudarán mucho, y muchos otros no dudarán en engañarlo. (En Canadá, la Sociedad Canadiense de Agentes Inmobiliarios [*CREA* según sus sigla en inglés] impone las normas).

Si usted siente que un agente no sólo es insistente, sino también deshonesto, puede presentar cargos en su contra a través de la junta local de agentes inmobiliarios o por intermedio de la misma junta estatal. Un agente que sea encontrado culpable puede ser penalizado y hasta perder su licencia.

Un porcentaje de la comisión del agente debe pagarla el vendedor de la propiedad. En una venta directa, que sucede el 25 por ciento de las veces, obviamente el precio es más bajo, porque el vendedor no tiene gastos de agente.

Buscar un sitio sin un agente es tal vez una desventaja si usted está buscando dentro de una comunidad desconocida, por lo cual un agente le ayudaría a tomar una decisión sobre cuál vecindario es más apropiado para sus necesidades, le daría información sobre la comunidad y todo lo demás. Un agente también podría ayudarle a encontrar financiación.

Evaluar la propiedad

Una primera visita a una vivienda o apartamento que esté a la venta le dará una impresión general de ella. Obviamente usted habrá de saber el precio que piden (y cuáles son los gastos de administración si es una cooperativa o un condominio), pero incluso puede hacerse una idea general del estado de la vivienda.

Si el lugar está desocupado, encienda la calefacción y (si la temperatura está por encima de los 60°F) encienda el sistema de aire acondicionado. Fíjese qué tan rápido funcionan. Si es un edificio de apartamentos con aire acondicionado, observe si tiene unidades individuales por apartamento o si se trata de una unidad de aire acondicionado central. (Si es este último, usted puede controlar eléctricamente el grado de calor o frío que desea con los ventiladores de cada habitación; el combustible para la calefacción no lo paga usted individualmente, sino que forma parte de los gastos comunes de administración.)

Abra y cierre algunas de las ventanas y puertas observando cómo funcionan, esto le dará una idea del estado de mantenimiento y si tendrá que reemplazar algunas de ellas.

Abra los grifos y tire la cadena del inodoro para verificar la fuerza del agua y fíjese qué tan rápido se baja el agua por los desagües.

En la cocina abra las puertas de los muebles y los cajones para ver si funcionan bien y si el interior está en buenas condiciones.

Si es una casa, inspeccione el área exterior del sótano en búsqueda de manchas que indiquen filtraciones de agua. Manchas en la plancha de cemento, cada 18 pulgadas, serán una señal de tratamiento para las termitas.

Después de haber visto varias propiedades, se le ocurrirán muchas preguntas. Siempre lleve un cuaderno, una cámara polaroid, y use cualquier método que se le ocurra para recordar los detalles, porque después de un tiempo estos comienzan a entremezclarse.

Al encontrar una propiedad que realmente esté interesada en comprar, me imagino que hará una segunda visita. A medida que va acercándose a su meta, es recomendable que investigue la vivienda más a fondo antes de llamar a los expertos.

Hacer su propia inspección

Obviamente la mayoría de los vendedores quieren embellecer la propiedad por medio de arreglos cosméticos. Si usted encontrara el lugar descuidado, no estaría interesada en comprarlo aunque el precio fuese bueno y la estructura firme. Al contrario si le encantara cómo se ve, estaría dispuesta a pasar por alto algunos problemas. Pero no deje que el bonito marco de una ventana la distraiga y no vea la pila de alas de termitas que se encuentran debajo de ella.

¿Cuántos de los puntos anotados aquí, podrá investigar usted? Eso depende, en parte, de su personalidad y cuánto se atreva usted a investigar. Algunos puntos serán más importantes para usted que otros, (muchos de ellos no se aplicarán si está comprando un apartamento en vez de una casa o una casa adosada). De todas maneras, podrá confiar en la inspección de un profesional para que cubra cualquier área que usted haya olvidado.

De ninguna manera su propia inspección podrá sustituir la de un inspector profesional, pero podrá entender mejor el reporte que él presente si usted ya ha hecho su visita y ha inspeccionado los puntos más importantes. De hecho, si usted viera problemas que son potencialmente muy costosos de arreglar o que muestran que la casa o el apartamento no ha tenido un mantenimiento adecuado, podría decidir no comprarla sin necesidad de gastarse el dinero para una inspección profesional.

GRACIAS POR EL RECUERDO

He aquí un pequeño truco para saber cuándo se construyó una casa. Mire dentro del tanque de agua del inodoro. El día que allí figura es el día que fue instalado.

Existe la posibilidad que sea del mismo año de la construcción. (Claro que muchas casas viejas tienen baños renovados). También puede mirar en las etiquetas de inspección del condado que se adhieren tanto al termo tanque como a la caja general de la corriente eléctrica.

Puntos para revisar:

• **Abastecimiento de agua.** ¿Recibe agua del servicio sanitario de la ciudad o de un pozo? Si la casa utiliza agua de pozo, debe preguntar la velocidad de flujo (que deberá ser de por lo menos 6 galones por minuto) y establecer la pureza del agua. Si necesita ayuda para localizar un inspector de agua, llame al Department of Health local.

• **Corriente eléctrica.** ¿Cuál es la capacidad de la casa? Si la casa o el apartamento tiene un secador de ropa, un calentador de agua y aire acondicionado, se supone que tiene la capacidad para abastecer todo ese equipo. Si no hay aire acondicionado, pregunte si se puede instalar o si necesitará instalar un reforzamiento de cables.

• **Calefacción.** La calefacción debe tener menos de diez años y para una familia de cuatro personas debe tener una capacidad mínima de cuarenta galones. Inspeccione las tuberías. Las de hierro no duran más de cinco años. Si son más viejas, va a tener que cambiarlas. Las cañerías de cobre duran 25 años o más.

• **Aislamiento.** La clasificación "R" es la cantidad de valor aislante de un material. Usted debe tener por lo menos seis pulgadas de aislante R-19 en el ático o en el techo y cuatro pulgadas de aislante R-16 bajo los pisos que están por encima del nivel que cubre la calefacción. Las paredes exteriores deben tener 3,5 pulgadas de aislamiento.

• **Sistema séptico.** ¿Está la casa conectada al sistema de cloacas de la ciudad, o depende de un pozo séptico independiente? ¿El sistema está conforme a los códigos locales? ¿Fue bombeado el tanque en los últimos cuatro o cinco años? Si no lo ha sido, las tuberías pueden estar atascadas y pueden necesitar una limpieza costosa.

• **Cimientos.** Probablemente sean de concreto o de cemento armado. Grietas delgadas como pelos pueden indicar problemas. Las grietas son puntos de entrada perfectos para las termitas y para el agua que creará filtraciones en el sótano. Pero si son pequeñas, la solución no es más que rellenarlas con yeso o estuco plástico y las más grandes, (mayor a ¼ de pulgada) con argamasa de cemento, preferiblemente a prueba de agua.

Deben existir aberturas en los muros de los cimientos —idealmente, una en cada muro— para que el aire pueda circular. Las aberturas deben estar cerradas con malla para que no entren insectos.

¿Hay alguna señal de termitas? (Algunas compañías de préstamo exigen una inspección profesional de termitas por separado). Busque enjambres en primavera o al comienzo del otoño; busque pilas de alas abandonadas; túneles de ¼ de pulgada de ancho a lo largo de los muros, de los postes enterrados en el suelo, y de las cañerías de agua. (*Véase* "Termitas" en Capítulo 8). La mejor manera de evaluar la situación en una propiedad contaminada con termitas es pedir el precio por el servicio al exterminador de plagas.

Durmientes y vigas de amarre de madera en los cimientos son el soporte al que se amarran otros elementos de madera. Grietas o grandes espacios entre la parte superior del muro de carga y las vigas necesitarán ser rellenados con yeso o con tiras de aislante para prevenir la entrada de aire frío y humedad.

Tablas u otras evidencias de retuerzo en los cimientos son una señal de que una casa de adobe se está hundiendo.

• **Techos.** Dado que el remplazar un techo es una de las reparaciones caseras más costosas, debe saber en qué se está metiendo. Los techos tienen tres capas. La base que consiste en vigas de dos por seis, espaciadas cada dieciséis pulgadas, forma el marco del techo. Planchas de madera terciada o cartón cubren las vigas, y el tejado cubre las planchas de madera terciada.

La mayoría de los techos duran de 15 a 25 años, pero una simple mirada le dirá si el techo pronto le causará problemas. El techo que da hacia al sur es el que más sol recibe, por ello es el primero en dañarse.

• **Construcción de un techo con tejas de asfalto.** Es probablemente el más común. Una capa de fieltro cubre las planchas de madera terciada y las tejas planas en tiras son clavadas sobre él. Las tejas de asfalto son flexibles y más fáciles de reparar que las de madera. Cuando las de asfalto envejecen, se secan y se vuelven quebradizas. Si hay alguna sección del techo que usted pueda alcanzar, dóblele la punta a una teja. Si se rompe, las tejas son viejas.

También las tejas pueden gotear o rasgarse y las de las esquinas pueden estar medio dobladas, permitiendo que el agua entre. Con cemento y clavos de techo se reparan problemas pequeños, o también puede reemplazar algunas de las tejas. Pero si los gránulos de las tejas se han pelado y el fieltro negro, base del techo, está expuesto, significa que el techo pronto necesitará reparación. Un techo abultado marca la existencia de tejas de madera debajo de las de asfalto y techar de nuevo será un proceso más costoso. Aunque usted puede poner un nuevo techo de tejas de asfalto sobre el viejo, debe saber que nunca debe cubrir dos capas con una tercera; si hay algún problema, la segunda capa debe ser sacada y un nuevo techo ser instalado sobre el original.

• **Techos de tejas de madera.** Su duración es de 25 años. Son similares a los de asfalto, pero las tejas no vienen en tiras sino en piezas individuales, así que son más fáciles de reparar. El crecimiento de musgo sobre las tejas hace que éstas se pudran.

Las tejas individuales que se han soltado o que se han doblado en las orillas necesitan ser reemplazadas o pueden en algunos casos ser clavadas de nuevo. Algunas veces se puede deslizar debajo de ellas papel para techar (*roofing paper*) para evitar que filtren agua.

• **Techos de pizarra.** Se han instalado en muchas casas antiguas por su durabilidad, pero son demasiado costosos y ya no se instalan en las viviendas nuevas. Para hacerlos a prueba de agua, se escalonan líneas alternadas de pizarra. Cada teja se traslapa sobre la de abajo por la mitad. Si hay faltantes o pizarras rotas, puede comprar nuevas o usadas o puede conseguir una imitación de pizarra hecha de asbesto.

• **Techos de cobre, latón pintado y hierro galvanizado.** También son techos de larga duración, pero tendrá problemas si encuentra señales de óxido.

Mire hacia la vertiente de agua, las tiras de metal que forman la unión impermeable donde se encuentran dos planos del techo o donde el material del techo encuentra otra superficie o material como la chimenea. Las vertientes pueden ser de aluminio, hoja de plomo, zinc o hierro galvanizado, pero lo mejor es el cobre. Si la vertiente se separa de la superficie, debe ser reparada o comenzarán las goteras. El hierro galvanizado, como se oxida, debe ser pintado, pero las vertientes que estén muy corroídas pueden ser reemplazadas con otras autoadhesivas.

También observe las canaletas y los canalones, el desagüe que transporta la nieve derretida y el agua de lluvia fuera del techo hacia un drenaje. Las canaletas van paralelas al techo y los canalones o desagües bajantes van hacia abajo. Pueden ser de aluminio, acero galvanizado, plástico, vinilo, cobre o madera (en cuyo caso necesitan ser tratados con preservantes). Deben ser lo suficiente-mente amplios como para una lluvia fuerte y el desagüe debe quedar un poco separado de las paredes de la casa, para que problemas de hongos y podredumbre no afecten los cimientos.

En el invierno, la nieve y el hielo pueden separar las canaletas de la casa y si en primavera ve hojas o semillas creciendo en ellas, sabrá que no fueron bien mantenidas. Esta clase de despojos —o bloqueos de hielo formados por la nieve que se derrite— pueden hacer que el agua se desborde de la canaleta y se meta en la casa causando daños, como pintura pelada y grietas en el interior.

• **Recubrimiento exterior.** *Siding* es el término genérico en inglés que se usa para el recubrimiento exterior de la casa.

Si el recubrimiento es de madera, pregunte cuándo fue la última vez que lo pintaron. Este trabajo hay que hacerlo cada cinco a seis años. La humedad hace que la madera se dañe, pero esto se puede minimizar si las plantas y los arbustos crecen apartados de las paredes de la casa por 18 pulgadas.

Revise las junturas entre la madera y la mampostería (por ejemplo la chimenea) para saber si hay grietas. Las grietas no son una gran preocupación, ya que se pueden sanear fácilmente con yeso, pero su presencia le indicará qué tipo de mantenimiento ha tenido la casa. La madera de exteriores (agrietada), necesita tratamiento frecuente, y la madera natural necesita varias capas de tratamiento protector a prueba de agua con regularidad —una vez cada tres años— pero por suerte no requiere preparación previa de la madera; se pinta directamente.

• **El pandeo de recubrimientos de aluminio o vinilo.** Es el resultado de una mala instalación y puede necesitar de una reparación profesional. El vinilo con apariencia de madera es muy resistente, lo cual es conveniente ya que su reparación es difícil.

El recubrimiento de aluminio es susceptible a los rasguñazos, y la pintura tiende a descolorarse. Mientras que el aluminio más pesado es más durable, es tan costoso como el acero, que también se usa para recubrimientos y dura hasta treinta años.

• **La costra blanca en los ladrillos, llamada florescencia, es un signo de mucha humedad, que puede causar goteras interiores.** (También puede ser un proceso normal de secado del ladrillo o del yeso, en cuyo caso sólo hay que cepillarlo en seco —dado que si lo moja se reabsorberá— o use un sellador si va a pintar sobre ello.) Algunas veces esto se resuelve barato, pintando con un compuesto impermeabilizante sobre la argamasa que pega los ladrillos, pero entonces el agua puede penetrar los ladrillos y la pared entera caerse.

Ya que la pared debe respirar, lo mejor es "marcar" (*to point*) los ladrillos que tiene la argamasa rota— picar la mezcla rota o suelta y reemplazarla. Un trabajo bien hecho puede durar entre 20 a 25 años. Si está comprando un apartamento, puede preguntar si el edificio ha sido "marcado" recientemente, ya que puede ser un gasto que tengan que afrontar los dueños. Como el marcado de los ladrillos es el único mantenimiento necesario, el ladrillo es una buena elección para el recubrimiento exterior. Lo mismo que la piedra y la mampostería.

• **Estuco.** Este terminado necesita ser pintado cada cinco o seis años y también es susceptible a problemas de humedad. Si el estuco se aplica sobre bloques de mampostería, se convierte muy durable, pero si se aplica sobre un marco metálico o de madera se resquebraja y necesita remiendos con mampostería de cemento o compuesto para remiendos.

Si los cimientos quedan expuestos, es posible que para que se vea más bonito usted decida pintarlo, pero será una labor que tendrá que repetir a menudo. Si se raja necesitará recubrimiento de asfalto, que conlleva tener que remover la tierra alrededor.

• **Sótano.** Las inundaciones son una posibilidad en casi todas partes y en ocasiones un problema crónico en áreas bajas o de la costa.

¿Está el sótano seco? Mire bien las ventanas buscando signos de óxido y deterioro. Si están en malas condiciones gotearán y permitirán la entrada de insectos. Si raspándolas y pintándolas no es suficiente tendrá que reemplazarlas. Impermeabilizar las paredes es costoso, así que algunas personas instalan una bomba que les ayuda a manejar el exceso de humedad o las inundaciones. Si la humedad es crónica en el área de la casa, es posible que nunca pueda convertir el sótano en un salón de recreo.

Definitivamente usted necesita un desagüe de piso que funcione, especialmente si en el sótano hay un termo tanque de agua o un lavadero. Si el cuarto está oloroso, es probable que el desagüe no haya sido usado desde hace tiempo. Echarle agua fresca a la cañería resolverá el problema a menos que no bombee o que esté dañada, lo cual requiere la visita de un plomero. Si no hay sótano, échele

---

PODREDUMBRE HÚMEDA / PODREDUMBRE SECA

El moho común deja unos depósitos blancos peludos o puntos negros sobre las superficies que ataca, pero si hablamos de podredumbre húmeda o seca causada por la humedad, ésta se ve diferente y es más seria.

Los primeros signos de la **descomposición húmeda** pueden aparecer en puertas y ventanas o bajo las peladuras de la pintura. La madera afectada por la descomposición es esponjosa cuando está húmeda, y desmenuzable y de color café cuando se seca. Para eliminar el problema, lo primero es eliminar la causa de la humedad, después cortar y reemplazar la madera afectada, y tratar el área aplicando un preservante fungicida para madera.

La **podredumbre seca** prospera en ambientes cerrados, de mala ventilación,, apareciendo primero como finos tubos grises claros y crecimientos blancos como algodón. Eventualmente desarrolla crecimientos redondos arrugados con esporas color óxido. La madera infestada es color café y quebradiza y el lugar huele rancio. Si usted sospecha que tiene este problema, llame a un especialista y asegúrese que inspeccione a fondo, porque este problema prolifera muy rápidamente. La podredumbre seca llega a afectar la mampostería, haciendo que se desintegre la superficie afectada.

¿ES ESA GRIETA EN EL YESO PREOCUPANTE?

No se puede hacer una pared sólo de yeso: debe colgar de algo llamado listón. Las casas construidas antes de 1935, usaban listones de madera, tablillas de madera clavadas horizontalmente sobre parales y cubiertas con varias capas de yeso, lo que hacía una superficie pesada y rígida.

Las casas con listones de piedra construidas después de 1935, usaban yeso perforado en lugar de listón de madera, con capas más delgadas de argamasa. La argamasa sobre la piedra se raja menos que esta sobre la madera.

Las casas construidas después de 1950, usualmente tienen *drywall* de yeso, que se agrieta menos porque es más liviano y más flexible que la argamasa. La forma de la grieta indica qué tan seria puede ser. Las grietas de cimientos, causadas por asentamiento son las peores. Generalmente corren a lo largo del techo, saliendo de puertas y ventanas, y continúan bajando por la pared, acompañadas por

desniveles del piso; en una pared de mampostería se pueden oír crujidos en la parte exterior como si alguien golpeara los ladrillos de afuera.

Hay otras grietas que deben ser reparadas pero que no son motivo de preocupación. En general, estas incluyen grietas en un techo de listón de madera en donde se encuentran superficies distintas (donde se encuentran dos paredes o donde el techo encuentra la pared). En una casa con listón de piedra, puede encontrar algunas grietas paralelas longitudinales en los techos, grietas que comienzan en las esquinas de los vanos de las puertas y ventanas que llegan al techo y grietas en las escaleras. En las casas de *drywall,* encuentra las grietas sobre las puertas y en donde los techos se unen a las paredes en el segundo piso. Usualmente estas comienzan en el rincón de la pared y se amplían hacia la mitad de la casa. Su causa principal es el cambio en la humedad ambiental.

una mirada al espacio de gateo (llamado así porque no hay espacio para pararse). Pregúntele al agente o al dueño si la plancha del piso está aislada. Si el espacio de gateo no está bien sellado, el aire frío entrará en su casa. Si la tierra debajo está desnuda necesitará cubrirla con lámina.

• **Ático.** El respiradero del ático permite que el aire caliente se escape cuando hace frío. Debe ser cubierto con malla para prevenir que entren animales. Los ventiladores de desfogue ayudan a eliminar el calor y la humedad.

Si planea darle uso al ático, necesitará un entrepiso sellado de madera terciada de ¾ de pulgada. Inclusive si solamente es usado como depósito, el ático debe estar iluminado, no basta con sólo con una bombilla.

• **Pisos.** Traer a los niños a conocer la casa es importante, porque ellos pueden hacer algunos exámenes informales con menos problemas que los adultos. Por ejemplo, dígale a uno que ruede una bolita de cristal sobre el piso. Si la bolita

rueda muy rápida, el piso está desnivelado y puede haber problemas de construcción. Cuando los chicos saltan (y probablemente lo harán), observe si hay vibración. Si es así, la construcción y apuntalamiento es inadecuado.

Bajo la base del piso hay viguetas, tablones de madera horizontal, que descansan sobre las vigas y las tablas que forman el marco básico. (Los tablones largos están soportados sobre vigas de madera pesada o de acero y en algunos casos con postes adicionales de madera o metal.)

Como la madera se encoge con el tiempo, se forman espacios y las viguetas no se sostienen con propiedad. La solución es tener cuñas de madera delgada que se insertan entre la parte superior del poste y la viga, entre la parte superior de la viga y la vigueta, o entre la parte superior de la vigueta y el piso.

Si el piso está alfombrado, pregunte qué hay debajo. Mejor aún puede echarle una mirada. Puede encontrar el piso sin terminar, tableros, madera terciada o cemento. O tal vez pueda descubrir un bonito piso de madera que puede ser limpiado y pulido.

• **Paredes.** Manchas de agua, abultamientos o yeso descascarado, pueden indicar goteras. Las rajaduras también pueden ser una señal de daño por agua o resultado del asentamiento natural. La forma de la grieta le dará la clave sobre qué tan grande es el problema. (*Véase* el recuadro "¿Es esa grieta en el yeso preocupante?")

• **Ventanas.** Fíjese si abren. Observe los marcos para ver si están dañados. ¿Hay filtraciones? ¿Tiene la casa ventanas dobles de protección y mosquiteros? ¿De qué material están hechas las ventanas? El tiempo de durabilidad del vidrio es de cincuenta años, la del acrílico 25 años, los policarbonatos de diez a quince años. Las ventanas con doble vidrio aíslan mejor que las de uno solo. Las antiguas de panel sencillo pueden necesitar ser reemplazadas, particularmente si los marcos no están en buena condición. Los marcos de madera son más aislantes que los de aluminio, pero necesitan sellador y pintura regularmente. Si están comenzando a pelarse, es por falta de mantenimiento.

Si las ventanas se ven mal, averigüe cuánto cuesta reemplazarlas. Si lo que está buscando es un apartamento, pregunte si hay planes para mejorar todo el edificio (y cómo se compartirá el costo); o si el costo será sólo suyo si decide reemplazar las ventanas.

• **Calefacción.** Si el termotanque o la caldera tiene 25 años o más, pronto tendrá que reemplazarlo. Pida que le muestren las cuentas de la calefacción de la última estación. Pregunte si los conductos de aire están abiertos y si tienen buen tiraje. En un apartamento los costos de calefacción serán parte de sus gastos comunes.

• **Efectos eléctricos (cocina, heladera, microondas, etcétera).** Pregunte si vienen con la casa. Averigüe la edad de cada uno y si aún están cubiertos por garantía o contrato de servicio.

Cuando esté lista para comprar

Una vez que haya tomado la decisión de comprar la casa o el apartamento, necesitará una tasación para saber si le están pidiendo el precio justo o si le están cobrando de más. Su prestamista le puede recomendar un tasador. Si no, busque una recomendación de un abogado, del inspector local de edificios o de un oficial del banco local; también puede mirar en las páginas amarillas bajo tasadores de bienes raíces (escoja a alguien que sea miembro de la sociedad de tasadores de bienes raíces [Society of Real Estate Appraisers] o de otra organización profesional).

El tasador evalúa el sitio, el vecindario y las facilidades adicionales (tales como canchas de tenis, piscinas, etcétera) y la casa o el apartamento en detalle (tipo de ventanas, pisos y aparatos); juzga las condiciones generales; y analiza el mercado comparando el valor de otras propiedades que se han vendido en el área. Luego calcula el precio justo.

Ya sea antes o después de hacer la tasación, usted debe contratar a alguien que realice una inspección del edificio y un estudio de la condición física de su futuro hogar. La inspección es necesaria tanto para una casa como un apartamento.

Cómo inspeccionar al inspector

Una casa en malas condiciones puede costarle miles de dólares en reparaciones. Es por eso que una buena inspección es importante y le puede ahorrar mucho dinero. También ayuda a negociar un precio razonable por la propiedad, tomando en cuenta cuánto dinero se necesita para arreglarla. Por último, una inspección puede convencerle de desistir de la compra si le deja entrever una propiedad problemática antes de que sea demasiado tarde.

La mayoría de los contratos de compra exigen una inspección profesional, sin embargo esto no ocurre en las subastas y remates. En tales casos haga la inspección antes de hacer su oferta, para que no termine pagando de más.

Dado que el interés del agente inmobiliario es hacerle creer a usted que la casa está perfecta para cerrar el trato, yo no contaría con él para que me recomendara un inspector. El prestamista es probable que le recomiende un buen inspector. También es válida la recomendación de un abogado o las páginas amarillas (bajo la entrada "Building Inspection").

Los inspectores no son necesariamente ingenieros o contratistas de la construcción. Algunas personas dicen que los inspectores no entienden nada de lo que les dice un ingeniero, pero yo creo que eso depende del ingeniero en cuestión. Otros piensan que el reporte de un ingeniero es más profesional. Es materia de preferencia personal. Lo que usted necesita es alguien que trabaje a conciencia, y más bien tirando a obsesivo.

Una pareja que conozco escogió a un inspector sin referencias, sólo porque cobraba unos cientos de dólares menos que el que les habían recomendado. Compraron la casa y a los tres meses de la mudanza tuvieron que reemplazar la tubería de agua, encontraron un problema de termitas, y tuvieron un problema de cañerías porque el tanque séptico no había sido mantenido bien. Un buen inspector les hubiera advertido de estos problemas.

No se requiere licencia para ser inspector salvo en el estado de Texas. Si su inspector es miembro de una sociedad profesional (como American Society of Home Inspectors [la Sociedad Estadounidense de Inspectores de Vivienda]), puede tener cierta seguridad de que él o ella ha alcanzado ciertos estándares, pero como le dije antes, no tiene garantías.

Al comprar una casa nueva, usted puede conseguir una garantía de un año, respaldada por el constructor o una garantía con seguro por diez años de una compañía independiente, que estudia a los constructores antes de garantizar el cubrimiento. Pregúntele al constructor sobre la disponibilidad de tal cobertura.

PLANES PARA EL FUTURO

Antes de terminar los tratos con el antiguo dueño, asegúrese de obtener una copia de los planos de la casa. Los necesitará cuando usted necesite hacer una reparación mayor o decida hacer una remodelación.

Una inspección profesional

Aunque usted haya hecho su propio trabajo preliminar, dígale al inspector que quiere saber lo más posible sobre la casa: cómo anticipar problemas, cómo resolverlos, cuánto costarán los arreglos, cuánto tiempo debe durar la casa.

Para responder completamente a todas sus preguntas, el inspector deberá hacer lo siguiente (obviamente con algunas modificaciones, dependiendo si es un apartamento o una casa lo que está inspeccionando):

• Caminar por el techo y el espacio de gateo del ático.

• Abrir la caja general de la corriente eléctrica.

• Inspeccionar la caldera, los intercambiadores de calor y los elementos de la bomba de calefacción.

• Encender los aparatos y los equipos eléctricos y / o a gas instalados.

• Reportar la evidencia visual de los problemas de agua que puedan existir en el sótano o en el espacio de gateo.

Luego, el inspector deberá preparar un reporte por escrito que incluya los siguientes puntos:

• Presupuesto futuro de los componentes y sistemas que deberá cambiar o reparar en los próximos años.

• Identificación de cualquier problema que necesite una remodelación (tales como materiales que contengan asbesto, o sistemas de plomería o eléctricos que no puedan ser mejorados).

• Información de cualquier trabajo hecho en la propiedad que no alcance las normativas básicas.

• Notificación de cualquier peligro potencial como: cablería eléctrica de aluminio y no de cobre (riesgo de incendio de cuarenta por ciento), sistemas eléctricos inadecuados, artefactos eléctricos o luces cubiertos por el aislamiento del ático; chimeneas desalineadas y calefactores sin espacio de ventilación, abastecimiento de aire inadecuado para la combustión, grietas y huecos en los intercambiadores de calor, puertas de la ducha en vidrio no templado; persianas de ventilación inadecuadas en el ático y en los espacios de gateo, daños potenciales por podredumbre y / o termitas; material de plomería de plomo.

• Ahora muchos estados de los Estados Unidos requieren que se declare la existencia de radón, asbestos y plomo. Si le preocupa mucho, usted puede contratar un especialista para hacer una asesoría ambiental (busque en las páginas amarillas bajo "Environmental and Ecological Services" [Servicios Ambientales y Ecológicos]) o infórmese en el Departamento de Salud local. Verifique en "Peligros ambientales" en Capítulo 7 para obtener más detalles.

El reporte de inspección puede resultar abrumador por la cantidad de información que contiene. Es por eso que generalmente contiene un sumario de los puntos principales, y también una ayuda para poner todo en perspectiva. Por ejemplo, si está comprando una casa antigua —como lo hacen dos de tres compradores— esperará probablemente encontrar algunos problemas de mantenimiento, pero lo que más ayuda, es saber cómo se compara la condición de ésta casa con otras de su mismo tipo y edad.

Un buen informe puede sugerir la solución al problema, con notas como: "Cocina, ventana de atrás no abre. Solucione esto usando un espátula de pintor entre las ranuras laterales y el antepecho, luego ponga cera".

En conclusión, el reporte supuestamente debe ayudarle a decidir si la casa es una buena inversión. No importa cuánta ayuda reciba y cuán preparado esté, una vez que haga la compra, siempre aparecerán problemas y deficiencias que no anticipó. Al respecto, la situación es muy semejante a un matrimonio, y en ambos casos si se tiene suficiente dinero, se corregirán la mayoría de los problemas.

Alternativas de vivienda

Comprar a través de un modelo de casa o apartamento

Una vivienda modelo tiene muchas ventajas: equipos nuevos, ventanas que conservan la energía y otros beneficios como la posibilidad de personalizar muchos detalles a su gusto, Sin embargo, en esa situación usted es un ratón de laboratorio.

En un vecindario nuevo, es posible que tenga que pagar por costos de pavimentación de las calles, construcción de aceras, y sistema cloacal o tanque séptico. También la casa modelo tiene muchas cosas que no están incluidas en su compra, a menos que pague por ellas. Asegúrese de saber exactamente lo que va a recibir.

Antes de hacer la compra es posible constatar la idoneidad del constructor. Vaya a otras comunidades que él haya construido y anímese a llamar a la puerta de los residentes, y preguntarles qué piensan del constructor. Generalmente, a la gente le gusta hablar de sus experiencias al comprar particularmente de las peores.

El constructor tanto puede entregar la propiedad, y directamente decir que desde este punto sus obligaciones hacia usted han terminado; o puede ser muy amable y ofrecerse a hacer reparaciones por uno o dos años, y luego desaparecer del país. Como protección usted debe conseguir una garantía asegurada incluida en el precio de compra: el constructor garantiza que la vivienda estará libre de problemas estructurales mayores y problemas de sistemas por el primer año; garantiza por otros problemas en el segundo año y por otros pocos durante el tercer año. Si el constructor no los repara, usted está asegurada por gastos de reparación a partir de cierto deducible.

Es más fácil conseguir financiación para una vivienda nueva que para una usada.

Condominios y cooperativas

En un condominio usted es dueña de su propia unidad de vivienda y comparte un interés con los otros residentes en las áreas comunes (tales como corredores y sótanos en los apartamentos, además de la calefacción y los sistemas de la plomería y la corriente eléctrica). En comunidades de casas adosadas, los residentes son dueños de sus casas y pueden ser propietarios de los jardines delanteros y traseros.

El resto del lote es generalmente un "área común" perteneciente en conjunto a la asociación de dueños de las casas que representa a todos los residentes. Se elige una junta administrativa que maneja la propiedad, de acuerdo al reglamento establecido cuando se construyó y se contrata un gerente para hacer los trabajos. Los condominios son generalmente menos costosos para comprar y mantener que las casas particulares —en las casas adosadas por ejemplo, la tierra, las ventanas, etcétera, cuestan menos que en viviendas separadas— pero pueden ser más difíciles de financiar y puede ser que usted no sea feliz sintiéndose atada por las decisiones de la junta.

En una cooperativa, usted no posee nada directamente, sólo participación de acciones, en una corporación que tiene el título de toda la propiedad y tiene una junta directiva (que usualmente contrata un administrador para que se haga cargo de los asuntos diarios). Los inquilinos que sean elegidos para la junta directiva, como los de la junta directiva de los condominios, contratan gerentes para que se encarguen del trabajo. La junta tiene poderes bastante amplios.

Si usted quiere vender su apartamento, la junta debe aprobar a los compradores y eso no siempre se logra. Por ejemplo, gente famosa que ha querido comprar cooperativas en la ciudad de Nueva York, generalmente es rechazada porque se puede comprometer la privacidad de los otros dueños. La junta también puede restringir su derecho a arrendar y subarrendar (y / o restringir dueños "ausentes" que alquilen a inquilinos "indeseables"), y también pueden imponer restricciones dentro del interior de su casa (un cierto porcentaje del piso debe estar alfombrado como medida de aislamiento acústico) y determinar los días y las horas en que pueden venir trabajadores. Dependiendo de su punto de vista, estas reglas protegen su propiedad o restringen sus derechos. Cuando la junta decide redecorar la entrada del edificio (e imponer su gusto), pueden inflamarse muchos ánimos. Hay muchos menos cooperativas que condominios.

Las nuevas comunidades de casas adosadas en condominio generalmente son construidas de forma atractiva y ofrecen una gran cantidad de medios de recreación. Lo bueno de ellas es que usted se libra de muchos de los problemas de mantenimiento (recolección de basuras, mantenimiento del jardín, etcétera) y tiene todos los derechos de un dueño para cambiar el interior de su casa y para alquilar o vender como quiera. Pero las áreas comunes no son tan comunales: muchas de las responsabilidades deberán ser compartidas entre los dueños y su independencia será limitada.

Pida un ejemplar del reglamento de la asociación, si está planeando comprar. Con tan sólo ver ese enorme documento puede descorazonarla, pero vale la pena que lo lea. Su abogado debe leerlo también; asegúrese que el suyo se especialice en casas adosadas y en condominios, porque hay algunos puntos problemáticos. Por ejemplo, ¿quién es el responsable del cuidado de los caminos, veredas, entradas a los garajes, jardines y paisajes? La asociación de dueños de las casas puede o no mantener su lote individual de tierra o algunos de los aspectos exteriores como terrazas, puertas, techos y canaletas de desagüe.

Cuando la asociación es responsable por su patio, es posible que no pueda colgar un columpio o sembrar un arbusto donde usted quiera, y si a usted le gustaría que la puerta de entrada a su casa fuese roja, es posible que se deba conformar con una del mismo color que todas las demás. Algunas reglas son todavía más estrictas, tales como no ser permitidos los niños, ni las mascotas, ni siquiera un gato.

Antes de comprar, revise la estructura de la casa adosada como la de cualquier otra casa. Si todavía está en construcción, puede darle una buena mirada. ¿Hay paredes de incendios separando las unidades? ¿Podría añadir más aislamiento acústico entre su casa y la de los vecinos? ¿Habrá problema con los códigos de construcción locales si usted quiere remodelar el sótano?

Si la propiedad se está convirtiendo recientemente en un condominio o una cooperativa, pida una copia del reporte del ingeniero, que le indicará las condiciones de todo.

¿Cuáles son los gastos de administración? ¿Cuándo se espera que aumenten y cuáles cosas cubre? ¿Hay más costos adicionales? Si la cuota le parece increíblemente baja en el momento de hacer el negocio, seguramente es por algo; el constructor estará cubriendo algunos costos que luego, con el tiempo, pasarán a ser de los dueños y el mantenimiento subirá rápidamente.

Investigue si hay un fondo de reserva para afrontar los gastos de reparaciones y si dentro de la cuota de administración, una parte va para ese fondo. De otra forma, pueden cobrarle una cuota extraordinaria cuando se presente un arreglo inesperado, como la reparación de un techo. En muchas casas adosadas, ha habido problemas con la calidad de la madera terciada que utilizaron en 1980. Era resistente al fuego, pero tendía a desintegrarse. ¿Este problema sería personal o por la comunidad?

Deberá existir una póliza de seguro de riesgo y responsabilidad para cada unidad de vivienda. Y asegúrese que su pago adelantado sea depositado en un banco en una cuenta especial. Si el constructor no es solvente, puede querer usar el dinero de los futuros dueños para terminar el

VOCABULARIO PARA COMPRADORES DE PROPIEDADES

Obligación. Compromiso de compra a cierto precio y bajo ciertos términos. El depósito que se paga ese momento será retenido (generalmente por un abogado) en una cuenta que perciba intereses y usualmente se aplica a la cuota inicial, a menos que el negocio se rescinda. Entonces el dinero regresa a sus manos o a las del vendedor, dependiendo de los términos del contrato de compra.

Contrato de compra. Acuerdo firmado que requiere un depósito de dinero, incluye la cantidad del depósito, precio de compra, cuota inicial y tipo de financiación. Incluye también previsiones para recuperar dicho depósito (generalmente si usted no puede vender su casa actual, no obtiene financiación, el vendedor no puede entregar los títulos o cuando la casa no pasa la inspección); descripción de la propiedad (casa y cualquier artículo que quede en su interior); descripción del tipo de certificado, en él se incluirá cualquier "Impedimento o gravamen" o restricción en la propiedad (como embargos, derechos de una compañía para pasar cables, etcétera). El contrato puede ser rechazado por el vendedor si el precio no le parece justo, lo que lleva a una renegociación. No firme nada hasta tener la información de financiación preliminar.

Título. Asegura que el dueño tiene derecho legal para vender la propiedad; la búsqueda generalmente es llevada a cabo por una compañía especializada en títulos para asegurarse de que nadie tenga obligaciones sobre la propiedad, como un banco que tenga una hipoteca de la que el dueño no haya informado.

Certificado o escritura. Un "certificado general" le garantiza que la propiedad está libre de gravámenes y obliga al vendedor a defenderla a usted contra reclamos futuros, "un certificado especial" le ofrece a usted una protección más limitada, y un certificado de renuncia de reclamo (*quit-claim*), le entrega la propiedad sin asegurarle el título.

Derechos de propiedad. Derechos de bienes simple o derechos de propiedad absolutos le dan a usted todos los derechos de la propiedad; bienes de por vida le da derechos sólo durante su vida; bienes concurrentes indican que las esposas son copropietarias.

Hipoteca. Plan de financiamiento. Dar consejos sobre dinero está por completo fuera de mi campo. Pida consejo al banco.

Costos de cierre. Estos pueden ser mortales si no está preparado, pues pueden llegar a ser de un cinco por ciento o más del costo total de la compra. El Departamento de Vivienda y Desarrollo Urbano (Department of Housing and Urban Development) o su prestamista debe darle la información completa. El total incluye los costos de obtener un préstamo (llamado "puntos" porque cada uno es igual a un por ciento del costo total), costo de tasación, búsqueda del título, honorarios legales y demás.

Tranquilizantes de los nervios. Es lo que usted necesitará en uno a más pasos de este proceso.

proyecto, aunque esto está prohibido por la ley. El contrato deberá garantizar que su depósito le será devuelto si una cantidad establecida de unidades no ha sido vendida en un tiempo determinado.

Muchos condominios de casa adosadas tienen piscinas y otras comodidades. Si sólo están en proyecto, pero no han sido construidos, trate de conseguir la promesa por escrito en su contrato. ¿Qué tan grandes serán, alcanzará la piscina con las necesidades de toda la comunidad? ¿Usted podrá invitar amigos, que tan seguido y por cuanto tiempo?

Golpee algunas puertas, camine por los alrededores y haga preguntas para saber lo que piensan otras personas de la comunidad, algunos de los que ya viven en ella. Pregunte ¿cómo funcionan sus casas, qué tan bueno es el mantenimiento? ¿Están satisfechos con las facilidades, hay muchos dueños ausentes que están alquilando sus casas?

¿Son molestas las reglas de la asociación? A alguien a quien conozco, no le gustaban las terrazas del conjunto, pero sin embargo lo compró pensando en poner una celosía para obtener privacidad. "No", dijo la gerencia. La celosía era una "estructura permanente". El dueño no lo era. Ella decidió que vivir en un condominio no era para ella y se mudó muy pronto.

Un poco de investigación privada amistosa le puede enseñar mucho. Su mejor apuesta, es la de acudir a una reunión de la organización de residentes, lo cual le dará a usted una visión real y sin censura de lo satisfecha que está la gente.

Construir su propia casa

Si está comprando un terreno para construir su propia casa, tiene tres asuntos importantes que pensar:

Primero, que el terreno sea adecuado para construir. Un topógrafo le puede advertir si la casa de sus sueños será construida sobre granito sólido o en un pantano. (El comediante estadounidense Milton Berle solía decir, "Tuve grandes noticias de la Florida, hallaron propiedades en mi propiedad".)

Segundo, que el título de propiedad esté en orden, lo cual descubrirá cuando haga la búsqueda del título que es rutinario durante el proceso de compra. Y tercero, debe estar segura de que lo que vaya a construir esté conforme a las leyes de la zona, lo que debería estar incluido en el contrato con su arquitecto. Elegir el arquitecto apropiado es la clave para todo el proceso. Obviamente, la mejor manera de conseguir un contratista es a través de referencias personales, lo que le he recomendado en otras circunstancias. Desdichadamente, no siempre las referencias son cien por cien confiables. (¿Se acuerda de todas esas citas a ciegas que aceptó alguna vez?)

Muchos profesionales son miembros de la Sociedad Estadounidense de Arquitectos, pero para elegir uno siga su propio instinto. Encuéntrese con algunos de ellos e inmediatamente descarte a cualquiera que no responda o que sea intimidante. Esta persona tendrá que ser su nuevo y mejor amigo, estará a cargo de gran cantidad de su dinero y estará también involucrado en un largo proceso que provoca tensión, así que no lo ponga más difícil escogiendo a alguien que se confrontará con usted desde el comienzo.

Asegúrese de entender exactamente cuál es su obligación en cada paso del proceso. Si el arquitecto le propone dibujar unos planos, pregúntele cúanto costarán antes de aceptar.

El trato con un arquitecto es como el trato con un médico o un abogado. Tendrá muchos momentos tensos y odiará tener que pagar por errores ajenos, pero si los resultados son buenos, sentirá que sus sacrificios valieron la pena.

CAPÍTULO 2

Equipar el hogar

COMPRAR CON INTELIGENCIA PARA SU CASA

Para mucha gente, las palabras *compras y entretenimiento* están directamente conectadas, excepto cuando se trata de compras grandes como una máquina o la selección de una alfombra.

Muchas de estas cosas vienen con características que usted no comprende (no sólo unas pocas, sino gran cantidad de ellas). Mi nuevo refrigerador traía más opciones que mi nuevo marido.

Lo que es más, estas cosas cuestan mucho dinero. Si hace la elección equivocada —lo que usted no descubre hasta que haya botado la caja de empaque o hasta que haya expirado el día en que podía devolverlo— tendrá que vivir con ella largo, largo tiempo.

De otra forma, las buenas elecciones son un placer para disfrutar y no son muy difíciles de cuidar. Esta sección está dedicada a ayudarle a hacer la elección adecuada.

Mobiliario general

Lo mínimo que usted debe saber sobre cómo comprar para su casa:
- Cómo proceder.
- Anticipando y evitando problemas.
- Pidiendo servicio de reparación.

Cómo evitar errores

Aunque tenga comodidad para equipar una casa nueva planeando la mayoría de sus compras, muchas veces se encuentra en un almacén de electrodomésticos, sin haberlo preparado. Se daña el refrigerador a las nueve de la noche y a la mañana siguiente ya está usted rodeada de todos los modelos y escribiendo un cheque.

Cuando se puede, es buena idea planear la compra. Si el técnico de mantenimiento le advierte que el compresor está fallando, comience a pedir opiniones a sus amigos, escriba pidiendo cartillas de información, mantenga una carpeta con las notas y curiosee en los almacenes.

Antes de salir a comprar un aparato nuevo, haga una lista de todo lo que usted quiere que este aparato haga y cuando esté lista para comprar, pregunte por todo lo que anotó uno por uno. No hace mucho, yo no seguí mi propio consejo y salí a comprar un teléfono con contestador. Estaba segura que haría todo lo que hacía mi antigua máquina y más, asumiendo que los productores solo le adicionan cosas cada vez que sale un nuevo modelo. Por ello fue que llegué a mi casa con una máquina que no tenía botón de espera y no había manera de cambiar el mensaje desde afuera, lo que descubrí dos semanas después de haber botado la caja.

Una forma de decidir entre un grupo de aparatos similares, es averiguar la frecuencia de reparación que necesita cada marca. Sin importar lo que usted esté comprando, siempre piense en el mantenimiento. Hable con el dependiente de servicios del almacén que maneja todas las marcas y fíjese en el boletín del consumidor (*Consumer Reports*; suscríbase a él o consulte en la biblioteca) para la información confidencial. La revista también le mostrará una lista interminable de características.

Obviamente no siempre escogerá basándose en lo práctico —si la gente lo hiciera nadie produciría una alfombra blanca—, pero sabiendo que una alfombra de color medio es más fácil de mantener que una muy clara o muy oscura, todavía encontramos muchos colores entre los cuales escoger. El saber que el linóleo o las superficies de la cocina texturizadas acumulan suciedad, o que la pintura brillante se puede lavar y es mejor para las áreas de alto tráfico, puede ser un punto que le ayude a decidir entre dos posibilidades que encuentre igualmente atractivas. Esa es la clase de consejo que he incluido aquí. Antes de salir de casa con su billetera, le sugiero que la lea.

Qué garantizan las garantías

Cualquier compra mayor —de bienes o servicios— debe venir con una garantía. Que la garantía valga o no es otra cuestión. Recuerde que la garantía fue escrita por el mismo que produce el bien, así que traerá muchas exclusiones. Pero no le hace ningún mal, llenar y enviar el formato que pone su garantía en vigencia, si esto es requerido.

Una garantía de treinta o sesenta días en mi opinión es insignificante. Para empezar, muchas cosas no se rompen tan pronto, a menos que estén muy mal hechas, en cuyo caso las puede devolver inmediatamente. Mucha gente asume que la garantía se basa en el uso, pero la verdad es que se basa en el tiempo. A la compañía no le importa si usted apenas usa un refrigerador en su casa de vacaciones. Si el compresor se daña durante el segundo año y usted tiene una garantía de un año, ya usted tiene un problema.

Si usted cree que el problema que tiene está cubierto por la garantía, contacte al fabricante antes de que expire el término; la única cosa más frustrante que manchar la alfombra en el último mes del quinto año de una garantía de cinco años, es esperarse a reportar el problema hasta el segundo mes del sexto año y que le digan que su garantía se ha expirado.

Usted conoce sus derechos. En el caso de los electrodomésticos, una garantía completa indica que cualquier problema debe ser arreglado en un tiempo razonable y sin costos (con limitantes tales como la pérdida de la comida o el daño del piso). Si fallan los intentos razonables de corregir el problema, usted debe tener el derecho a que le devuelvan su dinero o a que le reemplacen el aparato. Una garantía parcial o limitada, garantiza las

partes pero no la mano de obra. Como la mano de obra es lo más costoso de cualquier presupuesto, ahí es donde la garantía cuenta más. La garantía del fabricante de tejas le vale mucho menos a usted que la garantía de aquel que le instala el techo.

Aunque la garantía haya expirado, si tiene algún problema llame por la línea gratis a la compañía. Generalmente recibirá asistencia de un técnico. Si usted no envía el formato de registro, no invalidará la garantía (*véase* el recuadro siguiente), pero si no lo envía el fabricante no podrá notificarlo si se presenta algún defecto o reclamación.

Mantenga los papeles juntos

Una garantía que usted no puede encontrar no le sirve de nada.

La garantía, el manual, el sello de cuidados y las fotocopias del recibo de registro, el cheque de cancelación, la factura de venta —original o copia de todos los papeles que vienen con una compra mayor— deben ser puestos en una carpeta de archivo. Archive por habitación o por orden alfabético o aun en una sola carpeta para todo (como sea su estilo), pero asegúrese que esté todo en un mismo lugar y que usted sepa cual es el lugar.

Si un aparato se rompe y todavía está bajo garantía, usted puede hacer que se lo arreglen aunque no haya enviado la forma de registro, en la medida en que pueda probar el día de compra.

Usted se sorprenderá de cómo esos papeles que usted nunca leyó, pueden servirle años más tarde. Por ejemplo, cuando una parte del tallado en madera de su asiento se ha caído, será más fácil repararlo si usted descubre en la etiqueta que es de plástico y no de madera.

Contratos de servicio

Usualmente le ofrecen un contrato de servicios cuando compra electrodomésticos o equipo electrónico. Es una especie de seguro de reparación que (a diferencia de la garantía) tiene un costo adicional. Yo creo que es menos costoso pagar por el servicio cuando se necesita que pagar muchos contratos de servicio. Si usted posee muchos aparatos, como la mayoría de la gente, podría terminar pagando una docena o más de contratos de servicio.

El costo total probablemente sería más alto que la llamada para el arreglo de uno o dos de ellos y se supone que no todos se van a dañar en el mismo año. Mi propia regla es no comprar contratos de servicio para artículos que no creo que necesiten mucha reparación (como el refrigerador), pero comprarlos para los artículos de vida más corta y de partes más complejas (como una cámara de vídeo). Qué hacer al respecto depende de qué tan arriesgado (u optimista) sea usted.

Como cualquier contrato escrito por la otra parte, el contrato de servicio puede tener uno o más "peros". Pagarán pero: sólo por la mano de obra, sólo por las partes, sólo por algunas partes, sólo por cierto número de reparaciones, sólo para las reparaciones hechas sobre lo establecido, sólo adicionándole el cargo de la llamada de servicio. También pueden sobreponerse con ciertas garantías de su garantía, así que a menos que usted pueda limitar el cubrimiento, puede terminar pagando de más.

De otra manera, su garantía puede ser de corta vida, así que el contrato de servicios es un respaldo necesario. Algunos contratos ofrecen buenos negocios, cubriendo hasta el mantenimiento de rutina, como la limpieza de las cabezas de la videocasetera (VHS). Pregunte cúanto tiempo tiene para decidir tomar el contrato y llévelo a casa para leerlo. Si no está bien y usted ya firmó le toca quedarse con él.

También verifique a quién le está comprando el contrato. El almacén puede estárselo vendiendo, pero puede ser del fabricante o un centro de reparaciones distinto el que le prestará el servicio. Para saber si el fabricante le ofrece un contrato de servicios (algunos son ofrecidos automáticamente cuando expira la garantía), busque el número telefónico en la cartilla de instrucción; si es una compañía grande, compruebe la información en el 1-800-555-1212 para ver si tienen una línea gratuita.

Si usted necesita alguna información sobre operaciones de servicios separadas, puede preguntar en el Better Business Bureau (Oficina de Mejores Negocios) para ver si la compañía es estable, y si es probable que siga existiendo hasta el término de su contrato.

Fíjese si el contrato es renovable y por cúanto tiempo, ya que el servicio, será más importante para usted a medida que lo que compró envejezca. Finalmente, verifique si el contrato sigue siendo válido si usted se muda y si puede ser transferido si usted le vende el aparato a otra persona.

Entrega

Al igual que la muerte y los impuestos, usted puede estar segura que habrá demoras y problemas con la entrega de cualquier cosa en la que usted haya gastado mucho dinero. Definitivamente, es una ventaja para usted hacer todo lo humanamente posible para estar en casa en el momento que llegue su compra o en el momento en que se termine el trabajo. Abandone la casa por unos pocos minutos y a su regreso encontrará la pared instalada donde no se supone o la puerta del refrigerador colgada al revés. (A mí me sucedió.)

Si usted no sabe qué hacer mientras los observa matando el tiempo, le tengo una sugerencia: lea las instrucciones y garantías que vienen con su compra y hágales las preguntas a los técnicos de servicio o a los instaladores si hay algo que no entiende.

No deje que los trabajadores ni el despachador se vayan de su casa sin haber mirado primero el trabajo y abierto lo que le han entregado. (Una forma de mantenerse en lo dicho, es no firmar la cuenta hasta que no lo haya revisado.) Si es totalmente insatisfactorio pero la persona que lo entrega no se lo quiere llevar, firme el recibo poniéndole una nota del problema allí mismo. Si el artículo está empacado y el despachador no puede esperar hasta que usted lo abra, escriba en el papel que la aprobación está sujeta a la inspección.

¿Para qué leer los manuales?

Lea el manual. Es una advertencia muchas veces dada y muy pocas veces aceptada (me incluyo). Aunque los manuales parecen estar escritos por personas para las que el inglés es su segundo idioma (la gente que habla inglés, creo, escribe los manuales para los extranjeros), si usted ha tratado de leerlos, ocasionalmente entiende algo. Algunas personas sienten que comprenden intuitivamente cómo funcionan las máquinas y por esto se rehúsan a leer el manual. Frecuentemente encontrará gente muy normal como esta, haciendo fila en el centro de reparaciones.

Aunque no se lea el manual al comienzo, por lo menos mírelo cuando tenga un problema. Muchos manuales incluyen sugerencias para evitar problemas que le ahorrarán a usted mucho tiempo y dinero. Casi siempre los manuales le advierten el mantenimiento de rutina, como aspirar los espirales de su refrigerador y le advierte que si no lo hace, el polvo acumulado dañará el aparato. Leer el manual le inspirará a sacar la aspiradora antes de hacer la llamada para un servicio innecesario. Una amiga mía pidió ayuda por un misterioso olor, luego encontró un botón de drenaje en la base del refrigerador. Más tarde descubrió que el manual decía que se debía limpiar regularmente para prevenir el moho.

Examinar la nueva compra

Aunque esta tarea le parezca extraña, ensaye cada característica y cada control de su nuevo aparato lo más pronto posible. Busque algún amigo al que le gusten los artefactos para que le ayude. De otra forma, podrá tener la incómoda situación de que su garantía expire antes de descubrir que su horno de autolimpieza no limpia. Si algo no funciona, dígaselo pronto al responsable de la garantía.

Preste atención a los problemas cuando están comenzando. Lo más posible es que no se solucionen solos. Si el motor del refrigerador se enciende más a menudo de lo que debiera o el agua de sus cañerías está saliendo herrumbrosa, algo está mal y necesita atención. Atender el problema pronto previene que pase a mayores.

——————— Cuando necesite servicio

Los abastecedores de gas, corriente eléctrica y/o aceite, generalmente tienen departamentos de servicio que ayudan, porque una de sus funciones principales es generar buen nombre entre los clientes. Pero en muchos casos, usted está solo para encontrar ayuda.

Si compra una casa, pregúntele a los dueños los nombres de la gente de servicio recomenda-ble. Si a ellos se les olvidó, puede pedirle esa lista al agente de bienes raíces que le vendió la casa.

Los manuales de indicaciones de los electrodomésticos y los equipos electrónicos, o su garantía de servicio, probablemente le piden que envíe el artículo para reparación directamente al fabricante y le da una lista de centros de reparación del fabricante o almacenes autorizados para el arreglo. Si usted tiene un contrato de servicio, a menos que le hagan la reparación en uno de los almacenes autorizados, se anula el contrato. Si no es conveniente una visita personal a uno de estos centros de reparación y el envío se dificulta, contacte el almacén donde compró el artículo para ver si ellos manejan el envío. A mí me gusta promover mucho a los minoristas locales. Aunque le pueden cobrar un poquito más que un almacén grande de descuentos, ellos siempre saldrán a darle ayuda adicional, consejo y servicio.

> ### La forma más segura para que un electrodoméstico dañado funcione es mostrándoselo a un técnico.
>
> *(Una forma de evitarlo: grabe un vídeo del problema.)*

Otra forma de hacerlo es buscando en las páginas amarillas almacenes de reparación autorizados o independientes. La mención del nombre del fabricante en un anuncio no quiere decir que sea un centro autorizado. El hecho de que un centro de servicio no esté autorizado no quiere decir que no está calificado. Simplemente puede ser que no haya aplicado para la autorización.

Anticipar los costos de un arreglo

Cuando usted llama solicitando un arreglo, esto es lo que necesita preguntar:
- Si el almacén puede reparar su marca en particular.
- Si hay costos por un diagnóstico, un presupuesto y / o una llamada para una visita.
- Si el costo del trabajo es por horas o tiene tarifa.
- Si usted recibirá un presupuesto del costo total antes de comenzar el trabajo.

• Si la reparación tiene garantía (de qué y por cuánto tiempo).

Cuando necesite reparar algo siempre pida un presupuesto. Aún más, si es posible tome cotizaciones de varios proveedores por los repuestos y por la mano de obra. Pídalos por escrito, con una nota firmada, diciendo que si le parece que este trabajo excederá el presupuesto, usted será notificado a tiempo para decidir si continúa o no con el trabajo. Si el trabajo es gratis porque el centro de servicio acepta la garantía, pida que le escriban "sin cargo" en su recibo.

Pida un recibo con fecha, con la descripción de su producto y lo que se le va a hacer —en lenguaje simple, manuscrito y que usted pueda leer— firmado por la secretaría. Usted puede tener seguro (digamos que, por una ventana rota del automóvil) o la garantía de reembolso por el trabajo que le hagan, pero si el recibo es ilegible o incomprensible su reclamo puede ser rechazado.

"Pídalo por escrito" es una frase que usted debe tomar en serio en todos sus negocios con los técnicos y contratistas; y sea específico. Cuando me hicieron un trabajo grande de carpintería, descubrí (muy tarde) que lo que yo tenía en mente, no era lo mismo que tenía en mente el contratista. Un gabinete de pared que debía llegar hasta el techo, resultó un poco más bajo. Y mientras yo pensé que obtendría una cubierta laminada en los mostradores y en los entrepaños de debajo, él sostuvo que la palabra laminada en la orden se refería solamente a la parte superior de los mostradores.

Cuando recibe la visita del técnico

Verifique su manual, llame a la compañía por la línea gratis (muchas veces un técnico le puede ayudar a hacer una reparación menor), mire en la sección de arreglos, en la parte de solución de problemas en electrodomésticos; en otras palabras, haga todo lo que pueda, antes de tomar el teléfono para una llamada de servicio. Si resulta inevitable, pregunte primero cuanto le costará.

El costo de un "diagnóstico" o "visita", puede parecerle del tamaño de la cuota inicial de un fin de semana de vacaciones y es solo el principio. Generalmente cubre solo el costo de la lle-

gada del técnico a su casa y un determinado tiempo —tal vez media hora— para diagnosticar el problema. Es especialmente doloroso entregar todo ese dinero cuando el técnico demora solo un minuto, declarando que la razón para que su lavadora no funcione es que no la ha conectado.

Corregir el problema real puede aumentar el costo de forma considerable. Los cargos por tiempo extra usualmente se cobran en incrementos de quince minutos, aunque si el técnico requiere un repuesto para la reparación y tiene que hacer un segundo viaje para traerlo, es posible que no le hagan un cargo adicional por este tiempo.

Esté en casa cuando llegue el técnico. Si la gente que hay en su casa solo está interesada en el contenido del refrigerador y no en lo que le funciona mal, no cuente con ellos para que le describan el problema al técnico.

Esto también puede ser un tiempo valioso para que usted aclare cualquier duda que tenga sobre la operación y el mantenimiento de su electrodoméstico o equipo. Si usted no sabe en donde están las válvulas de cierre o cómo manejar la luz del piloto, ahora es el momento de preguntar.

También puede lidiar con otros problemas menores que no ameritan una llamada por sí mismos. Cuando el técnico vino a mirar mi refrigerador, también le pregunté si podía mirar porque se había caído la rejilla (¿Le faltaba algo? Y si es así, ¿me lo podría reemplazar?), y encargar una nueva rejilla para reemplazar la que se había dañado. Algunas veces es posible que el técnico tenga el repuesto con él.

Reparar o reemplazar

Se espera que los electrodomésticos duren mucho tiempo y gasten poco en mantenimiento y reparaciones. Un nuevo compresor para el refrigerador puede costar 200 dólares. Reemplazar todo el refrigerador le costará tres veces esta cantidad, pero si ya está viejo (dura aproximadamente dieciséis años) tal vez no valga la pena arreglarlo. Claro está que muchos electrodomésticos, como algunas personas, siguen trabajando muchos años más después de su edad de retiro.

DURACIÓN DE VIDA DE VARIOS ELECTRODOMÉSTICOS

Secadora	14 años
Lavadora	11 años
Congelador	15 años
Lavaplatos	11 años
Calentador de agua	10 años
Estufa	16 años
Refrigerador / congelador	16 años
Máquina de coser	14 años
Tostadora	15 años
Aspiradora	15 años

Verifique el trabajo

Antes de salir del almacén de reparación y antes que el técnico salga de su casa, verifique que el aparato que se reparó esté funcionando. Puedo asegurarle que muchas veces le arreglaron lo que no era o que lo arreglaron mal.

Asegúrese que el recibo describe el trabajo que se llevó a cabo (en un lenguaje comprensible) y que indique los términos de la garantía o contrato de servicio.

Electrodomésticos

La cosa más importante de tener en cuenta cuando va a comprar un electrodoméstico es que lo que vaya a comprar quepa en el sitio que le tiene disponible. Esto parece obvio, pero una pareja inteligentísima que yo conozco, compró un refrigerador que tuvo que devolver pues tenía un pié de más por todos los costados.

Mida todas las dimensiones del lugar —alto, ancho y profundidad— y si hay necesidad, anote hacia qué lado abre la puerta, (algunas máquinas tienen puertas que se pueden cambiar de lado). También verifique su puerta de entrada y el ancho de los pasillos, para estar seguro que pueda entrar a su casa el efecto. Muchas veces encontrará las dimensiones en la etiqueta, pero es buena idea cargar una cinta métrica, (lo mismo que las dimensiones de la habitación) cuando va de compras. Si está reemplazando un modelo viejo por uno nuevo, debe averiguar también si tiene sufi-

ciente corriente, y si tiene una toma de tres patas con polo a tierra.

Puede conseguir las especificaciones de las marcas en las que está interesada por medio de los fabricantes o escribiéndole a la Asociación de Fabricantes de Electrodomésticos (Association of Home Appliance Manufacturers), 20 North Wacker Drive, Chicago, IL 60606, para recibir una lista de todos los modelos disponibles de electrodomésticos disponibles, como aires acondicionados, refrigeradores, etcétera, junto con la información del tamaño y consumo de energía.

Al leer el manual de uso y cuidado antes de hacer la compra, le da más conocimiento de lo que ofrece el equipo y lo que necesita de mantenimiento. Para los modelos que se encuentran en vitrina, el vendedor debe tener manuales adicionales.

Para asegurarse que el aparato eléctrico que compró está fabricado con seguridad debe estar en la lista del UL, el Laboratorio de Riesgos (Underwriters Laboratories). Las máquinas a gas deben tener un certificado de diseño de AGA, la Sociedad Estadounidense del Gas (American Gas Association) y un Sello Certificado Estrella Azul placa de clasificación.

ESTIMADOS DE LA NECESIDAD DE AGUA CALIENTE

Uso del agua caliente	Estimado de galones de agua
Lavadora (enjuague caliente / frío)	10–12
Ducha	10–15
Baño	15–20
Lavaplatos automático	12–15
Lavar platos a mano	4
Afeitada	2
Lavado del pelo	4
Preparación de comidas	5
Lavado de manos y cara	2

Fuente: American Gas Association
(*Sociedad Estadounidense del Gas*)

Calentadores de agua

El cuadro de arriba ofrece guías solamente. Si la familia incluye hijas adolescentes, la ducha necesitará algo más que el promedio y si las chicas tienen el pelo largo, se saldrá de la lista.

Para calcular sus necesidades haga una lista de todo lo que se le ocurra en la hora del día en que su familia gasta más agua caliente. El total le dará la capacidad que debe tener el calentador de agua que va a comprar. Si tiene un calentador que es muy pequeño, siempre le quedará faltando, uno demasiado grande, será un desperdicio y elevará sus costos innecesariamente. De cualquier manera, tiene más sentido económico tener un calentador de agua separado del sistema general de calefacción de la casa.

La mayoría de los calentadores de agua contienen veinte o cincuenta galones, pero también está el calentador "low boy" que contiene treinta galones y que se puede instalar ordenadamente dentro de los gabinetes, o los calentadores de paso, sin tanque, que vienen de diferentes tamaños: desde los más pequeños que son como la tapa del fregadero hasta los más grandes que reemplazan a los calentadores convencionales.

En la mayoría de los sistemas, los desfogues llevan los gases desde el calentador hacia arriba y hacia fuera a través de conductos en el techo o en la chimenea. Los nuevos calentadores de agua pueden desfogar a través de la pared desde el calentador así que la instalación es más flexible.

Refrigeradores

La consideración más importante para comprar un refrigerador es la capacidad de almacenamiento. Aunque usted pertenezca a la escuela de *mucho-nunca-es-suficiente*, el gasto de un refrigerador grande conlleva un gasto mayor de combustible y dinero, principalmente si lo usará tan sólo para las cubetas de hielo y las cajas con sobrantes. De otro lado, si su refrigerador siempre está lleno, deberá ser lo suficientemente grande para que el aire circule, o si no los costos de operación subirán innecesariamente. El tamaño se mide en pies cúbicos (según sus siglas en inglés). Como regla general, hay gente que toma doce pies cúbicos como el mínimo para las dos primeras personas de la familia, incrementando luego dos pies cúbicos por cada miembro adicional. Yo les aseguro que lo que el fabricante pone en la etiqueta como espacio disponible, es demasiado optimista, así que compre de acuerdo a esto.

Instale el refrigerador de manera que la puerta abra para permitir el acceso al mostrador de la cocina. Necesita como mínimo 18 pulgadas de mostrador para cargar y descargar. Si alguna vez planea mudarse, busque un refrigerador con bisagras intercambiables, (para que pueda cambiar el sentido de la puerta) y con paneles intercambiables para que pueda cambiar de color.

Hace años, todos los refrigeradores tenían que descongelarse manualmente. Esto implica tener que apagarlo, o ponerlo en "descongelar" (*defrost*) y esperar a que el hielo acumulado se derrita, forzándose a resistir el deseo de ayudar, rompiendo el hielo con un cuchillo, picahielo u otra herramienta, lo que puede resultar en un daño de proporciones para el refrigerador o para usted. (Formas menos peligrosas para acelerar la descongelación del refrigerador están descritas en la parte de este libro que habla sobre la limpieza de la cocina.)

Hoy en día algunos modelos son parcialmente automáticos —lo que significa que el refrigerador se descongela automáticamente, pero la sección de congelador no—; la mayoría de los refrigeradores-congeladores son completamente automáticos.

Aunque la descongelación manual es un inconveniente, también es un ahorrador de energía increíble, como se dará cuenta cuando compare las etiquetas amarillas de Guía Energética (Energy Guide) en las puertas de los refrigeradores puestas en exhibición. (La etiqueta le da el gasto aproximado de energía que consume el aparato en un año.) También sucede que si el hielo se acumula más de $\frac{1}{4}$ de pulgada en uno de descongelación manual, la unidad gasta más energía porque debe trabajar más duro.

La mayoría de los refrigeradores pequeños de una sola puerta, desde 1,6 pies cúbicos en modelos de mesa, hasta 17,5 pies cúbicos los más grandes, son de descongelación manual. En general tienen lo que se llama "sección o compartimiento de congelador" (*freezer section* o *freezer compartment*). Estas palabras indican que el congelador mantendrá cubos de hielo, congelará vegetales (congela a temperaturas de 29° a 31°F) y carnes (25° a 29°F) pero no tiene temperaturas de (8°F o menores) para mantener duros los helados o jugos concentrados. Para eso usted necesitará un "congelador de comida" (*food freezer*) o un "compartimiento para almacenamiento de comidas" (*frozen food storage compartment*) que se encuentran en muchas combinaciones de refrigeradores-congeladores, con la sección de congelador arriba, abajo o al lado del refrigerador.

Yo personalmente detesto la sección del congelador en la parte inferior. Pierde mucha energía cada vez que lo abre, pero lo más importante para mí, es que todo parece desordenado. Otras personas lo prefieren así, porque al poner el congelador en la parte de abajo significa que tendrán la comida fresca al nivel de los ojos.

Nunca suponga que la puerta de su refrigerador tiene la misma temperatura que el interior, muchos de ellos no mantienen temperaturas uniformes.

Si usted necesita espacio para almacenar alimentos, y tiene el espacio y el presupuesto, el modelo lado-a-lado (congelador a un lado y refrigerador al otro, con una capacidad de 19 a 28,8 pies cúbicos) es lo más conveniente.

Otras opciones incluyen las que hacen cubos de hielo (de mucho uso si usted tiene muchas fiestas), unas con dispensador exterior de agua y hielo (de algún uso), y las de área especial de almacenamiento con controles ajustables (¿no tiene ya suficientes controles en su vida?).

Con los refrigeradores, como con todo lo que compra, considere la cantidad de limpieza que necesita. Las máquinas oscuras y las puertas de vidrio oscuro muestran más el sucio y las huellas de los dedos; las terminadas en materiales texturizados atrapan la mugre y son más difíciles de limpiar. Las bandejas de vidrio necesitan más limpieza que las rejillas. Las cosa que hacen más rápida la limpieza son las bandejas, los cajones y las rejillas removibles —puede sacarlos para lavarlos cuando tenga un derrame— y rodachinas para retirarla totalmente y limpiar por detrás. Los espirales traseros son más fáciles de limpiar que los que están debajo.

Las bandejas de la puerta deben ser lo suficientemente profundas para que quepan recipientes grandes, y las barras de retención deben ser

fuertes. En algunos casos, los refrigeradores están mal diseñados: aunque los huevos se deben mantener a una temperatura más alta, ponen su almacenamiento en la puerta, y mientras las verduras deberían estar a temperatura casi de congelación, en la mayoría de los refrigeradores no lo están.

Las combinaciones de refrigeradores-congeladores no deben estar en áreas sin calefacción ni cerca de las fuentes de calor (horno, estufa, sol directo). La unidad debe tener suficiente espacio alrededor para que el calor que produce pueda salir y para que se pueda limpiar por detrás y las puertas puedan abrir sin problema.

La unidad debe estar a nivel (o si no, hará mucho ruido) en un piso que la sostenga por razones obvias.

Congeladores

Un congelador por separado es muy conveniente si usted no puede hacer la compra muy seguido, da muchas fiestas, y cosecha calabacines en su jardín, pero consume mucha energía. Una forma de bajar el costo de la energía es mantenerlo lleno. Si no tiene mucha comida dentro, llene unas vasijas grandes con agua y póngalas adentro. Aunque los congeladores de descongelación manual pueden ser operados sin problema en áreas sin calefacción (verifique en el manual para estar seguro), como las combinaciones refrigerador-congelador, los congeladores separados que tienen sistemas automáticos de descongelación son sensibles a la temperatura a su alrededor. Si usted planea tener alguno de ellos en un garaje u otro lugar sin calefacción, donde la temperatura bajará a menos de 55° ó 60°F, compre un modelo especialmente diseñado para operar en bajas temperaturas. De otra forma, la actividad del compresor baja. Si la temperatura ambiental llega por debajo de 42°F, puede parar del todo y la comida se descongelará y pudrirá.

Casi todos los congeladores estilo cajón deben ser descongelados manualmente, pero los verticales harán el trabajo automáticamente. Los tres tamaños más populares de congeladores son 5, 12, y 15 pies cúbicos. Hay una regla generalizada que dice que de tres a cuatro pies cúbicos de capacidad de congelador por persona, pero esto obviamente varía dependiendo de qué tan seguido va usted al mercado y del apetito de su familia. Búsquelo con bandejas ajustables, rodachinas, un drenaje para hacer más fácil la descongelación manual y una luz de seguridad que le advierta de la falla de energía.

Cocinas y hornos

Las cocinas que se deslizan o se ajustan no están terminadas por los lados. Las que se sostienen solas, si lo están. Las empotradas tienen separados los fogones del horno.

> PRECAUCIÓN: En la cocina las estufas que se sostienen solas o las empotradas que hayan quedado mal instaladas, se pueden voltear si alguien pone mucho peso sobre una puerta abierta. Deben tener un dispositivo antideslizante.

Hay gente que prefiere las cocinas de gas y otros que no vivirían sin una eléctrica. Los fanáticos de la cocina de gas dicen que calientan inmediatamente y que se pueden controlar con más facilidad. A los que prefieren la cocina eléctrica, les gusta la ausencia de la suciedad del carbón. Si usted compara las ollas de una cocina con cocina eléctrica o con cocina de gas, encontrará que las de la cocina eléctrica están más limpias. Pero las cocinas eléctricas tienen un mayor costo de operación y compra.

La ignición de las antiguas cocinas y hornos a gas, tenían luces de piloto (*pilot lights*)— llamas eternas que aseguraban que aunque se fuera la luz, su estufa seguiría trabajando. Para conservar el combustible, las nuevas estufas utilizan la ignición electrónica. Una pequeña chispa creada por la electricidad enciende el gas y hace el pequeño sonido clic que se oye cuando usted enciende la cocina, y que se continúa oyendo hasta que la llama alcanza la intensidad debida. Las cocinas a gas se consiguen con los quemadores convencionales o en los nuevos modelos con diseño sellado, es más fácil de limpiar.

Las unidades eléctricas vienen en muchos modelos. Las ventajas de las planchas sólidas de **hierro fundido**, selladas sobre la superficie de la cocina son un calor uniforme y si algo se derrama nada puede penetrar. Las superficies de vidrio cerámico son muy bellas pero se demoran en calentar, se enfrían lentamente y se rayan con facilidad. Algunos modelos pueden sostener más de cuatro ollas al tiempo, ya que estas nuevas superficies no tienen llamas ni quemadores estándar; un indicador de calor le advertirá cuándo es seguro tocar la superficie.

Cocinas con superficie de inducción (*induction cooktops*) (también de vidrio) obtienen su calor de la energía magnética. Ofrecen calor y enfriamiento instantáneo, se mantienen frías excepto en el punto donde las toca el utensilio a calentar, resistente a los rayones, no tienen quemadores para limpiar. Sin embargo, no son buenas para cocinar rápido ni muy caliente y solo se pueden usar con utensilios de acero inoxidable, de acero carbón o de hierro fundido.

Cocinas con superficies halógenas (*halogen cooktops*), cocinan con luz, son las más novedosas y parecen ser muy limpias.

La **campana extractora** (*range hood*) y el **filtro del ventilador** (*fan filter*) sobre la cocina, evitan las paredes y las cortinas con grasa, y el tiempo que se ahorra en limpieza justifica el gasto de este implemento.

Las nuevas superficies de **unidades a gas de bajo gasto** (*down-draft cooktop units*) eliminan la necesidad de un desfogue y están diseñadas para una cocina situada en una isla en la cocina. Son muy ruidosas y no siempre efectivas. Los ventiladores grandes pueden crear una situación de vacío, que hace que la chimenea sin desfogue revierta la dirección, lo que puede llegar a ser peligroso.

Si su cocina viene con quemadores removibles, verifique que salgan para fácil limpieza. Las perillas que se pueden quitar son de más fácil limpieza que los botones, y las que están sobre la superficie, son más seguras que las que están hacia el frente, si hay niños en las casa.

Las cocinas eléctricas o de gas, por encima del promedio, pueden venir con asadores, tapas para los quemadores permanentes o modulares y otras superficies especiales para cocinar. Verifique qué tan fácil es su limpieza y su cambio (sea realista sobre si las va a usar y si vale la pena comprarlas).

Si a usted le gusta la cocina complicada, u organiza fiestas a gran escala, es posible que prefiera una cocina de cuarenta pulgadas tipo restaurante con seis quemadores.

Algunas cocinas se fabrican para usar gas natural (en cilindro) o LP, propano líquido (*liquid propane*), pero muchas de ellas salen de la fábrica ajustadas para gas natural. Cada cocina de gas tiene una placa que indica qué tipo de gas usa y a qué tipo fue ajustada para el comienzo. Para encontrar la placa, levante la tapa y retire un panel accesorio, o abra la puerta o el cajón. Pídale al vendedor que le busque la placa o que le diga qué gas debe usar si usted no está seguro.

El horno puede o no estar pegado a la parte superior. Yo, personalmente, prefiero los hornos de pared, separados de los fogones ya que le permiten asar y hornear a una altura más cómoda que los hornos de cocina.

Los hornos modernos que se limpian solos tienen un ciclo separado de limpieza, que queman los derrames y las salpicaduras de grasa a altas temperaturas, pero usted tendrá que sacrificar espacio de cocción para tener esta función.

Un horno de limpieza continuada (*continuous cleaning oven*) tiene un recubrimiento especial que trabaja mientras se usa: cuando usted está horneando algo, el proceso de limpieza está encendido. Este sistema mantiene la mugre al mínimo, aunque los derrames deben ser recogidos. Pero —y este es un gran pero— el recubrimiento de las paredes de un horno de limpieza continuada puede hacer o no tan buen trabajo como promete. También los asadores pueden quedar mal localizados debajo del horno. Ahora las nuevas paredes en vidrio cerámico, deben hacer que la limpieza del horno sea más fácil.

La mayor desventaja de los hornos que se limpian solos, es que son de operación costosa y producen contaminantes. Si usted compra uno, verifique que sea un modelo con ventilación.

El horno eléctrico es preferible al horno de gas, pues mantiene una temperatura pareja y no reseca la comida. También, el asador está dentro del horno y no debajo de él.

El horno de convección, que cocina las comidas más rápido y a más bajas temperaturas —el calor continuamente recircula dentro del horno por medio de un ventilador eléctrico— ahorra tiempo y energía. Usted tendrá que ajustar sus recetas para que le salgan bien y aprender alguno de los trucos especiales que hay para trabajar con este tipo de calor, como es el de poner un tazón de agua en el horno para que no se resequen las comidas.

Hay dos escuelas de pensamiento sobre la ventana de vidrio opcional en la puerta del horno. Por una parte se ensucia inmediatamente y es difícil de limpiar. Por el otro evita que usted esté verificando continuamente el horno, lo que la hace perder hasta 50°F cada vez que lo abre; por lo que le ahorra energía.

Tener dos hornos —uno al lado del otro o uno sobre el otro— es muy cómodo pero si no tiene el espacio, trate de conseguir un horno extra ancho. Así sea que tenga una o dos pulgadas más de las 19 ó 20 usuales, es posible que usted logre introducir dos fuentes uno al lado del otro.

Hornos microondas

La mayoría de las personas no cocinan en el microondas. Lo usan para hacer palomitas, calentar el café y hacer papas asadas. Si eso es lo que tiene en mente, tal vez debería ahorrar su dinero.

Pero si tiene una familia donde todo el mundo tiene horarios diferentes, un horno microondas es una forma imbatible de servirle a cada uno una comida caliente en un momento.

El microondas consume la electricidad corriente de una casa. Dentro tiene un tubo de vacío que convierte la energía eléctrica en microondas. Esas ondas rebotan dentro de la caja metálica que es el horno y atraviesan la mayoría de los plásticos, el vidrio y el papel, dejándolos a éstos fríos. Pero hacen que las moléculas de la comida vibren y se froten entre sí. La fricción produce calor, lo que cocina la comida.

Ya que las microondas no penetran dentro de la comida, más de ¼ a 2 pulgadas, el centro de ella no se cocina hasta que el calor no penetre desde afuera, lo que se logra principalmente durante el tiempo de reposo. (Por esto, no importa qué tan apurado esté, no elimine el tiempo de reposo).

Generalmente, el horno microondas viene con un libro de cocina que le indica cómo estimar el tiempo de cocción y cómo acomodar las comidas para que se cocinen apropiadamente.

Al cocinar en el microondas no se calienta la habitación porque cuando las microondas se salen del horno, se esparcen y disminuyen su energía, como cuando el calor abandona al fósforo. Las microondas a una pulgada de la fuente de energía tienen cien veces más poder que cuando están a diez pulgadas.

La gente que no se fascina con los microondas tiende a desconfiar de ellos, pero los fabricantes insisten que son seguros, que los rayos-X corrientes tienen más de un millón de veces más energía que ellos. Siga siempre las instrucciones, hágalo reparar si tiene problemas y límpielo como recomienda el fabricante (especialmente el sello de la puerta).

Yo cometí el error de comprar un microondas que se suponía que cocinaba, tostaba y doraba a la vez. Puse a prueba y fallé con todas sus características aún cocinando, ya que resultó ser un horno de bajo voltaje. El punto importante de un horno microondas es la velocidad, así que le recomiendo comprar el de más alto poder (alto voltaje) que pueda encontrar. También asegúrese que le cabrá el molde que usa más frecuentemente.

El plato que gira dentro del microondas quita mucho espacio, pero vale la pena el sacrificio, ya que al estar dando vueltas a la comida, hace que esta se cocine más parejamente.

Hay microondas diseñados para colgar sobre una estufa, debajo de un mueble o poner sobre el mostrador. Si tiene niños, van a querer usarlo, así que póngalo en un sitio seguro, pero al alcance de ellos —para evitar que causen derrames, se caigan o lo tumben tratando de alcanzarlo— y asegúrese de que ellos conozcan los riesgos. (Por ejemplo, en los pasteles rellenos de mermelada [*donuts*], mientras que la mermelada en el interior se calienta terriblemente, la masa exterior se mantiene apenas tibia.)

Lavaplatos

Los lavaplatos que se conectan a la llave, son dignos de consideración si usted se muda muy seguido, de otra manera son mejores los empotrados que no se atraviesan en su camino. Hay unos modelos tan compactos que caben hasta debajo del fregadero.

La mayoría de las máquinas gastan de nueve a trece galones de agua por ciclo. Entre más niveles de lavado tengan y más huecos en el rociador, será mejor la labor de limpieza que cumplan. También fíjese que el modelo tenga bastante espacio de almacenamiento. La máquina ideal debe contener un servicio para doce personas. Algunos modelos tienen una rejilla que se desdobla para la cristalería adicional.

El interior de acero inoxidable es el más durable y el plástico sólido es una buena opción. La porcelana no dura mucho.

Por ley, los lavaplatos nuevos tienen una opción de ahorro de energía para secar los platos sin calor (aunque involucra un ventilador). Aunque el proceso es más lento, es aceptable, si usted la usa una sola vez al día.

Una opción de pausa al comienzo, le permite programarla para trabajar cuando el agua caliente o la energía estén en su momento más alto y barato. Sin embargo, los fabricantes advierten no prender el lavaplatos antes de irse a dormir o cuando va a salir. La gente tiende a ignorar la advertencia hasta el momento de la primera inundación.

En el verano, cuando se usan tantas tazas y vasos, está la opción de un ciclo rápido. Un programa de prelavado evita que se pegue la comida: todo se enjuaga y se deja para más tarde el lavado completo; pero la máquina de dos ciclos (normal y pesado) es suficiente. La verdad es que el ciclo pesado no lava mejor sus platos, solo los lava por un mayor tiempo. Lo mismo sucede con el ciclo de restregado de ollas, que promete más de lo que logra. Si están pegadas, las ollas necesitarán restregado a mano.

Todas las máquinas necesitan que usted retire las sobras y el manual le informa de comidas que son problemáticas, pero como regla general solo se necesita poco enjuague y ningún lavado, antes de introducir los platos en el lavaplatos. Yo quisiera hacer historia como la persona que rompe el hábito nacional del prelavado. Es un gasto innecesario de agua y de tiempo.

Si su calentador de agua calienta toda el agua de su casa a 140°F por culpa de su lavaplatos —en ninguna parte de su casa necesita el agua tan caliente—, verifique los modelos nuevos que tienen calentadores internos de agua. Puede programar la temperatura del agua de la casa en 120°F, y que el calentador de la máquina suba la temperatura a 140°F.

Si pone el lavaplatos junto al refrigerador, necesitará poner un aislamiento de por lo menos R-12 entre los dos aparatos, porque el lavaplatos genera mucho calor.

Triturador de basuras

Las cáscaras de banano, las tusas, los pelos de las mazorcas y el apio, le causan indigestión al triturador de basuras, pero puede manejar la mayoría de las demás comidas.

El sistema triturador de basuras tiene tres partes: la cámara que muele, en la que se recoge la basura, un plato triturador con un motor ajustado por debajo y el aro que se pone alrededor del borde. El agua se lleva las partículas de comida al alcantarillado o al sistema séptico. (Sí, se puede usar un triturador de basuras con el sistema séptico. El 20% de los usuarios lo hacen.)

En el sistema de un ciclo de alimentación, el motor no se prende hasta que se coloca un protector sobre el orificio; es más seguro. Las máquinas de este tipo son difíciles de conseguir y son más costosas que las de alimentación continua que operan con el agua corriente y un interruptor de pared.

La potencia de la máquina es el que le da la durabilidad. Una máquina de la mejor calidad tiene una potencia (h.p., según sus siglas en inglés) de 1 h.p., una de baja calidad tiene ⅓ h.p. La mayoría están en un rango entre ½ y ¾ h.p. Un motor grande no es necesariamente más rápido, simplemente no trabaja tan duro, así que un modelo de ¾ h.p. puede durar hasta 3 ó 4 veces más que uno de ½ h.p.

Otras características que pueden ayudar a prolongar la vida de la máquina son: un motor de reversa automática, un mecanismo antiatascamiento, un protector de sobrecarga y una pantalla de detergente que proteja al motor de los limpiadores cáusticos.

Las máquinas con partes de acero inoxidable durarán más que las que están hechas de acero carbón a aluminio, que se corroen y oxidan.

Una máquina que no hace mucho ruido puede ser que esté mejor balanceada, lo que significa un menor trabajo para el motor. Pero ninguna es silenciosa. Haga que le instalen la máquina con una abrazadera acolchonada para reducir el sonido un poco.

Algunos dispositivos tienen un aditamento de reparación para que lo arregle usted mismo— una llave de tuerca que usted puede usar bajo el fregadero para voltear el eje cuando algo lo ha atascado. Esto ayuda a bajar la cantidad de llamadas de servicio.

Compactador de basuras

Algunas personas instalan un compactador de basuras en la cocina, pero si usted lo usa para todo, incluida la basura húmeda y no tiene la precaución de lavar las botellas y las latas, toma un olor espantoso. El mejor lugar para su instalación creo que es el garaje.

Quisiera que hubiera algo que trabajara tan eficientemente en mi cuerpo, como esas máquinas trabajan con la basura. Sin embargo, aunque me gusta el concepto, estas máquinas no me convencen del todo. Como interfieren con la descomposición natural de los desperdicios, los compactadores ayudan al problema mundial de los desperdicios.

CUANDO LE INSTALAN SU LAVADORA-SECADORA

Si la lavadora queda a la derecha, la puerta de la secadora deberá abrir para la izquierda (y viceversa). Algunas puertas abren 180° completos, así que son accesibles de cualquiera de los dos lados.

El conducto de ventilación entre más corto y más recto mejor, ya que así no se atascará con las motas. Verifique de vez en cuando desde el exterior que la tapa de la ventilación abra y cierre fácilmente. Si la tapa permanece abierta, hará que entre la corriente y se salga el aire caliente.

La secadora deberá estar perfectamente nivelada o el movimiento del tambor hará que se mueva y estirará las conexiones de gas.

Mantenga la secadora en una área cálida, ya que el tiempo de secado será mayor en garajes sin calefacción y cuartos de limpieza.

Instálela sobre una plataforma de un pie de alto y no tendrá que agacharse para sacar la ropa. Use el espacio que queda debajo para almacenar los elementos de limpieza.

Lavadoras automáticas de ropa

Aunque hay gran número de marcas diferentes, sólo hay más o menos media docena de compañías que las fabrican, así que las diferencias entre ellas no tienen mucho significado. La mayoría tiene 27 pulgadas de ancho (algunos modelos tienen la secadora apilada encima y otros están pegados al lavadero).

Si está comprando máquinas apiladas o lavadora-secadora todo en uno, para apartamentos pequeños, verifique qué voltaje necesitan. Algunas operan a 120 voltios, pero otras necesitan 220 y estando en la línea donde todo puede costar miles, (la alternativa es una unidad a gas). También necesita ventilación exterior, a menos que compre una máquina europea con un condensador de secado.

Las máquinas pequeñas apilables, con una capacidad de ocho libras, necesitan largo tiempo para secar la ropa.

Algunas máquinas dicen tener capacidad "extra-grande", pero la gente que aprecia esto es la misma gente que piensa que un tamaño les sirve a todos. Para calificar realmente como extra-grande, una lavadora deberá soportar 12½ libras de peso. La máquina corriente soporta de ocho a diez libras.

Mientras que las que se cargan por el frente usan la mitad de la cantidad de agua, son más costosas y no soportan tanta cantidad como las que se cargan por encima. Por unos pocos dólares de más, usted podrá conseguir un modelo de dos velocidades. La velocidad adicional es más baja para lavar prendas delicadas.

Hay otras opciones (que incluyen diferentes acabados) en los modelos más costosos, pero con excepción de los niveles de agua, que le ayudan a ahorrar el agua en las cargas pequeñas, puede prescindir de ellas y de las programaciones electrónicas. Las opciones para graduar la temperatura le permiten escoger un enjuague caliente, lo que es innecesario ya que las telas deben enjuagarse en agua fría. (*Véase* las temperaturas recomendadas en el capítulo 4.) Mientras que una máquina de lujo le permite graduar el prelavado y el remojo con un botón especial, si usted usa apropiadamente las graduaciones de una máquina corriente obtendrá los mismos resultados. Los programas de agua fría o caliente dependen de la programación de su calentador de agua, así que las máquinas más lujosas tienen sensores que asegu-

ran que la temperatura del agua sea de 80°F para lavado en frío y de 110°F para lavado en caliente, pero no creo que esto sea muy importante. Cerciórese de la cantidad de agua y de detergente que usa su máquina, especialmente si está en un lugar con cobro del agua por metros.

Obviamente entre más lave, más pronto su máquina y usted se deteriorarán. Las máquinas que lavan ocho cargas o más por semana, necesitan reparación un 25 por ciento de las veces, mientras que las que hacen cuatro lavados o menos necesitan reparación el catorce por ciento de las veces, de acuerdo con una encuesta del Reporte del Consumidor (*Consumer Reports*). Creo que todos nosotros lavamos de más.

Secadoras automáticas de ropa

Generalmente la secadora es del mismo tamaño que la lavadora, entre 27 y 31 pulgadas de ancho y 43 pulgadas de alto.

Las secadoras eléctricas, generalmente requieren un circuito de 240 voltios. Los modelos de 120 voltios toman mucho más tiempo para secar la misma cantidad de ropa.

Mucha gente utiliza secadoras a gas. No tiene sellos de Guía de Energía (Energy Guide) que le indiquen cuánto cuesta usarlas, pero hay cuatro características que le ayudan a bajar el gasto de energía.

Una, no tener ignición de piloto, lo que quiere decir que la secadora se enciende electrónicamente, en lugar de tener un piloto prendido todo el tiempo. Para lograr la chispa inicial, debe conectarla a una salida eléctrica. Las otras medidas de ahorro son opcionales: Dos, sensores electrónicos en el tambor de la secadora que "sienten" la humedad y apagan el aparato cuando las prendas tienen el grado elegido de secado. Tres, el patrón diagonal de entrada del aire, que permite el secado más rápido a más baja temperatura. Cuatro, un recubrimiento de polímero en el sello del tambor, hecho de lana cien por cien que mantiene el aire caliente dentro del tambor.

Otras características son materia de conveniencia:

Control de temperatura: Todas las máquinas le dan a escoger graduaciones de temperatura, desde *high* (para las toallas y la ropa pesada), *medium* (para planchado permanente), hasta *low* (para velos y telas sensibles al calor), más *air only* que seca sin calor. Esta característica es importante para muchas de las nuevas telas, que se queman con facilidad y para desempolvar artículos como cortinas y muñecos de peluche, lo que se sugiere en la sección de limpieza de este libro.

Temperatura de autosecado: Usted escoge la programación de la tela y el grado de secado. Cuando el termostato en los centros de salida alcanza la temperatura adecuada, la máquina se apaga. Si la carga contiene materiales parecidos, esto funciona a la perfección, pero si puso un camisón de dormir de poliéster con una bata de tela de toalla, puede terminar con un camisón listo para usar y una bata con la que puede trapear el piso.

Control automático para "sentir" la humedad: Muy sofisticado. Hay máquinas que "sienten" la humedad de la ropa y cuando esta alcanza el secado apropiado la máquina se apaga. Existe la posibilidad que esto no trabaje apropiadamente, cuando la carga es mixta.

El principal problema con la ropa secada en secadora, es cuando la ropa se seca demasiado y se arruga, una máquina que tenga un signo que advierte del final del ciclo, tiene sentido, para abrirla y sacar las prendas que ya están listas. También es importante un ciclo de enfriamiento que mueve la ropa sin aire al final del ciclo.

Cuando el interior del tambor se oxida, tendrá problemas con la secadora. Observe si el terminado tiene garantía. También verifique si las patas y la caja han recibido tratamiento antioxidante.

Suavizantes de aguas

Si usted tiene agua dura, tendrá una variedad de problemas: depósitos de jabón en sus electrodomésticos, prendas deslucidas, puntos en la vajilla y detritos que se pegan en sus tuberías y uniones. Para eliminar el calcio y el magnesio, necesitará un suavizante de aguas: el agua fluye a través de un tanque lleno de resinas sintéticas que atraen los componentes "duros". Periódicamente las resinas se deben regenerar por medio de un chorro de agua salada (que después deberá expulsarse a través de las cañerías).

Lo primero que se debe verificar es qué tan fácilmente se puede llenar el suavizante. Si está en un lugar de cobro de agua por metros (o simplemente le preocupa desperdiciar agua), busque cuánta agua necesita el suavizante para regenerar la resina.

Las unidades más simples, baratas y de una sola graduación trabajan con una programación única pero son menos eficientes que las unidades con control de demanda. Escoja una con la menor cantidad de controles.

Planchas

Las planchas nuevas vienen con un programa de calor seco, uno de vapor y (en muchos casos) un rociador de vapor, que suelta un chorro de vapor para humedecer las prendas de lino que se arrugan mucho y que son tan difíciles de planchar. Mi plancha ideal también sería capaz de vaporizar la leche para el capuchino, pero hasta ahora no la he podido encontrar.

Como algunas veces le ofrecen lo que se llama "bienes del mercado gris", y que son bienes manufacturados en otros países y que no alcanzan, de una u otra forma, los estándares de los Estados Unidos, verifique para estar segura que su plancha, al igual que sus otros electrodomésticos, tiene el sello UL que le garantice su seguridad.

Alce la plancha para ver si es cómoda de usar. Yo compré un modelo sin cable que me pareció práctico, pero resultó ser tan extraño de manejar que resolví devolverlo.

Las mejores planchas de vapor, son las que tienen más huecos para dejar salir el vapor. Los modelos más viejos se obstruían a menos que se llenaran con agua destilada, pero los modelos nuevos se pueden llenar con agua de la llave, pero también se pueden obstruir si no se desocupan después de cada uso. Siempre desconecte la plancha antes de desocuparla.

Si la plancha tiene cable, debe estar fuera del camino, y al apoyarla verticalmente debe quedar estable para que no se resbale. Otros puntos de seguridad incluyen campanas de alarma y otros dispositivos que le alerten cuando haya dejado la plancha con el plato hacia abajo por demasiado tiempo y el apagado automático es maravilloso para cuando salga de su casa olvidando apagarla.

Si usted plancha sólo en circunstancias extremas, (por ejemplo, planchar la ropa que se pondrá para una entrevista de trabajo), la plancha que usted necesita es una plancha de viaje compacta y relativamente barata. Busque entre ellas la más grande, para hacer el trabajo más rápido. Como son livianas tendrá que hacer más fuerza que con una plancha convencional, pero creo que difícilmente alguien terminará con un codo de tenista por hacer este trabajo.

Mesas para planchar

Tengo una amiga inmaculada que mantiene la mesa de la plancha siempre lista en su dormitorio; le sugerí que la hiciera tapizar en una tela que salga con su decoración o que comprara una de las que se doblan, que cuelgan de las puertas o que desaparecen dentro de los armarios, lo que yo creo que es la solución ideal. Estas solían ser costosas pero hoy en día se consiguen a precios bajos o en descuento en las ferreterías. Si usted plancha poco, esa será su mejor solución.

Si por alguna razón usted posee o está comprando una de las antiguas, cuélguela de manera conveniente en uno de los ganchos sobre la puerta que también sustenta la plancha y tiene espacio para una botella rociadora y una lata de almidón.

La diferencia entre una mesa para la plancha cara o barata, es tan solo un caso de balance, aunque usted pueda comprar una costosa con accesorios como un gancho de colgarla que se doble.

También necesitará una cubierta para la mesa de la plancha (generalmente de tela de silicona) y ganchos para ajustarla por debajo de la mesa, de manera que quede templada por encima. Sin los ganchos puede quedar escurriéndose a los lados. Las telas corrientes se chamuscan, pero sé de algunas costureras que usan telas de cuadros o de patrones para planchar líneas rectas y simplemente reemplazan la tela cuando se quema o se rompe.

Las superficies de espuma que se colocan sobre el tendido de la mesa de la plancha, agilizan mucho el planchado, pero no los he visto a la venta sino en las ferias y los pasatiempos caseros.

Si no plancha muy a menudo, puede hacer un arreglo en la mesa del comedor. (Use acolchado, como el de protección del colchón, o una cobija y cúbralo con una sábana; de otra forma puede chamuscar la prenda y de paso la superficie de la mesa también.) Hay algo llamado tabla para mangas, que usan los perfeccionistas para evitar dejar marcas cuando plancha mangas.

Aire acondicionado

He aquí un caso donde el tamaño sí importa. Compre un aire acondicionado demasiado pequeño y se quedará con calor, compre uno demasiado grande y pensará que tiene fiebre porque la habitación estará húmeda, el aire frío y pegajoso. Las medidas de la capacidad del aire acondicionado están en BTU (Unidades británicas termales / British Thermal Units). Si quiere estimar científicamente cuánto necesita, envíe 2 dólares a la Asociación de Fabricantes de Electrodomésticos (Home Appliance Manufacturers), 20 North Wacker Drive, Chicago, IL 60606, y pregunte por la Guía AHAM de Selección del Consumidor para Aire Acondicionado para Habitaciones (Consumer Selection Guide for Room Air Conditioners). Usted recibirá un formulario bastante largo, que será fascinante para los que les gusta hacer todo científicamente.

Personalmente yo recogí la siguiente información: dimensiones de las habitaciones; número de paredes exteriores y la dirección que tienen; número, tamaño y estilo de ventanas; tipo de habitación (alcoba, cocina); luego llevo los datos a dos almacenes diferentes. Dejo que allí calculen el tamaño de aire acondicionado que necesito, y si me dan el mismo dato, supongo que está bien.

El sello de Guía de Energía en los aires acondicionados, le ayudan a estimar el costo basado en un EER (Rata de Eficiencia en Energía/Energy Efficiency Rate). Entre más alto sea, más eficiente en energía será la máquina. En el sello, también encontrará la capacidad de enfriamiento en unidades y como se compara en eficiencia de enfriamiento con modelos de un tamaño similar. También en el sello encuentra una tabla de costos que le ayudará a estimar el costo anual del uso del aire acondicionado.

Algunos trabajan a 115 voltios, pero necesitan su propio circuito, otros requieren un circuito separado de 230 voltios. Si usted no está seguro de lo que tiene, verifique con un electricista autorizado para que le haga el trabajo.

El filtro debe ser cambiado cuando se reco- mienda, y limpiado cada dos a tres semanas, espe- cialmente si vive en una ciudad sucia o tiene muchas alergias, así que asegúrese que sea de fácil acceso.

Deshumidificadores

Los deshumidificadores toman y enfrían el aire para que la humedad se condense. Recolecta de 10 a 40 pintas al día. La regla general es que la capa- cidad debe ser de 10 pintas por cada cien pies cua- drados.

Algunas máquinas se apagan cuando la uni- dad de recolección de agua es removida. (Así que usted deberá recordar hacer el trabajo.) Algunas pueden ser drenadas directamente a la poceta o al sifón del piso.

Aspiradoras

Si usted tiene muchas alfombras, necesita una aspiradora vertical con un cepillo giratorio, barra sacudidora y una succión fuerte. Puede necesitar un ajuste de felpa y un rastrillo peludo para estirar las fibras de nuevo. Como las aspiradoras vertica- les dependen más del cepillo sacudidor para lim- piar los tapetes, que de la succión fuerte, no son siempre buenos para limpiar el piso liso.

Es importante para las verticales tener un ajuste del cepillo para la altura de las fibras de los diferen- tes tapetes y una bolsa para guardar los implemen- tos adicionales como el cepillo para la tapicería, el cepillo redondo y la rinconera, que es una pieza larga y plana para limpiar las esquinas. Si usted puede ajustar el cepillo para la altura de la fibra (de manera que no haya resistencia) y las rodachinas se impulsan, una vertical es más fácil de empujar.

Si usted tiene más pisos desnudos, escoja una aspiradora redonda o con forma de tanque, ya que generalmente tienen mayor poder de succión.

El tanque debe ser compacto y tener empates giratorios y ruedas grandes que la hagan fácil de rodar y debe venir con accesorios para pisos, alfombras, rincones y telas. También debe tener un sistema sencillo para ensamblar las piezas —esa clase de ensambles que hacen clic cuando las piezas ajustan— más que un sistema que dependa de la fricción. Esos, algunas veces se traban y yo sé que usted tiene demasiadas cosas que hacer para

estar tratando de separar las partes de su aspira- dora.

Si usted los tiene ambos, pisos desnudos y alfombras, necesita una buena máquina que sirva para todo: un tanque con una boquilla de alta suc- ción y un agitador que golpee la mugre profunda y saque el polvo de la alfombra. Algunas boquillas de alta succión pueden alternar la limpieza con el toque de un botón, pasando de la alfombra (con cepillo) al piso duro (sin cepillo).

Esta aspiradora debe tener todas las caracte- rísticas de un tanque común más un cepillo girato- rio y una barra (para tapetes y tapicerías), y un motor de dos velocidades (una para tapetes).

En todos los modelos busque una bolsa para el polvo que sea grande (para que no necesite cambio frecuente) que sea fácil de quitar y reemplazar, un parachoques de caucho para proteger los muebles y un motor silencioso. Un modelo bien diseñado puede llegar cerca de la pared y será lo suficiente- mente bajo para pasar por debajo de los muebles.

La succión variable es una buena característi- ca opcional. De otra forma, cuando trate de desempolvar artículos livianos como las cortinas, las arrastrará dentro de la máquina. En este modelo sólo con abrir una válvula varía la succión, aunque algunos de los modelos tienen motores de velocidad variable.

Otra buena opción en las aspiradoras es la capacidad de soplar junto con la de aspirar. Esto es bueno cuando hay que limpiar lugares angostos y para cuando se tapa el tubo. Algunas tienen un reborde con una pieza de metal diseñada para recoger artículos metálicos sin aspirarlos dentro de la bolsa.

Errores que hay que evitar: una vez compré una marca de poca disponibilidad. Era una buena máquina pero tuve problemas para conseguir repuestos y servicio. También: recuerde que una aspiradora enorme no es necesaria en un aparta- mento pequeño.

Lo ideal es un sistema central (empotrado): callado, sin necesidad de trastear equipo. La tube- ría sale del motor y del receptáculo de polvo (que puede estar en el garaje, en el sótano, etcétera) hacia salidas por toda la casa, donde usted conecta una manguera liviana en el sitio donde va a traba- jar. En una casa que usted está construyendo es muy fácil instalar la aspiradora central, pero puede ser difícil instalarla en una casa que ya exista. Usualmente viene con un paquete de accesorios para limpiar pisos y otras superficies, más un aditamento de alta succión para la limpieza profunda de las alfombras. Asegúrese de conseguir uno con un motor poderoso para que la succión sea suficientemente fuerte.

Una aspiradora de interior-exterior (o aspiradora seca-mojada [wet-dry vacuum]) puede succionar derrames, enjuagues de agua sucia, accidentes, inundaciones, sifones tapados. Si usted compra una aspiradora seca-mojada, consígala con un tanque de acero inoxidable o plástico de cinco galones.

En 1992, la compañía Bissell inventó una máquina casera de extracción por vapor llamada The Big Green Clean Machine, que tiene todas las características de una aspiradora seca-mojada, que también puede limpiar manchas, lo mismo que hacer la limpieza profunda de sus tapizados, colchones y animales de peluche. Esta gente no sólo fue tan inteligente de fabricar un producto único sino que tuvieron el buen juicio de pedirme que lo promoviera. Como es único en su tipo, pensé que era revolucionario y acepté.

La solución limpiadora, que está en un compartimiento, se inyecta a presión. Luego el agua sucia que contiene el exceso de solución y que ha aflojado la mugre, se extrae hacia otro compartimiento, para que el artículo quede perfectamente limpio sin que esté húmedo o enmohezca. Si usted ha tenido el problema de manchas que aparecen de nuevo sin importar cúantas veces las limpie, es porque se han penetrado hasta el fondo de la fibra y solo con una máquina de extracción es posible limpiarlas. Los profesionales usan un proceso similar, pero, a) yo creo que usted probablemente hará un trabajo más cuidadoso; b) más importante aún, usted no los llamaría para que quitaran una o dos manchas. Si usted tiene alfombra y muebles tapizados en su casa, estoy segura que esta máquina le será de gran ayuda.

Máquinas para pisos (brilladora-pulidora / fregadora / lavatapetes)

Una máquina para el piso es un equipo de un solo hombre: puede enjabonar tapetes, fregar, encerar y pulir pisos duros. Las pulidoras pueden ser arren-dadas si usted arregla sus pisos una sola vez al año, pero si tiene mucha madera y pisos blandos, esta máquina puede ser una buena inversión. Superficies selladas (tipo poliuretano) generalmente se limpian con un trapero húmedo, pero si el suelo está muy sucio esta máquina también sirve.

Como las máquinas lava tapetes a veces maltratan las alfombras, si le es posible alquile una para ver si le daña la fibra.

Observe si es fácil o difícil convertir la máquina de lavar en máquina de brillar antes de comprarla. Si el proceso es complicado usted no va a querer hacerlo.

No creo que una máquina para el piso sea una buena sustitución para la enceradora, aunque tenga un dispensador que sirva para el agua sucia y la cera. Las ceras con base en solventes, que son las que se usan en la madera y en otros tipos de pisos, tienden a entorpecer el trabajo. Use el manual para aplicar la cera y reserve la máquina para brillar y pulir.

Aspiradora manual

Uno de los más grandes aparatos inventados en años recientes, es esta aspiradora para trabajos pequeños.

Comparadas con los modelos inalámbricos, las miniaspiradoras le llevan la ventaja. Son más potentes (particularmente si vienen con cepillos giratorios) no se descargan en 10 minutos, a veces vienen con tubos de extensión y son maravillosas para limpiar el auto. Sin embargo las inalámbricas llegan a espacios pequeñísimos y como se guardan ordenadamente colgadas de la pared, siempre están a mano.

Las mini aspiradoras seca-mojada recogen derrames (aunque hay que terminar de secar la humedad), pero no son tan efectivas como las aspiradoras.

Asegúrese de instalar los modelos inalámbricos, en un lugar seguro y conveniente. No deben estar cerca del agua o del calor (eso lo descubrí cuando la mía se derritió).

Teléfonos

Yo no hubiera querido meterme con los equipos electrónicos —los CD / estéreo / VHS / TV son muy complicados— pero pensé que podía ser de alguna ayuda para ustedes enlistar las características opcionales de los teléfonos. Estas son:

• **Marcación automática del último número.** Los adolescentes que intentan comprar los boletos para un concierto de rock o que quieren pedir música en la radio adoran esta forma de marcar.

• **Memorias para marcar rápidamente.** Le permiten programar los teléfonos de uso más frecuente, de manera que pueda marcar con una sola tecla. Estas características son excelentes para los niños más pequeños (usted puede caracterizar las teclas con dibujos, para que ellos puedan marcar solos), creo que tan pronto como ellos sean capaces y como una precaución de seguridad, se les debe animar para que memoricen los teléfonos importantes para que no dependan solamente de la memoria del aparato. No siempre llamarán de casa.

• **Micrófonos.** Le permiten hablar sin levantar la bocina. Se oye como si hablara desde un pozo profundo. Excelente si todos le quieren cantar a coro el *Happy Birthday* a la abuela, al otro lado del país.

• **Amplificadores.** Aumentan el volumen. Bueno para los más viejos.

• **Sistema de seguridad** que engancha con el sistema de alarma.

• **Botón de espera.** Le permite colgar el teléfono para contestar desde otra extensión.

Un contestador que puede ser parte del mismo teléfono o separado, también tiene muchas opciones, y estas son las más usadas:

• **Microcasetes dobles.** Le deja grabar mensajes de entrada en uno y los de salida en el otro. Recupera más rápido sus mensajes. Algunos tienen un sistema de chip para los mensajes de salida y uno de casete para los de entrada. Sirven para el mismo propósito.

• **Operación remota.** Puede revisar las llamadas al contestador desde afuera, con sólo llamar a su casa y marcar un código. Idealmente esto incluye todas las características posibles, tales como la recuperación de mensajes, adelantar rápidamente, rebobinar y cambiar su mensaje desde afuera (muy cómodo cuando usted está tratando de arreglar una cita desde fuera de su casa).

• **Desconexión de otras extensiones.** Cuando usted levanta la bocina, la máquina no sigue dando su mensaje sino que adelanta para grabar la conversación.

• **Prender por operación remota.** Si usted olvida prender la máquina antes de salir de su casa, puede marcar y activarla.

Usted puede alquilar un teléfono, pero a la larga, estará pagando mucho más. Algunas veces en el lugar donde se compra el teléfono le puede prestar uno mientras le reparan el suyo.

Pisos y alfombras

Si usted se muda a un apartamento de alquiler que esté alfombrado, generalmente estará cubierto por una alfombra de color neutro. Puede lograr que el lugar refleje su gusto, poniendo tapetes sobre estos. No necesitarán de ningún acolchado y protegerán la alfombra de cualquier daño que usted tendría que pagar al final de su contrato.

Pero si usted es dueño de su casa o apartamento, los pisos y/ o las alfombras son su responsabilidad. Las cubiertas para el piso serán unas de las mayores compras que usted haga, en términos tanto de tamaño como de costo.

Así que es muy deprimente considerar que también es la compra que más se mancha y se daña. La historia de muchas familias está escrita en las alfombras; algunas manchas nos recuerdan cuando la mascota era un cachorro, el verano en que el niño más pequeño estaba aprendiendo a beber en vaso, la fiesta del Año Nuevo.

La madera y otras superficies para pisos también pueden mostrar las huellas de las manchas y el uso a través de los años de derrames, goteras, rayones y un patinaje ocasional.

Aunque yo le voy a decir cómo hacerle frente a la mayoría de estos desastres en la sección de Limpieza de este libro —o cómo proteger el piso para que esto le haga el menor daño posible— usted tendrá muchos menos problemas si compra una alfombra que tenga el menor mantenimiento posible y un piso que le guste. Lo menos que debe saber de las alfombras y los tapetes:

• Tipos de alfombra suave, juzgando la calidad, y bajando costos.

• Alternativas de tapetes y esterillas en lugar de alfombras de pared a pared.

Alfombras de tejido ancho

Yo siempre había usado las palabras *tapete* y *alfombra* indiscriminadamente, pero mi amigo Harold, el experto en alfombras, me aclaró el punto. La alfombra es una cobertura de pared a pared. Los tapetes, no; son piezas de la misma alfombra que han sido cortadas y terminadas por los bordes o son piezas individuales que pueden tener diferentes formas, diseños y tamaños. (La llamada "alfombra voladora" debería llamarse técnicamente, "el tapete volador".)

Las ventajas obvias del piso blando —donde se incluyen las alfombras y los tapetes— son: que se siente bien, mantiene las habitaciones cálidas, absorbe el sonido y suaviza los golpes, cuando se cae un florero o alguien se resbala.

La mayor desventaja de la alfombra, comparada con otros recubrimientos de los pisos, solía ser el de su costo (muy alto) y que se dañaba fácilmente, con los años estos dos problemas han sido minimizados.

Las alfombras se tejen en bases de nueve, doce, o quince pies de ancho, que es por lo que algunas veces se llaman de tejido ancho. Gracias a un invento posterior a la Segunda Guerra Mundial, llamado anudado (que hoy se usa en el 85 por ciento de la manufactura), los fabricantes pueden producir de seis a ocho mil yardas cuadradas por día comparado con las doscientas yardas que se podían producir a la manera antigua. Mientras que los fabricantes no han dejado de producir, los precios han bajado en relación con los precios de otros bienes.

Durante los años pasados, las técnicas de protección contra las manchas han mejorado enormemente. Derrames que antes se resolvían cubriéndolas, hoy en día se pueden limpiar.

De todas formas, alfombrar sigue siendo un gasto mayor y aún hoy está lejos de ser indestructible, así que tómese una buena noche de sueño,

antes de salir a hacer la compra y no se tome ningún medicamento que le pueda afectar el juicio cuando esté en el almacén. De otra forma le puede suceder lo mismo que le pasó a mi prima, que terminó comprando una alfombra rosa pálido para la sala familiar. Se le debió olvidar que la sala familiar es también el único paso entre la piscina exterior y el baño. La alfombra se veía preciosa al comienzo del verano, pero para el Día del Trabajo ya había un paso descolorido, estupendo para el que necesitara direcciones para encontrar el baño, pero espantoso como toque decorativo. Ya que el cloro será un problema crónico, no creo que el tapete sea adecuado para esta área de la casa.

Si planea alfombrar una habitación de tráfico pesado, piense en elasticidad y camuflaje. Por ejemplo, si alfombra un lugar al que se entra directamente desde el exterior y vive en un área arenosa, una alfombra de color claro tiene sentido, pero si la gente va a estar caminando por tierra negra, olvide el beige. (Y consiga una esterilla. El uso de las esterillas en cada entrada recorta el problema de la limpieza.)

Una posibilidad para alfombrar temporalmente con bajos costos, es hacer una "colcha loca" con muestras de alfombras, si el comerciante se las vende.

PISOS PRÁCTICOS

• Los que mejor esconden la mugre: colores medios, los *tweeds* y las telas con diseño.

• Los peores para esconder la mugre: colores oscuros (dejan ver el polvo y las motas), colores muy claros (dejan ver la mugre).

• Los que agrandan el espacio: Use el mismo color (en toda la casa) para que se vea más grande. Escoja un color sólido o un diseño muy pequeño.

Lleve a casa tres o cuatro muestras de cualquier piso que esté considerando, luego rocíele un poco de mugre de su jardín y observe cuál esconde mejor la suciedad.

Estilos de alfombras

Alfombras argolladas, la fibra en el lado superior (la cara) de la alfombra hace un bucle o argolla. Las dos partes de la fibra están anudadas por debajo. Cuando todas las argollas son del mismo tamaño, forman una superficie nivelada, suave y resistente. Las alfombras de muchos niveles, con los bucles de diferentes alturas, se conocen con esculpidas o talladas. Una alfombra de un solo nivel es más fácil de limpiar, mientras que las multi-niveladas esconden mejor las huellas de las pisadas.

PELO (FIBRA) ARGOLLADO

Una variación en la alfombra argollada, es la alfombra afelpada que está hecha de argollas extra largas ya sea en un nivel o en varios niveles. No solo esconde la mugre y las pisadas, sino las monedas, los clips y los juguetes del gato. (Una mujer que conozco, repasa cada año, su alfombra afelpada con un detector de metales.) Beréber es otro tipo de alfombra, con bucles voluminosos, con puntos de color esparcidos sobre el color base.

La alfombra más común es la de pelo recortado, que se forma recortando las puntas de las argollas. (Piense en el corte de pelo del ejército.) Hay muchas formas de pelo recortado, dependiendo del espesor y el brillo del estambre. Todos los pelos tienen nombres diferentes. El pelo recortado como terciopelo tiene estambre de hilado denso; el que parece pana, está hilado más suelto; los *saxony* son una variación de la pana, con una fibra profunda. En términos de mantenimiento, lo que importa es que, como la apariencia de la alfombra de pelo recortado es muy lisa, al

igual que las alfombras de pelo argollado, dejan ver las pisadas.

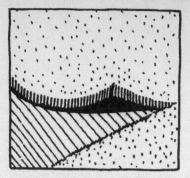

PELO (FIBRA) RECORTADO

Las alfombras que más disimulan la tierra y las pisadas son las combinadas entre el argollado y el recortado. Esto le será descrito por los vendedores de varias maneras. En algunas salas de exhibición puede encontrar una alfombra de textura rugosa que esconde las pisadas y se ve bien, la describen como *twist* (retorcido). En un almacén más costoso, el vendedor la puede describir como "friesé" y le dará la entonación francesa.

COMBINADAS

Cuando la superficie de la alfombra se rompe (ya sea argollada, recortada, combinada o multi nivel), la luz se refleja desde diferentes ángulos. La mugre, motas, pisadas, pelos de gato y otros signos de uso no serán tan notorios como lo serían en una superficie lisa.

Las fibras de las alfombras

Hay sólo cinco fibras básicas para alfombras. La más costosa y por ello la menos común es la lana.

Sólo el tres por ciento de las alfombras en los Estados Unidos están hechas de lana. Las otras, aunque los fabricantes las anuncian con infinidad de nombres y de marcas, que lo inducen a pensar que todas son fibras diferentes, no lo son. Sólo hay cuatro sintéticos genéricos: nylon, polipropileno, poliéster y acrílico.

Verifique las etiquetas para saber exactamente qué está comprando. Por ley, las muestras de alfombras y tapetes tienen que etiquetarse con los nombres genéricos de las fibras que contengan y el porcentaje de cada una.

Cerca del ochenta por ciento de las alfombras de fibra sintética que se venden en los Estados Unidos, están hechas de nylon. Es la elección número uno porque dura mucho tiempo, es fácil de limpiar y no la afecta el moho. Muchas marcas como Antron, Enkalon con Scotchgard, y la última Ultron con Scotchgard, disimulan y resisten la mugre y tienen control de estática incluido.

Polipropileno

(Ejemplos: Olefin, Herculon), también llamados alfombrados industriales, interiores y exteriores, se usan principalmente en cocinas y sótanos porque son muy resistentes a la humedad y al moho. Son fuertes, se ven bien y como son más baratas que el nylon, se están volviendo muy populares.

Poliéster

Las alfombras de poliéster se ven lujosas y son relativamente baratas, pero como no son muy durables ni resistentes a la mugre no son prácticas para las áreas de tráfico pesado.

Acrílico

Se ve como la lana pero cuesta mucho menos, se usa para las alfombras que se ven como terciopelo y para las construcciones de argollado alto. Pero como crea muchos problemas ecológicos durante su manufactura, está declinando.

Aunque algunos tapetes tienen una base de yute o de espuma, la mayoría tienen base de polipropileno. Es fuerte, no es costoso y como es resistente al moho, es una obligación para los lugares húmedos como la cocina y el sótano.

Durabilidad

Para que las alfombras duren, las fibras deben ser y usualmente son, asentadas al calor (como el pelo con permanente). Otras tres características ayu-

"¡AUXILIO! ¡MI TAPETE PIERDE PELO!"

No se asuste cuando una alfombra nueva pierde mota al aspirarla. Todas las alfombras nuevas, especialmente las de fibra recortada, retienen dentro muchas fibras sueltas. Este es un resultado natural del proceso de fabricación.

La pérdida se terminará. Al aspirar una alfombra vieja saldrá algo de mota y de fibra; eso también es natural, producto del uso. Con el tiempo, las puntas de las fibras se abren y el estambre sobrante se suelta. Si la pérdida es muy grande o si sucede en una alfombra relativamente nueva, contacte al fabricante.

darán a determinar su durabilidad: la densidad, la altura del pelo y el retorcido.

Entre más cerca estén los nudos, la densidad será más alta. Los tapetes de alta densidad funcionan mejor porque cuando el estambre queda bien apretado, los nudos no se aflojan ni pueden colapsar.

Pelo

Se refiere a los estambres que se levantan hacia arriba y que forman la superficie. En términos de durabilidad, el argollado dura más que el pelo recortado, el multi-nivel es mejor que la altura de un solo nivel, y el pelo largo es mejor que el pelo corto.

Retorcido

Describe las vueltas que da el estambre sobre sí mismo. Las puntas de las fibras individuales deben ser ordenadas y compactas y no abiertas.

PONIENDO LAS MANOS

Para saber cómo irá envejeciendo la alfombra, mueva la palma de su mano sobre su superficie. Si las fibras son flexibles y se doblan fácilmente, la alfombra envejecerá rápidamente. Pero si resisten la presión de su mano, la alfombra resistirá bien el tiempo.

Habiendo dicho todo esto, les puedo asegurar que si van a comprar un tapete de nylon —y lo más probable es que lo hagan— no tienen nada de qué preocuparse. El nylon es virtualmente indestructible. Esto no quiere decir que la alfombra no se volverá áspera, vieja, o se verá usada, claro que sí. Pero lo cierto es que la alfombra llegará a verse así después de mucho, mucho tiempo.

Resistencia a las manchas

Una alfombra que sea resistente a las manchas no existe, pero hoy en día hay fibras que han sido tratadas con un sellador, que al igual que el Scotchgard evita que el líquido las penetre, haciendo que tengan una mayor resistencia. De todas formas, si el derrame no es notado y se deja asentar, puede causar manchas permanentes.

Algunas manchas colorean el estambre tan rápidamente que no hay remedio. Si lee la información al pie de la página de la mejor alfombra resistente a las manchas, encontrará que la garantía excluye: a) las manchas que no son causadas por comidas o bebidas; b) las causadas por comidas o bebidas que tengan colorantes fuertes como la mostaza o el té; c) las manchas de substancias que destruyen o cambian el color de la alfombra, como los blanqueadores, la medicación contra el acné, los limpiadores de cañerías, los abonos y el vómito.

En las áreas de tráfico pesado, como las escaleras, las alfombras pierden parte de su poder de resistencia a las manchas.

Acolchado

El acolchado hace que la alfombra (o el tapete) sea más cómoda pues actúan como absorbentes de choques. También prolongan la vida de su alfombra.

Hay tres tipos de acolchados.

Fieltro de pelo y yute encauchado (*Rubberized hair and jute felting*). Es el más popular por las mejores razones: ofrece el mejor acolchado por el menor precio. Se usa en la escalera porque no "rebota" como los demás.

Uretano. Es otra opción. Viene de dos clases virgen o ligado, lo que suena a películas con clasificación para adultos, pero no lo son. El uretano virgen es fabricado de sobrantes. El uretano ligado, es un mejor producto, elaborado con subproductos de la manufactura de muebles de

madera. Si los carpinteros tienen una mala época, puede no estar disponible.

"Bubble gum" caucho. Fue una vez el acolchado más común, pero ahora está demodé.

Sin embargo si es una persona alérgica, elija el caucho o el uretano.

Manteniendo los costos bajos

Usted puede conseguir un color unido para toda la casa, sin pagar por el alfombrado de más alta graduación en las habitaciones que tienen poco uso. Elija la alfombra de mayor graduación (la más alta densidad, el mayor retorcido, la mejor fibra) para las áreas de tráfico pesado. Escoja una con la misma textura y el mismo color en una graduación más baja y menos costosa para habitaciones con menos tráfico, como el baño y los dormitorios.

Para ahorrar dinero, mire los remanentes, los de colores inusuales —los que no escogería si no estuvieran con precio de descuento— que podrían convertirse en una agradable sorpresa decorativa. (O sorpresa de todas maneras.) Si tiene una habitación pequeña, puede conseguir una alfombrada de pared a pared a bajo precio, comprando un remanente grande que el instalador puede cortar al tamaño adecuado. Por un bajo costo, también puede pedirle al comerciante, que le haga un borde a un remanente para usarlo como tapete. Tenga cuidado, algunos remanentes tienen imperfectos. Aunque esto debe estar identificado en la etiqueta, asegúrese de desenrollarlo para revisarlo antes de la compra. Si el imperfecto queda debajo de su cama no importará, pero si queda en el centro de la sala sí.

Cuando le estén dando el presupuesto de una alfombra, pregunte si este incluye el acolchado y la instalación. (Generalmente no los incluye.) Pregunte también si el precio de la instalación incluye el movimiento de los muebles y el retiro de la alfombra anterior. Pida una garantía de instalación, porque le pueden salir arrugas pasados unos meses. Guarde los sobrantes por si necesita algún parche en el futuro.

Usted puede tratar de ahorrar algunos dólares pidiéndole al instalador que corte y empate en algunos sitios, en lugar de comprar unas yardas extra. Si las uniones quedan en áreas de tráfico pesado, esto sería un error, tendría una mala vejez.

No trate de economizar demasiado. Las alfombras de mala calidad, se desprenden, se desgastan y se destiñen, mientras que los buenos duran muchos años. Mi amigo Harold, el vendedor de alfombras, dice que 25 dólares la yarda es lo máximo que usted debe pagar por la durabilidad. Todo lo que pague de más será por estilo. Personalmente, yo creo en invertir en alfombras con buena presencia. Después de todo, ¡los niños se irán de casa algún día!

LA ALFOMBRA MEJOR INSTALADA

Las alfombras se sueltan y se arrugan por los cambios de clima, no por la mala instalación. Hoy el aire acondicionado mantiene estos cambios extremos al mínimo, pero de todas maneras notará unas arrugas. La única solución es que regrese el instalador y lo arregle. Usualmente la garantía de instalación incluye un estiramiento gratuito, que es un negocio con mejor final, que el que usted logrará con el cirujano plástico.

LOS ESCALONES

Las escaleras alfombradas son más seguras y menos ruidosas, pero la alfombra se verá ajada muy pronto. Para mantenerlas en perfecto estado, compre unos pies de más de alfombra y dóblelos hacia adentro en el contrapaso al comienzo o al final de la escalera cuando la instale por primera vez. Cada determinado tiempo hágala estirar de nuevo. No alfombre solo la mitad del escalón, ¿para qué limpiar tapete y madera cuando puede limpiar solo el tapete?

Tapetes sueltos

Mis ancestros Escandinavos se inventaron una palabra *rugge* (que quiere decir brusco o tosco). Cuando ellos invadieron las Islas Británicas en la Edad del Bronce, trajeron con ellos sus ropas tejidas y sus cobertores. Puede que no les admire su agresividad, pero hay que respetarles su practicidad.

Los tapetes hoy van desde pequeños óvalos a largos caminos de 2 ó 3 pies de ancho, para los corredores, hasta enormes tapetes orientales del tamaño de una habitación. Y no son solo para los pisos. Los tapetes de tejido plano se pueden poner sobre una cama, colgar sobre un sofá o coser como almohadones. Algunos son tan bellos que se pueden usar en las paredes como piezas de arte, y los precios van de acuerdo. Pero el ochenta por cinto de los tapetes se encuentran en un rango de cien a dos mil dólares— aún menores en la primavera que es la época para las ventas de descuentos de los tapetes.

Las medidas corrientes para los tapetes de área son: 3×5, 4×6, 5×7, 6×9, 8×11, 9×12, 12×18, y más. Los caminos vienen en gran variedad de largos y adicionalmente, para tapetes modernos de diseño especial, consigue color sólido, florales, geométricos y otros patrones y diseños de diferentes partes del mundo.

ENSÁYELOS POR SU TAMAÑO

Si no sabe qué tamaño debe tener su tapete, ponga papel periódico en el suelo para cubrir el espacio. Cuando las proporciones le gusten, mídalas y busque un tapete que se acomode. Si el área es muy grande, en la oficina del periódico local le pueden vender la punta sin usar del rollo de papel. Después usted puede reciclarlo dejando que los niños pinten en ello, o usándolo para limpiar vidrios.

Encontrando antigüedades

Un tapete se considera semi-antiguo si tiene de cincuenta a cien años, y antiguo si tiene más. Un tapete raro y antiguo puede llegar a costar varios cientos de miles de dólares.

Las antigüedades verdaderas están teñidas de una forma distinta a los tapetes modernos. Aunque el teñido químico, rápido y de bajo costo (la anilina) fue introducido desde 1870, los teñidos vegetales eran usados hasta la Primera Guerra Mundial. Los coleccionistas prefieren los teñidos vegetales, ya que sus colores con la vejez, tienden a madurar en lugar de desvanecerse. Algunas veces, tapetes teñidos químicamente son envejecidos artificialmente en un baño químico que les arranca el color. Cuando usted examina los hilos, encontrará una graduación de color desde el más oscuro (en la raíz) hasta el más claro (en la punta). Los teñidos vegetales envejecen de la misma forma, pero si las bandas de graduación son uniformes en todo el tapete, es probable que haya sido envejecido químicamente, si varían es probable que sea envejecimiento natural.

Los flecos de los tapetes antiguos también son diferentes en un tapete hecho a mano. Se extiende naturalmente desde los hilos de la trama, en uno hecho a máquina son sobre puestos.

El valor de un tapete antiguo también depende de si ha sido reparado (y donde), y si está completo sin que le falten los bordes. Los antiguos y los semi-antiguos son todos anudados a mano. Entre más nudos tengan por pulgada cuadrada, serán de tejido más fino.

"Orientales" del Medio Oriente

A mí me gusta cómo se ve un tapete oriental de colores brillantes, contrastando contra muebles de madera oscura, pero el más grande beneficio es cómo esconden la mugre. Creo que los orientales fueron hechos específicamente para las escaleras, los corredores y las entradas; usted puede pasar un año sin aspirarlos. Cada par de años solo los enrolla y los manda a una limpieza profesional.

Los orientales auténticos —hechos en Irán (Persia), Turquía y la India y de por lo menos 100 años de edad— son los mejores tapetes. Y de este grupo, los tapetes hechos a mano en Persia, son los Rolls-Royces de los pisos. Tienen también un cierto brillo sin importar su edad; —se supone porque la lana viene exactamente del pecho de las ovejas.

Los diseños particulares distinguen un tipo de tapete de los demás. Los *Kermans* con pelo largo y suaves como el terciopelo, generalmente tienen el árbol de la vida y animales y pájaros en los bordes. El *Sarouk* tiene un gran diseño circular central sobre un campo de abierto contrastante. Los tapetes *Tabriz* generalmente muestran una escena de caza y es habitual en los *Isfahans*, un gran medallón central con diseños florales y viñas, sobre un fondo marfil. Los tapetes de las regiones musulmanas son principalmente geométricos; rara vez muestran formas humanas o de animales.

Los Kermans y los Sarouks tienen aproximadamente 140 nudos por pulgada cuadrada. Los Tabriz e Isfahans, más costosas, tienen entre 400 y 500 nudos por pulgada. Cada tapete anudado a mano es único y no tienen medidas uniformes.

Las reproducciones industriales de los persas clásicos, llamados "tapetes de percha" vienen en medidas generalizadas y son duplicados de casi todos los estilos hechos a mano, en color, tipo de tejido, y altura del pelo. Son hechos en países como Bélgica y la India, donde los fabricantes pueden producir en un solo día, un tapete que a mano necesita diez meses de trabajo en el telar, amarrando nudo por nudo. Las reproducciones tienen muchos nudos —tal vez 210 a 280 por pulgada— pero se siente la diferencia entre ellos y los mejores originales, que son más gruesos y más lujosos. De todas formas, los tapetes hechos a máquina se lucen tanto como los elaborados a mano. Cuestan menos, pero no incrementará su costo con los años, como los antiguos.

Si tiene su corazón puesto en una antigüedad, vaya con el negociante para que le garantice su autenticidad, ya que será una compra costosa. Un tapete de gran calidad, anudado a mano de 9 × 12 puede costar siete mil dólares o más. Uno de calidad media puede costar de dos mil a siete mil dólares. Puede encontrar un tapete más pequeño, en buenas condiciones, por unos 500 dólares o más.

Kilims de tejido plano

Tejidos planos —llamados *kilims*, *dhurries*, o tapetes estilo Navajo— están hechos en la India, Pakistán, Turquía, Marruecos, el suroeste de los Estados Unidos y muchos otros países. Son muy populares, se pueden colgar, son reversibles y de tejido apretado, se conocen por sus patrones y sus colores distintivos. Se ven informales, como arte folclórico y no son muy costosos. Usted puede conseguir un tapete grande de 6 × 9 por unos cien dólares, mientras que los kilims antiguos o semi-antiguos valen miles dependiendo de su rareza y de la condición en la que se encuentren.

Tapetes chinos

Muchos de los tapetes chinos imitan el delicado diseño de bordado, de los tapetes Aubusson que decoran las casas más costosas. Gruesos, densos y hechos a mano, usualmente son en colores tonos pastel, con un diseño floral central y bordes anchos que pueden mostrar dragones, grullas volando, hojas retorcidas y elefantes. (Yo creo que si usted está pagando veinte mil dólares o más por un tapete, tiene derecho de recibir todos los elefantes que quiera.) Aunque parecen anudados a mano, las fibras son dobladas y pegadas en su puesto.

Pero, los tapetes chinos vienen en todos los estilos, incluidos los tallados: el tapete se esculpe en ciertos puntos para que parezca tridimensional. Sus costos varían dependiendo del tamaño del patrón.

Tapetes anudados y trenzados

Los tapetes de trapo están hechos de pedazos de telas haladas a través de un cañamazo; los tapetes hechos con aguja tienen bucles del mismo tamaño, que se recortan para que quede una superficie con el pelo a la misma altura; y el tapete hecho con gancho, se hace con estambre para producir un pelo largo. Aunque tienden a salir en patrones folclóricos, jardines de flores, retratos del perro de la familia y diseños de "Bendice nuestro Hogar", actualmente la mayoría están hechos en la India.

Otro tipo de tapetes hechos a mano que son muy comunes (y bastante baratos) son hechos de lana y sobrantes de telas, usualmente trenzados en un gran óvalo, generalmente con tonos rojos, azules o marrones.

Acolchado para un tapete suelto

Se puede usar el mismo tipo de acolchado para un tapete suelto que la que se usó en la alfombra de pared a pared. Si el tapete va a ser anclado por muebles, tan solo ponga el acolchado, luego el tapete y sobre él el mueble. Si el tapete se desliza, es probable que necesite un acolchado de dos caras, con base antideslizante; generalmente es sintético con unas superficies que pegan, para que

los sostengan en su puesto. *Véase* "Deslizantes" en Capítulo 3.

Decoloración

Recuerde que cuando usted pone un tapete suelto sobre una alfombra, (o sobre cualquier otro piso) las áreas que no quedan expuestas a la luz no se aclararán tanto como las áreas a su alrededor. No hay nada que hacer contra esto.

Esteras y pisos estilo esterilla

Las esteras de bienvenida son hechas de fibra de coco o sus derivados.

En años recientes, la gente con la tendencia a lo natural —gente que gasta cantidades enormes de dinero para lograr una apariencia "natural"— han popularizado el piso tipo-esterilla, con fibras naturales del coco y sus derivados, caña abierta y esteras de junco, que vienen en forma de baldosa. Estas son todas elecciones excelentes si usted sabe caminar sobre carbón. Son incómodos, se manchan fácilmente y se dañan con el agua, atraen el polvo y su instalación cuesta más de 100 dólares la yarda. La razón para esto no me queda clara, pero puede ser un impuesto al lujo, inventado por los instaladores.

Este piso es estrictamente para las personas, que tienen el suficiente dinero para hacer todo de nuevo al año siguiente.

Lo mínimo que debe saber para comprar pisos duros:
• Ventajas y desventajas de los pisos de madera.
• Ventajas y desventajas de los pisos duros y blandos.

Pisos de madera

Los pisos de madera tienen buena acústica y propiedades aislantes, son durables y fáciles de mantener: la mayoría no necesita más de una aspirada o trapeada a la semana. Como el agua lo daña, en el pasado se usaba poco en la cocina, pero los productos sellantes modernos, lo hacen posible hoy.

La mayoría de los pisos de madera están hechos de maderas duras. Maderas de poro abierto, incluyendo el roble —que se usa en el 95 por ciento de todos los pisos— lo mismo que el nogal del norte, la pacana, el fresno, el olmo y el castaño. Las maderas duras de poro cerrado incluyen el arce, el abedul, la haya, el abeto Douglas y el pino amarillo.

Generalmente los pisos vienen en listones, que se pueden poner haciendo una variedad de diseños: diagonal, espina de pescado, con clavos al final y más. Los pisos de parquet, con diseños intrincados en uno o más colores y tipos de madera vienen en baldosas listas para instalar.

Si compra una casa con pisos de madera oscura, pero quiere modernizar su apariencia, puede hacer que le pelen los pisos y luego que los aclaren, con pintura o con un baño (un baño suave de color blanco se extiende sobre la superficie de la madera), dándole después un terminado con poliuretano. (El proceso es similar a la pelada de los muebles, que se explica en la sección de Arreglos.) La desventaja es que entre más claro sea el piso, más se verá la mugre. También en las épocas en que la humedad es baja, todo el piso se contraerá; cuando el terminado es claro, todas las junturas entre las tablas se verán más oscuras que los listones. Esto no tiene mayor importancia, pero si usted es una perfeccionista, le molestará.

¿QUÉ VIENE PRIMERO: EL PISO O LAS PAREDES?

Pinte los techos y las paredes antes de hacer el piso. Evitará los goteos y los rayones que se producen al mover los muebles y el equipo de los pintores.

Dos tipos de terminados son los que se usan para los pisos de madera.

• El sellado penetrante: se mete dentro de la madera y la atraviesa, sellándola toda, pero debe ser encerado y necesita mucho trabajo.

• El sellado de superficie: como el poliuretano, sella la superficie y la vuelve resistente a los rayones y al agua. Estas superficies pueden ser arregladas por partes. Escoja un acabado mate, si la madera no está en muy buen estado.

Otros terminados incluyen el barniz, que se oscurece con el tiempo y que también se puede arreglar por partes. La goma-laca (*shellac*), es fácil de aplicar, pero necesita cera, se ensucia rápidamente y no se puede arreglar por partes. El laqueado se opaca pronto, muestra los rayones y no se puede arreglar por partes.

Los sistemas Suecos, necesitan aplicación profesional, pero son los más fuertes y con el mantenimiento más fácil.

Si le van a arreglar los pisos, es importante conseguir una recomendación de alguien en quien usted confíe. Es una obra costosa y la calidad del trabajo varía mucho. Cuando entreviste a la persona de los acabados, haga muchas preguntas —muy específicas— como: ¿de qué color quedará el piso cuando lo terminen? Una amiga mía pensó que su piso iba a ser aclarado y terminado con un color roble claro, pero llegó a casa para encontrar que se lo habían pintado del color de las paredes. Esta historia particular tuvo un final feliz, pero es mejor asegurarse que cada uno sabe exactamente que esperar.

Prepárese para un reguero espantoso. Para terminar un piso, el trabajador deberá lijar con

NO DEJE QUE LOS TERMINADOS ACABEN CON USTED

Antes que el hombre de los acabados llegue con su máquina de arena, entre en acción, quite todo lo que pueda de la habitación que va a ser lijada. Cubra lo que quede y selle los bordes. Para evitar que la arena se esparza por el resto de la casa:

• Selle las puertas de las habitaciones adyacentes hasta donde sea posible, con cinta de enmascarar.

• En la cocina y el baño cubra los frentes de los gabinetes con plástico y selle los bordes con cinta de enmascarar para que la arena no se meta debajo ni por detrás.

• Use cubiertas de tela sobre las bibliotecas y fíjelas con cinta de enmascarar.

• Recuerde cubrir los lugares abiertos como el espaldar del piano, de lo contrario, después aspirará por semanas.

arena, la superficie existente, retirando todas las capas de cera, mugre, y las irregularidades de la superficie. La tormenta de arena que se levantará hará que recuerde a Lawrence de Arabia con nostalgia y la llevará a usted a una depresión, si no está preparada para ello. Las finas partículas se meten en todas partes, aún en los gabinetes cerrados de la cocina, entre las tazas y los platos. Utilice sábanas para cubrir todo.

Pisos blandos

Los suelos blandos, que no necesitan cera, son una buena opción donde no es práctico o es muy costoso poner pisos de madera o donde se va a cubrir un piso ya existente y que se ha dañado. Vienen en una gran variedad de patrones, colores y formas, ya sean baldosas o laminados. (Ha reemplazado el linóleo por completo, que en este país ya no se fabrica desde 1974.) Es relativamente barato, resistente al agua y fácil de limpiar. Como es acolchado es más cómodo para pararse sobre él y causa menos rupturas que los pisos duros.

Aunque su nombre indica que no necesita cera, este piso no está totalmente libre de mantenimiento. Aunque la última capa de su superficie, clara y brillante se mantiene así por más tiempo que el vinilo ordinario, no dura para siempre. También se daña con objetos duros o punzantes y no resiste todo lo que resiste un piso de madera de alto tráfico.

Piso blando en baldosas
Parece práctico comprar baldosas, con la esperanza de poder reemplazar fácilmente, en un futuro, cualquier sección que se dañe. Pero con el tiempo las baldosas se decoloran, y el color de la sección reemplazada sobresale. (Si hay algún lugar en la casa —como el sótano— donde pueda dejar algunas baldosas para que envejezcan, estarán perfectas cuando tenga que hacer el arreglo. No estarán exactas a las usadas, pero no serán tan obvias como las recién desempacadas.)

El asfalto y los vinilos de asbesto son los que más se usan en las instituciones porque son muy baratos. El asfalto se despunta fácilmente y no envejece bien.

Pisos blandos laminados
Los pisos de vinilo y de caucho vienen en láminas. Se pueden poner planos o asegurados al piso anterior, con cinta doble faz o grapas, por los bordes. Mientras que el piso laminado es más difícil de instalar que el de baldosas, es mejor para las áreas de tráfico pesado. En las superficies de baldosas hay muchos bordes por donde se filtra el agua y la mugre, creando la posibilidad de humedad y crecimiento de moho.

LOS PISOS Y EL JUEGO DE LOS NIÑOS
Si está decorando una habitación para un niño pequeño, use pisos blandos en lugar de alfombra. Este piso no se mancha fácilmente, es más fácil para mantener limpio, es higiénico, en él ruedan mejor los carros, se paran los soldados de un ejército y sirven para armar rompecabezas. Cubra el piso con un vinilo de color brillante y cuando el niño crezca alfómbrelo.

Pisos duros

Los pisos duros, como las baldosas rústicas y de cerámica, vidriadas, de concreto, ladrillo y piedra son usadas comúnmente en las áreas de tráfico pesado. Los pisos de baldosas y piedra no son baratos; los de menor precio, baldosas rústicas sin vidriar, cuestan más o menos lo mismo que un piso de vinilo, pero las demás son más costosas. Aunque las baldosas se rajan y presentan algunos problemas de mantenimiento con las uniones, generalmente son fáciles de mantener, durables y bellas.

Las baldosas rústicas y de cerámica pueden ser brillantes o no. La baldosa brillante tiene una superficie parecida al vidrio que puede ser brillante, mate (plana) o texturizada. También se consiguen baldosas de granito (las más duras), pizarra, mármol, ónice y piedra (las más suaves). Algunas veces la rústica y la cerámica se combinan.

Las baldosas se instalan sobre una base hecha de lechada, una mezcla pegajosa de mortero y cal, de color contrastante que las mantiene en su

COMPARACIÓN DE PISOS BLANDOS EN BALDOSAS			
Tipo	**Características**	**Ventajas**	**Desventajas**
Vinilo sólido Baldosas de 12 × 12 o 12 × 18 pulgadas	Diseños brillantes impresos a través de la baldosa. (No se compara con los vinilos ni con los vinilos de asbesto, que se ven viejos cuando se gasta el diseño.)	Más fácil de instalar que el laminado	Resbaloso cuando se moja Mucho desperdicio en habitaciones irregulares
Vinilo y vinilo de asbesto en relieve	Superficie desigual	Proporciona interés visual al lugar	La superficie desigual atrapa el polvo y se desgasta de forma dispareja
Baldosa acolchada	Puede tener base de fieltro, fieltro y espuma o asbesto y espuma		Costosa Los muebles le hacen marcas permanentes no instale con fieltro en la bodega por el moho
Caucho		Agradable Durable	Colores limitados
Corcho		Agradable	Difícil de limpiar Poca duración

puesto, definiendo el patrón. Los patrones varían desde arreglos simples de cuadrados y rectángulos a los patrones más complicados de diamantes y hexágonos.

Aunque la lechada con color no se ensucia tan pronto como la blanca, se encuentran productos limpiadores de la lechada blanca; no existen limpiadores para lechadas moradas o de otros colores.

Antes de 1950 todas las baldosas eran montadas individualmente. Para ahorrar tiempo, los fabricantes comenzaron a instalarlas sobre bases de papel, yute, nylon, malla y otras superficies. Estas bases se caen algunas veces. Antes de comprar baldosas montadas para usar en los baños y otras áreas húmedas, asegúrese que son adecuadas para estos propósitos.

Cuando haya escogido la baldosa que le guste, compre varias para llevarlas a casa. Después de haberlas mirado por varios días, si no le gustan, puede elegir otras y dejar las que compró, como bases para platos calientes. Algunas veces puede seleccionar las baldosas una por una (obviamente esto sucede cuando va a usar unas cuantas como decoración, no cuando es todo un piso). Si es así, escoja con cuidado, las baldosas imperfectas y las que varían de grosor se pueden quebrar.

Paredes

En un estado de ánimo extravagante, contraté un muralista para que cubriera una de mis paredes con flores y viñas, pero el resto de mi casa está cubierto de manera más convencional con pintura y papel de colgadura. Junto con los artesonados (*paneling*) (que hoy no se limitan a los sótanos terminados en nogal), están disponibles en una variedad ilimitada de escogencias.

COMPARACIÓN DE PISOS BLANDOS LAMINADOS			
Tipo	**Características**	**Ventajas**	**Desventajas**
Lámina de Vinilo	Gran variedad de diseños y texturas Las más finas vienen con bases, que son cómodas e insonorizan.	Impermeable al agua, grasa aceite y la mayoría de los químicos caseros	Se daña con la quemadura de los cigarrillos.
Caucho		Durables, silenciosos, resistentes al agua. Diseños modernos con anti-deslizante. Fácil de lavar, con agua y jabón.	Costosos

Pintura

Lo menos que debe saber para mandar pintar su casa:

- La importancia de la preparación
- Eligiendo, el tipo, el color y la calidad de la pintura

No asuma que cualquiera puede pintar. El ser capaz de sostener una brocha, no lo convierte en un Miguelángel. Ni siquiera hace de usted un pintor de paredes competente. Nunca contrataría un pintor que no fuera referido por un amigo (o que no viniera con excelentes referencias) y usted tampoco debería.

TRES TRUCOS PARA CONTRATAR UN PINTOR (O CUALQUIER OTRO TRABAJADOR)

- Verifique el camión. Un trabajador con un camión limpio, es probable que haga un trabajo limpio.
- Evite los fumadores. Se toman muchos recreos.
- No contrate a nadie que no use cinturón. Gastan mucho de su tiempo, halándose los pantalones.

Está claro que, basada en estos puntos, muchas veces en mi vida no me hubiera contratado a mí misma.

¿Cuánto costará?

Pintar puede ser terriblemente caro, especialmente si sus paredes están en malas condiciones. Pida por lo menos dos presupuestos distintos para comparar precios, antes de firmar el contrato.

Si sus paredes necesitan muchos resanes y/o lija y afinado —asegurarse que la pared esté suave y sellada— puede representar el mayor costo en un trabajo de pintura profesional. El afinado es lo que separa un gran trabajo de pintura de uno de inferior calidad. Si no queda bien hecho, la pintura comenzará a pelarse, el color no se verá bien y usted estará a disgusto con el trabajo desde el mismo instante en que recoja las cubiertas.

Preparando la superficie

Aún si usted misma está haciendo el trabajo, (en cuyo caso busque el capítulo de arreglos para más información) si hay huecos grandes y grietas, necesitará un profesional para hacer la labor de resanar.

Las diferentes clases de grietas son causadas por diferentes clases de problemas. Cualquiera que sea la causa de las grietas (generalmente es una gotera) debe ser reparada antes de resanar, o la grieta aparecerá de nuevo. Si la grieta es por problemas de cimientos y no se atiende, no se preocupe por pintar, ya que la casa se puede caer.

COMPARACIÓN DE LOS PISOS DUROS

Tipo	Características	Ventajas	Desventajas
Baldosas de Cerámica cuadradas y oblongas de 4 × 5 pulgadas se intercalan de manera circular y al estilo Provenzal	Casi irrompibles, — cocinadas a tan altas temperaturas que se funden las partículas. Las mate, en tonos tierra, deben sellarse antes de usar	Tráfico pesado resistente al agua, manchas, excelentes en cocinas, baños corredores y habitaciones interiores y exteriores. Logran efectos con los bordes contrastantes.	Costosas Las vidriadas son resbalosas, las hay antideslizantes, se pelan y son incómodamente frías.
Baldosas Rústicas	Sin brillo, bruscas, en tonos tierra Se instalan en una base de mortero luego se sellan y se brillan.	Durables, para uso interior y exterior. Desarrollan brillo con el tiempo.	
Ladrillo		Durable; para corredores y caminos.	Poroso (absorbe manchas), brusco (difícil de limpiar)
Piedra	Hay de muchos estilos rústicos.	Duran mucho. A prueba de agua, buenas para el baño y la cocina.	Necesitan terminado. Las más suaves ónice y caliza necesitan sellador.
Agregados	Combina piezas de piedra en una base sólida para formar un nuevo patrón tipo piso veneciano.	Muy durable	Costoso

(El yeso en habitaciones muy húmedas o que están sujetas a cambios fuertes de temperatura —por ejemplo habitaciones con chimeneas— puede agrietarse crónicamente. Una amiga mía experimentó este problema, hasta que un maestro de obra mezcló el yeso con arena, este trabajo le duró por años.)

Una vez que se ha hecho la reparación, el yeso suelto debe retirarse, cubriendo el área con una sustancia que ayudará a que el yeso se adhiera. Luego se termina el de resanar.

Antes de pintar el yeso debe dejarse curar, o sea que debe alcanzar su mayor fortaleza, por lo menos unas semanas. Esto será noticia para aquellas de ustedes que han visto que cuando el resanador termina, comienza de inmediato el pintor. Hay algunos que recomiendan dejar secar los yesos hasta por ¡tres meses! Será muy difícil convencer al contratista para que le haga sus arreglos con semanas de anticipación a la pintura, pero vale la pena intentarlo.

Un trabajador cuidadoso lijará el área arreglada hasta que quede perfectamente lisa. Todos los imperfectos se verán si se pone una pintura brillante o semi-brillante. Una pared que esté muy deteriorada, podrá cubrirse con un papel de revestimiento blanco, para crear una superficie suave, antes de pintar. El revestimiento se pega igual a como se hace con el papel de colgadura. Aunque es mucho trabajo, vale la pena hacerlo. El siguiente paso es aplicar una capa de imprimador (*primer coat*), principalmente para formar una superficie uniforme para la capa final y para cubrir los colores que de otra manera se pueden transparentar y finalmente para sellar la superficie inferior.

El imprimador se escoge según si el trabajo de pintura se hará en interiores o exteriores, el tipo de superficie que se pinta (piso, paredes o techos), qué hay debajo (madera, yeso, artesonado o papel de colgadura), y en qué condición se encuentra la superficie que se va a pintar (si se está pelando, nunca antes se ha pintado). La madera es tan porosa que a menos que se imprima, absorberá la primera capa de pintura que se le ponga. Algunos pintores profesionales recomiendan que el imprimador de la madera siempre sea en base de aceite, pues es el mejor para sellar los poros.

Algunos productos modernos combinan el imprimador con la base en uno solo, así que se podrá saltar un paso.

Escogiendo el tipo de pintura

Pintura en base de aceite. Los colores son intensos, con brillo y el terminado es muy durable. Estas pinturas tienen un gran "poder de esconder" (cubren bien el color anterior), son fáciles de aplicar, se adhieren mejor que las pinturas de látex a las superficies lisas y envejecen bien en exteriores. Como las pinturas en base de aceite repelen la humedad, se pueden lavar seguido sin dañarlas, así que son la mejor elección para cocinas, baños, techos, paredes, el sótano y la habitación de los niños. Las pinturas de aceite contenían plomo, que si el cuerpo ingería o absorbía, causaba daños serios al sistema neurológico, especialmente en los niños. Como los trozos desconchados de la pared eran dulces, algunas veces los niños pequeños se los comían, pero el plomo también se puede tomar pasivamente, ya que se absorbe por la piel y las mucosas. (Si usted está remodelando, debe estar al tanto de los peligros de la pintura con plomo. Verifique la información sobre la pintura con plomo en el capítulo 7.)

Adicional al problema del plomo, algunos solventes de la pintura de aceite, al combinarse con el sol y el oxígeno mientras la pintura se secaba, producía ozono al nivel del piso, un componente de la contaminación del aire.

El sustituto del plomo en la pintura es el **alkyd.** Los alkyds del aceite se secan más rápido que los originales, huelen menos y son más fáciles para trabajar. De todas maneras usted necesitará *thinner* o trementina para lavar las brochas y para limpiar los derrames y el olor de estos así como el de los alkyds es molesto. Lo peor de todo es que los ingredientes principales de los alkyds son solventes petroquímicos que son nocivos para la respiración y contribuyen a la polución del aire. Utilice pinturas con alkyds, sólo para pintar sobre superficies que ya tengan unas tres o cuatro manos de pintura, o para cubrir otra capa de alkyd que no quiere lijar.

LA PINTURA Y EL AMBIENTE

• Dado que la Agencia de Protección Ambiental de los Estados Unidos (U.S. Environmental Protection Agency; EPA según sus siglas en inglés) todavía no regula la composición de la pintura, no hay control sobre el hecho de que a medida que la pintura alkyd se seca, algunos de sus componentes se evaporan y contaminan el aire. Algunos de los estados de los Estados Unidos han implementado leyes para limitar estos componentes, que son las sustancias que hacen la pintura fácil de aplicar, de secado rápido y duraderas. Esperemos que los químicos inventen algo tan bueno como los alkyd, pero sin sus problemas.

• En 1990 la Agencia de Protección Ambiental prohibió el uso del mercurio, (que es la protección contra el moho) en la composición de la pintura látex. Los vapores que escapaban de la pintura mientras secaba, alcanzaban niveles tóxicos en los lugares mal ventilados. Las pinturas de látex para exteriores, todavía contienen un poco de mercurio, pero las emanaciones son menos peligrosas en el exterior.

Pinturas de látex ofrecen protección contra el moho y mantiene su color mejor que los alkyds después de usadas. Aún más importantes son las pinturas de látex, pues son más fáciles de manejar, (cuando comete un error, los brochazos no se ven) no huelen, se secan rápidamente y se limpian fácilmente. No son tóxicas.

Entre las pocas desventajas: la pintura de látex es delgada, se ensucia pronto y después de algunas capas, comienza a pelarse. (Cualquier pintura, de látex o alkyd, se pelará después de cuatro capas y deberá pelarse hasta dejar limpia la madera). Como las habitaciones, los salones y los vestíbulos no necesitan restregarse, no tendrá ningún problema con el látex.

El látex cien por cien acrílico es el de mejor calidad; el vinilo acrílico es el segundo. El gerente del almacén de pinturas le puede aconsejar en su elección.

Escogiendo el acabado

En cuanto a de pintura, lo opuesto a plano es brillante. En la clasificación, en la línea comienza el terminado mate y va variando —hasta llegar al brillante— podrá encontrar acabados, cáscara de huevo, satín, semibrillante y brillante. Pero un látex brillante, no se acerca a un esmalte brillante.

Alto brillo. Las pinturas de alto brillo son durables, lavables y se parecen un poco a ciertos personajes de la farándula: no hay nada sutil en ellas, revelan todo. Cada brochazo, cada movimiento del rodillo, quedan permanentemente en exhibición. Cada punto donde la pared no es perfecta, se nota y hasta sobresale. Para terminar una habitación en un esmalte de alto brillo, se requiere de mucha pintura y trabajo costoso.

Semibrillante. La pintura semibrillante, es una buena elección. Es durable, rechaza la humedad, se mantiene bien cuando se lava y no es resplandeciente como la de alto brillo. Es apropiada para los baños y para las habitaciones de los niños y especialmente para los marcos de las ventanas.

La única razón para escoger los acabados **cáscara de huevo** o **satín**, es si usted prefiere la textura al acabado mate.

PARA RECORDAR

Cuando compre algo para la casa —desde cubiertos para los estantes hasta cortinas, desde alfombras hasta pintura— haga una tarjeta de 3 × 5, anotando cuánto necesitó, así como el nombre y el número de identificación del producto, para que recuerde en dónde comprar lo que le falte o reemplazos.

La calidad de la pintura

Necesitará más o menos un galón de pintura para cada 400 pies cuadrados o 250 para una pared porosa o que no esté sellada. Aún así, el costo de la pintura comparado con el costo de la mano de obra, es una gota en el balde, por así decir. Yo no puedo entender cómo las personas que le pagan miles a los pintores, tratan de ahorrar unos pocos dólares en la pintura en sí.

Las pinturas baratas no valen la pena. Los fabricantes de las pinturas baratas ahorran en los sólidos de la pintura y en su lugar usan rellenos o extensores de pigmento (como talco fino, minerales refinados, arcilla, etcétera) para engrosar la pintura y mejorar el flujo. Como resultado, necesitará más capas para cubrir la superficie y la pintura no soportará el lavado.

La primera vez que un pintor me recomendó una pintura más costosa, yo me sentí escéptica. Pero vi los resultados. Mientras las labores de pintura que pagué en el pasado no duraron más de tres años, esta todavía se veía bien a los 5 años.

Escoger el color

Debe darse siempre suficiente tiempo para decidir sobre el color que quiere, antes que el pintor ya haya terminado toda la habitación. Lo que se veía como un rosa vibrante en las muestras de color, puede resultar un magenta de sala de operaciones cuando cubra con ella las cuatro paredes y el techo de su sala de estar.

La mejor forma de hacerlo, es comprando un poco de la pintura que está pensando y pintar en la pared —no una mancha, sino un parche grande— y habitar con él por unos días. Los colores a la luz de su sala de estar siempre se verán diferentes de lo que se ven en el almacén de pinturas. Cuando usted esté probando, verifíquelo con diferentes tipos de iluminación —como la de una bombilla en el techo o una lámpara cercana— lo que cambiará radicalmente la apreciación del color. La luz natural también tiene un efecto sobre los colores. Las ventanas que dan al norte obtendrán una luz más fría que aquellas que miran hacia el sur.

La pintura siempre se verá más oscura en la pared de lo que se ve en las muestras y también se oscurecerá con el tiempo. Cuando la usa en el techo, al mismo tiempo que en las paredes —se reflejan las unas en las otras— y se verán aún más intensas. Por esto mucha gente recomienda la pintura blanca en los techos y explica la razón para que exista una pintura especial que se llama blanco-techo (aunque cualquier tono de blanco resaltará bien junto a una pared pintada). Los techos blancos hacen que las habitaciones se vean más altas y por supuesto, usted nunca será demasiado delgada ni demasiado rica como para tener paredes demasiado altas.

Hay muchísimos libros que le dicen que los colores fríos le hacen sentir calmado, que los colores cálidos le alegran y que el negro no es bueno para un dormitorio, pero yo creo que son puras bobadas. Haga lo que quiera. Ponga papel de colgadura en los techos, revuelva rayas con cuadros. Disfrute de lo que está haciendo.

El pigmento, color, es lo que hace la pintura costosa, así que los colores oscuros serán los más costosos y el blanco del techo el más económico, pero si usted quiere a toda costa unas paredes verdes oscuras, no creo que la cuestión del precio la vaya a hacer escoger el verde lima.

Si no puede encontrar el color que usted quiere, tráigalo en una muestra de tela, una foto de una revista —el crayón de uno de sus hijos— y pida que se lo preparen en un buen almacén de pinturas.

Los ordenadores que mezclan colores son capaces de copiar casi cada muestra y un lote saldrá casi exacto al siguiente, así que si usted necesita un galón adicional a la mitad del trabajo, no habrá problema para conseguirlo.

PROYECTANDO COLORES

Si está lista para pintar y está cansada de los viejos tonos y las mismas combinaciones, busque alguna inspiración en la sección de hombres, de una tienda por departamentos, mirando las corbatas. Tendrá unas ideas locas.

Si usted no cree que el color tiene un gran significado, ¿Cómo es que le toma tanto tiempo elegir su cepillo de dientes?

¿Cuánto comprar?

CALCULANDO SUS NECESIDADES DE PINTURA

Sume el ancho y el largo de su habitación y multiplique por dos (porque estará pintando las cuatro paredes), luego multiplique ése número por la altura de la pared, para encontrar los pies cuadrados.

Tome una habitación típica de 16×20 pies con una altura de 9 pies.
Sume $16 + 20$, multiplique por 2 = 72
Multiplique $72 \times 9 = 648$ pies cuadrados

Si va a pintar el techo, multiplique el largo por el ancho para encontrar los pies cuadrados.
Multiplique $16 \times 20 = 320$ pies cuadrados
Sume los totales $648 + 320 = 968$ pies cuadrados

Reste lo siguiente:

Cada puerta (si son de diferente color)
Reste 21 pies cuadrados
Cada ventana: reste 15 pies cuadrados

La etiqueta de la pintura le dirá cuántos pies cuadrados de pintura se gastan en una capa d pintura. Compre un poco adicional. No le gustará tener al pintor desocupado mientras alguien corre a comprar otro tarro.

Si un profesional le está pintando su casa, en general usted irá al almacén de pintura y elegirá su color, luego, el pintor —que casi siempre recibe un descuento profesional— hará la compra. Si usted está haciendo su propia compra, o simplemente quiere saber cuál será el costo de la pintura, vaya a un almacén especializado con las medidas de sus habitaciones y el vendedor le dirá cuánta pintura necesita. Si lo quiere hacer personalmente, consulte el siguiente recuadro.

Antes que llegue el pintor

Pregúntele al pintor exactamente qué puede hacer para estar lista y en cuáles pasos le ayudará él (moviendo el mobiliario, trayendo trapos para cubrir). En mi experiencia, los trabajadores que son muy particulares sobre cómo cubrirán los pisos, los muebles y las ventanas, usualmente también son muy cuidadoso sobre cada detalle de la obra. Un pintor que le esté ofreciendo un precio de descuento, usualmente no será tan cuidadoso en el trabajo de cubrir todas las ventanas, etcétera, así que será mejor para usted si lo hace usted misma.

Empapelados y otros recubrimientos para paredes

Lo mínimo que debe saber para comprar recubrimientos para paredes:

• Qué considerar cuando compra papel de colgadura

• Opciones distintas al papel

El papel de colgadura dura de 9 a 10 años, mientras que la pintura no dura más de 5, así que es una alternativa duradera. También cubre muy bien las uniones, las grietas y demás, y si no se está pelando, el papel que está puesto, se puede cubrir con uno nuevo (o por pintura) sin ningún problema. Como el papel de la mejor calidad hace que los muebles, aún los baratos, se vean bien, creo que es una buena inversión.

Cantidad de papel

El papel de colgadura estándar es tan sólo un papel con un motivo impreso. Los papeles más costosos, pueden ser decorados a mano, texturizados para parecer estuco, yeso o cualquier otra superficie; hay uno que tiene una pelusilla que da la sensación de relieve, y parece ser el preferido de los decoradores de restaurantes de carnes.

Tenga cuidado con los costosísimos papeles recubiertos de seda pintada a mano. Son difíciles de instalar y son muy frágiles. Si se usa un adhesivo equivocado, se corren los colores.

Los vinílicos forman superficies resistentes a las manchas —dependiendo del porcentaje de vinilo que contengan— y se pueden lavar o restregar.

Casi tres cuartos de los papeles de colgadura actuales son total o parcialmente de vinilo. Algunos son papeles con recubrimiento de vinilo o vinilo con base de papel. Inclusive hay un papel vinílico con espuma, con un patrón realzado (hecho al calor) que se supone que luego usted pinta.

Puede ver libros con muestras grandes en los centros de decoración especializados de pintura de muebles, en las tiendas por departamentos o a través de los decoradores. Los organizan generalmente por tipos y texturas, de manera que usted puede mirar tan solo sólidos, vinílicos, vinílicos con diseño, florales o lo que sea. Cada patrón o textura es exhibido en los colores disponibles. Algunos fabricantes imprimen en tela diseños semejantes o que se relacionen para que usted pueda coordinar su tapicería o pedir que le hagan cubre lecho y cortinas compañeros a su papel de colgadura.

Algunos productos están garantizados contra el desvanecimiento del color.

Lo mismo que con la pintura, verifique la muestra del papel en su casa. Los centros especia-

---

HACER QUE EL PAPEL DURE MÁS

Si su papel no tiene la resistencia a las manchas del papel vinílico, aplique poliuretano de acabado satinado (*satin finish polyurethane*) con una brocha de esponja sobre el papel. Esto convierte el papel resistente al agua, de manera que las marcas y las huellas de los dedos se quitan fácilmente.

Esto puede afectar el color de algunos papeles, así que pruébelo en una muestra antes de hacerlo en la pared o verifíquelo con su distribuidor.

lizados casi siempre tienen luz fluorescente y su casa —a excepción de la cocina y el baño— probablemente no. Si no puede llevar a casa una muestra, por lo menos lleve el libro a una ventana para mirarlo con luz natural.

Relacionar el papel con la pared

El papel de colgadura puede crearle ilusiones ópticas. Por ejemplo, en habitaciones parecidas a una galería de bolos, largas y angostas, obtendrá una apreciación más amplia y cálida si usa un recubrimiento para las paredes claro y texturizado. Puede abrir habitaciones pequeñas con diseños brillantes, como un enrejado, o flores pequeñas esparcidas sobre un fondo de color claro.

Si las paredes están irregulares, o la línea del techo dispareja, o encuentra otras fallas arquitectónicas o estructurales (el dintel de la puerta caído, las molduras torcidas), evite las rayas, los recubrimientos en colores claros sin textura y los brillantes.

Si hay agrietamientos, escóndalos con superficies texturizadas o realzadas.

Básicamente se aplican las mismas reglas que hay para la ropa: los colores claros hacen que las cosas se vean más grandes, los oscuros las hacen ver más pequeñas, las líneas verticales dan altura y las horizontales dan ancho. Estas reglas son conocidas por todas las personas gordas. Cuando estaba promocionando mi primer libro por televisión, para mí siempre fue importante usar un vestido del mismo color del sofá donde me sentaría para la entrevista, con la esperanza de que nadie se diera cuenta dónde acababa el sofá y dónde comenzaba yo.

Facilitando la instalación y la remoción

He explicado la forma de instalar el papel en el capítulo de Arreglos de este libro, pero en este momento quiero indicar problemas potenciales que si usted planea hacerlo personalmente, puede afectar su escogencia.

Verifique las recomendaciones del fabricante y el tipo de adhesivo que debe usar. Algunos están premezclados; otros son secos y deben mezclarse con agua.

El papel de colgadura preempastado es el mejor. Después que lo cortan al tamaño adecuado, solo necesita mojarse.

Los patrones con un cace al azar —lo que quiere decir que no hay un diseño exacto para emparejar de tira a tira— son, obviamente, los más fáciles de instalar. Pero si ha elegido un papel de colgadura con un patrón complicado, tiene que permitir que el diseño se "repita". La palabra "repita" es la distancia vertical entre dos puntos donde el patrón es idéntico. Estas medidas están anotadas en la etiqueta. Instalar un papel con una repetición grande es difícil (porque el diseño debe alinear perfectamente) y costoso (porque puede necesitar rollos adicionales para hacer los caces perfectos).

CACE AL AZAR

Un cace caído quiere decir que el patrón por un borde es media repetición más bajo que en el otro borde.

CACE CAÍDO

Un cace derecho quiere decir que el diseño de la parte superior de cada tira comienza y termina en el mismo punto vertical.

CACE DERECHO

Los costosos papeles de colgadura pintados a mano y los recubrimientos metalizados y brillantes (plata, oro, bronce) deben ser instalados por un experto; las superficies bajo los papeles de apariencia metálica deben ser perfectas. Cualquier irregularidad en la superficie de la pared será acentuada por el brillo; el tizne, la mugre y especialmente la grasa, hasta las marcas de crayón que queden en la pared, pueden atravesar la superficie arruinando el papel.

Si usted piensa en quitar este papel con anticipación, elija uno que se pueda pelar (deja atrás el adhesivo y la base, que caen fácilmente con agua caliente y espátula) o que se pueda arrancar (solo deja atrás el adhesivo). Los papeles de colgadura europeos son más fáciles de remover que los de los Estados Unidos y yo creo que hay un significado oculto en esto, pero no sé cuál.

El costo del papel de colgadura

La elección más económica, es el papel de colgadura con un diseño pequeño que se repite cada seis a ocho pulgadas. Si usted tiene un gran diseño geométrico o floral, cuyo patrón se repite sólo cada 24 pulgadas desperdiciará mucho papel en los caces.

Los papeles baratos se descolorizan, no son lavables o se arrugan después de la instalación, pero puede encontrar muy buenos papeles a precio de realización cuando ya no se producen más. Puede pagar desde cuarenta hasta doscientos dólares el rollo (y más) por papeles de colgadura pintados a mano o brillantes y la regla general es: entre más cuestan más difíciles son de instalar.

Algunas veces usted encontrará un rollo o dos de papel de colgadura muy barato. Estos son excelentes para espacios pequeños (como el baño, donde puede cubrir sólo la parte superior de una pared embaldosada de la mitad hacia abajo) pero también pueden ser usados para rejuvenecer un gabinete viejo o para cubrir una mesa barata Parsons para usar en la oficina o en el salón de estar. (Cubra la mesa con un vidrio y puede volverse una pieza muy decorativa.)

Puede usar unos sobrantes de papel de colgadura para cubrir la cornisa de madera terciada que hay sobre las ventanas; para remodelar un biombo de tres paneles de doblar, con impresiones murales escénicas o exteriores o para cubrir la persiana de la ventana pequeña del baño.

Si alguna vez ve un libro de muestras de papel de colgadura destinado a la basura —no es difícil, ya que los almacenes descartan sus libros de muestras dos veces al año—, tómelo para usarlo como papel para envolver regalos, para hacer vestidos para las muñecas de papel o para cualquier manualidad.

Cuánto comprar

Traiga las medidas exactas al distribuidor.

Mida como si estuviera midiendo una caja. Tome toda la medida de la altura y del ancho de cada pared que va a cubrir. No reste las dimensiones de las ventanas, la chimenea, las puertas, etcétera. (Los pocos pies de papel adicional pueden ser útiles.)

Si su habitación es de 12 pies por 18 pies y la altura es de nueve pies, primero sume los dos anchos (12 + 12) y los dos largos (18 + 18), el resultado es de sesenta pies. Multiplique esto por la altura y su resultado será de 540 pies cuadrados.

Si un rollo contiene 36 pies, el distribuidor puede aconsejarle que deje un excedente de 6 pies para los caces, así que tendrá treinta pies disponibles de cada rollo. Divida 540 por 30 y la compra total será de 18 rollos.

Las cenefas se venden por yardas y no por rollos, así que mida el perímetro de la habitación para comprarla.

La mayoría de los recubrimientos de pared tienen costo por rollo, aunque vengan en paquetes de dos o tres unidades. Los pies cuadrados de cada rollo varían (los largos pueden llegar hasta 72 pies cuadrados), y los anchos del papel varían de 20 a 28 pulgadas. Los paquetes están etiquetados con esta información.

Los rollos europeos, que se miden en metros, tienen menos papel que los rollos americanos.

Siempre compre por lo menos un rollo más de lo que usted necesite, ya que los fabricantes cambian el teñido de los lotes o descontinúan los diseños.

Artesonado en madera

Puede conseguir el artesonado en diferentes precios, pero los que se vendan por menos de 12 dólares, pueden ser de calidad cuestionable. Ni el vinilo impreso con apariencia de madera ni de piedra, con un acabado de vinilo sobrepuesto, es tan durable como la madera terciada recubierta con un enchapado de madera o madera sólida. El roble sin nudos es la mejor calidad de madera sólida.

Todas las superficies deben ser selladas con un acabado de poliuretano mate para poderlas limpiar con facilidad.

Laminado de baldosa

Este laminado, está disponible en pliegos de 4×8 y de 5×5, en un material con base en láminas de madera dura, con terminados especiales de superficie que son similares en durabilidad a las baldosas de cerámica. Algunas parecen verdaderas baldosas de cerámica, cuadrados duros y brillantes, rodeados de lechada en bajorrelieve; hay gran variedad de estilos disponibles, desde los que simulan piedra hasta los florales.

El laminado de baldosa, generalmente tratado con melamina, es un acabado con calor, o PVC, un recubrimiento epoxy-poliéster. Ambos son durables, resistentes al moho, las manchas y los rayones. Los acabados en PVC también son flexibles y resistentes a las fracturas. El laminado de baldosa es liviano y fácil de instalar, generalmente sobre paredes divisorias (pero no en postes, concreto, ladrillo, forros, enyesados o bloques de escoria). Algunas marcas pueden aplicarse a madera terciada o a baldosas de cerámica ya existentes.

Otras opciones

Pisos de vinilo y alfombras son otras escogencias para recubrimientos de paredes. Son de poco mantenimiento y buenos aislantes. La persona que instala baldosas o alfombras en los pisos, también lo puede hacer en las paredes o puede hacerlo usted.

La piedra y el ladrillo son muy durables, pero la limpieza de la lechada puede ser un problema.

El enchape de ladrillo sobre concreto o madera no es costoso y se limpia bien.

Techos

Los techos pintados y de madera son de bajo mantenimiento, pero los techos de placas acústicas tienden a mancharse. Si los pinta, se reducirá la absorción del sonido, aunque existen pinturas especiales para este propósito. (En todo caso, para acallar el sonido que llega a través del suelo, el techo a prueba de ruido es menos efectivo que la alfombra. Si usted vive en un apartamento y su vecino de abajo se queja del ruido, eso es exactamente lo que pedirán que haga.)

Ventanas

La importancia de reemplazar las ventanas es mejorar el aislamiento, y la ventanería nueva es bastante más efectiva para este trabajo. Si usted reemplaza las ventanas de diseño antiguo, probablemente ahorrará mucho combustible.

En una casa privada, esta decisión es suya. Si usted es dueño de un apartamento, es probable que le permitan reemplazar sus ventanas por cuenta propia, o puede ser obligado a compartir costos del reemplazo de toda la ventanería del edificio.

El recubrimiento de las ventanas para privacidad y/o decoración, varía desde: visillos, celosías, persianas, cortinas y colgantes. Hace años, se usaban velos o persianas, luego cortinas y colgantes y después de todo eso empezaba su trabajo: limpiarlo todo. Hoy, mucha gente usa minipersianas o cortinas únicamente. Y algunas personas (dicen mis amigos, los moradores con binoculares) no usan nada.

Lo mínimo que usted debe saber para comprar ventanas y recubrimientos de ventanas:

- Las cualidades aislantes de las ventanas.
- Verificando marcos y bastidores.
- Estilos de ventanas.
- Variedades de recubrimientos de ventanas.

Las ventanas y la pérdida de calor

La característica más atractiva de una casa —las ventanas— es tal vez la más costosa porque aíslan muy mal. Usted gasta mucho dinero, generando calor o enfriando su casa, entonces la ventana, deja salir el aire caliente y deja entrar el aire frío, o viceversa, lo que creó la expresión "tirar el dinero por la ventana".

Es tan malo como esto: el valor del aislamiento de cualquier superficie, se mide en términos R (lo que quiere decir resistencia a la transferencia de calor). Un techo, por ejemplo, debe tener una R que alcance por lo menos 19 puntos y de acuerdo a algunos expertos, puede llegar hasta treinta. Una ventana común de una sola transparencia (eso es, una ventana de un solo vidrio), tiene un puntaje R de uno.

El área alrededor de una ventana corriente de un solo vidrio, puede perder hasta 15 veces más calor, que el que pierde una superficie de pared. Entre más ventanas tenga, más calentará el exterior. (Las ventanas corredizas del patio, como puede imaginar, son un completo desastre calentando / enfriando.)

La mayoría de los fabricantes están haciendo hoy ventanas de doble o triple vidrio, para las casas nuevas y como unidades de reemplazo. Lo que hace la diferencia, no es el vidrio adicional, sino el espacio entre vidrios. El aire atrapado entre ellos evita que el calor entre o salga. El espacio entre los vidrios, debe ser de no menos de ½ pulgada y no más de ⅝ de pulgada. Las ventanas de doble transparencia tienen un valor R de 1,5 a 1,8 y las de triple transparencia de 1,8 a 2,0.

Para agregar más valor de aislamiento, las ventanas pueden tener un E-bajo (emisión baja), un recubrimiento metálico invisible sobre la superficie del vidrio, que reduce la transferencia

del calor en otro 35%. En un clima frío, ponen el recubrimiento E-bajo en la parte de afuera del vidrio interior, para que mantenga el calor adentro; en los Estados cálidos los recubrimientos E-bajo están por dentro del panel exterior para reflejar el calor hacia fuera.

Aunque las ventanas E-bajo son más costosas de instalar y valen entre un 10 y 25% más que las de vidrios con aislamiento común, a la larga son un gran ahorro en los costos de calefacción en invierno y en las cuentas del aire acondicionado en verano. Como beneficio adicional, son un filtro para los rayos UV (luz ultravioleta), que mantiene las cortinas y las tapicerías sin descolorizar y evita que la madera se amarillee. Las ventanas E-bajo de doble vidrio tienen más o menos el mismo valor R que las de triple vidrio sin recubrimiento E (2,5–3,2) a un costo menor y con menos protección. Las ventanas de triple vidrio recubiertas pueden alcanzar un valor R de 4.0.

Han salido al mercado ventanas aislantes aún mejores. Una ventana con doble transparencia puede alcanzar un valor R de 4.0, usando gas argón, un mal conductor de calor, en lugar de aire entre los vidrios. (Un posible problema: que alguna vez se escape el argón y necesite reemplazo.) Una ventana E-bajo de cuatro transparencias con un altísimo R-8, usa una combinación de una película especialmente teñida y un gas ambientalmente amistoso.

Las superventanas que se están desarrollando ahora, pueden llegar a alcanzar el valor R de las paredes. Esto incluye ventanas con un vacío entre los vidrios y otras que usan gas krypton (sí, del planeta de Superman); y aún otras que usan una película óptica holográfica, que refleja la luz del sol hacia cualquier lugar de la habitación. Ya que esto, disminuye la necesidad de la luz artificial, estas ventanas, revolucionarán la iluminación, la calefacción y el enfriamiento de sus hogares. Será posible tener más y más ventanas (inclusive claraboyas) sin incrementar sus cuentas de calefacción y enfriamiento.

Si usted va a comprar ventanas nuevas de doble transparencia, debe tener en cuenta dos puntos importantes, sellar y ajustar. Si el sellado no es bueno, la humedad aparece entre los dos vidrios y la única solución es reemplazarlos. (La Sociedad de Fabricantes de Vidrio Sellado y Aislado [The Sealed Insulated Glass Manufacturer's Association] dice que sus miembros deben entregar una garantía mínima de cinco años en sus piezas.) Si la ventana queda suelta no aislará bien.

OBRA DE VIDRIO

Las ventanas de vidrio tienen muchos grados —AA es el mejor, pero A es también satisfactorio para la mayoría de las necesidades— y varios espesores, que determinan su resistencia:

• Un vidrio de resistencia sencilla (menos de $1/8$ de pulgada de grueso) está bien para ventanas pequeñas. Pero si usted tiene "transparencias", ventanas pequeñas alrededor de una puerta de diseño antiguo, deberá reemplazarlos por vidrios más resistentes para su seguridad. Los reglamentos de los edificios exigen vidrio irrompible en las puertas, y en las ventanas cercanas a las puertas y a los pisos, desde 1979.

• El vidrio de doble resistencia (por lo menos $1/8$ de pulgada) es necesario para las ventanas de 3×4 pies.

• La plancha de vidrio (mayor a $1/4$ de pulgada es necesaria para las ventanas panorámicas.

• El vidrio de seguridad (necesario en claraboyas, puertas de las duchas y del patio) viene en vidrio templado (que se desintegra en boronas, en vez de trozos cortantes), planchas de vidrio o vidrio reforzado con alambre.

Acabados especiales para las ventanas

Las ventanas pueden ser tratadas para que permitan el paso de la luz, bloqueando el paso del calor, una característica útil en climas cálidos. También puede comprar pliegos de poliéster tinturado para las ventanas que reducen los rayos ultravioletas y el calor. Tan sólo humedezca la ventana, presione sobre ella el pliego recortado a su tamaño y alíselos con un rodillo de goma. La electricidad estática las mantendrá en

su sitio. Cuando el ambiente enfríe, puede arrancar los pliegos y guardarlos. Son reutilizables y poco costosos. Hay gente que los adora y otros se molestan porque dicen que se pelan cuando no deben y no despegan cuando debieran.

El plexiglás es bueno para algunas cosas, pero a mí no me gusta para ventanas y puertas. Es fuerte y resistente a quebrarse, pero es muy difícil de mantener limpio y se raya más que el vidrio.

Examinar los marcos

Se pierde calor alrededor del marco de la ventana, lo mismo que a través de la ventana si los marcos no están bien mantenidos o si las ventanas no están instaladas derechas.

En el invierno, ponga su mano cerca al marco de la ventana y sienta la temperatura de la pared correspondiente. Si está fría, el marco no ha sido bien instalado. No hay mucho que se pueda hacer después de esto. Pero cuando usted vaya a reemplazar sus ventanas, busque cuidadosamente un instalador que sepa lo que está haciendo, para que las ventanas nuevas queden instaladas correctamente. Haga que su contratista verifique que todo esté a nivel y a plomo.

Usted debe mantener los marcos en buen estado. La madera tiene un rango R bueno, pero con los años se puede encoger y si no ha sido bien mantenida y pintada, el aire se filtrará por las grietas. Si no quiere preocuparse por el mantenimiento, puede usar marcos de aluminio. No tienen un buen valor de R, pero no necesitan ni lija ni pintura.

El mejor es el aluminio anodizado que se oxida menos que el aluminio martillado. El vinilo, que también es fácil de mantener y un buen aislante, no es tan fuerte como la madera o el metal. La mejor escogencia, sería un marco de madera con un recubrimiento de metal o vinilo, combinando así un buen aislamiento y poco mantenimiento. Antes de comprar, verifique las esquinas de los marcos. Si los ángulos no calzan perfectamente y se puede ver la luz a través, dejarán pasar el aire.

Reemplazando las ventanas

Las ventanas de madera con los marcos en buen estado, pueden ser reparados y cubiertos con ventanas de tormenta, pero si los marcos están dañados, se debe reemplazar la ventana completa. Las ventanas de acero o aluminio y de un solo vidrio, como son malas aislantes, deberían ser reemplazadas.

Ponerle una nueva ventana en el bastidor de acero del marco viejo es más fácil para el contratista, pero no es bueno para usted, ya que el aislamiento será de inferior calidad. El bastidor viejo del marco, lo mismo que la ventana vieja, deben ser retiradas y aisladas, especialmente en los climas fríos.

Cuando le hagan un presupuesto para ventanas nuevas, asegúrese de dejar claro si se cambiará por completo el bastidor del marco, si la impermeabilización alrededor del marco está incluida y si dentro del precio se incluyen los costos de envío.

Si no puede comprar ventanas nuevas o tiene alguna otra razón para no reemplazar el bastidor, compre el reemplazo de sus ventanas un poco más pequeño que las originales, para que sean más fáciles de instalar.

Las ventanas prefabricadas y de mayor tamaño, tendrán un costo extra de instalación.

Ventanas de tormenta

Si ajustan bien, las ventanas de tormenta pueden bajar la filtración de aire en un cincuenta por ciento. El marco debe tener pintura de exteriores, sellante en las dos caras del vidrio, pines para mantener los marcos presionados dentro de las guías, sin grietas en las junturas. El marco debe ser pesado, huecos de drenaje, que permitirán la salida de la humedad y deben estar bien rellenados alrededor del vidrio.

Estilos de ventanas

La escogencia de ventanas son materia de gusto, pero hay algunas consideraciones de limpieza y mantenimiento que usted debe conocer.

Aunque las ventanas vienen en tamaños estándar, los fabricantes se comprometen a hacerlas (por un precio claro) de formas y tamaños diferentes.

Las ventanas de guillotina o dobles (unidades superior e inferior independientes, con varios vidrios en un solo marco) son las más comunes de todas. Usted puede desensamblar las

unidades en algunos de los modelos nuevos para limpiar más fácilmente. Son difíciles de alcanzar cuando están instaladas sobre los fregaderos.

GUILLOTINA

Las ventanas de bisagra tienen un gozne en el lado vertical, vienen con vidrio sencillo o múltiple y se abren con una manija.

BISAGRA

Las ventanas giratorias o de pivote también se abren con una manija, pero están colgadas por el centro y se mueven de adelante hacia atrás.

GIRATORIA

Las ventanas tipo montante que abren como trampa (casi siempre en parejas, se instalan en un lugar debajo de una ventana que no abre) también se abren con manija. Aunque todas estas proveen buena ventilación y son fáciles de limpiar, los montantes tienden a romperse. Pueden incomodar el trabajo si están instaladas sobre el mostrador.

FRANCESA

MONTANTE

Las ventanas salientes o miradores se proyectan hacia fuera de una pared. Arco, en forma redondeada y mirador en ángulos. Instaladas al nivel del piso, puede usarlas para crear un pequeño ambiente en la cocina, en donde colocar una mesa para el desayuno. Instaladas a 18 ó 24 pulgadas de altura, pueden acomodarse con asientos de ventana; una linda manera de mejorar la luz y aprovechar un espacio en una escalera oscura. Instalada con múltiples paneles, se verá con un estilo antiguo, pero cinco verticales sólidos se verá moderna. Vienen prefabricadas y listas para instalar.

Las ventanas corredizas abren igual que las puertas corredizas. Son fáciles de operar y poco costosas. Estas ventanas corredizas y de montante, a menudo son usadas como ventanas clericales: una línea horizontal de ventanas instaladas en la parte alta de una pared.

MIRADOR

CORREDIZA

Las ventanas de múltiples formas o ventanas de gablete iluminan y tienen un efecto decorativo, pero no se pueden abrir ni cerrar.

Muchos fabricantes hacen formas estandarizadas que se pueden ordenar al contratista o al aserradero. Generalmente traen doble transparencia con los bordes en aluminio o en vinilo en el exterior y superficies de madera listas para terminar en el interior.

Las ventanas francesas con sus múltiples paneles de vidrio son difíciles de limpiar. Pero dos paneles de vidrio con el enrejado en medio, es una innovación reciente que da la apariencia de la ventana francesa y no necesita de todo ese trabajo.

GABLETE

Las claraboyas se pueden instalar en techos planos o a desnivel. El vidrio se puede abrir para ventilación pero generalmente está fijo. Debe instalarse con mucho cuidado para evitar problemas de filtraciones de lluvia o nieve. Las de vidrio color bronce pueden bajar la intensidad de luz de la habitación. Para la seguridad, la mayoría de las claraboyas son en vidrio templado puesto sobre vidrio laminado (o con vidrio reforzado con alambre) son E-bajas, y algunas rellenas con argón.

Los reglamentos locales de su edificio pueden exigir una ventana de escape en el sótano, dependiendo en cual de los tres reglamentos nacionales de edificios (reglamento básico de edificios, código uniforme de edificios y código estándar de edificios) se aplique en su localidad. Verifique con su inspector local de edificios. La ventana no debe estar a más de 44 pulgadas del piso. Los tres reglamentos, requieren un mínimo de 20 pulgadas de ancho y 20 a 24 pulgadas de alto.

Ventanas de malla

El nylon es superior al metal; no se oxida, es fácil de reparar y no pierde su forma muy rápidamente. Algunas mallas ajustan en los bastidores con ganchos que se pueden quitar fácilmente para la limpieza.

Cortinas, colgaduras y otros recubrimientos para las ventanas

Las telas que se usan para las ventanas incluyen el poliéster, algodón, rayón y mezclas. A menos que usted tenga muchacha del servicio, yo compararía las de poliéster. No se decolora es fácil de lavar y no necesita plancha. La única razón para elegir telas más pesadas es para conseguir mejor aislamiento, pero algunas de las más pesadas no corren fácil.

Si usted mira los catálogos de cortinas, puede confundirse un poco por la cantidad de posibilidades, pero la verdad es que solo hay cuatro tipos básicos de cortinas.

Las cortinas de panel o de vidrio están colgadas en un sitio cercano al vidrio.

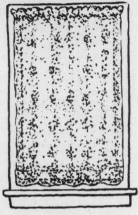

PANEL

Las cortinas de correr están en poleas. Las cortinas Priscila (transparentes o casi transparentes, tienen volantes fruncidos en la parte superior, por los lados y en la parte inferior, se cuelgan en dos paneles que se encuentran en la mitad o cruzadas en dos varillas separadas.

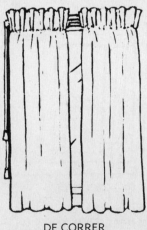

DE CORRER

Las cortinas de media ventana o guillotina son hechas de telas delgadas para cubrir la mitad inferior de la ventana. En muchas puertas francesas hay varillas que las sostienen en su puesto en la parte superior e inferior de la puerta.

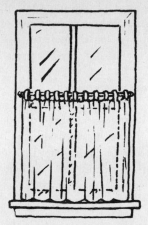

DE MEDIA VENTANA O GUILLOTINA

Las cortinas café (o cortinas en hilera) son una variación en doble hilera de las cortinas de media ventana o guillotina —una hilera es en la parte media baja de la ventana, la otra hilera es en la parte superior— no se hacen necesariamente de telas transparentes.

Una valencia es una pieza de tela corta y decorativa que cubre la parte superior de las cortinas o de los colgantes. Puede ir plisada o puede colgar en pliegues si hay espacio para que la varilla pase. Las cortinas pueden ser hechas a medida (en cuyo caso usted entrega las medidas), sobre medidas (donde el fabricante toma las medidas), o listas para colgar.

CAFÉ

Tomar las medidas bien puede ser engañoso y es por eso que cobran por este servicio. Los paneles que se consiguen listos para colgar, vienen de un ancho estándar de 25, 48, 72, 96, 120 ó 144 pulgadas y largos estándar de 36, 45, 54, 63, 84 ó 90 pulgadas. Mida por dentro del marco.

Cuelgue las cortinas por debajo del dintel de la ventana o si no ellas atraerán la mugre como un imán.

La varilla más simple para colgar cortinas es sólo eso —una varilla— que se pasa a través del dobladillo superior de la cortina. Algunas veces hay argollas deslizadas en la varilla para colgar de allí la cortina, como son las cortinas café.

Si usted está planeando cortinas para abrir y cerrar, necesita una varilla con poleas; si usted usa cortinas más colgantes, necesita una doble varilla con poleas, una para las cortinas y otra para los colgantes.

Cortinas pesadas

Las cortinas pesadas son simplemente cortinas de correr que son opacas y usualmente están forradas con propósito de aislamiento. Ganchos ajustados por detrás de la cortina, se colocan en la varilla con poleas y las cuerdas de las poleas, son las que mueven las cortinas pesadas a lo largo de la ventana.

Las telas para estas cortinas pueden ser resistentes a las manchas. También deben ser sanforizadas. La humedad, la lluvia, el vapor del radiador o las manchas de las mascotas pueden dejar puntos húmedos que no se puedan remover.

Muchas de las telas que dicen ser de lavado en seco, no lo son. Lo mejor es evitar las telas estampadas (que muchas veces se corren), la malla estampada (que se descolorizan) y el *chintz* (que pierde su brillo). Las cortinas hechas sobre medida tienen una etiqueta con las medidas, cosida en la parte superior. Si usted usa esas medidas como guía, cuando vaya a comprar nuevas cortinas en un buen almacén, puede colgarlas usted misma y le quedarán perfectas.

La Guía del Buen Reclamo (The Fair Claims Guide), reconocida nacionalmente por las lavanderías en seco, estiman que las cortinas pesadas forradas duran hasta cuatro años, las de fibra de vidrio y sin forrar duran tres años y las transparentes duran dos años. De todas formas, estos estimados son para el costo del reembolso o del cambio de las cortinas que se dañen en la lavandería; usted puede tener sus cortinas mucho más tiempo que esto.

Persianas

La ventaja de las persianas sobre las cortinas, es que se deben lavar menos seguido. Son una complicación para limpiar, con la excepción de las de madera de enrollar. Pero estas no duran mucho y atraen la grasa y el polvo.

Cuando usted compra persianas, especialmente por una orden de catálogo por correo, asegúrese de medir correctamente. La forma de hacerlo es midiendo de lado a lado por dentro del marco. Si usted está comprando mini persianas hechas sobre medidas, puede entregar sus propias medidas o pagar a alguien para que venga a tomarlas. Como se quedará con ellas si dio mal las medidas y las persianas no le quedan, creo que vale la pena tomar las medidas profesionalmente.

Compre sus minipersianas en un color que juegue con sus paredes o en un tono neutro. Si usted cambia de decoración no querrá comprar nuevas persianas.

Las mejores minipersianas son aquellas que están entre dos vidrios. Usted obtendrá la flexibilidad de las persianas con la fácil limpieza de los vidrios.

ALTERNATIVAS PARA CORTINAS

Una planta trepadora o enredadera, como la Pathos dorada, puede dar tanta privacidad como unas cortinas completas. Poner un enrejado no muy costoso con la hiedra inglesa que crece tan rápido. O usar papel adhesivo translúcido, o llevar ventanas pequeñas a un almacén de artículos para automóvil, pidiendo que las vuelvan opacas con chorro de arena.

Pantallas

Las pantallas son más efectivas para oscurecer una habitación, que las mini persianas y son menos costosas que las cortinas pesadas.

Para ventanas de medidas especiales, las pantallas hechas sobre medidas son más baratas que las mini persianas hechas sobre medidas. También se encuentran en medidas estándar.

Pueden ser ordenadas en telas que armonicen con su habitación o usted puede pegar sobre ellas su propia tela, para hacerla acorde con su decoración.

Postigos o contraventanas

Los postigos o contraventanas son un recubrimiento para ventanas durable y de poco mantenimiento. Los hechos y terminados sobre medidas pueden ser costosos, pero usted puede comprarlos sin terminar y pintarlos y teñirlos personalmente. Use los mismos que usaría en el exterior, para que sean los menos costosos y los más bellos que pueda comprar.

Iluminación

Lo mínimo que necesita saber para comprar su iluminación:
- General, de trabajo, acentos de luz y cómo planearlo.
- Qué bombillas utilizar y donde.

Iluminación general

Usted es el personaje *en* la habitación. La iluminación general es la personalidad *de* la habitación: la cantidad y el tipo de luz que llena una habitación, cuando usted enciende el interruptor o abre las cortinas. Obviamente, no debe ser ni muy brillante ni muy opaca.

En una cocina, la iluminación general casi siempre viene soportada por rieles, o la indirecta montada por debajo de los gabinetes superiores. En un comedor puede venir de un candelabro.

En la sala y en la sala de estar, las lámparas de mesa y las lámparas de pie —y tal vez algunas luces de pared llamados apliques— proveen la iluminación general. También puede venir de forma indirecta de un lugar escondido detrás de una estructura que se construye en la parte superior de las paredes:

Detrás de **una cornisa** las bombillas todas apuntan hacia abajo.

Detrás de **una valencia** (colgada un poco más baja que una cornisa) las bombillas apuntan hacia arriba y hacia abajo y detrás de una bóveda todos las bombillas apuntan hacia arriba.

Una cosa buena de este tipo de iluminación es que no hay lámparas para limpiar.

La luz en el trabajo

Si su sombra cae sobre la tabla de picar cuando está trabajando en la cocina, la bombilla de la lámpara de mesa lo ciega cuando se sienta en el sofá, su iluminación de trabajo —definida como la luz que ilumina su trabajo— necesita ser rediseñada. Las luces de trabajo pueden estar por encima, sobre, o hasta por debajo de la superficie, como las luces que se colocan debajo de los gabinetes de la cocina. La meta es iluminación suave, pareja, sin brillos y sin sombras. Los niños parecen tener la habilidad de leer en la oscuridad, pero esta habilidad desaparece con la edad. Es un hecho, es una de las grandes ironías de la vida, que a medida que envejece la luz se opaca, necesitando luz más brillante para ver. Las lámparas de mesa, las lámparas que se agarran de las repisas, las de brazo movible, los apliques y las de debajo de los gabinetes, con bombillas incandescentes o bombillas halógenas pueden servir como luces de trabajo.

Comprar una lámpara de trabajo casi nunca es un problema. Encontrar un sitio donde enchufarla puede serlo. La invención que yo estoy esperando ¡es una lámpara inalámbrica! Yo siempre le recuerdo a los constructores y a los que están remodelando una casa que incluyan muchas tomas eléctricas, para poder conectar lámparas (radios, relojes, las videocaseteras (VHS), secadores de pelo y demás) sin necesidad de extensiones. (Si tiene pocas tomas eléctricas busque la información en la sección de mantenimiento de este libro.)

También, cuando esté instalando muebles empotrados asegúrese que cualquier toma eléctrica que quede escondida sea reubicada en algún lugar accesible. Pueden ser incrustadas por ejemplo en la superficie de un mostrador. Usted pensaría que este es el tipo de asunto que un contratista pensaría. Si usted encuentra uno que lo haga, por favor mándeme su nombre.

Cuando vaya a comprar lámparas, cerciórese que sea una aprobada UL por seguridad. Para evitar el peligro de los choques, nunca use una lámpara en exteriores, junto a la piscina o a las piletas calientes, ni en los baños cerca del lavamanos, la bañera o la ducha. Y las lámparas halógenas que dan una luz muy intensa, no son recomendables para la habitación de los niños, se calientan mucho.

Tenga mucho cuidado de no poner una lámpara cerca de una tela. La primera vez que el hijo de mi amiga Maureen trajo su novia a casa, Maureen hizo un esfuerzo especial en la limpieza de la sala de estar, que estaba recientemente decorada con puntos de iluminación a nivel del piso, que proyectaban sombras interesantes en el techo. Después de comer, los dos chicos fueron a ver televisión; la noche fue en verdad memorable cuando se incendiaron las cortinas. Uno de los puntos de luz que se volteó cuando aspiraron las incendió.

ACHICAR LOS CABLES DE LA CORRIENTE ELÉCTRICA

Si usted tiene una lámpara de mesa o de piso colocada cerca de una toma eléctrica, probablemente tenga cable en exceso por ahí. Si usted no piensa cambiar de sitio la lámpara, puede cortar el cable en forma definitiva, más fácil y en menos tiempo que el que le llevaría el cocer un huevo de tres minutos. Simplemente corta el cable y mete la punta en el hueco de una clavija de repuesto para cable plano, hecha para este propósito (las instrucciones están en el empaque). Cuando usted presiona una palanca, o aprieta las dos partes juntas, pequeñas prolongaciones internas penetran el aislamiento del cable y completan el circuito.

Detalles con la luz

Los detalles con la luz son lo que yo llamo los puntos bellos de la decoración del hogar. Llaman la atención hacia lo que tienen cerca. Por ejemplo, las luces para las pinturas están hechas para ajustar sobre la parte central superior del marco de la pintura.

Para ser efectivo, el acento de luz requiere, poner sobre el objeto hasta tres veces más luz de la que la iluminación general le ofrece.

El desarrollo actual más interesante en los acentos de luz, consiste en una línea de luces de bajo voltaje. Estas son pequeñas bombillas incandescentes o halógenas de 1,5 vatios, espaciados entre 1,5 y 2,0 pulgadas sobre una base adhesiva.

Cuando pone un número de líneas lado a lado, consigue un resplandor general bajo. Si los separa, verá ondas sobrepuestas de luz.

Una línea sola puede iluminar cada entrepaño de su colección de botellas viejas o de cualquier otra colección que en su opinión valga la pena exhibir. Úselas también por yardas bajo los "zócalos" de los muebles de la cocina, de la sala o de los baños o a lo largo de las molduras de las bibliotecas o de las paredes.

Si usted compra estas líneas de luz, asegúrese que las bombillas sean reemplazables. No querrá encontrarse en una situación como sucede en la Navidad, donde una bombilla se funde y la cosa completa se apaga. Por otro lado, las instalaciones de luces de Navidad pueden usarse como acentos de luz.

Decorar con la luz

Si usted se ha dado cuenta como la luz puede transformar un escenario, comprenderá el tremendo potencial de cambio que tiene para cualquier otro lugar. Los "puntos" y el "barrido de paredes" dirigidos por los bordes de un salón lo hacen aparecer más grande. Las luces hacia arriba que dirigen la luz desde el suelo hacia el techo, le dará una apariencia dramática. Ponga un punto en el piso para que mande una sombra enorme de una palmera, y en un segundo se encontrará en un club nocturno del Caribe. Bueno, casi; puede necesitar primero, unas cuantas bebidas de esas que tienen sombrillitas.

Si usted ha oscurecido las paredes o simplemente si la habitación se ve opaca, puede iluminarla sin gastar mucho. Sólo agréguele a las lámparas bombillas de mayor vataje (verificando primero que la lámpara los resista) esa puede ser la diferencia. Y / o reemplace las pantallas de las lámparas por otras más translúcidas. Al reemplazar las pantallas viejas y amarillentas con unas nuevas, puede lograr una diferencia impactante; o adicione más luces en línea o use un accesorio mayor, uno que le acepte bombillas más grandes y de mayor vataje. Si va a comprar un nuevo accesorio, debo recordarle que los globos acumulan menos polvo que los que tienen forma de plato.

Si necesita ayuda profesional con su iluminación, el almacén de exhibición de lámparas local puede sugerirle a alguien. Será de más valor si hace la consulta de iluminación que si la hace de decoración interior. Cambiando la iluminación puede transformar por completo una habitación, con un costo relativamente bajo, pero a menos que usted sea un experto en esta clase de cosas, necesitará ayuda profesional.

Rieles y luces indirectas

Para elegir entre la iluminación indirecta y la de riel, tiene que evaluar que tanto espacio de techo tiene disponible para esconder accesorios, si quiere un ambiente suave de luz indirecta y claro está, si tiene el dinero para pagarla (y para la instalación profesional).

La iluminación de rieles, también llamada "enlatada" es fácil de instalar. Los rieles, generalmente atornillados al techo, también se pueden montar en las paredes, pueden ser pequeños, de un pie, o largos hasta de cien pies o más. La invención más novedosa son los minirieles, de unas pocas pulgadas —mono-puntos— que sostienen una sola bala.

El centro del primer riel o de luz indirecta debería estar más o menos de $2\frac{1}{2}$ a 3 pies de la pared. Como el riel está alambrado hacia lo largo, los accesorios pueden ser movidos, girados, rotados y dirigidos en diferentes direcciones. Si usted siente la necesidad de cambiar de lugar el mobiliario, acomodar las luces a la nueva decoración, es tan solo un asunto de sacar la escalera. Con aditamentos especiales, es cosa fácil, colgar del riel un pendiente o un candelabro. Los pendientes técnicamente son colgantes de luz, que incluyen al candelabro, pero la palabra se refiere usualmente a un accesorio más pequeño y sin brazos. Los modelos compactos, halógenos, de bajo voltaje cuestan un poco más que los de rieles estándar.

Los accesorios indirectos son luces dispuestas hacia abajo, que caben con comodidad dentro del agujero de la bala, en una posición fija o "globos oculares" que rotan. Puede usar los globos oculares que pueden dirigir la luz hacia cualquier parte en una línea directa hacia abajo en un ángulo de 45°. Son más fáciles de limpiar que las luces de bala.

Si usted aísla sus techos después de haber colocado la luz indirecta, asegúrese que el contratista ubique el aislamiento, lejos de los tubos de instalación de la luz, para evitar el riesgo de incendio. Las luces parpadeantes pueden indicar que usted tiene este problema, pero también puede indicar que las bombillas no tienen el vataje adecuado.

Antes de entrar en pánico, cambie la bombilla.

MANTENIÉNDOSE EN EL RIEL

Si los haces de luz enviados por sus rieles no se traslapan, las balas no están suficientemente cerca. Necesita más.

Lámparas y pantallas

Usar lámparas en vez de luces de techo, como iluminación general, hace de sus elecciones más confusas, ya que se ensanchan sus posibilidades aún más que con las luces de techo. Una lámpara sombreada esparce una luz muy diferente desde una cubierta por papel o de luz halógena. Los salones de exhibición de lámparas están tan llenos, que es muy difícil saber cuál es el efecto que cada una de ellas ofrece. La mejor forma para saber cuál es la lámpara que usted desea y que tipo de iluminación provee, es verificar las lámparas de las casas de sus amigos o mirar en las salas de exhibición de los almacenes por departamentos.

Cuando compre una lámpara, déjele las etiquetas hasta que la haya probado en su casa. Mire cómo se ve y cómo alumbra. Puede encontrar que una lámpara estilo "farmacia", cuya bombilla cuelga por debajo de la pantalla, puede brillar incómodamente cuando usted se sienta en el sofá de la sala. Otras lámparas pueden no tener la proporción adecuada: si la lámpara es muy baja, el techo de la habitación permanecerá oscuro y si la pantalla es muy angosta, la luz de la lámpara puede no cubrir el área que usted necesita.

Las lámparas de pie que alumbran hacia arriba son excelentes para la iluminación general. Con bombillas halógenas brillantes, una sola lámpara puede iluminar una habitación pequeña. Los cables de una lámpara de pie, se deben quitar del paso, preferiblemente clavándolas con grapas aislantes de dos puntas a los zócalos o a las molduras.

Las lámparas de pared o apliques también ayudan con la iluminación general, pero no son de mucha ayuda como lámparas de trabajo. Una excepción es la lámpara de brazo móvil (generalmente instalada en la pared, pero que también viene en versión de pié), que se puede acomodar en el sitio correcto, sobre su libro o sobre su trabajo, es excelente para su sala de estar o para los lados de la cama. Las lámparas de brazo móvil necesitan poco mantenimiento (sin bases que limpiar) y son eficientes (no ocupan mucho espacio). Instale las lámparas de pared a 42 pulgadas del piso y si no le gusta como se ve el cable colgando, compre e instale una cubierta para cables.

Al instalar **aditamentos**, deben acondicionarse para que la base de la pantalla quede al nivel de los ojos cuando la persona está sentada, más o menos entre 40 y 42 pulgadas desde el piso o entre 30 y 36 pulgadas sobre la mesa.

Las lámparas de mesa deben colocarse de manera que la parte baja de la pantalla quede justo debajo del nivel de los ojos.

Las pantallas varían en color desde el blanco al crema, lo que hace que la luz varíe desde la muy blanca hasta la amarillenta. Personalmente creo que la habitación se verá mejor si todas las lámparas emiten la luz del mismo color. Algunas caperuzas se oscurecen con el tiempo, generalmente con solo cambiarlas, la habitación se iluminará. Las pantallas rosadas esparcen una preciosa luz tibia y las caperuzas oscuras y opacas solo sirven para dar acentos de iluminación.

El papel de arroz japonés (*washi*) ajustado a un marco de alambre se usa en lámparas de mesa, lámparas de pie y hasta para lámparas de tubo de seis a ocho pies de altura, que cuelgan del techo. No se puede limpiar ni lavar, pero puede reemplazar una pantalla rota, con hojas de papel *washi* compradas en una tienda de arte o en una papelería especializada.

Si alguna vez usted ha tenido la experiencia de tratar de adivinar si una caperuza es o no lavable, entenderá por qué recomiendo verificar esta información en la etiqueta, cuando la lámpara o la pantalla son nuevas, manteniendo esta información en su memoria (o en un sitio más confiable).

Si piensa comprar una lámpara porque le gusta la base, pero la caperuza es demasiado ancha o demasiado alta, siempre podrá reemplazarla, pero pregunte cuanto costará una nueva antes de hacer la compra. Puede resultar considerablemente más barato buscar otra lámpara con una pantalla que le guste más.

Cuando vaya a comprar un reemplazo, traiga las medidas. Las pantallas se miden por la altura y luego diagonalmente por la base. Si usted quiere cambiar la forma o el tamaño de la pantalla, escoja una que tenga dos o tres pulgadas más de largo que el ancho de la parte superior. Si la caperuza no está en la correcta proporción con la base se verá rara, como un sombrero que es o muy grande o muy pequeño. Las caperuzas que son o muy largas o muy anchas se tambalean, y si son muy cortas no cubrirán la bombilla adecuadamente. Lo mejor sería traer la base de la lámpara al almacén y medirle pantallas.

Una etiqueta en cada lámpara nueva o accesorio de colgar, le dice el máximo **vataje** recomendado. Si usted quiere una lámpara para leer o trabajo detallado, elija una que acepte de 75 a 150 vatios. Para las lámparas de mesa de noche 75 a 100 vatios estarán bien. Nunca se exceda en la recomendación de vataje. Las bombillas se quemarán más rápido y el calor de una bombilla recalentada puede hacer que se rompa el accesorio de vidrio. También, una bombilla de vataje muy alto, puede ser un peligro de incendio en cualquier parte.

Reguladores de intensidad

Los reguladores de intensidad que reducen la iluminación general al toque de un interruptor, están instalados en la salida. Una vez se interrumpe la energía, es asunto de colocar unos tornillos y colocar unos cables. Con los sistemas más antiguos, cuando había que mover la palanca del regulador hacia arriba o hacia abajo (o girar un botón), todas las luces se regularían uniformemente. Hoy en día, los sistemas reguladores controlados digitalmente —todos en un solo punto— pueden cambiar las luces un 50% en la mayoría del salón, un 80% junto al televisor, manteniéndolas altas en el rincón de lectura. Algunos sistemas controlan los interruptores de luz de una habitación. Otros controlan toda la casa y otros pueden ser programados para operar cuando usted no está en casa.

Los reguladores de intensidad se consiguen en diferentes vatajes. Para calcular sus necesidades, si todas las luces de una habitación están controladas por un único interruptor, sólo sume el vataje de todas las bombillas— 100 vatios para la lámpara de mesa, 300 para los apliques de la pared, etcétera. El vataje total que el regulador puede controlar está indicado en su etiqueta. No sobrecargue el regulador más allá de sus límites. Las bombillas halógenas y fluorescentes requieren un regulador de bajo voltaje más costoso que el de los incandescentes.

—— Iluminar habitaciones específicas

Cocina. Usted puede iluminar una cocina promedio, con accesorios de techo que toman bombillas reflectores de 75 vatios o fluorescentes compactos hasta 60 vatios, ya sean indirectos, instalados en la superficie o montados detrás del techo falso En el fregadero y en la estufa puede adicionar luces bajas para iluminar el área de trabajo.

Alcoba. Sobre la cabecera de la cama, puede usar un riel de luces del ancho del colchón con bombillas reflectores de 20 a 50 vatios o un soporte que sostenga uno de los nuevos fluorescentes, que dan una luz más cálida. La parte baja debe quedar 30 pulgadas por encima del colchón.

Comedor. A más del candelabro, probablemente necesitará luces adicionales, ya sean accesorios indirectos sobre las esquinas de la mesa o apliques de pared a los dos lados del aparador, instalados 60 pulgadas por encima del piso. Los halógenos le darán una excelente luz blanca para este propósito.

Baños. Es una de las obras de iluminación más engañosa. Si la luz sobre el espejo o en el techo es demasiado brillante, produce sombras hacia abajo; usted se verá como si saliera de una fila de reconocimiento de la policía. Lo ideal es una iluminación indirecta o un accesorio de globo en el techo con luces adicionales al lado del espejo que ayudarán a bloquear el brillo. Si la única luz de ese cuarto está alrededor del espejo, asegúrese que el accesorio sea de por lo menos 22 pulgadas de ancho con tres o cuatro bombillas de 60 vatios. Para algunos accesorios hay tubos fluorescentes en "color natural". Son más costosos pero la luz es mejor.

Nunca ponga luces cerca de las tinas o a las duchas, a menos que el accesorio especifique que se acepta para este uso.

CUANDO LAS LUCES (FLUORESCENTES) SE BAJAN

Las nuevas luces pueden parpadear cuando están frías y las viejas parpadean antes de quemarse. Otra causa del parpadeo puede ser un signo que los tubos no están bien colocados; sáquelos y póngalos de nuevo en su puesto.

Los tubos viejos usualmente se opacan y oscurecen en las esquinas antes de fundirse. Pero si se funden abruptamente, humean o expiden un olor extraño, hay un problema en la instalación. Llame al electricista.

Bombillas de luz

El lumen es la medida de la intensidad de la luz que emite una bombilla: una bombilla de cien vatios produce cerca de 1700 lúmenes.

La mayoría de las bombillas caseras, las luces del automóvil y el flash son incandescentes, con una vida de 750 a 1000 horas porque eso les sirve a los fabricantes. Ellos podrían hacer bombillas que duraran más. Por ejemplo, la luz de un semáforo que es incandescente común, está diseñada para durar ocho mil horas. Si usted necesita una causa por la cual luchar, aquí hay una buena.

Una bombilla **incandescente** contiene gases de argón y nitrógeno. Cuando la electricidad pasa a través, el filamento interior se calienta, produciendo calor (99% de su energía) y luz (solo el uno %). Cuando la bombilla se funde es porque el filamento se rompe. Por eso si usted sacude una bombilla puede saber si está bueno o no: puede oír el filamento roto. Algunos bulbos tienen doble filamento para producir un vataje más alto. Por ejemplo, un filamento de 50 vatios y uno de 100 hacen una bombilla de 150 vatios.

Hace tiempo, la luz **fluorescente** tenía un brillo azulado y era denominada como la iluminación de "la estación de buses". Bajo esta luz su maquillaje podía parecer perfecto en el espejo del baño o del departamento cosmético, pero cuando salía a la luz natural o a la incandescente, usted se vería como si fuera un cadáver.

Hoy en día, los fluorescentes vienen en tonos rosa y amarillo y en la forma de la bombilla clásica. Colocar las bombillas fluorescentes de tonos cálidos alrededor del espejo del baño no tiene ninguno de los inconvenientes y sí todas ventajas de los fluorescentes tradicionales. Emite una luz pareja, da poco o ningún brillo y ahorra dinero y energía.

Para producir la misma cantidad de luz de los incandescentes, los fluorescentes utilizan una quinta parte de la electricidad y producen una quinta parte del calor. Silvana sostiene, que su tubo fluorescente compacto de 6 pulgadas blanco suave, por ejemplo, cuesta varias veces más que el incandescente que se le compara, pero dura trece veces más, ahorra 57 dólares en electricidad a lo largo a de sus diez mil horas de uso programado.

La bombilla **halógena** emite una luz que es la más cercana a la luz natural blanca del sol; en esta luz el ojo humano puede ver (y distinguir) la gama más amplia de colores. El mayor inconveniente es que la bombilla halógena se calienta mucho (por esto no se recomienda para las habitaciones de los niños) y requiere de un manejo delicado. La grasa de sus dedos cuando lo toca puede hacerlo explotar. Las bombillas halógenas cuestan más de tres veces de lo que cuestan los incandescentes, pero también duran tres veces más, de dos a tres mil horas.

Una bombilla de larga duración que opere con ondas de radio podría ser la bombilla del futuro.

LUZ DE LARGA DURACIÓN PARA LUGARES INACCESIBLES

Las bombillas de bajo voltaje y alta eficiencia utilizan transformadores que reducen la cantidad de corriente, para que produzcan menos luz pero duren más. Utilícelos en sitios de difícil acceso, como a la entrada del vestíbulo donde la instalación está a doble altura. En el almacén de artículos eléctricos pida bombillas de bajo voltaje. Cuando los compre verifique en el empaque que se puedan usar en el ambiente de temperatura y humedad que haya en su casa.

Muebles

Lo mínimo que usted debe saber para comprar muebles:

- Juzgando los muebles de madera.
- Cómo mirar las piezas tapizadas.
- Otras opciones de muebles: sin terminados, usados, hechos sobre medidas y muebles que no son de madera.

Por dónde empezar

Probablemente usted tenga una idea general sobre la clase de muebles que desea comprar, ya sean clásicos, antiguos, tradicionales, modernos o nos quedamos con lo que podamos conseguir. A menos que tenga usted un gran presupuesto para adquirir muebles antiguos, o plane pasar sus vacaciones visitando los mercados de las pulgas, probablemente comprará en almacenes especializados en reproducciones de muebles de muebles tradicionales o modernos.

Al comprar muebles, realmente se vuela ciego. Hay pocas marcas conocidas, las garantías son de bajo cubrimiento y los precios no siempre certifican la calidad.

Además de esto, tiene opciones casi ilimitadas aun en un simple sofá: tamaño, color, estilo, con o sin madera y todo lo demás. Un solo sofá que haya en un almacén puede conseguirse en otro, con una ligera diferencia de tamaño, brazos distintos y telas diferentes en otro almacén. Si usted tiene una habitación completa (o habitaciones) para amueblar, tendrá que tomar muchas decisiones y luego tendrá que hacer mucha búsqueda, para encontrar exactamente lo que le gustaría comprar y por el precio justo.

Si tiene además que consultar con un compañero, necesitará tiempo para discutir y para prepararse para el momento de recapacitar si quiere pasar el resto de su vida con una persona que tiene pensamientos tan extraños acerca de un sofá.

Si el tiempo y las decisiones que hay que tomar lo abruman, considere la opción de contratar un decorador de interiores. Ellos trabajan con los descuentos, usted paga el precio regular y los porcentajes que ellos consiguen son sus honorarios, así que no le cuesta mucho más conseguir alguna ayuda. De otra parte, los decoradores no lo llevarán a almacenes donde los muebles sean de precios de rebaja. No es rentable para ellos gastar su tiempo en llevarle a usted al local de "sofás baratos". Si lo que usted desea es ahorrar todo el dinero que pueda, está sola. Muy sola ya que por regla general, la gente que vende muebles en las tiendas por departamento no van a dedicarle mucho tiempo para ayudarle en cuestión de gustos.

Aunque serán amables y responderán a sus preguntas, los vendedores de muebles que yo conozco están allí sólo para tomar su orden. Tengo una amigo que no entendía esto y enloquecía a estas personas con preguntas como, "¿Cree usted que este es un color vibrante?" Hasta que me avergoncé tanto que no volví a salir de compras con él.

Lleve a casa muestras de tapicerías, para observar cómo se ven en su hogar y evalúe las posibles compras cuidadosamente. No se olvide de medir las puertas para asegurarse que los muebles que compre puedan atravesarlas. En los edificios de apartamentos verifique las medidas del ascensor. Si usted mide mal, su única solución será muy costosa, contratar a una compañía de acarreos para que se los introduzca por las ventanas (si es posible) o hacer que partan la pieza de manera que después pueda ser empujada, clavada o pegada de nuevo.

Si nunca antes ha comprado muebles, déjeme advertirle acerca de las entregas. Una pieza tapizada que usted compre, si es en la tela que está en el almacén, es probable que le llegue rápido, pero si usted quiere algo diferente, lo cuál será muy probable, puede esperar semanas y hasta meses; y no hay leyes que obliguen al fabricante a un día específico. El contrato de venta, que debe describir de forma detallada el mueble que se compra, (usualmente tiene una garantía de 5 años por la construcción y de 1 año por la tela) debe indicar también el día de la entrega y darle la opción de cancelar, ya que puede haber algún cargo por hacerlo. En algunos estados, si la mercancía no llega un cierto tiempo después del día prometido, usted puede cancelar el pedido sin ningún castigo. (Y luego deberá comenzar con todo de nuevo.)

Madera y enchapes de madera

Los muebles de una casa están divididos en muebles tapizados y muebles sin tapizar. La mayoría de los muebles están hechos de madera. En el pasado todos los muebles se hacían con madera sólida. Hoy en día sólo el marco estructural se hace en madera maciza. Mientras usted piensa que es mejor un producto de madera sólida, la verdad es que es de difícil mantenimiento, porque (se pandea y se deforma) es pesada y también lo es su precio. Como resultado las tapas, los costados, el frente y el espaldar del 75% de los muebles actuales, y de todos los precios, son enchapados.

El enchape solía mirarse como un terminado de segunda, pero los métodos nuevos de cortar las láminas de enchape, la mejor construcción y la mejor selección le han dado más clase. Un enchape para superficies, es una lámina delgada de madera de un tipo que puede ser muy costoso, muy pesado o muy liviano para la construcción del mueble. Un panel para enchapar es un "sándwich" de madera dura —de tres a siete capas, incluyendo la cara de enchape y un centro de madera terciada— consolidados con adhesivos.

No confunda el enchape de verdadera madera, con los laminados plásticos que se parecen a la madera. El plástico —a diferencia de la madera— es resistente al calor y a las manchas de agua. Pero no tiene el mismo brillo y terminado de la madera.

Las maderas duras más comunes hoy en día para hacer muebles, agrupadas de la más clara a la más oscura, son: arce y haya; roble y pacana; teca (que ya no se usa porque proviene del bosque lluvioso), caoba y cerezo; palo de rosa y nogal. Maderas blandas como el pino rojo, el abeto pino, el ciprés, el cedro y abeto pícea, se usan en su mayoría para exteriores y muebles no muy finos, más que para muebles de salón, aunque el pino, una madera blanda, se usa para ambos.

¿POR QUÉ LEER CUIDADOSAMENTE LAS ETIQUETAS?

- "Roble sólido" (*solid oak*) quiere decir que las partes expuestas son hechas de una pieza sólida de roble.
- "Roble genuino" (*genuine oak*) quiere decir que la pieza, está hecha completamente de roble, pero puede ser una combinación de enchape y madera sólida. Puede ser descrito también como "chapa de roble" (*oak veneer*).
- "Acabado de roble" (*oak finish*) quiere decir que la madera ha sido terminada para verse como el roble, mediante una impresión o un proceso de grabado.

Características de la madera

Madera dura y madera blanda hacen referencia al tipo de árbol de donde provienen y no a la calidad de la madera. Las maderas duras vienen de árboles a los que se les caen las hojas, como el arce y el roble. Las maderas blandas vienen de las coníferas y tienen agujas, como el abeto y el pino rojo.

El color viene del corazón de la madera o de la porción interior del árbol. La madera alburente o sámago contiene las células vivas y casi siempre es blanca.

La veta describe la superficie de la madera: textura, nudos, y si tiene anillos de vetas distintivas. La mayoría de las maderas son de grano fino (o grano apretado), no porosas, con anillos de veta sutiles. Pero algunas maderas duras son de grano abierto (de grano grueso), con anillos de veta marcados, y bastante porosas. La veta depende de un patrón de crecimiento natural de la madera y de donde y por donde fue cortado el árbol.

Muebles de madera

Hay tres tipos principales de productos de madera, que se usan para la construcción de muebles.

Laminados. Los laminados de madera consisten en hojas de madera sobrepuestas en una sola dirección, como en los asientos de madera doblada.

Tableros duros. Los tableros duros son una mezcla consolidada, de pequeñas fibras de madera que se ven como corcho o teja. Generalmente los encuentra como espaldares para las bibliotecas y fondos de los cajones.

Tableros prensados. Los tableros prensados consisten en un aglomerado de partículas de madera y adhesivos, comprimidos juntos. Es muy versátil, puede ser enchapado, teñido, y pintado.

Acabados

Para dejar que el color natural se vea, la madera debe ser terminada con un teñido transparente o barniz. Los "lavados" de colores claros —lavado blanco, el ácido o los terminados rústicos— también dejan que el grano de la madera se vea. Algunas veces, la madera es cubierta por un acabado opaco, como pintura o laca.

Sin importar como se vea, los muebles costosos pueden tener hasta 25 capas, los muebles baratos se terminan generalmente en un proceso único de inmersión, rociado o con una capa de pintura y generalmente se les da un segundo terminado protector con poliuretano, lacas acrílicas, poliéster, barniz, o goma laca. Algunas veces superficies de vinilo son pegadas en las superficies de los muebles. Se ven como madera pero no necesitan cera, quitamanchas ni barnices. También son resistentes a las manchas y fáciles de mantener.

Juzgando la calidad

Si la calidad del acabado es buena, será dura y suave sin escurrimientos, grietas o burbujas. La veta debe empatar y el color debe ser uniforme. En los mue-

MADERAS COMUNES Y SUS COLORES

Madera dura	Colores
Fresno blanco	Marrón, hasta marrón gris; algunas veces crema o casi blanco; aclara bien
Haya	De blanco rojizo a marrón rojizo; acepta tinturas en base de agua
Cerezo negro	Marrón rojizo, de claro a oscuro; acepta bien el teñido, no aclara
Caoba	En varias tonalidades de rojo, hasta un rico marrón oscuro; puede ser pintado o teñido
Arce	Marrón rojizo claro; acepta bien el teñido y la cera
Roble	Roble "blanco" es marrón gris; "rojo" tiene un matizado rojizo; "inglés" es de un marrón profundo
Teca	Marrón amarillento
Madera blanda	**Color**
Cedros	Hay varios tipos, "rojo oriental", debe ser sellado "rojo occidental", peso liviano
Pino	Varía desde el marrón claro, en el pino blanco oriental, hasta el amarillo (que puede ser amarillo, naranja o marrón claro).
Pino rojo	Un profundo marrón rojizo

bles finos, hasta las partes que no se ven —el revés de la tapa de la mesa, el interior de los cajones, el espaldar de los paneles— están suavemente lijadas y teñidas, para que armonicen con el resto. Las hojas de una mesa deben tener la misma veta y el mismo color para armonizar con las demás. Verifique que los muebles no sean tan livianos, que oscilen. El marco y la estructura deben ser pesados. Una buena pieza de muebles algunas veces tiene niveladores

—son implementos atornillados en las bases de las patas, que pueden subirlos o bajarlos fraccionadamente— para compensar los pisos desnivelados. Las patas deben pararse en ángulo recto y tener protectores metálicos para no dañar el piso.

Las rodachinas —metal, caucho, o bolas plásticas al final de una pata— ayudan en piezas pesadas como el sofá, para poderlo mover y limpiar.

Los ensambles son los que hacen fuertes a los muebles. Si el mueble es bueno, el ensamble ajusta apretado. Hoy, la mayoría de los acoples están sellados, con adhesivos epóxicos. Los muebles bien hechos no dejarán exceso de pegante alrededor de los ensambles. Los acoples más grandes deben estar reforzados con bloques de madera que se atornillan y se pegan en su lugar.

Hale las extensiones de un escritorio o de una mesa. No deben ceder y la pieza a donde están unidas no se debe inclinar.

En un vestidor o en una rinconera hale uno de los cajones. Debe salir fácilmente y entrar sin oscilar. Los costados y la parte de atrás, deben tener como mínimo ½ pulgada de grueso y ser rígida. Debe tener guías laterales o una guía central para dirigir el cajón y un tope para evitar que el cajón se caiga. El herraje debe ser atornillado firmemente en su puesto. Desdichadamente, usted no sabrá si una manija se saltará o romperá hasta que la pieza no haya estado en uso por algún tiempo.

Verifique las puertas: deben encontrarse y coincidir, abrir y cerrar fácil y tener puntos magnéticos que las mantengan cerradas.

PROTEGIENDO LAS SUPERFICIES

Poniéndole una cubierta de vidrio a mesas, bibliotecas bajas o mesas esquineras, es una forma maravillosa de proteger el terminado, a un precio bastante bajo. Lleve un patrón recortado en papel para el cortador de vidrio (generalmente en los sitios donde venden espejos).

El vidrio más delgado servirá. Debajo del vidrio, ponga un círculo de fieltro en cada esquina o a intervalos, para evitar que el vidrio se mueva. (Los consigue en tiendas de departamentos o de cadena.)

Algunos muebles baratos, se mantendrán sin problemas, por ejemplo, bibliotecas, mesas pequeñas y cosas que no tengan mucho uso. Pero todo lo que esté sujeto a trabajo, como vestidores y rinconeras con cajones, pueden dañarse fácilmente.

Amueblar el comedor

Si ocasionalmente tiene más de cuatro o seis personas para comer, puede acomodarse con una mesa pequeña o una de extensión. Para apartamentos o áreas de comedor pequeñas, las mesas con hojas de doblar son una escogencia práctica. Si la mesa trae las hojas por separado, usted deberá poderlas guardar exactamente debajo, utilizando algunos soportes en forma de L.

Aún una mesa sin hojas, como una mesa de vidrio, puede agrandarse mandando hacer una tapa especial. Usted puede comprarla o mandarla hacer. Para grandes reuniones familiares, mi amiga Miriam, se las arregla con una cubierta de madera terciada que expande su mesa un pie alrededor. Fue hecha en dos piezas para fácil almacenaje. Hubiera sido costoso hacerle un ensamblaje a las piezas, así que para unirlas, ella usa un gancho metálico y una argolla, le pone por encima una cubierta de tela, y luego su mantel elegante. Como la superficie de las mesas generalmente se cubre con manteles de lino cuando hay invitados, no veo la necesidad de tener una mesa de comedor costosa.

La mesa más práctica y adaptable que yo conozco es redonda y de 48 pulgadas, donde se sientan de cuatro a seis personas; le adicionan una hoja y llega a 68 pulgadas, para sentar de seis a ocho personas; cuando se adicionan dos hojas, alcanza el tamaño para una comida de ocho a diez personas; Con tres hojas, para una comida formal de diez a doce personas y 108 pulgadas; y por último con cuatro hojas, un "tamaño para Día de Acción de Gracias o Navidad", de 128 pulgadas, donde se sientan de doce a catorce personas.

Si usted no puede conseguir una de estas para comprarla, tal vez pueda hacer el arreglo expandido que hizo una amiga mía. Tenía dos mesas rectangulares idénticas, una en centro del comedor y la otra que usaba como mesa auxiliar. Si necesitaba una mesa más grande las unía.

Los asientos tapizados son los más cómodos, pero no elija una tela delicada. La comida puede caer sobre el tapizado, particularmente si hay niños en la familia o tiene invitados exuberantes. Una solución, claro, es sólo servir comidas del mismo color de sus tapicerías.

¿QUÉ DEBE VENIR PRIMERO, LA ALFOMBRA O EL SOFÁ?

Tiene sentido buscar primero el color de la alfombra que le guste y después la tapicería del sofá que le armonice. Hay más probabilidades que usted reemplace el tapizado antes de reemplazar la alfombra, por esto el color de la alfombra debe guiar su elección.

Muebles tapizados

Es particularmente difícil juzgar la calidad de los muebles tapizados, porque hay mucho escondido. El precio generalmente no depende de la calidad de la construcción, sino del costo de la tela de tapizar, que es el elemento más variable y más costoso.

Pero puede hacer unas verificaciones superficiales. Los indicadores de verificación de la calidad del mueble, que mencionamos antes obviamente se aplican. Y mientras las sillas más baratas se soportan con cerchas de tela o acero entretejido, los muebles de buena calidad tienen resortes. En una construcción de zigzag que es menos costosa, el zigzag plano o los resortes en forma de S, están clavados al marco y unidos entre sí por otros resortes pequeños. En la construcción con muelle de espiral que es todavía más costosa, resortes en forma de cono profundo, son amarrados a mano, de 8 a 12 por silla, ajustados al entretejido o a las bandas de acero. (Los resortes son amarrados 8 veces en los muebles de buena calidad y sólo 4 en los otros, lo que puede no ser suficiente para evitar que se salten y se rompan.) En ambos casos, el resorte está cubierto por algún tipo de acolchado. Los cojines pueden ser fabricados con espuma de uretano o espuma de látex natural, recubiertas por capas de espuma más suave, finalizando con una envoltura de fibras de poliéster. Los botones decorativos deben ponerse a mano atravesando el relleno. Cuando vea cremalleras alrededor de los cojines, no salte a la conclusión de que las cubiertas pueden ser removidas o limpiadas, porque se pueden encoger. Las cremalleras están allí tan sólo para mejorar el ajuste.

Los cojines removibles (y reversibles) le ayudarán a que su sofá dure el doble. Pero tenga cuidado. Si sólo tiene botones por un lado, el cojín no es reversible.

Debajo de los cojines, la base o plataforma debe cubrirse con una tela coordinada. Pase sus manos a lo largo del marco. Debe estar bien acolchado de manera que usted no sienta la madera ni prominencias.

Siéntese en el sofá para ver como lo siente, muy alto, muy bajo o está bien. Observe si la profundidad del cojín (fondo) es suficiente o si es muy ancho. Si a usted le gusta acomodarse en una esquina, ensaye y vea si se siente cómodo.

La decisión más grande es la cubierta. Muchas veces sucede (aunque no siempre) que es más barato ordenar el sofá en la tela en que está hecho. Elegir una tela del catálogo de muestras, puede subir el precio muchas veces más de lo que dice en la etiqueta. Antes de enamorarse de una tela en particular, piense cómo envejecerá, y verifíquelo.

• Verifique la tela con la uña par ver si se pela o se deslía.

• Mire la tela por el revés. Las más baratas sólo están estampadas por el derecho; en una tela de buena calidad, el diseño se ve por los dos lados.

• Tome la muestra y levántela hacia la luz: no debe ver luz entre los hilos.

• Hálela. Una buena trama no se separa. Siempre pensé que las telas con mucha textura serían las más durables, pero la verdad, como se rozan al sentarse, se pelan con rapidez. Acumulan más polvo y pelos. Sin embargo las telas ligeramente texturizadas tienen la ventaja de esconder la mugre y las arrugas.

• ¿La tela rasguña o se siente pegajosa? ¿Se sentirá así en clima cálido?

Las telas oscuras muestran el polvo y las claras

se ensucian. Supongo que esta información no es nada nueva para usted, sin embargo siempre veo gente comprando costosos sofás de color claro aún teniendo niños pequeños y mascotas en casa.

Supongo que estas personas piensan que sus hijos y sus mascotas están tan bien entrenados que no saltarán, ni se acostarán encima del sofá y tienen el dinero para apostar a ello. Mala idea. Si usted está en la categoría de tener niños o mascotas, olvídese del rayón, la seda, el algodón o gobelino, que necesitan limpieza profesional, o las panas y los terciopelos que se manchan, se encogen y decoloran aun con una simple mancha de agua.

El polvo, la fricción y el sol, reducen la vida de las telas.

Ahora en la etiqueta los muebles tapizados tienen un código de limpieza. La tela está clasificada como W, S, W-S, OX para informar cómo se debe limpiar. W quiere decir limpiar con un producto a base de agua; S significa utilizar un solvente de lavado en seco; W-S significa usar cualquiera de los dos y X quiere decir no usar líquidos, sólo cepillar o aspirar. Obviamente la clasificación X para los muebles es la misma clasificación X de las películas: no son para niños. Las telas clasificadas con W son las más fáciles de limpiar.

El comerciante probablemente le ofrezca rociarla con un terminado contra las manchas —por un costo, claro—; busque esta información en la etiqueta del catálogo de muestras. Usted puede descubrir que el terminado ya se lo habían dado en fábrica. En otras palabras estaría pagando dos veces por el mismo proceso. Una cubierta protectora como el Scotchgard, incrementa la facilidad de limpieza, pero desafortunadamente no la forma en que envejece. Tampoco significa que no tenga usted que limpiarla. El terminado de protección es cuestionable en determinadas telas, porque depende del contenido de la fibra y la textura del estambre. Aun si usted recibe una "garantía" sobre la protección contra manchas, lea la letra pequeña. Si hay una mancha, es posible que usted solo pueda conseguir el reembolso del costo de la película protectora.

La única protección segura absoluta es una cubierta plástica. Personalmente, no me gustan los muebles con los que no se pueda vivir. Una de mis lectoras sugirió un compromiso interesante. Un solo lado de los cojines cubierto con plástico, de manera que se pueden voltear cuando hay visita.

Cuando la tela se ve muy usada o deslucida, puede arreglárselas poniendo un zarape o un cubre lecho sobre el sofá por un corto tiempo, pero eventualmente, tendrá que decidirse a retapizar, hacerle un forro, o dejarlo en la calle para que lo recoja el departamento de sanidad. Si los resortes están buenos y usted pagó mucho dinero por él —y sobre todo si le gusta— vale la pena retapizar. Esto implica quitar la tela, tal vez reparar los resortes y rellenar.

Hacerle un forro simplemente quiere decir hacer una cubierta como una funda de una almohada. He descubierto que hacer estos forros es casi tan costoso como retapizar, sin obtener la belleza del terminado nuevo, pero esto es un asunto de gustos.

Con muebles baratos, como un sofá o un sofá cama, no vale la pena cubrir o retapizar. Una vez que el mueble se ve viejo, es probable que el marco también lo esté. Simplemente reemplácelo.

Si necesita un sofá o sofá cama para el cuarto de huéspedes o el estudio, verifique las áreas de rebajas que hay en la mayoría de los almacenes. En el mar de muebles beige que generalmente están allí, ocasionalmente se puede encontrar una pieza inusual a un buen precio de una orden que ha sido cancelada o una muestra que fue hecha deliberadamente excéntrica. Lo que puede ser fuera de lo común para una sala, puede ser perfecto para hacer ver más agradable un cuarto de huéspedes o un estudio.

Muebles sin terminar

Los muebles nuevos hechos sin tinturar y sin pintar —del estilo que se puede encontrar en un almacén de pinturas o en un sitio como el depósito del hogar— son mucho menos costosos que los muebles terminados. El bajo costo se debe a que son producidos en masa y con la madera menos costosa. Como resultado, es posible encontrar en su superficie imperfecciones como nudos.

Puede cubrir la madera por completo con un acabado opaco como la pintura, o puede hacer que se vea como otro tipo de madera (más costosa) aplicando un teñido: un acabado pintado que le cambia el color a la madera a una tonalidad más roja, marrón o amarillenta, dejando que el grano se transparente. Los teñidos más novedosos están hechos en color pastel como el blanco, gris claro y azul, que le dan un efecto neutro o ácido con solo una capa. Si usted quiere algo diferente de un tono de madera, restriegue con un trapo suave una tintura de tela. Si quiere un color más claro, aclárelo con agua.

Los muebles sin terminado, hechos sobre pedido, generalmente se hacen de maderas duras y finas. Como tienen menos imperfecciones, pueden servir mejor para un terminado claro. Cómpreselo a un ebanista, o si a usted le gusta hacer este tipo de cosas, ensamble uno de los que venden por piezas (hay casas que por orden de correo le venden no sólo las partes y los planos de los muebles, sino la madera, los enchapes, las patas y otros accesorios).

—Antgüedades o muebles de segunda mano

Es probablemente lo menos costoso comprar muebles usados que no sean antigüedades —y ciertamente la forma más particular— para amueblar.

Aunque usted tendrá que dedicarle mucho tiempo y energía para encontrarlos y luego tendrá que pelarlos y terminarlos para que le sirvan a sus propósitos, su esfuerzo será bien recompensado, porque los muebles usados probablemente serán mejor hechos y de una madera de mejor calidad que un mueble nuevo del mismo precio.

Aunque a usted le gusten los muebles muy simples de estilo moderno, una pieza inusual tradicional —como una vieja mecedora bellamente tallada— puede algunas veces, ser un gran complemento para su habitación. Si la familia de su esposa tiene una pieza antigua que usted va a heredar le guste o no, puede encontrarla más aceptable, una vez que la haya limpiado, le haya dado un nuevo terminado o la haya pelado y aclarado. *Véase* "Arreglos" en la página 235, para obtener más información sobre los terminados en madera).

Cuando vaya a comprar muebles usados, recuerde que aunque el aviso a la entrada del negocio puede referirse a lo que allí se vende como "antigüedades", en muchos casos el comerciante está aprovechando un punto. Ha decidido que "antigüedad" suena mejor y más costoso que "viejo". A menos que usted sea un experto, no es probable que vaya a encontrar antigüedades genuinas en los mercados de las pulgas y en las tiendas de cosas usadas. El comerciante ya debe haber repasado todas sus existencias, y cualquier cosa de valor que haya encontrado, debe estar en manos de un profesional de los acabados.

No sólo son escasas las antigüedades genuinas, sino que es difícil para un lego saber si la "antigüedad" es real o una imitación, evalúe si la pieza ya ha sido parcialmente restaurada, lo que la hace menos valiosa, o juzgue su valor. Si encuentra algo que le guste y está dispuesto a pagar lo que le piden, cómprelo, pero no espere que le ayude a pagar la universidad de su hijo. Aunque no tenga valor monetario, puede ser una pieza confortable, que usted disfrutará y con eso basta.

Algunas personas piensan que es divertido terminar una pieza de mobiliario, mientras que muchas otras prefieren jugar golf. Yo creo que usted debe comenzar por cosas pequeñas, hasta estar seguro que es algo que usted disfrutaría. Ciertamente yo consideraría comenzar con una biblioteca. Aunque usted haga un trabajo menos que perfecto, sabrá que sus errores quedarán escondidos por los libros. Tal vez podría trabajar un asiento único. Pero comprar todo un comedor que necesita acabados, es una locura, a menos que usted tenga mucha experiencia.

Muebles hechos a medida

Pro: usted puede obtener exactamente lo que quiera

Una cabecera hecha a medida, puede tener empotrada la iluminación, espacio de almacenamiento y exactamente las repisas que usted necesita para las revistas y los libros que usted lee.

Una unidad a medida para su centro de entretenimiento, tendrá exactamente el espacio que usted necesita para acomodar sus equipos particulares de televisión, videocaseteras (VHS), etcétera. Pero tenga cuidado cuando manda hacer algo sobre pedido; recuerde que su próximo televisor puede ser más grande y su sistema de sonido puede tener unos altavoces distintos. Entonces proyéctelo ahora sobre las necesidades de equipos más nuevos. Ningún equipo electrónico le durará eternamente.

Una cosa que le sube muchísimo el precio a los muebles especiales es la cajonería. Cuando he pedido muebles, me he dado cuenta que tiene más sentido ordenar entrepaños en lugar de cajones y comprar cajas, divisores, etcétera, que encajen en ellos.

Si el mueble es para empotrar, tome en consideración lo que queda detrás. Es increíble como muchos carpinteros no toman en consideración que el escritorio que están construyendo es tan bajo que no permite que el técnico alcance al radiador que está debajo. Si las tomas eléctricas van a quedar cubiertas, llame a un electricista para que las cambie de lugar: en un zócalo, en la parte superior de un gabinete, en la pared escondida pero accesible de una biblioteca. Finalmente, asegúrese que la salida telefónica esté también a mano.

Contra: usted puede obtener exactamente lo que quiera el contratista

Como en cualquier otra transacción que involucre a dos personas, es fácil que haya problemas de comunicación entre usted y su contratista. Sea lo más claro posible acerca de lo que usted espera: tipo de terminado, cuántos entrepaños, si la biblioteca llegará hasta el techo o no. Usted se sorprenderá como muchas cosas que pensó que quedaban claras no lo estaban (aunque tal vez ya lo ha aprendido por otras experiencias).

Si el ebanista toma mal las medidas, es su problema corregirlo, pero si usted no ha sido claro sobre sus especificaciones, lo que sucederá será que tendrá que aprender a vivir con el problema. Por eso traiga a sus reuniones dibujos, listas, etcétera, y pida un recibo de venta donde se especifiquen todos los detalles posibles.

Si el prospecto de teñido o pintura de los muebles hechos sobre pedido lo angustian, el ebanista probablemente le puede recomendar alguien para que lo haga (por una suma muchas veces superior a la que le pagaron a Miguel Ángel por pintar la Capilla Sistina).

O usted puede pedirle al ebanista que recubra todo con un laminado como la fórmica. Puede que no sea tan elegante, pero necesita poco mantenimiento. Si a usted le gusta la elegancia, pase la noche en un hotel muy refinado, donde hay mucamas que hacen la limpieza.

Muebles que no son de madera

Muebles de plástico moldeado. Deben ser gruesos, con bordes suaves, con superficies sin defectos y completamente terminados. Pueden marcarse o rayarse, pero son fáciles de mantener.

Muebles de metal —tales como aluminio, hierro forjado, y acero con terminado cromado o cobrizado— son generalmente muy fuertes. Asegúrese que los puntos de conexión están bien soldados y pida que el terminado lleve primero un antioxidante. Si el metal sostiene una tapa de vidrio, debe tener chupas o parches de goma para mantener el vidrio firmemente en su puesto. El vidrio de las cubiertas, no puede tener menos de ½ pulgada de grueso.

Mimbre, *rattan* y bambú. Se sellan con los mismos materiales que se sella la madera. Son fáciles de mantener, pero se pueden dañar si se dejan a la intemperie. No se recomiendan para hogares con niños o con mascotas.

Muebles de cuero. Son muy durables pero necesitan acondicionamiento; **el cuero sintético,** también es durable pero es desagradablemente pegajoso en climas cálidos. El mejor de todos es el cuero en plena flor (grano natural) que ha sido teñido con anilina (eso quiere decir, que el teñido atravesó la piel). Se suaviza aún más con el uso, pero se decolora y se mancha. El plena flor *aniline-plus* es más durable. Ha sido tratado para resistir los líquidos y la grasa. El cuero blanco se amarillea con el tiempo.

VERIFICANDO LA CALIDAD DEL CUERO

Abra la cremallera de un sillón, o mire por debajo la silla o el sofá, para ver el borde del cuero. Si tiene color por fuera y es blanco en el centro, como un sándwich, el pigmento le fue rociado por encima, y el blanco se verá cuando pase el tiempo. Un pigmento aplicado en capas gruesas se puede pelar.

Camas y cobertones

Lo mínimo que debe saber sobre cómo comprar camas y ropa de cama:

- Cómo comprar una combinación convencional de colchón y base.
- Posibilidades alternativas, cama de agua, colchón de espuma, sofá cama.
- Qué buscar cuando compra mesas de noche, sábanas y cobijas.

Usted pasa la tercera parte de su vida durmiendo y a menos que viva como algunas estrellas de cine, la mayoría del tiempo duerme en su propia cama (lo común son 350 de los 365 días del año). Pero aunque usted sea predecible no es inerte. La persona común se voltea de cuarenta a sesenta veces cada noche y probablemente más si comió chili. Vale la pena invertir en una cama que le dé comodidad y soporte.

Colchones convencionales

El tamaño perfecto

Se recomienda que su cama sea seis pulgadas más larga que su estatura, pero el ancho es opcional. Los tamaños estándar son:

- Cama sencilla (30 × 75 pulgadas).
- Colchones para cama sencilla o camas *Twin* (39 × 75 pulgadas) se ajustan a una base cama estándar o a una cama camarote, que es una cama superior con otra cama del mismo tamaño que se pone abajo, también puede conseguirlas extra largas (39 × 80 pulgadas).
- Cama doble estándar o *Full* (54 × 75 pulgadas) permite que dos personas duerman en sólo 27 pulgadas cada una: el ancho de una cuna estándar.
- *Queen Size* (60 × 80 pulgadas) ha reemplazado la cama doble como el tamaño más popular para que duerman dos.
- *King Size* (72 × 80 pulgadas) o *California King* (¡72 × 84 pulgadas!) es la más lujosa y maravillosa para las mañanas del domingo, cuando toda la familia se acomoda en ella. Asumiendo que usted tenga espacio para ella, el único inconveniente es que las sábanas, almohadas y cobijas tienden a ser más costosas que aquellas de tamaños más pequeños.

Combinación de muelle y colchón

El tipo de cama que el ochenta por ciento de la gente elige, es una combinación de un muelle y colchón (sostenida por un marco).

El muelle, o sostén, es más que sólo una plataforma para sostener el colchón. Es el amortiguador de choques que reduce el uso y el abuso de los colchones y elegir el correcto, prolongará la vida de su colchón un cincuenta por ciento. Si usted ya tiene una plataforma empotrada como cama, o si mantiene su colchón directamente sobre el suelo, puede adicionarle una capa de espuma de caucho para acolchar el colchón. (Algunos colchones, están hechos para ser usados tanto en un muelle como en una plataforma. Si usted tiene la plataforma, pídale al vendedor que le recomiende el colchón).

El marco de la cama es un conjunto de barras de hierro de cuatro lados con forma de L, sobre rodachinas que sostienen el somier y los colchones en su puesto y lejos del suelo. Muchas combinaciones de bases resortadas y colchones incluyen el precio del marco de la cama o lo incluyen por un cargo nominal. Los marcos de la cama para los tamaños *Queen* y *King* deben traer un soporte central.

Pregunte si le armarán la cama. De otra forma, lo que le llegará a su casa será el colchón, el muelle y las barras desensambladas: dos rígidas (el largo) y dos que se han colapsado (el ancho). Abra el marco, ajustando las barras del ancho para que se acomoden al tamaño del colchón y apriete el tornillo que los mantiene en su puesto.

Primero acomode la base resortada (somier), y luego el colchón. Ponga copas de caucho bajo las rodachinas si está sobre alfombra, para que no la dañen: las hendiduras de las rodachinas arrancan los pelos de la alfombra. Las copas de caucho sirven también en pisos de madera. Una amiga pone un zapato de goma que se quedó chico, bajo cada pata de la cama de su hijo con el mismo propósito y con fines decorativos.

Eligiendo el colchón

Lo que distingue un colchón de otro es la funda (o cubierta), el relleno y la construcción.

No hay razón para comprar un colchón basándose en la belleza de la funda. Una vez que esté en su casa, estará cubierto, preferiblemente por un protector de colchón y con certeza por una sábana. Nunca lo volverá a ver, sino en las raras ocasiones que voltea los colchones para usarlos parejos. Algunas personas recomiendan gastar un poco más de dinero para comprar uno que tenga una funda de puro algodón, en lugar de la tela brillante que le ponen a la mayoría de los colchones, que se resbala sobre la base resortada (somier). Un colchón pesado, probablemente no se resbalará. Si lo hace, tan sólo deslice una sábana entre los dos o compre un protector de caucho de los que mantienen el tapete fijo sobre la alfombra.

El rellenon: su interés ecológico puede ofenderse o fortalecerse por la cantidad de químicos encontrados en sus colchones nuevos. La mayoría o todos los colchones fabricados comercialmente están tratados con "biocides" para prevenir los hongos y el moho, tienen retardantes de fuego, y protegido contra las manchas; la espuma interior y la tapicería están tratadas con formaldehídos. Lea la etiqueta con cuidado si tiene preocupaciones específicas, como la alergia a los formaldehídos.

El punto más importante es el soporte y la comodidad que le proporcione el colchón. Algunas personas los prefieren blandos, mientras que a otras les gustan duros como el mármol. ¿Pero cómo puede uno saber si una marca *maxipedic* es más firme que la otra *orthotic* o *deluxe firm*? Si parece confuso es porque lo es.

Por una parte el precio no es siempre una buena guía de lo que va a conseguir. Los almacenes por departamentos y los comerciantes, pueden trabajar con los fabricantes para crear "exclusivos", que son los mismos colchones estándar, con algún cambio menor. Un nombre de marca conocido nacionalmente, *superfirm posture deluxe* puede ser idéntico al de la tienda por departamentos *superfirm posturelux* excepto por el nombre del modelo, la orden de producción especial y el costo. Las "exclusividades" le costarán de ochenta a cien dólares más, que los que tienen los nombres originales de la marca del fabricante.

En general yo creo que le irá mejor comprando el colchón, en un almacén donde solo venden col-

chones, que en una tienda por departamentos, ya que el vendedor del almacén será especializado en ellos. En ambos casos pasará un mal rato, resistiendo la palabrería de un vendedor a comisión que querrá venderle el colchón, si usted no tiene ni idea de lo que quiere comprar. Lea la información que sigue y averigüe con sus amigos cuales son las marcas que les han servido.

¿CUÁNDO SE REEMPLAZA UN COLCHÓN VIEJO?

Las razones para reemplazar un colchón viejo pueden ser tanto estéticas (El forro está tan roto o manchado que le ofende) como ortopédicas (el dolor de espalda lo está matando). Aunque la regla general es que un colchón dura diez años, esto varía. Observe los signos que le indican que su colchón necesita reemplazo:

El colchón se hunde en el centro o se ha colapsado en cráteres o bolsillos por toda la superficie.

No puede rodar por encima sin hundirse primero en el centro.

Los espirales internos se han soltado y le tallan en la espalda o los hombros.

O el colchón suena y truena.

Otro signo que le indica el cambio, es que su hijo menor cumpla los diez años. Una década de retozos sin duda lo arruinará.

Las consideraciones objetivas son, el material de relleno y la tapicería, lo mismo que el número y el grosor de los espirales y cómo trabajan juntos. Estos son puntos para verificar.

Altura. Un buen colchón no tendrá menos de siete pulgadas de grueso. La mayoría están entre nueve y doce pulgadas y los nuevos modelos suntuosos entre 14 y 16 pulgadas y son para los compradores que equiparan el tamaño al lujo y al confort, aunque este no sea el caso. También será un problema conseguir sábanas ajustables para estos monstruos.

Espirales. Averigüe el número de espirales que tenga, ya sea mirando la etiqueta o preguntando al vendedor. Para un soporte adecuado, los *Twin* deben tener por lo menos 275 espirales; uno doble o *Full* 300; uno *Queen*, 375; uno *King* 450. Los espirales se estiman en alambre de quince pero se aconseja que no haya nada menor de 13½. Las camas más firmes utilizan alambre más grueso —que tiene un menor número de los usuales— y menos capas de acolchado. Compare los colchones, según el número de espirales, no sólo por la descripción del fabricante: si la firmeza en una marca tiene más espirales y más capas de acolchado, que un *superfirm* en otra marca, quédese con el primero.

Cómo se siente. Lo más importante, juzgue el colchón personalmente, ensayándolo. (Sí, tal como se mide un traje o unas botas). Puede sentirse un poco incómoda con la idea, pero los almacenes de camas y colchones están acostumbrados a las personas que se quitan los zapatos y se acuestan y ruedan sobre los colchones, solos o acompañados. Una vez que se sobreponga a su vergüenza, concéntrese en lo siguiente:

¿Distribuye el colchón uniformemente su peso?

CONSIGUIENDO ESPACIO ADICIONAL

Cama camarote: Si a su niño le gusta más dormir en la cama de abajo y la cama de arriba es para los invitados, el colchón de arriba puede ser menos durable (y de menor precio). Si es de espuma liviana, será más fácil fabricar la cama. Asegúrensen de que la escalera esté firme.

Cama cajón: La cama de arriba descansa sobre una plataforma y la segunda sale de debajo halándola, como un cajón. Como la cama cajón es muy pesada, si se debe colocar contra la pared, será más difícil de hacer.

Elevadores: La segunda cama puede ser colapsada y empujada debajo de la primera, luego halada, levantada de nuevo y fijada en posición a la altura normal de una cama. Dormir en una cama con elevadores permanentemente no es muy cómodo pues estará durmiendo en una cama sin somier.

¿Es suficientemente firme o demasiado firme? Si se siente que se hunde debajo de la parte baja de su espalda es demasiado suave y le puede causar problemas de espalda. Si siente demasiada presión alrededor de las caderas, la parte baja de la espalda y los hombros, es demasiado firme. Un colchón endeble o demasiado suave, dicen los expertos, puede causar problemas de espalda.

¿Se siente sólido? Cuando usted lo levanta por una punta, deberá sentir el peso; si la otra esquina se levanta o el colchón se desliza de la base resortada, pase.

Un colchón de camas gemelas de cualquier tipo, se sentirá más firme que el mismo colchón en un tamaño más grande.

Otras opciones

Camas de agua

El 15% de sus coterráneos estadounidenses se meten entre una cama de agua, también llamada "sistema flotante para dormir". Muchas personas con problemas de espalda encuentran que estas camas son las más confortables, probablemente porque "ceden", lo que distribuye su peso uniformemente y son frías en verano y calientes (cuando son calentadas) en invierno.

El "lado duro" del modelo es una bolsa de vinilo del tamaño del colchón llena de agua, que cabe en un marco de soporte, con un forro de vinilo entre el colchón y el marco para que recoja la humedad de una filtración. Un calentador controlado por un termostato con aprobación UL, es colocado debajo del forro y por encima de la cubierta. Este estilo suena mucho. El colchón se acomoda a su figura, dándole soporte en donde lo necesita, de manera que usted se siente flotando en las olas. Los laterales duros tienen insertos de espuma o vinilo que le permiten limitar la cantidad de movimiento; un nuevo diseño "sin olas" reduce el movimiento del agua. Los lados duros son menos costosos que los resortes interiores, pero necesitan sábanas especiales.

El modelo de "lado suave" se ve como un colchón de resortes y se siente como uno de ellos, ya que cede menos. En lugar de espirales y relleno, contiene una bolsa de vinilo con agua, cubierta por un sobre de espuma. Los lados blandos cuestan tanto o más que los mejores colchones con resortes internos, pero usan sábanas de tamaño estándar y pesan mucho menos.

El recién llegado de alta tecnología al mercado es la cama de agua "cilindro", que no sólo reduce el problema de las filtraciones sino que permite distintas firmezas a cada lado de la cama. Se ve como uno de lado suave pero está construido con un número de cilindros de vinilo que se llenan por separado. Es más fácil arreglar las filtraciones (solo busque el cilindro con el problema), y al adicionar o reducir la cantidad de agua de los cilindros sobre los que usted duerme, usted puede tener un colchón suave y su compañero de cama puede tener uno extra firme. El modelo *Queen Size* cuesta entre 400 y 1.000 dólares cada uno.

Estos necesitan una instalación apropiada y el piso debe ser suficientemente fuerte para soportarlo. El agua debe ser tratada regularmente con algicidas. Siga las instrucciones del fabricante.

Colchones de espuma

Los colchones de espuma de látex de cuatro pulgadas de grueso, hechos en medidas estándar, fueron la locura en la década de los años 60 porque eran baratos (y si usted era un hippie, era una consideración para comprar) y portátiles. Eran tan flexibles que podía enrollar un colchón de tamaño completo en un espiral ancho, manteniéndolo atado con una cinta. Puesto sobre cualquier superficie dura —un piso o una plataforma— el colchón se volvía una cama, hasta que la espuma se resecaba, se volvía de un extraño color amarillo óxido y se espichaba a la altura de un guante de horno. Con la mejoría en la tecnología y en el mercadeo, la espuma ha mejorado en calidad, de manera que ahora es usada como relleno hasta en algunos colchones con espirales interiores.

El 5% de los compradores de colchones eligen los de espuma de poliuretano cien por cien, principalmente por problemas de alergias. Los colchones de espuma no recogen polvo, no huelen, son resistentes a los hongos y a los microbios. Como no tienen resortes ni partes móviles que se puedan desacomodar, desconectar o colapsar, la cama de espuma es también silenciosa y durable. Y como la espuma también se conforma a las formas individuales de los cuerpos, las personas de diferentes pesos pueden dormir juntas sin rodarse sobre la otra. (Para algunos esto es un beneficio y para otros es un inconveniente.)

Aunque los colchones de espuma generalmente se venden para las camas de plataforma, también se puede usar uno firme en una base resortada.

Los colchones de espuma cuestan más o menos lo mismo que los colchones con resortes interiores y los mejores tienen garantía hasta de quince años. Los de buena calidad tienen por lo menos 6 pulgadas de espesor y un centro firme de espuma acolchonada (probablemente de poliuretano) de alta densidad. La densidad no está relacionada con la firmeza (aunque suena como sí lo fuera); es una medida de peso. Entre más alta sea la densidad, es mejor la durabilidad, la resiliencia y el soporte, así que es un indicador más confiable de la calidad que lo que el fabricante designa en un colchón de espuma como "blando" (*soft*), "mediano" (*medium*) o "duro" (*hard*).

Los futones

El beneficio más grande de un futón, una invención japonesa, es el ser portátil: se ve como un edredón grueso, que puede ser enrollado y guardado. El primer futón que yo vi fue en la película *Sayonara*, en donde el artista estadounidense Red Buttons y el japonés Miyoshi Umeki llegaron a un final triste, así que no estoy predispuesta hacia los futones, pero son baratos y compactos.

Dormir en un futón estándar es casi como dormir en una almohada: no existe una construcción interna complicada de la cual hablar. Alguna vez el futón estuvo hecho sólo de algodón, pero ahora incluye combinaciones de espuma y poliéster para una larga vida. El futón moderno viene ahora con un centro de espirales internos.

Cuando usted compra un futón en un almacén, también puede elegir el estilo de marco que desea (básicamente un tablón con patas) y cubiertas de futón estándar, ya que las compañías que hacen sábanas, no las hacen del tamaño de este.

Los sofás cama

Mientras que un sofá cama puede ser más cómodo que un sofá común (porque se han retirado los resortes para reemplazarlos por un sistema de cama) puede ser menos confortable que una cama convencional, pues el colchón no descansa sobre una base de resortes (somier). Un sofá cama ofrece conveniencia y flexibilidad, pero no una gran noche sobre un colchón firme.

Aunque el colchón de espirales para sofá cama se ha mejorado mucho a través del tiempo, sigue siendo un sistema de soporte mediocre. Además de no tener el somier, debe ser lo suficientemente flexible como para doblarse por la mitad e introducirse dentro de la cavidad del sofá. Si usted vive en un estudio y no tiene espacio para una cama y un sofá, dele una ayuda a su espalda y compre una tablón para la cama, aunque es un inconveniente insertarla cada noche. Deslícela por debajo del colchón y sobre los resortes. Algunas personas encuentran que esos acolchados de espuma que tienen puntos rugosos, son una medida extra de comodidad.

Antes de comprar un sofá cama ensáyelo en el almacén. Asegúrese de que la barra metálica que lo atraviesa horizontalmente, a través del centro, se curve hacia abajo. Recuéstese en una cama abierta; no debe sentir la barra metálica a través del colchón. La barra y las patas de doblar que mantienen los resortes y el colchón firme, deben apoyarse firmemente sobre el piso cuando usted lo abre.

Las dimensiones del colchón de un sofá cama no son las mismas de una cama común. El colchón de un sofá cama de tamaño *Full* mide 52 pulgadas de ancho por 71 pulgadas de largo, lo que lo hace dos pulgadas mas angosto y 6 pulgadas más corto que un colchón convencional de tamaño estándar. Un colchón para un sofá cama *Queen Size* es de 59 pulgadas de ancho por 71 pulgadas de largo, lo que lo hace una pulgada mas angosto y nueve pulgadas más corto que un colchón de cama convencional.

¿ES LA CAMA DE BRONCE?

Si está buscando una cama de bronce, lleve un pequeño imán con usted. Si es bronce de verdad el imán no será atraído, si es metal con un recubrimiento de bronce, sí lo atraerá.

Cabeceras y mesitas de luz

El cabecero y (en algunos casos) el piecero de la cama, generalmente son piezas decorativas, aunque algunas veces el piecero se usa para sujetar la colcha. Los cabeceros se pueden tapizar (aunque tienden a ensuciarse); o puede usar un espejo, o un ventilador o cualquier elemento que usted considere interesante. Para la gente que lee en la cama, el cabecero puede ser más cómodo para descansar la espalda que un cojín de cuña o de descanso (es una almohada gruesa con brazos) hecho para este propósito. Algunos cabeceros están diseñados o hechos a medida, para sostener artículos como el teléfono, el reloj, etcétera, sino puede usar mesas de noche.

Si lee mucho, consiga una mesa que tenga un espacio para biblioteca de manera que pueda guardar sus libros y revistas, en lugar de cajones extra, que tienden a llenarse de basura. Póngales una cubierta de vidrio para proteger la mesa de las medicinas y otros derrames.

Las lámparas con brazo giratorio instaladas en la pared son la mejor elección para la iluminación de la cama. Eliminan los espaldares y las mesas de noche atiborradas y pueden rotar directamente sobre su libro cuando va a leer, o se pueden retirar cuando no las necesita. Si se usan a los dos lados de una cama tamaño estándar (o una de mayor tamaño), cada persona puede decidir cuándo usarla.

La ropa de cama

Para hacer una cama sólo necesita almohadas, sábanas, una cobija (o un edredón o cubre lecho), pero yo recomendaría usar un protector de colchón debajo de la sábana y si usted quiere, un guardapolvo para cubrir la base resortada y / o una cubierta de tela suave y aterciopelada como colcha o decoración. Aunque usted puede disfrutar teniendo variedad de sábanas —y cambiar la decoración cada semana, cambiando las sábanas—, puede lograrlo con dos o tres juegos: uno en la cama, uno en la lavandería y / o uno en el armario. Como la mayoría de las personas cambian las sábanas tan sólo una vez en la semana, probablemente puede lavar las sábanas sucias para el momento en que tiene que cambiar la cama.

Guardapolvo

El guardapolvo cubre la base resortada. Es una sábana con un volante fruncido cosido alrededor. Se pone plano entre el colchón y la base o somier, y los volantes o pliegues cuelgan por los lados. Generalmente los guardapolvos combinan o contrastan con los tendidos de las camas y con las cortinas. Vienen en gran variedad de telas y a menos que sean hechos a medida, no son costosos y son fáciles de lavar. No hay que lavarlos muy seguido, pero sí se deslucen con el tiempo. Me gustan porque hacen posible que se guarden cosas debajo de la cama, (cajas de almacenamiento, palos de golf, su máquina casera de hacer ejercicio, etcétera) sin que nadie lo note.

Protectores de colchón

El protector protege el colchón de las manchas inevitables (los aceites del cuerpo con el tiempo decoloran el forro), le provee de un acolchonamiento adicional debajo de la sábana y mantiene el colchón sin acumulación de polvo. Algunos protectores también son a prueba de agua. Hablando estrictamente, se puede vivir sin él, ya que un colchón manchado sigue estando cubierto por una sábana, pero el protector lo mantiene limpio y fresco.

Tambièn se consiguen cubiertas para la base resortada, poro no le veo la necesidad, más que la de mantener en su puesto un colchón que se desliza.

Sábanas

Una sábana ajustable en la base (las sábanas ajustables tienen caucho en las cuatro esquinas para lograr una cama bien tendida) y una plana sobre ella, hace fácil el arreglo de una cama.

Aunque hay algunas variaciones de fabricante a fabricante (los que hacen las sábanas de cien por cien algodón), las miden un poco más grandes porque se encogen), las sábanas generalmente se hacen en las siguientes medidas:

Hay otros tipos de sábanas de los tamaños viejos, para que se adapten a las camas camarote y a las camas de elevadores, (con colchones tan angostos como 30 pulgadas) y a las literas en los botes. Esas sábanas son difíciles de conseguir, pero la tienda Sears y otros almacenes por departamento pueden tenerlas almacenadas.

Tipo de sábana	Ajustables	Planas
Twin (sencilla)	39 × 75	70 × 96
Full (estándar)	54 × 75	72 × 108
Queen	60 × 80	90 × 102
King	72 × 80	108 × 120
California King	72 × 84	Utiliza la King corriente

SÁBANAS CORTAS

Puede comprar una sábana plana doble estándar para utilizarla en lugar de una Queen.

No sólo es más barato, sino que cuando tienda la cama, le sobrará menos tela colgando por los lados.

Las telas para sábanas son generalmente fabricadas de algodón cien por cien o una combinación de algodón poliéster; si usted puede pagar sábanas totalmente de algodón, es mejor que pueda pagar por una lavandera también. Son más suaves y "respirables", pero a diferencia del poliéster, necesitan planchado y además, el poliéster es más fuerte.

Las sábanas de algodón pueden ser de muselina (que es más brusca), pero generalmente son de percal (que es más suave). Las sábanas también se describen contando hilos, por el número de hilos de la trama, literalmente. La mayoría de ellas están en el rango de 180 a 200, mientras que las más costosas van de 200 hasta más de 300.

Hay muchas alternativas para las sábanas de algodón, incluyendo el lino y la seda que son frágiles y costosas; la franela, que es cálido y suave pero se encoge (verifique que el sello diga pre-encogido); el satín, que le añade un toque de glamour (el satín de la mejor calidad es el de poliéster).

Cuando usted levanta una sábana de la mejor

calidad hacia la luz, no verá que la luz traspase el tejido y no podrá ver partes disparejas o idas.

Si es una persona alérgica, ahora puede encontrar algodón sin blanquear, sin teñir, sin tratar, pero por las regulaciones contra incendios, el algodón sin tratar lo conseguirá únicamente con prescripción.

Usted habrá oído hablar de las fundas y las sábanas que han sido tratadas con formaldehído, que se usa en los procesos de estampado y para fijar terminados de fácil mantenimiento. Un simple lavado disminuye dramáticamente la cantidad de químicos. Después, de acuerdo con la Agencia de Protección Ambiental (Environmental Protection Agency), no hay nada de que preocuparse.

TENDIDOS PARA LOS SOFÁS CAMA

Un fabricante recomienda usar dos sábanas planas, porque las sábanas ajustables no ajustarán templadas. De todas maneras yo he estado satisfecha usando sábanas ajustables aunque queden sueltas, porque no se sueltan.

Compre un protector de colchón con bandas que lo fijen un protector acolchado con tiras elásticas cosidas que se enganchan en las cuatro esquinas. El protector corriente es demasiado grande. Si esta es su cama para invitados, es especialmente importante tener el protector, ya que se puede mantener limpio y la cama estará fresca para los invitados.

Almohadas

Las almohadas pueden rellenarse de plumón (liviano y de mucha duración, lo más caro), plumas (firme, menos costoso), o una combinación de plumas y plumones (que combinan la firmeza de las plumas con la suavidad del plumón). Las almohadas de poliéster son firmes (pero no tan durables) y son antialérgicas. La firmeza es para los que duermen de lado, suave para los que duermen bocabajo y medianas para los que duermen bocarriba y roncan.

Las almohadas se deslizan hacia los lados de

TIPOS Y TAMAÑOS DE ALMOHADAS Y FUNDAS

Tipo	Tamaño de almohada	Tamaño de funda (puede variar)
Standard	20 × 26	20 × 30
Queen	20 × 30	20 × 34
King	20 × 36	20 × 40
Almohadón Europeo	26 × 26	27 × 27
Tocador	12 × 16	
Rollo para el cuello	6 × 14	

las fundas o hacia un bolsillo postizo en la parte de atrás (cuando tienen un borde plano o crespo).

Si la almohada no tiene una cubierta de quitar, con cremallera, yo recomiendo comprar una no muy costosa. Los aceites del pelo, (aún del pelo limpio) manchan el forro de la almohada bastante rápido, siendo más fácil lavar tan sólo la cubierta y no toda la almohada. (Yo lavo las fundas todas las semanas y los forros después de varios meses, reemplazándolos cuando están muy manchados.)

Si las almohadas y / o los forros de las almohadas no son perfectamente blancos, se pueden transparentar a través de las fundas, especialmente si son de color claro. Yo prefiero que toda la lencería y las toallas sean blancas, para poder poner blanqueador en la lavadora y mantenerlas brillantes de limpias.

Cobijas

Las cobijas de lana de mejor calidad son las de lana merino, las cobijas más calientes de todas. Pero las sintéticas, son antialérgicas, menos costosas y fáciles de lavar. Para los meses de verano, usted puede comprar algodón de fácil mantenimiento o cobijas térmicas. Están construidas para dejar circular el aire a través de ellas, son más livianas y más confortables.

Si tiene una cobija que no combina con su habitación o que está manchada, cómprele un forro.

Fuera de estación las cobijas de lana deben ser guardadas con cristales contra polillas.

Edredones

Los edredones se consiguen en las siguientes medidas: 109 × 90, 90 × 90, 70 × 86, 45 × 65, 45 × 45, 36 × 46. Antiguamente los edredones estaban rellenos de plumas o lana de oveja y requerían lavado en seco. Actualmente, la mayoría están rellenos de fibras sintéticas y se lavan en la máquina lavadora.

Cubrecamas

Por encima de la cobija puede ponerse un cubrelecho. Generalmente es de chenille, algodón o encaje. Puede ser o no ajustable o hecho sobre medidas. La parte superior, puede ser acolchada (con una capa de relleno) o capitoneada (con copos suaves de estambre). Algunos cubrecamas deben ser lavados en seco.

Cobertores y colchas

Para simplificar el tendido de la cama, dispense los cubrecamas, las cobijas y todo lo demás, cubriendo la cama con un *comforter* (cobertor) o una *duvet* (colcha), hechos de dos piezas de tela estilo sábana con relleno en medio, dentro de una funda.

Ambos, los cobertores y las colchas vienen en los mismos tamaños: *Twin* (sencillas) (60 × 86); *Full / Queen* (86 × 86); *King* y *California King* (102 × 86). Los cobertores pueden ser diseñados con puntadas en cajas (cuadros), puntadas en canales (franjas), o karostep (no está cosida pasando el punto de un lado al otro). Cuando el punto no atraviesa, el cobertor o la colcha son más anchos y cálidos. La tela del forro, debe ser algodón o algodón-poliéster, que respiran y envejecen bien.

Un cobertor o colcha pueden rellenarse de plumones, plumas o sintéticos. Un relleno de plumón (hecho con la pelusa que crece debajo de las plumas de las aves acuáticas) tiene la ventaja de ajustarse a la temperatura corporal, así que es cómodo hasta en verano pues deja que el aire caliente salga y entre el aire frío. Para máxima duración, debe ser lavado en seco y aireado después. Uno sintético se puede lavar en máquina lavadora.

Un cubrecolcha es una bolsa grande que envuelve ya sea un cobertor o una colcha, se puede retirar y lavar en la máquina una vez por semana, como una sábana. Todo el arreglo es fácil de hacer y muy liviano: de 3 a 4½ libras, comparado con el arreglo tradicional de cubrecama, cobija y sábanas que pesa casi 15 libras. Si se queda con este arreglo, también puede comprar cualquier cobertor o colcha que esté en rebaja; como estará cubierto, no tiene que armonizar con la decoración.

El cubrecolcha o forro es costoso por razones que aún no entiendo. Puede hacerlo mejor, comprando varias sábanas planas del tamaño que necesite, cosiéndolas juntas por tres lados y poniendo velcro o botones con ojales en el cuarto lado. Aún si no sabe coser, creo que será más barato que comprarlo, pedirle a un sastre que se lo haga de dos sábanas baratas.

EL RELLENO CORRECTO

Entre más henchido (poder del relleno) el plumón, es más liviano y caliente el cobertor o la colcha. Pruébelo sacudiendo el cobertor con firmeza, para que el aire lo llene al máximo, luego apriete el centro del cobertor y suéltelo. Mírelo llenarse de aire, repita esto varias veces y apreciará el henchido.

Equipo de cocina

Hace muchos años, mi cocina se dañó y no pudo ser reemplazada de inmediato. Me las arreglé para cocinar todas nuestras comidas por dos semanas —incluyendo una cena buffet para doce personas— en una sartén eléctrica. Había un poco de demora entre cada plato, algunas veces hasta en el mismo plato, pero ese único utensilio cocinó huevos, tocino, avena, calentó sopa, vegetales al vapor, asó carne y hasta hirvió la pasta.

Por años, mi sartén eléctrica estuvo en su caja original. Cuando comencé a usarla, comprendí lo versátil que era, fácil de limpiar, el calor bien regulado y al final de esas dos semanas, la puse de nuevo en su caja y no la volví a sacar nunca.

La experiencia me enseñó dos cosas: que uno se las arregla con muy poco equipo y que cocina con lo que está acostumbrado. Así que mientras pensé acerca de esta sección, de cómo equipar su cocina, resolví mantener la lista corta. También me di cuenta que tratar de decirle a otra persona cómo equipar su cocina, es casi como decirle a alguien cómo empacar para sus vacaciones. Algunas personas no saldrán de sus casas sin llevar un cepillo de dientes eléctrico y otras tienen una fijación por los antiácidos. Mi lista de las cosas básicas para la cocina no incluye una sartén eléctrica; es posible que la suya sí.

He explicado por qué he puesto cada objeto en mi lista. Si usted tiene una razón mejor para sacarlo o para añadirle algo más, sé que lo hará.

Lo mínimo que necesita saber para equipar su cocina:

- Qué necesita para cocinar
- Qué necesita para servir

Utensilios básicos

Hay dos clases de cocinas: no es la cocina de la casa y la del restaurante, sino la cocina húmeda y la cocina seca. La cocina húmeda comprende desde las sopas, hasta hervir el agua para la pasta. La cocina seca, describe desde dorar la carne hasta asar el pescado. Usted puede usar cualquier tipo de olla para la cocina húmeda, pero para la cocina seca es mejor el utensilio más pesado, para que la comida no se vaya a quemar.

Cuando usted pone un utensilio barato en el fuego, es probable que el fondo se estríe como una pierna con celulitis. Esto quiere decir que no se mantendrá a nivel sobre el fuego, y la comida no se cocinará uniforme. También será más difícil de limpiar. Así que no bote su dinero, comprando utensilios del montón. Tampoco necesita utensilios tan costosos, que tenga que pedir un préstamo para poderlos comprar. Lo que importa es como la olla cocina, no como la olla se ve.

Estas son las opciones para utensilios para cocinar:

Aluminio. Aunque los pacientes con el mal de Alzheimer, tienen altos niveles de aluminio, hasta el día de hoy la FDA no ha hecho ninguna recomendación acerca de no usar equipo de aluminio, aparte de advertir que no se deben guardar comidas ácidas en recipientes de este material. Más o menos el 52 por ciento de los utensilios de cocina son de aluminio; cocina rápido y es bastante fácil de limpiar, pero perderá su brillo.

Cobre y ollas con base de cobre. Famosos cocineros describen el cobre como una superficie excelente para cocinar, pero ellos tienen quien haga la limpieza después que ellos cocinan. Por lo que a mí respecta, mantener brillante todo ese cobre es una gran pérdida de tiempo. Paso.

Ollas de vidrio y cerámica. Son muy frágiles. Si usted hierve la olla hasta secarse, o si está mojada antes de ponerla en la llama, es el final. CorningWare es una excepción a la regla. No es tan frágil como otros vidrios, puede someterse a las temperaturas extremas, del congelador al horno microondas. Aún así, CorningWare, para mi gusto, no se compara a una buena olla de hierro fundido, pesada, para comida que necesita hervirse por largo tiempo, como un guiso. También es un poco pesada y extraña (porque no tiene manijas largas) para todo uso.

Ollas esmaltadas. Se pelan y son pesadas, aunque una gran olla para guisados, que pueda ir a la mesa, puede ser útil.

Sartenes de hierro fundido. También son pesadas, necesitan aceite y se pueden oxidar. También decoloran algunos ingredientes. Algo del hierro de la sartén se transfiere a la comida, así que son saludables.

Acero inoxidable para trabajo pesado. Con un buen peso, para que la comida no se queme muy pronto, pero no tanto como para que sean difíciles de levantar. La comida se cocina rápidamente; son muy fáciles de limpiar; se pueden decolorar con el calor muy alto, pero por lo demás, son casi indestructibles. Mi mejor elección.

En general, deseche una sartén que no tenga el fondo plano (ponga una regla a lo largo de la base, no debe haber un hueco de más de $1/8$ de pulgada) y las extra grandes que cubren dos fogones de la estufa. Si es posible, las sartenes deben ser más pequeñas que el quemador.

Vaya de vez en cuando a la cocina con un destornillador, y asegure todos los tornillos de las manijas.

COCINANDO CON MENOS ELECTRICIDAD

Aunque la mayoría de los electrodomésticos trabajan con 120v de electricidad, su casa también está cableada para electrodomésticos que necesitan más poder, como el aire acondicionado y la estufa eléctrica. (*Véase* "Sistema Eléctrico" en Capítulo 5) En el pasado los usuarios de gran potencia, estaban cableados a 240v pero ahora algunos lo están a 208v, para mantener el uso de la energía y los costos de construcción más bajos.

Si usted está acostumbrado a cocinar con voltajes más altos, es posible que tenga que hacerle algunos cambios a sus recetas. Por ejemplo tendrá que alargar el tiempo de horneado, aunque precalentando el horno minimizará esta necesidad. Es posible que también tenga que subir la reja del horno, pero mantenga un mínimo de tres pulgadas entre la comida y la resistencia del horno. Con el horno en la parte superior y el asador en la inferior, es posible que su manual del usuario le recomiende mantener la puerta del horno ligeramente abierta cuando esté asando.

Use sartenes planos y buenos conductores del calor (aluminio y acero).

Lo imprescindible en ollas y sartenes, electrodomésticos, artefactos y servicios de mesa

Ollas y sartenes

Si me pidieran que eligiera un único utensilio sin el cual no pudiera vivir, yo escogería mi "**olla para la pasta de 6 litros**". Es una olla grande, con tapa,

con dos piezas más. Una es el inserto para la pasta, que es una segunda olla con orificios que ajusta dentro de la grande. Se deja en su lugar cuando el espagueti se está cocinando y luego se saca para escurrir la pasta. La otra pieza es una canasta, también con huecos, que ajusta más o menos a una tercera parte de la olla, sosteniendo los vegetales para hacerlos al vapor. Si usted cocina la pasta en el recipiente inferior, vaporiza los vegetales en el superior y los revuelve todos juntos con un poco de mantequilla de ajo, tiene una comida completa. Si prefiere, hierva el pollo en el recipiente inferior, mientras vaporiza coliflor, zanahoria y papas en el superior, y tendrá al tiempo todos los ingredientes para una ensalada caliente de pollo y vegetales. Como se puede usar para todo, desde una sopa hasta chili, creo que es esencial con la lista de elementos que pongo a continuación:

OLLA PARA LA PASTA

Una olla de un litro. Sirve para hacer arroz, vegetales y hervir un huevo.

OLLA DE UN LITRO

Una olla de dos litros. Sirve para los mismos propósitos de la anterior, pero en mayor cantidad (se usa para papas y vegetales, con un aditamento para vapor). Si va a cocinar dos vegetales, es posible que tenga que usar las dos ollas.

OLLA DE DOS LITROS

Un horno holandés. Es una olla pesada, con tapa, para hacer guisos o para cocinar carnes lentamente en la estufa o en el horno. Asegúrese de que cualquiera que usted compre tenga manijas a prueba de calor. Si está esmaltado, podrá servir directamente de allí.

HORNO HOLANDÉS

Dos sartenes para freír. Uno pequeño para un par de huevos (¿por qué lavar más superficies de las que le toca?), el otro de doce pulgadas de diámetro o lo suficientemente grande como para cocinar cuatro pechugas de pollo al mismo tiempo. (Aunque no acostumbre a freír nada, cuando lo haga, es un desastre tener que hacerlo por partes.)

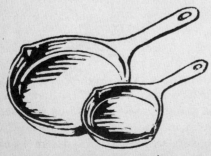

SARTENES PARA FREÍR

Una sartén antiadherente de doce pulgadas. Nunca la use con aceite o mantequilla, porque le quemará la superficie. Esta sartén podrá saltear vegetales solo con agua, cocinar huevos (o sustitutos de huevo), y hacer panqueques sin mantequilla, etcétera.

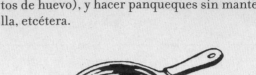

SARTÉN ANTIADHERENTE

Tazones individuales de CorningWare. Vienen en un juego de cuatro, con cubiertas de vidrio. Para horno microondas o para la estufa, para calentar sobrantes o para hacer sopa para uno.

CORNINGWARE

Una fuente-cacerola con tapa de 12 litros y una fuente-cacerola de 16 litros. Seguros para microondas y horno convencional, posiblemente CorningWare. Uselos para todo, desde hornear un pastel, hasta para elaborar comidas de un solo plato y llévelos directamente a la mesa.

FUENTE-CACEROLA CON TAPA

Un molde para lasaña de 9 × 13 pulgadas. Se usa en el horno y en el microondas. Tal vez nunca haga lasaña, pero el molde de este tamaño lo podrá usar para hacer *brownies* o un pastel rectangular. Si tiene mezcla para hacer un pastel más pequeño, haga un molde de aluminio del tamaño que necesite y póngalo sobre el molde de lasaña.

MOLDE PARA LASAÑA

Un molde para asar de 10 × 14 pulgadas. Es de metal y no necesita tapa. Lo suficientemente grande como para el pavo del Día de Acción de Gracias. Compre una rejilla pequeña que se acomode adentro del molde, y ponga las carnes o los asados sobre ella, para que la grasa escurra. Yo uso la combinación de rejilla y molde también en mi asador, ya que la grasa puede escurrir a través de la rejilla y dentro del molde y es más fácil limpiar estos dos aditamentos, que desbaratar y limpiar el asador cada vez que lo uso. Si un molde de 10 × 14 pulgadas es demasiado grande para su asador, busque uno más pequeño.

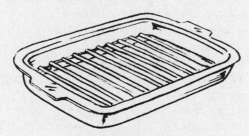

MOLDE PARA ASAR

Una cazuela para galletas. (Más si hace galletas). Para calentar el pan de ajo o la pizza.

CAZUELA PARA GALLETAS

Opcional:

Una cazuela antiadherente bien grande. Es maravillosa si tiene que saltear mucha comida al tiempo.

Un *wok* para freír revolviendo. El de acero inoxidable es caro pero vale la pena, es durable y fácil de limpiar.

¿ES SEGURO PARA EL MICROONDAS?

No se puede usar metal en el microondas (ni siquiera cartones con manijas de metal), platos con borde metálico, ni los contenedores plásticos del refrigerador, que se usan para almacenar comidas en el congelador o la nevera.

Si usted cocina en plástico comidas altas en azúcares o en grasas, se pondrán tan calientes que romperán el plato.

Para asegurarse de si otros platos sirven para el horno microondas: ponga el plato en el microondas cerca de un vaso con agua; prenda el horno en alto por un minuto; si el agua está fría y el plato caliente, no es seguro para el microondas.

Su manual del horno microondas probablemente es muy específico, acerca de cuáles platos son para microondas y cuáles no.

Electrodomésticos

Cuando usted está equipando su cocina, no se vuelva loca con los electrodomésticos, especialmente si tiene poco espacio. De lo contrario terminará, llena de cosas que le quitan espacio y se llenan de polvo.

No todo necesita ser eléctrico. Alguien me envió un pelador de papas eléctrico que tomaba más del doble de tiempo para pelar una papa, que el tradicional pelador manual. ¿Para qué necesita un abrelatas eléctrico si no tiene artritis? De todas formas, ¿cada cuánto abre latas?

¿Qué tan a menudo usará usted una mezcladora de trabajo-pesado, una máquina para hacer pasta, una máquina para hacer helados, una arrocera, una máquina para hacer pan, una para *waffles* o una parrilla para sándwiches? (Si quiere un emparedado de queso caliente, sólo ponga el queso entre dos panes, ponga mantequilla por afuera, envuélvalo en papel de aluminio o papel encerado y pásele una plancha caliente por encima.)

Si usted no cocina platos especiales para muchas personas, es posible que ni siquiera necesite un procesador de alimentos. (Si compra uno, asegúrese que tenga un tazón grande, para que pueda procesar una buena cantidad cada vez, porque el punto es, ahorrar tiempo.) Muchas veces es más fácil y más rápido sacar la tabla de picar y un cuchillo, o usar un procesador pequeño.

¿Es un horno tostador una redundancia, si usted ya tiene un horno, una tostadora y un microondas? Depende. Si usted hornea o asa pequeñas porciones muy a menudo, es más eficiente en energía usar el horno pequeño. Asegúrese que en el horno que compre le quepa una de sus fuentes-cacerolas más grandes.

En lugar de un afilador eléctrico de cuchillos, haga que se los afilen profesionalmente o hágalo usted misma con una piedra de afilar como le indicamos enseguida. Cuando compre cuchillos nuevos, compre los que no necesitan afilarse.

PENSANDO CON FILO

Si usted tiene un jarro que no ha sido vidriado por debajo, puede afilar sus cuchillos con él. Sostenga la hoja en un ángulo ligero; frótelo varias veces por la superficie sin pulir, siempre en la misma dirección. Luego haga lo mismo con el otro lado de la hoja.

Poniendo una gota de aceite para las ensaladas en el borde como lubricante, será mejor para el cuchillo. La misma técnica es la que se usa con una piedra de afilar, que se puede comprar en la ferretería. También se puede usar papel de lija, negro, fina, que también se consigue en la ferretería.

Los pocos electrodomésticos que yo uso con regularidad son los siguientes, pero si usted cocina menos que yo, puede acortar esta lista aún más:

Un miniprocesador de alimentos. Es excelente para cortar una sola cebolla, picar zanahoria y apio para la carne, procesar el ajo para la salsa de la ensalada o hacer un puré de hierbas frescas, con un poquito de agua, para adicionárselo a las sopas. Necesita poco espacio y se lava con facilidad.

Cafetera. Ya sea que compre una de goteo o un percolador, es materia de preferencias personales, pero si le gusta el café, querrá tener alguna.

Minimezcladora (Batidora). Para batir crema y papas; mezclar pasteles y masa para galletas; para licuar la sopa (puede meter las aspas dentro de la olla). No es costosa y si indispensable cuando la necesita. Yo uso la mía hasta para batir huevos.

Licuadora. Para hacer bebidas, purés, sopas y salsas, volver boronas las galletas, batir huevos para tortilla. Compre el frasco en vidrio y los accesorios en plástico. La más fácil de usar: la que tiene cuchillas que se desatornillan por la base.

Tostadora. Asegúrese que los orificios sean lo suficientemente anchos para los *bagels* y otras comidas grandes.

Accesorios

Pala para voltear panqueques. Para voltear los huevos y los panqueques y para rebullir la olla (la parte plana de la pala cubre una superficie mayor del fondo de la olla que la punta de una cuchara).

Cuchara escurridora. Para sacar la comida fuera del agua cuando está lista, para separar la comida gruesa de las salsas.

Pelador de patatas. Pela zanahorias, papas, frutas como kiwi y apio.

Sacacorchos. Para destapar vinos y champaña.

Destapador de latas de cerveza. La punta se puede insertar bajo la tapa de un frasco, para soltar el vacío y que sea fácil de abrir, o se puede usar para picar esas cajas que dicen "presione aquí" (*press here*), no dude cuando lo haga.

Destapador de latas. Uno que sea pesado y manual será el que dure más y trabaje mejor.

Cucharón. Para servir la sopa.

Juego de tazas medidoras de acero inoxidable. Para ingredientes secos y las cucharitas para ingredientes secos y líquidos.

Taza medidora en plástico o vidrio, segura para microondas con capacidad de dos tazas. Se puede derretir mantequilla, calentar salsas en el microondas y batir en ella la masa para panqueque para que sea fácil de verter.

Reloj de cocina marcador de tiempo. Para que el arroz, las papas o los *brownies* se salven por la campana. Aun si su microondas tiene cronómetro, muchas veces puede necesitar otro. También se pueden usar en otras habitaciones para recordarle sacar la ropa de la lavadora, para marcar el tiempo de la práctica de piano, etcétera.

Rallo. Para rallar el queso. Parece una pala con huecos de diferentes tamaños. Si es posible, consiga uno que tenga un lado liso y el otro aguzado, para que no se vaya a rallar el pulgar por accidente.

Termómetro para carnes. Aún para una cocinera experta, le es difícil saber cuando está listo el asado.

Espátula. De caucho, para raspar los bordes de los tazones.

Cuchillos. Un cuchillo pequeño para pelar, uno mediano para deshuesar (excelente para quitarle la grasa a la carne), uno para trinchar (o un cuchillo eléctrico), un cuchillo grande para todo y un cuchillo con sierra para cortar tomates y pan sin estrujarlos.

Dos rejillas para enfriar tortas. Rejillas de alambre o tablillas paradas sobre pequeñas patas. Para usar debajo de las bandejas calientes, para "emparedar" pescados y otros alimentos de poner en la parrilla, para poder voltearlos fácilmente sin que se rompan, (más baratos que los accesorios que venden solo para este propósito), para cocinar la carne de manera que la grasa escurra por debajo.

La receta de Gracie Allen para un *roast beef* perfecto

INGREDIENTES:
Un trozo grande de carne
Un trozo pequeño de carne

INDICACIONES: Ponga los dos trozos de carne en el horno. Cuando el pequeño se quema, el grande está listo.

Tazones para mezclar. Para mezclar y guardar comidas, compre un juego de tazones de acero ino-

xidable. Son indestructibles y no son porosos. Aún después de usarlos para trabajos que no son de cocina (como lavar ropa delicada), se pueden lavar y devolver a la cocina. Generalmente vienen como un juego de tres; si tienen argollas se pueden colgar. Los tazones plásticos que tienen caucho por debajo (para que no se deslicen) son una buena idea, pero con solo poner una toalla mojada debajo de un tazón, obtendrá el mismo resultado. Y como el plástico es poroso, puede ser peligroso usarlo para ciertas soluciones y luego devolverlo a la cocina.

Embudos. Uno grande y uno pequeño. (Si usted usa uno grande para poner un líquido en un recipiente pequeño, el derrame será grande).

Tabla de picar. Las de madera se rajan y reúnen bacterias y mugre. La USDA recomienda usar las plásticas por razones de seguridad. Con una tabla pequeña, hay menos superficies para limpiar, pero es más fácil picar en una tabla grande cuando se usa un cuchillo grande. Es mejor tener las dos.

BANDEJAS

Si usted no tiene un mayordomo que le lleve las bebidas a la mesa, por lo menos consígase una bandeja. Ahorrará tiempo, llevando todos los platos al mismo tiempo y sirviendo las bebidas, y use las bandejas para llevar objetos afuera, para poner los huevos teñidos de Pascua, para llevar las comidas y las medicinas al cuarto del enfermo, para mantener en un solo puesto, el rompecabezas que están armando y para mucho más. Cubiertas con un pañito de adorno, las bandejas pueden servir como fuentes de servicio en una cena buffet. Las bandejas más cómodas son las que tienen manijas y bordes (en caso de derrames).

Reja magnética para cuchillos. Muy conveniente y más eficiente que un bloque para cuchillos: además sostiene más elementos, (como peladores, tijeras, destapadores) y no ocupa lugar en el mostrador. También previene accidentes en el cajón de los cuchillos y los mantiene en buena condición, porque la hoja no se está golpeando contra nada. Usted puede hacer una rejilla no-magnética, pegando carretes vacíos a una tabla, (tocándose en los bordes) y deslizando los cuchillos en medio.

MI HERRAMIENTA DE COCINA PREFERIDA: LAS TIJERAS DE COCINA

Úselas para cortar pizza, para quitar grasa de las carnes y los pollos, para separar las costillas de la carne, para partir el pollo en piezas más pequeñas, para picar la carne para los infantes, para quitarle las ramas al apio y los tallos a las espinacas. Las baratas se desbaratan, pero se puede conseguir un buen par, por menos de diez dólares.

Vajilla

Sé que lo tradicional es elegir una vajilla de porcelana con un diseño formal. Pero si pudiera comenzar de nuevo, no lo haría. La mayoría de la gente prefiere atender en su casa con una reunión estilo buffet y no con una cena formal, lo que quiere decir que necesitará muchos platos de seco, muchos platos de postre y muchos jarros, no tazas, muchas salseras y muchos platos para ensalada, y así. Por lo tanto, lo más inteligente que puede hacer, es comprar los platos que necesita en un almacén de abastecimiento de restaurantes. No son costosos, duran mucho y si se rompen, se reemplazan fácilmente.

Si esto es demasiado práctico para su gusto, por lo menos compre platos que vengan en "existencias disponibles" lo que significa que usted puede comprar piezas individuales para reemplazar las que se rompan, o para agrandar el número de puestos que ya tiene.

Vajilla de cristal

El almacén de abastecimiento para restaurantes también es una buena fuente para la vajilla de cristal.

Los vasos en dos tamaños —de doce y de seis onzas— sirven para todo, desde té helado hasta jugo. Cuando compre vasos, siempre compre algunos de más, porque con seguridad algunos se romperán y porque si tiene suficientes (vasos, platos y cubiertos), no tendrá que acudir tan seguido a la lavadora de platos.

No necesita tampoco gran cantidad de copas diferentes. Una copa de tamaño adecuado para varios servicios será suficiente. Si alguien les dice que así no es como lo dicen los libros, díganles que en este libro sí.

Cubiertos

¿Se ha dado cuenta que los cubiertos desaparecen como las medias sin pareja? Con el paso de los años, yo he perdido muchos cuchillos, tenedores y cucharas, aunque nunca unos buenos cubiertos de plata, siempre los lavo a mano y los cuento mientras lo hago y por supuesto tengo un detector de metales en la puerta.

Compre por lo menos doce puestos, para permitirse algunas pérdidas. También a veces usará un tenedor extra mientras cocina, y las cucharas grandes adicionales se pueden usar como cucharas para servir. Necesitará una cuchara pequeña para el postre y otra para el café.

Y si su casa es como la mía, la mitad de los cubiertos siempre están en la lavadora de platos.

En lugar de elegir los cubiertos limpios para guardarlos en un cajón con divisiones, consígase un "ayudante". Si puede comprarle al fabricante un compartimiento adicional de la lavadora de platos (ayudante), puede sacar los cubiertos con compartimiento y todo de la lavadora y guardarlos en la alacena (y llevarlo así hasta la mesa cuando vaya a ponerla) y usar los "ayudantes" alternadamente. Me gustaría que la historia me recordara, como el inventor del plato que se lava y se guarda solo.

Lencería de comedor

Los individuales de paja se manchan fácilmente y los de vinilo necesitan limpiarse. Los de tela, hechos de sintéticos lavables, son los más prácticos. Sólo póngalos en la lavadora de platos y salen listos para usarse. No necesitan plancha.

Tome las medidas de su mesa (con y sin las hojas adicionales) cuando vaya a comprar manteles. Vienen en variadas formas y tamaños, estándar, redondos, cuadrados, oblongos (que sirven para mesas rectangulares largas y ovaladas y varían desde el más pequeño (52 × 52) hasta el más grande (60 × 144), para mesas de doce a dieciséis personas. Los de materiales sintéticos no necesitan plancha, pero se manchan. Considere comprar en algodón o lino si sólo los usa para ocasiones especiales. No tendrá que plancharlos muy a menudo y también los puede mandar a lavar profesionalmente.

Si tiene una mesa de madera, puede usar un acolchado debajo del mantel para protegerla del calor. Debajo de un mantel transparente, puede poner un forro decorativo de color. Una sábana plana puede servir.

Yo uso servilletas de tela todos los días, me gustan y tiene sentido ecológico no usar papel y son fáciles de lavar. Si cada uno tiene su propio servilletero, es probable que pueda usarlas por más de una comida. Las servilletas blancas, lo mismo que las toallas blancas son las de más fácil mantenimiento. Se desmanchan fácilmente, mientras que las de color, especialmente si son de poliéster, se manchan y percuden. Las servilletas grandes —las de 24 pulgadas o más, llamadas algunas veces "servilletas de rodillas"— se usan en los buffet. Puede conseguir el mismo resultado, por menos costo comprando *bandanas* baratas. Para las fiestas en el jardín, compre trapos de lavar no muy costosos. Son absorbentes, coloridos y fáciles de lavar.

Lencería de cocina
Las cubiertas para los electrodomésticos tan sólo son más cosas para lavar; los aparatos que más usa son sacudidos frecuentemente, los que estén allí para recoger el polvo, deben guardarse o regalarse.

Las toallas de material suave dejan motas sobre todo. Los trapos o las servilletas de lino de los restaurantes hacen un mejor trabajo. Ponga un gancho o un "garfio" en un lugar conveniente, para motivar a todos a usar una toalla para platos en la cocina, en lugar de toallas de papel.

CAPÍTULO 3

La limpieza
RÁPIDA Y FÁCIL

Una persona que me entrevistaba me preguntó si yo creía que la gente de hoy se interesaba menos en la limpieza de su casa, que la gente de antes. ¡Claro que no!, respondí. No conozco una casa en la que no se disculpen por cómo se ve cuando entro (aunque siempre se ven bastante bien).

La gran diferencia es que hoy tenemos menos tiempo para limpiar. ¿Para qué gastar más tiempo que el mínimo requerido? Mirémoslo de la siguiente manera: cuando se trata de limpiar, si no queda perfecto la primera vez, siempre habrá una segunda oportunidad para intentarlo.

Además: nunca necesitará que sus pisos queden tan limpios como para comer en ellos, mientras tenga platos para servir su comida. Con este pensamiento —y antes de meterme en la forma específica de cómo limpiar— tengo diecinueve sugerencias generales para hacer la limpieza más fácil y más rápida.

Algunas personas se obsesionan con la limpieza, porque es su única oportunidad de brillar.

Dieciocho maneras de acortar el tiempo de la limpieza

1. NO LIMPIE LUGARES QUE NO ESTÉN SUCIOS.

Esto no es tan obvio como parece. Quiere decir que se pueden limpiar las huellas de los dedos en una puerta sin limpiar toda la puerta; se pueden limpiar las manchas de una alfombra sin lavarla toda. Esto no sólo le ahorra tiempo y energía, sino que también es bueno para sus posesiones. Si restriega a menudo sus paredes, terminará por dañar la pintura. Si lava muy a menudo sus alfombras, terminará por pelarlas.

2. DEJE DE LIMPIAR LAS COSAS QUE NO LE GUSTAN.

Simplemente deshágase de ellas. Tire la cubierta de crochet del papel higiénico, la cerámica que sostiene los palillos de dientes, la planta artificial con hojas polvorientas y la corbata con la mancha que no quiere salir. Si tirar cosas es un problema para usted, meta todas estas cosas que no sirven dentro de una caja y séllela. Si en seis meses no la ha vuelto a mirar, envíela a alguna obra de caridad sin volverla a abrir. Si usted mira lo que tiene adentro, todo volverá a sus gabinetes.

3. HAGA DE LA LIMPIEZA ALGO CONVENIENTE.

Cuelgue la escoba donde la alcance con facilidad y es probable que la use más frecuentemente. Ponga los limpiadores que más usa en el sitio más accesible de sus gabinetes. Duplique las herramientas y los limpiadores en los sitios que más los necesite: mantenga una esponja debajo de cada lavabo, un tarro de limpiador en cada baño y tenga una aspiradora en cada piso.

4. AHORRE PASOS.

No camine de un lado para otro en cada habitación. Cargue todos los implementos en un carrito o en un vagón; lo que sea mejor para usted. Use un cable largo, para no tener que estar enchufando a cada momento la aspiradora.

5. HAGA DOS COSAS A LA VEZ.

Limpie el borde de la bañera, mientras espera que se desagüe. Lave alrededor del lavatorio, mientras espera que se llene. Use las dos manos cada vez que pueda: con una rocíe mientras con la otra refriega.

6. SEA PACIENTE.

No enjuague hasta que no haya limpiado toda la superficie sucia; eso es perder tiempo. Dése cuenta que hay cosas que se limpiarán solas si las deja en remojo lo suficiente. Por ejemplo, el bicarbonato de soda puede remover ollas o fuentes requemadas si le da una noche de tiempo: un remojo en amoníaco, puede remover la grasa de las rejillas del horno. *Véase* los detalles en "Limpiar la cocina".

7. LIMPIE DE ARRIBA ABAJO.

En la tierra todo —hasta la mugre— se ve afectado por la gravedad. A menos que vaya a limpiar otro planeta, y yo entiendo que hay días en los que así lo parece, tenga esto en mente y limpie siempre de arriba a abajo, porque esa es la dirección en la que cae la mugre.

8. TENGA EN CUENTA LAS ENTRADAS.

Si en su entrada pone cemento, piedra o cualquier otra superficie que no sea pasto, menor mugre entrará en su casa. También ponga felpudos en cada entrada de la casa: un gran porcentaje de la mugre viene de afuera. Que sean tan grandes como pueda: lo ideal es que alcancen a cubrir cuatro pasos.

9. ASPIRE MÁS.

Use su aspiradora y todos los accesorios, para evitarse la limpieza del polvo e impedir que la mugre se asiente, ya que será más difícil de sacar. Aspire las tapicerías, para que no acumulen el polvo que atrae la grasa y se manchen. Aspire los vanos de las ventanas antes de lavar los vidrios, para que luego no tenga que limpiar el barro que resulte. Aspire el baño cuando el piso esté seco y así no tendrá que quitar los pelos del trapero. Utilice el reverso de la aspiradora o un secador de pelo, para soplar el exterior de las pantallas de las lámparas y otros artículos similares.

EVITE LIMPIAR ARTÍCULOS QUE ESTÉN DEMASIADO LEJOS DE SU ALCANCE.

Lo que la gente no puede ver no le molesta. No debería molestarle a usted tampoco. (El escritor Quentin Crisp dice que no hay necesidad de limpiar nada en una casa. Después de los primeros cuatro años dice, la mugre no empeora.) Tan sólo ponga una tira de papel encerado sobre los gabinetes de su cocina y cámbielos cada año. Pinte el techo de un color diferente al de las paredes, así nadie sabrá si el color ligeramente amarillo del techo es así porque así se pintó o porque está sucio.

10. LAVE MENOS.

La invención de la lavadora parece haber traído consigo la necesidad de lavar todo cada vez que se usa. Esto no es necesario y además daña la ropa más rápidamente. La razón por la que la gente toma la costumbre de tirar todo lo que usa dentro de la lavadora, no es porque sea necesitario, sino porque es más rápido que volver a doblar o colgar la ropa. Claro que una vez que la haya lavado, la tendrá que doblar y colgar de nuevo.

11. DEJE DE PLANCHAR.

Hay muchos artículos que no necesitan ser planchados si se cuelgan pronto. En la sección de lavado encontrara más ideas.

12. UTILICE EL AGUA A PRESIÓN.

Los artículos pequeños son más fáciles de lavar en un tazón lleno de agua jabonosa que desempolvados uno por uno. Las persianas venecianas, los asientos de espaldar alto y otros artículos voluminosos se pueden lavar en la ducha, y las pantallas y persianas se pueden lavar con el agua a presión del lavadero de carros. Las plantas pueden ser mojadas con un rociador en vez de desempolvarlas. Los tallados de los muebles pueden ser lavados si están terminados con poliuretano o esmalte. Su aditamento de cepillo para lavar el carro puede ser usado para limpiar los muebles del patio. Su lavaplatos puede lavar muchas más cosas que cubiertos, como encontrará en las siguientes páginas.

13. MÁS VALE PREVENIR

Haga el trabajo antes de que se convierta en gran trabajo. Utilice la aspiradora de mano para migas y derrames pequeños, antes de que se conviertan en manchas. Emprenda las grandes tareas poco a poco. En vez de limpiar el vajillero dos veces al año o de limpiar toda la plata, lave algunos de los platos de la vajilla fina cada día con el lavado diario, y tendrá todo el trabajo hecho en una o dos semanas.

14. COMPRE UN TELÉFONO CON PARLANTE

Cuanto menos se concentre en la limpieza, menos le molestará. Este es el mismo principio que usa el odontólogo cuando le deja ver televisión o usar un Walkman mientras él trabaja. Mientras habla por el teléfono en la cocina, puede ir limpiando las puertas de los gabinetes, cargando o descargando el lavaplatos, limpiando el basurero o sacando la comida vieja del refrigerador, casi sin notar el esfuerzo. Con un teléfono con parlante puede limpiar casi todo mientras habla.

15. LIMPIE CON AMIGOS.

Si tiene que hacer una gran limpieza y necesita ayuda (como limpiar el sótano o el garaje, limpiar una pared llena de humedad), busque un grupo de amigos para hacerlo en compañía. Luego lo hará por ellos. Se hace el trabajo más rápido y no parece tan difícil.

16. SEPA CUÁNDO ABANDONAR.

Cuando vaya a limpiar los gabinetes de la cocina, el trabajo no debe seguir con la limpieza de las paredes, la iluminación y lo que sigue. De esta manera terminará a media noche, con medio techo sin limpiar y sintiéndose extenuada. La mayoría de los trabajos de limpieza no tienen que hacerse todos al mismo tiempo. *Véase* #13.

17. HAGA UNA FIESTA.

La mayoría de la gente no limpia por placer, ni siquiera para sentirse virtuosa. Sólo limpian para guardar las apariencias, pero cuando no hay quien las mire, tienden a limpiar menos aún. Si usted es de las que necesita motivación para hacer una buena limpieza, mande invitaciones. Tendrá la motivación y el plazo, todo en un momento.

18. DEJE QUE OTRO LO HAGA.

Limpieza profesional del hogar

Es una buena idea que un equipo de profesionales venga a su casa y le haga una limpieza perfecta. Este tipo de servicio no es nada económico; puede llegar a costar hasta 1.000 dólares o más. Este servicio vale la pena en una casa relativamente grande. Mi marido una vez me preguntó qué prefería, si un Día de Belleza o un Día de Limpieza y yo le contesté que en términos de satisfacción completa, los dos estaríamos mejor con el día de limpieza.

Un servicio profesional hará los trabajos realmente pesados: pulir los pisos, lavar las paredes, lavar las ventanas y las persianas. (Claro que también puede llamar a especialistas en ventanas, en lavado de tapetes, etc., para que hagan una o más de estas tareas, pero con un servicio general, tendrá todo hecho de una sola vez.)

Si no tiene una recomendación personal para un servicio de estos, consulte las Páginas Amarillas. Cuando llame, pregunte cuántos años tiene la compañía. Una firma que tenga por lo menos un par de años es tal vez más confiable. (Pregunte por el nombre en el Better Business Bureau.) Asegúrese de saber exactamente qué cosas cubre el precio y pregunte quién estará a cargo el día de la limpieza: la persona (maravillosa y muy competente) que usted está entrevistando o el que él (desconocido) va a subcontratar. Debe pedir un contrato por escrito, con los términos y las condiciones que acuerden y una certificación que demuestre que la compañía tiene un seguro en el caso de daño o de robo.

Cuando llame a un servicio de limpieza, es un buen momento para ordenar y organizar. Organícese antes que ellos vengan. Haga arreglos para que todo lo que no necesite sea recogido por instituciones de caridad o por los recolectores de basura. Empaque las ropas viejas y guarde lo que estorbe. Usted está pagando por hora. No querrá pagarle a un equipo de limpieza por recoger fichas debajo de sus sofás o los recipientes de sobras de su refrigerador.

Zsa-Zsa Gabor siempre decía que ella era una gran ama de casa; cada vez que se divorciaba, se quedaba con la casa.

Buscar ayuda para la limpieza de todos los días

Un servicio de limpieza profesional, a diferencia de una mucama, trae sus propios implementos de limpieza y hará cualquier trabajo pesado. Hay un supervisor a cargo y si alguien se enferma, hay sustitutos, por eso el trabajo siempre se llevará a cabo.

Un trabajador independiente que limpie para usted usará sus implementos y puede no estar dispuesto a hacer ciertas tareas (como lavar las paredes o las ventanas). Pero será más accesible a las obligaciones de su trabajo, aceptando llevar la ropa a la lavandería, poniendo la mesa para la comida y haciendo parte (o toda) la comida.

Pídale a sus amigos una referencia, vaya a una agencia que cobrará algún porcentaje o mire las carteleras o avisos clasificados. Probablemente usted hará su primer contacto por teléfono; discuta los días y horas de trabajo y cuál será el precio y asegúrese de tener un acuerdo, antes de llevar a cabo la entrevista personal.

Explique el trabajo en detalle

Muchas veces, la gente tiene problemas para entrevistar a una persona para servicio doméstico porque encuentran ridículo explicarle en detalle cómo doblar la ropa y limpiar el refrigerador.

De todas maneras, lo mejor es ser lo más explícito y minucioso posible.

Sea específica. No minimice lo que usted quiere que se haga o ciertamente será defraudada. La mayoría de la gente no hace más de lo que se le pide, así que si necesita algo, dígalo. De hecho, elabore una lista de las tareas, mejor aún, dos listas: una para los trabajos semanales y otra para los trabajos especiales, como la limpieza de la plata y de los gabinetes.

Sea realista. Es difícil que la gente que usted contrata trabaje más rápido de lo que usted lo hace. A lo mejor trabajan tan rápido como usted, que viéndolo bien es mucho más lento de lo que usted pensaba. Si está pagando por cuatro horas de trabajo, haga una lista de los trabajos que necesita, en el orden que quiere que se hagan, pero no espere haber contratado a la Súper Lim-

piadora, que condensará el trabajo de todo un día, en medio.

Sea clara. Si usted quiere su ropa de cama doblada de una manera específica, o tiene alguna prenda que necesita un tratamiento especial, lo mejor es que escriba las instrucciones completas, o mejor aún tómese un tiempo para explicar personalmente cómo quiere que se haga.

En la rutina diaria, una persona de la limpieza probablemente aspirará, limpiará el polvo, lavará la ropa, limpiará la cocina y el baño. Si usted espera que planche o tiene alguna otra necesidad distinta, dígaselo.

Explique los materiales de limpieza (e indique dónde se encuentran). He visto que muchas personas que uno contrata para limpiar, tienen sus marcas favoritas para la limpieza. Lo importante no es el método sino el resultado, pero obviamente, si a usted le gusta más un producto que otro, es su decisión.

Antes de terminar la entrevista, asegúrese de hacer las observaciones acerca de los días de enfermedad, el pago de vacaciones y hasta las horas extras. Una vez que alguien es contratado, son dos los que han hecho el contrato. El empleado debe asistir y hacer su trabajo. Por su parte, no es justo cancelar y no pagar, si usted decide que su casa no necesita limpieza esta semana o va a salir de la ciudad.

Antes del primer día de trabajo

Después de la entrevista, revise las referencias del trabajador. Si algo la hace sentir incómoda, confíe en sus instintos y no contrate a la persona. Simplemente llámela y dígale que ha cambiado de parecer, pero hágalo pronto. Cuanto más espere, más difícil es.

Llame a su agente asesor de seguros para saber si necesita un seguro de compensación para trabajadores, en caso de accidente.

Llame a su contador para saber cómo pagar, qué deducciones y si usted debe pagar algún impuesto.

Compre o deje el dinero para comprar cualquier implemento de limpieza que no tenga a mano. No hay nada más ridículo que decirle a alguien que limpie el horno, cuando no hay en casa con qué limpiarlo.

Qué esperar

Aunque a usted le parezca obvio cómo organizar las sillas del comedor o cómo doblar las servilletas todas de la misma forma, no lo es siempre para otras personas. La gente que usted contrata no hace todo en la misma forma en que usted lo haría. (En mi caso, yo creo que esto es mejor y esta es la razón para haberlos contratado.)

Creo que es una pérdida de tiempo contratar a alguien una vez a la semana para que le tienda la cama y le cuelgue la ropa, aunque haya gente a quien le gusta estos lujos ocasionales. Esto de todas maneras deja muchos trabajos por hacer: lavar, encerar los pisos, limpiar el horno, limpiar el polvo, limpiar los cajones o pulir la plata. Si necesita ideas, vea la lista de trabajos para cada estación en este libro.

Finalmente, ordene un poco. Mi esposo piensa que es gracioso que yo ordene para la muchacha, pero yo aprendí hace mucho tiempo que si otra persona le guarda sus cosas, es muy difícil poder encontrarlas.

Productos de limpieza

Algunos libros advierten que la mejor manera para no tener que quitar el polvo es tener pocos muebles de madera y de color claro, ya que estos no muestran la mugre. Si pensara de esta manera, también les diría que tuvieran una casa muy pequeña y no tuvieran hijos, lo que facilitaría también la limpieza.

No creo que nadie siga ese consejo. Una vez que usted tenga sus cosas y/o sus hijos, va a tener que limpiar alrededor (por encima y por debajo) de las cosas y de ellos. Esta sección del libro trata de esto: de limpiar.

Comienza con una explicación de lo que necesita limpieza. Usted puede saltearse todo esto e ir directamente a las listas de compras de productos e implementos, seguidas por las explicaciones de cómo usarlos. Si usted sabe por qué se usan, puede ser posible que solucione problemas de limpieza que no estén descritos específicamente en este libro.

En algunos casos, he mencionado el nombre de un producto específico, no como una obliga-

ción, sino porque pensé que quedaría más claro, si hablo de un antiséptico, menciono el producto Lysol como ejemplo. Usted puede preferir otro producto similar, algunos de los que yo menciono, pueden desaparecer o ser reformulados o aparecer nuevos, pero en busca de claridad, decidí incluir los nombres de las marcas.

Lo mínimo que necesita saber acerca del equipo de limpieza:
- Soluciones limpiadoras (y cuándo las necesita)
- Implementos de limpieza (y por qué los necesita)

Para algunas personas el mejor "limpiador natural" es mamá.

¿De qué están hechos los limpiadores?

Como mi peluquero diría, yo no soy de esas personas cuya reacción instintiva a la palabra "natural" es "dámelo". Por otra parte, soy una persona consciente, que usa productos que no contaminan o dañan el ambiente. Conozco este planeta, no tengo intenciones de mudarme a ningún otro y me preocupo por él.

Hace muchos años, comencé a recomendar algunos limpiadores que no producen polución, no porque fueran seguras para el ambiente, (en ese momento no nos preocupaba) sino porque eran baratos, fáciles de encontrar en el mercado y lo más importante, porque hacían bien el trabajo.

Sin embargo, hay momentos en los que se necesita un producto más fuerte, también los recomendaré. Seamos prácticos: cuando hablamos acerca de pañales desechables, son una buena idea. Hay que poner en la balanza el problema del desperdicio no biodegradable contra el problema ambiental que crean los pañales de tela: por el blanqueador y el detergente que se usan para lavarlos y la energía para calentar el agua que los esteriliza en la lavadora.

Siempre que podamos, usemos productos que no contaminen y de los otros cuando sea necesario. Si los productos fuertes salvan una alfombra de ser reemplazada o una pieza de ropa de ser tirada a la basura, eso también beneficiará el ambiente.

El agua y otros limpiadores seguros para el ambiente

El mejor limpiador seguro para el ambiente y bastante efectivo, es el agua pura. La puede usar en la mayoría de las superficies, excepto la madera o en lugares como el teclado de la ordenadora, donde la humedad interna puede causar problemas. Si usted tiene una mancha reciente, enjuáguela varias veces y simplemente desaparecerá.

AHORRAR DINERO

Una forma para ahorrar en grande al comprar implementos de limpieza, es comprárselos a una compañía mayorista proveedora al por mayor. Puede comprar limpiadores sin marca o de marca genérica, que cuestan mucho menos que los de marca comerciales. También hay artículos de limpieza que nunca encontrará en el supermercado.

Si en su localidad no hay una compañía de esas, la iglesia local, el colegio o un pequeño fabricante puede comprar en un lugar como ese y puede enviar su orden con la de ellos. También pueden hacer un grupo grande y comprar entre todos.

Álcalis

Álcali es un término genérico para muchos de los agentes limpiadores comunes. Uno de los más fuertes, **fosfato trisódico (TSP),** es un limpiador excelente para trabajos donde el agua y el jabón no sirven, pero a causa de los peligros de los fosfatos (se dice que dañan el medio ambiente, favoreciendo el crecimiento de las algas en el agua), se usa hoy mucho menos de lo que se usó en el pasado. Media cucharada en un galón de agua removerá cualquier suciedad. Usado en una concentración mayor, puede dañar algunas superficies, pues es lo suficientemente fuerte como para remover pintura. Pero el TSP es muy efectivo para limpiar cemento, paredes muy sucias y otros trabajos pesados. El limpiador multiusos Mex es una alternativa al TSP, sin fosfatos. Úselo con precaución y póngase protección para los ojos. Es extremadamente cáustico.

Soda para lavar. (También llamado carbonato de sodio), se encuentra en la sección para lavar ropa del supermercado, es un limpiador genérico algo tóxico para trabajos pesados. (Lea las precauciones en la caja.) Corta la grasa, quita manchas, desinfecta, suaviza el agua y puede desbloquear los drenajes. Usualmente se usa ⅛ de taza por galón de agua.

Bórax. Es un álcali ambientalmente amistoso, pero puede llegar a ser tóxico. Es un excelente refrescante (en la lavadora), desodorizante y suavizante del agua.

Amoníaco. Se vende embotellado como limpiador casero —el tipo al que me refiero cada vez que recomiendo el amoníaco— es más o menos un 90% de agua con un 10% de amoníaco. Algunas marcas que miro con desconfianza le han agregado detergente. El amoníaco casero, corta la grasa, desprende la cera y limpia los vidrios.

Lejía. Es un fuerte limpiador alcalino, usado algunas veces para limpiar cañerías. Es muy poderoso y también peligroso, debe ser manejado con extremo cuidado y a su propio riesgo.

Muchos limpiadores de uso múltiple, contienen álcalis junto con otros químicos. Aunque puede encontrar, productos de limpieza especializada para casi cada superficie de cada habitación, no los necesita todos. Un buen limpiador de todo uso en una botella rociadora —de marcas como Lestoil o Top Job o un producto genérico— deben servir para la mayoría de la suciedad, incluyendo derrames de comida y grasa. A menos que las instrucciones digan otra cosa, use el producto sin diluir y enjuague inmediatamente.

Ácidos

Los ácidos se usan menos frecuentemente que los álcalis.

El jugo de limón y el vinagre blanco, ambientalmente amistosos, son ambos ácidos suaves y limpiadores efectivos, el vinagre es más usado porque es más económico. Se puede usar para lavar ventanas, cortar la grasa y refrescar el aire.

Ácido muriático. Algunas veces se usa como limpiador de baños muy manchados o los ladrillos de la chimenea.

PRECAUCIÓN: el ácido muriático es extremadamente fuerte y peligroso. Siga las instrucciones del empaque. *Véase* los peligros de los ácidos bajo "Recetas para el desastre," página 99.

Abrasivos

Los abrasivos deben usarse muy de vez en cuando, porque limpian las superficies puliéndolas. La cantidad de abrasión depende del tipo de sustancia que use, qué tan a menudo la aplique, qué tan fuerte es y qué tan fuerte es usted. Si la superficie se puede lavar, primero trate con agua y jabón, antes de comenzar con el abrasivo, si usa el abrasivo comience con el más suave.

Bicarbonato de soda. Es un abrasivo suave, genérico, no contaminante y económico que se puede usar en ollas, mesones y porcelana.

Limpiadores líquidos abrasivos. Como el Soft Scrub, son más fuertes que el bicarbonato de soda. No se recomiendan para mesadas plásticas o de madera, pero se pueden usar en casi todas partes, usualmente en la cocina y en el baño.

Polvos abrasivos. Como Comet, contienen un abrasivo natural más jabón o una sal alcalina. Como son tan fuertes, déjelos para manchas resistentes donde no es muy importante preservar el terminado.

Compuestos para pulir, trípoli y piedra pómez, en orden de fortaleza (la piedra pómez es la más fuerte) se usan algunas veces para restregar las manchas sobre los muebles. La piedra pómez también puede ser utilizada para remover manchas permanentes dentro de los inodoros.

Pulidores de metal. Básicamente son abrasivos, combinados con limpiadores y/o ácidos. Los que dicen servir para todos los metales no es del todo cierto. Para limpiar cobre y bronce, se necesita un limpiador más abrasivo que para limpiar la plata que es un metal más blando. Si usa limpiador de plata para cobre o bronce, le llevará el doble del tiempo.

Las esponjillas de acero inoxidable y cobre no se oxidan, pero las esponjillas de lana de acero con jabón son más convenientes y más baratas para la cocina. Para evitar que la esponjilla de lana de acero se oxide muy pronto, guárdela en una bolsa plástica en el congelador o manténgala en un recipiente de arcilla que absorbe la humedad. También gastará menos si las corta por la mitad o si compra las de tamaño pequeño.

Las esponjillas de fibra de nylon, son menos abrasivas que las de lana de acero. Las de plástico tipo bola y la tiene una esponja en una red son las más suaves de todas. Puede hacer esponjillas en casa, envolviendo una esponja en un trozo de media de nylon o la bolsa de red de nylon en que vienen las cebollas.

Detergentes

¿Usted piensa que tiene mucho trabajo? Piense, los colonizadores tenían que hacer su propio jabón. Tumbaban un árbol, ahuecaban el tronco y mezclaban lejía, ceniza, agua y cualquier tipo de grasa que tuvieran disponible.

Los detergentes que se usan en la limpieza de la cocina y la lavandería, no son lo mismo que el jabón. Están hechos de productos sintéticos (lo que se explica mejor en la sección de lavado). Una razón para producirlos es que algunos se disuelven en el agua más fácil que el jabón.

NO TODOS LOS DETERGENTES SON IGUALES

El detergente para el lavaplatos, el común para lavar los platos y el jabón para la ropa, no son intercambiables, como usted descubrirá si echa el que no corresponde dentro de una máquina. Para remediar equivocaciones, véase Capítulo 4.

Antisépticos

Los antisépticos como Lysol, son limpiadores germicidas para usar en el baño, la cocina, la habitación de los enfermos, la limpieza de las manijas de las puertas, la grifería, los teléfonos y otras superficies que mucha gente toca. Los antisépticos que contienen fenol son tóxicos para los humanos y potencialmente fatales para los gatos.

La mayoría de los antisépticos nuevos en su lugar contienen cloruro de amonio. Si los limpiadores con olor a pino contienen un 20% o más de aceite de pino (la mayoría no) pueden ser considerados antisépticos.

Blanqueadores (lejía lavandina/ agua jane, etc.)
Los blanqueadores de cloro, que hacen sus blancos más blancos (y si usted es descuidada, hacen sus prendas de color más blancas también), son casi siempre la mejor elección para remover los hongos y el moho de todas las cosas, desde las cortinas del baño hasta los bordes de aluminio. Técnicamente el cloro no es un producto de limpieza. Para compensar, la gente trata de mezclarlo con un producto que sí lo sea, una idea peligrosa. Dele una mirada a un cuadro llamado "Recetas para el desastre", página 99.

Brillos y ceras
Tristemente tengo que decirles que aun los pisos que dicen que "no necesitan cera", frecuentemente se ensucian y necesitan cera. Otros tipos de pisos pueden necesitar limpieza con agua y jabón, seguida de una capa de brillo a base de agua. Las superficies de madera sin sellar, necesitan ser limpiadas primero con amoníaco o con cualquier otro producto que saque las ceras, y luego con cera. En la sección de cómo limpiar el piso, explico en detalle el tipo de producto que necesita cada piso.

La cera líquida para muebles limpia casi todos los muebles de madera, pero algunas veces es mejor la cera en pasta. *Véase* "Limpiar los muebles", página 126.

Limpiadores sin agua
Puede conseguir limpiadores sin agua en tiendas de productos para automóviles y en los supermercados. Son ideales para limpiar superficies de madera, porque no harán que la madera se dilate.

PRODUCTOS DE LIMPIEZA: LISTA BÁSICA DE COMPRAS

Lo que necesita definitivamente:
Un limpiador multiusos (como Top Job, Lestoil, etc.)
Bórax
Soda de lavar
Vinagre
Amoníaco
Polvo abrasivo
Limpiador abrasivo líquido
Esponjillas de lana de acero
Una esponjilla para restregar en fibra de nylon, mediana
Una esponjilla plástica para restregar, para trabajo suave
Un antiséptico (como el Lysol, sin fenol)
Blanqueador
Limpiador de muebles en aerosol
Detergente líquido para lavar platos
Un solvente de lavado en seco para remover manchas (para la alfombra)
Un solvente— o un limpiador de pisos a base de agua, o una saca-ceras, dependiendo del tipo de piso que usted tenga. *Véase* "Limpiar los pisos", página 117.)

Lo que probablemente necesitará:
Detergente para lavaplatos automático
Limpiador de hornos (si el horno no es de auto limpieza. Los productos sin olor son más suaves pero también menos peligrosos. Puede usar amoníaco puro)
Removedor de manchas minerales (sí tiene costras blancas en la tina, los baldosines, etc.)
Alcohol mineral (solvente: generalmente usado para quitar manchas de pisos de madera encerados)
Jabón Naptha (destilado del petróleo: gran removedor de grasa)
Removedor de óxido
Limpiador de plata
Limpiador de bronce y cobre
Espuma limpiadora para el baño (como el Dow), para limpieza rápida
Limpiador de madera (como Preen), si usted tiene madera
Limpiador para trabajos pesados (como TSP o limpiador multiusos Mex) para paredes, techos, ladrillos, concreto.

Hay más productos recomendados en otras secciones de este libro que cubren trabajos de limpieza específicos.

Los limpiadores vienen en forma de pasta, que se aplica con una esponja o un trapo, y luego restriega y limpia, usando todo el producto que necesite hasta que la superficie quede limpia.

Recetas caseras de limpieza

La hija de 9 años de mi amiga estuvo encantada al descubrir que si mezclaba un almidón de maíz con la cantidad justa de agua caliente, obtenía una mezcla mitad sólida mitad líquida, muy económica, parecida a la mezcla que vende el mejor almacén de juguetes por 3.50 dólares el tubo. Mientras que la diversión de jugar con esta masa es un completo misterio para mí, puedo entender que mezclarla sea divertido. Muchas veces, me encuentro personalmente mezclando limpiadores caseros, que son fáciles de hacer y poco costosos para usar. Algunos tienen la ventaja adicional de no ser tóxicos. He aquí algunos de mis favoritos:

Limpiador para todo uso. En un recipiente plástico de 1 galón, ponga ½ taza de amoníaco y 1 taza de soda de lavar. Agregue 2 tazas de agua tibia, tape y sacuda. Luego agregue 12 tazas más de agua. Por favor, marque el recipiente para que todos sepan que es un limpiador. Use ½ taza en un balde de agua para trabajos grandes, y en rociador sin diluir la solución, para uso en electrodomésticos y baldosas.

Limpiador para todo uso que no contamina. A 1 litro de agua tibia agregue 2 cucharadas de bicarbonato de sodio y tendrá una solución para lavado de baldosas, porcelana y yeso. El bicarbonato de sodio puro sustituirá el polvo abrasivo en la cocina, los electrodomésticos y hasta en el inodoro. Para un limpiador en rociador, mezcle 2 cucharaditas de bórax y 1 cucharadita de jabón de lavaplatos en 1 litro de agua.

Limpiador de pino multiusos. Úselo sin diluir en los pisos y techos de la cocina y diluido para otras paredes y techos. Mezcle 2 litros de agua, 1 taza de aceite de pino y 2 tazas de escamas de jabón en un recipiente de 1 galón. Es tóxico. Manténgalo bien tapado y fuera del alcance de los niños.

Limpiador de baldosas de cerámica. En 1 galón de agua tibia mezcle ¼ de taza de amoníaco con ½ taza de soda de lavar.

Limpiador para arañas de luces de cristal. En una botella rociadora combine 1 pinta de agua tibia con 2 cucharaditas de alcohol y 1 cucharada de un agente contra las manchas para lavaplatos automáticos (como Jet Dry). Asegúrese que las luces estén apagadas y los portalámparas fríos, luego empape la araña y déjelo escurrir hasta que se seque, el agua no dejará manchas.

Limpiador de instalaciones. En una botella rociadora mezcle 1 litro de alcohol desnaturalizado con 8 onzas de amoníaco. Rocíe y limpie con papel los electrodomésticos pequeños de cocina, griferías de cromo y otras superficies que se engrasen.

Limpiador de muebles con olor a limón. Mezcle 1 cucharadita de aceite de limón (de una tienda de hierbas o manualidades) con 1 taza de aceite mineral. Viértalo en una botella rociadora limpia. Agítelo bien antes de usarlo. Ponga una capa ligera y pula bien ¡si no el aceite recogerá más mugre!

Limpiador de muebles ambientalmente amistoso. El aceite de oliva trabaja bien sobre madera coloreada (pero no laqueada ni pintada). Friccione con un trapo limpio hasta que no quede pegajoso.

Trapos para pulir. Corte en cuadrados de 9 pulgadas tela de algodón suave o toalla. Humedézcalos con agua e introdúzcalos dentro de un recipiente grande de plástico. Mezcle ¼ taza de agua, 1 taza de aceite mineral y 1 cucharadita de aceite de limón (se consigue en una tienda de hierbas o manualidades), agite bien la mezcla y viértala sobre los trapos, mientras el agua y el aceite estén en solución. Limpie los muebles con estos trapos y luego lústrelos con un trapo limpio. Estos trapos se pueden lavar y volver a usar.

Limpiador para paredes. Combine ½ taza de bórax, 2 cucharadas de escamas de jabón (como Ivory Snow), 1 cucharada de amoníaco y 1 galón de agua tibia. Guarde en un recipiente plástico. Úselo sin diluir en una botella rociadora o agregue 2 tazas a un balde de agua tibia. También puede mezclar ½ taza de amoníaco, ¼ de taza de vinagre blanco y ¼ de taza de soda de lavar por cada galón de agua.

¿Qué hay en el armario de las escobas?

Tener todos sus implementos de limpieza a mano y en buen estado, automáticamente le ayudará a mantener su casa limpia. En lugar de tener desorden en el armario de las escobas, compre uno de esos colgadores de instalar en la pared, que agarra la escoba y el estropajo. O simplemente ponga una argolla a la punta del palo de su escoba o estropajo y clave un gancho en el armario para colgarlos allí.

RECETAS PARA EL DESASTRE

Quiero recordarle a los lectores el peligro de mezclar productos clorados con bicarbonato de soda, jabón de lavaplatos automáticos u otros productos que contengan ácidos o amoníaco. Cuando se combinan producen gases dañinos. Algunos tan sólo huelen mal, pero otros son en verdad peligrosos.

Lea con cuidado las etiquetas —aún de productos conocidos— muchas veces los productos cambian de fórmula.

• CLORO. Incluye los blanqueadores, los removedores de moho, los limpiadores de baldosas y los limpiadores en polvo.

• AMONÍACO. Incluye productos limpiadores de vidrio, pisos y electrodomésticos. Muchos detergentes contienen una gota de amoníaco. Asegúrese que no está usando uno de estos.

• ÁCIDOS. Lo contienen productos para limpieza de inodoros.

También recuerde agregar el limpiador químico (como el ácido muriático) al agua y no al revés. Si usted vierte el agua dentro del ácido, las salpicaduras pueden tener resultados desastrosos.

Escoba

Para barrer un suelo duro, busque una combinación de escoba y pala que se ajusten una con otra. Ambos artículos tienen palos largos, lo cual los hace mucho más fáciles de usar en vez de la pala de osa corta que lo obliga a agacharse cada vez. Estoy dispuesta a agacharme tan solo en mi clase de gimnasia, en donde por lo menos estoy vestida para ella.

Necesitará una "escoba de empujar" para trabajos exteriores, como la entrada y el piso del garaje. Olvídese de las palas económicas de metal que se deforman, terminará barriendo tanto dentro como debajo de él. Los de plástico son mejores. Mejor aún, consígase una pala de nieve plástica para niños. Puede recoger más y su mango más largo ayuda a la espalda.

LA PALA DE BASURA

El polvo no se saldrá de la pala de basura, si usted la humedece antes de usarla. Si primero le da una mano de cera para muebles, también será más fácil de limpiarla.

Balde

Un balde con dos compartimentos es muy conveniente. Llene la mitad de uno de ellos con agua jabonosa. Limpie un poco, exprima el estropajo o esponja en el compartimiento vacío y luego métalo de nuevo en la solución limpia. De otra forma, estará limpiando con agua sucia. Una vez que haya terminado lo que esté haciendo, necesitará enjuagar el piso o cualquier otra superficie o la mugre que quede, atraerá más mugre más rápido que un chico vestido para ir a la iglesia.

Asegúrese que el balde es lo suficientemente amplio para el estropajo. Tratar de meter lo en un balde donde no cabe, es casi tan molesto como tratar de meterse en unos jeans que le quedan chicos.

Traperos

Necesitará un limpia pisos de esponja con una cabeza que se pueda reemplazar, algo que me gustaría que fuera posible para los seres humanos. Remover la cabeza para limpiarla o descartarla cuando esté muy usada. (Eso también suena bien.)

Necesitará un pasacera u otro limpiapisos de esponja, para aplicar cera si tiene mucho que encerar. Claro que puede cambiarle las cabezas si así lo desea, pero es aburrido y simplemente comprar otro cuesta sólo un poco más.

Compre una marca conocida, para que pueda conseguir fácilmente los repuestos. También busque un estropajo que sea fácil de exprimir: rodillos que exprimen el agua de la esponja o un

LIMPIAPISOS DE ESPONJA

implemento que doble la esponja para que se exprima ella misma.

Los estropajos sirven para más cosas que limpiar el piso. Úselos para lavar las paredes del baño, la bañera y cuando es absolutamente necesario el techo. No necesitará una escalera y podrá repasar una superficie grande de una sola pasada.

Un estropajo de mechas es muy cómodo para recoger derrames rápidamente, a menos que tenga usted una aspiradora que recoja líquidos. El mejor estropajo tiene un mecanismo para exprimirse él mismo.

Aspiradoras

Se describen en la sección de equipamiento.

Trapos para polvo y para lustrar

Los buenos trapos no sólo sacuden el polvo, lo recogen. No hay nada tan absorbente como el algodón cien por cien, así que si tiene un mantel de algodón roto o una sábana vieja, guárdelos para hacer trapos. No se moleste con telas que tengan fibra sintética. Simplemente no son absorbentes. Tampoco use telas de color, algunas soluciones limpiadoras pueden afectar el teñido, haciendo que su trapo marque lo que está limpiando. También hay un factor psicológico. Cuando usted ve

mugre en un trapo blanco, siente que realmente está logrando algo.

Los trapos para limpiar el polvo más económicos son las servilletas que se consiguen en los negocios de artículos para restaurante o lencería usada, que le puede vender un almacén de ropa blanca. Los pañales de tela también son económicos, suaves y por supuesto extremadamente absorbentes. Evite la toalla porque suelta pelusa.

Los trapos de gamuza natural están hechos de piel de oveja curtida con aceite. La gamuza es buena para lavar ventanas o carros, absorbe el agua limpiando y puliendo al mismo tiempo. La gamuza debe lavarse en la lavadora con jabón después que se usa y después se exprime y se deja secar extendida sobre una superficie plana.

Los plumeros con mangos largos evitan agacharse y estirarse y están tratados especialmente para recoger el polvo.

Cepillos

Un cepillo dental viejo es excelente para limpiar manchas y lugares pequeños (etiqueta metálico con la marca del refrigerador y pequeñas áreas decorativas en la plata). Un cepillo para las uñas trabaja muy bien en la comida pegada en las ollas. Para algunos derrames grandes en la cocina, puede necesitar un cepillo de mango largo.

También puede preferir el uso del cepillo al de la esponja en ollas y sartenes; utilice lo que usted prefiera.

Botellas rociadoras

Botellas rociadoras de calidad profesional de una fabrica de productos de limpieza, le ayudarán a trabajar más rápido, porque hacen mejor su trabajo que las económicas de los negocios.

Mantenga una botella rociadora llena de alcohol en el baño y en la cocina para rociar las manchas y limpiarlas antes que se fijen.

Esponjas

Yo uso trapos para sacar el polvo pero no para limpiar. En lo posible, uso esponjas de celulosa. (Las esponjas naturales, las marrones, todavía existen. Las esponjas de celulosa son más comunes y están disponibles en una gran variedad de formas y tamaños.) Se pueden enjuagar mientras trabaja y lavar en la lavadora de platos. Póngalas en la caja de los cubiertos para que no vuelen por ahí durante el ciclo.

Yo tengo enormes rectángulos de esponja, para absorber los derrames en el piso (prefiero tirar una esponja sobre el derrame y dejarla hacer su trabajo, antes que sacar el estropajo.) Y también uso unas delgadas que parecen trapos, de 8 pulgadas cuadrados en la cocina y en el baño porque cubren un área mayor que las más pequeñas. Un lugar en el que me sorprendí de encontrar éstas en cantidad y a muy bajos precios, fue en una tienda mayorista de útiles para oficina.

Yo "codifico por color" las esponjas. En la cocina, utilizo un color para el fregadero y otro para el piso. En el baño, uso un color para el lavamanos y la bañera, otro para limpiar el piso y un tercero para el inodoro y el tanque.

Para los trabajos grandes de limpieza en techos y paredes, soy fanática de las esponjas "secas". Están hechas de goma y tratadas con algún tipo de químico, que recoge la mugre de la misma manera que un imán atrae el metal. Esto ahorrará su tiempo las dos terceras partes y hará más fácil todo el trabajo. Si donde habitualmente hace sus compras no las consigue, búsquelas en un negocio para compañías de aseo.

Toallas de papel
Trate de no usar toallas de papel para limpiar, es costoso y un desperdicio de dinero y de árboles (y

el dinero no crece en los árboles). Una forma de bajarle al consumo, es cortando el rollo por la mitad (use su cuchillo eléctrico si es necesario) o elija una marca en la que las perforaciones le den hojas más pequeñas.

Guantes
Cuando usted pone su mano en la mayoría de las soluciones de limpieza del hogar, no le está dando

---

TRABAJANDO CON GUANTES DE GOMA

• Si tiene algún problema para quitarse los guantes de caucho, meta las manos bajo el chorro de agua fría.

• Si tiene las uñas largas, proteja el interior de cada dedo con un trozo pequeño de cinta aisladora.

• Si rompe siempre el guante derecho a cada par, guarde el izquierdo aún sano. Luego úselo al revés.

• Puede hacer bandas elásticas muy fuertes, cortando aros de los guantes viejos.

ÚTILES PARA LA LIMPIEZA: LISTA BÁSICA DE COMPRAS

Definitivamente necesitará:

Escobillones: escoba grande de empujar para exteriores, escoba para interiores
Pala de basura
Baldes (dos)
Estropajos con cabezas reemplazables (dos); compre uno de más (lo necesitará cada 3 a 4 meses)
Aspiradora
Aspiradora de mano
Plumero y trapos para el polvo y lustre
Cepillo (con manija de 6 pulgadas)
Esponjas
Toallas de papel
Guantes de goma
Botella rociadora
Cepillo para el inodoro (uno para cada baño; compre uno que venga con su propio soporte)
Cepillo para baldosas (para restregar el sellamiento de las baldosas en el baño. Es más abrasivo que una esponja)
Cepillo de dientes (para restregar áreas pequeñas)
Escurridor de vidrios (para limpiar ventanas o paredes de azulejos; los mejores son de bronce o de acero inoxidable y tienen una hoja de goma de 10 a 14 pulgadas)

Probablemente necesitará:

Aplicador de cera
Lustradora
Plumero

exactamente un tratamiento de belleza. Muchos de ellos tienen advertencias, que le sugieren usar guantes de goma. He encontrado que los guantes le ayudan a hacer mejor el trabajo, porque toleran el agua a temperaturas más altas cuando es necesario y se acomodan mejor al trabajo.

Aplicador de cera

Si usted tiene un piso de madera sin sellar (sin un terminado en poliuretano o similar), necesitará un aplicador de cera; es una almohadilla en un palo, con una base rectangular plana, generalmente hecha de lana de oveja. Lave el aplicador inmediatamente después del uso o la almohadilla se volverá dura como una roca.

Lustradoras

Las lustradoras (usadas en los pisos duros), muchas veces también sirven para lavar alfombras. Puede alquilarlas o comprarlas. La lustradora tiene dos discos de libra en la base. Puede usar los de lana fina para limpiar un piso encerado o los de lana de oveja para lustrarlo.

Véase la información de compra, bajo "Máquinas" para pisos en Capítulo 1.

Limpiar de arriba abajo——

Otra razón para que la limpieza nos parezca a veces poco natural, es que su principio básico es diferente. En la vida usted comienza desde abajo. En la limpieza, usted comienza desde arriba.

Lo mínimo que necesita saber sobre la limpieza de techos, paredes y ventanas:
- Cómo limpiar techos de distintas texturas
- Cómo lavar paredes y limpiar empapelador
- Limpiar las ventanas

——————————— Techos interiores

Técnica básica de limpieza

La primera vez que tuve que limpiar el techo de mi habitación, fue cuando mi hijo tiró un pegote de arcilla que se adhirió al techo. Cuando me bajé de la escalera después de arrancar la arcilla, observé un punto "manchado". Luego me di cuenta que realmente era un punto "limpio", así que no tuve

otra elección que limpiar el resto del techo para que no se notara.

Normalmente los techos y las paredes de las alcobas y la sala no necesitan lavado. Usted puede alcanzarlos, con la extensión para pisos de su aspiradora, si encuentra una telaraña y si pinta a menudo es todo lo que necesitará.

Generalmente sólo el techo de la cocina (y posiblemente el del baño) se ensuciarán lo suficiente para requerir de limpieza. Algunas veces, restregarlo con una esponja seca será suficiente, pero si va a pintar, tendrá que hacer una mejor labor, ya que la pintura no se adhiere sobre las superficies sucias o grasosas.

Use un limpiador fuerte como el TSP o el Mex en una cocina muy sucia, amoníaco y agua (una parte de amoníaco por 10 partes de agua) o un limpiador para todo uso si no está muy sucia. Necesitará una esponja, un balde con algún limpiador y un balde con agua limpia, una escalera, y algunos trapos para tapar los muebles para que la mugre no les llueva encima. (Use un sombrero, *y si está usando Mex use protector para los ojos. Es muy peligroso si éste entra en sus ojos. Si no planea repintar pronto, pruebe primero un poco del limpiador en un lugar escondido para asegurarse que no dañará la pintura que tiene.*)

Usando una esponja seca, removerá algo de la mugre superficial haciendo el trabajo menos sucio. Luego comience a aplicar el amoníaco, Mex o lo que esté usando, con una esponja de celulosa (o sí está haciendo un techo inmenso, con un estrapajos de esponja.) Trabaje secciones de 3×3 pies. Después de lavar el área, enjuáguela con agua limpia, antes que se seque, para recoger cualquier resto de solución que quede, eliminando el veteado.

Sobrepasando un poco la sección que se ha limpiado anteriormente, también eliminará las vetas.

Techos en planchas y texturizados

Las planchas acústicas se pueden restregar si tienen recubrimiento de vinilo, pero para limpiar las planchas no lavables, solo páseles una esponja seca.

Se puede quitar una mancha de agua de un cielo raso acústico, en planchas o pintado, rociándolo con una mezcla mitad agua y mitad blanqueador. Pintar, más que limpiar, es la mejor cubierta para un cielo raso de planchas, pero la pintura reduce la capacidad de aislamiento de la placa. Utilice una pintura especial para placas acústicas. Si el techo tiene una mancha, cúbrala con estuco, de manera que no traspase la pintura, luego pinte sobre ella. Si usted no quiere pintar, puede conseguir un profesional que le pinte el techo.

Un techo texturizado (rociado con terminado acústico) puede ser rociado de nuevo. Puede ser menos costoso remover la textura del techo, raspándolo con una tabla para alisarlo antes de repintarlo. También puede contratar a un profesional para que lo rocíe en forma adecuada.

El yeso decorativo casi no se puede limpiar. Aspírelo cuando se necesite y repíntelo cuando se vea muy mal.

Paredes

Limpie paredes pintadas

En el salón y las alcobas es posible que pueda limpiar las paredes por partes. Utilice un rociador para todo propósito alrededor de los interruptores de la luz y de las manijas de las puertas. Si las manchas se mantienen, restriegue con bicarbonato de soda y agua, y si eso no sirve, utilice un líquido abrasivo.

La cocina necesitará limpieza más a menudo, ya que los residuos de la elaboración de la comida, engrasarán las paredes. Esto está perfecto —bien, no perfecto, pero probablemente podrá vivir con ello porque no lo nota— hasta que comete el error de tratar de limpiar una sola mancha y se da cuenta que es como cincuenta tonos más claro que el resto de la pared. Siga las instrucciones para el lavado del techo. Limpie la base y el zócalo con un limpiador fuerte. También *véase* "Parades alrededor de la cocina", página 139.

Limpiar madera

La madera pintada debe ser desempolvada o limpiada ligeramente con una esponja humedecida. De otra forma se puede dañar la pintura.

Si el zócalo está hecho de madera, es probable que sólo necesite desempolvarse. Y si es absolutamente necesario limpiar la madera, use un producto especial para esto, como Preen. Tenga cuidado de no manchar las superficies adyacentes.

Limpiar empapelados

Los papeles lavables se pueden limpiar con una esponja inmersa en un limpiador todo propósito o en una mezcla de 1 litro de agua con ⅛ taza de amoníaco. Si el papel se puede restregar —esto está indicado en el sello de cuidado, como una línea ondulada sobre las cerdas de un cepillo— puede usar la misma solución de limpieza, pero aplicándola con un cepillo de cerdas suaves.

Si el empapelado tiene textura, deje que la solución limpiadora actúe por uno o dos minutos, y luego enjuague bien. De otra forma el residuo atraerá más mugre. Si usted deja la mugre en un empapelado por demasiado tiempo, una sustancia que hay en el papel vinílico, que lo plastifica, tiende a absorberlo.

Las esponjas secas, que se consiguen en los negocios para compañías de aseo, sirven para limpiar empapelados no lavables.

Quite manchas del empapelado

PRECAUCIÓN: hasta el agua puede manchar algunos empapelados; siempre pruebe en un punto poco visible antes de limpiar.

Crayón. Se puede limpiar de los papeles lavables, con un rocío de prelavado, tal como el Clorox II o Spray 'n Wash. O frote ligeramente con lana de acero para maderas enjabonada pero seca. También puede restregar suavemente con bicarbonato de soda sobre un trapo húmedo. Si es sobre tela, pruebe con el líquido de limpieza en seco. Si todo esto falla, llame a las técnicos al 1-800-CRAYOLA.

Marcador de punta de fieltro. Si es en base de alcohol, pruebe una rociada de laca para el pelo o frote con alcohol. Si es en base de aceite, aplique un poco de fluido para encendedores (es muy inflamable, así que úselo en una área bien ventilada y lejos de las llamas.) Si es en base de agua, utilice líquido para lavaplatos, mezclado con un blanqueador que no manche el color o con rociador de prelavado. Aplique un poquito y restriegue suavemente.

FUERA DE LA PARED

• Si lo están enloqueciendo las huellas de las manos en la pared, no pelee con ellas. En lugar de eso, consiga un poco de pintura de látex, viértalo en un plato hondo o embeba una esponja, luego haga que los niños mojen sus manos, y luego haga que dejen sus huellas en la pared. Use diferentes colores, diviértase. Siempre podrá pintar sobre ella una vez que los pequeños crezcan. Tal vez entonces, estas huellas le darán nostalgia en vez de molestarla.

• En la habitación de los niños o en la cocina, ¿por qué no cubre una pared (o parte de una) con pintura negra para pizarrones? Cuando vea la escritura en la pared no le importará.

Grasa. Evítela en los empapelados no lavables. Si es necesario, pruebe con una pasta de almidón de maíz y agua o una de bicarbonato de soda y solvente quitamanchas (o el removedor de manchas comercial, en pasta). Aplíquelo a la mancha; cuando la pasta se seque y se vuelva como un polvo, cepíllela. Repita si es necesario. Puede probar solvente de pintura sobre empapelado vinílico (también sobre pintura y paredes de ladrillo).

Laca para el pelo. Para quitarlo del empapelado, los paneles de madera y las áreas pintadas, use amoníaco sobre un trapo limpio.

Lápiz de labios. Use lana de acero para madera sobre paredes que soporten la abrasión, o trate con un solvente quitamanchas como el Energine. Ya que la grasa quita la grasa, pruebe con aceite mineral (pero sólo en las paredes que toleran la grasa). Manchas misceláneas (sobre papel no lavable). Trate primero con un trozo de pan blanco. Si no sirve pruebe con Absorbene, una pasta moldeable que borra.

Manchas. Borre las marcas suaves (lápiz, huellas de dedos, mugre) con goma de borrar para arte, con una pieza de pan blanco, o con Absorbene.

CONTROL DE ROCIADO

Si usted está usando un limpiador en aerosol que puede manchar superficies adyacentes, rocíe el limpiador sobre un trapo y luego limpie con él. La verdad es que ésta es la mejor manera para usar cualquier limpiador.

Limpiar paneles de madera

Generalmente estos paneles sólo necesitan desempolvarse. Si están encerados o sellados con poliuretano, se pueden limpiar con una esponja húmeda.

Para hacer una limpieza más profunda, use los productos comerciales hechos para los paneles de madera, o haga su propio limpiador, con una mezcla de partes iguales de trementina y aceite de linaza hervido. Agite con fuerza, viértalo sobre un trapo y friccione en el sentido de la veta. Aunque al principio se verá aceitoso, finalmente se absorberá.

Para arreglar peladuras en los paneles, rellénelas con un poco de cera clara con un trapo húmedo o con un poco de betún de zapatos en el color que lo esconda, o píntelas con marcador líquido.

Limpiar revestimientos de paredes de tela y corcho

Tela sin recubrimiento, sobre papel. Este revestimiento de pared debe ser desempolvado con el cepillo de la aspiradora.

Es difícil quitar las manchas de **la seda y de la arpillera sin recubrir.** Para la seda yo llamaría a un profesional, pero si está dispuesta a correr riesgos, trate con una esponja y detergente suave o con un solvente quitamanchas, que es mejor para las manchas de grasa. Pruebe con cualquiera de los dos, en un sitio poco visible para asegurarse que no dañará el revestimiento. Otro remedio para la grasa es frotarle talco, dejarlo por un rato y luego cepillarlo.

Recubrimientos con felpa. Se deben limpiar con un producto en gránulos para alfombras. Primero pruébelo en una esquina poco visible. No use agua, porque el color del fieltro cambia y se encoge al secarse.

Hay sacamanchas comerciales para **tela, vinilo y laminados**, que le pueden ayudar si tiene problemas.

Corcho. Será más fácil de limpiar si usted lo vuelve lavable sellándolo con poliuretano. Use un abrasivo fino, como un papel de lija suave para quitar cualquier marca.

Limpie ladrillos

Si están sellados, o sellados y pintados, se pueden limpiar con esponja. Si no es así, sólo aspire.

Si el ladrillo está manchado, rocíelo con una mezcla en partes iguales de agua y blanqueador, o con un limpiador de baños en espuma, luego enjuague con un trapo húmedo.

Una goma de borrar común, quita marcas negras. *Véase* también en las instrucciones para limpiar chimeneas en Capítulo 3.

Ventanas

Limpiar ventanas es una metáfora para trabajo femenino. Parece que nunca se termina el trabajo. Restriega, pule, rocía y frota, luego se para hacia atrás para admirar su trabajo, ¿Y qué ve? ¡Rayas! ¡Parches opacos! He estado tentada de mantener mis cortinas corridas las 24 horas del día, pero entonces mis plantas morirían.

Finalmente decidí hablar con un profesional en limpieza de ventanas, para ver si me podía ayudar a hacer el trabajo rápidamente y mejor. Pensé que cualquiera que hubiera estado colgado 20 pisos —o más— sobre el suelo, sabría como hacerlo rápido y bien, para regresar al interior lo más pronto posible.

Lo primero que me dijo fue que tirara a la basura toda mi colección de líquidos para lavar vidrios. Los profesionales no los usan porque dejan una película de cera con un brillo grasoso: la misma cosa que produce las rayas y los parches opacos.

Herramientas

Un escurridor de vidrios, preferiblemente de acero inoxidable o bronce, con un escurridor flexible de goma de 10 a 14 pulgadas.

Una esponja limpia (para aplicar la solución).

Un trapo (para limpiar el escurridor).

Un balde. En una área bien ventilada, combine ½ taza de amoníaco, ½ taza de vinagre blanco con 1 galón de agua tibia. O utilice líquido para limpieza de vidrios de automóviles.

Técnicas de lavado

Limpie temprano en la mañana. Siempre he aconsejado no lavar vidrios en el sol brillante, por esto una mujer me preguntó si estaba bien lavar con anteojos oscuros. No me había entendido: si usted lava con un sol brillante, la ventana se secará demasiado rápido y se crearán marcas.

Con la esponja aplique la solución limpiadora sobre el vidrio. No la derrame sobre él. Humedecerla ligeramente es suficiente.

Limpie el escurridor con un trapo mojado, esto le ayudará a deslizarlo más fácilmente a lo largo del vidrio.

Comenzando en una esquina, hálelo desde la parte superior de la ventana hacia abajo. Límpielo nuevamente (y cada vez que lo pase).

Cuando termine, encontrará unas gotas de agua en el borde de la ventana. Déjelas ahí. Desaparecerán a medida que se sequen, pero si trata de limpiarlas, lo único que hará será manchar. Cualquier gota que quede en el centro del vidrio, límpiela con su mano, habiendo manipulado la solución limpiadora, su mano deberá estar libre de grasa y limpiará las gotas sin dejar residuo.

Problemas específicos de la limpieza de las ventanas

Adhesivo de la cinta de enmascarar. El adhesivo que ha quedado en el vidrio de una ventana recién pintada, puede ser sacado con disolvente de pintura o fluido de encendedor. (Ambos son inflamables, úselos en un área ventilada, lejos de las llamas.) Puede usar un producto comercial para remover el adhesivo.

Las ventanas opacas y lechosas, pueden requerir un limpiador ácido; si la causa es el humo del cigarrillo, el alcohol isopropílico al 91% puede ayudar (ensáyelo primero, ya que puede decolorar algunos vidrios.) También existe la posibilidad que el humo de fábricas de su área, hayan dañado el vidrio y necesitará reemplazarlo.

Vidrio opaco. Puede limpiase con un borrador de pizarrón. Los borradores de pizarrón son maravillosos para dar brillo extra a los vidrios.

Película de "nieve" navideña. Puede ser sacada con fluido de encendedor (tome precauciones porque es inflamable), vinagre, aerosol de silicona o una mezcla de 3 partes de agua por una parte de amoníaco. Restriegue con una esponjilla plástica.

Depósitos minerales y de cal. Algunas veces llegan a sus ventanas por los rociadores. Sobre un paño rocíe un poco de limpiador para hornos, restriéguelo sobre el vidrio, déjelo por un momento y luego límpielo. También puede usar algún limpiador especial para remover depósitos de agua.

Múltiples vidrios pequeños (como en un *secretary* de madera) deben ser limpiados con una almohadilla de algodón empapada en alcohol, uno por uno. Rociarlos con aerosol puede dañar el terminado de la madera. Los vidrios más grandes se pueden limpiar con papel periódico, el cual después del escurridor de vidrio, es mi segundo limpiador de ventanas favorito. Por alguna razón, el papel periódico limpia mejor las ventanas que las toallas de papel o los trapos.

Exteriores, ventanas con mosquiteros. Se pueden limpiar rociándolos con espuma limpiadora para inodoros (a través de mallas metálicas únicamente; "disolverá" las de nylon). Enjuáguelos con una manguera antes que la espuma se seque.

Pintura. La que haya quedado en el vidrio, se puede quitar con removedor de esmalte para uñas o suavizar con trementina y luego raspar (con una tarjeta de crédito plástica o un raspador especial para pintura). Cuidado: Las esponjillas metálicas o de nylon pueden rayar el vidrio. Si las ventanas están cerradas y selladas *véase* la sección de "Pintura" en Capítulo 6.

Película plástica para ventanas (usada para evitar el sol). Si se está pelando, humedezca la ventana con agua jabonosa caliente y luego cúbrala con una bolsa de basura negra y húmeda, suavice el plástico aplanándolo contra el vidrio y déjelo allí por una hora.

Luego quítelo. Ahora debe ser fácil pelar la película plástica con un escurridor de vidrios de goma o un raspador metálico. Si el problema continúa, humedezca de nuevo el plástico y la ventana por otra hora.

Rayaduras. En una ventana panorámica pueden ser sacados, restregándoles pasta dental que no sea en gel. O también aplicando cera para automóviles, con una esponja húmeda. Trabaje en la misma dirección que las rayaduras (las más profundas requerirán de más presión), luego limpie con una toalla seca y utilice el limpiador para vidrios. (Este también es un remedio para las ventanas manchadas por la lluvia ácida.)

Limpieza de marcos y antepechos de ventanas

Los antepechos de aluminio se pueden limpiar con un líquido abrasivo. Para remover puntos, vierta sobre un trapo un poquito de alcohol diluido y frote. También puede usar lana de acero. (No use amoníaco sobre el aluminio.) Los antepechos de madera, se deben mantener pintados para evitar que se deterioren. Si se ven muy sucios, aspírelos primero. Si eso no es suficiente, utilice limpiador de madera o un aerosol para lustrar muebles. (No use limpiadores en base de agua, hacen que la madera se dilate.)

Encerrar los antepechos de las ventanas con cera para automóviles, atraerá la mugre sobre la madera y el aluminio; de todas maneras la superficie suave será más fácil de limpiar que una de madera áspera. Es su elección.

PROTECCIÓN PARA ANTEPECHOS

Si está teniendo problemas para mantener limpio un antepecho viejo y pelado, cúbralo con azulejos. No es difícil hacerlo y hará que la limpieza futura solo requiera de una esponja.

Limpie persianas y cortinas enrollables

Las persianas y las cortinas enrollables se ensucian más en invierno por la electricidad estática (debido a la baja humedad interior) que hace que la mugre se pegue.

Persianas metálicas y plásticas. Se pueden sacar fácilmente y llevarlas a un lava-autos "hágalo usted mismo" (*self-service*). Cuelgue las persianas o cortinas en la pared, y con una manguera de presión, lávelas con agua jabonosa caliente.

También puede llevarlas afuera, estirarlas en el piso y lavarlas con detergente y una esponja (¼ de taza por galón de agua) o con detergente sin cera para lavado de automóviles, enjuáguelas con manguera y déjelas secar al aire.

Para lavarlas en el interior de su casa, déjelas remojar en la bañera llena hasta la mitad de agua caliente y detergente por media hora, restriéguelas con una esponja, cambie el agua de la tina por agua limpia y restriéguelas de nuevo. También puede dejarlas remojar en solución para empapelados (que se vende para remojar el papel de colgadura) y enjuáguelas en la ducha. Luego cuélguelas en sus propios soportes (poniendo unas toallas debajo para recoger el goteo) o déjelas secar colgando del rodillo de la cortina del baño. O por conveniencia, instale algunas ventanas plásticas dentro de la ducha, con el solo propósito de colgarlas.

Lavarlas en su lugar de uso, es extraño pero no imposible. Tan solo refriéguelas de arriba hacia abajo con una esponja y detergente disuelto en agua, luego use otra esponja y agua limpia para enjuagar. Seque con una toalla cada lámina.

Persianas de tela. Pueden ser rociadas con limpiador para alfombras. Déjelo secar y luego aspire el residuo. Pegue por detrás un plástico o dañará las ventanas y antes de usarlo pruebe el limpiador en un lugar poco visible, para asegurarse que no afectará el color. Un limpiador de tapicerías aplicado con trapo lleva más tiempo. También puede dejarle el trabajo a un profesional.

Persianas de vinilo. Estas pueden ser rociadas con un detergente de limpieza. Persianas de madera. Se pueden combar si las limpia con agua. Limpie cada una individualmente con un limpiador de muebles o con agua mineral, seque inmediatamente con un trapo suave y absorbente.

Cortinas enrollables. Si son lavables se pueden restregar con una pasta limpiadora para empapelados como el Absorbene, o con una esponja seca. Las cortinas enrollables lavables se pueden estirar y lavar con solución detergente, manteniéndolas desenrolladas hasta que se sequen.

Limpiar los mosquiteros

Para mallas metálicas y de plástico, utilice el mismo tratamiento de limpieza exterior o hágalos lavar en el lava autos. También puede hacerlo dentro de la casa en la bañera, pero es un trabajo muy sucio.

Las mallas metálicas se pueden limpiar con una espuma para inodoros: rocíela sobre ellas, déjela unos minutos y luego enjuague. No lo haga sobre mallas de nylon, porque se pueden derretir.

Limpiar cortinas y colgaduras

Cortinas. Generalmente se pueden lavar a máquina. Las cortinas que se han desteñido por el sol pueden ser revividas, pero si están amarillentas, puede usar blanqueador de nylon (lo encontrará entre las anilinas en el mercado o en una tienda.)

Si vuelve a colgar las de nylon o poliéster mientras están mojadas, no tendrá que plancharlas. Use un rociador de almidón para darle cuerpo a las cortinas de algodón.

Si están muy polvorientas, aspírelas con el cepillo para tapizador, o póngalas en la secadora de ropa de 10 a 15 minutos, en "solo aire" (*air only*) (Tenga en cuenta que ponerlas en la máquina será un trabajo más largo, pues debe retirarle todos los ganchos de colgar.)

Si las colgaduras son lavables, siga las instrucciones del fabricante. Si el forro está hecho de una tela distinta a la colgadura, siga las instrucciones de la tela que sea más delicada. Las de fibra de vidrio se deben limpiar en seco. En la lavadora y en la secadora las fibras se pueden romper, y si las mete en la bañera pueden astillarse en sus manos.

La lavandería en seco local debe ser capaz de hacer este trabajo, pero si es muy costoso, o colgarlas es complicado, llévelas al especialista de limpieza de recubrimientos de ventanas, que tiene las máquinas a gran escala y debe ser capaz de bajarlas y volverlas a colgar. Los especialistas las secan a más bajas temperaturas que las lavanderías comunes para evitar que se encojan, pero si lo hacen, el profesional sabe estirarlas.

PRECAUCIÓN: Si usted tiene las colgaduras por más de cinco o seis años sin limpiar, el sol y el calor pueden haberlas deteriorado. Aunque se vean bien, es posible que se rompan cuando las limpie.

¿Por qué y cómo se limpia el polvo?

Lo mínimo que debe saber sobre la limpieza del polvo:
- Para qué limpiarlo
- Cómo hacerlo

Hay tres razones para limpiar el polvo:

1. **SALUD.** Hay muchas personas alérgicas al polvo. Por ello, existen nuevas aspiradoras hechas especialmente para recoger los ácaros, y si usted tiene a alguien con éste problema en su familia, debería investigar esta posibilidad. Aún más, el polvo contamina. Y si voy a arruinar mis pulmones, prefiero fumar.

2. **MANTENIMIENTO.** Si usted no limpia el serpentín de su refrigerador, eventualmente la costra de mugre será tan gruesa, que el calor no puede salir de los tubos y el refrigerador no funcionará bien o se dañará del todo. Los antepechos de las ventanas se pueden reventar si no se limpian.

3. **ESTÉTICA.** La mayoría de la gente no disfruta poseer ni visitar una casa donde es posible escribir su nombre en el polvo.

Limpiar el polvo: útiles

Una aspiradora con un tubo y extensiones para el cepillo para desempolvar, es todo lo que necesita para la gran mayoría de trabajos.

Puede encontrar que es más fácil usar un estropajo para pisos, techos y paredes, económico y lavable a máquina, en lugar de armar la aspiradora. Humedézcalo ligeramente, especialmente si lo va a usar sobre madera.

El plumero o un plumón de algodón con un cabo largo, es ligero, fácil de manejar, alcanza diferentes alturas y cubre grandes áreas con una sola pasada. Úselo para los dinteles de las puertas y ventanas, los marcos, los gabinetes, las patas de las sillas, etc.

Personalmente no me gustan los plumeros de plumas, porque las plumas tienden a diseminar el polvo en lugar de recogerlo, pero como son muy suaves se pueden usar sobre todas las cosas y son excelentes para una limpieza de apuro. (Probablemente el polvo no se asentará hasta que se hayan ido los invitados.) En lugar de un plumero de plumas, puede usar una lata de aire comprimido (se consigue en la tienda de computadora) o un secador de pelo, para desempolvar artículos delicados, en lugares de difícil acceso (lámparas, objetos pequeños, flores artificiales). O saque el terminal de goma del inyector de líquidos para los asados, ponga el objeto plástico sobrante al final del tubo de su aspiradora, ajústelo con cinta de enmascarar, y con él alcanzará las áreas más difíciles.

Mucha gente utiliza aerosoles como Endust o

DESEMPOLVADORES INVEROSÍMILES

- Un soplador pequeño para hojas del jardín se puede usar dentro de la casa, para soplar el polvo de debajo de muebles grandes y pesados, como las camas, el sofá o el refrigerador, etc., en lugares altos y debajo de las sillas del auto. Después de soplar, es fácil aspirar el polvo.

- Ponga un trapo ligeramente húmedo, sobre un globo lleno de helio y hágalo flotar hacia arriba, de manera que atraiga el polvo de las vigas y de las esquinas del techo, difíciles de alcanzar.

un poco de pulidor de muebles en su herramienta de limpieza para evitar que el polvo flote en el aire; yo creo que sólo el agua puede hacer el mismo trabajo y con la misma efectividad. Ponga el agua en una botella atomizadora para humedecer el trapo, y si está limpiando un piso, para humedecer el estropajo.

Tareas especiales de limpieza
Como usted sabe, el polvo cae, así que límpielo de arriba hacia abajo.

Aire acondicionado. Limpie adentro con la aspiradora, mientras remoja el filtro en agua jabonosa tibia, más o menos cada mes.

Zócalos. Utilice medias viejas y sus pies como herramientas.

Persianas. Prefiero lavarlas y no desempolvarlas, pero si está haciendo una limpieza rápida de la habitación y las ve polvorientas, deles una pasada con un plumero. Si sus persianas son de tela plisada (o de superficie sólida), utilice la extensión de cepillo de la aspiradora.

Cajones. Si no quiere que la aspiradora se chupe todo lo que tiene en los cajones, pero quiere desempolvar, retire el cepillo y cubra la punta del tubo con un trozo de tul o una media de nylon, sosténgalo con una banda elástica. Esta también es una buena manera de recobrar unas cosas livianas, caídas en lugares inaccesibles, o para buscar un lente de contacto que se haya caído al suelo.

Radiador de calefacción. Utilice el cepillo para tapizados o la rinconera de la aspiradora (ya sea para desempolvar —o sí su aspiradora puede hacerlo— para soplar a través de un desagüe tapado).

Puerta de persiana. Un cepillo cuneiforme (de la tienda de pinturas) entra perfectamente entre las tablillas de la persiana para desempolvarlas fácilmente.

Áreas estrechas. Ponga una media o una media de nylon a una percha, una cuchara de madera, una paleta matamoscas o una regla; o pegue una esponja pequeña al final de un palo; o deslice el rollo de cartón donde viene el papel de regalo, sobre una parte del tubo de su aspiradora.

Plantas. Deles una pasada con un plumero de plumas. Yo prefiero ponerlas en la ducha o bajo la lluvia.

Radiadores. Use el cepillo de la aspiradora, para limpiarlos regularmente o se dañará la salida del vapor. Los cepillos para lavar mamaderas y/o vasos, llegarán hasta los sitios donde no llega la aspiradora.

Una ama de casa optimista piensa que la bolsa de la aspiradora está medio vacía; una pesimista piensa que la bolsa está medio llena.

Limpiar las alfombras y tapetes

Obviamente, no se esperaba que los seres humanos limpiaran pisos. Si fuera así, estaríamos hechos con un espacio menor entre el piso y nuestras manos.

Afortunadamente, la limpieza de alfombras y tapetes es tan sólo cuestión de aspirar los caminos que más se usan y hacerles un lavado una vez al año para renovarlos. (Y si no quiere hacerlo personalmente, puede contratar a alguien para que lo haga.) El problema más grande es quitar las manchas.

CÓMO ACABAR CON EL POLVO
Se atraerá menos polvo sobre el refrigerador, el televisor, las mesas con vidrio protector y sobre otras superficies que tienen electricidad estática, si las limpia con un trapo impregnado con una combinación de cuatro partes de agua y una parte de suavizante de ropa. También puede meter una mano con un guante dentro de ésta solución y darle una mano a las persianas.

IDEA FRAGANTE
Esparza lavanda o hierbas —especialmente las hierbas que se han secado demasiado para cocinar— por toda la habitación. Déjelas por una hora y después aspire.

Lo mínimo que usted debe saber acerca de la limpieza de alfombras y tapetes:
- Cómo aspirar
- Cuándo y cómo hacer una limpieza profunda
- Tapetes
- Que hacer con las manchas y otros problemas

— Limpiar las alfombras con la aspiradora

Usted ahorrará mucho tiempo y problemas, si tiene la aspiradora correcta o dos. Creo que en cada piso debe haber una aspiradora. También creo que cada piso debería tener su propia muchacha, pero lo más probable es que sea sólo la aspiradora. A la larga, una aspiradora extra no es una extravagancia (si le parece posible usar la palabra "extravagancia", con respecto a una aspiradora). Cuanto menos se use una aspiradora más durará.

Me parece que yo siempre golpeo la aspiradora contra los muebles. Por ello, inteligentemente puse goma espuma con cinta adhesiva alrededor de la aspiradora como paragolpes. Mientras lleva la aspiradora por las habitaciones, todavía le pega a los muebles, pero no les hace daño. Si puede ponga unos imanes cerámicos (los encuentra con los proveedores de artículos electrónicos como Radio Shack) por dentro del paragolpes frontal de su aspiradora. Atraerán objetos metálicos como clips, etc., antes que sean succionados hacia el motor.

Si usted no aspira, pequeñas partículas de polvo se incrustarán entre las fibras y las cortarán y harán que las alfombras se gasten más rápido. Las personas del Instituto de Alfombras y Tapetes (Carpet and Rug Institute) le dirán qué debe aspirar dos veces a la semana. Pero asumo que usted como yo aspiramos menos de dos veces por semana, siendo esto más de lo que yo quisiera.

Hoy en día, el aspirado de rutina no toma mucho tiempo, porque debe hacerse sólo en las áreas de tráfico pesado, donde la gente camina. Pues nadie anda tirando polvo bajo los asientos o detrás del sofá. (Cuando usted aspire esos sitios poco populares, encontrará algunas sorpresas: tesoros, como libros que ha debido devolver a la biblioteca y los juguetes del gato.)

RECOMENDACIONES ÚTILES

- Agregue una extensión de treinta pies al cable de su aspiradora para llevarla de un lugar a otro, sin tener que enchufarla y desenchufarla.
- En lugar de agacharse, pegue un imán al final del cabo de una escoba y llévelo con usted para recoger ganchos, alfileres, etc.
- Si tiene que mover muebles para aspirar bajo ellos, ponga platos de cartón debajo de las patas, para que se deslicen más fácilmente.
- Ponga unos frijoles secos en la bolsa desechable de la aspiradora. Cuando el aire hace que se muevan los frijoles, estos compactan la mugre y tendrá que cambiar la bolsa con menos frecuencia.

Cuando usted tiene que aspirar la alfombra vaya por en secciones, así como cuando corta el pasto: vaya toda en líneas rectas. Una simple pasada no es suficiente, me han dicho que debe pasarse siete veces o más hacia delante y hacia atrás, para limpiarla perfectamente. Hágalo bien y tendrá una alfombra más durable. No hay una razón en particular para ir siempre en la misma dirección, sólo que se verá más prolijo.

Las escaleras se usan mucho y necesitan aspirado frecuente. Trabaje de arriba hacia abajo.

LOS FLECOS

Cuando usted llega a los flecos del tapete con una aspiradora vertical, levante el frente de la aspiradora, suelte la manija y empújela fuera del tapete. De otra forma puede agarrar el fleco con el cepillo giratorio. Con la aspiradora con carrito, utilice el cepillo de tapicería o de piso para limpiar el fleco.

Si el fleco de su tapete se rompe, puede ser reparado por un especialista.

La limpieza profunda

Si la alfombra no huele bien, esparza bicarbonato de soda o bórax, déjelos por una hora, y luego aspire. Si la alfombra de pelo largo está aplastada, pásele una escoba para levantar el pelo y luego aspire.

Es tiempo para una limpieza profunda si: la alfombra continúa con olor y / o sigue aplastada; si se siente pegajosa; si hay círculos oscuros alrededor de las patas de los muebles; si ya no se parece a los trozos que sobraron cuando la instalaron; si los chicos levantan una tormenta de polvo, cada vez que corren sobre ella.

TRATAMIENTO ANTIESTÁTICO

Cuando usted atraviesa la habitación, para juntarse con su media naranja ¿qué es lo que está sintiendo? Si tan sólo es la estática de la alfombra, mezcle una parte de suavizante de ropas con cinco partes de agua, rocíe la alfombra ligeramente y déjela secar. Repita esto en unos meses. Si nos es estática, ¡Qué suerte la suya!

Limpieza que puede hacer usted misma

Me gusta lavar la alfombra, porque realmente veo los resultados de mi trabajo. Uno limpia, no hace milagros. Si la alfombra está en mal estado al comenzar, podrá verse peor cuando termine. Una vez que la mugre superficial haya desaparecido, las áreas gastadas y viejas serán todavía más obvias.

Hay muchas formas de limpiar una alfombra. Una es con quitamanchas (en polvo o en espuma). Con algunos, se usa una máquina para hacer penetrar el polvo de manera que la mugre se suelte. Esto hace un trabajo muy superficial, pero tiene sentido si el color de la alfombra destiñe con el agua. No olvide probar antes el producto en un lugar poco visible, por si inclusive con él, el color cambiase.

Otra opción es un champú dispersado en aerosol o el uso de detergente concentrado para tapetes. El detergente se le puede echar con una esponja, un cepillo de mano o un aplicador que no

sea eléctrico. La forma más fácil es con una máquina de mantenimiento de pisos propia o alquilada. Pruebe la máquina en un área escondida, para ver si saca mucha pelusa, lo que quiere decir que es demasiado fuerte para su alfombra.

"La limpieza al vapor", produce los mejores resultados de todos. La máquina de vapor es más grande que la máquina de champú, aunque no es difícil de usar. Puede comprarla (*véase* la sección de equipamiento), alquilarla, o llamar a un profesional para que haga el trabajo. Muchas veces, mi esposo ha hecho un mejor trabajo con estas máquinas que los profesionales que he contratado y creo que es así porque se toma su tiempo. (También, porque sabe que el departamento de quejas está abierto permanentemente.) Si un tapete está realmente sucio, usted puede enjabonarlo primero (yo uso blanqueador especial para color). Pruebe esto a su propio riesgo; después use la máquina.

Antes de empezar, saque todos los muebles de la habitación. Si esto es imposible, cubra las patas de los muebles con plástico o papel de aluminio, hasta que la alfombra se seque para prevenir manchas. Considere la habitación como fuera de uso hasta que se seque por completo, lo que probablemente le tomará 12 horas.

La solución debe ser aplicada en áreas bien ventiladas, así que mantenga las ventanas abiertas. Lea la etiqueta del producto, para ver si tiene alguna otra indicación de seguridad que usted deba tener en cuenta. Luego (como siempre debe hacer con cualquier producto de limpieza y con seguridad cuando está tratando con algo tan costoso como una alfombra), examine el efecto sobre el color en un área escondida, como dentro de un armario, para ver si el producto decolora o mancha el teñido.

Primero saque cualquier capa protectora, como el Scotchgard, siguiendo las instrucciones de la caja "Por qué falla el quitamanchas de alfombras" (Why Carpet Stain Removal May Fail). Luego, siga las instrucciones del producto para la prueba de efecto sobre el color, o empape la punta de un trapo blanco, en un poco del limpiador de tapetes, diluido o sin diluir (dependiendo de cómo se vaya a usar), luego restriegue el trapo sobre una sección de alfombra si el trapo se colorea, no use ese producto.

POR QUÉ FALLA EL QUITAMANCHAS DE ALFOMBRAS

• Si el tapete tiene capa protectora, el producto limpiador o removedor de manchas no penetrará las fibras. Primero agréguele un chorrito de detergente líquido a un trapo mojado, restriegue, enjuague. Luego utilice el quitamanchas.

• Si no ha neutralizado la mancha después de haber puesto un quitamanchas que no sirvió, mezcle 1 cucharada de bicarbonato de soda en 1/4 de taza de agua, restriegue un poco de esta mezcla sobre la mancha y enjuague. Luego use el nuevo producto.

Siga las instrucciones de la máquina y hágalo con movimientos simples y suaves. Le llevará algo de práctica encontrar el tamaño de las secciones más fáciles para trabajar. Cuando haya terminado, limpie la espuma que haya quedado en muebles y paredes.

Alise el pelo húmedo en una sola dirección, con un cepillo suave o con una herramienta especial de terminados, que es como un rastrillo plástico o de madera que sirve para levantar el pelo. Manténgase fuera de la alfombra mojada y séquela lo más rápidamente posible con un ventilador, calor, y / o aire acondicionado. De otra forma, si la base de la alfombra queda húmeda, ésta se puede encoger, decolorar o enmohecer. El olor de un tapete mohoso es espantoso.

Limpieza profesional

Si usted tiene un tapete delicado o muy costoso o no tiene tiempo, haga que un profesional se lo limpie. El nivel de competencia entre las personas que yo he probado para la limpieza de los tapetes, es más o menos el mismo que he encontrado entre los peluqueros, pero por lo menos mi pelo vuelve a crecer.

Llame a su vendedor de alfombras o Better Business Bureau, para obtener referencias. También puede llamar al mejor negocio de muebles de la ciudad y preguntarles quién les lava los tapetes. (Esta es también una buena forma de conseguir pintores, y otros obreros recomendados.) Muchas compañías se promocionan a muy bajos costos, que luego tratan de incrementar cuando usted los llama, ofreciéndole servicios como el estirar sus alfombras. Estas son bobadas; dígales que sólo necesita limpieza y aplicación de una capa protectora y nada más. El precio debe darse en pies cuadrados.

Antes que el trabajador comience, usted debe explicarle qué fue lo que su invitado derramó en un rincón y mostrarle el daño que hizo el perro. Hay tantos métodos de limpieza, que usted debe confiar en que él escoja, como debe hacerlo de acuerdo al tipo de alfombra, el color y el tipo de mancha. Algunas personas descubren que son alérgicas a un limpiador de tapetes específico y tiene que cambiar de compañía —o por lo menos pedir un limpiador diferente— si su alfombra se va a limpiar de nuevo.

Adicionalmente a la remoción de manchas, la compañía puede hacer reparaciones. Como el alfombrado de pared a pared se puede encoger, es limpiado en su lugar de uso, pero los tapetes son recogidos y llevados a la planta. Si usted planea pintar las paredes o rasquetear los pisos, hágalo mientras los tapetes están fuera.

No existe tal cosa llamada mugre. Es tan sólo una materia en el lugar equivocado.

Cómo se limpian los tapetes sueltos

Tapetes de baño. Se pueden lavar en la lavadora, teniendo cuidado de lavar los oscuros por separado, a no más de 90°F y los más claros a no más de 105°F. No los planche, séquelos en la secadora o al aire.

Tapetes de piel. La piel en sí, se puede lavar (después de todo, usted puede bañar a un animal). Un tapete de *piel de oveja* se puede lavar en la lavadora (agua fría) y secar al aire, pero algunas bases no aguantan el agua y el jabón. Un tapete de *piel sin base*, se puede limpiar con un trapo humedecido en agua tibia jabonosa, pero sin empaparlo pues se puede encoger. Para limpiarlo en seco, fricciónelo con harina de maíz o talco sin olor. Sacúdalo y repita hasta que la harina salga limpia. Aspire el residuo. De otra forma, necesitará tratamiento profesional.

Tapetes de interior y exterior. Utilice un champú para tapetes, diluido o sin diluir de acuerdo a las instrucciones. Si el tapete está en el exterior, deberá barrerlo primero y así será más fácil para esparcirle la solución con un rociador de jardín y luego restregar. Puede usar la manguera para enjuagarlo. Como cualquier tapete, se debe dejar secar por completo, para minimizar el riesgo del moho.

Kilims, ryas y tapices. Después de una nevada, ponga el tapete sobre el piso, golpéelo con un sacudidor de tapetes o con una raqueta de tenis vieja, haga lo mismo por el otro lado y sacuda suavemente. El tapete no se moja y los colores no se corren. Si no hay nieve, cuélguelo en la soga para ropa y golpéelo; para sacarle el polvo a un tapete pequeño, póngalo en la secadora de ropa en "sólo aire" (*air only*) por unos pocos minutos.

Tapete de trapos. Se puede lavar a máquina. Pero para protegerlo del daño que ocasiona la máquina, mátalo y amárrelo dentro de una funda. Los solventes quitamanchas se pueden usar en los tapetes que no se pueden lavar.

La frase "el mejor amigo del hombre" obviamente fue creada antes de la invención de la alfombra de pared a pared.

Tapetes de fibra de coco y sisal. Sacúdalos ocasionalmente y / o aspírelos por encima y por debajo. Restriéguelos con un trapo húmedo para restaurarles la humedad. Si es un tapete pequeño de bienvenida, golpéelo para sacarle el polvo (con el bate de béisbol de su hijo o con una raqueta de tenis vieja). Un poco de agua jabonosa no le hará daño, ni tampoco la manguera.

Cómo quitar las manchas en tapetes y alfombras

Las alfombras resistentes a las manchas existen desde 1986. No piense que "resistente a las manchas" quiere decir lo mismo que a prueba de manchas. Las fibras en estas alfombras simplemente han sido tratadas para hacerlas más resistentes a los derrames que manchan.

LIMPIEZA DE MANCHAS BÁSICAS

• Recoger siempre primero el derrame antes de comenzar a trabajar en la mancha. Enjuague la mancha lo más que pueda, luego póngale encima toallas de papel o un trapo y párese encima por un minuto, para hacer que el líquido salga desde el fondo de las fibras y lo absorba el papel.

• Remueva cualquier capa protectora y neutralice cualquier removedor de manchas que haya usado con anterioridad (*véase* el recuadro "Por qué falla el quitamanchas de alfombras", página 112).

• Cuando use cualquier solución en las alfombras, siempre haga una prueba en un rincón escondido para ver si destiñe.

• Aplique el detergente directamente sobre la alfombra, pero el disolvente aplíquelo con un trapo. Continúe refregando hasta que le mancha desaparezca, luego cubra el área con una capa gruesa de toallas de papel y ponga un peso encima hasta que se seque. Si no se absorbe toda la mancha, seguirá apareciendo.

• Refriegue de forma circular hacia el centro de la mancha, y no hacia fuera (si no la puede extender).

• Después de haber secado la mancha, enjuague las fibras con agua caliente para remover cualquier residuo del limpiador.

• Si ve un halo alrededor del área donde estaba la mancha, es porque ha limpiado el área. Eventualmente el área se oscurecerá, alcanzando el tono del resto.

Hay algunas manchas —causadas por el limpiador de inodoros, la tintura para pelo, el té, el abono líquido para plantas, fungicidas, los blanqueadores, las medicinas contra el acné y otras sustancias— que destiñen y blanquean la alfombra irreversiblemente. Por ejemplo, las medicinas para el acné causan manchas naranjas y amarillas y en los tapetes azules, manchas rosadas que

PROBLEMAS DE ALFOMBRAS Y TAPETES

Problema	Remedio
Áreas blanqueadas	Busque en un negocio de artículos de arte un marcador permanente para tela, de un color igual al de su tapete, o haga una mezcla con colorantes para la comida, semejante al color de su tapete y fróteselo con una esponja. También puede usar Rit Dye (anilina), déjelo secar y luego aplique una solución mitad vinagre y mitad agua para que se fije. Los profesionales usan un método similar.
Quemaduras	Saque la parte quemada con lija fina. Deje caer una gotas de detergente suave sobre la mancha y refriegue con un trapo limpio. Después de cinco minutos, frote con una solución de bórax y agua (2 cucharadas por 2 tazas). Enjuague con agua limpia y seque bien. Si el hueco es demasiado obvio, corte algunas fibras en un punto escondido del tapete, mézclalas con goma de pegar blanca y péguelas sobre el sitio.
Enrulamiento	Si las esquinas de un tapete de área se doblan haciendo rulo, cosa (o utilice una pistola para goma caliente) un pequeño bolsillo triangular de fieltro o lienzo en la esquina, poniendo dentro un triángulo de hoja de plomo que se le compra a un plomero.
Marcas	Deje un cubo de hielo sobre la marca, hasta que ésta vuelva a su lugar original. También puede trabajar el pelo del tapete, con el borde de una moneda, hasta que regrese a su puesto y después mantenga una plancha de vapor a cuatro pulgadas sobre la marca, hasta que se caliente la fibra. Mueva los muebles periódicamente, para evitar estas marcas.
Pelusas	Se deben a los residuos de fibras que quedan dentro de la alfombra durante su manufactura. No se preocupe, su alfombra no está desapareciendo. Esto es más común en las alfombras de lana que en las de nylon o cualquier otra fibra sintética, pero a la larga todas estas pelusas desaparecerán.
Amontonamientos	Córtelos con tijeras. Tan sólo son bolas de fibras enredadas y polvo.
Ondas o arrugas	La humedad puede causar un problema momentáneo, pero si éste persiste, el que se lo vendió puede conseguirle un instalador que lo estire, con una máquina especial para ello. La garantía de instalación debe cubrir el servicio sin costo.
Deslizamientos	Si su tapete se resbala, puede probar un remedio casero como coserle a la base el aro de goma de un jarro, o rociarlo con fijador para el pelo por el revés o una solución comercial, como el recubrimiento con una capa de aerosol Afta. También puede comprar una base especial para este propósito en la tienda de alfombras. Otra posibilidad es usar la pistola de silicona caliente para hacer zigzag o remolinos etc., en la base del tapete. Una vez que se enfríe, estos evitarán que el tapete se resbale.
Hilos que se saltan	Una hebra se puede soltar y aparecer en la superficie, no tire de ella para sacarla, solo córtela con unas tijeras.
Estática	Sucede en el ambiente frío. Un humidificador puede ayudar. Hay alfombras que están hechas con protección antiestática, o usted puede tratar con la solución de suavizante de ropas mencionada en el recuadro de "Tratamiento antiestático", página 111.

REMEDIOS PARA MANCHAS EN ALFOMBRAS Y TAPETES

Mancha	Limpie el derrame, y después:
Bebida alcohólica	Trate de limpiar con soda (la bebida) o con bicarbonato de soda y agua. Si la alfombra no es de lana, aplique una mezcla de una parte de amoníaco en diez partes de agua, enjuague con agua fría. (El amoníaco sobre lana fija la mancha).
Sangre	Trabaje rápido. Limpie el derrame, enjuague con agua fría, recoja de nuevo y repita. Una y otra vez. Si esta mancha se asienta no podrá sacarla. También puede cubrir de inmediato con una pasta de almidón de maíz y agua fría, frote suavemente. Se volverá tan dura que puede necesitar golpearla con un martillo. Aspire el polvo resultante. Repita si es necesario. La sangre es muy difícil de quitar y virtualmente imposible si se fija.
Mantequilla	Raspe, luego aplique algún solvente quitamanchas; déjelo secar y repita si es necesario. O trate con jabón Lava, mojando y frotando sobre la mancha. Enjuague bien.
Cera de velas	Ponga una bolsa de papel marrón sobre la mancha, presione con una plancha tibia (no caliente), y continúe usando diferentes trozos del papel hasta que toda la cera sea absorbida.
Goma de mascar	Suavice con rociador de prelavado (haciendo primero una prueba de color en un lugar escondido). O utilice freón, que se consigue en un negocio para compañías de aseo, para hacerlo quebradizo; también puede utilizar aceite para ensaladas para suavizarlo. Arranque la goma de mascar y luego termine de limpiar con solvente quita manchas.
Café y té	Limpie el derrame, luego aplique agua con detergente y vinagre, enjuague, recoja de nuevo y por último utilice un solvente quitamanchas. Seque.
Crayón	Raspe el exceso, luego vea el remedio para la cera de velas (arriba). Trate también con un solvente quitamanchas o llame al 1-800-CRAYOLA.
Cera para pisos	Use un solvente quitamanchas comercial.
Manchas de frutas	Humedezca la mancha con agua, póngale encima sal de mesa. Frote suavemente. Déjelo por algunos minutos para que la sal penetre la mancha y cepille. Aspire y repita hasta que la mancha desaparezca.
Grasa, aceite o productos grasos	Si todavía no se ha secado, rocíe con un absorbente como bicarbonato de soda o talco para bebés, frótelo para que penetre y déjelo allí hasta que se seque. Aspírelo y luego utilice algún producto removedor de grasas recomendado para la ropa. O utilice el remedio propuesto para la manteca (arriba). Para el aceite sobre alfombras con base de goma, haga una pasta espesa de bicarbonato de soda con agua tibia, frótela sobre la mancha, déjela secar y aspire.
Bola de pelo	Recoja. Sature un trapo con alcohol y frote la mancha.
Crema de manos	Aplique un solvente quitamanchas. Deje secar. Repita si es necesario.

REMEDIOS PARA MANCHAS EN ALFOMBRAS Y TAPETES (CONTINUADO)

Tinta de bolígrafo o marcador	Utilice alcohol, disolvente de pintura, o un trapo con solvente quitamanchas. Asegúrese de limpiar cada vez con una sección limpia del trapo. Deje secar. Repita si es necesario.
Lápiz de labios	Aplique solvente quitamanchas. Cuando se seque, emplee la solución de detergente que se encuentra en la pagina anterior. Deje secar. Repita si es necesario. O, raspe el labial (y utilice la receta que se encuentra en la página 115), luego frote con jabón Lava y enjuague con ½ taza de vinagre blanco en ½ galón de agua.
Moho	Utilice una cucharadita de desinfectante en una taza de agua (asegurándose que el desinfectante no dañe el color; pruebe en un lugar poco visible). Para alfombras que no contienen lana, mezcle una parte de amoníaco en diez partes de agua; aplique, recoja, enjuague, deje secar. Tan sólo el blanqueador —que quita el color— es 100% efectivo contra el moho.
Mugre miscelánea	Haga una solución bien espumosa con jabón liquido Tide y agua. Cepille la mancha sólo con la espuma, primero vertical y luego horizontalmente. Saque el exceso de líquido. Ponga una toalla y luego algunos libros pesados encima del sitio lavado para secar la humedad. Yo he quitado manchas de color de una alfombra blanca con Rit Color Remover. Otro quitamanchas que resulta bueno es una pasada ligera de espuma para afeitar (pero haga primero una prueba en un lugar escondido para probar el color).
Barro	Déjelo secar. Aspire primero la mugre suelta y luego trabaje la mancha. Frote con alcohol desnaturalizado, luego con una solución hecha de una cucharadita con vinagre, una cucharadita de detergente para platos y un litro de agua.
Esmalte de uñas	Aplique solvente quitamanchas o (en tapetes que no contengan acetatos) acetona o removedor de esmalte.
Pintura al aceite	Frote con trementina. Utilice harina de maíz o relleno para la caja del gato para absorber la trementina. Termine con un solvente quitamanchas. Pruebe primero en un lugar que no se vea; la trementina puede disolver las fibras.
Accidentes de las mascotas	Recoja. Moje con soda (la bebida). Limpie de nuevo hasta que esté casi seco. Mezcle 3 cucharadas de vinagre y 2 cucharadas de jabón Tide en un litro de agua. Frote la solución sobre la mancha, limpie hasta secar. Enjuague con agua. Seque. Aspire. El Windex, que contiene amoníaco y agua, también sirve en las manchas frescas (no en alfombras de lana).
Alquitrán	Aflójelo con fluido de encendedor (bencina) que no contenga butano; luego utilice un limpiador para trabajos pesados. Si no logra remover todo el alquitrán, la mancha permanecerá.
Vómito	Dilúyalo con soda (la bebida) o con una solución de bicarbonato de soda con agua. Sobre tapetes que no son de lana, aplique una mezcla de una

REMEDIOS PARA MANCHAS EN ALFOMBRAS Y TAPETES (CONTINUADO)

	parte de amoníaco en diez partes de agua. Enjuague con agua fría y deje secar. Luego aspire.
Vino	Rocíe con sal o con bicarbonato de soda, dejándolo hasta que absorba, luego aspire. O, ponga un poco de *whiskey* en un trapo y frote hasta que desaparezca la mancha. También puede saturar con soda y recoger. Para vino tinto: recoja, vierta vino blanco encima y recoja de nuevo. También puede poner espuma de afeitar en aerosol, enjuagándola con agua, haciendo primero una prueba de color en un lugar poco visible.

aparecen misteriosamente, aun cuando no se ha derramado, sino que simplemente el producto apenas ha tocado el suelo (o a el tapizado, las sábanas, etc.). Las manchas verdes o azules pueden indicar decoloración por sol con un catalizador, (como el insecticida), las manchas rojas marrones o beige pueden indicar ácidos fuertes.

Actuar con rapidez es la mejor manera de arreglar los problemas de manchas en las alfombras, antes que se vuelvan irremediables. Antes de hacer nada, lo mejor es llamar al número de información, que le da el vendedor de la alfombra. Pero si tiene una mancha a media noche, es posible que no tenga a quién preguntar, así que no sería mala idea consultar el manual. No conozco mucha gente, que sea tan organizada que pueda lograr esto, por lo tanto, he incluido una lista para consultas.

Hace años que lucho contra problemas de alfombras y finalmente trabajé con un químico para desarrollar una fórmula quitamanchas que, yo creo, supera a todas los demás, pero en caso de no tener Mary Ellen's Wow! Carpet Stain Remover, esto es lo que debe hacer.

Aunque lo primero que se le ocurra sea restregar la mancha, eso es lo que causa el mayor problema. Es por esto que nuevamente recomiendo secar primero. O, si hay deshechos, como un trozo de crayón, un buen pedazo de golosina sin chocolate, etc., sáquelos. Un poco de calor del secador de pelo sobre la mancha, suavizará la goma de mascar o el lápiz de labios hasta el punto de poder arrancarlos. No tanto como para que se derrita y penetre las fibras.

Solución detergente. Trate la mayoría de las manchas que son solubles en agua, lavándolas con una mezcla de una cucharadita de vinagre (para quitar el olor), una cucharadita de detergente líquido para lavar platos, en un litro de agua tibia. Deje que la alfombra se seque y si la mancha persiste, hágalo de nuevo.

Solvente quitamanchas. En su armario para la limpieza, mantenga un solvente quitamanchas, del que venden en el supermercado para manchas de grasa. No lo use cuando tenga paños protectores y bases de espuma plástica o de goma.

Si la mancha es de grasa, pero también es soluble en agua (como son muchas de las manchas de comidas, como lo es la sopa), o si usted no sabe de dónde salió la mancha, use primero una solución detergente y luego el solvente. De otra forma, el solvente puede sacar la humedad y fijar la mancha.

Limpiar los pisos

Aspirar regularmente las áreas de mucho tráfico le ayudará a proteger sus pisos. También necesitan limpieza de rutina con trapero húmedo y algunos un repaso con un limpiador para trabajos pesados. La mayoría requiere un encerado ocasional.

Lo mínimo que debe saber sobre la limpieza de pisos:

- Tipos de acabados en pisos de madera
- Combatir las manchas
- Tipos de pisos que no son de madera
- Cuidados para tipos de piso específicos

Pisos de madera

Los pisos de madera tienen un acabado de superficie (como el poliuretano) o un tratamiento con un sellador penetrante y luego encerado.

Si usted no sabe qué tiene en el piso de madera de su casa o apartamento, friccione un dedo a lo largo de él. Si logra hacer una mancha, el piso ha sido tratado con un sellador penetrante y luego encerado. Si no logra mancharlo, la superficie tiene algún tipo de acabado.

Mantenimiento de pisos con selladores penetrantes

El sellador penetrante empapa la madera por los poros y se endurece, quedando la superficie sellada contra la mugre y las manchas. La madera tratada de esta forma tiene un acabado de bajo brillo que durará por un tiempo, pero que finalmente se irá. Si el piso de madera es nuevo o está recién sellado, debe darle una capa de cera, para proveer un segundo nivel de resistencia contra el uso, la mugre y las manchas y encerar de nuevo cada año. *Véase* la sección de "Rasquetear y encerar".

Después de la encerada de cada año, es poco lo que hay que hacer. Sólo aspire para evitar que la mugre penetre y quite el polvo de las hendiduras entre las tablas. Si no puede aspirar todo el piso semanalmente, por lo menos hágalo en las áreas de tráfico pesado lo más pronto posible.

Si algo se derrama, tan solo limpie y luego dé brillo con un trapo. Pero si el área sigue opaca, utilice uno de esos limpiadores de brillo propio como Preen o de un solo paso como el Bissell. Extiéndalo, frótelo para quitar la mugre y la cera vieja, luego limpie. Después de 20 minutos, lustre. Repita si es necesario.

Si el piso se ve sucio, humedezca ligeramente un estropajo —apenas lo indispensable como para recoger el polvo— y frótelo suavemente sobre el suelo. Algunas veces, amarro un trapo húmedo sobre mi estropajo, lo reemplazo cuando se ensucia y repito hasta dejar limpio el piso.

Mantenimiento de superficies selladas

Los pisos con superficies selladas pueden ser pre-acabados de fábrica o pueden ser acabados instalados en el sitio. Si usted puede ver las muescas en V, en los bordes donde se unen las tablas, es probable que éstas hayan sido acabadas individualmente en la fabrica, y no después de haber sido instaladas. El problema al hacerlo así es que toda la superficie no queda cubierta uniformemente. El agua puede penetrar por las junturas y el piso se combará. Siga los lineamientos para los pisos con superficie sellada y cuídese de no utilizar agua sobre ellos. Si quiere que su piso dure, probablemente necesitará que lo traten de nuevo.

Si las tablas de su piso no tienen las muescas en forma de V, es probable que el piso haya sido acabado después de instalado. El constructor o el instalador de los pisos, le pueden decir qué acabado tiene. Si no tiene más información, siga los lineamientos generales para superficies con acabados.

Los nuevos acabados de superficies no son tan complicados, como los acabados anteriores que han venido a reemplazar: laqueado, barniz y goma laca. La goma laca se mancha fácilmente con los derrames y necesita mucha cera para mantenerse intacta. El barniz se oscurece con el tiempo y es difícil de arreglar; también se puede pelar, mostrando cicatrices blancas. Y el laqueado, aunque es el que más brillo produce, es difícil de aplicar y muestra fácilmente los rayones y se marca fácilmente. Si no se enceran, ninguno de estos será resistente al agua. Si usted tiene cualquiera de éstos tres tipos de pisos, siempre desempólvelos con un estropajo seco. Si se ven sucios, debe limpiarlos y encerarlos con productos preparados especialmente para este tipo de terminados.

Los terminados de superficie modernos son resistentes a la humedad, incluyen una cura para la humedad y uretanos en base de agua, "terminados suecos" y poliuretanos. Todos son mezclas de ingredientes que incluyen resinas sintéticas, plastificantes y forman una película que resiste salpicaduras y derrames, aún en la cocina.

Vienen en variedades de brillo. Desde los de brillo intenso (muy brillantes) a los semi-brillantes, satinados y mates (planos). La excepción, el uretano con cura para la humedad, se consigue sólo brillante, pero es el más durable y no amarillea. Ambos, el "terminado sueco" y el que tiene base en agua, son durables, no se amarillean y secan rápido. El poliuretano se amarillea un poco con el tiempo.

Todos los acabados de superficie pueden ser usados sobre los acabados de sellado penetrante, pero a menos que los ingredientes sean compatibles, la superficie se puede pelar.

Aunque los pisos con superficies acabadas son encerados algunas veces, para incrementar la protección en las áreas de mucho tráfico, no creo que esto sea una buena idea. El piso se puede poner muy resbaloso y ya que la cera no puede penetrar el acabado, los rayones y las marcas de agua pueden volverse muy obvios. También la arena y la mugre dañarán y rasparán el acabado y quedarán embebidas en él. No sólo tendrá el trabajo de encerar y lustrar, sino que dañará el acabado.

Su mejor aproximación al problema es ser siempre lo más cuidadoso que pueda. *Véase* el recuadro "Protección de acabador" en esta página. Si hay un derrame límpielo de inmediato. Use un trapo húmedo sobre los derrames pegajosos y un trapo seco en los demás.

Aspire o trapee semanalmente, por lo menos en las áreas de mucho tráfico. Pasar el estropajo húmedo, no inundar. Solo rocíe ligeramente con agua o con un limpiador para polvo en aerosol. Si ve mugre y polvo y quiere recogerlos al tiempo, agregue ¼ de taza de vinagre en un litro de agua tibia y sumerja el trapero en esta solución. Exprímalo hasta que quede casi seco antes de pasárselo al piso.

Evite el uso del amoniaco que opacará las superficies, lo mismo que cualquier producto diluido en agua, pues el agua se mete por las hendiduras y puede destruir el piso. Si hay algún punto opaco, frótelo con un pedazo de papel encerado o use un toque de cera que se pueda lustrar (lustre sí es necesario). Si una mancha ha dañado el acabado en algún punto en particular, puede usar una esponjilla de lana de acero suave o papel de lija fino, para remover por completo el acabado de esa única tabla. Desmanche de nuevo si es necesario, deje secar y luego aplique el poliuretano a esa tabla solamente. (Es probable que usted pueda remendar también el laqueado, pero no el barniz ni la goma laca.) Es probable que los resultados de esto no sean óptimos. Rehacer por completo el acabado de toda la superficie, será lo único que realmente ayudará.

Cuando el piso realmente comienza a mostrar el uso, usted no puede evitar tener que darle un nuevo acabado. Este es un trabajo importante; hay que rasquetear hasta la madera cruda, para luego aplicar el nuevo terminado. Llame a profesionales, esté preparado para pagar una gran cantidad de dinero y planee pasar uno o dos días fuera de casa; es un trabajo sucio y costoso. (*Véase* la información en acabados para pisos en "Equipamiento" en Capítulo 1)

Superficies especiales de madera

Blanqueadas. Los pisos sin teñir, deben tratarse como cualquier otro piso de superficie acabada, pero pueden necesitar limpieza más a menudo por lo que son tan claros. Durante el clima seco o frío, cuando se pone la calefacción, se puede hacer notoria la separación entre las tablas que conforman el piso. Todos los pisos de madera se contraen cuando están secos, pero la separación se hace más obvia, cuando los pisos son de color claro. En el verano, las líneas oscuras se

---

PROTECCIÓN DE ACABADOR

• Utilice esteras y tapetes en las entradas para atrapar la mugre que traen del exterior.

• Utilice ruedas de goma y no de plástico. Pero utilice niveladores que no sean de goma (son los discos que se ajustan bajo las patas de sillas y mesas, para que se deslicen suavemente sobre el piso).

• Use cortinas donde la luz directa del sol alcanza el piso y cambie los tapetes de lugar, para minimizar los efectos de la luz sobre la madera.

• El tacón aguja es enemigo de los pisos, y la mayoría de las garantías no cubren este tipo de daño. La pata de un elefante ejerce de 50 a 100 libras de presión por pulgada cuadrada, el tacón de una mujer de 125 libras ejerce hasta 2000 libras por pulgada cuadrada. Si a usted le gusta el tipo de zapato de Dolly Parton (o las mujeres a las que les gusta), asegúrese que ellas tengan bien puestas las tapas del tacón. (Un zapato con las tapas bien puestas no hará ningún daño).

MANCHAS E IMPERFECCIONES EN PISOS CON SELLADO PENETRANTE

(No utilice estos remedios en pisos con uretano o con superficies tratadas)

Mancha	Remedio
Alcohol	Frote con cera en pasta o cera al solvente, con pulidor de plata o con un trapo humedecido con amoníaco.
Goma de mascar	Dirija un secador de pelo, hasta que se suavice lo suficiente para arrancarlo. O vierta cera al solvente, déjela hasta que la goma se suelte y se pueda limpiar.
Quemadura de cigarrillo	Humedezca una esponjilla de lana de acero suave, con cera al solvente, frote y luego limpie y lustre con un trapo.
Crayón o cera de vela	Caliente un poco con un secador de pelo, hasta que pueda sacarla. O ponga un trozo de tela o una bolsa de papel marrón (varias capas) sobre la mancha y luego pase la plancha sobre ello; cuando la tela o el papel hayan absorbido la cera, cámbielos por unos nuevos hasta sacarla toda. También puede verter cera al solvente sobre la mancha, dejándola allí hasta que se suelte y se pueda limpiar.
"Misteriosa" mancha oscura	Empape una esponjilla de acero suave con agua mineral sin olor. Lave el área con vinagre casero. Déjelo de 3 a 4 minutos y enjuague con agua mineral. Luego lije con lija fina, pelando 3 a 4 pulgadas más, alrededor. Tinture, encere y lustra. Si esto no es suficiente, mezcle cristales de ácido oxálico en agua bien caliente, siga añadiendo cristales hasta que ya no se disuelvan. Utilice guantes de goma. Vierta el tinte, déjelo por 60 minutos, enjuague con agua y seque. Esto puede aclarar tanto la madera, que es probable que haya que volver a teñir el área.
Área de uso oscurecida	Empape una esponjilla de lana de acero suave con agua mineral y frote. Limpie todo el residuo antes de aplicar cera de nuevo (tal como el área bajo una silla hamaca).
Marcas	*Véase* "Pisos, marcas y ranuras" en Capítulo 6.
Comidas	Frote con un trapo húmedo, seque y encere.
Tintura para pelo	La trementina puede remover el champú colorante (haga un ensayo en un lugar poco visible).
Marcas de tacones	Empape una esponjilla de lana de acero suave en cera líquida o agua mineral; frote y pula hasta sacar brillo.
Leche	Frote con un trapo húmedo, seque y encere.
Grasa o aceite	Sature un algodón con agua oxigenada y póngalo sobre la mancha. Luego sature una segunda capa de algodón con amoníaco y póngalo sobre el primero. Limpie y repita el proceso hasta que desaparezca la mancha. Encere cuando esté seco.
Manchas de mascotas	Empape un trapo en vinagre blanco y frote la mancha. Luego frote con una esponjilla de lana de acero suave. Aplique cera (en el color que del piso), frote con un trapo de franela y repita si es necesario.

MANCHAS E IMPERFECCIONES EN PISOS CON SELLADO PENETRANTE (CONTINUADO)

Desgastes y/o rayas	Frote suavemente con una esponjilla de lana de acero, con la goma de borrar de un lápiz común o con bicarbonato de soda. También puede limpiar un área muy pequeña con queroseno o trementina. (No cubra un área muy grande porque ambos son extremadamente inflamables.)
Marcas de grapas	Lije el área, guarde el polvillo que suelta y mézclelo con goma de pegar blanca para hacer una pasta. Con ella rellene los huecos y déjelos secar por una noche. Lije de nuevo. Tinture el área hasta lograr el color del resto de la madera. También puede rellenar con cera en pasta y luego lustrar. Otra forma de hacerlo es agrandando los huecos con un taladro, rellenándolo con un bloque de cera o con masilla para madera coloreada, lije y encere.
Retoques	Empaste con betún para zapatos en un color parecido, tanto en el teñido como en el brillo. O mezcle pinturas de óleo hasta conseguir el color. (Los mejores colores para comenzar son: amarillo ocre, siena tostada y blanco.) Pinte, encere y brille.
Agua	Si el agua ha hecho un charco apozado y deja una mancha blanca, frótela con una esponjilla de lana de acero suave o con una pasta hecha de cenizas y mayonesa, encere de nuevo.

notan menos, pero tan pronto como se pone la calefacción, las verá de nuevo.

Los pisos de madera estriada son cepillados con alambre para darles una apariencia texturizada. Esto atrapa la mugre, haciendo que los pisos necesiten ser aspirados con más frecuencia. Las fibras duras que resultan después de cepillar la madera, no aceptan muy bien el teñido, así que el piso puede llegar a necesitar un tratamiento con cera coloreada o con una combinación de limpiador / cera.

—— Limpiar pisos que no son de madera

Hay dos clases de pisos que no son de madera, los **flexibles** (como el vinilo y la goma) y el **duro** (como el mármol o la piedra). En estas superficies, como en las alfombradas y en las de madera, usted debe aspirar la mugre superficial lo más a menudo posible en las áreas de mucho tráfico.

Use el aditamento adecuado de su aspiradora, la boquilla para pisos, pues en un piso de superficie dura puede dañar el piso y la máquina. Repase cada sección varias veces.

Usted puede limpiar los zócalos con un cepillo pequeño, o usar medias y pasar su pie a lo largo de ellos.

SOLUCIÓN DE VINAGRE PARA LUSTRAR PISOS OPACOS

El residuo de jabón oscurece los pisos, y el vinagre lo limpia. Humedezca un estropajo en una solución de $1/2$ taza de vinagre y 2 cucharadas de lustre para muebles en un galón de agua tibia.

El piso también debe ser trapeado con un estropajo húmedo por lo menos una vez a la semana para remover la mugre. Tan sólo humedezca ligeramente el estropajo y páselo suavemente sobre el piso, enjuáguelo, póngalo en un segundo balde con agua limpia y repita el proceso. Use muy poca agua. Si el piso necesita algo de brillo, pruebe la solución de vinagre que aparece a continuación en el recuadro o utilice un limpiador / lustrador de un solo paso. Un buen producto deberá aceptar el trapeado húmedo regular sin perder su brillo. Pero un piso opaco —es un problema muy común— puede necesitar ser rasqueteado, en algunos casos sellado y encerado.

Rasquetear y encerar

La cera protege el piso contra la penetración de la mugre, le da una superficie suave que es fácil de trapear y la mantiene con una buena apariencia.

La madera que no ha sido cubierta con un acabado de superficie, el corcho y algunos otros pisos requieren de **cera al solvente.**

Para el trabajo anual de encerado, su mejor elección es la **cera en pasta**; una buena marca de ceras al solvente es Johnson. Aunque toma más tiempo para aplicarla que la cera líquida, la cera en pasta da una protección más duradera. Puede aplicar la pasta a los cepillos de una máquina eléctrica para el cuidado del piso (que puede enjabonar, lustrar, y —por lo menos en teoría— encerar), obtendrá una capa más delgada y pareja si utiliza un aplicador no eléctrico o simplemente pone un poco de pasta de cera dentro de una media vieja y la esparce por todo el piso. Déjela secar de 5 a 20 minutos, luego use una máquina lustradora para que brille. Mantenga el mango de la máquina en un ángulo en el que no pierda el control.

Un limpiador / brillador de un solo paso, también llamado **líquido de brillo propio**, como Preen, o el limpiador para pisos de un solo paso Bissell, son fáciles de usar. Se esparce con un aplicador no eléctrico. El solvente de la cera líquida o del aceite se evapora y el brillo se mantiene sin necesidad de frotarlo. La desventaja es que este acabado no dura mucho tiempo.

Una buen elección es una cera líquida sé **solvente que se pueda lustrar** y que sea hecha especialmente para pisos de madera, como la cera de Bruce Clean & Wax. Se puede aplicar manualmente o con máquina, aunque la aplicación con máquina puede llegar a convertirse en un problema: las ceras al solvente pueden taponar el aparato y la capa que dejan no es muy pareja. La máquina lustra el piso.

La **cera al agua** sirve para el asfalto, ladrillo, baldosas cerámicas, linóleo, baldosas de goma, pizarra, piso veneciano y vinilo. En general no necesitan ser lustradoras y las más conocidas son Beacon Floor Wax, Krystal Klear Floor Finish, Future Acrylic Floor Finish y Mop 'n Glo.

Con cualquiera de las ceras que utilice, siempre déjelas secar completamente antes de poner los muebles en su lugar o caminar sobre ella. Un ventilador eléctrico acelerará el proceso, pero no será instantáneo. Si usted es impaciente, haga planes para salir de su casa toda la tarde, antes de ceder a la tentación de poner todo en su lugar perjudicando el trabajo hecho.

Las ceras al solvente sacan la cera vieja a medida que la nueva se va aplicando. Las ceras al agua tienen que ser removidas periódicamente, más o menos una vez al año, cuando el piso se ve mal, ya sea porque la "cera que no se amarillea" finalmente se amarilleó, porque puso demasiada cera o porque puso la segunda capa antes que la primera se secara bien. Compre una cera líquida que limpie y remueva, como Mex and Trewax Wax Stripper & Floor Cleaner (siga las instrucciones de la lata) o prepare la suya. Combine ½ taza de Spic and Span, 2 tazas de amoníaco y un galón de agua. (Use guantes de goma y trabaje en un área ventilada, porque los vapores son fuertes y no utilice un amoníaco que no sea de calidad recomendada). Espárzalo con un estropajo de esponja y luego enjuague. O alquile una máquina que rasque y lustre, primero para restregar un producto que saque la cera vieja y después para encerar y lustrar.

Algunos pisos, necesitan tratamiento con un sellador comercial antes de ser encerados. Pregunte en un negocio cuál es el producto indicado.

CONSEJOS PARA LA CERA

Si usted empapa en agua fría un aplicador de cera antes de usarlo, absorberá menos cera y la mayoría de ella quedará en el piso. Ahorrará energía y gastará menos dinero en cera.

Si los cepillos de su lustradora están cubiertos de cera, póngalos entre varias hojas de papel periódico y páseles la plancha caliente. El papel absorberá la cera. Repita si es necesario.

Cuidado de pisos específicos

Asfalto. Regularmente: Aspire y pase un estropajo húmedo. Agregue una taza de suavizante de ropas a medio balde de agua. Esto no dañará el brillo. Utilice Mop 'n Glo o cualquier otro producto limpiador de todo uso cuando sea necesario.

Anualmente: Saque la cera vieja. Encere de nuevo con cera al agua.

PRECAUCIÓN: El queroseno, gasolina, nafta, trementina, limpiadores fuertes o abrasivos pueden dañar el asfalto.

Ladrillo. Regularmente: Aspire y pase un estropajo húmedo. Utilice el tratamiento de vinagre de la página 12 si el piso está opaco.

Anualmente: Saque la cera vieja, selle de nuevo, aplique cera al agua.

Puede usar cera al solvente sobre la cera al agua para una mayor protección (pero no puede hacerlo al revés).

PRECAUCIÓN: Poros. Si la superficie no está bien sellada, las manchas serán potencialmente permanentes. Evite los ácidos, los jabones muy fuertes y los abrasivos. Requiere de muchos cuidados.

Baldosas de cerámica vidriadas. Regularmente: aspire y trapee con trapero húmedo. Si el piso está opaco, emplee el tratamiento de vinagre. Utilice limpiadores para todo uso, no abrasivos, cuando sea necesario.

Anualmente: Saque la cera vieja, selle, aplique cera al agua.

Puede usar cera al solvente sobre la cera al agua para una mayor protección (pero no puede hacerlo al revés).

PRECAUCIÓN: Se pela fácilmente. Para los puntos difíciles, utilice un líquido limpiador o polvo de hornear, con un cepillo de cerdas plásticas suaves.

Manchas: el blanqueador casero quita muchas manchas (déjelo por varios minutos y luego enjuague), pero puede descolorar la lechada

teñida. Los depósitos de agua dura y las manchas de óxido pueden ser removidas con un producto abrasivo líquido o con el producto comercial para limpiar baldosas.

Baldosas de cerámica no vidriadas. Regularmente: aspire y trapee con un trapero húmedo. Utilice un limpiador para todo uso, no abrasivo según la necesidad.

Anualmente: Saque la cera vieja, selle, aplique cera al agua.

PRECAUCIÓN: Evite los ácidos, los jabones fuertes y los abrasivos.

Concreto / Cemento. Regularmente: barra y lave con manguera o aspire y trapee con agua. Un compuesto para barrer que se consigue en negocios para las compañías de aseo, hace que la limpieza de los suelos excesivamente polvorientos (de cemento o madera) sea más fácil. Agarra la mugre; así la escoba no sólo la mueve de un lado para otro.

PRECAUCIÓN: Las manchas que se dejan, se asientan fácilmente. El concreto debe limpiarse con un limpiador para todo uso y luego sellarse, porque es muy poroso.

Corcho. Regularmente: aspire. No trapee.
Anualmente: encere con un producto en base de solvente. Es posible, pero no fácil, lijar y darle un acabado.

PRECAUCIÓN: Se mancha con facilidad con agua, aceite, grasa, ácidos, etc. Se raya. Selle con uretano o un producto similar, o utilice cera en pasta.

Linóleo. Regularmente: aspire y utilice limpiador para todo uso cuando sea necesario.

Ocasionalmente: trapee con estropajo húmedo. (El agua lo hace quebradizo.)

Anualmente: Saque la cera vieja, después de probar en una esquina; el removedor de cera equivocado, puede dañar el piso. Finalmente aplique cera al agua.

PRECAUCIÓN: No utilice agua caliente, jabones fuertes, solventes, grasas o abrasivos. Si está rayado, utilice una esponjilla de lana de acero fina, empapada en cera líquida, frote suavemente.

Mármol. Regularmente: aspire y trapee con estropajo húmedo. Utilice el tratamiento de vinagre (página 121) si la superficie se ve opaca.

Anualmente: Saque la cera vieja, selle de nuevo, aplique cera al agua o al solvente.

PRECAUCIÓN: Se mancha y raya fácilmente, es poroso (aunque el mármol pulido, es menos poroso que el mármol sin pulir).

Baldosa de piedra. Regularmente: aspire y trapee con estropajo húmedo. Utilice limpiador para todo uso cuando sea necesario. No camine sobre el piso mojado.

Anualmente: Saque la cera vieja, selle de nuevo (probando primero el producto en un lugar poco visible, pues puede oscurecer la piedra blanca), luego aplique cera al agua o al solvente. Como la cera en pasta puede decolorar el piso, pruebe en un lugar no visible.

PRECAUCIÓN: Es muy porosa, se mancha y se raya fácilmente. Utilice bicarbonato de soda o un limpiador líquido para manchas rebeldes, sobre una esponja de nylon.

Baldosas de goma. Regularmente: aspire y trapee con estropajo húmedo. En medio balde de agua, disuelva una taza de suavizante de ropa y las superficies que trapee no perderán su brillo. Utilice limpiadores de todo uso, según las necesidades.

Anualmente: Saque la cera vieja y después encere con un producto a de agua.

PRECAUCIÓN: Se puede dañar por los rayos del sol, se raya fácilmente. Evite los limpiadores fuertes y la luz del sol.

Si tiene problemas para limpiar los pisos con "hoyuelos", pruebe con 2 cucharadas de detergente para lavaplatos automáticos en un litro de agua tibia, trapee, déjelo de 30 a 45 minutos,

enjuague y seque. Como el detergente para lavaplatos automáticos tiene blanqueador, puede causar cambios de color, así que haga pruebe primero en un lugar escondido. También puede utilizar agua bien caliente con limpiador para trabajos pesados, deje el producto por 15 minutos y luego restriegue con un cepillo de cerdas duras para soltar la mugre. Enjuague.

Pizarra. Regularmente: aspire y trapee con estropajo húmedo. Aplique el tratamiento de vinagre (página 121) si está opaco. Limpie con limpiador de todo uso cuando sea necesario.

Anualmente: saque la cera vieja, selle de nuevo, y aplique cera al solvente o al agua.

Piso veneciano. Regularmente: aspire y trapee con estropajo húmedo. Utilice agua con detergente suave pero no amoníaco ni bórax (lo opacarán).

Anualmente: saque la cera vieja, selle de nuevo y aplique cera al agua o cera al solvente, pero primero haga una prueba de la cera en pasta, para asegurarse que no decolorará el piso.

PRECAUCIÓN: Se mancha fácilmente. Sellar a fondo.

Vinilo. Regularmente: aspire y trapee con trapero húmedo. Utilice un limpiador de todo uso si es necesario, seguido por una cera de con brillo (como Mop 'n Glo), si lo desea.

Anualmente: saque la cera vieja, y encere con cera al agua.

PRECAUCIÓN: Los limpiadores abrasivos fuertes lo pueden rayar.

Vinilo, sin cera. Regularmente: aspire y trapee con trapero húmedo. Utilice limpiador para todo uso si es necesario.

Si es necesario: aplique un producto que renueve el brillo, si el vinilo pierde su lustre. O pruebe alguno de los siguientes remedios.

Problemas especiales de los pisos de vinilo (sin cera)

Deslucido. Puede ser causado por un mal enjuague o residuos del limpiador. Use un limpiador de autobrillo y agua, y repita si es necesario. Si

MANCHAS EN EL CEMENTO: CÓMO SACARLAS

Mancha	Método de remoción
Moho	Lave con una parte de blanqueador y cuatro partes de agua, enjuague a fondo y seque. (Si hace esto en exteriores, evite derramar sobre el pasto, pues lo daña.) Aplique con estropajo de esponja, 24 horas después, con una escoba dura restriegue con agua. También puede utilizar un fungicida.
Aceite	Rocíe con arena para la caja del gato o con detergente granulado, deje por una noche, barra. O utilice un rociador de prelavado, déjelo por 5 minutos, rocíe con detergente en polvo, restriegue con una escoba y lave con manguera. También puede probar con fluido para encender carbón. (Tenga cuidado, es muy inflamable.) O rocíe con limpiador para hornos, déjelo por 15 minutos y lave con manguera, repita si es necesario. (Precaución: es tóxico para el área circundante.)
Misceláneas (comidas, grasas, etc.)	Con un cepillo de cerdas duras, restriegue detergente para platos. O frote con agua mineral.
Oxido	Rocíe con cemento Portland (un polvo que se utiliza para hacer el concreto), luego rocíe con agua y restriegue la mancha con un cepillo de mango largo y cerdas duras. Luego enjuague. Si la mancha es muy fuerte, mezcle 10 partes de agua con una parte de ácido muriático o agregue 1 libra de ácido oxálico a un galón de agua. (Cuidado: hágalo muy despacio pues las salpicaduras son muy peligrosas. Utilice anteojos de protección, guantes de goma y botas.) Aplique con un estropajo (y tírelo a la basura después), déjelo de 2 a 3 horas, enjuague restregando con un cepillo con cerdas duras que no sea metálico. También puede contratar un profesional para limpiar a presión.

está opaco después de sacar el brillo viejo, es posible que haya quedado una capa de amoníaco. Enjuague de nuevo.

Mancha de refrescos con colorantes (Kool-Aid). Aplique partes iguales de vinagre y agua, déjelo por varios minutos y moje con una solución al agua oxigenada al 5%. Neutralice con un enjuague de vinagre (¼ de taza por galón de agua), y enjuague de nuevo con agua limpia. Si todo lo demás falla, pruebe con un limpiador líquido abrasivo.

Rayones, quemaduras. Utilice pintura para retocar autos. Trabaje con un pincel finito de y aplique con cuidado (no es fácil de quitar). O lije la marca de la quemadura con papel de lija fino, enjuague con una solución de 1 taza de vinagre en 1 litro de agua, luego pinte con pintura acrílica de un color semejante. Después de 15 a 20 minutos, selle con barniz acrílico. Una cera al agua que se lustre y que contenga silicona, puede rellenar los rayones. Aplíquela con trapero humedecido o máquina, luego lustre; repita en las áreas de mucho tráfico.

Pegajoso. El problema se debe a la mala limpieza de un lustre previo, enjuague insuficiente o aplicación de una segunda capa de cera para pisos antes que la primera esté completamente seca. Utilice una solución de ¼ de taza de jabón Murphy's Oil Soap por 1 galón de agua. Aplique con trapero de esponja, y enjuague el área con agua tibia.

Baldosa suelta. Cubra la baldosa con un trapo y luego pase una plancha caliente sobre ella, para derretir el adhesivo de manera que pueda levantar la baldosa y poner pegamento nuevo. Pegue de nuevo la baldosa, cubra con una lámina y ponga encima varios libros pesados hasta que se seque el pegamento. O selle la baldosa.

Baldosa arruinada. Tome una pieza de los sobrantes más grande que el área dañada y péguela con cinta encima del daño. Corte a través de ambas capas al mismo tiempo y conseguirá un parche que ajusta perfectamente en el sitio.

Amarilleo. Usualmente es causado por mugre atrapada entre capas. Saque todo residuo con un producto comercial, o mezcle una taza de Spic and Span y una taza de amoníaco en ½ galón de agua. Trabaje 3 pies cuadrados cada vez. Déjelo por 5 minutos y luego enjuague con esponja y agua.

Limpiar los muebles

A menos que usted tenga muebles muy valiosos o con tallados intrincados, cuidarlos no lleva mucho tiempo. En forma regular, tan sólo tiene que desempolvarlos para evitar que la mugre penetre.

Lo mínimo que debe saber sobre el cuidado de los muebles:

• Encerado y lustre de rutina
• Quitado de manchas
• Cuidado específico de muebles tapizados que no son de madera

Cuidados básicos para sus muebles de madera

La madera pintada necesita ser desempolvada ocasionalmente y ser frotada con una esponja humedecida muy, muy ligeramente. Los productos de limpieza pueden dañar los acabados. Si usted quiere un acabado brillante, deberá usar cera en pasta.

La mayoría de sus muebles de madera probablemente están **barnizados, laqueados o encerados.** No pase tan sólo un trapo seco sobre los muebles cuando vea polvo, ya que eso hace que la mugre penetre. Si el trapo suelta pelusa, ésta también penetrará con la mugre. Humedezca el trapo

con un rocío muy fino de agua, o un producto para sacar el polvo (Endust) y (ocasionalmente) lustrador de muebles. Todos ellos recogen el polvo y la mugre, y el lustre deja tras de sí una capa ligera. No use el lustrador todas las veces, pues eventualmente opacará el acabado.

Nunca aplique cera a muebles de **madera oleosa,** que tiene un brillo tenue en vez de brillante. Hay algunos lustradores de muebles hechos específicamente para madera oleosa. Usted obtendrá excelentes resultados también con una mezcla en partes iguales de trementina y aceite de linaza hervido. No se angustie si al comienzo la madera se ve más oscura. El aceite será absorbido. Sólo frote un poquito cada vez a lo largo de la veta. Déjelo secar por 24 horas sin ponerle nada encima. (Compre el aceite de linaza hervido en la tienda de pinturas. No lo hierva usted misma. No será igual.)

Escoger y aplicar lustradores

La mayoría de los lustradores contienen aceite, generalmente aceite mineral. El lustrador con limón es aceite mineral con fragancia de limón y la crema (blanca) lustradora, es aceite mineral emulsionado en agua.

Para hacer un lustrador casero para muebles, combine 1 taza de aceite mineral, 1 cucharada de aceite de pino, ¼ de taza de escamas de jabón y 1¼ de taza de agua tibia. En un jarro de vidrio de 1 litro, mezcle los aceites, luego las escamas de jabón y por último el agua. Para usar, vierta una cucharada en un trapo, espárzalo y luego pula con un trapo limpio.

Si utiliza aerosoles o rociadores (lo que le da un mejor control sobre cuánto sale de la botella), cuide de no salpicar las tapizados o las paredes. Debe rociar a una distancia de 6 pulgadas, manteniendo el tarro derecho. Cualquier producto durará más y no se juntará en capas, si usted primero limpia, y luego lo vierte, o lo rocía directamente sobre un trapo limpio y luego lo frota en círculos, lustrando en el sentido de la veta. No quedarán residuos.

El lustrador puede cubrir imperfecciones pequeñas si contiene agentes oscurecedores, y con ciertos límites también deberá prevenir manchas. Si le molestan las huellas de dedos y hay muchas manos en su casa, tendrá que andar limpiando sin importar qué producto use.

Aunque la publicidad prometa brillo extraordinario, no pueden hacer que lustres de bajo brillo brillen como espejo. Los lustradores pueden agregar algo de brillo y el lustrar incrementa el efecto. Pero si usted quiere muebles en los que se pueda ver su reflejo, para comenzar cómprelos con terminado de alto brillo.

El lustrador ordinario no protege contra la humedad. El lustrador con silicona añade brillo a los muebles, hace la limpieza más fácil y, lo más importante, al igual que la cera, repele el agua, pero no es bueno para toda clase de muebles. Algunos muebles deben ser pulidos primero y después encerados.

> ### FROTAR PARA EL LADO INDICADO
> Siempre frote en la dirección de la veta de la madera, nunca en contra de ella.

Encerar muebles

Aunque las **antigüedades restauradas** pueden cuidarse de la misma forma que los muebles nuevos, productos líquidos y en aerosol que contengan resinas acrílicas o silicona (lea las etiquetas, hay ceras que contienen estos ingredientes) no deben ser usados en **antigüedades genuinas** o en otras maderas finas, porque tapan los poros. En vez, use cera en pasta. Aunque es más difícil de aplicar, le dará a los muebles un acabado más durable.

La cera en pasta también hace un gran trabajo de camuflaje. Mientras que el lustrador líquido o en atomizador se absorberán pudiendo causar descamación, la cera en pasta rellenará hasta las grietas más finas. *Véase* "Reparaciones de las superficies de los muebles", página 271. Si sus muebles están muy dañados, cualquier producto que le dé alto brillo sólo servirá para llamar la atención sobre el problema. Es probable que necesite una restauración profesional.

La **cera de Carnauba** es la cera de mejor calidad, y la más dura. La **cera de abeja y la parafina** (que se usan en la mayoría de las ceras comerciales) son más blandas. Las ceras blandas son más fáciles para trabajar, pero dejan un acabado más opaco y menos durable.

Para secar la cera vieja antes de aplicar una nueva capa, pásele un trapo seco, luego sature un trapo con solvente sin olor o nafta de la tienda de pinturas. Frótela sobre el mueble en movimientos circulares, luego limpie con un trapo seco. Repita este proceso hasta que el trapo salga limpio.

Para aplicar una nueva capa de cera, frote el trapo en la cera, y luego aplique una capa delgada y pareja sobre el mueble, en la dirección de la veta. Utilice otro trapo limpio y suave para lustrar.

— Cómo quitar las manchas de los muebles

Hay tres soluciones generales para los daños de los muebles. Frotar y dar color son las más fáciles. (*Véase* también "Reparaciones de superficies" en la página 271.) Restaurar, en Capítulo 6, es todo un proyecto. Usted misma puede hacer cualquiera de estos trabajos, pero hágalo a su propio riesgo. Si la pieza es valiosa, lo más seguro es recurrir a la ayuda profesional.

Frotar

Utilice un abrasivo suave, combinado con un lubricante y frote la mezcla sobre el área dañada, siguiendo la veta hasta que la marca se funda con la parte no dañada. Trabaje suavemente con un trapo limpio y seco y no traspase más allá de la capa superficial. Lustre cuando termine. Observe el recuadro que sigue, para ver tres posibilidades diferentes de soluciones abrasivas / lubricantes.

Dar color de nuevo

Escoja un color que sea semejante.

Problemas específicos

Alcohol (Bebidas / perfumes / medicinas). Limpie, luego utilice aceite de limón. También puede limpiar suavemente con trementina o alcohol desnaturalizado: una pequeña cantidad para no dañar el terminado. Si todavía se ve mal, utilice la solución de pómez / aceite que se describe en la sección de "Frotar". Puede llegar a necesitar ayuda profesional.

Quemaduras de cigarrillo. Lije y coloree con

Abrasivo / lubricante	Procedimiento
Lana de acero fina, untada con cera en pasta.	Pula.
Piedra pómez o *rottenstone* (abrasivos pulverizados) mezclados con aceite mineral o de ensalada	Ponga unas pocas gotas de aceite en la mancha; ponga el polvo y haga una pasta. Frote suavemente.
Compuesto lustrador para autos (contiene el abrasivo y el lubricante juntos)	Frote suavemente.

Agente colorante	Procedimiento
Barras de cera (como crayones)	Rellene los rayones y pula.
Betún para zapatos (es muy brillante para muebles de poco lustre)	Aplique con una mota de algodón pula, si queda muy oscuro, use agua mineral para remover.
Tinturas para madera	Aplique con pincel o con una mota de algodón. Retire el exceso y pula.
Pintura al óleo (para artistas)	Aplique con mota de algodón. Seque con trapo.

barras de cera o con cualquier otro colorante (*véase* arriba) con color. O sumerja una mota de algodón en removedor de esmalte y disuelva el terminado que se ha quemado, teniendo mucho cuidado de no tocar ninguna otra parte de la superficie. Rellene el hueco con una mezcla mitad y mitad de esmalte para uñas transparente y quitaesmalte, aplicándolo con el pincel del esmalte. Deje secar perfectamente. Repita, dejando secar entre cada y capa, hasta que quede reparado en su totalidad. Si el cigarrillo se dejó quemando por un rato, es probable que haya dejado una marca como una culebra que deberá ser rellenada con madera plástica.

También puede combinar 2 partes de alcohol con una parte de glicerina (de la farmacia) y una parte de agua. Aplíquelo sobre el área quemada, déjela allí hasta que el color quemado desaparezca. Enjuague con agua y seque. Si el color quemado no ha desaparecido por completo, utilice un abrasivo suave como una esponjilla de lana de acero suave o papel de lija extrafino. Cualquier depresión que quede en la madera se puede relle-

nar con madera plástica (*véase* "Eligiendo compuestos de parcheo" en el capítulo 6).

Cera de velas. Ablande la cera con un secador de pelo y quite el residuo con lustrador para muebles. Si la cera ha atravesado el acabado, es probable que haya manchado el mueble. Esto, lamentablemente es permanente.

Oscurecimiento u opacidad producidos por el tiempo. Mezcle su propia solución: Una parte de, aceite de linaza hervido (comprado) una de trementina y una vinagre. Sacuda bien.

PRECAUCIÓN: Utilice en habitación con buena ventilación y con guantes de goma. Aplique con un trapo suave y frote hasta que esté perfectamente seco. Con otro trapo limpio, frote de nuevo.

Goma de mascar. Ponga un trapo sobre ella y pásele una plancha tibia. La goma deberá pegarse al trapo y así podrá quitarla poco a poco.

Grietas finas como un pelo. Esparza una capa fina de cera en pasta, frotando con movimientos circulares. Pula de inmediato con un trapo limpio y seco. Repita, frotando a lo largo de la veta.

Manchas de tinta, leche y ácido cítrico. Frote ligeramente con agua y jabón, si la tinta ha penetrado el acabado, es posible que tenga que lijar y desmanchar.

Moho. *Véase* "Cómo se quita el moho" en este capítulo.

Manchas misteriosas. Pruebe cualquiera de estas recetas: agua y jabón suave, aceite mineral, aceite de limón, vinagre y agua o trementina. Frote suavemente, seque. Frote con esponjilla de lana de acero extrafina y lustre de nuevo.

Pintura. La pintura al agua todavía fresca se puede remover con agua. Para la misma pintura, pero en manchas viejas, utilice una tarjeta de crédito que ya haya expirado, para raspar los puntos secos y luego continúe con la técnica de frotado. Un derrame fresco de pintura al aceite se puede limpiar con un trapo humedecido con lustrador de muebles. Si queda algún residuo, cúbralo con aceite de linaza. Espere algunos minutos hasta que se ablande la pintura y limpie con un trapo humedecido con más aceite de linaza.

Manchas de plantas. Las manchas ácidas de las plantas pueden ser irreversibles, pero yo he oído hablar de algunos casos exitosos usando Formby's Furniture Repair.

Superficies veteadas y/o untuosas. Pueden deberse a emanaciones grasosas o a una limpieza incorrecta: al utilizar lustradores en base de cera y en base de aceite al azar, usando trapos sucios, o utilizando demasiado lustrador.

Humedezca el área con una cantidad generosa de lustrador a base de solvente, que es auto-limpiable. Trabaje secciones pequeñas frotando en círculos. Limpie con trapo limpio antes que el lustrador se seque. Luego lustre el mueble como siempre. También puede limpiarlo como lo haría con la cera vieja, tal como está explicado anteriormente en esta sección, en las instrucciones para encerado, o utilice Murphy's Oil Soap.

Aros de agua. La primera cosa que debe hacer es nada. Es posible que el halo desaparezca en un día por sí mismo. Si no, utilice el método de frotado. También puede limpiarlo ligeramente con un trapo humedecido en trementina, o con una pequeña cantidad de alcohol desnaturalizado (demasiado dañaría el terminado). O pruebe una mezcla de mitad y mitad de pasta dental que no sea gel y bicarbonato de soda sobre un trapo húmedo, pula con un trozo de algodón seco. El aceite de ensaladas aplicado con el dedo, o mezclado con un poco de ceniza de cigarrillo (que actúa como un abrasivo muy suave) también da resultados. Frótelo, déjelo brevemente, límpielo.

Halos blancos (por calor). Frótelo con aceite para ensalada. Pruebe con una mezcla de ceniza de cigarrillo y / o mayonesa, con la mezcla mitad y mitad de pasta dental que no sea en gel y bicarbonato de soda, o de pasta dental sola sobre un trapo húmedo; lustre con algodón seco. Un remedio más fuerte es una pasta hecha de aceite y polvo de pómez (comprado), frotado suavemente. Siempre frote a lo largo de la veta y termine estos tratamientos con una capa de lustrador.

LOS ENEMIGOS DE LOS MUEBLES

- **Sol:** Baje las persianas o rote los muebles.
- **Líquido:** Utilice posavasos, recoja los derrames y nunca deje trapos húmedos sobre el mueble.
- **Calor:** No ponga ningún mueble directamente sobre o frente a un calefactor (también puede causar incendios).
- **Humedad:** Puede necesitar un deshumidificador.
- **Abrasión:** Utilice posavasos debajo de las bebidas y parches de fieltro debajo de los floreros.
- **Aceites corporales:** Encere las superficies que tienen más uso, como los brazos de las sillas y la cabecera de la cama.

Limpieza de muebles tapizados

Los muebles tapizados no necesitan mucha atención diaria. Aspírelos ocasionalmente con el cepillo para tapizados.

Para limpiar profundamente los cojines, póngalos en una funda de almohada. Cierre la boca de la funda, ajustándola alrededor del tubo de la aspiradora y enciéndala. Chupará todo el polvo.

Lienzos o lonas. Son lavables y lo suficientemente fuertes para ser restregados. Utilice más o menos media taza de detergente líquido por galón de agua. O pruebe con jabón de naphtha (*naphtha soap*) frotado con un cepillo duro y luego enjuagado. Deje secar al aire.

La cubierta con cremalleras de la mayoría de los tapizados, a diferencia del lienzo y la lona, no están hechas para ser sacadas. Limpiarlas puede hacer que se encojan. Aún las **fundas de algodón** pueden encogerse; lávelas en agua tibia jabonosa y colóquelas cuando aún están húmedas, para evitar que la funda o el borde se encojan.

Desdichadamente, la mayoría de los limpiadores de tapizador —en polvo y en aerosol— no son, en mi opinión, muy efectivos. Algunos pueden cambiar la textura y la apariencia de los muebles. Si usted decide usarlos, siga las instrucciones, trabaje suavemente para no maltratar la tela más de lo necesario y utilice lo menos que pueda de la solución limpiadora. Para una pieza demasiado sucia, definitivamente necesitará una limpieza de extracción, que fuerza el componente limpiador dentro del mueble, succionándolo después. Fíjese en la sección de equipamiento, en la parte de tapizador extracción a vapor, la que yo considero mejor solución para los problemas de tapizados. También puede llamar a profesionales. De todas maneras resígnese al hecho de que los muebles —especialmente cuando están cubiertos con tapizados claros y / o telas frágiles— no duran mucho.

Usted no puede evitar que los tapizados se ensucien, pero hasta cierto punto puede evitar las manchas. No hay nada que haga a las telas completamente, a prueba de manchas; la película protectora, como el Scotchgard, hace que los líquidos resbalen sobre ella, en lugar de ser absorbidos. No hay necesidad de ser experto para poner la capa protectora y por lo que he oído, hasta las fábricas lo aplican en forma desigual. Yo he aplicado personalmente esta película en aerosol, y reconozco que no es 100% efectiva.

Cuando usted tiene una mancha, límpiela lo más pronto posible. Si está seca, aspire primero y luego aplique una de las soluciones que siguen. Aunque hay un código de limpieza (*Véase* Capítulo 1 en la sección de equipamiento) no lo siga estrictamente.

Para ir sobre seguro, pruebe cualquier producto en un punto poco visible, para asegurarse que no dañará la tela.

Para pequeñas manchas grasosas, como el lápiz de labios, utilice solvente quitamanchas. Siga las instrucciones de la etiqueta.

Para pequeñas manchas no grasosas, mezcle ½ cucharadita de detergente líquido para lavar platos en 1 litro de agua, agite con fuerza y sólo aplique la espuma. Ponga una cantidad pequeña y limpie entre aplicaciones. *No empape la tela porque puede quedarse con ambos, la mancha y el moho.*

Para pequeñas manchas combinadas, grasosas y no grasosas (chocolate, café con crema u hollín ambiental), utilice primero el detergente y luego el solvente.

El problema al remover las manchas de los tapizados, es que como usted está trabajando de un solo lado de la tela, no importa lo que haga, la mancha pasa hacia el relleno.

Los muebles muy sucios y manchados, o hay que renovarlos o hay que tirarlos retapizados.

Limpieza de muebles que no son de madera

Acrílico. Se raya con facilidad y atrae la mugre como un imán. Use agua y jabón suave, enjuague y seque. Restregarlo con una hoja de suavizante de ropas, se le quitará la estática que atrae el polvo.

Laca negra. Atrae suciedad y polvo. Pula con cera para automóviles. Limpie a fondo para quitar el exceso de cera.

Vidrio. Si los muebles son de madera y vidrio, asegúrese de no manchar la madera con el limpiador para vidrios (que es a base de agua). Los halos de agua que quedan en el vidrio, se pueden remover con detergente en polvo para lavadora de platos, o con lustrador de plata.

Cuero. La cera no será absorbida por el cuero y no es buena para el acabado. Tampoco lo son los detergentes. Utilice tan solo productos de puro jabón. Limpie con jabón para sillas de montar, que viene en aerosol y en pasta, o mezcle y agite agua con Ivory Snow y aplique sólo la espuma con un cepillo suave.

Acondicione el cuero anualmente para mantenerlo lubricado y evitar que se agriete. Compre un producto acondicionador de cuero o utilice un remedio casero, como el aceite de castor (para el cuero oscuro) o jalea de petróleo (para cueros de color más claro). Pula retirando el exceso y no permita que nadie se siente por un par de días. También puede acondicionar y limpiar el cuero con aceite para bebé o ArmorAll. Utilice cualquiera de los dos para limpiar el tablero de instrumentos y los paneles de las puertas (también los de vinilo) en el auto: un trapo suave para frotar el producto y otro trapo suave y limpio para pulirlo y remover el exceso.

Mármol. Las mesadas de los baños y las cocinas generalmente están hechas de mármol sintético, en cambio el que se utiliza en la sala y en otros muebles generalmente es verdadero. Séllelo con sellador para piedra, pues es muy susceptible a las manchas. Cuando algo lo ensucie, limpie rápidamente. Desempolve y / o limpie con trapo húmedo cuando sea necesario. Manchas penetradas, pueden ser rociados con bórax o bicarbonato de soda, friccionados con una esponja húmeda. También puede utilizar lustrador comercial especial para mármol.

Metal. Siga las instrucciones en este capítulo de la sección "¿Cómo se limpia el... ?", que trata del cromo, y "Limpiar la cocina", que trata del acero inoxidable.

Gamuza (*Suede*). Obviamente usted es una persona que no tiene niños. ¿A quién más se le ocurriría tener muebles de gamuza? La gamuza necesita limpieza profesional, pero algunas manchas se pueden remover con una goma de borrar.

Vinilo. Utilice los limpiadores de todo uso. Si la superficie está pegajosa, utilice un limpiador líquido, abrasivo. O mezcle y frote con una parte de escamas de jabón, 2 partes de bicarbonato de soda y 8 partes de agua tibia. Un punto pegajoso también puede quitarse con jabón para sillas de montar, alcohol, o removedor de esmalte para las uñas, aplicado con un trapo suave.

PROBLEMAS CON EL MÁRMOL

Rayones finos: Utilice lana de acero extrasuave para aplicar una pasta de bicarbonato de soda y agua. Enjuague la piedra con agua y deje secar; repita si es necesario. Pula con un trapo (o utilice la rueda de pulir de su torno eléctrico).

Manchas de grasa: Circulares y generalmente oscuras en el centro. Lave la superficie con amoníaco; enjuague con bastante agua; repita. O cubra el área con una capa gruesa de $\frac{1}{2}$ pulgada de una pasta preparada con agua oxigenada al 20%, y blanqueador en polvo, (comprar en negocio de pintura). Manténgalo húmedo, cubriéndolo con una envoltura plástica, sellada con cinta de enmascarar. Después de 10 ó 15 minutos, enjuague con agua evitando humedecer la madera. Repita si es necesario. Pula y lustre.

Óxido: De color naranja o marrón. Frote con un trapo o prepare una mezcla de líquido comercial para remover el óxido y yeso blanco. Siga las instrucciones para manchas de grasa. Luego de remover la pasta, frote el mármol con un trapo seco.

Hollín y humo: Limpie con detergente para platos y cepillo de cerdas duras, luego enjuague. Si la mancha permanece, cubra con una pasta de bicarbonato de soda y blanqueador de cloro. Cubra con un trapo húmedo, déjelo así por una noche, humedezca y raspe con una espátula de madera, madera terciada o cartón grueso.

Té, café o tinta: Utilice el método del agua oxigenada / yeso blanco. *Véase* Manchas de grasa en este mismo recuadro.

Agua: El agua oxigenada aplíquela con un gotero de medicamentos, seguida de unas gotas de amoníaco. Después de 20 minutos, lave el área.

Vino: Pruebe directamente con agua oxigenada.

Mimbre y *rattan*. Refriegue con agua tibia jabonosa, luego enjuague con agua salada. Seque al aire. Evite el aceite, que los vuelve "pegajosos". Para evitar que el mimbre se amarillee, restriegue con un cepillo de cerdas duras humedecido con agua salada tibia. (La sal evita que se amarillee).

Hierro forjado. Saque el óxido con unas gotas de queroseno o trementina, con una esponjilla de lana de acero sin jabón. Encere o pinte de nuevo para sellar. Necesita una pintura especial, para mantener sin óxido los muebles de hierro forjado en exteriores.

Muebles para el patio

Aluminio pintado. Utilice agua jabonosa caliente. Si se opacan, frote con bicarbonato de soda, enjuague y deje secar al aire. Si necesita algo más fuerte, utilice un líquido abrasivo. Para más protección, encere con cera en pasta o cera para autos.

Aluminio sin pinta. Lana de acero o jalea para limpiar aluminio (lo encuentra en una tienda de artículos para autos).

Resina (plástica). Combine ¼ de taza de blanqueador con un litro de agua en una botella rociadora. Rocíe, espere 10 minutos, limpie y seque con trapo limpio o toallas de papel. O, puede usar un limpiador no abrasivo, limpia / pule para superficies. Algunas de las manchas en el plástico desaparecerán, simplemente dejando el mueble al sol.

Madera. Lave con un limpiador de todo uso. La madera roja puede ser desengrasada, restregándola con una solución preparada con una taza de detergente en polvo y ¾ de taza de blanqueador, mezclados con un galón de agua tibia. Mientras que muebles de otras maderas pueden ser lavados con manguera, no lo haga con la madera pintada, que necesita limpieza suave o se pelará y / o se agrietará.

LAVADO DE MUEBLES

Para limpiar los muebles del patio de manera rápida, utilice la manguera con el cepillo para lavar autos. Con un detergente para muebles de aluminio o el blanqueador y agua para muebles de resina. El líquido penetra todas las hendiduras.

TRABAJO CÓMODO

Para limpiar los cojines del patio quitándoles el moho y la mugre, llene la bañera con 8 ó 10 pulgadas de agua y una taza de detergente para trabajos pesados, póngalos en remojo por 10 minutos, cepíllelos, llévelos al exterior en una canasta de lavandería y cepíllelos de nuevo hasta que queden limpios. También en el exterior puede rociarlos con una solución de ¼ de taza de blanqueador en un litro de agua, cepillarlos y lavarlos con manguera. Otra forma de hacerlo es llevarlos al lavadero de carros, rociarlos con limpiador para trabajo pesado, restregarlos y lavarlos con la manguera a presión y agua caliente.

Arreglo de habitaciones: cocina, baño, dormitorio

¿Cuáles son los dos trabajos de limpieza más importantes de una casa? La cocina y el baño. Estas dos habitaciones son las que tienen más cosas para limpiar que DEBEN limpiarse. También son un barómetro de la salud mental. Cuando el baño y la cocina empiezan a verse desaseados, es un signo que algo está mal.

Limpiar la cocina

Lo mínimo que debe saber acerca de la limpieza de la cocina:
- Limpieza semanal / limpieza a fondo
- Soluciones para problemas de limpieza específicos

Limpieza semanal de la cocina

Si no está segura por dónde empezar (o aún más importante, dónde terminar), he aquí un plan semanal para la limpieza de la cocina.

Necesitará: un atomizador, prelavado para ropa, limpiador de vidrios suave (un litro de agua tibia, una cucharada de amoníaco y una de vinagre), limpiador abrasivo líquido, una esponjilla de nylon, dos trapos de esponja y varios trapos absorbentes.

Primero, guarde todo lo que no esté en su lugar: los platos que estén en el escurridor y la comida que se encuentre sobre la mesada.

Ponga las agarraderas, los repasadores, las toallas, etc. a lavar.

Ponga las junta-grasas de la cocina (también conocidos como cuencos reflexivos; son las piezas de metal, redondas o cuadradas, que van bajo los quemadores) en el lavaplatos.

Luego, rocíe limpiador para trabajos pesados en las superficies que lo necesiten. Por ejemplo: las manijas del refrigerador, de la puerta, de los cajones, puntos de grasa obvios en las paredes, la rejilla del horno, los derrames y las superficies que no sean de madera. Después de rociar, con una esponja en una mano limpie la mugre y un trapo limpio en la otra, seque.

(Si encuentra puntos de mugre rebelde, rocíelos con prelavado, para ayudar a que se suelten. Déjelos por unos minutos, mientras hace otra cosa, luego ráspelos con una tarjeta de crédito vieja, o una esponjilla no metálica y limpie.)

Las superficies de vidrio, plástico o cromo, límpielas de huellas y otras manchas, con un rocío suave de limpiador para ventanas. No moje los electrodomésticos donde la comida entrará en contacto con la solución, como la tostadora. Continúe con la limpieza a dos manos.

Abra el refrigerador. Tire toda la comida rancia, los sobrantes que no va a utilizar. Utilice un trapo de esponja para limpiar los derrames.

Aspire o barra y luego trapee con un estropajo húmedo.

PARA MOVER LOS ELECTRODOMÉSTICOS PESADOS

Si quiere limpiar detrás de ellos (o sacarlos para reparación), enjabone el piso, ponga unas almohadillas bajo las patas, o ponga los dos puntos de apoyo o las dos ruedas delanteras sobre una toalla, una revista de hojas enceradas (las brillosas) o cualquier otra cosa que resbale. Si le es posible, deslice una tabla con por debajo y empuje o tire.

Superficies

En las siguientes páginas explico en detalle cómo limpiar las superficies y los electrodomésticos de la cocina. Mi idea no es abrumarla con las dificultades de mantener una cocina limpia, sino darle puntos de referencia para cuando no esté segura de cómo limpiar una superficie o un aparato en particular. En muchos casos doy opciones, pero usted debe utilizar lo que tenga a mano. Francamente, estoy segura que ya se habrá dado cuenta, que el limpiador para todo uso y el agua sirven para casi todo.

Mesadas

Los mesones de acrílico, azulejos (vidriados y sin vidriar), acero inoxidable, mármol y laminados plásticos (como la fórmica) se pueden limpiar con limpiadores líquidos, abrasivos suaves (a menos que el fabricante especifique lo contrario), un limpiador suave como la solución de amoníaco / vinagre descrita en la página 121, limpiador para vidrios o bicarbonato de soda. Refriéguelos con una esponja, enjuague y seque. Lea con cuidado las instrucciones del fabricante. Se sorprenderá de cuántas substancias pueden dañar estas superficies.

Para manchas rebeldes, rocíe con prelavado o con una pasta de bicarbonato de soda y agua, déjelo por media hora, restriegue con esponjilla no metálica o con el borde de una tarjeta de crédito vieja. Para las manchas grasosas, utilice un poco de alcohol. Utilice cera para electrodomésticos o muebles (aún cera de autos o para pisos) para el laminado plástico, ayudará a resistir los rayones y las manchas. Asegúrese que las bases de todos los electrodomésticos tengan protectores, para que rayen.

La lechada en las superficies de azulejos necesita limpieza especial. Utilice un limpiador comercial de lechada, o prepare una solución de ¼ de taza de blanqueador en un litro de agua, aplíquela con un cepillo de dientes o uno para las uñas, luego recubra con un sellador comercial para hacer que su trabajo dure.

El mármol debe ser sellado. De otra forma, los derrames y los limpiadores lo pueden marcar, lo mismo que los lustradores de aceite y la cera. Esta última también lo puede decolorar. Consiga en la ferretería un buen sellador. Luego puede darle una capa del mejor lustrador para automóviles. Si no lo hace, sólo lave con agua tibia jabonosa, o una solución de bórax, enjuague, seque y pula. (para las manchas en el mármol, *véase* página 131.)

Mesada de madera (tablas de picar). Es más difícil de limpiar que de proteger. El agua puede dañar la madera, lubrique la superficie frecuentemente. Algunos prefieren aceite mineral. Yo prefiero el aceite de *tung*. O utilice el aceite que recomiende el fabricante de la mesada, frotándola con una esponjilla suave de lana de acero, seca. (No utilice aceites de cocina, se vuelven rancios.) Repita el proceso a las 24 horas, limpiando el aceite sobrante para que no quede pegajoso. Para la limpieza regular, mezcle ½ taza de bicarbonato de soda en un litro de agua tibia, frote con una esponjilla de nylon, enjuague con agua y seque. Prosiga con el aceitado. Para remover las manchas, utilice ¼ de taza de blanqueador en un litro de agua tibia, o frote con limón. Después del tratamiento, seque el área. (Manchará la mesada de madera si lo utiliza para picar.) Utilice una tabla de picar separada. (Para limpiar la tabla de picar, que está expuesta a la comida, *véase* "Limpieza miscelánea de cocina" en la página 139.)

UN APOYA FUENTES

Si no puede reparar una quemadura en la mesada de la cocina, pegue sobre ella azulejo decorado vidriado y úselo como lugar permanente para poner cosas calientes.

Pisos
Véase "Limpiar los pisos" en este capítulo.

Grifería
Limpie a menudo los grifos.

Las cabezas de los grifos obstruidas por minerales del agua deberán ser remojadas en vinagre y los huecos destapados con alambre o palillos. Si la cabeza no es removible, vierta vinagre en una bolsa plástica pequeña y amárrela al grifo, haciendo que la cabeza quede cubierta por completo por el vinagre. Manténgala así por 24 horas.

Si el agua del grifo no sabe bien, es probable que solucione el problema removiendo los sedimentos que se hayan acumulado en la boquilla de agua. Desatornille la punta del grifo, y remoje la malla y las otras partes que la conforman en vinagre blanco hirviendo, después de esto, pruebe si mejora el sabor del agua.

El cromo y el acero inoxidable se pueden limpiar con bicarbonato de soda o alcohol para fricciones. (Para información adicional, *véase* "Cromo" y "Acero inoxidable" en este capítulo.)

Madera
Si la madera pintada ha sido manchada por humo y grasa, píntela con una solución de almidón en agua, a la antigua. Si no sabe como hacerlo, *véase* el recuadro "Sustitutos del almidón" en Capítulo 4, y utilice la receta para el mediano. Después que se seque, frótelo con un cepillo suave o con un trapo limpio. Esto remueve las manchas sin dañar la pintura.

Los gabinetes de madera que tienen superficies con poliuretano, sólo necesitan ser limpiadas con un trapo húmedo. Pero si están muy sucias y grasosas, use un quita-cera (como la nafta, agua mineral sin olor o una solución de 10 en 1 de agua y amoníaco). También puede utilizar un limpiador para trabajos pesados, como el Murphy's Oil Soap, que también sirve para cera. Por último rocíe un lustrador o frote con cera.

Electrodomésticos grandes: refrigerador
Si la puerta está cubierta del todo con avisos de pago, listas de compras y los dibujos de los chicos, no necesitará limpiarla, pero si la ve un poco sucia, rocíe un poco de bicarbonato de soda en un trapo y frote las manchas con un esponjilla de nylon. Algunas personas ponen una capa de cera para automóviles o para electrodomésticos, en los aparatos mayor, pero personalmente, pienso que es más el trabajo que lo que se logra. Los electrodomésticos nuevos se limpian con un trapo.

Para la ornamentación en cromo, utilice el limpiador para vidrios que recomiendo en la sección de lavado de ventanas (en este capítulo) o un limpiador comercial para vidrio.

Para limpiar el burlete (el área de goma blanca que rodea la puerta del refrigerador y que lo mantiene sellado), límpielo con bicarbonato de soda, alcohol o limpiador de goma para llantas blancas. Para evitar que se aje, frótelo con un poco de aceite mineral.

De vez en cuando limpie los serpentines del refrigerador. Estos son como las arterias del aparato; si están cubiertos de grasa, el calor se queda atrapado allí y no podrá enfriar adecuadamente las comidas. Si están por detrás del aparato, deberá retirarlo de la pared.

Si están por debajo, retire la parrilla base de persiana o el zócalo en la parte baja de su refrigerador y llegue al interior. Esto es más fácil de decir que de hacer, porque esos serpentines son muy difíciles de alcanzar. Utilice un cepillo para asadores de mango largo, o una regla cubierta con una media. O utilice un rollo de cartón amarrado sobre el tubo de la aspiradora. (Si los serpentines están limpios y el refrigerador no mantiene frías las bebidas, ni sólido el helado, suba el nivel de frío con los controles, pero tan sólo media letra o medio número por día. Si esto falla, llame a un técnico.)

Un limpiador para trabajos pesados removerá la grasa de la parte superior de su refrigerador.

Olores en el refrigerador y el congelador

Para controlar los olores en su refrigerador, mantenga siempre una mota de algodón saturado en vainilla, una lata abierta con granos de café o bicarbonato de sodio. El bicarbonato desodorizará también el congelador.

Si hay un muy mal olor en su refrigerador —y usted ya se ha asegurado que no hay comida dañada dentro ni detrás de él— fíjese la lata de goteo que hay debajo. Si no sabe cómo encontrarla y nunca la ha limpiado, es posible que sea la fuente de los malos olores. Lea su manual o llame al fabricante si necesita ayuda para encontrarla y para retirarla. Lávela con bicarbonato de soda y agua o déjela sumergida por un rato.

Si el mal olor persiste, es posible que carne o pescado dañados hayan goteado dentro del aislamiento y necesitará servicio. (O que por equivocación haya sacado carne del congelador, dejándola sobre el refrigerador.)

El olor a carne podrida es espantoso. Si una falla eléctrica ocasiona esto en su refrigerador, enjuáguelo con vinagre o con jugo de tomate (parece loco, pero es un viejo remedio para quitar el olor de zorrinos y, ¡también sirve para el perro!). O limpie todo lo demás, vacíe las alacenas y llénelas con papel periódico arrugado, o con una fuente de horno con café molido, o con carbón activado, cierre la puerta y no la vuelva a abrir en 2 o 3 días. Repita si es necesario.

Lavaplatos

Necesita los mismos cuidados exteriores que el refrigerador.

Si tiene tape de madera, límpielo como lo haría si tuviera una mesada de madera (tabla de picar).

Para limpiar el interior, llene la cubeta con Nang (o con ácido cítrico de la farmacia), y póngala a trabajar sin platos adentro.

Limpie alrededor del sello de la puerta donde quedan atrapados trozos de comida.

Si usted cree que los huecos por donde sale el agua están tapados, utilice un limpiador de caños. Algunas lavadoras de platos tienen un filtro de malla, que se puede restregar con un cepillo de cerdas duras.

Si se está pelando el recubrimiento de las puntas de alambre, utilice relleno de silicona blanco (*white caulking*), un producto hecho para reparar las grietas alrededor de la bañera. También puede comprar un producto para retocar las rejillas del lavaplatos, especial para éste propósito y que también es excelente para reparar los guantes de goma.

APLICAR RELLENO DE SILICONA

Congelador

El cuidado exterior es el mismo que para el refrigerador.

Se debe **descongelar el congelador o el congelador del refrigerador,** cuando el hielo alcanza ½ pulgada de espesor, lo que sería dos veces al año. Hágalo en este momento ya que el trabajo será mucho peor si espera hasta que pueda celebrar las Olimpiadas de Invierno dentro de su unidad.

Apague el motor y todos los controles. Saque toda la comida y póngala en un lugar con aislamiento, (una heladera portátil, una bañera llena de cubos de hielo; el horno, o hasta el microondas). Deje que el hielo del congelador se derrita naturalmente, o ayúdelo con ollas llenas de agua caliente, o un secador de pelo. Saque los trozos de hielo grandes o raspe con una espátula de madera o de plástico. Resista la tentación de ayudarse con un objeto punzante, porque al intentar romper el hielo puede dañar el aparato.

Utilice una esponja o una toalla (o una aspiradora industrial que aspire seco y mojado), para recoger la humedad adentro y afuera del aparato. Ponga toallas en el piso.

Seque la condensación interna, lave adentro y afuera con agua jabonosa, enjuague y seque a conciencia. Enchufe todo de nuevo y encienda los controles. Espere media hora antes de volver a llenarla. Espere hasta que los controles alcancen 0°F antes de agregar nada nuevo.

Horno de microondas

Limpie el exterior con bicarbonato de soda o con un limpiador suave. Cuando el interior se ensucie, ponga dentro un vaso con agua y préndalo en alto, después de unos minutos apague el horno y limpie el interior (el vapor que se concentró, afloja la mugre). Limpie la puerta con alcohol o con un poco de detergente líquido dentro de un filtro para café.

Campana extractora

Ya sea que ventila hacia el exterior o que no ventila (en cuyo caso utiliza filtros de carbón intercambiables para limpiar el aire), los ventiladores de las campanas se deben limpiar de las acumulaciones de grasa. Utilice jabón para lavaplatos y agua caliente (más amoníaco, a menos que el detergente contenga blanqueador) para limpiar el exterior. La cubierta del filtro se puede lavar en agua jabonosa caliente, pero debe secarse perfectamente antes de reinstalarla. El amoníaco limpiará las cuchillas. Los filtros de malla necesitan lavado ocasional, pero los de fibra con carbón no se pueden lavar, y generalmente se deben cambiar cada 6 a 9 meses (lea su manual).

LIMPIAR LA GRASA

Las toallas de tela de algodón recién lavadas y secas se incendiaron sin razón aparente, y los investigadores determinaron que la causa fue combustión espontánea. Ahora las máquinas lavadoras tienen una etiqueta que advierte para que no se utilicen para lavar o secar prendas que contengan aceites vegetales o de cocinar. Las prendas, aun después de lavadas, pueden contener residuos de aceite. Cuando vaya a limpiar manchas de grasa, utilice trapos de esponja.

Cocina

Limpie los derrames tan pronto como la cocina se enfríe lo suficiente, para que no se requemen sobre ella.

Las superficies cerámicas hechas de vidrio se dañan y decoloran fácilmente. No ponga ollas sucias sobre ellas, no use abrasivos y limpie solamente cuando estén frías. Utilice líquidos limpiadores suaves.

La forma más fácil de limpiar las manijas y los junta grasa, es sacándolos y dejándolos en remojo en un galón de agua con ¼ de taza de detergente de máquina lavaplatos. Utilice un cepillo de dientes para los puntos rebeldes. Cuando haya terminado con la limpieza de la cocina, puede enjuagar los otros artículos.

Si hay algún punto que ha formado costra, use rocío de prelavado o ponga agua hirviendo sobre ella, un poco a la vez. Eso deberá aflojar el pegote para quitarlo con una esponjilla de nylon.

Ventilador de humo

No remoje las aspas —tan sólo límpielas con trapo húmedo o frótelas con alcohol— y limpie la cubierta con agua jabonosa (½ taza de detergente desengrasante para lavaplatos y un galón de agua caliente).

OTROS PROBLEMAS DE OLORES EN LA COCINA

• **Lavaplatos:** Si hay algún olor desagradable dentro del lavaplatos, ponga dentro un tazón sin tapa, con bicarbonato de soda, y déjelo cerrado por 24 horas. Si hay un olor ácido de platos que no han sido lavados de inmediato, rocíe ¼ de taza de bicarbonato de soda en la base de la máquina. Como premio, suavizará y despegará comidas que se han pegado, para removerlas más fácilmente.

• **Olores en las manos** (pescado, cebolla, ajo): Tomamos prestado este truco de los italianos (¡qué sí saben de ajo!). Friccione sus manos con borra de café para quitar el olor. También sirve para las cebollas y el pescado. También puede frotarse con pasta dental; agregar sal a la espuma del jabón o lavarse con vinagre. Y éste es el remedio más viejo de todos: ponga los 5 dedos en el mango de una cuchara de acero inoxidable y póngalas debajo del agua fría. El olor desaparece en segundos.

• **Basura:** Para evitar que los huesos de pollo y otros sobrantes inunden la cocina de malos olores, manténgalos dentro del congelador hasta el día que pasa el camión de la basura.

• **Triturador de basuras:** Guarde cáscaras de cítricos en el congelador, y de vez en cuando deje caer algunos dentro del triturador de basuras. O rocíe algunos cubos de hielo con bicarbonato de soda y luego póngalos dentro de la unidad.

• **Cubos de hielo:** Los primeros que salgan de una unidad nueva, deben descartarse. Si de todas maneras huelen raro, es posible que tengan más de dos semanas, la comida del congelador puede estar mal empacada, o el congelador puede necesitar una limpieza. Si nada ayuda, el problema puede estar en la tubería del agua. Llame a un plomero.

• **Microondas:** La rejilla espaciadora de su microondas y / o la de su congelador —al igual que su refrigerador— puede ser desodorizada con bicarbonato de soda. Déjela adentro, ya sea en una caja abierta o en un contenedor perforado. (Saque el bicarbonato cuando vaya a usar el horno.) Si hay olor, limpie el horno y mire la ventilación interna, para asegurarse que no hay comida allí. Si el olor se mantiene, mezcle una taza de agua con 2 cucharadas de jugo de limón o bicarbonato de soda y hiérvala dentro del horno. Deje que hierva por 5 minutos para dar tiempo a la condensación sobre las paredes del horno, deje por 5 minutos más. Con un trapo suave, seque las paredes, el techo, el piso, la puerta y los sellos de la puerta.

• **Emanaciones del limpiador de hornos:** Ase cáscaras de cítricos en el horno a 350°F (guárdelas y congélelas para éste propósito).

• **Termos:** Si huelen ácido, póngales una solución mitad y mitad de bicarbonato de soda y agua. Tape y déjelos remojar por una noche.

Fregadero

De porcelana. Con una esponja saturada con vinagre blanco limpiará manchas minerales (depósitos de agua dura). Si la mancha permanece, empape en blanqueador algunas toallas de papel, presiónelas sobre la mancha y déjelas por unas horas.

De acero inoxidable. Encontrará que el acero inoxidable se mancha, tal cual los pisos que "no necesitan cera", que sí la necesitan. Lávelo regularmente con agua jabonosa tibia, pero si se mancha, utilice alcohol o un limpiador comercial para acero inoxidable. Pula con aceite de limón. Rocíe las peores manchas con limpiador de hornos, déjelo por 15 minutos y enjuague bien. Sólo use esponjillas de lana de acero inoxidable, ya que las de acero sólo pueden rayarlo. Encerar la superficie para mantenerla brillante, es mas trabajo y puede opacar el acabado satinado no brillante.

Horno

Nunca utilice un limpiador de hornos para un horno de autolimpieza o para uno de limpieza continua.

Si usted tiene un **horno de limpieza continua** que quema la grasa a medida que usted cocina, limpie los puntos rebeldes con una esponjilla jabonosa de lana de acero y enjuague con agua. Para limpiar los derrames, haga un interior desechable, en papel de aluminio del tamaño justo de la base del horno. Cuando la parrilla de asar esté fría, levántela un poco, sólo hasta separarla de la base y sacar el papel de aluminio viejo, deslizando después el nuevo, instalándolo sin arrugas. Cuando baje la rejilla, asegúrese que todas las patas queden planas.

En el **horno autolimpiador** las temperaturas suben hasta $875°F$ y la puerta se mantiene asegurada por el ciclo de 3 a 4 horas, más el tiempo de enfriado. Pero las áreas que no se calientan tanto, (como el marco alrededor del horno y el exterior de la puerta), deben ser limpiadas con una esponjilla de lana de acero y agua caliente. Limpie el burlete con un limpiador para trabajos pesados, antes de encenderlo, o la mugre se cocinará dentro. (Si esto sucede, lea en su manual las instrucciones para removerlo.) No limpie ni doble el sello de fibra de vidrio.

Si usted tiene un **horno de limpieza convencional,** puede utilizar los nuevos limpiadores que no producen emanaciones. El mejor consejo que puedo darle es que deje el producto el tiempo recomendado; cuanto más lo deje, más tiempo trabajará y usted trabajará menos. Después de lavar el limpiador, enjuague con vinagre para remover el residuo.

Algo menos costoso que el limpiador comercial pero muy potente (utilice solo en áreas bien ventiladas): deje un tazón con amoníaco sin diluir dentro del horno frío. Soltará la grasa, rocíe con amoníaco y limpie. Si la grasa se ha vuelto costra en un horno de gas, es posible que necesite un abrasivo.

Si usted prefiere algo más suave, haga una pasta de bicarbonato de soda y agua, extiéndala por las paredes del horno; déjela allí por una noche y luego limpie con una esponjilla plástica (no de acero). Enjuague y repita si es necesario.

Pruebe este método que me enseñó un técnico de electrodomésticos. Primero caliente el horno a $150°F$, apáguelo y rocíe el interior con Fantastik. En 15 minutos o menos la grasa saldrá con facilidad.

Ponga un vasito de papel sobre la bombilla de luz del horno para protegerla de los limpiadores, manteniendo suficiente luz mientras lo limpia.

Para asear tan sólo las rejillas, una solución fácil es ponerlas en la bañera sobre una toalla. Ponga suficiente agua caliente para cubrirlas y

---

SALPICADURAS DE GRASA

Para terminar con las salpicaduras de grasa.

• Ponga un colador de alambre sobre la sartén cuando cocina; es más fácil lavar el colador que la pared.

• Mantenga una botella rociadora con agua o con una solución de agua / amoníaco para rociar las salpicaduras, y límpielas de inmediato. Son más fáciles de limpiar frescas que secas.

• Instale una persiana enrollable en la pared. Bájela cuando está cocinando y quítela para limpiarla. O cubra el área con acrílico.

rocíe por encima una taza de detergente para lava-platos. Remójelas hasta que estén limpias.

Limpieza miscelánea de la cocina

Aluminio. Para hacerlo brillar, combine ¼ de taza de crémor tártaro con ¼ de taza de bicarbonato de soda y forme una pasta con ¼ de taza de vinagre. Luego mezcle 2 cucharadas de jabón en polvo para ropa. Frote sus ollas y restriegue con esponjilla plástica (las otras esponjillas se pueden oxidar).

PRECAUCIÓN: Nunca utilice blanqueador sobre el aluminio, el metal o la plata. Puede causar decoloración. El amoníaco también puede decolorar el aluminio.

Paredes alrededor de la cocina. Si la pared se ha tornado marrón por el calor, pinte de nuevo. Pero si el problema son las salpicaduras de grasa, prepare una pasta de bicarbonato de soda y agua, déjelo por una hora y enjuague. O mezcle 1 onza de blanqueador con 1 onza de leche y 1 onza de agua. Sature con ella una toalla de papel y péguela sobre la mancha por un minuto, luego enjuague. Más fuerte: una pasta de jabón para ropa con blanqueador, deje por 5 minutos y enjuague.

Batidora. Si no se puede desarmar para lavarla, vierta en el tazón unas gotas de detergente líquido, llénelo con agua tibia y prenda la batidora a velocidad alta por 10 a 15 segundos. Repita si es necesario. Con una esponja y limpiador para trabajo suave, limpie la base.

Persianas. Si las de la cocina están grasosas, ciérrelas, rocíelas por secciones con la espuma para limpiar los baños. Enjuague con un trapo empapado con agua caliente.

Fuente de horno (asadera). Cuando usted esté usando el asador de su horno, retire la bandeja superior, (la que tiene las perforaciones) y ponga en la lata de abajo, ¼ de pulgada de agua para que recolecte el humo y la grasa que gotea. Hará su limpieza más fácil o ponga un pedazo de pan en la base para absorber la grasa.

Olla de hierro. Deberá ser "curada" para evitar que se oxide. Primero restriegue con una esponjilla jabonosa de lana de acero, enjuague y seque. Luego cubra con aceite vegetal y déjela en el horno caliente (más o menos 325°F a 350°F) por

un par de horas. Quite el exceso, lave con agua caliente jabonosa y seque perfectamente. Guarde sin la tapa y cúbrala con una toalla de papel o un filtro para café de manera que recojan la humedad, evitando que se oxide. Si se llega a oxidar, vuélvala a "curar".

El óxido y las costras de comida también se pueden limpiar frotando con sal.

Molinillo de café. Tire los granos sobrantes, limpie el recipiente con una esponja mojada. Limpie por fuera con agua tibia espumosa.

Cafetera de máquina goteo. Utilice un detergente suave y agua para todas las partes que se puedan lavar. Use un cepillo para vasos para limpiar dentro del tubo delgado, usando agua tibia jabonosa o, si un poco de abrasión es necesaria, bicarbonato de soda.

Cafetera de filtro. Enfríe antes de limpiar. Ponga las partes lavables en agua tibia con un poco de detergente líquido. Si necesita abrasión, rocíe una esponja con bicarbonato de soda, frote, enjuague y seque.

Colador. Si está tapado con pasta dura, remójelo en detergente. La próxima vez, lave de inmediato para evitar que el almidón de la pasta se endurezca, o cúbralo con una capa de aceite vegetal que no se pega, antes de usarlo.

Cobre. Una olla de cobre nueva generalmente tiene una capa de laca protectora; cubra esa capa con agua hirviendo, déjela hasta que enfríe y luego pélela.

El cobre generalmente tiene en el interior un recubrimiento (hojalata o acero inoxidable) porque puede reaccionar químicamente con la comida. Proteja el interior, revolviendo sólo con cuchara de palo o con elementos recubiertos de material antiadherente. No chamusque la olla.

Limpie el cobre con productos comerciales o use una receta casera: una botella rociadora llena de vinagre blanco caliente con 3 cucharadas de sal (rocíe, deje por poco tiempo, frote limpiando) o una parte de sal por una de vinagre (frótela, enjuáguela, lave con agua caliente jabonosa y seque como siempre).

Posavasos, apoya fuentes e individuales de corcho. Lave con agua fría, frote con una piedra pómez suave y enjuague con más agua fría. Seque a fondo, guarde en un sitio fresco y seco.

Olla de barro. Llene con una solución de agua jabonosa y "cocine" a fuego alto por una hora.

Tabla de picar de madera. Absorberá manteca, aceite o jabón y la esponjilla de lana de acero se puede incrustar en ella. Para limpiarla, cúbrala con blanqueador y sal, restriegue con un cepillo duro y luego enjuague con agua bien caliente. Seque con un trapo limpio. O utilice una mezcla de 3 cucharadas de blanqueador en un galón de agua. Aplique para mantener la superficie mojada por 2 minutos, enjuague y seque. (Es seguro en superficies donde se pone comida, ya que al secarse no deja residuos.)

Lave la parte pegajosa, rociando sal en una esponja mojada y refregando con ella. O utilice la espátula plástica de raspar el parabrisas del auto. No marcará la madera.

Trapo o esponja de lavar platos. Lávelo dentro de la lavadora de platos, anclándolo primero para que no salga volando. (Generalmente pongo el mío debajo de un vaso.)

Base plástica del escurridor de platos. Sumerja en agua jabonosa tibia, con ½ taza de blanqueador por cada galón de agua. Enjuague después de media hora. Para remover las manchas del agua dura, levante el borde que desagua y embalse en la bandeja una taza de vinagre blanco. Déjela toda la noche y por la mañana restriegue y enjuague.

Utilice una rejilla de platos vieja para sostener las tapas dentro de las ollas en orden de los gabinetes. Las ranuras servirán perfectamente.

REJILLA PARA GUARDAR TAPAS DE OLLA

Abrelatas eléctrico. Si es posible, desarme la sección de la rueda cortante y el sostén de la lata y sumérjalos en agua jabonosa caliente. Si no es posible desarmarlo, utilice un cepillo de dientes

---

LUBRICANTE DE COCINA

Para lubricar la batidora, la licuadora y cualquier otro electrodoméstico de cocina que tenga partes movibles, utilice aceite mineral. El aceite para ensaladas puede corroer el metal. El aceite mineral no es corrosivo no daña la comida.

---

viejo con un poquito de limpiador en polvo y lave toda la mugre que esté pegada. Enjuague a fondo.

Ollas esmaltadas. Si hay costras de comida pegada, rocíe con un poco de bicarbonato de soda y agua, déjela remojo toda la noche. O combine un litro de agua con 3 cucharadas de bicarbonato de soda, hiérvalo por 15 minutos y deje que la mezcla enfríe. Utilice una esponjilla plástica; la de lana de acero raspará. Si la olla está manchada por cocinar frutas como las cerezas, llene con agua tibia, agregue ⅓ de taza de blanqueador y déjelo estar por algunas horas. Si la mancha permanece, repita.

Procesador de alimentos. Las partes desarmables y lavables se pueden poner en agua jabonosa caliente. La base se lava con un limpiador suave. Si rocía las cuchillas con un poquito de aceite de cocina en aerosol, las comidas densas, como la masa, no se pegaran a ellas.

Molinillo para picar. Rocíelo con aceite vegetal en aerosol y las comidas no se adherirán a el. Una vez que lo haya usado para carnes o para cualquier otro alimento pegajoso, muela un poco de pan a manera de limpiador.

Triturador de basura. Siempre que vaya a tirar líquidos o comidas grasosas, deje correr agua fría, pues el agua caliente hará que la grasa se pegue a las paredes interiores del triturador.

Ollas de vidrio. Utilice una esponja saturada con vinagre.

Imanes de cocina. Póngalos dentro de una media de nylon, anúdela y póngala dentro del lavaplatos. Si la goma se despega, siempre podrá reemplazarla.

Sartenes antiadherentes. Si nunca se pone aceite ni mantequilla en estas sartenes, seguirán siendo muy fáciles de limpiar, por lo menos en el interior. Utilice agua jabonosa tibia y una esponjilla de nylon para quitar las manchas difíciles. Si está pegajosa, hierva dentro de ella una solución de 2 cucharadas de bicarbonato de soda, ½ taza de vinagre y 1 taza de agua, por 10 minutos. "Cúrela" con aceite de ensaladas. Por debajo es casi imposible de limpiar. Si las manchas negras le molestan mucho, deles una rociada de limpiador de hornos, deje por 10 minutos y enjuague. Las esponjillas Scotchbrite, también hacen un buen trabajo si usted tiene fuerza.

Artículos plásticos (tales como los contenedores de Tupperware). Utilice bicarbonato de soda y agua. Pero, si están manchados, sólo póngalos afuera al sol. Desaparecerán hasta las manchas de tomate.

Limpieza fácil de ollas (que no sean de aluminio). Póngales una pulgada de agua. Caliente a fuego alto por dos minutos. Tire el agua, rocíe con limpiador de hornos, déjelo por algunos minutos y enjuague.

PRECAUCIÓN: No inhale las emanaciones.

Junta grasa o cuencos reflectivos. Porcelana. Se lavan a mano o a máquina; o póngalos boca abajo en un estante del horno, en el ciclo de autolimpieza.

Junta grasa o cuencos reflectivos. Cromo. Se lavan a mano o a máquina. No los ponga en el horno para autolimpieza. Puede usar limpiador de hornos cuando estén muy manchados. (Para manchas azules / doradas, *véase* "Problemas de manchas" a continuación.) O ponga amoniaco en una bolsa plástica, meta los cuencos dentro y deje sellada toda la noche. Cuando abra la bolsa aleje o cierre su nariz, pues las emanaciones serán muy fuertes. El mejor lugar para hacerlo es el exterior, donde usted podrá lavarlos con la manguera. De otra forma, enjuague y restriegue con una esponjilla de nylon si hay manchas difíciles.

Horno tostador. Limpie las migas de la bandeja cada tanto; son una amenaza de incendio. Antes de limpiarlo, enfríelo y luego con una esponjilla de nylon refriegue las parrillas. Limpie el exterior con un abrasivo suave o con bicarbonato de soda en una esponja. Los laterales plásticos lávelos con detergente líquido o con bicarbonato de soda y agua.

Tostadora. Limpie las migas de la bandeja o (si no tiene una) sostenga la tostadora boca abajo, sobre la pileta de lavar o en la basura y golpéelo suavemente. Utilice un limpiador de pipas o un cepillo delgado —como los para lavar vasos— para sacar las migas que se queden pegadas.

Para limpiar el exterior, frote con una esponja con bicarbonato de soda o rocíe un poco de limpiador para vidrios sobre un trapo y frote suavemente pero no en el interior. O *véase* "Cromo", en este capítulo. Las tostadoras con los lados de plástico, se pueden limpiar con un detergente suave de lavaplatos o bicarbonato de soda y agua. Nunca sumerja toda la tostadora en agua.

Plancha para *waffles*. Si los waffles se están pegando, lave la plancha en agua jabonosa tibia, frote los puntos quemados con una esponjilla de nylon y "cúrela" frotando un poquito de aceite vegetal, quitando el exceso. El detergente del lavaplatos, puede limpiar un exterior esmaltado. El bicarbonato de soda limpia el exterior metálico.

Wok. En los *woks* que no son de acero inoxidable, los puntos oxidados se pueden remover con un corcho rociado con un polvo abrasivo. Luego "cure" la sartén adecuadamente. Lave con agua jabonosa tibia, seque, luego cubra con una capa delgada de aceite mineral. Repita esto después de cada uso para prevenir el óxido.

Remoción de manchas en la cocina
Manchas negras sobre aluminio. El tomate (y otros ácidos) cocinados en aluminio pueden decolorar o picar la olla. Llene la olla de agua, agregue 3 cucharadas de crémor tártaro por galón de agua. Deje hervir hasta que la decoloración desaparezca. La parte de afuera se limpia con esponjilla de lana de acero.

Marcas negras en los platos. Se producen marcas negras o grises en los platos cuando se frotan contra los utensilios de metal dentro de la lavadora de platos. Utilice un abrasivo suave. En el futuro, acomode los artículos de aluminio cuidando de no dejarlos cerca de platos blancos o de color claro.

Marcas negras en sartenes que no son de aluminio. Rocíelas con limpiador de hornos, déjelo por unos minutos y luego lave.

SUPERREMOVEDOR DE MANCHAS

El jabón para lavaplatos automático puede remover muchas manchas rebeldes. Rocíe un poco sobre la comida quemada en una cacerola, humedezca ligeramente, déjelo reposar. La limpieza será mucho más fácil. Rocíelo sobre las mesadas laminadas y removerá manchas frescas como las del refresco Kool-Aid. Pero tenga cuidado: puede blanquear algunas superficies. El jabón líquido para lavaplatos automático Joy puede hacer este trabajo sin blanquear.

Manchas azules / doradas o marrones, en los junta-grasas o cuencos reflectivos. Probablemente la causa es exceso de calor. Esto ocurre, cuando se usan sartenes que son más grandes que la unidad de cocción o que no tienen la base plana (como los woks, los biberones o las sartenes que están dañadas). Como yo ya he probado de todo, puedo decirle que estas manchas no se pueden remover, reemplace o junta grasa cada tanto si no puede vivir viéndolo manchados.

Manchas marrones en la tostadora. Utilice una esponjilla de nylon y un rocío limpiador de trabajos pesados, luego (si usted no es gallina) raspe suavemente con una cuchilla de corte por un solo lado (o si lo es), utilice una tarjeta de crédito plástica, también puede utilizar una esponjilla de lana de acero extrafina, seca (no la humedezca).

Ollas quemadas. Déjelas en remojo. Rocíe con bicarbonato de soda (o vinagre si es aluminio), agregue un poquito de agua y hierva la solución. Deje enfriar y lave la olla como siempre. Esto debe eliminar los puntos quemados. O, haga una pasta de bicarbonato de soda y agua y déjela toda la noche. Frote los puntos rebeldes con una esponjilla de nylon. Para quemaduras muy fuertes *véase* el recuadro anterior "Superremovedor de manchas."

Manchas de café sobre la mesada. Frote con una pasta de bicarbonato de soda y agua. Déjela por media hora, luego limpie la pasta con una esponja mojada.

Manchas de café en la cafetera. Llene la cafetera con una solución mitad y mitad de agua y vinagre blanco hágala funcionar tal cual si fuera café, y luego haga lo mismo con una jarra de agua limpia. Utilice un filtro nuevo (o cubra el filtro permanente con toallas de papel que pueda tirar después). Enjuague con agua limpia.

Decoloración del cobre. Puede deberse al aire salino, al exceso de calor, o a estar colgado sobre la estufa. Lea las instrucciones para la limpieza del cobre.

Tinta sobre la mesada (laminado o de acero inoxidable). Rocíela con fijador para el pelo. Bicarbonato de soda y agua o una solución suave de blanqueador, pueden también remover éstas y otras manchas de tintura.

Depósitos minerales en la tetera. Hierva en ella una solución mitad y mitad de agua y vinagre, y continué calentando hasta que el problema desaparezca. Enjuague bien y repita si es necesario.

Plástico derretido. Para removerlo de un quemador eléctrico, utilice un secador de pelo sostenido de 6 a 8 pulgadas de distancia. A medida que el plástico se ablanda, ráspelo con una espátula metálica. Si está sobre la tostadora, caliéntela y luego desconéctela. Para removerlo use una esponjilla plástica o una toalla de papel empapada en vinagre, luego limpie el artículo con alcohol de fricciones, fluido de encendedor o removedor de esmalte de uñas.

PRECAUCIÓN: No lo haga junto al fuego; el área deberá estar bien ventilada.

Óxido sobre metal. Rocíe un corcho con limpiador abrasivo en polvo y frótelo sobre las mancha.

Decoloración en acero inoxidable. Cocinar frutas secas que contienen dióxido de azufre o comidas con alto contenido de almidón, puede decolorar el acero inoxidable. Para evitar este problema, mantenga el utensilio destapado durante los primeros minutos de cocción y no utilice fuego alto. Si la mancha es muy rebelde, necesitará un limpiador comercial de acero inoxidable.

Manchas de agua dentro de la tetera. Para remover esos depósitos blancos, hierva por media hora una solución de una cucharada de vinagre

CUANDO EL CRISTAL ESTÁ OPACO

Si después de frotar el cristal con vinagre, la película opaca permanece, estará dañado permanentemente, lo que es irreversible. (En las etapas tempranas del daño, el cristal se ve iridiscente.)

Para prevenir la película opaca, trate uno o más de los remedios siguientes:

• Haga funcionar el lavaplatos con Tang o ácido cítrico como explicamos en esta misma sección. Ponga la temperatura del agua a 140°F. No utilice la opción de ahorro de energía (si su lavaplatos la tiene); necesitará el calor en este trabajo.

• Asegúrese que el detergente esté fresco y no grumoso.

• Utilice un agente de enjuague como Jet Dry.

• Utilice un detergente con alto contenido de fósforo. Si tiene agua dura (10 + granos por galón), puede necesitar suavizante de agua. Si usted tiene agua blanda, use la mitad del detergente.

Para remover la película de una carga completa de vasos:

Ponga la máquina a dos ciclos, y seque con aire. Después del enjuague final, retire los artículos metálicos. Ponga 2 tazas de vinagre blanco en un tazón de vidrio y póngalo en la rejilla inferior. Utilice de nuevo el lavado a dos ciclos, pero esta vez seque con calor.

Los vasos plásticos deben lavarse a mano, pero si los pone en la parte superior de la lavadora de platos tendrán menos opción de volverse opacos.

blanco en una taza de agua. Utilizar una canica de ágata para recoger los depósitos del agua, también sirve. Termine la limpieza con lana de acero si es necesario. Si la tetera es de vidrio CorningWare, hierva en ella dos partes de vinagre por una parte de agua por 15 minutos.

Si usted quiere estar a solas, anuncie que va a lavar los platos.

Lavado a mano de platos y vajillas

Probablemente no podré contarle muchas novedades sobre el lavado de los platos, a menos que usted haya vivido una vida muy protegida, pero puedo hacerle algunas recomendaciones sobre cómo hacer un trabajo mejor y más rápido.

Utilice guantes de goma. Sus manos soportarán agua más caliente y los platos se lavarán más rápido.

Si tiene un fregadero de doble espacio, sumerja los platos en agua jabonosa y restriéguelos en una sección, y enjuáguelos en la otra. Para mantener el agua lo más limpia posible, lave los menos grasosos primero y luego progresivamente hasta los más sucios —como las ollas— al final.

Las ensaladeras de madera no deben ser remojadas. Límpielas con esponja y lubríquelas de nuevo con aceite mineral cuando sea necesario.

CÓMO MANTENER SUS OLLAS EN BUEN ESTADO, SIN HACER MUCHO ESFUERZO

Sucede lo mismo con las ollas y la gente: lo que cuenta no es lo de afuera. Tener ollas en las que uno puede mirarse para maquillarse, consume tiempo y trabajo, pero hay algunas formas de mantenerlas en buen estado.

• Mantenga la llama del gas baja, que no aparezca por los lados. Reducirá los depósitos de carbón.

• No haga cambios bruscos de temperatura al cocinar (del fuego al agua fría o del congelador a la estufa). Esto hace que las ollas se dañen si no se quiebran directamente.

• Guardar o cocinar comidas muy saladas o muy ácidas, o remojar sus ollas en blanqueador de cloro, hará que se vuelvan porosas, esto no tiene arreglo; también puede ser el resultado del agua dura.

Si no encuentra las instrucciones de lavado de sus ollas, escríbale al fabricante.

La medida de una tapa de detergente de baja calidad para lavar platos, es mucho menos efectiva que la medida de una tapa de una marca de buena calidad. Juzgue la calidad comparando que tanto dura la espuma.

CUIDE LOS CAÑOS

Si no tiene un triturador de basuras lo más fácil es poner un tapón colador en el agujero de desagüe de su pileta para platos.

Uso del lavaplatos automático

La manera de llenar el lavaplatos da un indicio de la personalidad de cada uno. La mujer más compulsiva que conozco se pone sus guantes de goma y lava los platos antes de ponerlos en la lavadora, luego limpia la puerta si algo se derramó durante el llenado.

Esto es totalmente innecesario. Tire los sobrantes de comida a la basura (particularmente si su manual se lo advierte) y ponga los platos directamente dentro de la máquina. Como la lavadora está diseñada, para remover pequeñas partículas de comida, no hay necesidad de gastar tiempo y energía (para no mencionar el agua) prelavando los platos. Solamente si el plato tiene costras de comida seca, está extremadamente sucio o cubierto de arroz, debe darle usted un enjuague rápido o rasparlo.

CUIDADO CON EL PRODUCTO QUE USA

Usar detergente para platos en el lavaplatos automático y no uno especial para él, puede causar un exceso de espuma que hace que la máquina pare. En este caso, ponga del líquido suavizante de ropa y encienda la máquina por 10 segundos. Esto neutraliza las burbujas y la máquina drenará libremente.

Ponga los platos dentro del lavaplatos, mirando hacia el rociador de agua. Cargando la máquina de manera sistemática —vasos del mismo tipo juntos, cucharitas y tenedores en un mismo compartimiento, cucharas de la sopa y cuchillos en

otro— le ahorra tiempo en el momento de desocuparla.

He leído reportes, y he confirmado yo misma que se obtienen mejores resultados con los jabones para lavaplatos en polvo que con los líquidos o en gel de cualquier marca.

¿ESTÁN LOS PLATOS LIMPIOS O SUCIOS?

Ponga una botella sin tapa, parada derecha en la esquina frontal de la rejilla superior. Durante el proceso de lavado, la botella se llenará de agua, así que usted sabrá que los platos están limpios cuando vea la botella llena. Cuando usted descargue el lavaplatos, vacíe la botella y vuélvala a poner dentro de la máquina. Cuando no tiene agua, sabrá que los platos están sucios. Sólo asegúrese que ninguna persona bien intencionada remueva su botella y altere su sistema.

No utilice jabón que esté grumoso. Ha absorbido humedad y es probable que no se disuelva apropiadamente. Opacidad o película en los vasos pueden ser signos de detergente viejo (o que la temperatura no es suficientemente caliente).

Si la canasta para poner los cubiertos está rota en la base, (o los agujeros en ella son demasiado grandes), corte un poco de cañamazo plástico para bordar, y póngalo en cada bolsillo.

CUÁNTO JABÓN PARA LAVAPLATOS USAR

• Lea su manual; se sorprenderá de cuánto le recomiendan.

• El compartimiento de jabón tiene marcas para distintas cantidades, que le ayudarán a medir la cantidad de jabón que debe utilizar. Con agua blanda utilizará el mínimo y con agua dura el máximo.

• Poner poco detergente, le traerá problemas de manchas y olores.

• Mucho detergente causa opacidad, grumos de detergente en los platos, desvanecimiento del color y un olor fuerte.

Su máquina puede tener un lugar especial para poner el agente líquido de enjuague (sino debe usar el que es sólido). Este tipo de producto, como Jet-Dry, le ayuda a eliminar manchas de agua seca en vasos y platos. Los productos de enjuague hacen que el agua resbale de los objetos, sin dejar marcas al secar; son de mucha ayuda en los sitios que tienen agua dura.

QUÉ NO PONER EN EL LAVAPLATOS

El cristal fino lávelo a mano, y ponga una toalla en la base la pileta antes de hacerlo, para amortiguar golpes.

Vasos o platos con bordes de oro

Vajillas antiguas, porcelana pintada a mano

Metal laqueado

Vajillas de porcelana con dorados (una muy buena razón para no comprar estas vajillas). Si necesitan ser pulidas, frótelas con una pasta de bicarbonato de soda, enjuague y pula hasta secar.

Nada que tenga manijas de hueso, marfil o madera.

Utensilios de madera. Se hincharán y agrietarán.

Cristal. Si tiene agua blanda la combinación de agua blanda y detergente para lavadora de platos causa que se opaque. Mi solución para esto sería, que compre el cristal más barato que consiga, continúe usando su lavadora de platos y que lo reemplace a medida que se vaya dañando.

Cuchillos afilados. Se frotarán contra otros cuchillos y perderán el filo.

Cubiertos de plata y de acero inoxidable. Vea la explicación en la sección de cómo lavar los cubiertos de plata.

Si el lavaplatos trabaja mejor durante el verano que en el invierno, puede haber un enfriamiento en el conducto del agua caliente. Prenda la máquina al medio día, cuando el ambiente está más cálido, o deje correr el agua hasta que esté caliente antes de encender el lavaplatos. De otra

QUÉ PONER EN EL LAVAPLATOS, ADEMÁS DE PLATOS

Los fabricantes de lavaplatos automáticos no recomiendan lavar nada más que platos en la maquina. Todo lo demás que usted ponga es a su propio riesgo. Los artículos pequeños que son livianos (pequeñas pieza plásticas de vajilla, por ejemplo) deben ponerse en los bolsillos de los bolsillos de la canasta o en las redes en que vienen las cebollas, amarradas fuertemente por los dos extremos. Algunos otros artículos para las lavadoras de platos son:

Gorras de beisból

Cepillos y peinillas

Bandeja escurridora plástica

Juguetes (ponga piezas pequeñas dentro de una bolsa de red.)

Vajilla plástica para picnic

Las tazas de las ruedas del automóvil

Cepillos de dientes (para desinfectarlos si ha tenido una gripe o se han caído al piso.)

forma, es posible que tenga que aislar las cañerías o instalar un calentador de agua. (Pregúntele al plomero.)

Al vaciar el lavaplatos envuelva en una servilleta un servicio completo de platos para cada miembro de la familia, en lugar de ponerlos en los gabinetes. De esta forma, los niños podrán ayudar a poner la mesa y el trabajo se hará más rápido.

EL REMOJO EN LA PILETA

Si al tapar la pileta para platos el agua se va por el desagüe de todas maneras, ponga un poco de plástico para envolver debajo del tapón y obtendrá un sello ajustado. Es excelente si va a dejar algo en remojo toda la noche.

Plata pura y plateados

La sal y los huevos manchan la plata, así que enjuague tan pronto termine. Si el huevo se ha pegado, frótelo con un poquito de sal y luego enjuague.

Las bandas elásticas mancharán la plata verdadera y la tinta del papel periódico dañará el plateado.

Puede evitar la limpieza, si la hace dar un acabado de laca, pero esto es como cubrir sus tapizados con plástico: tal vez demasiado práctico.

Aunque no puede evitar el ennegrecimiento de la plata, hay varias formas de reducirlo:

• Guarde sus objetos de plata en bolsas de una tela con un tratamiento especial. O en cajas forradas con telas especiales que venden en las joyerías, en la sección de plata de los negocios de departamentos y algunas veces en la ferretería. O, utilícelas a diario. Esto evitará el ennegrecimiento.

• Los negocios de telas también venden las telas con el tratamiento especial, para forrar sus cajones donde guarda la plata.

• Compre tiras que evitan el ennegrecimiento y el moho, o cuadrados de alcanfor, y guarde la plata con ellos pero sin que la toquen. (Algunas personas la guardan envuelta en plástico, pero con el tiempo, junta humedad y mancha los objetos de plata.)

• No utilice guantes de goma cuando limpie la plata, hacen que ennegrezca.

El pulimento de plata es abrasivo, así que pida en la ferretería (o en la platería) que le recomienden un limpiador que sea suave y que no tenga que usarse muy a menudo. Evite los productos fuertes que contengan sílice, amoníaco o inhibidores de pátina— como los de untar. Prepare su propio limpiador con carbonato de calcio (lo consigue en la ferretería) y partes iguales de alcohol desnaturalizado y agua destilada, apenas lo suficiente para formar una pasta. Si tiene tan sólo una o dos piezas para limpiar, puede hacerlo con una pasta de bicarbonato de soda y agua o con un poco de pasta dental blanca que no sea en gel. Frote con un trapo suave, enjuague y pula. Siempre lave la pieza con detergente suave para sacar todos los restos del limpiador. Hay una forma rápida para limpiar la plata auténtica (pero no los plateados) llamado método electrolítico. Hace tan buen trabajo que quita toda la suciedad inclusive en piezas con figuras que la juntan. La plata queda reluciente. Por otro lado, ¡es fácil! Hierva un litro de agua en una olla que no sea de aluminio, agregue una cucharada o dos de bicarbonato de soda y una cucharada de sal común. Ponga una pieza de 4 pulgadas, o una bola arrugada de papel de aluminio dentro de la olla. Coloque cada pieza de plata separadamente— no amontone. El papel de aluminio recoge la suciedad (lo mismo que cualquier parte de la plata que quede fuera del agua). Retire las piezas con pinzas después de 5 minutos.

PRECAUCIÓN: No mezcle el acero inoxidable y la plata auténtica dentro del lavaplatos. Si se tocan, crearán una reacción química que dejará puntos negros sobre la plata.

Cristal fino

Ponga una toalla en el fondo de la pileta de lavar para que amortigüe los golpes. Ponga el cristal en la pileta con agua, apoyando la base de la pieza primero para evitar roturas. Agregue un poco de amoníaco al agua y detergente, pero no mezcle con ellos blanqueador con cloro.

Limpiar el baño

Le debo mi educación al baño, no porque haya leído mucho en él, sino por mi madre Pearl, que mantuvo a la familia vendiendo jacuzzis. Ella comenzó su propia fábrica, Pearl Baths, cuando estaba en sus cincuentas y todavía hoy son exitosos. Cuando los entrevistadores me preguntan cómo me volví tan sagaz, les digo que obviamente es genético.

A mí nunca me molestó lavar el baño.

DOS ARTÍCULOS QUE NO PUEDEN FALTAR EN SU BAÑO

Una sopapa en caso de que el inodoro se tape.

Rollos adicionales de papel higiénico en un lugar donde un invitado pueda encontrarlos.

Lo mínimo que necesita saber sobre la limpieza del baño:
- Mantenimiento semanal / limpieza profunda
- Agilizando la limpieza en el baño
- Problemas específicos de limpieza

Limpieza semanal

Necesitará limpiador abrasivo líquido, limpiadores comunes y algunos más fuertes, trapos de esponja, estropajo de esponja, escoba o aspiradora y cepillo para el inodoro. Saque el tapete del baño para después sacudirlo y lavarlo.

Rocíe líquido limpiador abrasivo en el piso de la ducha, dentro de la bañera, en el inodoro, en el lavamanos y en la jabonera. Restriegue con una esponja y enjuague con otra.

Rocíe limpiador alrededor de la base del inodoro y debajo del lavamanos. Lave con una esponja reservada para la limpieza del inodoro y enjuague con otra.

Levante la tapa del inodoro: rocíe la loza y la tabla con limpiador desinfectante. (Para este trabajo utilice papel higiénico y luego tírelo.) Lave la tapa del inodoro de la misma forma.

Rocíe limpiador para inodoros dentro de la taza, restriegue con el cepillo de inodoros.

O, si no le gusta este método utilice esponjillas desechables (Johnny Mops).

Rocíe limpiavidrios en los espejos, en los lados de la tina y sobre el tocador. Para hacerlo más rápido utilice sólo una esponja para limpiar y otra para enjuagar. Barra o aspire los pelos del piso y trapee con el estropajo de esponja recomendado en la sección "Limpiar los pisos" de este capítulo.

Limpiar cuando es necesario

Si están sucios, la cortina de la ducha, el forro de la cortina y el tapete de vinilo del baño, se pueden lavar en la lavadora. (Instrucciones en la página siguiente.)

Utilice un desmineralizante (un limpiador que remueve depósitos minerales y de cal) para quitar manchas de agua dura en las paredes y la puerta de la ducha y de la bañera. Si la lechada de las baldosas se enmohece, use un limpiador de moho o una solución de ¼ de taza de blanqueador

en un litro de agua. Rocíela sobre el moho, déjela un rato y luego enjuague. Más adelante utilice un sellador de cemento y no tendrá que repetir el trabajo pronto.

La ducha completa puede necesitar de vez en cuando ser rociada con un limpiador para trabajos pesados. Utilice una esponja para restregar y otra para enjuagar.

Siete artículos que agilizan la limpieza del baño

Alguno, si no todos, deberán servirle:

1. **Espuma para baño.** No sólo es un placer libre de culpa (¿qué más le queda después de haber dejado el alcohol, cigarrillo, café, azúcar, grasa y manejar cuando debe caminar?) sino que también elimina las manchas de la bañera. Pruebe hasta que encuentre uno que a usted le guste; mi preferido es el champú genérico (sin marca comercial) para niños.

DESEMPAÑADOR DE ESPEJOS

Rocíe con una capa fina de crema de afeitar en el espejo seco, frote con un trapo que no suelte pelusa, hasta que la crema desaparezca y el espejo no se empañará cuando usted tome una ducha caliente. Un antiguo marino me contó que había aprendido este truco en el servicio. Él no sabe por qué funciona (tampoco yo) pero así es. Repita el proceso de vez en cuando. O mantenga velas prendidas mientras toma su baño. O deje correr una pulgada de agua fría antes de agregar el agua caliente a la tina o dirija el secador de pelo hacia el espejo.

2. **Esponjas.** Limpie la bañera antes de salir de ella; pásele una esponja al lavamanos inmediatamente después de lavarse los dientes. El trabajo queda hecho sin tener siquiera que pensar en él. Cada uno en la casa debería hacer lo mismo; sería más fácil, si usted deja las esponjas y el líquido abrasivo en un sitio fácil de alcanzar. Ponga una esponja pequeña bajo el jabón y casi nunca tendrá que limpiar la jabonera.

3. **Escurridor de vidrios.** Si usted lo cuelga cerca de la ducha y limpia la ducha después de

cada uso, no tendrá moho ni depósitos que se acumulen.

4. **Estropajo para niños.** Para limpiar la bañera o las paredes de la ducha sin tener que agacharse, estirarse o arrodillarse.

5. **Cera para muebles** o para automóviles. Para reducir el problema de la suciedad del jabón y de los depósitos minerales y de cal, encere y pula todo desde los azulejos hasta la puerta de la ducha (pero no el piso de la bañera, quedaría muy resbaloso). Así se pegara la suciedad del jabón ni los minerales ni el calcio pues serán repelidos.

6. **Aspire.** Debe aspirar el piso cuando está seco para recoger los pelos.

7. **Brocha o rodillo.** Si está usando un producto limpiador fuerte o blanqueador para limpiar los azulejos, no use guantes de goma y corte el tiempo el trabajo más rápido "pintando" el producto y después enjuagándolo.

Mesada del baño

Generalmente las mesadas del baño son de azulejos (con lechada), mármol o laminados de plástico. Todos se rayan fácilmente, pero el mármol, como es sólido y no un revestimiento, se puede reparar fácilmente si se quema o tiene otro daño. Use un limpiador abrasivo líquido.

Si la lechada de los azulejos necesita limpieza, utilice ¼ de taza de blanqueador en un litro de agua o un limpiador comercial para hongos o lechada.

Grifería

Para limpiar la de acero inoxidable, lea la página 138. Para limpiar el cromo, lea la página 159. Utilice lustrador de muebles común para los toalleros de madera, la tabla y la tapa del inodoro y los demás accesorios de madera. Aplique y pula.

Para el bronce, utilice limpiador comercial de bronce, un limón untado de sal, o una pasta de partes iguales de vinagre, harina y sal. Pula con aceite mineral.

PRECAUCIÓN: Los limpiadores fuertes pero efectivos, pueden dejar una película en muchas clases de grifería metálica (dorada o bronce). Lea las etiquetas y pruebe el limpiador en un lugar escondido.

Botiquín de medicinas

Los estantes de un botiquín de metal para medicinas se oxidan. Fórrelos con plástico autoadhesivo (*contact paper*) para limpiarlos con facilidad.

Espejo

Lave con limpiador casero de ventanas (*véase* "Ventanas" en este capítulo). O con vinagre frotado con una esponja y secado con papel periódico. O rocíe con una mezcla de amoníaco y agua (1 cucharada de amoníaco por litro de agua) y seque con una franela. Limpie la laca para el pelo frotando con alcohol de fricciones. O aplique solvente de pintura diluido, en una habitación bien ventilada.

Cortinas de la ducha de plástico o vinilo

Llene la máquina lavadora con agua tibia, agregue ½ taza de detergente y ½ taza de bicarbonato de soda. Ponga la cortina con dos toallas de baño y coloque el ciclo completo de lavado. En el ciclo de enjuague agregue una taza de vinagre. No lave el vinagre de nuevo, no centrifugue y cuelgue las cortinas de inmediato.

Para evitar o eliminar el moho en la base de la cortina o del forro, corte 1 pulgada ó 2 de la base. Continúe dando un recorte cada vez que sea necesario, y si la cortina se acorta demasiado, agregue otro juego de anillos debajo del primero.

Puertas de la ducha

Limpie las puertas de vidrio de la ducha con aceite de limón, solución para lavar ventanas o con prelavado o desmineralizador de lavandería. Luego póngales una capa de cera.

Para limpiar los rieles, quite las puertas levantándolas. La mejor herramienta para limpiar los rieles es uno de esos "pinceles de esponja" que venden los negocios de pinturas.

REPARANDO ORIFICIOS

Para reforzar los ojales de donde cuelga la cortina de la ducha (o reparar los que se hayan roto) tome una cinta transparente a prueba de agua, y péguela a lo largo de la parte superior de la cortina, utilizando un perforador para rehacer los orificios.

Bañera y lavatorio
La mayoría de las bañeras son de porcelana sobre acero, que resiste las manchas mucho mejor que las viejas de porcelana sobre hierro colado y que las nuevas de fibra de vidrio. La porcelana se puede limpiar con un limpiador abrasivo líquido. Para la fibra de vidrio, hay limpiadores especiales que se consiguen en el supermercado o en las tiendas náuticas.

PÓNGALA JUSTO AHÍ

El mejor reemplazo para el tapón de la bañera es una pelota de golf. La presión del agua corriente no la sacará de su puesto fácilmente y si la patea por accidente, rodará de vuelta al desagüe.

Taza y tanque del inodoro
Vierta un poco de limpiador líquido dentro de la taza y restriéguelo alrededor con el cepillo del baño o con una esponjilla desechable Johnny Mops.

Los limpiadores del tanque (que nunca se deben mezclar con los limpiadores de la taza) ayudan a prevenir las manchas en la taza del inodoro, pero no limpian en realidad. Si no tira la cadena del inodoro por lo menos una vez al día, los químicos acumulados pueden dañar el tanque. Yo no creo que estos productos para tanques sean de gran utilidad, úselos si le gusta tener agua azul dentro de su inodoro.

El tanque en sí se puede limpiar con Iron-Out, un trabajo por el cual yo no me preocuparía.

Alfombra de goma para la bañera
Póngala en la lavadora. Si tiene moho, colóquela con un lavado al cual le vaya a agregar blanqueador de cloro. Séquela al aire, de preferencia al sol.

Tacho o cesto de basura
El mimbre puede ser restregado con agua jabonosa tibia, enjuagado con agua salada y secado al aire.

El plástico se lava con limpiador líquido cuando se ve sucio.

Manchas en los baños y otros problemas
Manchas marrones en el inodoro. Primero, vierta un balde de agua dentro de la taza para desocuparla. Rocíe la taza con limpiador, déjelo de 2 a 3 horas. Si la taza está muy manchada, es posible que tenga que recurrir a un limpiador químico, que contenga ácido sulfúrico o clorhídrico. Úselos con sumo cuidado.

Si eso no es suficiente, frote el área con una piedra pómez especial para limpiar porcelana. O hable con el proveedor local de productos para piscinas o vaya a un negocio de productos para la construcción, para que le informen sobre un examen al agua y un tratamiento en dos etapas para quitar el hierro y suavizar el agua.

Cañerías tapadas. Si tiene mucho pelo que se ha ido por la cañería, ese tenedor de *fondue* que nunca usa, puede ser la herramienta perfecta para sacarlos. Luego, ponga una pequeña bola de red dentro del drenaje para sacar los pelos; reemplace la malla de vez en cuando, por una nueva. Yo estoy en contra de los limpiadores químicos de drenajes, excepto cuando la situación es desesperada. Como los químicos pueden dañar la porcelana, nunca deje la solución mojando la porcelana. Lea las ideas para la reparación de drenajes en Capítulo 5.

Depósitos minerales en los grifos. El vinagre blanco removerá las manchas del agua dura en el grifo de su ducha. Si usted no la puede sacar para sumergirla en un tazón, ponga vinagre en una bolsa, amarre la bolsa alrededor del grifo y el cuello y ponga una banda elástica. Déjelo allí por varias horas. Saque la bolsa, restriegue el residuo con una esponjilla de nylon y si queda algún orificio tapado, destápelo con un palillo.

Si todavía quedan manchas, pruebe un producto comercial que limpie depósitos minerales y cal.

Depósitos minerales sobre el mármol. Empape algunas toallas blancas de papel con una solución de agua oxigenada, póngalas sobre las manchas y cubra con plástico. Déjelo por 5 minutos y luego enjuague. Si el problema es severo, puede necesitar un limpiador comercial para bañeras y azulejos o un desmineralizante que contenga fósforo y otros ácidos.

Óxido en el lavatorio y la grifería. Pruebe con jugo de limón y sal. O use un limpiador de óxido comercial. O una vez al mes, rocíe una capa de Tang o de Kool-Aid de limón por los lados y dentro del agua, deje por una hora, cepille y suelte el agua. Repita si es necesario. (El ácido cítrico oxida la herrumbre.) O utilice toallas de papel empapadas de blanqueador, en un lavatorio blanco, dejándolos allí por una hora.

Manchas en la bañera. Para limpiar una bañera de cualquier tipo, muy manchada, rocíe el piso con limpiador de hornos, déjelo de 15 a 20 minutos y luego lave. Si está rayada, lije con papel de lija al agua, luego encere con cera para automóviles, para quitar los rayones más suaves. Frote haciendo círculos.

Manchas blancas en los azulejos. Eflorescencia es el nombre técnico del polvo blanco que aparece después de un tiempo de la instalación, o periódicamente más adelante. Como sólo es una capa de sales que se disuelven en agua, cepíllelas cuando estén secas. O permita que desaparezcan con el tiempo. Un baño ácido se utilizará como último recurso, particularmente porque puede dejar un depósito blanco-amarillento, que será más difícil de limpiar que el problema original.

Limpiar los dormitorios

Lo mínimo que necesita saber sobre la limpieza de los dormitorios:
- Limpieza semanal / limpieza profunda
- Pasos para tender las camas

Limpieza semanal
Necesitará: aspiradora, limpiador de vidrios, limpiador suave, limpiador fuerte, lustra muebles, franelas o trapos.

Guarde toda la ropa.

Abra las ventanas para airear la habitación.

Limpie las manchas de los espejos y de las ventanas con un limpiavidrios; limpie los muebles con lustrador o Endust para sacar el polvo y las marcas en las paredes con un limpiador fuerte.

Cambie las sábanas.

Utilice la franela en las ventanas, las persianas y los muebles.

Aspire las áreas de tráfico pesado.

Limpiar cuando sea necesario
Reorganice cajones y estanterías.

Aspire los estantes y los pisos del armario.

Aspire los cajones. (Si no quiere desocupar-

los, ponga un trozo de una media de nylon, cubriendo el tubo de la aspiradora, para que no se coma ningún artículo pequeño o pieza de joyería.)

Aspire toda la alfombra o el tapete o lustre el piso de madera.

Aspire los bordes de las ventanas, las paredes, los techos y las tapicerías de los muebles.

Aspire los colchones (de vez en cuando).

Lustre los muebles.

Lave el protector de colchón, las fundas, las almohadas y las cortinas.

Desempolve las pantallas de las lámparas y las fotografías.

Lave en casa o a seco la colcha y las colgaduras.

Dé vuelta al colchón.

CÓMO DARLE VUELTA A UN COLCHÓN

Ponga una cinta con el número 1 para marcar donde pone las almohadas en este momento, y otra cinta con el número 2 a los pies del colchón. Voltee el colchón y marque igual con 3 y 4. Más o menos cada 6 meses, mueva el número siguiente a la posición de las almohadas. A mí nunca me pareció importante esta tarea, hasta que vi cómo el colchón de la cuna de un bebé se rajó por la mitad después de tan sólo dos años de uso (sin rotación). Imagínese tan sólo la diferencia de uso que le puede dar un infante a un colchón, comparándolo con un adulto.

Los colchones de espuma necesitan voltearse menos frecuentemente.

Ponga las almohadas dentro de la secadora en el ciclo sin calor. Esto les saca el polvo.

Cómo hacer la cama fácilmente

Asumo que usted ya utiliza sábanas ajustables para el colchón. Yo sugiero que utilice un edredón con funda como sábana / cobija / cubre lecho (*véase* la sección de camas en "Equipar el hogar", Capítulo 1).

Al eliminar el cubrecama y combinando la sobresábana con el edredón, usted obtendrá una cama organizada en pocos segundos. Y si usted ahorra 5 minutos al día, lo que viene a ser 30 horas, es casi una semana laboral por año.

CÓMO HACER UNA CAMA

Si a usted le gusta la cama tradicional con sábana y sobre sábana y nunca le enseñaron cómo hacerla en el campo de vacaciones o en el ejército, ésta es la forma:

1. Estire el protector del colchón.

2. Ponga la sábana inferior. Si es ajustable, quedará en su lugar fácilmente. (De otra forma, véase las instrucciones para doblar las esquinas de las sábanas como en el hospital.)

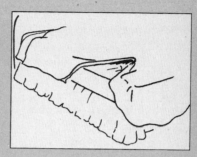

3. Centre la sobre sábana sobre la cama. El dobladillo ancho va hacia arriba, más o menos a un pie de la cabecera. Si la sobresábana es estampada, póngala al revés, para que cuando la doble sobre la cobija, quede al derecho.

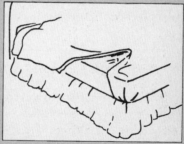

4. Ponga la cobija sobre la sobresábana, como a 1½ pies de la cabecera. (Si usted utiliza un marcador de lavandería, hágale una pequeña X en el centro de la sobre sábana, para poderla alinear fácilmente.)

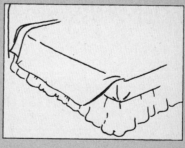

5. Dele la vuelta a la cama sólo una vez, así lo hacen las mucamas de los hoteles, doblando al mismo tiempo la sobresábana y la cobija. Para hacer "la esquina de hospital", levante la punta de la sábana (y al tiempo la de la cobija) unas 15 pulgadas por encima de la pata de la cama. Levántela de manera que haga un doblez diagonal. Apoye el doblez sobre el colchón. Tome la parte de la sábana y de la cobija que quedan colgando y métalas por debajo del colchón. Suelte el doblez, alíselo, y métalo también debajo del colchón.

6. Doble la parte superior de la sobresábana por encima de la cobija, cerca de la cabecera. Ponga de nuevo las almohadas. Coloque el cubrecama si lo desea.

Estos arreglos no son para las personas a las que les gustan muchas almohadas y cojines —yo soy una de ellas— pero también tengo consejos para este tipo de gente.

Doble las sábanas a lo largo cuando las ponga en el armario (siempre doble dos sábanas juntas con sus fundas compañeras, para hacer un paquete fácil de encontrar). Cuando las ponga en la cama, habrá una división larga y derecha en el centro que le ayudará a centrarla rápidamente. Es posible que la cabecera de su cama tenga algún diseño justo en el centro que le servirá como guía.

Si necesita algún lugar para colgar el cubrecama en la noche, coloque un toallero en la parte de atrás de la puerta de la alcoba.

Otras cosas para limpiar en la alcoba

La mayoría de las camas modernas, sólo necesitan desempolvarse ocasionalmente alrededor del marco.

Cabecera / piecera. Tanto las cabeceras y pieceras barnizadas y como las de las camas de bronce pueden ser desempolvados, y después frotadas con una franela o un trapo humedecido ligeramente con aceite de limón. Las cabeceras de madera se pueden limpiar con lustrador para muebles, las laminadas con limpiador de todo uso o con abrasivo líquido y las esmaltadas con agua y jabón.

Colchones. Si el colchón está mohoso, utilice un limpiador comercial para tapizador. O prepare una mezcla de ½ cucharadita de detergente líquido para lavaplatos en 1 litro de agua tibia. Bátalo con un batidor de huevos para hacer espuma, aplique la espuma con una esponja o con un cepillo suave sin mojar el colchón. Trabaje áreas pequeñas, sobreponiéndolas para evitar las manchas. Cambie el agua del enjuague frecuentemente para mantenerla limpia. Deje secar un lado antes de hacer el otro. (Un ventilador puede ayudar.)

He oído que han utilizado una aguja hipodérmica para inyectar un colchón mohoso en varios

CÓMO DOBLAR UNA SÁBANA AJUSTABLE

1. Sosteniendo la sábana a lo largo, meta sus manos dentro del "bolsillo", luego acerque sus manos, palma contra palma. Voltee la esquina izquierda de adentro hacia fuera, acomodándola sobre la esquina derecha. Haga lo mismo con las otras dos esquinas.

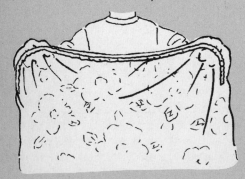

3. Ponga la sábana plana, alísela, dóblela hasta que haga un paquete ordenado que se acomode a su armario de ropa blanca.

2. Ahora repita, volteando los bolsillos doblados con el izquierdo hacia dentro para que se acomoden sobre los otros dos. Quedan todos anidados.

puntos, con un removedor de olor comercial, pero no es una solución para todos. Para una limpieza casera efectiva, necesitará una limpieza de extracción. (*Véase* "Aspiradoras" en "Equipamiento" en Capítulo 1.)

Almohadas. Excepto por el kapoc, una cubierta de semillas, la mayoría de las almohadas se pueden lavar.

Las de poliéster, espuma, plumas y plumones se pueden lavar a mano con detergente líquido en agua fría, o a máquina, preferiblemente dos a la vez en el ciclo corto de ropa delicada de las máquinas corrientes. (Si son realmente grandes, llévelas para que se las laven en una máquina comercial grande.) Deben ser enjuagadas a fondo.

Las almohadas que no son de espuma, generalmente se pueden secar en calor bajo. Si son de pluma o plumón ponga algunas pelotas de tenis dentro de la máquina para que las esponjen. O cuélguelas en el tendedero para que se sequen.

De tiempo en tiempo, las almohadas que no son de espuma se pueden poner en la secadora con poco calor —no necesita lavarlas primero— para sacar el moho y evitar que crezca uno nuevo. Unas vueltas sin calor las henchirá, y les quitará el polvo. Lave las cubiertas de las almohadas ocasionalmente (cerrando las cremalleras antes de ponerlas en la máquina).

Cobijas. A excepción de las antiguas cobijas de lana, la mayoría de las cobijas se pueden lavar a máquina, incluyendo las nuevas de lana. Asegúrese que su máquina es lo suficientemente grande para que las cobijas se muevan con libertad. Para evitar que se pelen, déjelas en remojo por 10 minutos y luego lávelas en un ciclo corto.

Las mantas eléctricas no se pueden lavar ni limpiar en seco con solventes ni con soluciones a prueba de polillas, se puede dañar el cableado.

Edredones y colchas. Los nuevos edredones se lavan a máquina, pero los más viejos y las colchas de retazos se pueden romper (especialmente si no ha remendado pequeños daños antes de lavarlos y con seguridad si tienen relleno de algodón).

Cuando los vaya a lavar a máquina, sumérjalos primero por 10 minutos en una solución de detergente y agua, luego lávelos en un ciclo suave y corto.

Si quiere lavarlos a mano, haga primero un examen de color (*véase* el recuadro en Capítulo 4), enjuague todo el detergente después de lavar y séquelo a fondo, especialmente si lo va a guardar.

Sábanas. *Véase* "Lavado de toallas, sábanas y fundas", Capítulo 4.

Es probable que el trabajo de la casa atrajera más personas, si los diseñadores hicieran trajes especiales para hacerlo.

Limpiar la sala de estar

Limpieza semanal
Retire todos los artículos que no pertenezcan al lugar. Descarte todas las revistas viejas, periódicos, y demás.

Utilice limpiador para trabajos pesados para las paredes, alrededor de los interruptores.

Desempolve las superficies.

Utilice un limpiador de vidrios para limpiar las ventanas, la pantalla del televisor y los vidrios de las mesas.

Aspire las áreas de tráfico pesado.

Limpiar cuando se necesite
Aspire toda la alfombra; lave o haga limpieza profunda.

Lustre los muebles y / o encere.

Desempolve los cuadros, las pantallas de las lámparas, aspire detrás y adentro del piano.

Planear la limpieza

¿Necesita una limpieza anual?
El que necesite una limpieza anual depende de su metabolismo. Algunas personas muy organizadas les gustan distribuir el trabajo, mientras que a otras les encanta la presión y la gratificación inmediata de un trabajo relámpago.

La llegada simultánea de la fiebre y la limpieza de primavera, siempre me ha parecido un ejemplo de la mala programación. Es una costumbre que nos ha quedado de la época de los días en que se quemaba carbón, cuando la casa estaba llena de hollín al llegar la primavera. Hay gente que prefiere limpiar en primavera, para renovarse y refrescarse como la Madre Naturaleza.

Hay otras personas que hacen la limpieza en el otoño. Si usted vive en el norte y va a pasar un largo invierno adentro, disfrutará mucho de una casa limpia y como las ventanas permanecerán cerradas por mucho tiempo, permanecerá limpia por más tiempo. Y si de todas maneras tiene que limpiar para las fiestas, tiene más sentido hacer la limpieza anual en este momento.

Lista personal de limpieza

Sin importar qué ocasional sea usted con respecto a limpieza, hay algunas tareas que deben hacerse. No son necesariamente las tareas que harán que la casa se vea mejor, sino aquellas que mantienen los gérmenes y los insectos controlados, y las cosas que posee en buen estado. Si no limpia el filtro del aire acondicionado, el aparato se puede tapar y dañarse del todo. Si nunca voltea los colchones, estos literalmente se romperán por la mitad. En la lista que hago a continuación, sobre los trabajos de rutina, he marcado las tareas esenciales con las que se debe comenzar, que en la escala de importancia de 1 a 10, siendo 10 lo más importante, son 10.

Los otros trabajos que encuentre en la lista, están allí por si usted necesita una guía o tiene algún tiempo libre que no sabe cómo utilizar. Yo, personalmente detesto las listas, pues me recuerdan al colegio y no dejo de insistir en que la limpieza es por mucho una materia de gusto y un estilo de vida.

Si usted pone la colcha sobre la cama en las mañanas, se va para el trabajo, y luego en la noche la dobla con cuidado, es posible que no tenga que limpiarla más de una vez al año. Pero si los chicos y el perro andan por ahí todo el día, estoy segura que tendrá que lavarla más seguido.

En mi casa los cuadros y las fotos se desempolvan cada dos semanas. Por otra parte nunca hago lavar las colgaduras, pues pienso que nunca se verán o colgarán igual otra vez. Tan solo las aspiro de vez en cuando para desempolvarlas y cuando comienzan a verse mustias, las reemplazo.

Para hacerla sentir mejor acerca de lo que usted está haciendo (o no), quiero recordarle que a pesar de los rumores, en ninguna parte de la Biblia dice que "la limpieza nos acerca a la divinidad". Tal vez a su madre le moleste ver que sus muebles tengan polvo, pero eso no la meterá en problemas en la otra vida.

Semanalmente
- Aspire las áreas de tráfico pesado en los pisos duros y las alfombras
- Desempolve y lustre los muebles. Vacíe todos los cestos de basura
- Cambie las sábanas
- Haga la limpieza de la cocina (descrita anteriormente)
- Haga la limpieza del baño (descrita anteriormente)
- Haga la limpieza de la sala (descrita anteriormente)

Cada dos semanas
- Limpie o reemplace el filtro del aire acondicionado (solo en verano)

Mensualmente o cuando sea necesario
- Lave los tapetes del baño
- Limpie la pantalla del televisor, espejos, cuadros, artículos pequeños
- Limpie el horno
- Aspire

Cada dos o tres meses o cuando sea necesario
- Pula la plata
- Limpie los marcos de las ventanas
- Desempolve los artículos pequeños

Cada seis meses o cuando sea necesario
- Descongele el refrigerador / congelador (o cuando el hielo alcance $\frac{1}{4}$ de pulgada de espesor)
- Aspire los serpentines del refrigerador
- Limpie las pantallas de las lámparas
- Limpie los gabinetes de la cocina
- Lustre los muebles
- Desempolve los enchufes, marcos de los cuadros, cosas altas, libros, pinturas, lámparas
- Lave las ventanas y los mosquiteros
- Limpie las arañas de luces y lámparas
- Lave las paredes y las maderas
- Lave el protector de colchón, las cubiertas de las almohadas, airee las almohadas

- Dele vuelta a los colchones
- Lave la cortina del baño
- Limpie el piso del armario y organícelo
- Aspire las cortinas y las colgaduras

Anualmente o cuando sea necesario
- Lave con champú las alfombras y tapetes; gire los tapetes para que se gasten parejos
- Aspire los antideslizantes del tapete
- Saque la cera vieja y vuelva a sellar las superficies de los pisos duros
- Lave las cortinas y las persianas
- Lave las colgaduras o póngalas en la secadora con aire solo
- Lave las paredes del baño
- Lave las colchas, cobijas, cubiertas de los muebles
- Limpie y organice el sitio de trabajo
- Mueva los muebles pesados y limpie detrás
- Limpie los cuadros y los marcos y las paredes que están detrás

Limpieza de emergencia en diez minutos
Si usted no tiene ayuda para la limpieza (y aunque la tenga), es probable que su casa no esté siempre lista para los visitantes. La pesadilla clásica es que los amigos llaman desde calle para decir que están en el vecindario. Usted hace lo correcto y los invita, pero su casa es un desastre y tiene solo diez minutos para limpiar. Esto es lo que tiene que hacer y el orden en el que debe hacerlo:

1. Péinese y revise su maquillaje. Ellos observarán primero como luce usted y luego verán la casa.

2. Cierre las puertas de las habitaciones que no estarán en uso.

3. Tome una caja. Ponga en ella todo lo que no deba estar en el piso y las superficies de la sala, el comedor y la entrada. Esconda la caja donde no la vean.

4. Lleve un limpiador suave y un lustrador de muebles a la habitación donde van a estar sentados y limpie la mugre visible de las superficies, como el vidrio de la mesa de centro y auxiliares de la sala.

5. Sacuda los cojines.

6. Mire el baño. Las manchas de crema dental y los pelos en el lavabo dan una muy mala impresión. Ponga todo el desorden, incluyendo las toallas sucias, dentro de la canasta, o detrás de las cortinas cerradas de la ducha. Limpie el lavabo con una esponja o con papel higiénico. Ponga una toalla limpia y asegúrese que haya papel higiénico. Los pequeños detalles significan mucho.

7. Si tiene tiempo, aspire la sala.

8. Entre en la cocina y recoja los platos sucios y póngalos dentro de la lavadora de platos o dentro del horno. Desocupe las mesadas. Para esto puede tener algún tiempo luego, cuando después de saludar a sus huéspedes, entre de nuevo a la cocina para prepararles un trago, pero siempre existe el peligro que el invitado la siga hasta allí.

9. Rocíe un aerosol de pino por todo el lugar. Crea la impresión de que todo ha sido restregado a fondo.

Es injusto que para limpiar cualquier cosa, uno deba ensuciar otra.

¿Cómo se limpia el…?

Los trabajos de limpieza que he descrito hasta ahora, representan la mayoría de los problemas de limpieza que se presentan en una casa. Existe la posibilidad que usted posea artículos que necesiten de una atención especial. ¿Cuándo se deben limpiar? Cuando se ven sucios. ¿Cómo? Las respuestas están aquí.

Filtro del aire acondicionado (aire acondicionado de ventana)
Limpie regularmente para que trabaje bien, siguiendo las instrucciones de su manual. Probablemente le dirá que aspire los serpentines y que quite la mayor cantidad de polvo y de mugre que le sea posible. Si no le son accesibles sin remover la unidad completa, es posible que tenga que pedir la ayuda de un profesional.

Un filtro lavable generalmente se sumerge en detergente con agua tibia, algunas veces con unas gotas de desinfectante. Enjuague y seque a fondo, antes de ponerlo de nuevo en su sitio. Si está realmente dañado, reemplácelo. El costo de reemplazar el filtro, es menor que el costo del cambio total de la unidad, porque el filtro no esté haciendo su trabajo.

Alabastro

Utilice un trapo húmedo para aplicar agua tibia, con unas gotas de jabón para lavaplatos. Enjuague bien o quedarán marcas.

Los adornos pequeños de alabastro rociados con brillo cerámico, atraerán menos el polvo.

Flores artificiales, secas o de seda

Si las flores no se enroscan, póngalas en una bolsa con sal y sacúdalas. Aunque no vea una gran diferencia, mire el color de la sal y notará cuanta mugre les sacó. También puede limpiar flores de seda sin utilizar agua, poniéndolas en una funda para almohadas, cerrando con un nudo, y poniéndolas dentro de la secadora de ropa con un trapo mojado. Ponga el ciclo "sólo aire" (*air only*) por 20 minutos.

> ### DISEÑO FLORAL
>
> Si usted tiene un arreglo floral, diseñado especialmente y lo quiere mantener intacto, antes de remover las flores una por una para limpiarlas, marque los sitios donde se encuentran, con agujas de tejer, palillos de *shish kebab* o palillos de comida china.

Flores artificiales de poliéster

Deles una buena capa de rociador acrílico (del almacén de manualidades) y resistirán la mugre y el polvo. Si están muy empolvadas, lávelas con agua tibia espumosa o con limpiador de ventanas o con ¼ de taza de amoníaco y el agua necesaria para llenar una botella rociadora de un litro. Rocíe generosamente, enjuague con agua limpia, sacuda y déjelas escurrir o séquelas a golpecitos de toalla. También puede saturar un trapo de esponja con removedor de polvo, con lustrador para muebles o con un poquito de agua, para limpiar las hojas y las flores.

Toldos, lonas

Lave con manguera. Si están muy sucios, frote un cepillo duro sobre una barra de jabón de nafta y restriegue, en la dirección de los hilos. Rocíe con soda de lavado seco y luego enjuague bien con la manguera. No enrolle los toldos hasta que no estén bien secos.

La lona que se vea muy gastada, se puede pintar con pintura especial para lona.

Toldos de metal

Compre uno de los implementos para rociar insecticida con la manguera. Llene la botella con agua y unas gotas de detergente. Rocíe, restriegue con un cepillo de mango largo. Enjuague con manguera.

Parrilla para barbacoas

Utilice un limpiador de todo uso o soda de lavado en la parte de afuera fría, pero si está muy sucia, utilice solvente de pintura.

> PRECAUCIÓN: Es muy inflamable. Use guantes de goma.

Moje un trapo limpio en el solvente y frote. La parrilla se puede limpiar con solvente para pintura, aplicado con cepillo de alambre (a menos que la superficie sea antiadherente). Enjuague a fondo.

La parte interior de la parrilla se puede limpiar con rociador para hornos.

Los carbones aglomerados permanentes se pueden limpiar de la siguiente manera: quite la parrilla, cierre la tapa, abra el ventilador y prenda a fuego alto por 20 minutos. Cepille si es necesario.

Libros

Un trapo, un plumero de plumas o un plumero largo harán rápidamente el trabajo. Si los libros no se han limpiado en años, saque cada uno por separado y cepille, repáselos con el aditamento de cepillo de la aspiradora, con una brocha de pintar o con un trapo humedecido con agua. Si tiene libros encuadernados en cuero, puede utilizar un lustrador de cuero o pedirle al mayordomo que lo haga.

Latón

Si el latón tiene una capa de laca (como podría ser en la base de una lámpara), límpielo con agua jabonosa o con 10 partes de agua en 1 parte de amoníaco. Cualquier cosa más fuerte puede arruinar el terminado.

Si la laca se está pelando, se debe quitar con solvente para laca o acetona. O sumerja el artículo en agua hirviendo, mezclada con ½ taza de bicarbonato de soda. Cuando enfríe, raspe la laca. El latón se puede dejar sin laca, o se puede recubrir con laca transparente. Si es una pieza grande o muy valiosa, póngale laca de nuevo o deje que lo haga un profesional.

Para limpiar el latón sin laca, mezcle partes iguales de sal, harina y suficiente vinagre para formar una pasta. Cubra la pieza con una capa gruesa y déjela secar. Luego enjuague para remover. O unte medio limón con sal, (o disuelva sal en vinagre blanco) y frote con él el latón, luego enjuague con agua fría. Pula con un trapo limpio, seco o empapado en aceite mineral. Cubra con cera para automóviles con silicona para mantenerlo brillante.

También puede utilizar un limpiador comercial para cobre o latón.

Algunos limpiadores de baño para todo uso, decolorarán el latón. Lea primero las instrucciones antes de usarlos, y siempre enjuague para no dejar residuos.

Bronce

Si no es una antigüedad y está recubierto con laca, se debe limpiar con detergente suave y agua. Si se está pelando hágalo recubrir con laca por un profesional.

El bronce sin laca se puede limpiar con la pasta de sal, harina y vinagre que limpia el latón o con un limpiador comercial para cobre y latón.

Para una antigüedad que esté muy manchada, pida ayuda profesional.

Para limpiar zapatos de bebé de bronce, utilice una esponjilla de lana de acero extra suave, empapada en lustrador de cobre o latón. (primero pruebe en un área que no se vea). Frote suavemente y limpie con un trapo seco.

Calculadoras

Utilice paños limpiadores para bebé y alcohol.

Camafeos (de nácar)

Lave con agua jabonosa tibia, restriegue con un cepillo de dientes suave y enjuague.

Candelabros

Ponga los candelabros de vidrio (pero no los de cristal de plomo) dentro del horno microondas envueltos en toallas de papel. Caliente en suave por 3 minutos, la cera simplemente se caerá.

Poner una cucharadita de agua o de vaselina dentro de la base donde van las velas, hará que los fragmentos sean más fáciles de remover.

Los candelabros huecos o los pesados no se deben lavar porque se pueden romper. Los que están recubiertos con laca, sólo se deben limpiar con un trapo húmedo.

Velas

Cuando las velas decorativas tienen una capa de mugre, límpielas con una mota de algodón empapada en alcohol.

Bolsas de lona

Si no puede lavar la lona en la lavadora por el diseño, simplemente frote almidón de maíz con un cepillo para las uñas. Luego cepille el sobrante. También puede probar con jabón Lava con muy poca agua a su propio riesgo. No puedo garantizarle que el diseño no se corra.

Caja de deshechos del gato

¡No utilice blanqueador! El residuo amoniacal de la orina del gato se mezclara con él y creará emanaciones peligrosas. Solo lave la caja con agua jabonosa y más amoníaco si desea algo fuerte. (Tampoco utilice desinfectantes con fenol: son altamente tóxicos para los gatos.)

CD

Limpie el disco con un trapo limpio, enjuáguelo bajo el chorro del agua fría y seque con una toalla que no suelte pelusa. Siempre seque en una línea recta del centro hacia fuera. Si tiene una mancha, defecto o rayón, y los limpiadores especiales no la limpian, frote suavemente con pasta dental blanca, que no sea gel, sáquela con papel higiénico o con un trapo suave. Es posible que le queden unas marcas de superficie, delgadas como pelos, pero éstas no afectarán el sonido.

Ventilador de techo

Los de aspas de madera son más fáciles de limpiar si los cubre con una capa de lustrador para muebles. Limpie el exceso.

Pizarrones

Limpie con bicarbonato de soda esparcido con un trapo húmedo.

Arañas de luces

Véase la página 98 para hacer una fórmula de limpieza casera. O mezcle 2 cucharaditas de alcohol

---

TRUCOS PARA AUTOMÓVILES

La tienda especializada en productos para automóviles vende toda clase de limpiadores para autos, llantas y parabrisas. Yo estoy segura que usted tiene sus preferidos, pero quiero darle unas recomendaciones que puede preferir:

• **Parte negra de las cubiertas.** Frote una capa fina de fluido para frenos y luego limpie. Se verán como si acabaran de salir de la tienda de llantas.

• **Alfombras.** Saque el alquitrán restregando con un rocío de prelavado de ropa.

• **Exterior.** Utilice un estropajo para niños como herramienta para lavar el automóvil o el rociador para químicos para el césped, que se ajusta a la manguera del jardín y ponga detergente líquido en el contenedor. Este le permite controlar la presión del agua con el pulgar. Moje, lave y enjuague.

Si utiliza detergente casero para lavar el carro en un día de calor, asegúrese de enjuagar rápidamente cada sección. El calor seca el detergente y le puede dejar rayones permanentes en la pintura. Agregue una cucharadita de agente de enjuague para lavadoras de platos, como Jet-Dry al balde del agua del enjuague. Frótelo al auto con una esponja y deje secar al aire.

Limpie los puntos de las moscas con amoníaco y agua y el alquitrán con AD 40.

Limpie la sal con un balde de agua jabonosa y una taza de queroseno (Precaución: es inflamable) o con jabón suave para platos y un cepillo.

• **Olores.** *Véase* "¿Y ese olor?", página 166.

• **Tazas de las ruedas.** Las tazas de las ruedas con rayos se pueden lavar en el lavaplatos en el ciclo de lavado de ollas.

• **Llantas.** El aerosol en espuma para los baños se rocía, se deja por 30 segundos y luego se lava. Removerá la mugre y los aceites.

• **Parte blanca de las cubiertas.** El rociador de espuma de baño enjuagado con manguera a los 15 segundos, es un limpiador poco costoso para cubiertas con bordes blancos sucios y tazas de las ruedas.

O lave las cubiertas con detergente, a mano con limpiador sin agua, (frótelo en la cubierta seca y luego cepille con agua jabonosa), o removedor de manchas de lavandería (sin restregar).

O humedezca la cubierta, rocíela con limpiador de hornos restriegue la parte blanca con un cepillo. Después de un minuto enjuague con la manguera.

O rocíe cada cubierta con rociador de prelavado, antes de ir al lavadero de carros.

Cuando el agua caliente jabonosa las golpea, brillarán.

Para remover brea o alquitrán, aplique cera en pasta, luego pula. Removerá el alquitrán y tendrá un hermoso brillo.

• **Ventanas.** Las bebidas de cola quitan la grasa y la película de las ventanas de los autos. Vierta un poco en el parabrisas y deje que los limpiaparabrisas corten la grasa. En el invierno se evitará tener que raspar el parabrisas, si llena una botella de agua con alcohol, y rocía con ella las ventanas. Así podrá quitar el hielo con facilidad, pues el alcohol no se congela.

• **Parabrisas.** Un litro de agua con $\frac{1}{2}$ taza de bicarbonato de soda, es una gran solución para limpiar los insectos del parabrisas y el radiador o para limpiar los limpiaparabrisas. Aplique con una esponja envuelta en la malla de una bolsa para cebollas.

con un litro de agua tibia. Ponga un paraguas abierto colgándolo cabeza abajo, enganchando su mango al centro de la araña, para que ataje todo el líquido que caiga. Rocíe el limpiador.

LIMPIAR LAS ARAÑAS DE LUCES

Cromo

Frótelo con bicarbonato de soda seco o con harina. O, utilice alcohol en un trapo suave para limpiar grasa y manchas. Seque el artículo a fondo.

El papel de aluminio arrugado formando una pelota también limpiará el cromo como magia. El ácido fosfórico suave removerá los depósitos rebeldes de agua.

Murphy's Oil Soap (2 cucharadas en un galón de agua) también es efectivo en el cromo sucio.

Teclado del ordenador (computadora)

Aspire regularmente con el cepillo suave. Si necesita quitar la mugre, voltee el teclado al revés y golpéelo con el canto de la mano varias veces. O compre una lata de aire comprimido.

Para remover la mugre pegada, desconecte el ordenador y con un copito de algodón empapado en alcohol, limpie entre las teclas. O utilice una toallita de bebé para una limpieza rápida.

Cobre

Lea las instrucciones para la limpieza del latón. Se debe tratar de diferente forma el cobre con acabado de laca y el cobre sin acabado.

Corcho

Aspire la mugre suelta. Una esponja seca provee la abrasión suficiente para recoger la mugre sin dañar la superficie.

Tijera para rizar el pelo

El problema más común al limpiar una tijera rizadora de pelo es la acumulación de los fijadores para el pelo. Cuando la tijera de rizar esté fría, aplique alcohol o removedor de esmalte para uñas, con un trapo limpio y seco. Si quedan puntos rebeldes, frote suavemente con el lado suave de una lima para uñas o con papel de lija fino.

Terrazas de madera

Utilice un detergente casero suave, aplicado con un cepillo duro, o use productos especiales para la limpieza de terrazas de madera. Una solución de blanqueador y agua (1 parte de blanqueador por 3 partes de agua) deberá hacerse cargo de cualquier problema de moho y el agua mineral removerá la savia de la madera sin terminar.

Muñecas

Crisco saca la mugre de la cara de las muñecas plásticas. El fijador para el pelo quita las manchas de tinta. O frote la cara de la muñeca con manteca y déjela al sol por varios días.

Para limpiar muñecas blandas, *véase* la sección de "Muñecos de peluche" en la página 163.

Puertas de aluminio

Limpie con un limpiador para las partes blancas de las cubiertas para autos, o con jalea para aluminio. Frote con un trapo suave, mojado, enjuague el trapo y limpie de nuevo.

Secadora automática

Saque regularmente la pelusa de la bandeja para pelusas. Puede frotarla para que se desprenda. No necesita aspirarla. (Si usted es minuciosa, guárdela para rellenar juguetes, póngala afuera para que los pájaros la lleven a sus nidos, o haga uno de esos mosaicos artísticos que reúnen variedad de pelusas de diferentes colores.)

Para limpiar la secadora, desconéctela, ponga el tubo de la aspiradora en la posición de soplar y muévalo por el interior de la canasta, de arriba hacia abajo y por los lados. Esto hará volar las pelusas hacia la abertura del aire. Luego, ponga el tubo de la aspiradora en la posición de succión y aspire cualquier pelusa que permanezca dentro de la secadora.

Álbumes de fotos con tapas de tela, cuadros y canastas forradas de tela
Utilice un cepillo de cerdas suaves para bebé. Lave el cepillo con agua y jabón.

Ladrillos de la chimenea
La mejor manera de conservar limpios los ladrillos o la piedra de la chimenea, es sellándolos. De otra forma, como son materiales tan porosos, cualquier solución limpiadora que utilice, impregnará la mugre más adentro. El ladrillo o la piedra se verán limpios; luego las manchas aparecerán de nuevo después de unos pocos días.

Los ladrillos y la piedra que han sido sellados se pueden limpiar con amoníaco diluido. Si usted necesita un limpiador más fuerte, raspe 4 onzas de jabón de nafta en un litro de agua caliente. Cocine hasta que se disuelva. Enfríe y agregue ½ libra de piedra pómez en polvo y ½ taza de amoníaco casero. Mezcle bien los depósitos de hollín. Con un detergente corriente en agua, saque lo más posible. Luego aplique una capa de la mezcla de nafta con una brocha. Déjela por 30 minutos. Restriegue con cepillo y agua tibia. Enjuague a fondo con esponja y mucha agua. O utilice el limpiador multiusos Mex u otro producto comercial.

La lechada sucia se puede limpiar con pasta dental para fumadores. (No la enjuague, sólo limpie el exceso con un trapo húmedo.)

Puertas de vidrio en la chimenea
Rocíe el vidrio frío con una mezcla de ½ taza de vinagre, 1 cucharada de amoníaco y 1 galón de agua. Enjuague, y repita si es necesario.

O, utilice espuma limpiadora de baños, friegue con papel periódico y luego limpie con limpiador de vidrios.

Interior de la chimenea
(también llamado caja de fuego; hecha de metal o ladrillo refractario)
Ponga un balde o una lata dentro de la chimenea y recoja las cenizas con una pala en vez de barrerlas para evitar que vuele. (Tire las cenizas en una canasta de basura exterior o si usted tiene un pozo de cenizas, saque la parrilla.)

Piel de oveja
La piel de oveja para poner sobre la cama o el sofá, se puede lavar a máquina con detergente o a mano con Murphy's Oil Soap (que le sacará las manchas de refresco de cola, café, grasa y aceite sin secar el cuero). Agregue un poco de acondicionador para el pelo al agua del enjuague para esponjarlo. Séquelo a máquina en ciclo "bajo" (low) y sáquelo cuando todavía esté húmedo para secar al aire, evitando que se encoja o se decolore.

Si se amarillea se puede teñir (a fin de cuentas es pelo).

Herramientas del jardín
Guarde las herramientas del jardín en un balde con arena (para mantenerlas secas y libres de óxido). En áreas húmedas, las dos partes, la de trabajar y la manija, deberán ser tratadas con aceite o rociadas con lubricante de silicona.

Mesas con tapa de vidrio
Utilice limpiador comercial o uno para ventanas preparado en casa (véase la información en la sección de "Ventanas" en este capítulo).

Evite que las pelusas se peguen al vidrio, agregando una medida de la tapa de cualquier suavizante de ropa a un balde de agua tibia que servirá como enjuague.

Pelotas de golf
Sumerja las pelotas en una solución de una taza de agua por ¼ de taza de amoníaco.

Palos de golf
Frote suavemente el mango y la cabeza del palo de golf con una esponjilla extra suave de lana de acero seca. Enjuague el residuo y seque a fondo.

Piscina caliente
Utilice un equipo de examen de aguas para medir el ácido / base (pH) y los niveles de cloro y minerales. Evitará problemas de mantenimiento. Siga las instrucciones del manual para la limpieza del filtro, la canasta espumadera y la bomba.

El manual debe recomendar un limpiador que disuelva los restos de jabón. Cuando la piscina esté desocupada, límpiela con el limpiador líquido que recomiende el manual y luego utilice sellador de silicona.

Humidificador
Lave el humidificador frío y desocupado, poniendo en él una solución de 1 taza de blanqueador en 1 galón de agua y golpeando la solución contra las paredes del contenedor. Enjuague.

Si hay depósitos minerales en el tubo rotor removible plástico, y en el anillo bloqueador, sumerja el tubo y el aro en vinagre hirviendo (sáquelos del fuego), deje por unos minutos, enjuague y seque.

En humidificadores de vapor frío o en los ultrasónicos, utilice únicamente agua destilada. De otra manera, partículas minerales como polvo, que no deben ser inhaladas, se depositarán en todas partes.

PRECAUCIÓN: Si usted tiene alergias, debe poner especial atención a la limpieza de estas unidades. Lea el manual con mucho cuidado, y / o consulte a su médico alergólogo.

Lámparas sordas (*hurricane lamps*)
Lávelas en un balde plástico para evitar que se rompan. Agregue una cucharada de alcohol a un litro de agua para enjuagar y resplandecerán.

Joyería
Si las piedras están pegadas, no sumerja la joyería en agua. **La joyería que está pegada, como también las turquesas, ópalos, marfil y los camafeos porosos,** se deben limpiar con un trapo húmedo.

La joyería de plástico y las **perlas reales o cultivadas** (pero no las perlas simuladas ni las madreperlas) se pueden lavar en agua tibia mezclada con espuma jabonosa (como Ivory Snow; no detergentes) y luego secar.

El oro y los diamantes se pueden lavar sumergiéndolos en una taza de agua tibia jabonosa con una cucharada de amoníaco. Deje que las cadenas y los anillos en la solución por 10 ó 15 minutos. Cepille la joyería con un cepillo suave, y enjuague en el chorro de agua tibia con el desagüe tapado. Esto removerá la mugre pero no los óxidos.

El alcohol quita el aceite de los diamantes y el oro.

Para remover la pátina en **la plata,** *véase* "Plata de ley y plateado" en este capítulo.

Artículos pequeños
Desempolve con un secador, póngalos todos en una bandeja, y sumérjala en una solución de agua jabonosa, o póngalos bajo la lluvia fina de la ducha.

Si los artículos en el gabinete de la porcelana y de las curiosidades se ensucian mucho, selle las puertas más ajustadas con cinta de espuma autoadhesiva, que se usa para el cambio de estaciones.

Bases de las lámparas
Las bases de porcelana se pueden limpiar con agua espumosa. Para las bases de metal, vea las instrucciones para cada metal en particular.

Pantallas de las lámparas
Determine si la pantalla se puede lavar. Las pantallas que están cosidas sí se lavan, pero las que están pegadas o grapadas se pueden romper. Si el forro de la pantalla está hecho de papel o de plástico, el agua los puede destruir. Si una pantalla que no se puede lavar está ajada, pida ayuda profesional o reemplácela. Antes de tirarla a la basura, siempre puede probar con una esponja húmeda y si aguanta, proceda con agua y jabón.

Las pantallas que no se pueden lavar se deben sacar al exterior y desempolvar con un soplador de hojas o si se hace en el interior utilice un secador de pelo o con una brocha de afeitar. Evite que las pantallas atraigan el polvo frotándolas suavemente con una hoja de suavizante de ropa para quitarles la electricidad estática.

Las pantallas de seda y de pergamino que vienen cosidas y también las plásticas; deberán limpiarse con aspiradora o con un cepillo, luego lavadas brevemente con agua tibia con detergente suave. Una masilla limpiadora de papel de colgadura como el Absorbene, puede limpiar manchas en pantallas de pergamino.

Bombillas de luz

No hay necesidad de andar por ahí revisando si las bombillas tienen polvo, pero ocasionalmente una de ellas puede llamar su atención. Asegúrese que la luz esté apagada y que la bombilla esta fría, luego desempolve con un trapo húmedo. Si está descartando tubos fluorescentes quemados, envuélvalos primero en varias capas de papel periódico, y luego párese sobre ellos. De otra forma pueden explotar creando cantidad de problemas.

Apliques o lámparas

La solución limpiadora de ventanas funciona en las lámparas de vidrio.

Esponjas pepinos (*loofah*)

Si les están saliendo puntos marrones, sumerja en una solución de una taza de vinagre y un litro de agua, luego enjuague.

Macramé

Para lavarlo en seco, fricciónelo con harina de maíz con un cepillo para las uñas, luego cepille el exceso. Pero si está segura que se puede lavar, utilice un detergente suave o champú para bebé en agua fría. Restriegue suavemente con un cepillo para uñas.

Menora (candelabro judío de 9 luces)

Rocíelo con aceite de cocina y será más fácil de limpiar después de las fiestas. O apúntele con su secador de pelo y deje que la cera se derrita.

Espejo

Utilice para lavarlo con un limpiador corriente para ventanas o una solución de un litro de agua con dos cucharadas de vinagre, de amoníaco o de alcohol desnaturalizado.

Limpie la película de nicotina con alcohol en un trapo.

Cuando esté limpiando **azulejos de espejo**, evite que el agua o el limpiador penetre por las uniones. (Si esto sucede, con el tiempo cubra las uniones con tiras de moldura de madera. La pared tomará una apariencia limpia y diferente.)

Modelos de plástico (aviones, autos)

Como el trapo o el cepillo pueden arruinar los modelos, utilice un secador de pelo. Sosténgalo retirado de 6 a 8 pulgadas para soplar el polvo. O póngalos afuera, ponga la manguera en lluvia fina y lávelos brevemente.

Cuadros con telas bordadas o punto cruz

Si el color es firme, lave con champú para bebé o con un detergente suave.

Desempólvelo regularmente pero no frote el cepillo con fuerza sobre el trabajo, porque dañará las fibras.

No enmarque telas bordadas con vidrio que toque la tela; utilice una estera gruesa para separarlos.

Pinturas, óleos

Deles una desempolvada suave ocasional, preferiblemente con un trapo de seda que no suelta pelusa, o con un cepillo suave. Limpie manchas si es necesario con un trapo apenas húmedo o con una pieza de pan blanco.

De todas maneras, si el cuadro cuesta mucho dinero, o simplemente es muy valioso para usted lléveselo a un profesional. Aún un trapo suave se puede enredar en una parte levantada de la pintura y hacer un daño.

Peltre

Nunca use un abrasivo fuerte, ni deje comidas ácidas o saladas sobre el peltre. Y no lo lave en el lavaplatos.

Si desempolvarlo y lavarlo con un detergente suave no lo limpia, hágalo con hojas de repollo. O humedezca una tela de estopilla de algodón, úntela con ceniza de cigarrillo; se volverá negro mientras lo frota, pero después de enjuagarlo, brillará. O utilice una esponjilla de lana de acero extra fina empapada en aceite de oliva. O mezcle cal (tiza) de la ferretería y alcohol (desnaturalizado) para hacer una pasta. Aplique, deje secar, pula. Después de cualquiera de estos tratamientos, lave, enjuague y seque.

O utilice un limpiador comercial para plata.

Teclas del piano

Sobre el marfil utilice pasta dental blanca (que no sea gel) y bicarbonato de soda en partes iguales, o leche común.

Si las teclas son plásticas, utilice un limpiador

para todo uso. Póngase guantes o medias viejas en las manos para aplicar el limpiador y para frotar, limpiar y secar las teclas.

CUADROS PERFECTOS

Si tiene una fotografía que se ha pegado al vidrio, sumerja el vidrio y la foto en agua a temperatura ambiente, vigilando hasta que la fotografía se suelte. (No lo apresure) Luego déjela secar al aire. Como muchas fotos reciben un baño de agua durante el procesamiento, no deberían sufrir ningún daño, aunque no se garantiza el 100%. En adelante utilice un borde de cartón para mantener las fotos separadas del vidrio.

Marcos para cuadros, madera

Ponga unas gotas de aceite en un trapo y frote suavemente. No lo rocíe; el rocío puede penetrar por el borde del marco, dañando la pintura o la fotografía.

Marcos para cuadros, dorado a la hoja

Remueva las manchas frotando suavemente con un trapo humedecido en leche.

Pinturas y litografías (impresiones)

Frote suavemente con limpiador de ventanas. Si lo rocía puede penetrar detrás del vidrio, dañando la pintura o la litografía.

Naipes

Si están pegajosos y blandos, los naipes plastificados se pueden limpiar con toallitas húmedas para bebé y secar con un trapo limpio. O limpiarlos con hojas de suavizante de ropas. (Las cartas que están dobladas se estirarán al pasarlas un momento por el microondas.)

Corral para bebé, malla

Mezcle una cucharada de jabón de lavaplatos suave, ¾ de taza de blanqueador y un galón de agua caliente. Trabaje afuera si le es posible. Utilice guantes de goma y cúbralos con una media. Meta la mano en la solución limpiadora y frote, luego enjuague con la manguera. También puede agitar jabón para tapizados hasta hacer espuma, empapar una esponja con elle, limpiar el corral.

Acrílico

Nunca lo limpie con trapo seco. El trapo sólo fricciona la mugre.

Una solución de detergente líquido para lavaplatos y agua, limpiará sin rayar la superficie. O en una tienda de mascotas busque la solución limpiadora para tanques de acrílico para peces. O en una tienda de motocicletas busque la solución limpiadora para el parabrisas de plexiglás (acrílico).

El esmalte para uñas transparente sirve para rellenar huecos pequeños, pero a larga el acrílico se raya y hay que reemplazarlo.

Candelabro de pared

Si la cera que escurre se ha endurecido en la parte angosta de un candelabro de pared, derrítala con el sacador de pelo y retire las gotas.

Conchas

Para limpiar y desinfectar las conchas de su colección, remoje toda la noche en una solución de una parte de blanqueador por dos partes de agua.

U hornee por 10 minutos dentro de la solución.

Muñecos de peluche

Si la etiqueta dice, "todos los materiales son nuevos" (all new materials) el juguete se podrá lavar a máquina. Utilice detergente suave o regular, suavizante de ropa, si lo desea. Seleccione el ciclo suave / frío y en la secadora seleccione "sólo aire" (air dry) y si es necesario déjelo colgado toda la noche para que termine de secar.

Si va a lavar un muñeco a máquina, cúbrale el pelo con una red, una media, estopilla de algodón o una bolsa de malla bien ajustada. Ponga los muñecos no lavables en la máquina secadora en el ciclo de "esponjado" (fluff) o "sólo aire" (air dry) para quitarles el polvo, o frótelos con harina de maíz y luego cepíllelos.

Para una mancha rebelde, bata un litro de agua con 2 cucharadas o más de jabón para platos, hasta que haga espuma. Luego bata sólo la espuma (sin meter el batidor al nivel del agua) hasta que logre una consistencia de merengue. Sumerja un cepillo seco en la espuma y frótela sobre las manchas una a la vez. Seque el exceso de humedad con una toalla seca. Deje secar al aire por uno o dos días y luego esponje con un cepillo del pelo seco, cepillando primero en una dirección y luego en la otra.

No utilice limpiadores fuertes, ni espuma para tapetes o tapizados en los muñecos de peluche, sobretodo cuando los niños todavía se llevan los juguetes a la boca.

Teléfono
El alcohol (isopropíl) hace el trabajo. Póngalo en una botella rociadora para una aplicación más fácil, pero no lo rocíe directamente en los orificios.

Televisión
Nunca ponga un líquido (ni siquiera una planta que necesite agua) sobre el televisor. Y no rocíe la pantalla para limpiarla, ya que el aceite o el agua llegaran a sitios donde no deben. (Si usted derrama un líquido sobre el aparato, manténgalo desconectado por unos días hasta que se seque).

Limpie la pantalla con alcohol en hojas de suavizante de ropas, le ayudará a repeler el polvo.

Humedezca un trapo o una esponja con agua y jabón suave para limpiar los lados de plástico, o en Murphy's Oil Soap para limpiar los lados de madera.

Floreros
Si el florero está manchado en el fondo o en el interior, remoje hojas de té en agua caliente, viértalas dentro del florero, sacúdalas, derrámelas y enjuague. O deje té frío con vinagre dentro de él por toda la noche.

Un florero de vidrio opaco deberá brillar si le pone detergente para lavaplatos y lo llena con agua. O si lo llena con agua y le pone 1 o 2 tabletas para la dentadura postiza, o unas pocas cucharaditas de amoníaco. (Sacúdalo.) Si agrega arroz o fríjoles crudos, o arena a la solución, le ayudará a limpiar las superficies. Si estas soluciones no sirven, trate con un limpiador comercial de depósitos minerales y de cal.

Si otras cosas de vidrio se han opacado en la lavadora de platos, lave sus floreros a mano o se opacarán también.

Juegos de vídeo
Límpielos con un trapo anti-estático o con hojas anti-estática de suavizante de ropas. Si tienen electricidad estática, toque el módulo de juego con un objeto metálico.

Máquina lavadora
Limpie la superficie exterior esmaltada con bicarbonato de soda, o con una esponja o trapo empapados con un líquido limpiador abrasivo. Si le aplica cera de automóviles o cera para electrodomésticos de vez en cuando, será especialmente resistente a las marcas de dedos.

Para limpiar el interior y remover rastros de jabón, ponga la máquina en el ciclo de enjuague con 2 tazas de vinagre.

Si la ropa sale con marcas de óxido, revise el tambor de la lavadora (y la secadora), para saber si necesitan una capa de pintura. Los almacenes de pinturas especializados, le dirán cuál debe comprar.

Cómo se quita el moho?

Para el moho en la ropa, *véase* Capítulo 4.

En un mundo perfecto sería fácil cultivar flores y difícil ver crecer moho, pero en nuestro mundo, la verdad es al revés.

El moho crece en la humedad de áticos con aislamientos, espacios de gateo, sistemas de drenaje, bañeras, latas de goteo de los refrigeradores, dentro de los humidificadores y los aires acondicionados, en los ductos —particularmente en sistemas de calefacción de ventilación forzada— y en muebles con espuma de goma. Y si las cañerías de agua están dañadas en algún lugar de la casa, probablemente habrá esporas de moho.

Al moho le gusta la humedad y también puede crecer en construcciones mal ventiladas o lugares cerrados, particularmente cuando hay muchas cocinas, muchos baños y mucha gente.

Si el secador de ropa está bien ventilado y los baños tienen ventiladores que sacan el vapor, es posible que los problemas del moho se reduzcan.

También ayuda tener la caldera limpia. Si el problema es crónico o usted tiene alergias, consulte a un experto que le aconsejará la compra de un deshumidificador y/o la instalación de una barrera aislante de vapor en el sótano.

ALERGENOS RELACIONADOS CON EL HOGAR

Si usted pertenece al 30% de las personas que son alérgicas al **moho,** puede tener síntomas como erupciones, irritación de la nariz y los ojos, náusea y dificultad respiratoria, que se intensifican en la primavera y el otoño.

Asma, neumonía alérgica, eczema alérgico (sarpullido que pica), dermatitis de contacto, rinitis alérgica (estornudos, nariz tapada, ojos llorosos) y sinusitis, todas están ligadas con el moho y / u otros tres grandes grupos de alergenos:

El polvo (Incluye la pelusa de algodón, telas de muebles, plumas, relleno para las almohadas), que causa erupciones y rinitis. Las súper aspiradoras nuevas, están disponibles y han sido diseñadas especialmente para recoger los ácaros.

Las mascotas (especialmente los gatos, también los perros y hasta los pájaros.)

Misceláneas (incluyen los vapores de pintura, soluciones químicas, plumas y plumones, cortinas de fibra de vidrio, capoc (semillas) y madera).

Para reducir los alergenos en una habitación, séllala con burlete alrededor de la puerta, y límpiela con estropajo húmedo (para evitar que el polvo vuele), no utilice cera, (pues atrae el polvo). Evite las cosas que guardan el polvo, como tapetes, cortinas y persianas venecianas, lo mismo que las cosas que ayudan al moho, como el empapelado y las que logran las dos cosas como los colgantes de pared.

Como el moho es especialmente común en los armarios, deje encendido una bombilla de vatiaje bajo y compre un desecante (removedor de humedad) como el carbón activado o un producto similar en la ferretería. Algunos desinfectantes también previenen el moho.

Para quitar el olor del moho, lenta pero efectivamente, compre piedras de filtro de carbón, de las que se usan en los tanques para peces, y empáquelas alrededor del artículo, luego déjelo en una caja o una bolsa cerrada por un mes o hasta que el olor se haya ido.

Todas las mezclas siguientes quitan el moho, pero pueden dañar algunas superficies o hacer que los colores se manchen, así que siempre pruébelas en un lugar poco visible.

• Alcohol: mezcle mitad y mitad con agua.
• Agua oxigenada: 2 cucharadas por galón de agua.
• Fosfato trisódico: de 4 a 6 cucharadas por galón de agua.
• Blanqueador de cloro: utilice de ½ a 1 taza por galón de agua.

Si **los libros** están enmohecidos, aspire o sacuda el moho suelto. Si los libros están húmedos, rocíe las páginas con almidón de maíz o talco, déjelo por varias horas y luego cepille. Ponga una caja de gel de sílice o carbón activado, en la biblioteca, para evitar que regrese el moho.

Si **los muebles** están enmohecidos, limpie con cuidado las esporas para que no vuelen. Mezcle en agua un poco de jabón para lavaplatos, aplique en poca cantidad (el agua no es buena para la madera) y seque frotando. Si el moho permanece, frote con alcohol (haciendo primero la prueba en un lugar escondido para evitar que se dañe el acabado) luego lave y seque de nuevo.

Si **la cortina plástica del baño** u **otros artículos plásticos** (como los cojines de los muebles de exteriores) tienen moho, restriegue con un cepillo y agua con detergente o jabón. Si se le puede poner blanqueador al artículo, utilice la solución anterior. Enjuague y seque. Para prevenir el moho, estire la cortina en la barra después de bañarse; no guarde los cojines de los muebles de exterior cuando todavía está mojada.

Si **los tapizados, los tapetes** o **los colchones** se han enmohecido, aspírelos. Luego límpielos con una esponja con limpiador para tapizados o para tapetes o con la solución de alcohol descrita anteriormente, mire primero la etiqueta y haga una prueba en un lugar escondido para asegurarse que no habrá decoloración ni daño. Limpie con una toalla húmeda y rocíe con desinfectante, probándolo también antes de usarlo. Seque con secador de pelo, calentador eléctrico o ventilador.

Si usted ve manchas blancas peludas o puntos negros en sitios que permitan poner blanqueador como **empapelados, ladrillos, entablados exteriores, techos de tejas, estuco o en el patio,** póngase una máscara y anteojos protectores y cepíllelos con un cepillo de cerdas duras. Mezcle ¾ de taza de blanqueador líquido en un galón de agua. Humedezca con esto la superficie, déjelo de 5 a 15 minutos, pero no lo haga al sol, o la solución se evaporará demasiado rápido. Enjuague a fondo, especialmente si son ventanas con marcos de aluminio canaletas del techo sin pintar, porque se pueden oxidar. *No utilice esta mezcla en madera virgen.* Si el problema persiste, es probable que necesite un fungicida comercial; siga las instrucciones del fabricante. (No confunda el moho con la podredumbre húmeda o la podredumbre seca; *véase* Capítulo 1.)

¿Y ese olor?: los malos olores

He mencionado que el rocío de pino en la casa, induce a pensar que usted ha estado limpiando todo el día. También es cierto que ninguna cantidad de limpieza impresionará a nadie, si la casa huele mal. Las noticias de la nariz, son malas noticias.

Si usted tiene suerte, quitar un olor será tan fácil como sacar o limpiar la cosa que lo origina. Una vez, eliminé un olor en el mismo instante en que encontré una papa que se había caído detrás del refrigerador y se había podrido. Si el problema es más complicado, podrá elegir entre un millón de eliminadores comerciales de olores, o conseguir excelentes resultados con algunos remedios caseros.

Lo mínimo que usted debe saber sobre la eliminación de olores:

- Artículos de uso diario que quitan los olores
- Resolver problemas comunes de olores

Remedios caseros

Hay ocho artículos caseros comunes que tienen excelentes propiedades para quitar olores. Esto incluye el carbón activado (de la ferretería) el bicarbonato de soda, arena de la caja del gato, el papel periódico arrugado, la borra de café (fresco o viejo, seco), las hojas de suavizante de ropas, el jugo de tomate y el extracto de vainilla. He recomendado cada uno para diferentes ocasiones en las páginas siguientes, pero en algunos casos algunas alternativas servirán también. Pruébelas antes de comprar una receta comercial de la ferretería o el supermercado.

El Listerine o los enjuagues bucales quitarán el olor a orina (también otros molestos olores fuertes), pero como puede dañar ciertos terminados, pruebe primero en un punto poco visible. También puede preparar una mezcla potente para quitar olores, combinando 2 cucharadas de aceite de citronela (de la farmacia), más ½ taza de alcohol, en un galón de agua para pasar el estropajo.

A resolver el problema de los malos olores

Ceniceros
La arena para la caja del gato apaga los cigarrillos y absorbe el olor.

Camas
Rocíe la ropa blanca, el futón o los colchones con bicarbonato de soda, bórax o una mezcla de especias; déjelo toda la noche y luego aspire. La limpieza profunda, con una máquina de extracción (*véase* "Aspiradoras" en Capítulo 1), puede ser necesaria.

Biberón
Elimine el olor a leche agria de los biberones plásticos, llenando la botella con agua caliente con una cucharada de bicarbonato de soda. Agite bien, deje toda la noche y lave a fondo.

Cesto de madera
Llene de papel periódico arrugado o borra de café, selle por unos días. Si no se va el olor, repita.

Automóvil

Ponga en el baúl unos recipientes con carbón activado, relleno para la caja del gato, o sobrante de café; llene los ceniceros con bicarbonato de soda o con relleno para la caja del gato. (Apagará los cigarrillos y quitará el olor.)

El polvo para refrescar alfombras, rociado y luego aspirado como siempre, es excelente para los autos, especialmente en otoño e invierno. También sirve una bolsita de popurrí. Pínchele agujeros y el calor del auto hará que se desprenda la fragancia naturalmente. Si usted atropella un zorrino con el auto, sature un trapo con extracto de vainilla y déjelo en un recipiente abierto en el asiento de atrás. O desodorice con una taza de mostaza seca disuelta en un balde de agua. Utilice un cepillo para lavar las ruedas y el auto por debajo, repitiendo si es necesario.

Alfombras

Rocíe bórax (en una casa que no tenga mascotas) o bicarbonato de soda, deje por una hora y aspire.

> PRECAUCIÓN: Como el bicarbonato de soda trabaja cuando está un poco húmedo, puede meterse en las terminales de plomo del cableado y corroer el motor de su aspiradora. Utilice éste tratamiento solo ocasionalmente.

Para los malos olores, puede necesitar una máquina de extracción (*véase* "Aspiradoras" en Capítulo 1).

Humo de cigarrillos

Si el olor está por toda la habitación, humedezca un trapo con vinagre y ondéelo por toda la habitación. Ponga pequeñas tazas de vinagre alrededor de la habitación y la mantendrán desodorizada, y llene los ceniceros con arena para la caja del gato, no sólo apagará los cigarrillos sino que eliminará el olor.

Si un artículo pequeño (como un libro) tiene olor a humo de cigarrillo, póngalo dentro de una bolsa con algunas hojas de suavizante de ropa. Selle y deje por varios días. Una pieza de ropa que huela a humo, se pone de 5 a 10 minutos en la secadora con unas hojas de suavizante de ropa, programándola en "sólo aire" (*air only*) y "frío" (*cool*).

PARA HACER EL AIRE FRAGANTE

- Hierva una olla llena de astillas de canela, piel de naranja y clavos de olor enteros, agregue el agua necesaria; ponga pequeñas tazas de vinagre alrededor de la habitación.
- Ponga su combinación de especias preferida, dentro de la pierna de unas medias de nylon, amarrada por los dos extremos, póngala dentro del desfogue de la calefacción.
- Agregue algunas especias (que estén viejas para usarlas en la cocina) a la bolsa de la aspiradora.
- Agregue algunas cucharadas de popurrí a una lata de agua y póngala (o un refrescador de ambientes, adhesivo) dentro de una de las salidas de aire de su calefacción para que esparza humedad y esencia en toda su casa.
- Mi forma favorita de hacer que la casa huela bien, es con un truco que yo llamo "pretendiendo hornear". Rocíe canela en una lata y caliéntela en la cocina. Debe asegurarse de tener comida a mano. Esto hace que todo el mundo se sienta hambriento.

Armarios

Haga bolsitas y rellénelas con arena para la caja del gato o cuelgue carbón activado en bolsas de malla o dentro de medias viejas.

Perros

Si se ha encontrado con un zorrino, lávelo con jugo de tomate o vinagre.

Cajones del peinador

Haga bolsitas rellenas con arena para la caja del gato, o forre con hojas de suavizante de ropas.

Cesto de la basura

Ponga en el fondo una capa de arena para la caja del gato.

Cocina
Véase la información general en este capítulo.

Lavadero
Vierta bicarbonato de soda en la canasta de la ropa sucia, si no la va a lavar por un día o dos.

Colchones
Rocíe bicarbonato de soda entre el colchón y la base y déjelo así. Aspire ocasionalmente. Si es un colchón viejo y mustio, rocíe por encima arena para la caja del gato, deje por una semana, o frote con una esponja humedecida con vinagre. O, *véase* la página 165.

Artículos pequeños misceláneos (como un libro, una billetera nueva de cuero)
Póngalos en una bolsa plástica con un desodorante casero; selle y deje por una semana. Si el olor no desaparece, repita el proceso.

Pintura
Unas pocas gotas de extracto de vainilla dentro de la lata, harán que el olor a pintura desaparezca.

Termos
Véase recipientes de madera en la página 166.

Causas de los olores "misteriosos"
Por todas partes. Una filtración del techo puede estar humedeciendo el aislamiento; vea si el techo necesita reparación.

En el sótano. Si el carbón activado no quita todos los olores, es probable que haya moho. Cuando lo encuentre, utilice una mezcla mitad y mitad de agua y blanqueador para frotarlo con ella. Después de una inundación necesitará ayuda profesional. Hasta que llegue, lo mejor que puede hacer es secar todos los artículos dañados por el agua, lo más rápidamente posible.

Baño. El cemento alrededor de la bañera puede estar roto y necesitar remiendo. O, el recubrimiento de la pared alrededor de la bañera y la ducha puede estar flojo, lo suficiente para que la humedad se meta detrás.

El olor a quemado después de un incendio

Para quitar el olor a humo de sus ropas, haga una mezcla de mitad agua y mitad de la Formula 409 (un limpiador para todo uso), luego rocíe brevemente los artículos livianos como la ropa, o empape los artículos pesados como las toallas. Luego lave como siempre.

O agregue una taza de soda de lavar, $\frac{1}{4}$ de taza de amoníaco, y $\frac{1}{2}$ taza de vinagre a todo el lavado, y no agregue blanqueador.

Una mascota que ha sido expuesta al humo, deberá cortarse el pelo bien corto. Luego, cuando haga ejercicio, sudará todo. También puede lavarla con una pasta de bicarbonato de soda y agua, vinagre y agua, o jugo de tomate puro. (Espere 15 minutos antes de enjuagar.)

CAPÍTULO 4

El cuidado de la ropa

Yo descubrí la mejor solución para el lavado de ropa cuando mi primer libro hizo la lista de los más vendidos. En el momento en que recibí dinero extra, comencé a enviar todo a la lavandería. Afortunadamente para todos, menos para el dueño de la lavandería, esa fase no me duró mucho. No sólo es costosa, sino que no es bueno para la ropa.

Una vez que usted ha encontrado el interruptor de "encendido" (*on*) y ha descubierto en dónde poner el detergente, ya conoce lo necesario para lavar a máquina. Es mucho más fácil que conducir un carro. Si está contenta como le ha salido el lavado, apéguese a su sistema.

Pero si tiene problemas de manchas; o si el lavado está un poquito deslucido; o si usted quiere saber exactamente cuándo poner blanqueador o si debe usar suavizante, las respuestas están aquí, con la información sobre secado, planchado, remendado y cuidados especiales para pertenencias como zapatos, carteras y abrigos.

El lavado

Lo mínimo que necesita saber acerca del lavado:
- Cuáles prendas necesitan cuidado especial
- Cómo separar el lavado
- Elegir el control correcto
- Seleccionar los agentes limpiadores
- Limpieza de manchas

Cómo organizarse

Cuándo limpiar en seco

A pesar del nombre, el lavado en seco involucra líquido. Hay un precedente para algo que es líquido y seco al mismo tiempo: piense en un Martini. En este caso, el proceso se llama "seco" porque el líquido involucrado no tiene agua, y por lo general es un solvente llamado "perc" (percloroetileno) más detergente. Durante el lavado en seco, la combinación de detergente perc pasa continuamente a través de las prendas, disolviendo la mugre y las manchas que se quedan en un filtro.

A diferencia del agua, el perc no causa que la ropa destiña, ni que se encoja y no daña detalles como los pliegues. Lave en seco las prendas que tienen un teñido cuestionable, las que se pueden encoger y las que tienen detalles delicados especiales (como cuentas, canutillos).

El lavado en seco crea algunos problemas. Los químicos pueden erizar y dañar las fibras. Aunque el calor del lavado en seco no hace que las telas se arruguen, puede ocurrir si la máquina tiene humedad. El dar vueltas dentro del tambor de la lavadora en seco puede estirar las telas, especialmente las viejas que ya están débiles por el tiempo, hasta el punto de romperse. Con las prendas muy delicadas, es mejor hacerlas limpiar profesionalmente a mano, en vez de a máquina.

Siempre limpie al mismo tiempo todas las piezas de un traje, aun si sólo una pieza necesita la limpieza. Puede haber cambios de color tenues durante el proceso, y lo que comenzó como un traje negro, puede terminar como una chaqueta negra con un par de pantalones negro-grisáceos.

En general, la ropa debe ser lavada en seco lo menos posible. Las prendas que sólo están arrugadas, tal vez no necesiten limpieza. Si usted no quiere planchar, puede pagar para que otros hagan el trabajo. Muchas lavanderías están dispuestas a planchar vestidos sin limpiarlos, lo que puede ser bueno para su presupuesto y ciertamente más suave con la ropa. Por otra parte, no planche nada que esté manchado, porque el calor vuelve marrones las manchas invisibles o "fija" la mancha dentro de la tela, probablemente en forma definitiva. Si al entrar a la tintorería hay olor a solvente, es posible que el lugar no sea tan bueno. No debe quedar olor a solvente en ninguna prenda que esté bien lavada en seco. Un detalle que indica una buena tintorería es ver muchos vestidos de fiesta colgando en la ventana. Cualquiera puede limpiar una chaqueta; un vestido de noche con cuentas y canutillos es un reto.

También puede esperar que una buena lavandería planche sus prendas sin dejar la marca de los botones, que remienden partes rotas y que quiten y vuelvan a poner aplicaciones y adornos (hombreras) que se puedan dañar durante la limpieza.

El problema es que la mayoría de la gente no sabe qué esperar de la lavandería. Si sus prendas regresan sin un botón o con una hombrera arruinada, eso no está bien y usted debe quejarse. Yo he tenido más ropa arruinada por las lavanderías que por mi propia falta de cuidado y créame, ¡qué muchas veces los he hecho responder!

Ahora hay servicios que le recogen su ropa en su lugar de trabajo, y a mí personalmente me viene bien. No sólo es conveniente, sino que uno lleva las de ganar: si no recibe un buen servicio, usted y todos sus compañeros de trabajo pueden amenazar con llevar la ropa a otra parte.

Claro que no siempre es culpa de la lavandería. Algunas veces la culpa es de los fabricantes que hacen prendas de mala calidad. Cuando esto suceda, devuelva la prenda a la tienda donde la compró. Ellos no quieren perder sus clientes, así que generalmente los reciben. Si ropa empieza a devolverse a los fabricantes, es posible que mejoren la calidad. De todas maneras, usted tendrá que entendérselas con los vendedores que la miran como si fuera loca cuando protesta porque su suéter de 200 dólares se arruinó a la primera lavada. Algunas veces me siento con ganas de devolverles todo mi guardarropa y comenzar a usar prendas de combate: de poco mantenimiento y muy durables.

Mujeres que lavan demasiado

Una amiga mía me mostró una encuesta de la reunión de su vigésimo aniversario de graduación. "¿Qué es lo que más le ha sorprendido en su vida?" La pregunta inspiró una respuesta que recuerdo con claridad: "Nunca me imaginé que pasaría tanta parte de mi vida lavando la ropa." La razón por la que el lavado tome tanto tiempo más que cualquier otro trabajo casero, no es porque sea difícil de hacer, sino porque lavamos demasiado.

Creo que pasamos más tiempo del necesario frente a la lavadora. Muchas cosas terminan dentro de la máquina, porque es más fácil tirarlas dentro de la canasta de la ropa sucia, que guardarlas apropiadamente. Deberían ser dobladas o colgadas y el lavado es un paso innecesario. No sólo eso, esto es malo para la ropa. Pero no me puedo imaginar rompiendo los hábitos de lavar, a menos que cobren el metraje de agua consumido universalmente, y que cueste bastante.

El lavadero

Si usted está construyendo o remodelando su casa, considere poner la lavadora y la secadora en el nivel principal o en el segundo piso, en lugar del sótano. Les tomó a los arquitectos muchos años descubrir, que el sitio ideal para el lavandero, está en el mismo piso de las alcobas. De allí es donde sus prendas, la ropa de cama y las toallas —el volumen mayor de lavado— vienen y a donde tienen que regresar. Ahora están poniendo el lavadero en el lugar donde antes ubicaban los vestidores.

Aún si está viviendo en un apartamento, o si el espacio es estrecho, generalmente puede colocar una torre de lavadora-secadora dentro de un armario. (*Véase* la sección de Equipamiento para mayor información.) Cree una minilavandería, poniendo una tabla de planchar compacta, que se doble dentro de su propio "ropero" (una superficie que cuelga y se ajusta a la pared) o que cuelgue sobre la parte de atrás de la puerta de la alcoba. Algunas tablas para planchar que cuelgan de la puerta, tienen un compartimiento adicional que sostiene la plancha.

En un ropero-lavadero, probablemente no tendrá un sitio para dejar prendas que escurran hasta secarse, y el baño es la solución obvia. Pero las prendas que cuelgan de la barra de la ducha, pueden hacer charcos en el piso. Ponga una segunda barra sobre la mitad de la bañera (ya sea que cuelgue del techo o que vaya de pared a pared) agrega espacio adicional y mantiene el goteo dentro de la bañera.

Si el lavadero no se puede poner en el segundo piso, busque la manera de hacer un conducto a la lavandería. La idea es poner la ropa sucia por un tubo en el segundo piso, de manera que caigan directamente dentro de la canasta de lavandería del sótano. Creo que algunas personas encontrarían la idea del conducto fabulosa, aunque nunca volvieran a ver su ropa.

Un consuelo para los que tienen el lavadero en el sótano —en lugar de en el piso principal— es que probablemente tiene mucho espacio. Instale estanterías para colocar los productos de limpieza, y ponga ganchos o una barra para las prendas que se están secando, que se escurren o que se acaban de planchar. Cuelgue una cartelera para pegar las etiquetas de cuidado de cualquier vestido que necesite atención especial, para pinchar los botones que vienen con las nuevas prendas, para clavar algunas agujas enhebradas, para pegar algunos paquetes de parches que se fijan con la plancha.

También puede tener botones para camisas y alfileres de manera, que pueda hacer reparaciones rápidas, antes de lavar las prendas o antes de ponerlas en los armarios. En un sótano grande es posible poner percheros grandes como en la lavandería. Idealmente, la familia puede bajar su ropa sucia, separándolas en blanco y color. Si usted vive en una casa de un solo piso, los carritos de ruedas como los de las lavanderías comerciales, son excelentes para recoger la ropa sucia y devolverla limpia.

Si usted utiliza lavadoras y secadoras con monedas

El utilizar las lavadoras en un centro comercial o los comunales de su edificio de apartamentos, es diferente a utilizar la lavadora casera, principalmente porque éstas no le ofrecen tantas opciones y no se pueden utilizar para un remojo prolongado. (Claro que usted encontrará gente más interesante en el establecimiento de lavandería.)

La información de cuidados es la misma. Si usted separa su ropa en casa y lleva un recipiente pequeño con el detergente (en lugar de cargar con una caja gigante, o comprarlo en la lavandería en paquetes pequeños y a precios altos), ahorrará tiempo y dinero. Mantenga el recipiente de detergente en una bolsa pequeña, junto con el de prelavado, el sacamanchas enzimático y otros productos que utilice comúnmente —además de monedas— para que pueda tener todo a mano.

Para no tener que utilizar demasiado la secadora, puede combinar cada carga con cargas variadas. Esto quiere decir, que tiene que prestar atención al tiempo y a las paradas de las máquinas, para ir sacando las prendas que van estando listas. Las livianas primero. Secar demasiado marca las arrugas y daña las fibras.

No olvide llevar ganchos para colgar las camisas y otros artículos que quedan mejor colgados que doblados. También, en lugar de poner todo a medio doblar en las bolsas, para que no se arrugue, lleve una o dos cajas de cartón livianas, o una canasta grande para transportar el lavado fresco a su casa.

También lleve un costurero pequeño (aguja, hilo y botones surtidos), si encuentra algo que necesita arreglo, mientras selecciona su ropa, puede remendarlo mientras espera a que sus cosas estén listas.

Etiquetas de cuidados

La mayoría de la ropa (y otros artículos de tela, como las almohadas y los juguetes de peluche) hechos y vendidos en los Estados Unidos, tienen etiquetas permanentes adheridas. Le dirán qué tipo de tela es y cómo lavarla.

Cuando la etiqueta dice "*utilice un detergente suave*" (*use a mild detergent*), compre un detergente suave, para agua fría, especial para cosas delicadas. Uno regular (para todo uso) puede causar decoloración, especialmente en las prendas de algodón de color pastel. (Si esto sucede, remoje la prenda en una solución de 4 partes de agua y 1 parte de jabón común. Esto deberá aclarar toda la prenda, emparejando el color.)

En la página siguiente hay un cuadro de la Asociación Americana de Fabricantes de Ropa

TRADUCCIÓN DE LAS ETIQUETAS DE CUIDADO

PRENDAS QUE SE PUEDEN LAVAR A MÁQUINA

La etiqueta dice	Quiere decir
Lavado a máquina (*machine wash*)	Lavado, blanqueado, secado y planchado por cualquier medio, incluyendo lavandería comercial o lavado en seco (los solventes que se usan en el lavado en seco pueden desteñir algunos tintes, y las manchas pueden depositarse de nuevo, especialmente en el algodón blanco).
Sólo lavado en casa (*home launder only*)	Lo mismo que la anterior, pero no utilice la lavandería comercial.
No blanqueador con cloro (*no chlorine bleach*)	No utilice blanqueador con cloro. El blanqueador de oxígeno sirve.
No blanqueador (*no bleach*)	No utilice ningún tipo de blanqueador.
Blanqueador cuando sea necesario (*bleach when needed*)	Se pueden utilizar los blanqueadores de cloro y de oxígeno.
Lavado frío / enjuague frío (*cold wash / cold rinse*)	Utilice agua fría para lavar a mano, o los ciclos de la máquina con agua fría.
Lavado tibio / enjuague tibio (*warm wash / warm rinse*)	Utilice agua tibia para lavar a mano, o los ciclos de la máquina con agua tibia.
Lavado caliente (*hot wash*)	Utilice agua caliente para lavar a mano, o los ciclos de la máquina con agua caliente. Para el enjuague cualquier temperatura estará bien.
No centrifugar (*no spin*)	Saque la ropa, sin centrifugar.
Ciclo delicado / ciclo suave (*delicate cycle / gentle cycle*)	Utilice el programa apropiado de la máquina lavadora, o lave a mano.
Ciclo de planchado permanente (*durable press cycle / permanent press cycle*)	Utilice el programa apropiado de la máquina lavadora, o lavado con agua tibia, enjuague en frío y el ciclo corto del centrifugado.
Lavar por separado (*wash separately*)	Lave sólo o con colores similares.

PRENDAS QUE NO SE PUEDEN LAVAR A MÁQUINA

La etiqueta dice	Quiere decir
Lave a mano con agua tibia (*hand wash, lukewarm water*)	Lave exclusivamente a mano.
	Puede usar blanqueador.
	Puede limpiarse en seco.
Sólo lavar a mano (*hand wash only*)	Lo mismo que la anterior, pero no lavar en seco.
Lavar a mano, por separado (*hand wash separately*)	Lave a mano sólo con prendas de colores similares.
No blanqueador (*no bleach*)	No utilice ningún tipo de blanqueador.
Trapo húmedo (*damp wipe*)	Limpiar la superficie con trapo o esponja húmeda.

TRADUCCIÓN DE LAS ETIQUETAS DE CUIDADO (CONTINUADO)

Secado

La etiqueta dice	Quiere decir
Secar en sacadora (*tumble dry*)	Secar en secadora que da vueltas, en ciclos específicos: "alto", "medio", "bajo", "no calor".
Secar en secadora / remover pronto (*tumble dry / remove promptly*)	Lo mismo que lo anterior, pero si no tiene ciclo de enfriado, saque el artículo tan pronto como la secadora termine.
Colgar con agua (*drip dry*)	Cuélguelo mojado, deje secar dando la forma con la mano. No retuerza.
Secado en la cuerda (*line dry*)	Cuelgue mojado y deje secar.
No retuerza (*no wring*)	Cuelgue a secar, a escurrir o sólo seque plano.
No tuerza (*no twist*)	Maneje con cuidado para prevenir las arrugas.
Seque plano (*dry flat*)	Ponga la prenda sobre una superficie plana

(American Apparel Manufacturers Association), con la interpretación de las etiquetas de cuidados. Aunque mucha de esta información parece ser evidente, yo creo que es bueno especificarla, ya que muchos de nosotros (me incluyo) no seguimos las instrucciones correctamente. Yo creo que ayudaría leerlas, pero también lo sería que estuvieran bien escritas. He agregado mi aporte donde pensé que era necesario.

Puede suceder que aunque usted siga las instrucciones con cuidado, su lavado no resulte perfecto, porque las etiquetas no dicen todo lo que necesitamos saber.

Por ejemplo, no le dirán que:
• La prenda se puede encoger si la lava.
• No puede usar blanqueador de cloro en artículos de color.
• Cuando dice lavar a mano, usted debe usar agua tibia.

Por otra parte, he encontrado que muchas de las "reglas" se pueden romper sin causar problemas. Muchas veces los fabricantes le piden que lave a seco o a mano, en lugar de lavar a máquina, para evitar meterse en problemas y que usted se queje con ellos. El hecho de que el limpiar en seco o a mano sea costoso o le quite tiempo, no les importa.

Algunas veces cuando usted lava ropa, pese a las instrucciones, tan sólo pierde un poco de "cuerpo" o dureza de la tela. El mayor peligro es que el color se destiña. Sabiendo esto, la gente lavó la seda por siglos, antes que se inventara el lavado a seco. Yo nunca entendí por qué tantas sedas están marcadas con "lavar en seco".

Luego aprendí que muchas de ellas han sido sumergidas en tinturas vegetales que son seguras en el lavado en seco, pero que se pueden desteñir o empalidecer durante el lavado. Siempre pruebe la firmeza del color, como se describe en la página 177. Si la prenda no pasa el examen, siga las instrucciones de lavado para la seda en la página 175.

Si me parece que el color es firme, suelo lavar a máquina prendas que dicen "lavado en seco" o "lavado a mano", utilizando el ciclo delicado y agua fría. Lo lavo por el revés y lo dejo secar plano, para que el color no se corra ni se manche. (Si lo hace y la prenda se suponía que era lavable, la devuelvo al almacén.) Si no es una prenda costosa, creo que el riesgo de lavarla vale la pena.

Materiales de las telas

Además de etiquetar las prendas con las instrucciones de lavado, los fabricantes también deben poner los materiales de las telas. Muchas telas de hoy son mezclas (como algodón / poliéster, lana / acrílico). Hay dos reglas de oro acerca de las mezclas.

Limpie la mezcla de la forma como limpiaría la fibra predominante. Si una camisa es 60% algodón y 40% poliéster, trátela como si fuera 100% algodón. Si es 70% acrílico y 30% lana, trátelo como si fuera 100% acrílico.

CÓMO DECODIFICAR LOS SÍMBOLOS INTERNACIONALES DEL CUIDADO DE LAS TELAS

Colores

Rojo	Pare— detenga la acción
Amarillo	Atención— tenga cuidado
Verde	Siga adelante— no hay problema
Azul o negro	No significa nada

Símbolo de lavado

Verde	95	Lavado a máquina, agua caliente
Verde	60	Lavado a máquina, agua tibia
Amarillo	40	Lavado a máquina, suave
Amarillo		Lavado a mano, agua tibia
Rojo	X	No lavar

Símbolo de blanqueador

Amarillo	Cl	Blanqueador con cloro aceptable
Rojo	X	No utilice blanqueador con cloro

Símbolo de secado

Verde	**	Secar en secadora, "medio" o "alto"
Amarillo	*	Secar en secadora, "bajo"
Verde		Secado en la cuerda
Amarillo	III	Colgar con agua
Amarillo		Secar en superficie plana

Símbolo de la plancha y el vapor

Verde	***	Máximo, programar en "algodón y lino"
Amarillo	**	Máximo, programar en "medio"
Amarillo	*	Máximo, programar en "bajo"
Rojo	X	No planchar

Símbolo de limpieza a seco

Verde		Se puede limpiar en seco
Amarillo		Se puede limpiar en seco, secado en "bajo"
Rojo	X	No limpiar a seco
Verde o	P	Utilice cualquier solvente excepto tricloroetileno. Si el círculo está subrayado, quiere decir "sensible", reduzca el ciclo y / o el calor
Amarillo		
Verde o Amarillo	A	Utilice cualquier solvente
Verde o Amarillo	F	Utilice únicamente petróleo o fluorocarbón. Si el círculo está subrayado, quiere decir "sensible", reduzca el ciclo y / o el calor.

Fuente: adaptado de una tabla provista por La Asociación de Limpieza del Vecindario
(The Neighborhood Cleaning Association).

Para quitar las manchas, funciona justo al revés. Limpie las manchas de una mezcla como lo haría con la fibra más delicada. Aún si tan solo el 10% de la prenda es rayón, utilice el procedimiento recomendado para el rayón.

Telas naturales

Sólo hay cuatro telas "naturales": algodón, lino, seda y lana.

Alguien que era alérgico a algunos sintéticos, me preguntó cómo saber si la pieza de tela que tenía era natural o no. Le dije que cogiera un pedacito pequeño de tela y lo acercara a un fósforo encendido. Las fibras naturales se encienden. Las sintéticas se chamuscan formando pequeñas gotas. Obviamente, no recomiendo acercar la llama a la ropa, pero una persona que cose en casa puede estar interesada en este pequeño truco.

Algodón. Las telas de algodón son por ejemplo: denim, pana y percal (como las sábanas). El algodón es durable y absorbente, pero se arruga, así que generalmente se combina con otras fibras. Se puede lavar y secar a máquina. Utilice jabón común, siguiendo las instrucciones de temperatura de la tela. Los suavizantes de ropa pueden mejorar la textura y reducir la arrugas pero afecta la absorbencia, así que no los utilice para los pañales ni las toallas y tampoco lo haga frecuentemente con otros artículos. El blanqueado frecuente puede dañar las fibras a largo plazo. Utilice la plancha y rocíe almidón o apresto en aerosol. El algodón debe ser prelavado y preencogido antes de confeccionar una prenda.

Lino. El lino como el algodón, también se encoge, así que con frecuencia, se combina con otras fibras o recibe un tratamiento especial de resistencia al arrugado. Se puede limpiar o lavar y secar a máquina. El blanqueador de cloro se puede utilizar en el lino blanco si lo dicen las instrucciones del fabricante. Planche con la plancha caliente cuando todavía esté húmedo.

Seda. La seda más dura al tacto, la que tiene más hilos, es más lavable que la seda que se siente suave y se arruga con facilidad. Yo nunca lavo ésta última. Es imposible de planchar y siempre hay problema con los teñidos. Pueden desteñirse durante el lavado (y también se decoloran con el sudor, los perfumes y el desodorante). Haga la prueba de la permanencia del color de la seda, antes de lavar a mano o a máquina. Si la etiqueta no dice nada de lavar a máquina, utilice un champú para el pelo, con proteínas, y no tuerza ni tire. Trate la seda con cuidado y cuélguela para secar. Para quitar manchas en seda blanca o de colores claros, use blanqueador de oxígeno o una mezcla de 1 parte de agua oxigenada en 8 partes de agua.

Lana. La lana se arruga y se apelmaza a altas temperaturas. Limpie en seco toda la lana, a menos que la etiqueta diga "lavable"; entonces, lávelo a mano a menos que esté marcada como "lave a máquina".

Telas sintéticas

Lo opuesto a telas "naturales" no son telas "antinaturales", son telas sintéticas. Las versiones iniciales de estos sintéticos se sentían verdaderamente antinaturales. No se gastaban como el hierro, lo que era bonito, pero absorbían el calor también como el hierro, lo que es una cualidad en una olla, pero no en la ropa de verano. Afortunadamente las telas sintéticas se han vuelto más atractivas sin haber perdido su durabilidad.

Mientras parece haber un sinnúmero de telas sintéticas, la verdad es que existen tan sólo algunos tipos genéricos, que se utilizan comúnmente en la ropa. He aquí una lista de los nombres más comunes y la información sobre ellos:

Acetato. Los nombres de las marcas incluyen Chromspun y Estron. El acetato generalmente se combina con satín y tafetán. Es resistente a las polillas y al moho y no se encoge. Limpie en seco el acetato a menos que la etiqueta diga "lave a mano"; si es así, utilice agua tibia y detergente suave. Cuelgue para secar lejos del calor o del sol directo.

Planche el acetato mientras esté húmedo, con la plancha apenas tibia, ya sea por el revés, o utilizando un trapo por el derecho.

Acrílico. Los nombres de las marcas incluyen Acrilan y Orlon. El acrílico generalmente se mezcla con lana. Es suave, esponjoso y se parece a la lana.

Lave a mano, o lave y seque a máquina. Tiende a pelarse. No lave prendas de acrílico con toallas, corduroy u otros materiales con textura. Dé vuelta las prendas al revés antes de ponerlas en la lavadora y seque en la secadora en "bajo".

Planche una prenda acrílica con calor "moderado", utilice vapor. Trate las manchas aceitosas con un prelavado quitamanchas (como Shout o Spray 'n Wash). El jabón del lavado secará todas las otras manchas.

Modacrílico. Suave y esponjoso, se utiliza en los muñecos de peluche, la imitación de pieles, etc. Lave a máquina en agua tibia en el ciclo delicado (*gentle cycle*); utilice jabón común. Seque en la secadora en el ciclo "bajo" (*low*).

Planche con plancha tibia.

Nylon. Los nombres de las marcas incluyen Antron y Cantrece. El nylon es fuerte y liviano. Se combina frecuentemente con el Spandex. Los blancos tienden a amarillearse. No los compre.

Lave a máquina los artículos de nylon fuertes y lave a mano los delicados, o póngalos en la máquina en una bolsa de malla. Siga las instrucciones del fabricante. Utilice agua tibia y jabón común. No combine las prendas blancas de nylon con las de color. Seque el nylon en la secadora en "bajo" o cuélguelo a secar.

Planche con plancha tibia.

Olefin. En principio se usa para rellenar. Lávelo con agua tibia y jabón común. Seque en secadora en el ciclo más bajo.

No se recomienda planchar ya que puede derretirse.

Poliéster. Los nombres de marcas incluyen Dacrón, Fortrel y Trevira. El poliéster se utiliza para ropa y sábanas. Resiste la abrasión y no se arruga. Limpie a seco o lave a máquina en el programa tibio. Utilice jabón común. Debido a que se pela, utilice las mismas precauciones que con el acrílico. Las manchas aceitosas se tratan con un prelavado y un quitamanchas (como Shout o Spray 'n Wash), o puede frotar con detergente para todo uso o con líquido para lavaplatos. Seque en la máquina en el ciclo más bajo o seque al aire. Si seca demasiado, con el tiempo se encogerán.

Planche con plancha tibia o utilice vapor.

Rayón. Los nombres de marcas incluyen Zantrel. El rayón es fuerte pero se debilita cuando se moja. Es suave, fácil de teñir y cae bien.

Limpie en seco o lave a mano las prendas de rayón. Si lava utilice agua tibia y detergente suave. Si la etiqueta de la prenda dice "lavar a máquina",

utilice el ciclo delicado y detergente suave. Deje secar escurriendo.

Planche con el calor moderado mientras la prenda esté húmeda.

PRECAUCIÓN: El rayón generalmente necesita apresto (*sizing*) (un endurecedor) pues la tela no tiene cuerpo. Cuando una prenda de rayón con apresto, se mancha con una sustancia acuosa, el agua interactúa con el apresto causando manchas difíciles de quitar.

Spandex. El nombre de la marca es Lycra. El Spandex se puede estirar un 500% de su tamaño sin romperse —*¿quién no estaría encantada con un producto como este?*— y es más durable que la goma. Siempre se usa en mezclas.

Lave a mano o a máquina, con agua tibia y jabón común. No lave el Spandex blanco con otros artículos de color. No utilice blanqueador de cloro. Seque a máquina en el ciclo más bajo o seque escurriendo. Plánchelo a baja temperatura y cuando todavía está húmedo.

Hay ahora fibras sintéticas nuevas y menos comunes: **aramid**, **PBI**, **Sulfar** y **vinyon**.

—— Clasificación y separación del lavado

Los libros viejos le indican clasificar primero por color y luego por telas, luego por la cantidad de mugre (para evitar que destiñan), luego por temperatura de lavado y por último por el tipo de jabón que se puede usar. Me parece que así tendríamos seis coladas diferentes de lavado, cada una con una sola prenda.

> ### OLORES EN EL LAVADERO
>
> Si la ropa para lavar se acumula por un tiempo, rocíe bicarbonato de soda sobre la ropa sucia, antes de ponerla en la canasta de la ropa de lavar.

Como usted ya habrá descubierto, si pone una carga de ropa mezclada en la lavadora, usa jabón común con agua fría, y después seca todo a baja temperatura, la ropa saldrá limpia. Pero seguramente ahora tendrá medias, toallas y sábanas todas del mismo color desparejo e indefinido y lleno de manchas. Los colores oscuros y la mugre pueden manchar las telas blancas o de color. En algunos casos la clasificación es necesaria. No mezcle las siguientes combinaciones:

• **Colores claros y blanco con colores oscuros.** ¿Por qué? Porque todos los colores claros y particularmente los sintéticos blancos o de color, absorben las anilinas más oscuras.

• **Prendas blancas o claras que aceptan blanqueador, con las mismas que no lo aceptan.** ¿Por qué? Por que si le pone blanqueador de cloro al agua, las otras se decolorarán o mancharán.

• **Prendas demasiado sucias (manchadas con aceite, embarradas) con prendas que no lo están.** ¿Por qué? Las que están muy sucias deberán ser remojadas y lavadas en agua caliente si la tela lo soporta.

• **Prendas con etiquetas que dicen "Lavar por separado" con blancos o telas de diferentes colores.** ¿Por qué? Porque es probable que el color destiña. Lave con prendas de colores similares.

• **Camisetas, chenilles y toallas nuevas, con corderoy y artículos de planchado permanente.** ¿Por qué? Porque los primeros sueltan pelusa y los segundos la recogen.

Un lavado abotonado

Abotone los botones, cierre las cremalleras y enganche los ganchos para que nada se rasgue, o se enganche a otros artículos. Amarre los cinturones para que no se enrollen y para que no terminen en la tierra de las medias perdidas.

Los técnicos me cuentan que muchas de esas medias viejas terminan en la bomba de salida. Para evitar esto, cargue la lavadora con los artículos pequeños en el fondo de la tina, con los más pesados encima de ellos.

En la sección de mercería de las tiendas de

QUÉ TIENE COLOR FIRME Y QUÉ NO

"**Colores firmes**" es una expresión que está vigente desde 1954 y la única otra expresión que conozco, que haya causado más problemas que ésta, es la palabra "relaciones" (como cuando decimos ¿Tenemos una relación?) Los colores firmes no se destiñen ni se decoloran cuando se utiliza blanqueador de cloro. Por ejemplo los *jeans* no tienen firmeza de color. Lea esto antes de arruinar su ropa:

• Compruebe la firmeza del color (posibilidad de usar blanqueador): Mezcle 1 cucharada de blanqueador de cloro con $1/4$ de taza de agua tibia. Suelte una gota sobre la tela en un lugar poco visible de la prenda. Espere 1 minuto y seque. Si no hay cambio de color, la tela acepta blanqueado. De otra forma, lave separadamente. Pruebe todos los colores de la prenda y en los vivos.

• Las sedas son casos especiales, ya que los teñidos vegetales que utilizan en países extranjeros, a veces son inestables. No aceptan el blanqueador, y aun el agua corriente

hace que se corran. Moje un dobladillo interior con agua y frote con un pañuelo blanco, o sumerja una esquina escondida en agua fría y si destiñe —o si usted no está dispuesto a correr siquiera este riesgo— lleve la prenda a limpiar a seco. De otra manera, siga las instrucciones para el lavado de la seda en página 175.

• Los artículos cuestionables lávelos separadamente la primera vez. Si el color tiñe el agua del lavado o del enjuague, continúe lavando la prenda por separado hasta que no lo haga más.

• Para fijar el color: puede hacer que una tela destiña, se vuelva firme, remojándola por una hora en una mezcla de $1/2$ taza de vinagre, $1/2$ cucharada de sal y $1/2$ galón de agua. Si el agua del enjuague sale teñida, repita el proceso. Utilice esto solamente en una tela de un solo color o Madrás. Otros artículos de muchos colores deben ser lavados en seco.

departamentos puede encontrar unos plásticos circulares que agarran las medias por pares. Evitan que desaparezcan y ahorran tiempo para buscar la pareja.

ARTEFACTO PARA MEDIAS

Como alternativa, lave las medias dentro de una bolsa de malla, (o dos, una para las blancas y otra para las de color) o una bolsa para cada miembro de la familia.

Las bolsas de malla, también evitan que las medias de nylon y la ropa interior se rasguen durante el período de centrifugado de la máquina.

Los suéteres, las camisetas, el corderoy y todas las prendas que se pueden pelar, se deben lavar al revés.

Revise los bolsillos, en busca de lápices, monedas, lapiceras o pañuelos.

Repare roturas pequeñas y cosa los botones sueltos. Las roturas se volverán más grandes y los botones sueltos se caerán en el lavado si no lo hace.

Cuánta ropa poner en la lavadora
Nunca sobrecargue la lavadora, ya que la ropa necesita espacio para ser agitada tal como los humanos.

Sobrecargar la máquina evita la buena circulación del jabón y el agua. La ropa que queda junto al agitador central se mueve, pero el resto no. Deberá haber suficiente agua circulando, para que se lleve la mugre.

Temperaturas del agua
Estas son las guías generales, pero siempre lea las etiquetas de cuidado:

Agua caliente (130°–150°F) es apropiada para prendas muy sucias o grasosas, pañales, blancos que van a utilizar blanqueador, otros algodones blancos y de colores claros.

Agua tibia (100°–110°F) es recomendado para ropa con etiquetas *wash & wear*, para artículos de planchado permanentemente sucios o no muy sucios, para colores oscuros, ropa moderadamente sucia, lanas lavables y algunos sintéticos tejidos y de punto.

Agua fría (80°–100°F) se puede utilizar para cualquier lavado de prendas poco sucias, colores brillantes, artículos frágiles y colores que destiñen. De todas maneras, el agua nunca debe estar muy fría. No es efectivo lavar con agua a menos de 80°F.

Utilice rutinariamente agua fría para el enjuague: ahorra energía, evita las arrugas en las prendas de planchado permanente y hace más fácil planchar.

MARCADO PARA TRATAMIENTO
Ponga una canasta llena de broches de colores para ropa cerca de la canasta de la ropa sucia y cree el hábito de poner un broches a cada prenda que necesite marcar las manchas para tratamiento especial, de manera que se haga antes de poner la prenda en la lavadora. De otra forma la mancha se puede fijar.

Duración y graduación del ciclo
Las ropas más sucias, pueden necesitar el ciclo más largo, de 10 a 12 minutos. Un ciclo normal es de 6 a 8 minutos, y las prendas no muy sucias pueden necesitar sólo de 4 a 6. En general usará el ciclo "normal" para casi todos los lavados, pero debe usar ciclo "suave" (para telas y tejidos delicados y / o para "planchado permanente."

Productos de lavado

Jabones y detergentes
Aunque se utilizan las palabras intercambiadas, el jabón y el detergente no son lo mismo. El jabón está hecho de grasa y álcali. En agua blanda, el jabón hará un buen trabajo quitando la mugre,

pero en agua dura, reaccionará con los minerales dejando un residuo.

¿Cómo saber qué clase de agua tiene? Es probable que tenga agua dura si le quedan halos de residuos en la ducha, los jabones y el champú no hacen espuma fácilmente, hay residuos blancos en los grifos y las telas quedan rígidas después del lavado (aunque esto puede suceder por otros problemas; *véase* "Rigidez y aspereza" en la página 192). Vea el recuadro siguiente para saber qué tipo de agua tiene.

EXAMEN PARA EL AGUA BLANDA

A una pinta de agua caliente agregue una cucharadita de jabón para la ropa, agite bien. Si logra una buena cantidad de espuma y la espuma se mantiene por unos minutos, el agua es blanda. Si hace poca espuma, y las burbujas se rompen rápidamente, el agua es dura. Un examinador profesional —llame al Departamento de Salud para que le digan cómo localizar uno— le dará el resultado en términos de granos por galón (una medida de carbonato de calcio): el agua blanda o ligeramente dura tiene $3^1/_2$ granos, moderadamente dura de $3^1/_2$ a $10^1/_2$ y muy dura $10^1/_2$ o más.

Los detergentes trabajan en cualquier clase de agua. Al envolver y agarrar la mugre, también evitan que ésta se deposite en su ropa. Es por ello que sólo hay algunos jabones —y muchos detergentes— en las estanterías de los supermercados.

Los detergentes tienen dos ingredientes claves, los surfactantes y los constructores. Los surfactantes disuelven la mugre de todo tipo. Los constructores, como el fosfato, suavizan el agua para que los surfactantes puedan trabajar mejor. El mejor detergente para la remoción de manchas contiene fosfatos, pero muchos estados los prohíben por motivos ambientales, ya que los fosfatos ayudan al crecimiento de las algas, haciendo el agua inadecuada para nadar, para los botes, para pescar y para beber.

Algunas marcas de detergentes en polvo vienen sin fosfatos, pero no hay ninguno en los detergentes líquidos. Para compensar la falta de ellos, algunos utilizan soda de lavar y otros ingredientes. Algunos líquidos utilizan suavizantes de agua alternativos, como el citrato de sodio. Estos detergentes no trabajan muy bien en agua dura, así que es probable que usted quiera agregar suavizante de agua para obtener más espuma (*véase* "Suavizantes de agua" en página 181). Algunas marcas de detergentes de tiendas naturistas dicen contener surfactantes ecológicamente mejores que los demás.

Los detergentes también pueden contener blanqueadores que no sean de cloro, suavizantes de telas, enzimas para remover manchas, perfumes para fragancia, y abrillantadores ópticos; cualquiera de ellos pueden causar alergias. Los abrillantadores convierten parte de la luz invisible que viene del sol o de los tubos fluorescentes, en luz visible, para que las telas brillen un poco, aunque a la luz incandescente usted no lo notará.

Muchos de nosotros elegimos el detergente al que estamos acostumbradas o el que esté en rebaja. En el recuadro de la página siguiente, puede ver que existe una variedad aceptable de opciones.

JABONES

Tipo	Comentario
En polvo	Bueno para prendas no muy sucias, prendas delicadas, ropa de bebé. Puede aminorar el riesgo a prender fuego en los pijamas de los niños y en otras telas.
Hojuelas	Tales como Ivory Snow.
Barras	No se utilizan mucho para la lavandería, pero una barra de jabón ayuda a remover las manchas.

Cuánto producto limpiador usar

Los fabricantes le dirán cuanto detergente utilizar, basados en una carga de 5 a 7 libras, suciedad moderada, agua moderadamente dura y un volumen de agua de más o menos 17 galones, para

DETERGENTES

Tipo	Comentarios
Superconcentrados	Son los más nuevos. Utilizan menos cantidad del producto, pero son más costoso. De todas maneras yo encuentro la caja pequeña conveniente.
En polvo	Buenos para el lavado general. También para la mugre rebelde y la arcilla.
Líquidos	También son para todo uso. Buenos para lavar y para tratar manchas (sólo frotar un poco en el área dañada. Tenga un poco de detergente en un dispensador de mostaza, para fácil aplicación). Particularmente bueno para manchas de comida, grasa y aceite.
Combinaciones	Detergente con suavizante de ropa o detergente con blanqueador que no altera el color. (Creo que los productos por separado hacen un mejor trabajo).
Líquido y polvo para trabajo liviano	Para lavado a mano y a máquina prendas delicadas, ropa de bebé y prendas que no estén muy sucias.
Líquido para lavar platos	Para lavar platos y todo lo que se lave a mano. No sirve para máquina lavaplatos.

lavadoras con tapa horizontal y 8 galones para una lavadora con tapa frontal.

Lea las instrucciones. Los productos vienen en diferentes concentraciones, así que aunque parezcan similares, necesitará cantidades diferentes. Necesitará más producto para ropa muy sucia o para una carga más grande; menos para ropa no muy sucia o para cargas pequeñas. Como los fabricantes cambian ocasionalmente las fórmulas, las instrucciones cambiarán aun en productos conocidos.

SI EL DETERGENTE NO SE DISUELVE

Ponga el detergente en el fondo del tambor y la ropa sobre él —en lugar de verterlo sobre la ropa— y tal vez así se disuelva. Pero si está lavando con agua fría, tal vez deba disolver el detergente en polvo con anterioridad a usar detergente líquido.

Reducir la cantidad de detergente que indica el fabricante, puede disminuir su efectividad. Sin embargo, agregar más no limpiará mejor su ropa y puede dañar la lavadora.

CONTROL DE ESPUMA

Si la espuma está rebasando por la tapa de la lavadora por mucho detergente, vierta una medida de suavizante común de ropa dentro de la máquina o ½ taza de sal. En un momento parará.

Ayudantes del lavado

La mejor ayuda para el lavado es que venga una persona y lo haga por usted. Pero aquí lo que quiero mostrar son soluciones que usted puede agregar al detergente.

Blanqueadores. Los blanqueadores abrillantan y blanquean las telas, aclaran las manchas, convirtiendo la mugre en partículas solubles decoloradas, que pueden ser sacadas con facilidad por el detergente y que saldrán en el agua del lavado. Hay dos clases de blanqueadores: el de cloro y el de oxígeno (se usa en las prendas de color). *Véase* el recuadro de la página siguiente para las opciones de blanqueadores.

Suavizantes de ropa. Los detergentes limpian de tal manera las fibras de la ropa, que la pueden dejar áspera y las secadoras hacen que se cargue de energía estática, especialmente los sintéticos y los de planchado permanente. Para eliminar ambos problemas —suavizar la ropa y quitar la energía estática— necesitará el suavizante de ropa.

Los suavizantes son materiales cerosos, relacionados con los jabones, que cubren las prendas lavadas con una capa química que lubrica y humecta. Las fibras lubricadas, estiradas una junto a la otra, no se arrugan, no se apelmazan y se sienten esponjosas. Las fibras humectadas no retienen la energía.

Los suavizantes de telas se encuentran en diferentes formas. **Líquidos,** generalmente se diluyen y se agregan en el agua del enjuague. **Hojas** de fibra o espuma impregnadas de suavizante que se ponen en la secadora, donde el calor lo libera. También puede encontrar **combinaciones de detergente / suavizante.** Los suavizantes líquidos, son los más efectivos, las combinaciones lo son menos. Siga las instrucciones con cuidado.

PRECAUCIÓN: Si una carga pequeña con hojas de suavizante o con suavizante líquido es secada a altas temperaturas, o si el suavizante líquido es vertido directamente sobre las prendas, esto puede causar manchas. Las instrucciones para quitar estas manchas están en la sección de quitamanchas que encontrará más adelante.

Lo que solía ser un problema común —telas que se volvían menos absorbentes con el tiempo— parece haber sido solucionado con las nuevas fórmulas. Pero con el tiempo, la capa cerosa del suavizante sobre las telas puede deslucirlas; no creo que den mucha protección contra las manchas, aunque así lo proclamen.

Algunos suavizantes de ropa pueden reducir la efectividad de los retardantes de fuego sobre algunas telas, como las pijamas de los niños. También pueden dejar manchas de tipo grasoso en algunos géneros. Quite las manchas, frotándolas con una barra de jabón y luego poniendo la prenda a lavar de nuevo.

Mi recomendación es que utilice suavizantes de ropa sólo ocasionalmente y no en todos los lavados.

Almidones, acabado y aprestos. Si usted desea que su prenda tenga más cuerpo, resistencia a la mugre y que sea más fácil de planchar, utilice un almidón, un acabado o un apresto en polvo, líquido o en rociador. Los almidones son buenos en algodones y mezclas de algodón, mientras que los acabados y los aprestos son preferibles en las telas sintéticas.

Azulando. Color azul que se agrega al agua del lavado o del enjuague. Puede ser un ingrediente de otros productos de lavado. Contrarresta el efecto de amarilleo en las telas blancas.

Suavizantes de agua. El "agua dura" que contiene calcio y magnesio, interfiere con la efectividad del detergente, destruye los efectos retardantes al fuego y puede dejar un residuo llamado película de lavado en la ropa del lavado. Saque la película remojando la ropa y las toallas en un contenedor plástico, con una mezcla de agua (1 galón) y vinagre (1 taza).

SUSTITUTOS DEL ALMIDÓN

• Si no puede conseguir almidón en polvo, bata $1/2$ taza de almidón de maíz (Maicena) en una taza de agua fría. Agregue 2 litros de agua hirviendo para un almidón fuerte, 4 para uno término medio y 6 para uno suave. Sumerja las prendas dentro del almidón, seque, rocíe con agua tibia, doble suavemente. Déjelo estar de 1 a 2 horas antes de planchar.

• ¿Quiere almidonar pañitos de ganchillo rápidamente? Recúbralas con goma blanca. (Saldrá en el siguiente lavado.)

Algunos detergentes tienen en su composición suavizantes de agua, listados en los componentes como carbonato de sodio (soda de lavar, soda sal, o cenizas de soda). Usted puede agregar un

TRADUCCIÓN DE LAS ETIQUETAS DE CUIDADO

BLANQUEADOR DE CLORO

Qué hace: Desodoriza, desinfecta, limpia. Amplía el poder limpiador de los detergentes.

Se usa para: Blancos y colores firmes únicamente.

Cuánto usar: Agréguelo puro o diluido, como recomiende la etiqueta. Para una máquina de gran capacidad: $1^{1}/_{2}$ tazas. Para una máquina normal: 1 taza. Para ropa muy sucia, agregue $^{1}/_{4}$ de taza más. Para lavado a mano, $^{1}/_{8}$ de taza por 2 galones de agua jabonosa.

Cuándo agregarlo: Mientras la máquina se llena de agua, viértalo junto con el detergente y ponga la ropa después que comience el movimiento. Para obtener resultados más brillantes: ponga el detergente, luego la ropa, luego el blanqueador (diluido en 1 litro de agua), después que haya comenzado el movimiento. Nunca ponga el blanqueador directamente sobre la prenda. ¿Por qué? Al agregar el blanqueador muy pronto, puede destruir las enzimas y la blancura fluorescente del detergente. Pero si lo pone después del ciclo de lavado no alcanzará a ser sacado en su totalidad por el agua del enjuague.

Qué marca elegir: No todos los blanqueadores son iguales, algunos se desintegran más fácilmente que otros. Los mejores tienen un sistema de filtrado que quita las impurezas que causan éste problema. La calidad de las marcas genéricas varía.

No usar en: Prendas de color, seda, lana, mohair, spandex y cuero.

Importante: El blanqueador trabaja casi inmediatamente, y el efecto no dura mucho. Dejar la prenda en remojo toda la noche no hará que blanquee más que si la deja por 15 minutos, pero sí dañará las fibras. Yo tengo un producto único, Bleach Booster, que dobla el efecto del blanqueador y trabaja dentro de las fibras más rápido, de manera que hace menos daño.

BLANQUEADOR DE OXÍGENO (PROTEGE EL COLOR)

Qué hace: Abrillanta los colores. Mantiene blancos los blancos. Tan sólo ocasionalmente restaura el blanco a prendas deslucidas: ponga las prendas en agua tibia con blanqueador de oxígeno por 24 horas, luego enjuague con vinagre y agua (una cucharada por litro).

Se usa para: Cualquier tela de color. Blancos que aceptan blanqueador.

Cuándo usar: Antes de poner la ropa en la lavadora. No lo vierta en prendas mojadas.

Temperatura del agua: Es más efectivo en agua tibia a caliente.

producto suavizante al agua, generalmente en polvo junto con el detergente y al agua del enjuague. O utilice 1 taza de bórax. Suavizará el agua y también refrescará el lavado.

O puede decidir agregar un suavizante de agua al tanque del agua de la casa, para desactivar o remover los minerales completamente. (Información sobre el examen de agua blanda, en la página 179 y sobre cómo comprar suavizantes de agua, en la sección de Equipamiento en Capítulo 1.)

TAL VEZ SU LAVADO NECESITE UN INGREDIENTE MÁS

• ¿El algodón negro o la ropa interior perdieron el color? Agregue azul de lavar, café fuerte, o té (2 tazas) al agua de enjuague. La ropa pasará del negro amarronado al negro. (De ahora en adelante lave la ropa negra con Ivory Snow y agregue un poquito de detergente).

• ¿La ropa con planchado permanente está flácida? Agregue 1 taza de leche en polvo al agua del último enjuague (o ½ taza de almidón líquido, o 1 taza de la sal Epsom. Ponga el ciclo de la lavadora en *wash & wear* durante el enjuague.

• ¿El algodón perdió cuerpo y brillo? Agregue un paquete de gelatina sin sabor al enjuague de los algodones brillosos.

TODO LO QUE SU MADRE LE ENSEÑÓ ACERCA DE SACAR MANCHAS Y QUE USTED OLVIDÓ. (ELLA TENÍA RAZÓN.)

• Limpie la mancha mientras que está fresca dentro de lo posible

• Actúe rápidamente

• Pruebe cada solución en un punto escondido para asegurarse que no creará otra mancha.

• Aplique agua o solución quitamanchas sólo al punto manchado, utilizando un gotero o una botella con una boca pequeña. De otra forma, agrandará la mancha.

• Un plato pesado para tartas, puesto boca abajo, hace una buena superficie para trabajar las manchas. Cuando frote una mancha, utilice debajo de ella, un trapo absorbente.

Cómo quitar las manchas

Marcado para tratamiento

Como el calor fija ciertas manchas, es mejor tratar con ellas antes de lavar y secar. Si no puede tratar la mancha de inmediato, haga un nudo suelto a la prenda, antes de ponerla en la canasta de la ropa sucia, o utilice un gancho de ropa para marcar el sitio.

Otra técnica que ayuda es utilizar un marcador de tinta que desaparece, para hacer círculos en las manchas a medida que pone la ropa en la canasta.

Luego preste atención a las marcas al poner las prendas en la lavadora.

Principios para quitar las manchas

Quitar las manchas de la ropa no es terrible, pero puede irritarla. Yo diría que ocupa un puesto entre dar vuelta una tortilla con una sola mano y pasar todo un día con unas medias de nylon con entrepierna corta.

La causa de la mancha generalmente es compleja. Las manchas de proteínas (de comida) y las de grasa (de los aceites), necesitan tratamientos diferentes, pero algunas son una combinación de las dos. Además, hay muchas telas y mezclas de telas, y todo reacciona de manera diferente cuando se manchan.

Por otra parte, tampoco es ciencia profunda. Para prendas que no se pueden lavar, muchas veces el solvente quitamanchas Carbona o Energine servirán, aunque pueden dejar un círculo blanco en la ropa oscura.

En las prendas lavables, los detergentes —particularmente las fórmulas nuevas— son sorprendentemente efectivos. Usted puede convertir su detergente en polvo en prelavado y quitamanchas, combinando un poquito de polvo con agua hasta formar una pasta. Frótela en las manchas con un cepillo de dientes viejo. Si esto no soluciona el problema trate con un remedio casero. O utilice un quitamanchas comercial. Asegúrese de leer las instrucciones con cuidado y que el producto sea recomendado para la tela en la que lo va a poner.

Los quitamanchas

Absorbentes. Para remover la grasa. Se puede espolvorear almidón o harina de maíz o talco sobre la mancha, deje por un rato y cepille. Este tratamiento es seguro en pieles, cuero y gamuza.

Acetona. Disuelve la pintura para uñas y el pegamento de los modelos de aviones. Cómprela en la farmacia. No la utilice en los acetatos o triacetatos.

Blanqueador. De cloro y de oxígeno. (*Véase* la página 180.)

Removedor de color (como el Rit Color Remover; vendido con las anibinas). Para la ropa que se tiñó con el color que otra destiñó o para los blancos que se han amarilleado.

Jabón para lavaplatos. Sirve para la lavadora automática y para lavar a mano. El de la máquina es muy fuerte y contiene blanqueador, así que utilícelo con cuidado.

Solvente quitamanchas. (Como Energine o Carbona; productos destilados del petróleo) para ropa que no se puede lavar.

Líquido o prelavado de enzimas. (Como Biz o Axion). Acelera el poder limpiador del detergente y quita las manchas de proteínas de la comida, leche, té, café, biberón de bebé y jugo de frutas, sangre, otros fluidos corporales y pasto. Las enzimas digieren la mancha, así como su cuerpo digiere la comida. No es efectivo en manchas de cera, óxido, tinta, crayón o aceite. Biz y Axion vienen en forma de polvo. Mi propia fórmula Wow! Formula 1 (para blancos y blanqueables) y Formula 2 (para ropa de color) son únicas: son líquidas, trabajan al instante y no creo que haya nada parecido en efectividad.

Glicerina. De la farmacia.

Agua oxigenada al 3%. La que se vende como antiséptico y no como blanqueador.

Limpiador de hornos. (Como Easy-Off). Saca la pintura de la tela, las manchas en la bañera y en el vidrio. El limpiador de hornos, no está recomendado por el fabricante para éste propósito, así que usted debe usarlo a su propio riesgo, pero es increíblemente efectivo. Yo no he utilizado nada distinto al Easy-Off original en estos casos, así que no sé qué otras fórmulas puedan servir.

Jalea de petróleo (vaselina). Suaviza la pintura seca, el alquitrán y las gomas de pegar. (Luego lave.)

Prelavado y quitamanchas. (Como Shout y Spray 'n Wash) para ropa muy sucia, aceites de cocina, grasa del motor (muy efectivo en los sintéticos). El líquido y el rociador son aplicados justo antes de lavar la prenda y se pueden aplicar de nuevo, si la mancha no se va. El producto en barra debe usarse en una mancha fresca, pero se puede posponer el lavado hasta por una semana. Utilice el agua más caliente que soporte la tela.

PRECAUCIÓN: Esto hace que los colores fluorescentes y de neón se aclaren y se corran.

Alcohol. Para cera de vela de color, algunas tintas de bolígrafo y bebidas alcohólicas frescas.

Barras de jabón. Son excelentes para remover el suavizante de ropas. El jabón de nafta puede quitar manchas de sudor y de tabaco.

Vinagre blanco. Neutraliza los olores, ayuda con las manchas de las mascotas y con las de sudor, después que se les ha aplicado amoníaco.

Limpiador de vidrios. (Específicamente Windex) es un excelente quitamanchas para telas y tapetes. Utilice a su propio riesgo, ya que el fabricante no lo recomienda para estos propósitos.

Remedios caseros y otros

Cada tanto aparecen fórmulas mágicas en el mercado: el quitamanchas que saca todas las manchas. No existe tal posibilidad: hay demasiados tipos de manchas diferentes, que deben ser sacadas con distintas clases de químicos.

Cuando usted vea esas demostraciones maravillosas en la televisión, está siendo engañada. Lo que ve es gente que quita manchas frescas, muchas que se pueden remover tan sólo con agua, o con detergente para platos. Lo importante de un buen producto (o remedio casero), es si puede remover una mancha que ya se ha fijado.

Con tantas soluciones comerciales efectivas que hay, me parece que la única razón para utilizar un remedio casero es que sea más rápido, más barato o más efectivo, así son los que he incluido aquí. (Debo recordar que la paciencia es importante. Si la mancha no sale al primer intento, trate de nuevo. El sacar manchas se parece un poco a aprender a montar en bicicleta: cuanto más lo hace, mejor se vuelve.)

Algunos de estos productos no los puse en la lista básica de los quitamanchas —porque pensé que no los utilizaría comúnmente— pero generalmente están en la casa; o los incluyo, porque he tenido éxito con esos productos.

Algunas veces la única solución es la comercial. Como sé que muchas veces las personas no saben que producto utilizar, he mencionado el nombre de algunos productos porque son buenos y se consiguen en todas partes (pueden existir otras posibilidades igualmente efectivas) o porque son únicos.

Todos estos remedios han sido examinados y funcionan. Aunque siempre me preocupa que puede estar tratando con un factor desconocido (una mezcla de fibras, algún ingrediente en la mancha o el derrame) que cambie las condiciones. He decidido arriesgarme y mencionarlas todas —en caso de que tenga los ingredientes para una solución y no para otra— pero quiero recordarle que *debe ser precavida y estar al tanto de los riesgos*. Si un artículo es especialmente valioso para usted, es posible que prefiera tomar el camino menos riesgoso y limpiarlo a seco.

QUITAMANCHAS PARA TODO USO, HECHO EN CASA

• Para manchas que no sean de grasa, sobre telas que se pueden lavar (excepto lana lavable, seda, spandex, acrílico y acetato): mezcle partes iguales de amoníaco y agua, y detergente para platos en una botella de rociar, agítela antes de usar, fróreral sobre la mancha, déjela unos minutos y enjuague con agua. Sirve para manchas de leche, sangre, sudor y orina. Para bebidas, frutas y pasto substituya el amoníaco con vinagre.

• Para manchas grasosas sobre telas lavables, (excepto acetato, triacetato y rayón): mezcle 1 cucharada de glicerina, 1 cucharada de detergente para platos y 8 cucharadas de agua. Utilice el mismo procedimiento anterior. Esto trabaja bajo el principio de que la grasa quita la grasa.

Las manchas y su solución

Bebidas alcohólicas
• Empape las manchas (¡frescas!) en agua fría, con una cucharada de glicerina (de la farmacia). Luego enjuague con agua a la que ha agregado ½ taza de vinagre. Actúe con rapidez. Las manchas se vuelven marrones a medida que pasa el tiempo.

Manchas en la ropa del bebé
• En blancos: después del milagro del nacimiento, viene el milagro de la lavandería. ¿Cómo es posible que unas ropas tan diminutas hagan una carga tan gigantesca? Para manchas frescas, humedezca un trapo con agua, póngale bicarbonato de soda y frote la mancha. Restriegue manchas rebeldes con una pasta hecha de detergente para lavaplatos automático. Deje estar toda la noche, lave como acostumbra. Mi Bye Bye Baby Stains Formula fue preparada especialmente para resolver exactamente este problema.

• Para ropa de color: enjuague y luego aplique una pasta de enzimas. Déjela por 1 hora y luego lave.

Acido de baterías
• Frote inmediatamente sobre la mancha una pasta de bicarbonato de soda y agua, y deje por 2 horas. Después lave.

Color que destiñe
• Si el color de la ropa de color tiñe ropa blanca o de color que permiten el uso de blanqueador, lave inmediatamente de nuevo, con blanqueador de cloro y si el problema persiste, utilice un removedor de color comercial.

Puntos de detergente azul
• Los puntos azules sobre las toallas recién lavadas, pueden ser color que haya desteñido de otra prenda o simplemente el resultado del suavizante de ropa o detergente que no se diluyeron bien. Frote con una barra de jabón y lave de nuevo o sumerja en vinagre blanco sin diluir, hasta que los puntos desaparezcan. Por lo menos 15 minutos y no más de 30.

Sangre

• Las manchas de sangre fresca se pueden remover con sal, que rompe las células de la sangre, o con una solución de agua oxigenada al 3%. O cubra la mancha con ablandador de carnes. Aplique agua fría para formar una pasta. Espere de 15 a 20 minutos y luego frote con una esponja mojada en agua fría.

• Para una mancha que ya se fijó, utilice un producto sacamanchas con enzimas como Biz o mi producto For Those Days.

Quemaduras

• El antiguo remedio para la ropa quemada solía ser una pasta preparada con vinagre, creta, jugo de cebolla y estiércol de gallina, untado como un emplasto. Déjelo secar y luego lave el artículo dos veces. Creo que la Mary Ellen de 1692 que inventó esto, fue probablemente colgada por bruja, aunque yo creo que si usted logra sacar el resto de este emplasto, probablemente no notará la marca quemada. La solución moderna: frote con agua oxigenada al 3%.

Crayón

• Si olvidó revisar los bolsillos, puede terminar con marcas de crayón en todo el lavado. Algunas veces con sólo remojar la ropa en agua caliente, la cera se derrite. Si no aplique prelavado quitamanchas y lave con escamas de jabón (no detergente) y una taza de bicarbonato de soda.

• Si la mancha permanece, remoje las telas blancas o de color que permiten blanqueador, en blanqueador, de acuerdo a las instrucciones del paquete, o deje en remojo toda la noche en un balde plástico, con ½ taza de detergente para platos y ½ taza de agua. Después lave como acostumbra.

• Para manchas frescas o que han sido fijadas por el calor sobre ropa de color, ponga el artículo marcado bocabajo sobre toallas de papel, rocíelo con WD-40, el removedor de lubricante y adhesivo. Déjelo por unos pocos minutos, voltee la prenda y rocíela por el otro lado. Aplique detergente para platos y frótelo sobre el área manchada, utilizando una toalla de papel nueva cada vez que empape la anterior. Lave en el agua más caliente que soporte la tela, con jabón para ropa y blanqueador de oxígeno (programe la lavadora para ropa muy sucia o 12 minutos). Seque en la secadora. Limpie el tambor de la secadora, para quitar cualquier residuo de cera, rociándolo con WD-40, limpiando con trapo suave y luego pasando una carga de trapos por el ciclo de secado.

• Para crayón, témpera, y otras manchas, puede pedir ayuda marcando 1-800-CRAYOLA.

Suavizante de telas

• Para remover "manchas de grasa" causadas por las hojas de suavizantes de telas, sobre telas hechas a mano, humedezca la tela y frote el área con jabón o con detergente para platos, especial para remover grasa.

Manchas de frutas

• Conozco una mujer que permite que sus hijos beban jugo de naranja cuando están vestidos de naranja o rojo, jugo de uva cuando visten de morado y así sucesivamente. Si usted no es tan organizada, aprenda cómo sacar estas manchas. Enjuague la mancha fresca o trate con esta solución loca, pero efectiva: estire el área manchada sobre un tazón y vierta agua hirviendo a través de la mancha, desde una distancia de varios pies. O pruebe con el quitamanchas casero para todo uso, preparado con vinagre (en la pág. 185). La solución comercial: quitamanchas enzimático.

Quienfuera que dijo "se quita cuando se lave" obviamente nunca lavó.

Pegamento

• Raspe suavemente el pegamento con un cuchillo sin filo. Luego lave el artículo en agua jabonosa.

• Suavice el pegamento endurecido, con una toalla de papel humedecida puesta sobre la mancha, por 30 minutos. Frote con la toalla para remover el resto. Repita si es necesario.

• O utilice vinagre blanco caliente, solvente quitamanchas o brillo para las uñas sin aceite. Ponga un trapo sobre la mancha, luego vierta más quitamanchas, repita hasta que el pegamento se ablande, y luego lave.

• Sobre gamuza, humedezca una mota de algodón con fluido para encendedor y frote ligeramente sobre el pegamento hasta que se suelte. Cuando se seque, cepille la gamuza con una de esponja para levantarle los pelillos.

Pasto

• Sé que llegó la primavera cuando encuentro la primera mancha de pasto en la ropa de mi hijo Andrew. Después de probar la firmeza del color, frote alcohol sobre la mancha alcohol, luego enjuague con agua fría. Si la mancha no desaparece, trate con unas gotas de vinagre o con el quitamanchas casero de vinagre para todo uso.

• Solución comercial: quitamanchas enzimático.

Grasa

• *Véase* una solución casera en el recuadro de la página 185.

• Frote Crisco en las prendas manchadas de grasa y luego lave.

• O rocíe talco para bebé sobre la mancha fresca, déjelo secar, cepíllelo, luego lávelo. Esto es especialmente bueno para la ropa de trabajo.

• O frote líquido de lavar platos o jabón para mecánica sin agua (de la tienda de repuestos para automóviles) de inmediato sobre la mancha, lave como acostumbra.

• O sobre telas hechas a mano recién lavadas, vea suavizante de telas en la página anterior.

• Sobre gamuza, frote con un trapo limpio, humedecido en glicerina.

Goma de mascar

• Congele el artículo y raspe lo que más pueda con un cuchillo sin filo. Déjelo que alcance la temperatura ambiente, humedezca un trapo con un solvente quitamanchas o fluido para encendedor (bencina), frote y luego lave.

• O sature con aceite de ensaladas o mantequilla de maní, limpie lo que más pueda, luego lave.

Tintura para el pelo

• Si usted utiliza un producto soluble en agua (champú) y la mancha está fresca, utilice unas gotas del champú que viene con la tintura.

• Si el color se ha secado, me dicen los peluqueros que ellos quitan la tintura con fijador para el pelo, con un astringente para la piel, llamado Sea Breeze o con Tilex, el limpiador de baños en rociador. (Haga una prueba de firmeza del color primero; esto puede hacer que el color destiña, aclare, o manche.)

Marcas de dobladillos

• En *jeans*: tome un crayón azul o un marcador azul que tenga el mismo tono del jeans y páselo sobre la línea. Luego planche la tela, con un trapo sobre ella con temperatura media. La línea blanca debe desaparecer.

• Para una falda de lana, humedezca el trapo de planchar en 1 parte de vinagre por 2 partes de agua, exprima y ponga sobre la ropa y planche. (Esto también eliminará las arrugas en las prendas de "planchado permanente".)

Tinta de bolígrafo

• Rocíe con una cantidad generosa de fijador para el pelo en aerosol, (no de bomba). (De la económica, las marcas más costosas, contienen aceites que pueden manchar), luego frote con un trapo limpio y seco. Esto es muy efectivo sobre el poliéster.

• Si todavía queda algo, pruebe con alcohol puro.

• Para una mancha grande (más grande que el tamaño de una moneda de 10 centavos) sumerja en metilo de 15 a 30 minutos. (Excepciones: el rayón y el acetato se deben limpiar a seco.)

EN LA OFICINA

Mantenga a mano una caja de paños empapados en alcohol que vienen en sobres individuales para limpiar las manchas de tinta de bolígrafo. Lleve algunos sobrecitos a su casa.

Tinta de marcadores

• Enjuague la mancha con agua fría hasta que salga limpia, ponga la tela sobre toallas de papel y satúrela con alcohol (utilizando una mota de algodón). Cambie la toalla de papel a medida que absorba el color. Lave en agua caliente con jabón para la ropa y blanqueador en polvo (para ropa de color) y enjuague con agua tibia.

- O llame al 1-800-CRAYOLA.

Tinta de impresora

- Jabón Lava, frotado en el material humedecido, enjuague y listo.

Mermelada sobre tela

- Utilice vinagre blanco destilado como quitamanchas.
- Solución comercial: quitamanchas enzimático.

Kool-Aid

PRECAUCIÓN: Utilice este remedio en prendas blancas o de color que no sean elásticas y que permitan el uso de blanqueador de cloro. Si no está seguro, haga la prueba de la firmeza del color. *Véase* página 177.

- Llene la bañera con 2 pulgadas de agua caliente. Póngale 1 taza de blanqueador, 1 taza de jabón en polvo para ropa que no contenga amoníaco y 1 taza de polvo para lavaplatos y bata hasta que se disuelva. Agregue 4 galones o más de agua caliente. Remoje las prendas por 20 minutos, enjuague las prendas muy bien y lave como acostumbra. (Creo que deberían ilegalizar la fabricación de este producto. Estoy segura que existe un basural lleno de prendas, alfombras y tapizados arruinados con Kool-Aid. Yo produje un quitamanchas para este producto especialmente y la compañía me lo hizo sacar del mercado porque utilicé su nombre.)

Lápiz de labios

- Frote la mancha con una tajada de pan blanco.
- O trate con un desmaquillador no grasoso.
- O utilice crema dental que no sea gel.
- O utilice un solvente quitamanchas. (Ponga el artículo sobre una toalla vieja, aplique el solvente y utilice una punta de la toalla para fregar el solvente y la mancha.) Lave como acos-

tumbra. Si el color permanece, trate agua con amoníaco.

Maquillaje

- Frote con detergente para platos (uno que sea especialmente bueno contra la grasa), o con champú, o rocíe con fijador para el pelo y luego lave como acostumbra.
- O utilice un desmaquillador sin grasa.

Moho

- *Véase* página 191.

Barro

- Deje secar el barro, cepíllelo, utilice una barra de jabón.
- O, frote con una solución de 1 cucharada de bórax en 1 taza de agua, lave como acostumbra.
- O, frote con el Murphy's Oil Soap, déjelo 15 minutos y enjuague con agua fría.
- Si la mancha persiste, utilice un prelavado enzimático o sumerja el artículo en 1 galón de agua con 1 taza de amoníaco (o, si son blancos, con 1 taza de blanqueador).

Mostaza

- Trate el artículo antes de lavarlo y que se fije la mancha. Puede enjuagarlo, limpiar la mancha con una barra de jabón o dejarlo en remojo toda la noche en una solución caliente de detergente.
- O inmediatamente límpielo con una esponja humedecida en glicerina, previamente calentada poniendo la botella dentro de agua caliente (¡lejos de la llama!), luego lave.
- Para telas no lavables, intente frotar con una solución de 1 parte de alcohol por 2 partes de agua.
- Esta es una mancha difícil. Un quitamanchas enzimático comercial puede ayudar.

Ungüentos, Desitin u óxido de zinc

- Utilice agua caliente y detergente, refriegue la tela para quitar el aceite. Luego remoje la prenda en vinagre blanco por 15 minutos para remover el óxido de zinc.

Pintura látex

- Trate de inmediato con agua y jabón.
- Si la mancha persiste, haga la prueba de fir-

meza del color. Si no destiñe, frote con jabón para lavaplatos automático con detergente para platos, déjelo por poco tiempo y después lave.

• O, rocíe con limpiador de hornos Easy-Off, déjelo por 30 minutos y luego lave. (He encontrado esto seguro para telas de poliéster y algodón, pero hágalo a su propio riesgo.)

Pintura a base de aceite

• Utilice el solvente recomendado en la etiqueta. O trate con solvente líquido para correcciones de máquina de escribir.

• Si eso no funciona, vierta Lestoil sin diluir, déjelo toda la noche y luego lave.

• O use trementina y espuma de amoníaco en partes iguales.

Manchas de sudor sobre tela

• La limpieza en seco no quita las manchas de sudor. Deben ser disueltas con agua. He oído 800 maneras para remover estas manchas, la mayoría son increíblemente complicadas y no funcionan. El problema es que el sudor daña las fibras (o en el caso de la seda la deja amarilla o decolorada), así que el problema no es que usted tenga una mancha, sino que tiene una tela arruinada. Sin embargo, la espuma del amoníaco o del vinagre blanco, es algunas veces efectiva para remover las manchas y / o el olor.

• En el cuello y los puños: utilice talcos para absorber la mancha y después lave. O cepille el halo salino con un cepillo de dientes viejo y champú común (los champúes más finos, algunas veces agrandan el problema), lave el artículo inmediatamente. Si usted tiene un problema permanente, rocíe su cuello con loción de hamamelis antes de ponerse la ropa.

Óxido

• Sobre tela blanca: aplique jugo de limón, frote con sal, deje el artículo blanquear al sol.

• O cubra la mancha con crémor tártaro, recoja las puntas del artículo (manteniendo el polvo sobre la mancha), luego sumérjalo en agua caliente. Déjelo 5 minutos y lave como acostumbra.

• Dentro de los pocos quitamanchas comerciales para óxido, están: Zud, Whink y mi propio

Wow! (el único seguro para la mayoría de los colores.)

Matiz púrpura en telas sintéticas

• Ocurre por los lavados repetidos. Remoje en Rit Color Remover y lave como acostumbra.

Halos

• Si después de lavar un artículo tratado, un halo permanece alrededor de la mancha, es probable que necesitara más quitamanchas o detergente. Debe haber suficiente para limpiar la mugre suelta que queda suspendida hasta que se lava. De otra manera, la mugre se mueve hasta el borde del área dejando un halo. Solución: trate de nuevo, lave de nuevo.

Salsas

• El dueño de un restaurante de barbacoa quita las manchas de salsa en los repasadores del bar, delantales, pantalones y chaquetas, echando 1 taza de detergente para lavar platos dentro de la máquina lavadora con agua fría. Deja las prendas en remojo por algunas horas y luego lava como acostumbra, enjuagando con agua fría. Trate esto para blanquear el poliéster viejo u opaco.

PRECAUCIÓN: Puede decolorar o desvanecer las telas que no aceptan el blanqueador de cloro.

• O agregue ½ taza de vinagre blanco al agua del enjuague. Si usted utiliza esto con nylon o con sintéticos, permita que el agua se enfríe un poco, ya que el agua caliente fija las arrugas.

Betún

• Sobre telas de color, trate con un poquito de alcohol mezclado con 2 partes de agua. En telas blancas, utilice el alcohol sin diluir. Si esto no funciona, trate con disolvente de pinturas.

Manchas en la seda

• El solvente quitamanchas puede limpiar la seda, pero generalmente crea un halo en el proceso. (Y frotar quita el color en algunas sedas.) Elimine el halo, poniendo el artículo sobre el vapor de la tetera (pero manténgalo a cierta distancia, para que no se manche con el agua), luego frote la tela suavemente contra sí misma. Esto también funciona con la lana.

• Energine también quita las manchas de grasa de la seda.

Silly Putty

• Voltee el artículo sobre un tazón y permita que la gravedad lo saque.

Hollín

• Mezcle Formula 409 en partes iguales con agua, luego remoje o rocíe los artículos, y lave como acostumbra.

Alquitrán

• El mejor remedio es el prelavado en rociador, el agua mineral, o la trementina. (El aceite para bebés puede dejar una mancha y los otros, pueden remover el color, así que pruebe primero.) Frote con un cepillo suave hasta que el alquitrán salga, luego lave con detergente y agua.

Témpera

• Frote con alcohol poniendo un trapo limpio por debajo para que recoja el color a medida que sale. Utilice limpiador líquido abrasivo en cualquier mancha que permanezca, luego lave. (No para la seda porque el alcohol removerá el color.)

• O llame al 1-800-CRAYOLA.

Blanco corrector de máquina de escribir

• Sobre la tela utilice el solvente para el fluido corrector, solvente de pintura o alcohol común. También funciona para tapetes y muebles.

Manchas de pañales y orina

• Remoje en amoníaco (¼ de taza por galón de agua) por 5 minutos, luego lave como acostumbra con el agua más caliente recomendada para esa fibra.

Vino

• Sature las manchas frescas con soda (la bebida) y luego lave.

• O pruebe con una mezcla de líquido lavaplatos y vinagre. Sirve para la seda si es lavable.

• O ponga el artículo de algodón que no se encoja dentro de una olla, con suficiente leche para cubrir el área manchada, póngalo a hervir, retire del fuego y déjelo allí hasta que la mancha desaparezca.

• O estire la parte manchada en el lavamanos y vierta agua hirviendo a través de la tela, desde una altura de 2 a 3 pies.

Manchas amarillas

Estas enfurecedoras manchas amarillas aparecen cuando los blancos que están guardados en áreas oscuras salen a la luz, o cuando están cubiertos con plásticos. Pueden ser causadas por el tanino (la sustancia que hace que las manzanas se oscurezcan); por abrillantadores de las telas que se tornan amarillos a la luz; por los aceites del cuerpo (en este caso trate con removedor de color, lo venden en el mismo sitio donde se compran las anilinas); por blanqueadores que no se enjuagaron o por hierro y magnesio en el agua (en ese caso, utilice removedores de óxido; en el caso de prendas delicadas, 1 cucharada de ácido oxálico en 1 taza de agua caliente). Si no sabe la causa del problema, hay muchos remedios para probar:

• Remoje por una noche los artículos manchados en agua tibia con unas tabletas de Denture (para las dentaduras postizas).

• O combine 1 cucharada de vinagre blanco, 1 de sal, 1 de suavizante de agua con 1 pinta de agua. Sumerja el área manchada en esta solución, bata, enjuague y lave.

• O frote sobre la mancha pasta dental blanca, lave en agua fría.

• O para prendas blancas y de color firme, ponga jabón en polvo para lavaplatos automático, asegúrese que no contiene amoníaco, en un balde de 1 galón, añada agua hirviendo hasta llenar la mitad, luego agregue ¼ de taza de blanqueador y termine de llenar con agua fría. Agregue esto al agua del lavado.

En el futuro, no deje prendas blancas cubiertas con plástico, más bien cúbralas con una sábana vieja.

El lavado especial

Problemas de lavandería

Pelusas

Para evitar las pelusas, separe las prendas que sueltan pelusa de las que no lo hacen. Revise la sección de clasificación al comienzo de este capítulo. Siempre revise los bolsillos y saque los papeles porque se deshacen y se pegan sobre todo lo demás. Las pelusas aparecen cuando:

- La lavadora está recargada
- No ha utilizado suficiente detergente para que mantenga las pelusas en suspensión
- No ha utilizado suficiente agua para que el enjuague se lleve las pelusas
- El filtro de las pelusas no está limpio
- Demasiado blanqueador ha causado que la ropa suelte pelusas
- O el ciclo fue demasiado largo, causando abrasión.

Use suavizante de ropa reduce la atracción estática de las pelusas. También servirá agregar 1 taza de vinagre al ciclo de enjuague. Puede volver a lavar los artículos con cualquiera de estas soluciones.

Si después de todo esto todavía tiene pelusas, ponga el artículo sobre una superficie plana y aféitelo con una máquina de afeitar desechable con cuchilla de doble filo, o frótelo con un papel de lija liviano, una esponjilla de nylon, un cepillo de nylon de cerda corta y dura, o con uno de cepillar caballos (de la tienda que le vende artículos para equitación).

Moho

Para tratar el moho en las telas —ropa, telas para exteriores, cojines y sombrillas— trabaje rápido, tan pronto como lo descubra. Cepille el artículo en la bañera o en el exterior, evitando diseminar las esporas.

Si la prenda se puede blanquear, utilice blanqueador de cloro.

Si no, remoje las prendas en agua tibia jabonosa y bórax. Si esto no funciona, combine ¼ de cucharadita de blanqueador de oxígeno con ¼ de taza de agua oxigenada al 3%. Asegúrese que el agua oxigenada sea relativamente nueva, porque pierde su efectividad con el tiempo. (Los líquidos que tienden a descomponerse, se venden en botellas marrones.) Con un trapo limpio, frote suavemente la mancha hasta que desaparezca.

Lave la prenda y seque al aire (al sol, si es posible).

Un remedio antiguo que sirve, aunque yo no lo considero muy práctico, es el de sumergir el artículo en suero de mantequilla agria (buttermilk) —se agria en aproximadamente 3 a 6 semanas después del día de expiración en el cartón— y déjelo secar al sol, luego enjuague con agua fría.

Si queda un olor mustio, rocíe el artículo con bicarbonato de sodio, déjelo por unas horas, luego sumerja en agua y lave. Las prendas que no se puedan lavar y que tengan moho, límpielas a seco.

Para reducir el riesgo del moho, guarde la ropa de manera que el aire pueda circular a través de ellas, elimine la humedad colgando bolsas de tela con gel de sílice y / o mantenga una bombilla de luz de vatiaje bajo, prendido dentro del armario. Nunca guarde ropa que esté sucia o húmeda. El moho se alimenta de la mugre y la grasa, lo mismo que de la humedad.

Prendas que se han secado demasiado

Las prendas que se han secado demasiado y los planchados permanentes que se han arrugado y ya la plancha no ayuda, porque se han dejado mucho tiempo en la secadora. Para resolver este problema —o para quitar las arrugas que le han salido por este motivo a una prenda de planchado permanente— ponga las prendas en la secadora, junto con una toalla mojada dentro de la máquina y préndalo en el ciclo "tibio" (warm). O planche la prenda con un trapo humedecido con vinagre blanco destilado, diluido con agua o sin diluir. El vinagre puede afectar el color, así que pruébelo primero.

Bolitas

Para evitar que a los suéteres, las sábanas y las colchas les salgan bolitas, lave las telas sintéticas separadas de las toallas, que tienden a restregar.

También seque en la cuerda los artículos que tienden a hacer bolitas. Si el artículo ya tiene bolitas, aféitelo, como he recomendado por años y como lo hacen los profesionales. Pero mi solución preferida es frotarlos con una piedra pómez o usar un producto llamado Sweater Stone y que está hecho para este propósito. Quita tiempo, pero es efectivo.

Rigidez y aspereza

Si sus prendas no necesitan plancha porque se paran solas, está haciendo algo mal. Si tiene agua dura, incremente la cantidad de detergente, instale un suavizador de agua o utilice acondicionador de agua.

Generalmente el problema es que queda demasiado detergente en la ropa. Utilice menos detergente (si está poniendo más del que le recomiendan), agregue un enjuague comercial o una taza de vinagre en el agua del enjuague, o haga un segundo ciclo de enjuague.

Uso excesivo

Si la máquina lavadora está dañando su ropa más que los niños en el campo de juegos, es posible que usted esté poniendo demasiado blanqueador. El cloro es fuerte para las fibras. Asegúrese de ponerlo en el momento correcto del ciclo y / o dilúyalo antes de ponerlo en la máquina.

El lavado a mano y otras situaciones especiales

Si usted quiere lavar a mano ropa interior o medias de nylon, disuelva detergente suave o champú para bebé en un balde con agua, ponga las prendas en el balde y déjelas allí por 5 minutos. Exprima sin torcer y no restriegue. Una sopapa limpia (también conocido como bomba de inodoro), reservada específicamente para este propósito, es una herramienta que sirve mucho para el lavado a mano, cuando necesita un poco de agitación. Enjuague hasta que el agua salga limpia y cuelgue para secar. Seque los tejidos con una toalla antes de colgarlos, si el peso del agua los deforma. *Véase* "Secar plano" en esta página.

PROBLEMAS DE CREMALLERAS

Si una cremallera se abre continuamente: rocíela con un poco de fijador para el pelo, ponga un botón en la parte superior de la cremallera, luego pase una banda plástica por la punta y engancharla en el botón; o cosa unos círculos de Velcro. Si se traba mucho: aplique jabón a los dientes o rocíe con lubricante de silicona, pero ponga primero cinta de enmascarar a los lados de la cremallera, para evitar las manchas.

Cuidado de los suéteres

Lavado. Desmanche primero con un quitamanchas de prelavado, luego lave el suéter en la lavadora si la etiqueta lo permite, utilizando un detergente suave y baja temperatura.

Los suéteres de material acrílico y algunos otros, se pueden lavar en lavadora, (lea las etiquetas), pero primero póngalos del revés, utilice agua tibia o fría y el ciclo más corto. Para lavar a mano, utilice agua fría y detergente suave. Exprima con suavidad la espuma, No tuerza ni restriegue. Enjuague a fondo y deje secar plano sobre una toalla de color suave. Enrolle la toalla sobre la prenda para quitar el exceso de humedad. Si el suéter queda muy mojado, repita el proceso con una segunda toalla.

Si la etiqueta de cuidado dice *secar en secadora, hágalo.* El calor debe permitir que la prenda regrese a su forma correcta. Utilice poco calor y no deje el suéter en la secadora más tiempo que el necesario porque se puede encoger. Usted puede colgar los suéteres de algodón lavados a máquina para que se escurran y luego secarlos en secadora en "medio" (*medium*) para que regresen a su forma original.

Secar plano. Algunas etiquetas de cuidado dicen "secar plano" (*dry flat*). Idealmente, esto incluye hacer un patrón del suéter en papel marrón antes de lavarlo, pero yo sólo calculo a ojo. Luego de lavar, saque el suéter de la máquina (antes del centrifugado) o del lavadero, enróllelo en una toalla para que absorba el agua.

Estire una segunda toalla en un mosquitero, un asiento tejido, la parrilla del horno, o cual-

LAVADO EN EL CARRO

Si hace un viaje largo en el carro, ponga sus prendas en un balde plástico con agua jabonosa, ajústele una tapa y ponga el balde en el baúl. El movimiento del viaje las limpiará ¡sin ningún esfuerzo de su parte! Enjuague y proceda con las instrucciones de lavado a mano.

ETIQUETAS MOLESTAS

Algunos niños y adultos sensibles se quejan de las etiquetas que les irritan el cuello. Pero si usted quita las etiquetas, la pequeña pieza que permanece puede ser igual (o más) irritante. Además, la etiqueta es buena en la ropa de los niños para saber qué talla es. Corte un parche de entretela que funciona con calor, y péguela con la plancha y péguela sobre la etiqueta. Podrá leerla a través, y ya no le causará problemas. Si el revés de un bordado dentro de una camiseta le irrita, esta entretela le servirá también.

quier otra superficie que permita que el aire circule por debajo, y ponga el suéter sobre ella. Cuando esté casi seco, ponga el patrón de papel sobre una mesa y el suéter sobre él, con suavidad devuélvale la forma. Cuando esté completamente seco, si quiere esponjarlo, póngalo en la secadora en un ciclo sin calor por 5 minutos.

Déjelo secar perfectamente antes de guardarlo o se arrugará de nuevo. Si necesita plancha, hágalo con un trapo mojado entre el suéter y la plancha.

Desarrugando un suéter. No le puedo garantizar éxito en este proyecto, pero algunas veces funciona. Empape el suéter en una solución de agua y acondicionador para el pelo, y hale suavemente para darle forma.

O disuelva 1 onza de bórax en unas cuantas cucharadas de agua caliente, agregue la mezcla a 1 galón de agua tibia, sumerja la prenda, estire suavemente para darle forma, enjuague con 1 galón de agua tibia y 2 cucharadas de vinagre.

O disuelva 1 ó 2 tazas de sal sin yodo en agua suficiente para cubrir la prenda. Deje enfriar y deje el suéter en remojo por 3 horas. Lave con espuma suave, enjuague 3 veces, enrolle en toallas, dele forma y déjelo secar.

O agregue 2 cucharadas de champú detergente (que no contenga jabón) a 1 galón de agua tibia. Moje la prenda, exprímala sin enjuagar, dele forma sobre una superficie plana y deje secar.

Encoger un suéter. Yo he sido capaz de encoger suéteres pero nunca a propósito. Me han preguntado si es posible y la respuesta es sí, en teoría. Lávelos con agua muy caliente y estírelo sobre el patrón que usted haya hecho de un suéter más pequeño.

Amarilleo. Si un suéter blanco se está amarilleando, agregue 2 onzas de agua oxigenada a 1 galón de agua tibia, remójelo de 3 a 4 horas y luego lávelo y séquelo. O utilice un aclarador de pelo. Los de espuma trabajan muy bien; elija el tono blanco platino.

CÓMO ARREGLAR UNA SÁBANA

Si una sábana se rompe, no la tire. Tampoco la ignore, o la rotura se agrandará. Compre parches de tela liviana para sábanas con base adhesiva, en una tienda de costura o en la sección de mercería de una tienda de departamentos. Siga las instrucciones del paquete. (Corte el parche al tamaño que necesita, ponga el lado adhesivo por el revés de la sábana o por dentro de la funda y péguelo con la plancha sin vapor.)

Lavado de toallas, sábanas y fundas

Lave las toallas nuevas antes de usarlas. Al lavarlas se aprieta la urdimbre del tejido que mantiene los rulos de fibra en su puesto, haciéndolas más absorbentes. Lave las toallas oscuras por separado la primera media docena de veces, ya que pueden desteñir. También separe las sábanas y fundas oscuras de cualquier artículo de color claro por las primeras lavadas, pero lave sabana y funda siempre juntas porque si destiñen, así siguen haciendo juego.

Las sábanas blancas, 100% de algodón, aceptan agua extremadamente caliente (hasta 200°F) y las sábanas de color 100% algodón, se pueden lavar con agua caliente (hasta 140°F) pero no hay razón para hacerlo a tan altas temperaturas después del uso diario. Las sábanas de algodón / poliéster o nylon se deben lavar en agua tibia, no caliente.

El secado

Secado a máquina

Para lograr los mejores resultados, lea las instrucciones del fabricante.

Mantenga el filtro de limpio de pelusas.

No seque las prendas a temperaturas muy altas (es mejor retirarlas cuando están casi secas, lo que es menos duro para las telas, que secarlas hasta que están resecas). Saque las prendas pronto para evitar el exceso de secado, explicado en la página 191.

Algunas veces, vale la pena prolongar el centrifugado de la lavadora —para quitar el máximo de agua—; esto tiene más lógica que utilizar la secadora (a un costo mayor) por un período más largo.

Secado a sol

Lo que realmente me molesta es que el secado en las cuerdas está prohibido en algunas comunidades. Aceptan las tiendas de licores, las tiendas de vídeo triple X, pero la vista de los calzones de alguien ondeando al viento es una molestia para los ojos.

Nada huele tan fresco como las prendas secadas al sol, aunque el sol puede palidecer alguna ropa. No cuelgue su ropa en el exterior, a menos que esté segura de la firmeza del color.

Para evitar que una camisa u otro artículo se vaya volando, cuelgue cada uno en dos perchas, con los ganchos enfrentados, luego cuélguelos sobre la cuerda. Abotone la camisa para que los ganchos no se caigan y la camisa tampoco.

SECADO A SOL

Si utiliza una cadena para colgar la ropa a secar (o como extensión de su cuerda de ropa) es doble ayuda. Tendrá más espacio para colgar y los ganchos no se deslizarán unos contra otros.

EXTENSIÓN DE LA CUERDA

El planchado

En mi juventud, no era elegante usar telas naturales. Pero era la única clase de ropa que teníamos. Por consiguiente planchábamos mucho. La forma más fácil de planchar fibras naturales, es rociándolas primero con agua, enrollándolas en bolsas plásticas y dejándolas toda la noche en el refrigerador. Pero como yo nunca alcanzaba a plancharlas, las refrigeraba para evitar el moho. La mayoría de las prendas congeladas seplanchan muy bien, per las prendas de color pueden desteñirse y las fibras pueden dañarse si usted no las deja descongelar primero.

Cuando yo era adolescente, quise poner de moda el uso de las prendas arrugadas, pero no tuve éxito. Cuando las arrugas se pusieron de moda, yo ya tenía mis propias arrugas en la cara, así que no las quería también en mi ropa.

A menos que usted está dispuesta a pagar una planchadora, o a sólo usar fibras sintéticas, tendrá que aprender cómo planchar. Lo más importante, por supuesto, es tener una buena plancha. Si no la tiene, lea la información sobre compras en la sección de equipamiento.

LA DIFERENCIA ENTRE PRENSADO Y PLANCHADO

• En el "prensado", usted levanta la plancha y la baja sobre la tela, luego repite.
• En el "planchado", usted desliza la plancha sobre la tela.

Los tejidos y las lanas son prendas frágiles que deben ser prensadas y no planchadas, pero yo las planché por muchos años hasta que descubrí esto (y afortunadamente, mandaba mis tejidos y prendas frágiles a limpiar a seco). Usted puede descubrir que en forma natural, usted comienza a prensar en lugar de planchar cuando se trata de un algodón tejido, porque de otra manera siente que está estirando el material.

Planchar lo menos posible

Cuelgue las prendas tan pronto como las saque de la secadora.

Utilice un rociador de plantas sobre las prendas arrugadas o cuélguelas en un baño con vapor, hasta que las arrugas desaparezcan. (Cerca de 10 minutos en una ducha caliente; especialmente bueno para los tejidos.)

Seque su ropa afuera o frente a un ventilador, adentro.

Utilice sus dedos para "prensar" el artículo mientras está húmedo y se arrugará menos.

O tome sus prendas mojadas, estírelas sobre una superficie dura y cuélguelas a secar.

Cuando esté empacando para un viaje, enrolle las prendas en lugar de doblarlas.

Rocíe el cuello y los puños con almidón en rociador cuando cuelgue sus camisas a escurrir, es posible que no necesite hacerles nada más. O, planche sólo los cuellos y los puños si va a utilizar la camisa debajo de un suéter.

Utilice un vaporizador o una plancha de vapor, para dirigir un chorro de vapor hacia la prenda. (Cuidado: esto fija las manchas).

No planche una cortina plisada: utilice una percha de pantalones para "prensarla" correctamente, mientras todavía está húmeda.

Cómo se plancha

Prensar la ropa

Para evitar chamuscar una tela delicada o que una oscura brille, utilice un trapo de prensado: una tela que se coloca entre la plancha y la prenda. Cualquier pieza vieja de algodón liviano estará bien.

Para ropa pesada, utilice una toalla blanca o de tono neutro; para lana, una servilleta pesada que no suelte pelusa u otra pieza de lana.

Para ropa liviana, utilice un trapo seco para plancha de vapor.

Para prendas de peso medio, utilice una esponja mojada pero que no esté empapada, para humedecer el trapo, luego póngalo sobre la prenda. La plancha no deberá ehacer de vapor. No la deje mucho tiempo en ningún sitio. Levántela de tanto en tanto, para que el vapor pueda escapar, y no prense la lana, mientras esté saliendo vapor de la prenda.

Los cómicos de radio Bob y Ray hablaban sobre la enseñanza en la Escuela de Limpieza en Seco: Lunes: planchar pantalones. Martes: planchar chaquetas. Miércoles: graduación.

Para las telas pesadas, haga un "sándwich" con el trapo de prensado con la prenda en medio.

Tenga cuidado, evite las manchas de agua sobre la seda y otras prendas no lavables.

Como el apresto o el almidón se pueden despegar de la prenda, lave el trapo de prensado después de usarlo.

Bordados. Ponga el bordado boca abajo sobre una toalla doblada o sobre una cobija, plánchelos por el revés con trapo de prensado.

Cuero. Cuélguelo en el baño en una ducha de vapor; si está realmente mal, ponga una tela gruesa entre el cuero y la plancha y gradúela en bajo.

Prendas de fibras naturales. Si están muy arrugadas, deberá planchar los dobladillos y los bolsillos por separado. Abra las costuras y (plánchelas lisas) y planche el bolsillo por aparte, plano sobre la mesa.

Pantalones. Ponga los pantalones del lado del revés, planche primero los bolsillos. Ponga los pantalones al derecho. Para los de color oscuro, utilice un trapo de prensar. Estire los pantalones y planche la parte de la cadera, luego estírelo sobre la mesa, alineando las costuras. Doble hacia atrás la pierna superior y planche la parte interna trasera, dele vuelta y planche el lado contrario. Luego planche los lados externos.

Camisas. Aunque usted mande sus camisas a la lavandería, es posible que algún día tenga que planchar una. Si la camisa no está húmeda, humedézcala un poco con agua con una botella rociadora. Algunas personas le dicen que comience por los cuellos

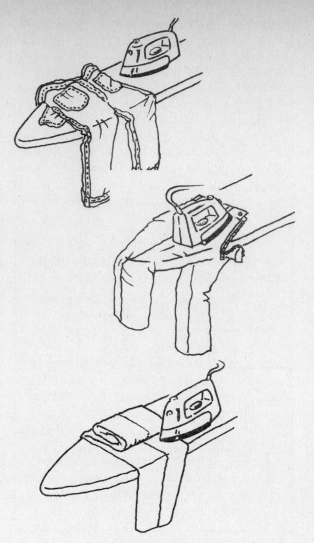

PLANCHAR PANTALONES

y los puños y otras le dicen que planche primero las partes menos visibles (como la espalda y las colas), y las partes que son más visibles (puños, cuellos y frente), al final. Obviamente, es materia de preferencia. Mi método: haga primero los cuellos y los puños por el revés, comenzando de la punta de afuera y planchando hacia el centro. Luego haga el hombro, moviéndose hacia las mangas y hacia el cuello. Luego haga el cuerpo, dejando el frente para el final.

Corbata de seda. Envuelva la plancha de vapor en un trapo húmedo (crea un vapor suave).

Sostenga la plancha envuelta cerca de la corbata, pero no la deje tocar.

POR EL DERECHO O POR EL REVÉS

¿Por qué lado plancha usted?
- Algodón, malla, rayón de seda, se planchan por el derecho.
- Poliéster, se plancha por cualquiera de los dos lados.
- Las demás prendas, se deben planchar preferiblemente por el revés.

PLANCHA PELIGROSA

Si la plancha de vapor está llena, prendida y no suelta vapor, apáguela de inmediato, desenchúfela y párela sobre el soporte. Los orificios están tapados y puede explotar.

Cómo se limpia la plancha

La base de la plancha recoge mugre que puede dejar sobre otra pieza de ropa. Aunque usted no pueda ver nada sucio, no se arriesgue y frote la plancha caliente sobre una toalla vieja antes de usarla sobre ropa limpia.

Una plancha con base antiadherente se puede limpiar con un trapo. Si está sucia, ponga unas gotas de solución de prelavado en un trapo y limpie. Una esponjilla plástica la limpiará sin dañar el antiadherente.

Una plancha que no tenga terminado antiadherente, se puede limpiar caliente en un programa que no tenga vapor: deslícela en la mesa sobre un papel marrón, rociado con sal. O déjela enfriar, límpiela con solución de prelavado rociada sobre un trapo, o utilice limpiador de hornos, rociado directamente y restregado después. O use una solución desmineralizadora (generalmente se vende para el baño).

Para limpiar las partes del vapor anualmente vierta vinagre blanco dentro de la plancha fría, con el botón de vapor en encendido, déjelo por 2 horas y luego vacíe el contenedor.

La costura para los que no cosen

Aunque no haya cogido una aguja y un hilo desde que estaba en el jardín de infantes, seguramente se habrá dado cuenta de cómo usarla para coser un botón o remendar un dobladillo.

ENHEBRAR EL HILO

Si le cuesta trabajo enhebrar la aguja, pase el hilo sobre una barra de jabón (eso evita que se enrede también).

O utilice un enhebrador de hilo. Es un lazo de alambre delgado u flexile que puede pasar por el ojo de la aguja, haciendo "un ojo" más grande que pase el hilo.

ENHEBRADOR DE HILO

Mejor aún: una aguja autoenhebrante. Tiene una pequeña ranura en la parte de arriba y usted presiona el hilo hacia abajo para enhebrarlo.

AGUJA AUTOENHEBRANTE

Un costurero básico le sacará de muchas emergencias. (*Véase* el recuadro de abajo).

COSTURERO PARA LOS QUE NO COSEN

1 carrete de hilo blanco

1 carrete de hilo negro

1 carrete de hilo "invisible" (sirve para cualquier color)

1 paquete de agujas para todo uso, autoenhebrantes, o un enhebrador

Botones blancos con 4 agujeros para camisas (generalmente vienen 4 en cada cartón)

1 paquete de parches que se pegan con plancha, livianos (para sábanas)

1 paquete de parches que pegan con plancha, más gruesos (para tejidos de algodón, *jeans*)

1 paquete de tiras de Velcro blancas

1 paquete de tiras de Velcro negras

1 par de tijeras pequeñas

Coser un botón

La razón para que los botones se caigan tan seguido es que la unión de trabajadores ha logrado conseguir que se reduzca el número de puntadas en cada botón, ¡y no son suficientes!

Si un botón está suelto, busque la punta del hilo y tire con suavidad. La mayoría de las veces será suficiente hilo para volver a coserlo. Para cortar el botón sin dañar la tela, ensarte el botón entre los dientes de un peine y luego corte el hilo con una hoja de afeitar.

QUITAR UN BOTÓN

Después de enhebrar la aguja, la parte más difícil, es hacer el nudo al final del hilo. Enhebre la aguja, pase 12 pulgadas de hilo a través del ojo y deje un segundo largo de 12 pulgadas colgando por el otro lado. Haga el nudo dando un par de vueltas sobre su dedo índice con las 2 hebras, luego use su dedo pulgar para empujar el círculo de hilo hacia la punta de su dedo. Mantenga el círculo de hilo con el pulgar y tire de la aguja enhebrada con la otra mano. Ahí está el nudo.

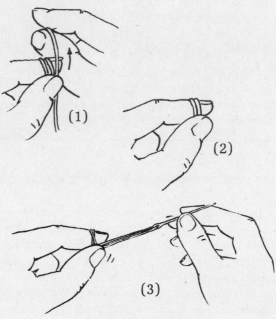

HACER UN NUDO

Empuje la aguja desde la parte interior de la prenda y el nudo no dejará que se escape el hilo cuando empiece a coser. Pase la aguja hacia arriba a través de un agujero del botón y luego vuelva a meterla hacia abajo a través de otro. Elija 2 agujeros para trabajar primero. (Haga los otros 2 separadamente; de esta manera si el hilo se rompe, el botón seguirá agarrado por la otra parte.)

Si usted cose el botón demasiado apretado contra la tela, no podrá a través del ojal. Necesita dejar un espacio entre el botón y la tela para que el botón pase por el ojal. La forma más fácil de hacer esto, es deslizar un fósforo (de la cajetilla de papel) por debajo del botón, y luego coser por los lados. Después que haya cosido los 2 agujeros seis veces, tome la aguja por el derecho de la prenda. Quite el fósforo, enrolle el hilo alrededor del botón algunas veces y pase la aguja hacia el revés de la prenda. Con unas puntadas a través de los hilos cosidos detrás del botón, corte el hilo y haga un nudo.

Si su ropa está tan vieja que la va a tirar a la basura en lugar de regalarla, quite primero los botones y guárdelos para usarlos otra vez.

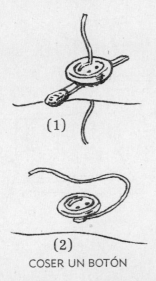

(1)

(2)

COSER UN BOTÓN

ABOTONADO

Una forma de evitar coser los botones en general, es asegurarse que no se vayan a caer. Ponga una gota de pegamento fuerte en la mitad del botón sobre el hilo antes de estrenar la prenda. Eso ayudará a que nunca se caigan.

Parches que pegan con plancha: cuando y cómo usarlos

Los parches que se pegan con la plancha, que recomendé para su costurero, deben usarse si tiene un hueco en una camisa o una rasgadura en una sábana. Si usted lo remienda mientras el daño es pequeño, puede salvar el artículo. Hay paquetes de varios parches en colores surtidos, ya sean de ala liviana (como para sábanas y camisas) o gruesa (para tejidos de algodón y *jeans*), se venden en los almacenes de telas o en la sección de mercería de las tiendas de departamentos. También hay parches para los codos, que se ponen en las mangas de los suéteres. Un paquete puede contener varios parches pequeños o uno grande.

Las instrucciones están en el paquete, pero la idea es recortarle el borde (así no se despegará), y ponerlo con el pegamento hacia abajo por el revés de la rotura. Utilice el calor de la plancha para pegarlo.

Las costureras usan parches si un botón arrancado deja un hueco. Cosa el botón sobre un trozo de tela del mismo color que la prenda, empuje el botón a través del hueco. Cosa los bordes sueltos de la tela a la prenda.

PARA EVITAR QUE EL HILO SE ENREDE MIENTRAS COSE

Cuando esté usando hilo negro o blanco, enhebre la aguja, corte el hilo y haga el nudo en la punta. Para hilo de color, corte el largo de hilo apropiado, enhebre la punta cortada en la aguja y haga el nudo en la otra punta. (En la fabricación de todos los hilos, el blanco y el negro, la hebra está torcida hacia un lado, mientras que en los hilos de color está torcida hacia el otro. Le puedo garantizar, que usted será la única persona que sabe esto en casi todas las reuniones.)

El Velcro

¿Conoce un juego conocido como el "salto del Velcro"? La pared está cubierta de Velcro y los "atletas" utilizando camisetas con tiras de Velcro pegadas, se tiran contra la pared y, si lo hacen bien, quedan colgados allí. Eso le dará una idea de lo poderoso que es el Velcro.

Para usos rutinarios viene en varios colores, por yardas en las tiendas de telas y también en paquetes de tiras, puntos y cuadrados. Yo los uso todo el tiempo para labores de costura y otras. Se pega solo, pero si lo usa en tela debe coserlo para asegurarse que no se caiga durante el lavado.

Utilice Velcro para que una falda cruzada no se descruce, para cerrar la abertura de una blusa y para ajustar un cinturón de tela. En lugar de botones y ojales, utilice puntos de Velcro y si quiere cósales encima un botón decorativo.

VELCRO PARA OTROS USOS

• Póngale una tira de Velcro al remoto y la otra al brazo del sillón para ver televisión.

• Ponga un punto de Velcro en un lápiz y el otro en el teléfono.

• Utilice tiras de Velcro para sellar secciones del maletín ejecutivo o de las carpetas de archivo.

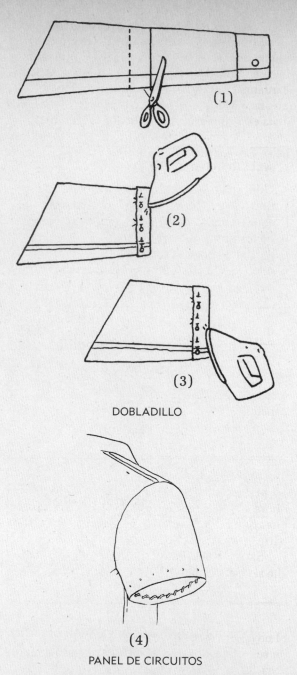

(1)

(2)

(3)

DOBLADILLO

(4)

PANEL DE CIRCUITOS

Dobladillos

A mí me gusta hacer mis propios dobladillos en prendas simples, porque ahorro mucho dinero. Para el dobladillo más simple, que ya tiene un dobladillo derecho, corte la tela a unas 2½ pulgadas por debajo de donde quiera que esté el dobladillo. Ponga la prenda del revés. Doble el final de la prenda ½ pulgada todo alrededor, ajustándola con alfileres, luego plánchela. Quite los alfileres, doble de nuevo hacia arriba, esta vez 1 pulgada, ponga de nuevo los alfileres y planche otra vez.

Para hacer el dobladillo, la idea es hacer unas puntadas grandes por el interior del material, pasando la aguja tan solo por una hebra de la parte que se verá (por el lado derecho de la prenda, verá sólo un puntito de hilo). Como las instrucciones de un trabajo manual, esto suena mucho más complicado de lo que es. Dele una mirada a un dobladillo y verá lo quiero decir, aunque los dobladillos hechos a máquina son mucho más complicados que los que usted hará. También puede utilizar la plancha, para pegar una cinta de tela con adhesivo por ambas caras, que se fabrica para hacer dobladillos; búsquela en la sección de mercería de las tiendas.

Si usted utiliza una tela de cuadros o de rayas para cubrir su mesa de plancha, puede usar las rayas o los cuadros como guías cuando trabaja un dobladillo.

No utilice un hilo largo para coser un dobladillo. Es mejor usar varios cortos. De otra forma, cuando se rompa, se desbaratará todo.

Si no tiene ayuda para marcar el dobladillo, cuando está tratando de acortar sus propios *jeans* o pantalones, párese de perfil frente al espejo y tire hacia arriba la pierna de su pantalón, hasta que la base esté al nivel que usted quiere. Ponga alfileres al material sobrante a la altura de su muslo, mida la tela que queda entre los alfileres y haga el dobladillo de ese tamaño, en la base del pantalón.

Esto ayuda a no hacer las medidas a ciegas, y evita el costo de una visita al sastre.

ALTERNANDO HILOS

Utilice hilo elástico para el botón de la cintura. Si engorda un poquito, el botón se estira. Esto también ayuda con los botones de los niños.

El nylon de pesca (o el hilo dental), son hilos realmente fuertes para coser los botones de los *jeans*.

Coserle un escudo a la ropa

Para mantener un escudo en su puesto mientras usted lo cose, abróchelo con una cabrochadora de papeles o con pliegues goma blanca. La goma saldrá en el lavado.

Cuando se sale la cinta

Lo primero que debe hacer antes de usar ropa nueva que tenga cordón o cintas pasadas, es tomar una aguja y coser el cordón o cinta en la mitad de la parte de atrás del pasacintas.

Si el cordón se sale, ponga un alfiler de gancho al final del cordón y guíelo por el pasacintas.

Ayuda profesional

Si no quiere saber nada de la costura o del arreglo de sus propias prendas, busque un sastre que le cosa los botones y le cosa los dobladillos. Hay otros servicios que presta un sastre, que usted no conoce.

El sastre puede reemplazar cuellos y puños de chaquetas de cuero y de otros materiales, cambiar cremalleras, hacer ojales y dar vuelta cuellos y puños de camisas que se han desgastado. Si el forro de un abrigo está roto y descolorido, se puede cambiar por mucho menos dinero que el costo de un nuevo abrigo, y un cuello y unos puños nuevos, pueden hacer que un vestido viejo, se pueda volver a usar. Un buen sastre le sugerirá modificaciones que a usted no se le han ocurrido, así que pida consejo sobre cualquier prenda. Por ejemplo, a una falda que tenga un dobladillo terminado de una manera especial, se le puede acortar desde la cintura.

Los zapateros pueden reemplazar totalmente los tacones y hasta pueden recortar los que están demasiado altos y poner suelas nuevas. Pueden reparar cremalleras, maletines ejecutivos, libros de bolsillo, chaquetas y otros artículos de cuero, inclusive guantes de béisbol.

Accesorios

El calzado

Botas, impermeabilizarlas. Limpie las botas de cuero con un trapo humedecido en Endust y la lluvia se deslizará. O trate las botas nuevas con silicona o aceite de visón, que las suaviza y también las impermeabiliza. Frótelas primero y luego lústrelas. Las botas mantendrán su forma y durarán más si usa una horma para botas. Si no tiene una horma, use papel periódico enrollado.

Zapatos de lona, impermeabilizarlos. Póngales una línea delgada de goma de pegar a lo largo de las costuras y rócíelos con protector de telas.

Dorados o plateados desgastados. Con un cepillo de dientes y crema dental blanca, frote para quitar las marcas desgastadas.

Cuero opaco. Frote los zapatos con un trapo humedecido en lustrador de muebles. O sature una borla para el polvo limpia y nueva, con aceite de motor, déjela secar una noche. Le dará un brillo maravilloso. O utilice un limpiador de manos sin jabón: Lanolina dejará un brillo suave y una capa protectora. ¿Está en un apuro? Utilice toallitas para bebé.

Cuero mohoso. Frótelo con una mezcla mitad y mitad de agua y alcohol o con detergente para ropa. Déjelos secar al aire. Utilice betún.

Cuero blanco, sucio. Lávelo con limpiador

Whitewall o con el que se usa para patines de hielo. Se consigue en las tiendas de deportes.

Plantilla suelta. Arránquela, y utilice cemento de contacto para volverla a pegar.

Charol. Frote el charol con jalea de petróleo vaselina, para evitar que se aje. Para cubrir marcas sobre el charol blanco, use corrector de máquina de escribir, cubierto con una capa de esmalte transparente para uñas.

ACERCA DE NUDOS

• Para soltar un nudo difícil en los cordones de los zapatos, rocíelos con talco.

• Para que un nudo permanezca en su lugar durante todo el día, humedezca el cordón antes de anudarlo.

Suelas de yute, impermeabilizarlas. Proteja la tela bordeada por el yute con cinta de enmascarar, luego aplique rociador de silicona. Cuando se seque la primera capa, aplique la segunda.

Marcas y roturas. Si sólo es una marca negra, pruebe con un poco de quita esmalte, alcohol o fluido de encendedor (bencina) en un trapo limpio. En un tacón, utilice una hojita de afeitar para quitar la pieza levantada, suavice los bordes con la palma de la mano y luego lustre. Si la rotura es grande, el zapatero la puede reparar.

Marcas sobre cuero blanco. Frote con crema dental blanca que no sea gel, enjuague, limpie y deje secar.

Zapatillas deportivas, desodorización. Póngalas en el congelador por 1 ó 2 noches y las bacterias que causan el mal olor morirán. O póngales aserrín de madera dentro, y déjelas en una bolsa de plástico sellada, por una semana. Rotar el uso entre varios pares, también quitará el olor.

Suelas de goma gastadas. Hágales una nueva textura en la superficie, para un mejor agarre, con un soldador. Desplace la punta del hierro sobre la superficie para hacer un surco de ½ pulgada de profundidad, lo que hará ampollas a lo largo de los dos lados de la línea. Utilice líneas paralelas separadas por ¼ pulgada, para hacer un patrón de diamante.

Suelas que chirrean. Para zapatos de cuero solamente. (Y utilizando hormas, para mantener la forma). Frote con un cepillo, la parte de afuera del zapato con agua caliente y jabón líquido de lavaplatos automático, hasta que esté opaco. Enjuague a fondo, deje secar toda la noche y luego aplique Neat's Foot Oil (de la ferretería), con un pincel pequeño, a los zapatos y a las suelas. De nuevo deje secar toda la noche. Cuando haya desaparecido todo rastro del aceite, aplique betún.

CÓMO LUSTRAR ZAPATOS

Cuando usted ha limpiado la mugre superficial de los zapatos, utilice un poco de betún de buena calidad en crema o en cera, frótelo en círculos. Con un trapo lústrelo hasta obtener un terminado brillante. Aplique una segunda capa y lústrelo con otro trapo limpio. Si usted va a salir —y quiere un brillo maravilloso— aplique con un trapo húmedo una nueva capa de betún. Déjelo secar, y lustre por última vez.

Zapatos rígidos, después de haber sido empapados. Unte un trapo húmedo con jabón para sillas de montar. Frote la espuma sobre el cuero. Rellene el interior con papel periódico. Deje secar al aire, con el jabón, por lo menos 24 horas. Séquelos lejos del calor para evitar la rigidez. Lustre como indica el recuadro anterior.

Gamuza sucia. Lave con limpiador de alfombras, déjelo por 10 minutos, cepíllelo con un cepillo de dientes mojado y seque al aire. O friccione en forma circular avena sobre la mancha con un trapo limpio. Cepille el polvo residual con un cepillo de gamuza; repita si es necesario. Si la gamuza tiene manchas, sáquelas con papel de lija fino o rocíelas con limpiador de alfombras, déjelo por unos minutos y cepille. Si la gamuza realmente se ve mal, vuélvalas a teñir.

Zapatillas de tenis, goma desprendida. Compre pegamento especial para goma.

Zapatillas de tenis, limpieza. Quite la mugre con Absorbene, o con masa para limpiar empapelados. O utilice limpiador de alfombras. O lo más fácil de todo: llévelos al lavadero de coches y use la manguera a presión. No los use mientras están mojados o se ensancharán y no los seque en un sitio caliente o se encogerán.

Suelas resbalosas. Frótelas con papel de lija.

Zapatillas de tenis blancos. Rocíelas con almidón o con Scotchgard en aerosol, se mantendrán limpias.

Marcas sobre vinilo o plástico. Utilice fluido de encendedor (bencina).

Marcas blancas, de sal en invierno. Limpie con una solución mitad y mitad de vinagre y agua tibia, saque con un trapo.

Zapatos blancos, cuando dejan marcas blancas en las cosas. Después de aplicar el betún empolve con talco para bebé.

Abrigos, guantes y bolsos

En general. Ventile sus abrigos antes de guardarlos en los armarios, para que se quiten las arrugas (o déjelos en un baño con vapor). Si la sorprendió la lluvia, seque el abrigo lejos del calor. (Los de piel o gamuza, pueden necesitar atención profesional.)

ZAPATOS A MEDIDA

• Si necesita encoger un zapato de cuero, empape por dentro con una esponja mojada, luego deje el zapato al sol hasta que seque.

• Si necesita agrandarlo, frótelo por dentro con alcohol, póngaselos para que tomen la forma de su pie. (El zapatero también puede agrandarle el zapato o venderle un producto especial para este propósito.)

• Las mujeres se pueden poner un par de medias gruesas y caminar con sus nuevos zapatos de tacón por uno o dos días. ¿Cuántas fiestas de casamiento se han arruinado por unos zapatos demasiado apretados?

Cuero y sus imitaciones. Puede limpiar las manchas con una esponja con espuma, pero no

utilice solventes o limpiadores de zapatos. El cuero verdadero necesita limpieza profesional. El cuero sintético, se puede limpiar a seco.

Bordes de cuero o gamuza. Es común que estos bordes pierdan el color y/o destiñan. Después de limpiarlos a seco, la prenda no se verá, ni sentirá, de la misma manera. El cuero de cerdo y el cuero de becerro son los más delicados, el cuero de oveja el menos delicado.

Gamuza/imitación de gamuza. Frotar enérgicamente con una esponja seca o con una toalla de algodón, para avivarla, pero hágala limpiar profesionalmente por un especialista de ser necesario. El Ultrasuede se puede lavar a máquina, pero si tiene forro es posible que necesite limpieza a seco.

¿QUÉ PERCHA USAR PARA COLGAR SU ABRIGO?

• De madera para abrigos pesados de lana o cuero

• Torneado de plástico para abrigos de piel; la percha larga evita que se dañen los cuellos y el pelo

• Las perchas flexibles y recubiertas de espuma, para abrigos livianos: no dejan marcas

---

Badana de ante. No use detergente, gasolina o petróleo crudo sobre él. Para limpiar guantes de ante sin forro, o prendas de cuero de ciervo de grano suave, y bolsos con terminado resistente a la mugre, lave con un trapo mojado y jabón de lavaplatos automático suave, con pasadas suaves. Enjuague a fondo, seque al aire lejos del calor o del sol directo. Si necesita un poco de abrasión para quitar la mugre, restriegue la prenda con arena húmeda o sal, papel de lija muy fino o limpiador comercial de ante. Enjuague con agua destilada tibia, no exprima ni retuerza. Cuelgue húmedo o sobre una superficie plana. Para que el agua escurra.

Imitación de piel. Cepille y sacuda para esponjar. Generalmente son a prueba de polilla y de moho, así que no necesitan de tratamiento especial. Probablemente se puedan limpiar a seco (lea las instrucciones de la etiqueta), pero si el pelo es largo, debe ser limpiada por un peletero.

Piel, varios. Frote con harina de maíz y luego cepille, para sacar la mugre superficial. A menos que la use a diario, no necesita limpiar un abrigo de piel más de una vez cada dos años, porque el proceso deteriora las pieles. Primero lo limpian con líquidos de limpieza y absorbentes, luego desenredado y restaurado el brillo. Si es un abrigo viejo no lo limpie demasiado. *Véase* "Pieles", en Capítulo 8.

Guantes de cuero. Póngase los guantes y lávelos con agua fría y jabón suave, séquelos al aire sobre una superficie plana. El jabón para sillas de montar o Murphy's Oil Soap, limpian el cuero sucio. Un acondicionador de cuero como Lexol lo hará suave y evitará que se parta.

Libros de bolsillo. Con un trapo húmedo se puede limpiar el cuero sintético, si se rocía con fijador para el pelo sin aceite, quita las manchas de bolígrafo. El cuero verdadero se puede limpiar con jabón para sillas de montar o Murphy's Oil Soap acondicionar con Lexol.

Un bolso de cuero, lo mismo que los zapatos de cuero, pueden ser restaurados por un buen zapatero o en una tienda de reparación de bolsos. Si el artículo es costoso, es probable que valga la pena lustrarlo, reemplazar los adornos, el forro y el cierre si es necesario.

Abrigo impermeable. Después de haber sido limpiado en seco, puede comenzar a absorber el agua en lugar de repelerla. Cada vez que lo mande limpiar, pida que le hagan el tratamiento para repeler el agua.

CAPÍTULO 5

El mantenimiento
Sistemas que funcionan:
electricidad, plomería y
acondicionamiento de aire

Hay personas que disfrutan arreglando la calefacción, la plomería y los sistemas eléctricos de sus casas; y hay personas como yo, que son a la mecánica del hogar como Albert Einstein era a la lucha libre.

Pero hasta donde yo sé, él nunca entró en un combate. Yo por otro lado descubrí que las cosas que aprendí en la clase de ciencias en la escuela, han resultado ser —como advirtieron los profesores— útiles y necesarias. Aún si se aburre cuando le mencionan las palabras voltio y válvula, ayuda mucho saber qué son y qué hacen, aunque sólo sea para describir el problema a la persona que viene a ayudar.

La ayuda no sólo es costosa, sino que muchas veces no está disponible. De hecho, la única garantía que tiene usted, que un inodoro que rebalsa sea arreglado a la media noche o que la luz regrese antes de que la comida se enfríe, es vivir con alguien que sepa arreglarlo y que tenga una caja de herramientas, eso es lo que hice yo.

O viva en un edificio de apartamentos, en donde generalmente hay alguien responsable por todo esto. Aún así, siempre habrá un domingo cuando usted esté solo para atender una emergencia eléctrica o de plomería. Es posible que no esté dispuesto a aventurarse hasta el sótano de un edificio de apartamentos, si se va la luz en la mitad de su fiesta, y el encargado no se encuentra, pero puede haber alguien que sí lo haga. Saber la localización exacta del panel general de electricidad puede ser útil. Y también lo es intentar solucionar el problema de un inodoro que rebalsa.

Si usted vive en su propia casa debe saber qué

hacer en emergencias de este tipo. Por su seguridad y conveniencia.

Lo que sigue es lo mínimo que debe saber. Seguro que en algún momento recibirá ayuda profesional. Cuando llame al proveedor de combustible, al plomero o al electricista usted debe obligatoriamente preguntar cómo mantener el equipo y cualquier otra cosa que se le ocurra. Tenga una lista escrita con las preguntas que se le ocurran acerca de sus electrodomésticos, el aire acondicionado y el sistema de calefacción. Mi experiencia ha sido que la mayoría de las personas expertas en estos campos, disfrutan mostrándole a los demás cómo funcionan las cosas; he recibido de ellos mis mejores ideas. No crea que es tonto por preguntar mucho. Si no pregunta, sí lo será.

La corriente eléctrica

Lo mínimo que necesita saber acerca de su sistema eléctrico:

- Qué hacer cuando se va la luz
- Qué quiere decir cable a tierra y cómo conectar a tierra sus electrodomésticos

Una vez una persona me dijo que al cortar la electricidad general de la casa uno puede trabajar sin problemas. Pero la misma persona también me dijo que debía subir a la cima de la montaña la primera vez que quise esquiar, así que soy un poco escéptica a sus consejos.

Hay una emergencia que usted debería saber resolver, y es un circuito sobrecargado. No hay razón para estar en la oscuridad, cuando resolverlo es tan fácil.

——— Cómo funciona la corriente eléctrica

En la mayoría de las casas construidas después de la Segunda Guerra Mundial, el servicio eléctrico entra a la casa por tres cables, de los cuales sólo dos están vivos. Estos cables pasan a través del medidor y entran al panel general de su casa, también llamado panel de control, caja de corte o caja de fusibles.

El panel de control se sitúa cerca del medidor eléctrico y está en el lugar a donde los cables de energía entran a su casa, normalmente en el sótano, pero algunas veces está en la cocina.

El panel de control es el sistema central de control de los circuitos —líneas eléctricas— que hay en la mayoría de los hogares.

Si usted tiene una casa nueva, es posible que tenga **botones o palancas que interrumpen el circuito.** Una es la palanca principal, que interrumpe por completo la entrada de energía a la casa. Hay otros botones o palancas marcados claramente *on* (prendido) y *off* (apagado), que controlan los circuitos individuales, que le dan servicio a las diferentes habitaciones de la casa y (en algunos casos) a los diferentes electrodomésticos. Para cortar la energía en toda la casa, ponga la palanca principal en "apagado".

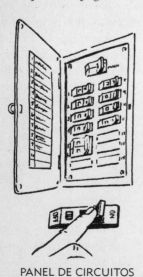

PANEL DE CIRCUITOS

Los sistemas antiguos utilizan **los fusibles,** y la caja de fusibles puede estar en la cocina o en el sótano. En la parte superior de la caja, puede haber uno o dos paneles con manijas. La cocina eléctrica puede tener un panel separado.

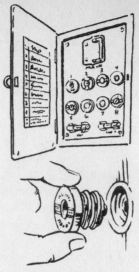

CAJA DE FUSIBLES

En sistemas aún más antiguos, junto a la caja de fusibles hay un "interruptor de cuchilla" dentro de una caja de metal. Para cortar la energía general de la casa, baje la palanca.

En un edificio de apartamentos, el panel interruptor de circuitos o caja de fusibles que controla la energía de su apartamento, generalmente está en la cocina.

La mayoría de los fusibles individuales o interruptores controlan circuitos comunes de 120 voltios, con una capacidad de 10 salidas de iluminación o tomas eléctricas. Pero algunos circuitos proveen hasta 240 voltios para equipos que necesitan mucha energía, como la cocina eléctrica, el calentador de agua, la secadora eléctrica y el aire acondicionado. También puede haber un circuito de bajo voltaje, que tiene un transformador especial para el timbre de la puerta.

Usted debería saber cómo cortar la electricidad si por ejemplo está empapelando una habitación y quiere poner papel alrededor o por detrás de los interruptores de la luz. También debería saber cómo volver a prender la luz, si las luces o los electrodomésticos se apagan, cuándo el circuito que controla una serie de luces se apaga ("salta") o un fusible se quema y se apaga.

Obviamente es importante saber cuál interruptor o cuál fusible controla el circuito que usted quiere apagar o prender. Si el panel todavía no tiene etiquetas, tómese el tiempo para marcarlo antes que se presente la emergencia.

Cuando trabaje en una caja de fusibles, siempre use zapatos con suela de goma y párese sobre piso seco. (Si el piso está húmedo, párese sobre una tabla seca).

Algunos fusibles se sacan tirando de ellos. Los fusibles antiguos de cartucho deben ser sacados con una herramienta especial llamada saca fusibles. Generalmente dan electricidad a las cocinas eléctricas y los electrodomésticos grandes y están montados en bloques de fusibles que tienen argollas de alambre. Lo más probable es que le toque lidiar con fusibles que se atornillan o enchufan. Para quitarlos, párese sobre una superficie seca, toque sólo la porción de vidrio, utilice sólo una mano para removerlos y no toque nada más con la otra mano. Puede ser muy electrificante completar el circuito con su cuerpo.

Para encontrar cuál interruptor de circuito pertenece a cada área de su hogar: primero prenda todas las luces, luego uno a la vez vaya apagando cada circuito (bajando cada interruptor) o removiendo cada fusible. Cada vez que apague un circuito o saque un fusible, vea qué electrodoméstico y / o cuáles luces se apagaron. La mayoría de las habitaciones tienen uno o tal vez dos circuitos y la cocina puede tener cuatro o más. Marque el panel con etiquetas o con rótulos autoadhesivos. O dibuje una tabla bien marcada dentro de la puerta del panel de control.

También, tenga una linterna cerca del panel general. Si no hay otro lugar conveniente para ponerla, péguela a la pared con Velcro.

Finalmente, si usted tiene un sistema de fusibles, tenga a mano unos de repuesto. Los tamaños varían según el sistema, dependiendo del tamaño del electrodoméstico y de la capacidad del alambrado de la casa, de 15 a 20 amperios. El repuesto de los fusibles debe ser exacto a los que tenía. Hay trucos para alargar la vida de un fusible quemado, pero no le hablaré acerca de esto (y no deje que nadie más lo haga): los trucos son peligrosos. (Siempre averigüe por qué se quemó el fusible antes de reemplazarlo.) Si todavía no comprende todo esto, contacte a su compañía eléctrica y pida ayuda.

——— Soluciones de problemas eléctricos

Para evitar una sobrecarga eléctrica

Si no hay una tormenta eléctrica u otro suceso inusual que pueda ser la causa de un apagón de energía, y todos los electrodomésticos funcionaban antes del apagón, la causa probable de la falta de energía en una parte de la casa es una sobrecarga eléctrica.

La sobrecarga es como su nombre lo indica: demasiado consumo eléctrico en un solo circuito. Los electrodomésticos que requieren cableado especial para alto consumo eléctrico, como las secadoras y las cocinas eléctricas, deben tener circuitos por separado, como lo explican sus manuales de instrucciones. Como esto generalmente se hace, es más posible que una sobrecarga en la casa suceda por enchufar dos secadoras de pelo al tiempo, o algunos electrodomésticos de alto voltaje, como la tostadora y la waflera en un solo enchufe, o en dos enchufes distintos del mismo circuito.

Underwriters Laboratories, Inc. (UL), es una organización sin fines de lucro que examina cientos de productos para el consumidor e industriales y regula los estándares de seguridad. Los fabricantes les envían sus productos voluntariamente, pagan por los exámenes y están sujetos a inspecciones aleatorias y sin anuncio, para poder tener el sello UL en sus productos. UL recomienda que nunca enchufe dos electrodomésticos en el mismo circuito, si el vataje total combinado excede los 1500 vatios. Si usted no conoce el vataje exacto de algún aparato, busque en la placa del fabricante que está pegada en la base de los electrodomésticos.

Cuando hay una sobrecarga

Si las luces se bajan cuando se enchufa un electrodoméstico, o cuando el electrodoméstico no calienta apropiadamente, es un aviso para reducir la sobrecarga de inmediato. De otra forma, se saltará el interruptor o se fundirá el fusible o se quedará sin luz y / o el electrodoméstico no funcionará más. Si eso ocurre, vaya al panel general de electricidad; si tiene instalado **un interruptor de circuito**, éste debe haber saltado automáticamente o debe haberse movido a la posición de interrupción de electricidad *off*. Si la sobrecarga se ha corregido, usted puede volverlo a su lugar; es

EQUILIBRAR LAS CARGAS

Nunca enchufe en un solo enchufe ni en dos enchufes del mismo circuito, dos aparatos de los que están en las siguientes listas. Dos electrodomésticos de vataje mediano (o uno de vataje alto y uno mediano) se pueden utilizar en el mismo circuito, sólo si su vataje combinado no sobrepasa los 1500 vatios.

Alto vataje (1000 a 1500). Aire acondicionado (de ventana), calefactor, asador portátil, freidora, lavaplatos, sartén, secador de pelo, plancha, tetera, podadora de césped, horno, microondas, *grill* para sándwiches, lámpara de sol, tostadora.

Vataje medio (300 a 800). Ventilador del ático, batidora, esterilizador de biberones, lavadoras, cafetera (busque la placa: las nuevas traen vatajes altos), olla para hacer palomitas de maíz, congelador profundo (15 pies cúbicos), deshumidificador, olla para huevos, enceradora, congelador, bandeja térmica de vidrio, cortador de bordes del jardín proyector,

equipo de sonido, refrigerador / congelador (de 14 pies cúbicos y más), refrigerador sin escarcha (12 pies cúbicos), televisión (color, tubo), aspiradora, vaporizador, lavadoras (no incluye calentar el agua), triturador de basuras.

Vataje bajo (hasta 200). Purificador de aire, manta eléctrica, destapador de latas, cuchillo eléctrico, reloj eléctrico, radio-reloj, deshumidificador, ventilador, ventilador de ventana, lámpara infrarroja, almohadilla térmica, humidificador, afilador de cuchillos, aparato para masajes, licuadora, computadora, radio, refrigerador (12 pies cúbicos), máquina de coser, afeitadora, grabador, cepillo de dientes, televisión en blanco y negro o televisión a color, máquina de escribir, vibrador.

Otros

Instrumentos musicales	200–800 vatios
Herramientas eléctricas	250–1200 vatios
Luces para el árbol de Navidad	varía; lea la etiqueta.

Nota: Reproducido con la autorización de Underwriters Laboratories, Inc. Copyright © 1992.

posible que tenga que bajarlo hasta la posición de *off* (apagado) y luego regresarlo a la posición de *on* (encendido).

Si usted tiene un panel de **fusibles** y hubo una sobrecarga, la ventana de un fusible estará transparente, pero se verá rota la parte fusible, y tendrá que reemplazarlo. (Si el fusible está ennegrecido, es posible que tenga un cortocircuito, en cuyo caso lea a continuación). Primero corte toda la electricidad, lo que involucra poner en *off* todos los bloques de fusibles etiquetados como *main* (principal). (Antes de que tenga una emergencia, averigüe como hacerlo si no está seguro.) Para reemplazar el fusible, párese en piso seco o sobre una tabla seca y con una sola mano, agarre el anillo exterior de vidrio del fusible y desatorníllelo. Luego reemplace el fusible por uno del tamaño correcto.

Cortocircuitos

Si usted prende el interruptor o reemplaza el fusible y la electricidad se va de nuevo o la electricidad

falla, justo en el momento en que vuelve a conectar el electrodoméstico o en el momento en que lo enciende, el problema puede ser un cortocircuito en el electrodoméstico. Desenchufe el artículo en duda y restaure la energía como se dijo antes. Si las lámparas o los electrodomésticos parecen funcionar bien, el problema puede estar en el enchufe (macho o hembra), o en el cableado entre el panel general y el enchufe, en cuyo caso necesitará un electricista.

Si a usted "lo patea" la corriente cuando toca un interruptor, una cadena, o un electrodoméstico, corte la electricidad y desconecte el equipo. De nuevo, si el problema no parece ser el aparato, necesitará un electricista.

Otras emergencias potenciales

Si su toma o electrodoméstico hacen crujidos, huelen o están calientes, (no un poco tibios como después del uso), emiten chispas, humean o tienen llama, o le pasa corriente cuando los tocan, no los desconecte ni toque

ELECTRICIDAD DONDE LA NECESITE

Si usted no tiene suficientes salidas eléctricas, o están en el lugar equivocado, puede considerar una extensión. Muchas veces el largo de la extensión no es el apropiado para sus propósitos. (*Véase* el recuadro "Cable alargador sobre–cargado" en página 212.)

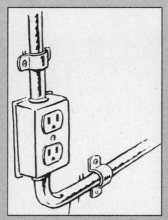

CONDUCTORES METÁLICOS

Como instalar nuevo cableado dentro de las paredes es costoso, un electricista puede instalar un conductor metálico en la pared, a un precio razonable. Otra posibilidad, es poner pistas eléctricas plásticas para electrodomésticos que no necesitan mucha electricidad, como luces, radios y relojes. Se enchufa una punta de la pista en un enchufe hembra y junta uniones plásticas para llevar los cables a lo largo de los zócalos y por las paredes.

PISTA ELÉCTRICA

nada; primero debe ir al panel general y apagar el interruptor o destornillar el fusible que controla ese circuito, siguiendo las precauciones de seguridad descritas anteriormente. Luego, con las manos secas, cubra el enchufe con una toalla gruesa y seca y desconéctelo. Si el problema está en el interruptor, póngalo en "apagado", utilizando un palo o una cuchara de palo seca, pero no sus manos. Haga que un técnico mire el electrodoméstico o llame a un electricista para que examine la toma.

Si su electrodoméstico se ha caído en el lavamanos, el inodoro o está en un charco de agua, no lo toque, no toque el agua, no toque la grifería. Siga las instrucciones del párrafo anterior, comenzando por cortar la electricidad del circuito.

Un enchufe hembra rebelde que trabaja unas veces y otras veces no, debe ser instalado de nuevo. Llame a un electricista, o si usted vive en un edificio de apartamentos, avísele al portero

y / o al administrador y hágalo por escrito guardando una copia. Si resulta un incendio por negligencia, usted por lo menos tendrá un comprobante de su reporte.

Toma de tierra

Para evitar que las fugas eléctricas causen una sacudida o creen una chispa que puede causar un incendio, los electrodomésticos y las herramientas están aisladas. Además, todo lo que puede dejar fugar electricidad tiene un toma de tierra para evitar los *shocks* eléctricos. Si hay un problema eléctrico, la carga extra irá a tierra, donde se hará inocua.

La tercera pata redonda que se ve en los enchufes de ciertos electrodomésticos y cables de extensión está ahí para conectar con el toma de tierra. Si sus tomas tienen el toma de tierra, pero no tienen el enchufe para recibir la tercera pata (*redonda*), usted puede utilizar un adaptador — algunas veces llamado "tramposo" (*cheater*)— que pueda recibir las tres patas. Colgando del adaptador hay una pequeña "oreja" verde, que debe ser conectada a un tornillo en la placa de la cubierta, para que quede con cable a tierra permanente.

Para hacer esto, corte la electricidad central, suelte el tornillo metálico que asegura la cubierta a la toma, deslice la oreja por debajo del tornillo y ajústelo de nuevo. Luego devuelva la electricidad. Aunque algunas personas utilizan los "tramposos" sin atornillarlos como es debido, esto no es seguro. Al hacerlo así se está exponiendo a un peligro significativo.

ADAPTADOR Y TOMA CON TOMA DE TIERRA

Hay un probador casero —llamado analizador de circuitos— que usted puede utilizar para ver si sus tomas tienen toma de tierra. Viene con instrucciones y es fácil de usar. En una casa vieja, aun una que usted esté seguro que tiene cable a tierra, el electricista puede haber cometido un error. Este probador le contará la historia de cada toma. Aun en una casa nueva no se ponen cables a tierra rutinariamente.

ANALIZADOR DE CIRCUITOS

(Algunos electrodomésticos están permanentemente conectados a un sistema con toma de tierra de cableado metálico. Pregúntele al técnico como hacer esto).

Además de tener una instalación eléctrica conectada en forma apropiada, haga que un elec-tricista le instale un interruptor eléctrico de seguridad para cuando falle la toma de tierra (GFCI) en los circuitos del baño y la cocina y en cualquier otra parte donde se mezcle electricidad con agua. Como regla general, desconecte los electrodomésticos que están cerca al agua, porque aunque el aparato esté apagado, si está enchufado le puede pasar electricidad —algunas veces fatalmente— en algunos casos: si se cae dentro del agua, si se limpia con trapo mojado, si toca una parte viva y hace tierra al mismo tiempo por ejemplo tocando un grifo. Si hace contacto con la corriente eléctrica mientras está parado sobre un piso mojado, puede causar la muerte. Un GFCI (Ground-Fault Circuit Interruptor) (interruptor de seguridad eléctrico) le salvará la vida si se presenta tal situación. Si un aparato está recibiendo más electricidad de la que necesita —si una cantidad de corriente peligrosa está buscando tierra, por cualquier otro camino que no sea el circuito (y eso incluye su cuerpo)— el GFCI corta la corriente de inmediato. Puede que no prevenga el golpe eléctrico, pero evita la muerte.

Un GFCI le proveerá de seguridad eléctrica en toda su casa. Sin él, si hay un cortocircuito y el motor del electrodoméstico continúa funcionado sin quemar el fusible o sin saltar el interruptor, el aparato se vuelve "vivo". Al tocarlo le electrocutará. Un GFCI se puede instalar en un circuito, en la caja de circuitos interruptores o en las tomas; también hay algunos portátiles.

Cuánto cuesta la electricidad

La corriente que llega a su casa es medida en amperios (*amps*), y el voltaje mide la presión a la que se entregan los amperios. La mayoría de los electrodomésticos necesitan 120 voltios; el horno, aire acondicionado y calefactores pueden necesitar el doble. Si multiplica los amperios por los voltios, le dará los vatios, que es la medida de la tarifa de lo que usted consume de electricidad. Su cuenta, es calculada en unidades de kilovatios (1000 vatios). La cantidad que consume, depende del tiempo mantenga encendidos sus electrodomésticos y sus luces.

El medidor generalmente tiene tres o cuatro discos, con números de 1 al 9. Léalos de izquierda a derecha para saber cuántos kilovatios ha utili-

ENCHUFES DE PATAS DESIGUALES

Nuevos enchufes polarizados —con una pata más ancha que la otra— fueron diseñados para reducir el peligro de *shock* o de fuego. Estos enchufes, evitan que usted sea expuesto a cualquier parte electrificada, cuando un aparato de grado UL es apagado. Si no cabe en su enchufe, no lime ni corte la pata. Trate de nuevo, con las patas para el otro lado. Si de todas maneras no cabe, instale una nueva toma con toma de tierra.

Para hacer esta nueva instalación, corte la electricidad de la toma, retire la tapa, tire la toma hacia fuera, desconéctela de los cables, reconecte los cables al nuevo dispositivo de la misma forma en que estaban conectados antes; el cable negro con el cobre y el blanco con el plateado, cubra las cabezas de los tornillos, (una vez que los cables estén conectados) con cinta aislante, empuje hacia adentro la nueva toma, ponga la tapa, ponga la electricidad de nuevo, y pruebe con su analizador de circuitos. O llame a un electricista para que lo haga.

zado. Cuando el indicador queda entre dos dígitos, lea el número más bajo.

Cables ordenados

Para evitar cortocircuitos, no utilice los electrodomésticos o las extensiones que estén cortadas, dañadas, reparadas, calientes o sólo tibias. No deje los cables de los aparatos nuevos enrollados cuando los usa. No permita, que ningún cable pase por debajo de los tapetes (porque el cable se puede desgastar o el calor que produce, puede iniciar un incendio); no pase los cables por áreas húmedas o mojadas; ni junto a la tostadora, el horno, o cualquier otra fuente de calor.

Utilice el cable apropiado para cada tarea. Si el cable es demasiado delgado, la corriente puede recalentarlo, dañarlo e iniciar un incendio. Dígale al empleado de la ferretería, para qué va a utilizar el cable, de manera que le venda el largo que necesita y el calibre correcto. Nunca utilice una extensión más delgada que el cable del electrodoméstico, seguramente se recalentará.

Mantenga los cables retirados del paso de las personas, para evitar que se enreden en ellos. Puede comprar abrazaderas de cables autoadhesivas, para pegar los cables detrás de los muebles; una abrazadera guía contiene hasta 4 cables. Las cintas para ajustar cables son, como su nombre lo indica, para sujetar juntos cables o alambres. Las grapas aisladas pueden fijar un cable o varios juntos, contra el piso.

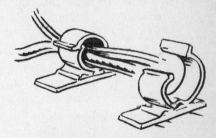

ABRAZADERA DE CABLES

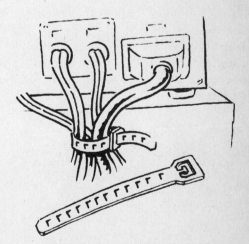

CINTAS PARA AJUSTAR CABLES

Usted puede hacer o comprar un acortador de cable. Utilice un trozo pequeño de cartón o de plástico, haga una muesca para pasar el cable a través, enrolle el cable sobrante en la pieza de cartón o plástico y haga otra muesca para guiarlo

CABLE ALARGADOR SOBRECARGADO

Las extensiones están marcadas con su capacidad eléctrica en amperios y en vatios. Si no hay marca, asuma que la capacidad es de 9 amperios ó 990 vatios. (Para convertir amperios a vatios, multiplíquelos por 110). Si quiere conectar una lámpara de 75 vatios, una de 150 vatios y un electrodoméstico de 8 amperios, primero convierta los amperios en vatios ($8 \times 110 = 880$). Luego sume el resultado ($75 + 150 + 880$). Este ejemplo sería de 1.105 vatios: demasiado para una extensión de 990 vatios.

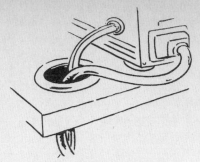

ANILLO PASA CABLES

Véase la sección de Seguridad, sobre los peligros de incendio.

hacia afuera. Pero no lo enrolle muy apretado, porque se puede calentar, secarse o agrietarse y causar un incendio. Se venden cubiertas para cables; para los que cuelgan de una lámpara de pared, y para los cables que quedan en el piso. Si usted tiene muchos cables de computadora sobre su escritorio, perfore con un taladro, un orificio en la tapa del escritorio para pasarlos por allí, y bordee el orificio con un anillo pasa cables de bronce. Los encuentra hoy en día en la mayoría de muebles de hogar / oficina. Los anillos cuestan 5 dólares la pieza, pero usted puede necesitar una mecha especial para su taladro, para hacer un orificio para el anillo.

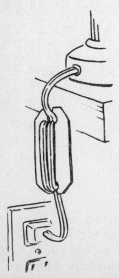

ACORTADOR DE CABLE

Plomería

Lo mínimo que debe saber sobre la plomería:
- Cómo entra el agua
- Cómo sale el agua
- Cómo manejar problemas menores de plomería

Cómo funciona la plomería

La idea básica detrás del sistema de plomería es: una parte trae agua fresca hacia la casa y la otra saca el agua sucia. Un sistema de presión fuerza el agua fría y caliente a lavabos, piletas, bañeras y duchas, para lavar y beber. La gravedad se lleva los deshechos, a través de otro sistema de cañerías hacia el sistema de drenaje.

Lo que usted definitivamente debe saber, es cómo quitar el agua en el caso de que haya una pérdida. Cierre la llave de paso principal del agua. Es posible que la llave esté en el sótano o en el espacio de gateo debajo de su casa, o tal vez debajo de la pileta de la cocina. En un apartamento, puede estar inclusive dentro de un armario.

Si tiene medidor de agua en su casa, hay una llave de paso antes del medidor y otra después de él. Utilice la que precede al medidor, con cuidado de no dañarla.

Una vez que ha localizado la llave, o el plomero la ha localizado, márquela con una etiqueta grande, para que no vaya a tener problema para localizarla de nuevo.

Periódicamente, vea que no esté "congelada" o atascada de tal manera que no se pueda cerrar. Si es así, llame al plomero. Forzándola la puede romper y tendrá un verdadero problema. Si sólo está dura rocíela con silicona.

Conectadas a la llave de paso general de agua, hay ramificaciones, muchas de las cuales llevan agua fría y sólo una conecta directamente al calentador de agua. Otras ramificaciones que salen del calentador, conectan el agua caliente a las griferías. En cada unión donde hay un caño ascendente (un caño que sube) que se separa de la cañería principal, idealmente debería haber una llave de paso y un drenaje.

EXAMINAR EL MEDIDOR DE AGUA

Puede tener un medidor que parece un odómetro de automóvil, o uno que tiene una serie de diales, que se deben leer como las manecillas del reloj. (El primer dígito mide cientos de miles de galones, el siguiente decenas miles, y así sucesivamente.) Si le parece que la cuenta de agua es muy cara, cierre todo lo que consuma agua en la casa y observe el medidor por más de media hora. Si el dial se mueve, hay una pérdida de agua en alguna parte de la casa.

Es una buena idea tomarse el tiempo para averiguar cuál es la llave de paso alimenta cuáles grifos, ya que usted debe cerrarlo cada vez que tenga que hacer algún trabajo a fin de evitar una inundación. Haga esto cerrando las llaves de paso individuales, una por vez y mirando cuáles grifos se quedan sin agua. Vaya etiquetándolos. Es posible que no le parezca una diversión de fin de semana, ponerse a marcar sus circuitos eléctricos y sus llaves de paso de agua pero, tómelo como un seguro de inundación sin costo.

También debería haber una llave de paso y drenajes, donde esté el calentador de agua, la caldera, el inodoro, la pileta de la cocina y los lavamanos. (Las bañeras y las duchas no siempre tienen llave de paso.) Examínelos de vez en cuando para asegurarse que se pueden abrir y cerrar sino llame al plomero, y también pruebe si

funcionan bien, cerrando la entrada del agua. "Los cueritos" son arandelas de goma o cuero que evitan perdidas de agua en grifo y mangueras que si las arandelas (o cueritos), están gastados, no funcionarán.

LLAVE DE PASO

Para cerrarla, gire como el reloj hacia la derecha. Para abrirla gire contra reloj, o hacia la izquierda.

Pureza del agua
Si el agua le llega de un pozo y no es provista por la ciudad, deberá hacerla examinar una vez al año, por el departamento de sanidad local para buscar las impurezas bacteriológicas. Si el agua del pozo necesita purificación, es posible que tenga que llamar a un profesional, para que le instale un sistema de purificación para todo el agua de la casa.

Sistema de agua caliente
El agua llega a la casa a una temperatura de 55°F y más fría en el invierno. Para ponerla a una temperatura adecuada para lavar ropa, lavar platos y bañarse, deberá ser calentada en un serpentín que pasa por una caldera o, más comúnmente calentador de agua a gas, aceite o eléctrico.

En general los calentadores a gas y de aceite duran hasta diez años y los eléctricos un poco más, pero en mi experiencia, todos han durado bastante más que esto, y no dan muchos problemas. La elección depende de costos y otros conceptos; la electricidad es más costosa que el gas, pero el gas causa polución dentro de la casa.

La cantidad de drenaje que necesita su nuevo calentador de agua puede variar; lea su manual de instrucciones. Drenar el calentador de agua saca el sedimento que hace que su aparato trabaje menos eficientemente. Cierre el paso de agua caliente (en la parte superior del calentador) y no utilice el agua caliente por una hora o más, para darle al sedimento tiempo de asentarse. Ponga un balde debajo de la válvula de drenaje en la base del tanque, y ábrala. Deje correr el agua hasta que salga limpia, luego haga el proceso al revés. Cierre el drenaje y vuelva a poner el agua.

También debería mirar la válvula de seguridad de presión en la parte superior del calentador. Sólo gire la manija. Si está trabajando, dejará salir un poco de agua caliente. En un sistema de calefacción a gas, el caño de la caldera deberá ser inspeccionado cada seis meses para ver si hay escapes de gas. *Véase* el recuadro en la página 223 de "Inspección de seguridad de su sistema de calefacción a gas".

Calentadores de agua

Si el agua no calienta en un sistema eléctrico, primero mire si no se ha quemado el fusible, o si el interruptor no ha saltado. Si el sistema es a gas, la luz del piloto, situado en la base del calentador, puede estar apagada. Las instrucciones para volver a prenderlo pueden estar escritas en el calentador. Generalmente, usted aprieta el botón de prendido por 5 segundos. Si cierra la llave de gas, y limpia los puertos (los pequeños orificios que hay en el aro que rodea el fuego), podrá encenderlo usted misma (*Véase* "Si la llama del piloto se apaga" en página 224). Si usted nunca ha hecho esto, pida ayuda profesional, pero aprenda a hacerlo sola en el futuro.

Para ahorrar energía, envuelva el tanque del calentador, con una manta aislante, que se vende para este propósito (no es costosa y es fácil de instalar), instale una trampa térmica (pregúntele al plomero), y mantenga el termostato del calentador en 140°F o más bajo. La verdad es que el único electrodoméstico que necesita el agua a 140°F es el lavaplatos; si la máquina tiene su propio calentador, puede mantener la temperatura del agua de la casa en 115°F.

Si el agua está muy caliente, primero mire si el termostato está muy alto, pero si bajarlo no ayuda, pida servicio de inmediato. Un termostato que falla puede causar quemaduras.

Cañerías

Las mejores cañerías están hechas de cobre. Duran como mínimo 20 años y pueden alcanzar 50 años o más. Las cañerías de latón, menos comunes, también son fuertes; duran de 20 a 25 años. Las casas más viejas, pueden tener cañerías de acero galvanizado. Con sólo mirarla se puede decir si las cañerías son de cobre, por el color rojo

---

PREVENGA QUEMADURAS DE AGUA CALIENTE

• La temperatura del agua en la casa, casi siempre está programada a 140°F, pero el agua escalda la piel humana a 137°F. (Por lo menos una compañía de gas, advierte que cualquier programa por encima de 125°F puede causar quemaduras severas). Para una ducha agradable, el agua debe estar entre 100 y 115°F. Como medida de seguridad y para ahorrar energía, puede pedirle al plomero que le instale una válvula mezcladora en la línea de agua caliente del baño (o a la ducha o la tina) para asegurarse que la temperatura no se exceda. Los calentadores grandes ya tienen estas válvulas.

• Siempre ponga el agua fría primero y ciérrela última. (Si tiene un grifo de palanca única, un punto coloreado autoadhesivo de un almacén de artículos para oficina se puede colocar directamente sobre el azulejo de la bañera en la posición correcta de la manija, para conseguir la temperatura perfecta del agua.

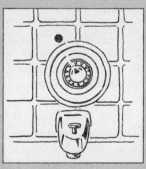

---

distintivo, pero para saber si son de latón o de acero galvanizado, acérqueles un imán. Las de latón no atraerán el imán, pero dar de acero galvanizado sí.

Desdichadamente, las cañerías de acero galvanizado sólo durarán unos 5 años porque el interior del tubo se corroe. El acero oxidado se expande hasta alcanzar un tamaño dieciséis veces mayor a su tamaño original, así que eventualmente el óxido obstruye la cañería, como el colesterol las arterias. La obstrucción comienza en los pisos superiores. Si la presión del agua está comenzando a fallar en el piso de arriba, es un signo que la cañería necesita ser reemplazada. Si de todas maneras nunca ha habido suficiente presión en ninguna parte, es un signo que los caños no tienen el tamaño correcto o que la línea de abastecimiento principal es pequeña.

Ocasionalmente las cañerías pueden tener pérdidas o corrosión, principalmente en las junturas. Utilice el pegamento epoxy, especial para reparar cañerías. Viene en un paquete de dos tubos. Se mezcla el contenido de los dos, obteniendo un producto de la consistencia de la arcilla para niños. Se pega por fuera de la unión y al endurecer, la juntura queda a prueba de agua.

Aunque las cañerías de agua fría y caliente, generalmente son paralelas, debería haber una separación entre ellas de por lo menos 6 pulgadas y las dos deberían estar aisladas. Los caños de agua caliente se aíslan para guardar el calor dentro de ellos. Los caños de agua fría se aíslan para evitar el sudor y el goteo que causa la condensación. Como las superficies frías no mantienen la humedad, cuando la humedad del aire toca una cañería que no ha sido aislada, se condensa.

Los desagües

Las cañerías del sistema de drenaje (bajada de aguas negras) son generalmente de hierro o plástico, específicamente PVC (cloruro de polivinilo), que es el más económico y más fácil de instalar. Estos caños salen de toda las partes de la casa que utilizan agua y van a un caño principal —generalmente mas ancho y grande que los caños ascendentes de agua caliente— y operan por gravedad y grado de inclinación. Las aguas negras se van de la casa a través de la cañería principal y van al sistema cloacal de la ciudad o a un tanque séptico.

Los desechos del cuerpo y la comida en descomposición contienen bacterias que producen gas. Para permitir el escape de ese gas y para compensar la presión en el agua que tal del sistema, hay cañerías dentro de las paredes que llevan a una ventilación, en el techo. Esta ventilación evita la formación de un vacío parcial que bloquearía el flujo de los desperdicios. Como usted puede imaginar, esta abertura nunca debe ser cubierta ni obstruida. Para mantener las hojas y los desperdicios lejos de ella, coloque malla de alambre sobre la abertura de la ventilación.

Cada desagüe también tiene un sello o trampa de agua que evita que los gases vuelvan. La forma interna de la taza del inodoro, hace su propia trampa. El agua que se queda evita que regresen a la casa los gases (y los olores). Debajo de la pileta de la cocina y de los lavamanos de los baños, hay un tubo en forma de S o de P, que es una trampa. La trampa de la bañera o de la ducha, está metida en el piso debajo de la unidad.

Tanques sépticos

Si su casa no conecta a la cloaca de la ciudad, debe tener un tanque séptico en acero o concreto, bajo tierra. Debe ser inspeccionado cada par de años y vaciado si es necesario. Sino, el tanque se llenará y el sistema de drenaje rebalsará. Los resultados serán tan horribles como usted se los imagina y probablemente ocurrirá cuando tenga la casa llena de gente, una situación que apesta en todo el sentido de la palabra. El mantenimiento regular y los aditivos bacteriales, también evitan que las cañerías se obstruyan, hasta el punto en que haya que desobstruirlas o reemplazarlas.

Si usted está pensando en instalar un triturador de basuras, asegúrese que su tanque séptico tenga la capacidad de para ello.

Cómo arreglar las cañerías

Aun si usted no ha sido capaz de descubrir cómo se programa máquina de vídeo, es posible que pueda arreglar problemas básicos de cañería. Antes de comenzar, tenga dos cosas en mente. Primero, siempre cierre la llave de paso de agua más cercana al electrodoméstico, para evitar una inundación y crear un problema más grande. Segundo, proteja el electrodoméstico. Esto incluye cubrir cualquier parte cromada con un trapo o cinta antes de utilizar la llave inglesa, poner papel o toallas dentro de la bañera por si se le cae una herramienta, no romper la superficie, poner el tapón de la bañera para que las pequeñas no se caigan por el drenaje y no utilizar sondas eléctricas u herramientas inapropiadas para la porcelana.

QUÉ NO PONER EN LAS CAÑERÍAS

• Soluciones químicas como solvente de pintura, fluidos limpiadores o cualquier otro limpiador químico de drenajes. Sustancias tóxicas (aun aquellas que son vendidas específicamente para limpiar cañerías) no sólo pueden comerse las cañerías, sino también las bacterias buenas de su sistema séptico, que trabajan para descomponer y licuar los desperdicios sólidos.

• Grasa, porque se endurecerá y obstruirá la línea. Si por error vierte grasa por el drenaje, eche a continuación una olla de agua hirviendo.

• Hojas de té o arroz, porque se hincharán y obstruirán la cañería.

Lavaplatos (o lavadora) que rebalsan

Una máquina portátil (que desagua en el fregadero), lo único que necesita es ser desconectada. Pero si usted tiene un lavaplatos automático, gire el dial hasta el final del ciclo y la máquina comenzará a desocuparse. Utilice una aspiradora que aspire agua o una máquina de extracción casera para succionar el agua o utilice toallas. Si el problema fue el uso de detergente equivocado, ponga la ropa o los platos en varios ciclos de enjuague. Sino drénela, apáguela, desenchúfela, y llame al plomero. *Véase* Capítulo 6.

Drenaje obstruido

Las causas usuales de la obstrucción de los drenajes son: pelo y trozos de jabón en los baños, grasa y en la cocina. No espere hasta que el drenaje esté completamente obstruido. Repárelo tan pronto comience a drenar lentamente. Hay muchas soluciones:

1. Ponga una lámpara de calor o un secador de pelo (en caliente) directamente debajo de la trampa del fregadero, hasta que la grasa se derrita. *No haga esto si tiene cañerías plásticas.* Limpie el drenaje dejando correr el agua por algunos minutos.

2. Utilice una sopapa (bomba) que es una copa de goma invertida con un palo de madera.

Tape el desagüe de seguridad (agujero situado probablemente en el borde superior; es por donde el agua se va cuando su hijo deja la llave abierta en el lavamanos) con un trapo. Si no, cuando usted bombee el agua bajará por un agujero y volverá por el desagüe de seguridad. Llene el lavamanos con 4 ó 5 pulgadas de agua. Ponga la sopapa sobre el drenaje, presionando fuertemente hacia abajo. Luego tire del palo hacia arriba y empuje hacia abajo de nuevo y repita 10 ó 12 veces. Se destapa cuando la sopapa se tira hacia arriba. Agregando un poco de vaselina alrededor del borde, le dará mejor succión.

3. Si esto no funciona, necesita una sonda de drenaje (algunas veces llamada culebra): un cable largo, flexible, con una punta de barreno en un lado y una manija en el otro. Tiene que insertar el barreno en la boca del desagüe hasta la S de la trampa. Ya sea abriendo el tapón de la trampa con una llave inglesa, o si no hay tapón, utilizando la llave inglesa para quitar la trampa en sí. Ponga un balde debajo para recoger el agua. La idea es empujar la sonda poco a poco, 18 pulgadas cada vez, o se atascará. Cuando esa cantidad haya entrado, introduzca otras 18 pulgadas. Cuando alcance la obstrucción, rómpala o engánchela con la punta y tire hacia usted. Si no tiene una sonda, puede simplemente utilizar una percha de ropa, de alambre, haciéndole un pequeño gancho en un extremo.

4. Si usted puede traer la manguera del jardín adentro de la casa, la puede utilizar para obtener más presión. Envuelva una toalla alrededor de la manguera, para cerrar por completo la abertura del drenaje y empuje la punta de la manguera lo más profundo posible dentro de la cañería. Tómela con fuerza, mientras otra persona abre el grifo en el exterior. Cualquier cosa que esté obstruyendo deberá salir por la presión del agua.

Sólo en circunstancias desesperadas utilice un destapador de cañerías químico. Se presentan en tres formas: gránulos que contienen lejía; líquidos que contienen lejía y otros químicos o presurizados. Si usted utiliza limpiador de cañerías granular, no permita que quede agua en el lavamanos o en la tina. Si el químico permanece allí, dañará la porcelana. Lea las instrucciones con cuidado.

Nunca mezcle químicos. Si usted ha usado uno y va a utilizar otro, deje correr el agua y enjuague el primero completamente. Nunca utilice una sopapa (bomba) o un destapador de drenajes a presión, después de haber utilizado químicos. Los químicos le pueden salpicar. Si usted termina pidiendo ayuda profesional, asegúrese de contarle al plomero qué ha echado por el drenaje hasta ahora, sin importar que le dé vergüenza.

DESTAPADOR DE CAÑERÍAS CASERO, NO TÓXICO

Verter cáusticos por el drenaje es malo para sus cañerías, pero este remedio casero no lo es. Vierta una taza de sal y una taza de bicarbonato de soda, seguidas por una olla de agua hirviendo. Si el problema sólo es de grasa coagulada, generalmente se disolverá de inmediato. Sin embargo, para mejores resultados, no utilice el drenaje por varias horas. Si usted necesita algo más fuerte, pero no tanto como la lejía, disuelva 2 cucharadas de soda de lavar en 1 litro de agua caliente y viértalo lentamente por el drenaje. Después de 10 minutos vierta agua caliente.

Precaución: La soda de lavar puede irritar la piel y las membranas mucosas, utilice guantes de goma.

Grifos que gotean por la base

Grifos que gotean o pierden agua por la base de las llaves, generalmente tienen una arandela gastada ("cuerito") o el asiento de la válvula gastado o ambos. Si al leer estos términos, usted se convence que están por encima de su comprensión, siga conmigo por unos párrafos más, mientras trato de convencerla que arreglar un grifo es más fácil de lo que piensa y de paso ahorra dinero.

Usted necesita una llave inglesa ajustable o unas pinzas, destornillador, un nuevo asiento y/o

RED DE SEGURIDAD

Evite la mayoría de las obstrucciones en el baño, utilizando un colador. O empuje una pieza de malla (como el de los vestidos de baile o los vestidos de ballet) dentro del drenaje. Sáquelo, tírelo y reemplácelo con una pieza nueva de vez en cuando.

RED

COLADOR

arandelas de la ferretería. Cierre la llave de paso del agua debajo del lavamanos. Saque la tapa decorativa de la grifería. Cúbrala con un trapo, para que cuando apriete la llave inglesa no dañe el cromo. Siga sacando todas las piezas que encuentre hasta que llegue al asiento a una pieza de seis lados. Apriétela con sus alicates o con la llave (hacia la derecha aprieta; hacia la izquierda afloja). Luego reemplace todo.

Pero si la perdida persiste, o si usted tiene que girar la tuerca tan apretada que no puede operar el grifo, tendrá que reemplazar la empaquetadura de grafito (en un grifo viejo) o la arandela redonda que está en la base del émbolo (tallo). Desarme de nuevo el grifo, afloje la

1. Tapa decorativa
2. Tornillo
3. Llave
4. Tuerca
5. Válvula de control
6. Arandela de goma o cuero
7. Tallo o émbolo
8. Arandela redonda
9. Grifo
10. Aireador

GRIFO ANTIGUO

1. Tapa decorativa
2. Tornillo
3. Llave
4. Tallo (émbolo)
5. Cápsula reguladora
6. Arandela redonda
7. Grifo
8. Aireador

GRIFO DE UNA SOLA SALIDA

tuerca, dé vuelta a la manija como si estuviera abriendo el grifo y saque el émbolo con la llave inglesa. Retire la tuerca vieja y reemplácela. O saque la arandela, desatornillando el pequeño tornillo de la base del émbolo que la mantiene en su puesto. Reemplace las arandelas redonda. Reinserte el émbolo, ponga la arandela de nuevo, y ponga en su sitio la tuerca y la llave.

En un grifo nuevo de una sola salida (mezclador), la cápsula reguladora probablemente necesitará ser reemplazada. Pídale al proveedor de plomería de la ferretería que le ayude a seleccionar la adecuada.

Grifo que gotea

Si el goteo comienza a molestarla en la mitad de la noche, introduzca un trozo de trapo o de cuerda dentro del grifo, para que el agua caiga silenciosamente dentro del lavamanos, acuéstese a dormir y lidie con eso en la mañana.

Arreglar el problema no es muy difícil. Si usted tiene sistema de dos llaves y un grifo, siga las instrucciones anteriores para desarmarlo. (Si usted tiene otro tipo de grifería, infórmese cómo hacerlo en un buen libro.) Mientras que las pérdidas de agua generalmente se deben a un problema con la arandela circular, el goteo tiende a ser causado por el deterioro de la arandela de goma o cuerito. A medida que se vuelve vieja, la arandela se aplasta, se hace porosa, se desgasta y se daña, hasta el punto que es difícil decir cómo debe ser una nueva. Así que lleve el tallo (émbolo) a la ferretería, para que le den el reemplazo de la arandela del tamaño exacto. Reemplace la arandela (y si el tornillo pequeño se ha deteriorado, reemplácelo también), reinserte el tallo y continúe en reverso los pasos anteriores.

Si la arandela se rompe o necesita reemplazo en unos pocos días, la parte donde descansa, llamada asiento de la válvula, necesita ser reemplazada también o ser suavizada con algo llamado herramienta desbastadora. Lea libros sobre cómo hacerlo para mayor información (no es difícil hacer este trabajo, si usted tiene la herramienta adecuada), o llame a un plomero.

Cañerías congeladas

Descongélelas de inmediato para evitar que revienten. Cierre la llave de paso general y abra los grifos más cercanos a las cañerías congeladas, para que el agua pueda drenar a medida que se descongelan. Puede cubrir las cañerías con toallas calientes o envolverlas en almohadillas térmicas, o dirija hacia ellas el secador de pelo, si no son plásticas; la descongelación debe ser gradual para evitar grietas. Si las cañerías están escondidas detrás de paredes, techos o pisos, o están cercanas a las líneas de gas, llame a un plomero.

Para evitar estos problemas, instale aislamiento de cañerías. Trate que sus cañerías no pasen las paredes exteriores. Y en una emergencia —si su sistema de calefacción se daña y hace mucho frío— pruebe el truco campesino de dejar un grifo abierto con un chorro escaso.

Cañerías que sudan

Envuélvalas con cinta aislante autoadhesiva o con aislamiento tubular precortado. (Si usted quiere saber por qué sudan los tubos, *véase* "Inodoros que sudan" en la página 221.)

Presión inadecuada / excesiva

Algunas veces resolver un problema de presión en las cañerías, es tan simple como limpiar o reemplazar el aireador, el pequeño colador de malla que está al final del grifo y que se desatornilla con facilidad. Una solución desmineralizadora, o una solución mitad y mitad de vinagre y agua lo limpiaran. También asegúrese que las llaves de paso de agua estén bien abiertas. En el peor de los casos, los caños pueden estar obstruidos por muchos depósitos minerales y se deben reemplazar. Si su problema es la opuesto, demasiada presión, debe instalar válvulas reductoras de presión.

Un inodoro que nunca para

El portero del edificio de mi amiga le dijo que la razón por la que su inodoro no parara el agua, era que ella no tiraba la cadena con suficiente fuerza. Yo le dije que el problema estaba en el inodoro. Hacer reparaciones a su inodoro no es muy difícil. Generalmente la solución es reemplazar una parte gastada (lo que se hace fácilmente; todas las ferreterías venden repuestos y generalmente vienen con instrucciones). Es más, usted puede reemplazar completamente el interior de algunas unidades con más modernos, más silenciosos,

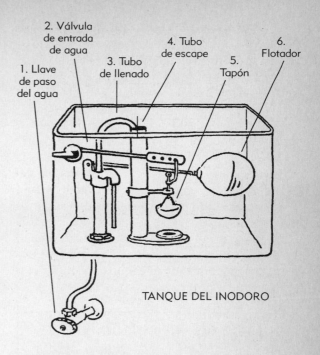

TANQUE DEL INODORO

ahorradores de agua y que necesitan menos repuestos de mantenimiento.

Antes de comenzar, cierre la llave de paso registro debajo del tanque o la llave de paso del agua del baño.

Luego mire dentro del tanque y oprima la manija para soltar el agua. Usted verá suceder dos cosas. Primero, verá que los alambres superiores e inferiores tiran hacia arriba un tapón de goma desde el fondo del tanque, para que el agua fluya dentro de la taza. Segundo, a medida que el tanque se desocupa, el flotador cae y abre la válvula de entrada de agua, dejando que ésta entre al tanque.

El inodoro puede no parar el agua cuando los alambres que van al flotado están mal alineados, de manera que el sello entre el tapón y el sitio donde descansa no cierran bien. O el sello puede no cerrar bien, porque el flotador de puro viejo tiene agujeritos o causados por químicos en el agua del tanque) y / o que el sitio donde descansa está baboso.

Primero, asegúrese que el brazo guía que eleva el tapón esté perfectamente vertical. Afloje el tornillo que lo mantiene en su puesto, enderece el brazo, ajuste de nuevo el tornillo. Segundo, saque el tapón dañado (desatorníllelo) y limpie el área babosa de debajo con esponjilla de lana de acero. Luego atornille el repuesto.

Otra posibilidad es que el problema esté en el flotador. Una vez que la llave de paso esté cerrada y haya soltado el agua, desatornille el flotador. Agítelo y si tiene agua en el interior, reemplácelo. Si no, póngalo de nuevo en su lugar y abra la llave de paso y la válvula, para que el agua llene el tanque.

Hay todavía algo más que puede intentar. Levante el flotador con la mano. Si el agua continúa corriendo, debe reemplazar la arandela de la válvula de entrada del agua, la válvula del tubo al lado derecho del tanque. Esto no es complicado, pero al describirlo parece que lo fuera. Las partes cuestan centavos; vea si le pueden ayudar en la ferretería y pregunte si debe reemplazar todo el sistema. Deberá comprar un equipo de repuestos para inodoros. Cuando lo compre encontrará las instrucciones en el paquete.

CUANDO NO HAY NINGÚN TANQUE

Toda esta parte sobre inodoros debe parecer rara si su inodoro no tiene tanque. En vez, debe tener una parte de metal pequeña por encima de la palanca para tirar la cadena y que se llama válvula de presión del chorro de agua. Este modelo es a veces usado en edificios de departamentos porque requieren caños más grandes que las casas. A veces se ven en casas nuevas y condominios. Se pueden comprar las partes para repararle y encontrará instrucciones para ello en cualquier libro de reparaciones caseras.

Inodoro que pierde agua por la base

Simple. Si el tanque descansa sobre la taza, ajuste las tuercas de la base del tanque. Vacíe el tanque, use un destornillador por dentro del tanque y una llave inglesa o pinza por debajo de él. Utilice aceite penetrante para aflojar los pernos, antes de ajustarlos. *Cuando apriete las tuercas de un inodoro, tenga cuidado de no hacerlo demasiado fuerte, porque el tanque se puede partir.* Si esto no arregla el problema, reemplace las arandelas.

Si la pérdida está en el tubo que provee el agua, ajuste la tuerca que mantiene las piezas de unión en su lugar y reemplace las arandelas.

Una pérdida en la base del inodoro, se puede arreglar algunas veces apretando los pernos que lo sostienen. Es posible que tenga que reemplazar todo el inodoro instalando un nuevo sello en la base.

Inodoro que se desborda

La próxima vez que el inodoro amenace con desbordarse, quite la tapa del tanque y suba el flotador (llamado así porque es la bola grande que flota dentro del tanque). Si esto para el agua, desatornille el flotador de su sostén. Si el flotador tiene agua en el interior, tiene algún agujero y necesita reemplazarlo. Si no doble el sostén hacia abajo ½ pulgada.

El problema también puede estar en la válvula de entrada del agua, que es la que debería cerrarse, una vez que el flotador alcanza la altura debida. Es posible que las arandelas del interior de la válvula necesiten reemplazo. Quite los tornillos del lado de la válvula y verá las arandelas pegadas al émbolo que se ajusta en su interior.

También es posible que el tubo de llenado entre la válvula y el tubo de escape no ajuste bien (o necesite reemplazo).

AHORRANDO AGUA EN EL INODORO

La cantidad de agua que se suelta está regulada por la altura y la presión del agua sobre el tapón. Podría tener un tanque más alto y más angosto (con menos agua) que trabajaría igual de bien. Como no puede rediseñar el tanque, llene parte del tanque con botellas plásticas que contengan agua.

O simplemente doble un poco el brazo guía del flotador, para que baje el nivel del tanque. Si al soltar el agua el inodoro vacía completamente, se pasó un poco: doble hacia arriba la barra de manera que el nivel quede más alto.

Ahora existen productos nuevos para hacer que los antiguos tanques grandes utilicen menos agua.

Inodoro atascado

Hay algo allá abajo. Algo grande como un rollo de papel higiénico, su peine o el pato de goma de su hijo. Ante esta situación, lo más probable es que quiera mudarse a otra parte. Sin embargo, la solución más repulsiva pero más económica es sacar el agua; póngase sus guantes de goma, meta la mano para ver si alcanza a sacar el artículo, trate con una sopapa (bomba). Ponga la copa de goma de la bomba sobre el drenaje y presione con fuerza hacia abajo. Luego tire del palo con fuerza, empuje de nuevo y repita de 10 a 12 veces, hasta que se vacíe el inodoro. Si eso no funciona, llame al plomero, o pida prestada o rente una sonda de retrete (como la sonda de drenaje, pero diseñada para no dañar la porcelana).

Los artículos plásticos son los más difíciles de remover, ya que se escurren al paso de la sonda. Si tiene repisas sobre el inodoro, tenga cuidado con lo que esta allí.

Inodoros que sudan
La superficie del tanque enfriada por el agua que contiene (generalmente a 55°F), se mantiene más fría que el aire a su alrededor (generalmente a 68°F). Las superficies frías no conservan la humedad, así que la humedad ambiente se condensa y el tanque gotea.

Reducir la humedad de la casa ayudaría, pero esto es un trabajo enorme. Una solución complicada, pero poco costosa, es pedirle al plomero que pegue un forro delgado de espuma, dentro del tanque, después de quitar todo el mecanismo interior; la alternativa es poner una línea de agua caliente, conectándola a una válvula antisudor para calentar el tanque durante las estaciones frisa. La solución más fácil es comprar una cubierta para tanques en una tienda de artículos para el baño. Lávela regularmente para que no le crezca moho.

Goteras o perdidas de agua en la bañera o la ducha
Los tallos o émbolos de las duchas están diseñados básicamente iguales que los de la grifería del lavamanos, sólo que son más largos y están dentro de la pared. Puede llegar a la tuerca, aflojar el tallo y arreglarlo de la misma forma que arregla la grifería. Necesita una herramienta especial, una llave de boca tubular, para poder cambiar la arandela.

Si hay lechada o masilla de plomero que no le permite alcanzar el tallo con la herramienta,

necesitará romperla con un destornillador y luego reemplazarla.

Cañerías ruidosas
Usted oye lo que se llama "martilleo de agua" cuando el agua que corre es obligada a detenerse súbitamente, por ejemplo, cuando el grifo está cerrado o cuando la lavadora cambia de ciclo. Sólo cierre la llave más despacio.

Usted (o un amigo hábil) puede instalar soportes como cinturones, a lo largo de las cañerías horizontales para que no vibren demasiado. O puede necesitar un plomero para que ponga un tramo adicional de tubo vertical, llamado cámara de aire, que actúa como amortiguador de choque.

Calefacción y el aire acondicionado

Lo mínimo que debe saber acerca del sistema de calefacción y aire acondicionado:
- Combustibles: aceite vs. gas
- Los tres sistemas de calefacción
- Mantenimiento requerido por su sistema
- Cómo corregir problemas menores

Sistemas de calefacción a gas o de aceite

Su casa se puede calentar quemando aceite o por medio de gas. Es posible que utilice aceite para la calefacción, aunque el gas sea el combustible para la cocina y el secadoras. Los sistemas de aire acondicionado a gas, existen, pero son muy raros.

Si usa aceite, tendrá que recibirlo varias veces, durante la estación fría. Constate las lecturas antes y después de cada entrega, y observe el medidor periódicamente. Si la cantidad de aceite en el tanque está por debajo del 10% de su capacidad, las impurezas del fondo son succionadas hacia el quemador y luego tanto el quemador como el filtro necesitarán limpieza. Los subproductos de la combustión del aceite, sulfuro y el vapor de agua forman un ácido sulfúrico suave. Esto tiende a corroer la chimenea.

El gas es un combustible más eficiente, porque necesita quemar menos cantidad; no es un gran contaminante y es fácilmente disponible pero usted tiene que pagar más para equipar su casa para calefacción a gas. Lo que usted escoja dependerá del costo.

Si cambia de aceite a gas

Limpie la chimenea por completo en el momento de la conversión y por los siguientes dos años, hágala inspeccionar dos veces al año: una durante la estación de calefacción y la otra durante el verano. El problema es que al quemar aceite, se produce un residuo de carbón, que no se puede eliminar por completo. Como el gas quema más seco que el aceite, seca el residuo de carbón, que pierde la adhesión a las paredes de la chimenea y trata de crear un bloqueo. Después de unos años, puede tener una limpieza anual, después de la mitad de la estación de calefacción. Hágalo por los tres primeros años más o menos, después quedará a su juicio. De todas maneras, la chimenea deberá ser inspeccionada anualmente, para evitar el envenenamiento por monóxido de carbono.

Cuando haga el cambio, debe decidir entre los variados sistemas de la calefacción a gas. Llame a un contratista de sistemas de gas, para que le ayude a estimar las necesidades de su hogar y para elegir entre: el horno convencional de aire caliente, el de alta eficiencia, la caldera de combustión por pulsos, el horno de conducto caliente de alta eficiencia, el horno condensador, el módulo de transmisión de calor y una combinación de calefactor combinado agua-espacio. Elegir uno en lugar de otro, es asunto de economía. La medida de la diferencia entre uno y otro es el AFUE, Annual Fuel Utilization Efficiency (Eficiencia anual de utilización de combustible). Esto es el cómputo del total de la calefacción utilizada, dividido por el cómputo del combustible

recibido. Los hornos pueden tener un rango AFUE desde el 57% hasta el 97%. Entre más alto, mejor; pero también más costoso de comprar. A la larga puede ser más barato, por los ahorros en la compra de combustible.

Cómo funciona el gas

La cañería de gas de la ciudad está conectada a la cañería de su casa. Cuando el gas llega a su hogar, fluye a una cámara, la llena, luego fluye al siguiente de los tres compartimentos adicionales. A medida que el gas se utiliza, la presión baja en una de las cámaras y fluye de otra que tenga la presión más alta. El medidor de gas tiene cuatro partes. Cada una de ellas mide la cantidad de gas que hay en cada cámara. La cantidad total que usted utiliza es medida en pies cúbicos, que después se convierte en su cuenta mensual.

> ### ¿ESTÁ EL GAS ABIERTO O CERRADO?
> Ya sea que la llave de paso del gas tenga una manija o una llave, está abierta cuando la manija o la llave está paralela con la tubería y cerrada cuando está perpendicular a ella.

Las llaves de paso del gas, que se encuentran en el medidor y en cada unidad, le permiten cerrar el gas de todo el sistema o el particular de cada electrodoméstico. Algunos están operados manualmente y otros necesitan una llave especial.

El gas que llega a través de las cañerías de las compañías de gas a su casa es generalmente gas metano en un 95% a un 98%. El metano no arderá sino en la presencia de las cantidades adecuadas de oxígeno y calor. Si hay muy poco o demasiado oxígeno en el aire, el gas no arderá. (La razón por la que se puede soldar cerca de una línea de gas, es que dentro de la tubería no hay aire, y cuando no hay oxígeno no hay llama.)

También se necesita bastante calor. El punto de ignición del metano es de 1100°F. (Aun así, un escape de gas es altamente inflamable, porque una llama ardiendo y hasta un fósforo, pueden alcanzar momentáneamente una temperatura de 1200°F).

> ### MANTENIMIENTO DE LA CALDERA
> Aceite: la compañía proveedora debe hacer una inspección y servicio de mantenimiento anual. Llámelos.
> Gas: las calderas deben ser inspeccionadas cada año. Así todo el gas crea menos suciedad que el aceite.

El peligro de los escapes de gas

El mayor peligro de un escape de gas no es el envenenamiento, (el metano no es tóxico) ni siquiera el riesgo de incendio, sino que el metano reemplaza todo el aire respirable. Si las ventanas están abiertas, no es un problema mayor. El metano es más liviano que el aire y saldrá hacia fuera. Pero si la habitación está cerrada, el metano la llenará con peligro de asfixia.

No puede ver el metano, tampoco lo puede oler (es inodoro). Así que para que la gente se dé cuenta si hay un escape, las compañías distribuidoras de gas le dan un olor sulfuroso, distintivo y desagradable. Si alguna vez huele una fuga de gas, lea "Fugas de gas" en Capítulo 7.

Detección de monóxido de carbono

La proporción ideal de aire / combustible para quemar, es 15 partes de oxígeno y 1 parte de gas. Si la proporción es 10 a 1, la combustión queda incompleta y se produce el monóxido de carbono. El monóxido de carbono reemplaza el oxígeno en los glóbulos rojos de la sangre, siendo una emergencia de vida o muerte.

La combustión incompleta es todavía más difícil de detectar que un escape de gas, a menos que la esté buscando específicamente, en cuyo caso es muy fácil. Mire la llama de su quemador de gas. Una llama normal es de azul brillante, con una punta amarilla. En el caso de combustión incompleta, la llama se vuelve más y más amarilla. La causa es un exceso de combustible o falta de aire. Si cualquier llama, (de la secadora o de la estufa) está quemando sólo amarillo y / o alguien en la casa está mostrando los síntomas de envenenamiento por monóxido de carbono, deje el edificio. Llame a la compañía de gas de inmediato.

Uno de los problemas del monóxido de carbono es que sucede sin ningún aviso ya que no tiene olor. Si está expuesto a él por un tiempo, el envenenamiento le puede causar dolores de cabeza, náuseas, mareos, tos, zumbidos en los oídos y puntos delante de los ojos. Si alguien en su

---

INSPECCIÓN DE SEGURIDAD DE SU SISTEMA DE CALEFACCIÓN A GAS

Tal vez su compañía proveedora haga inspecciones anuales sin costo. Usted puede hacer su propia revisión de ventilación dos veces por año. Prenda el horno o la caldera por 10 minutos, luego acerque un fósforo prendido hasta el borde de la caperuza de tiro o al panel de acceso (una abertura rectangular, que está situada en la parte superior de la cubierta de la caldera), y muévalo de lado a lado de la abertura. Si la llama sube, el caño de la caldera o de la chimenea está limpio. Si la llama es soplada hacia abajo o se apaga, apague el horno y llame a la compañía de gas.

Otras cosas que buscar:

• Hollín, depósitos de carbón o llamas amarillas. Estos son signos peligrosos de combustión incompleta, así que llame a la compañía de gas. Esto puede ser causado por la insuficiencia de aire o por alguna falla en el sistema de ventilación (probablemente debido a un bloqueo).

• Óxido o agujeros en el conducto de la

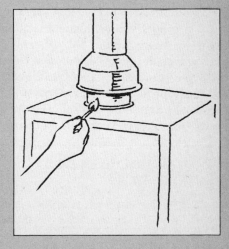

caldera. Si ve alguno, el caño necesitará ser reemplazado.

• Humo excesivo. Cuando se prende por primera vez, la caldera debe humear por un minuto. Sino está desperdiciando combustible, convirtiéndolo en hollín en vez de calor. Pregunte a un técnico.

casa se queja permanentemente de estos síntomas, busque atención médica. Considere la posibilidad de acumulación de monóxido de carbono. Si no se le presta atención puede ser fatal. (*Véase* Capítulo 7 para mayor información.)

Si la llama del piloto se apaga

Las cocinas nuevas no tienen llama piloto para prender las hornallas. Pero si la suya los tiene, y se apagan, (o el piloto del calentador de agua, hace lo mismo) necesitará volver a encenderlos. De tiempo a que cualquier acumulación de gas desaparezca, antes de encender un fósforo. La cocina sólo necesita que acerque un fósforo a la cabeza del piloto (levante la tapa de la cocina), luego abra el gas. El procedimiento para un calentador de gas y para el horno puede ser un poco más complicado, pero debe estar escrito en una placa de instrucciones, pegada al electrodoméstico.

Si el piloto no enciende inmediatamente después que usted ha seguido las instrucciones, apague el gas y llame al servicio técnico o a la compañía de gas.

Un calentador a gas se puede apagar automáticamente, si hay un problema con la luz del piloto en la caldera. En este caso no le será posible volverlo aprender y debe llamar a la compañía de gas.

Si hay algún escape de gas debido a un electrodoméstico defectuoso, la compañía de gas le cortará el suministro, hasta que reemplace el aparato.

Si usted apaga el piloto del sistema de calefacción durante los meses de verano, la compañía de

---

CUANDO UNA HORNILLA DE LA COCINA NO ENCIENDE

Algunas veces, tan solo es el anillo de la llama que tiene los agujeritos obstruidos. Apague el gas y con una aguja o alfiler destape los orificios. También puede haber mugre en el cano que va al anillo de la hornalla. Límpielo con un limpiador de pipas. Si esto no es suficiente, necesitará ajustar la llama, lo que es bastante sencillo y debe estar descrito en su manual de instrucciones. Sino necesitará ayuda profesional.

---

combustible se lo volverá a prender como un servicio regular.

Sistemas de calefacción central

Dicen que las mujeres inglesas tradicionalmente tenían la piel maravillosa, porque no tenían calefacción central. Yo creo que es el único argumento con base en su contra. Aunque algunas casas americanas tienen calor directo —de una cocina, por ejemplo, o lora radiante (que es un sistema muy limpio, pero muy costoso)— la calefacción central es típica en los hogares americanos.

El sistema tiene tres partes: la "**fuente**" de calor, la "**planta**" de calor y el "**sistema de distribución**" del calor.

La "**fuente**" de calor generalmente es un horno a gas o aceite, un calentador eléctrico, o una bomba de calor. Está conectado a una "**planta**" de calor: un horno que calienta aire, o una caldera que calienta agua o crea vapor. Si hay fuego involucrado, estará separado del aire y del agua y los deshechos que produzca, serán expelidos a través de un conducto, que es un tubo sencillo de metal o una abertura en la chimenea. Una chimenea puede tener varios conductos. Transportan el calor del aceite o el gas ardiente. (Los hogares que queman leña, tienen sus propios conductos que suben a lo largo de la chimenea.) Los nuevos sistemas de calefacción tienen un "interruptor de rebose" (*spill switch*) o un sistema de seguridad de ventilación, en el que el interruptor apaga automáticamente el sistema de calefacción, si el conducto o la chimenea están obstruidos. Si todavía no tiene esto, llame al plomero o a la compañía de combustible para que se lo instalen.

Aire caliente, agua caliente o vapor, pueden comprender el "**sistema de distribución**", que lleva el calor de la planta, hacia las diferentes habitaciones de la casa. Viaja a través de conductos o caños y es controlado por un termostato.

Mantenimiento del sistema de calefacción

El mantenimiento de la **calefacción a gas** incluye fijarse si hay escapes en el caño de desfogue, si hay necesidad prender de nuevo el piloto, el cambio de filtros y el buen funcionamiento de los ventiladores. Consulte su manual y haga una cita para una revisión anual. (Para buscar escapes en el tubo de desfogue y para prender de nuevo la luz del piloto, *véase* la página anterior.)

Si un **quemador de aceite** se apaga, mire el termostato. O fíjese si por error han apagado el interruptor de emergencia. (Busque un interruptor en un soporte color rojo, generalmente localizado a cierta distancia del quemador.) O fíjese si el botón de reciclado está prendido (está dentro de una caja metálica, que está fijada al tubo que va del calentador a la chimenea). Empújelo suavemente y el quemador deberá encender de nuevo, sacúdalo un poco si no prende de inmediato; finalmente asegúrese que haya aceite en el tanque; mire los medidores o introduzca una varilla dentro del tanque que está bajo tierra, después de quitar la tapa del tubo de llenado. Arregle una revisión anual.

Las bombas de calor, que generalmente se utilizan en áreas donde la temperatura no baja de 15°F, sacan el calor del aire exterior (que aun en bajas temperaturas tiene gran cantidad de calor) para calentar el interior. Si la bomba no está trabajando adecuadamente, su cuenta de electricidad subirá de manera alarmante. En bajas temperaturas, puede haber acumulación de hielo o ningún hielo; ambas situaciones indican problemas. Mire el serpentín exterior para asegurarse que no ha sido obstruido por nieve u hojas. Deberá comenzar a trabajar perfectamente una hora después de haber sacado la obstrucción. Si el hielo continúa allí, llame a un técnico.

Las calderas son como teteras gigantes, pero la cantidad de agua que contienen se regula con varios controles. Por ejemplo existe una válvula de cierre de poca agua en la caldera, para que la caldera no siga trabajando si el nivel del agua es demasiado bajo. Sino el agua se secará dentro de la caldera, y se rajará. (Los administradores a la antigua, que manejan las calderas de grandes edificios de apartamentos, ponen un poco de avena dentro de la caldera rajada, porque ésta la sella de inmediato. Yo creo que no haría esto en mi casa.)

También hay un regulador de control de presión en la caldera, que evita que la presión suba demasiado. Hay que examinarlo, y ver que las válvulas estén funcionando y abrir manualmente la válvula de drenaje, para drenar mensualmente el agua, removiendo el óxido y cualquier otro sedimento. Algunas veces, el agua debe ser tratada para evitar la oxidación. Pregúntele al técnico.

—— Distribución del calor y sus problemas

Circulación del aire caliente

Después que el aire ha sido calentado en el calefactor, es forzado a través de conductores de salidas por toda la casa. Hay conductores llamados "de retorno o tomas" que absorben el aire frío y lo fuerzan dentro del calefactor y el ciclo comienza de nuevo. (Los sistemas antiguos trabajan con el mismo principio, pero dependen de la gravedad y no de ventiladores.)

Antes de salir del horno, el aire pasa a través de un filtro que remueve el polvo y la mugre. Hay que limpiar periódicamente el filtro. Si no está limpio, el horno utiliza más energía (que cuesta dinero), y después de un tiempo, se puede recalentar hasta el punto de quemarse. Algunos filtros se pueden limpiar y utilizar de nuevo, generalmente aspirándolos, otros son deshechables. Es un trabajo fácil. Levante el filtro hacia la luz, si no puede ver a través de ello, deberá ser reemplazado. Le sugiero hacerlo por lo menos cada 6 meses, pero lo puede hacer mensualmente.

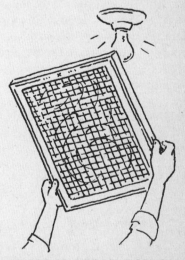

FILTRO DE AIRE DEL HORNO

El sistema de aire forzado obviamente crea mucho polvo y mugre a medida que mueve el aire, pero lo bueno es que no depende del agua (así que no tendrá problemas de cañerías).

Si está instalando un sistema, asegúrese que todas las salidas estén en las paredes, si están en el piso levantarán la mugre hacia las paredes, además tendrá problema con los derrames.

Problemas comunes con el sistema de aire forzado

Si la casa no está lo suficientemente caliente, y ya se fijó en el interruptor de prendido y apagado, es posible que tenga un problema con el calefactor o con los termostatos. También puede inspeccionar si el filtro del aire o el conducto del aire caliente están sucios, o si una parrilla de toma (o retorno) de aire (son más grandes, hay menos, tal vez una por piso) está bloqueada.

Si oye mucho ruido, la correa del ventilador puede estar gastada o el ventilador puede ir demasiado rápido. Llame a un técnico.

Sistema de circulación de agua caliente

El agua es calentada entre los 180°F y los 240°F en una caldera y después es bombeada a través de caños hacia los radiadores, las unidades de los zócalos o los serpentines que se instalan en los pisos de planchas de concreto. Las válvulas que reducen la presión, instaladas en la cañería de abastecimiento, llevan agua al sistema cuando se necesita y a las válvulas de los radiadores, etcétera, y permiten que el aire se escape para permitir la entrada de más agua. La caldera calienta el agua, en un sistema separado del que calienta agua para suministro de la casa.

La aguja negra del medidor muestra la altura que debe tener el agua, y la aguja blanca indica el nivel en que se encuentra. Si todo está funcio-

nando correctamente, la aguja blanca deberá permanecer directamente sobre la aguja negra.

Problemas comunes en el sistema de circulación de agua caliente

Si el calor se va o es apagado, el agua se puede congelar. Si planea salir de viaje y dejar la casa, debe llamar al plomero y hacer que drene el sistema o añadir anticongelante.

Si oye mucho ruido en este sistema, puede haber algo malo en la bomba circulante. Llame al técnico.

Si los radiadores están fríos, es posible que necesite sacarles el aire. Si esto no se hace automáticamente por el sistema, busque en la parte superior del radiador, la llave para la salida del aire, que puede tener en la parte superior una hendidura para el destornillador (o para una llave especial). Cuando dé vuelta el destornillador para abrirla, oirá un sonido de silbido a medida que el aire sale por el pequeño orificio.

Después que el aire haya salido, comienza a salir agua (tenga una taza lista para recogerla) cierre la llave inmediatamente.

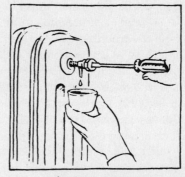

VÁLVULA DE AIRE

Si el sistema se ha apagado, es posible que no tenga suficiente agua, y la válvula de cierre por poca agua la haya apagado automáticamente. Llame a un técnico para arreglar esto.

Radiadores: circulación de vapor caliente

Las casas y los apartamentos más viejos utilizan el sistema de vapor, que trabaja con el principio simple que el agua calentada a 212°F se volverá vapor y subirá. Como cuesta más calentar el agua a

MEDIDOR DEL SISTEMA

212°F, que dejar correr agua caliente por el sistema, el sistema de vapor no se utiliza en los edificios nuevos.

Las cañerías llevan el vapor caliente a los radiadores de toda la casa. Cuando el vapor se enfría, se condensa y fluye de regreso para ser calentado de nuevo y es enviado de nuevo hacia arriba como calor. Es un sistema sellado.

Problemas comunes con los radiadores

Si el calor no es satisfactorio, las válvulas del aire pueden estar obstruidas o gastadas, así que el vapor no puede entrar al radiador por el contado. La válvula del aire está en la parte superior del radiador. La llave puede haber sido pintada y la abertura cerrada. Debe estar hacia arriba, de lo contrario no servirá. Trate de abrir más la ventilación gra, utilizando un destornillador para dar la vuelta al dial hacia un número inferior. (El destornillador calza perfectamente en la hendidura de la tapa de la tronera.) O compre uno nuevo en la ferretería (no necesita equipo adicional para la instalación).

Si oye muchos golpes, fíjese si la válvula de entrada del radiador está abierta o cerrada del todo. Mucha gente cree que puede abrir las válvulas a medias, para dejar entrar sólo un poco de calor, pero no es así. Cuando la válvula de prendido / apagado se abre sólo en parte, crea un charco de condensación de agua atrapada. El pasaje no está completamente abierto, ni cerrado, está bloqueado. El vapor, saliendo de la caldera a 350 mph (la velocidad del vapor a presión) golpea el charco de agua, haciendo el ruido de golpes conocido. Es particularmente fuerte en

VÁLVULA DE ENTRADA

las mañanas, mientras el edificio se calienta. Si cerrar la válvula no ayuda, es posible que necesite una nueva.

Si el ruido continúa o el radiador se calienta pero no lo suficiente, es posible que el agua haya sido atrapada en el radiador, en lugar de volver a la caldera. Para corregir esto, ponga un bloque de madera de ¾ de pulgada de grueso bajo las patas del radiador, en el punto contrario a donde se conecta la cañería. Esto se llama cambiar la inclinación.

Tenga cuidado de no desconectar la cañería levantándola demasiado. Si el sistema se ha desconectado automáticamente, es posible que no haya suficiente agua en la caldera y que la válvula de cierre de poca agua haya apagado la caldera. Llame al técnico.

Si usted pierde mucho calor durante la estación de la calefacción, es posible que haya una pérdida en la cañería de vapor. Si pierde mucho calor en su sistema de agua caliente (durante el verano) es probable que haya una pérdida en la cañería subterránea de retorno.

Sistemas radiantes

La calefacción radiante calienta los pisos, los techos o las unidades de los zócalos, con cables eléctricos o agua caliente circulante (que requiere de una caldera). Este sistema es costoso, pero requiere poco mantenimiento, salvo el de la caldera.

Bombas de calor

Las bombas de calor utilizan electricidad para tomar el calor del aire dentro de la casa en el verano y llevarlo hacia fuera y en el invierno hacer lo opuesto, así que se usan comúnmente en los lugares donde el aire acondicionado central es una necesidad.

Funcionan a la perfección en los climas moderados, pero si las temperaturas exteriores bajan demasiado, el sistema utiliza un calentador suplementario, que eleva bastante los costos de operación. El método de distribución es el mismo que utiliza el sistema de aire caliente forzado. Ventiladores, conductor y filtros necesitan limpieza periódica. Pídale al técnico que le indique qué debe hacer. Si el tiempo está muy frío y los serpentines se han helado, contacte al técnico para la reparación.

Calefacción solar

El sistema de calefacción solar tiene tres partes: los paneles receptores, el tanque de almacenamiento subterráneo y el sistema de distribución.

Los paneles receptores generalmente están en el techo. Son varios paneles de vidrio, metal y material aislante que atrapan los rayos del sol y los convierten en calor. Luego el agua, el aceite, o el agua con anticongelante, que corre por los serpentines de los paneles, llevan el calor a un tanque subterráneo. Caños de intercambio de calor quitan el calor y lo envían a las diferentes dependencias de la casa.

Un sistema secundario calienta el agua y se utiliza un sistema de calefacción de apoyo, si el calor solar acumulado no es suficiente, ya sea porque las temperaturas son muy bajas y la casa necesita mucha calefacción o porque el sistema de almacenaje no es suficientemente grande. El sistema de apoyo puede ser una bomba de calor (que también sirve como aire acondicionado en el verano) o un calentador de agua de gran tamaño.

El sistema de calefacción solar se puede utilizar en zonas frías, ya que se basa en la acumulación de la energía del sol y no en la temperatura exterior.

Aunque es muy costoso de instalar, es barato de operar. Sólo necesita suficiente electricidad para hacer funcionar los motores que hacen circular los fluidos, más la energía de los sistemas de apoyo. El sistema puede durar 15 años o más, y en climas moderados donde no hay mucha nubosidad, puede ser muy efectivo.

Este sistema puede ser práctico para calentar el agua de la casa, ya que es una tarea más pequeña.

Termostatos

El termostato es el cerebro de su sistema de calefacción. Es el aparato que calcula si la temperatura ha bajado lo suficiente para necesitar prender la calefacción. Si el termostato es viejo o está en el lugar equivocado —en el exterior o al sol— no será exacto. El noroeste de la casa es el lado más frío. Si tiene problemas para mantener la temperatura adecuada, el termostato es lo primero que debe examinar.

Si tiene un termostato viejo, vertical en vez de circular, debe ser limpiado al comienzo del invierno (o, aún mejor, reemplazado). Quite la cubierta y limpie los contactos, deslizando un papel entre ellos.

Algunas veces una capa de polvo evita que el termostato funcione como debiera. Sacúdalo un poco de atrás hacia adelante, o use esta antigua forma de arreglarlos: dele un golpe suave. Si hay calor de cualquier otra fuente (¡una vela!), el termostato puede no registrar sus verdaderas necesidades. Para examinar la operación, péguele al lado un termómetro, para ver si los números cuadran. Si no es así, necesitará ser recalibrado.

Finalmente, si es un termostato horizontal, debe estar a nivel o será inexacto. Si no está a nivel, quite la cubierta y monte de nuevo los tornillos en la base.

El aire acondicionado

El aire acondicionado enfría la casa y deshumidifica las habitaciones. Una unidad que sea demasiado pequeña para la habitación, no enfriará rápidamente. Una que es muy grande, enfriará demasiado rápido y sacará la humedad (ademas tiene un alto costo de operación). Es por esto que se debe comprar el tamaño apropiado para cada habitación. (*Véase* la información sobre la compra del aire acondicionado en Capítulo 1.)

Puede utilizar un sistema de aire caliente forzado para enfriar la casa, cambiando el interruptor del ventilador de "Auto" a "Prendido" (*On*) de manera, que el aire más frío del sótano suba a los otros pisos. También puede añadir una unidad enfriadora al horno de aire caliente. Casi todos los hornos, han sido construidos de manera que se les pueda agregar unidades. El problema está en los conductos. Deben estar en el lugar correcto y deben ser del tamaño apropiado para grandes cantidades de aire, tanto caliente como frío, que estarán moviéndose adentro y afuera de ellos. El ventilador que mueve el aire, también tiene que ser muy poderoso.

La mayoría de los sistemas de aire acondicionado centrales, residenciales y bombas de calor son sistemas divididos, con intercambiadores de calor tanto internos como externos (serpentines). El serpentín interno, evaporador, enfría la casa y el externo, condensador, saca el calor. Si usted está comprando un acondicionador de aire central nuevo de alta eficiencia, deberá reemplazar el serpentín del interior y la unidad exterior.

Si los dos no están integrados, no obtendrá un mejor enfriamiento, ni un ahorro de energía. Pregúntele al instalador si le van a entregar un serpentín de alta eficiencia para el interior y si éste se ajusta a las instrucciones del fabricante para la instalación de la unidad. La SEER, Seasonal Energy Efficiency Ratio (Rata de Eficiencia de Energía para la Estación) —pida verla— deberá ser de 10.0 ó más alta.

Ventiladores

Puede instalar un gran ventilador de aspiración en el ático, para que por una ventana abierta succione hacia adentro el aire frío y fuerce hacia fuera el aire caliente; o puede instalar un ventilador en el techo, que aspire el aire fresco a través de respiraderos en los aleros y saque el aire caliente del ático.

Otras opciones de calefacción y enfriamiento

Un humidificador de poder puede dar humedad a una casa con aire muy seco. Un limpiador de aire electrónico quita la polución en el ambiente. Puede comprar una unidad portátil o pedir a un profesional que ajuste una a algún sistema de calefacción o enfriamiento que ya tenga.

Si necesita más calefacción, hay pequeños hornos de combustibles variados, calentadores que queman madera, calentadores eléctricos (requieren de instalación en la pared), y hornos de pared, de aceite o de gas, que deben ser instalados con respiraderos. Una chimenea (hogar), saca más calor por la chimenea, que el que da la habitación. Son consideradas como despilfarradoras netas de energía. Hágala forrar con chapas de hierro, y perderá menos calor.

El mantenimiento———

En las próximas páginas, hay una lista de los trabajos de mantenimiento regulares que son esenciales para mantener su casa en buen estado. A medida que adquiere bienes y hace cambios, sin duda tendrá otras cosas que agregar.

Cuando llama a un técnico, o cuando compra un nuevo equipo, aproveche la ocasión para preguntar qué tipo de mantenimiento debe darle.

Como habrá visto, muchos de los trabajos, tan sólo requieren de inspección visual. Otros requieren un poco de mano de obra y / o algo de conocimientos.

Si usted vive en un edificio de apartamentos, donde haya personas que se encarguen del mantenimiento de la calefacción de la plomería, solo revise los extinguidores de incendios.

Cuando se sienta abrumada por todo esto (y ciertamente lo estará en el momento en que comience cualquiera de estas tareas) no vacile en llamar a un experto: plomero, jardinero, techador, deshollinador o técnicos. *Al término de esta lista, hay una explicación sobre cómo hacer estas tareas, o a quién llamar para que las haga por usted.*

EL AIRE ACONDICIONADO EN INVIERNO

Después de desconectar la energía, retire del aire acondicionado los elementos extraños (como las hojas) y límpielo como indica el manual de cuidado. Cubra cada parte de la unidad, que esté expuesta al aire exterior. Dentro de la casa, inserte una hoja plástica por detrás del panel frontal, para evitar las corrientes, pero deje un pequeño orificio en la base, para que la humedad pueda salir.

Si va a quitar una unidad de ventana, siga las instrucciones del fabricante y tenga cuidado de mantener la unidad parada; nunca la baje apoyándola en la parte de atrás, o en los lados. Puede ponerle una funda para el polvo, pero deje un espacio para que el aire circule.

Algunas personas pueden pensar que soy un poco conservadora. Es posible que algunas de estas cosas no necesiten hacerse tan a menudo. Pero en lugar de ignorarlas, pregunte.

Cuándo hacerlo

Mensualmente
- Revise los extinguidores de fuego
- Revise los GCFI (consulte el manual)
- Limpie el filtro del extractor de aire encima de la cocina
- Drene el calentador eléctrico
- Sistema de caldera de vapor: revise las válvulas y sople el óxido
- Revise el aire acondicionado central

Cada séis meses
Inspección del techo:
- Reemplace las tejas dañadas o sueltas
- Revise la impermeabilización, para ver si necesita arreglos
- Si las planchas de escurrimiento se han corrido, asegúrelas y ponga cemento de techos
- Mire si hay goteras en el ático
- Revise el montaje y las partes de la antena de televisión
- Limpie las canaletas para desagüe del techo que estén obstruidas
- Refuerce las canaletas si es necesario
- Fíjese que las persianas del ático estén abiertas para permitir que salga el aire húmedo.

Inspección de la pared exterior:
- Clave cualquier tabla suelta del recubrimiento exterior de las paredes de la casa
- Pinte de las áreas de pintura descascarada, quitando la pintura vieja con un cepillo de alambre
- Arregle las grietas en la mampostería
- Ponga cemento nuevo a los ladrillos (*pointed*) donde sea necesario
- Rellene las junturas entre la pared y los marcos de puertas y ventanas
- Busque daños en la madera (*véase* el recuadro "Podredumbre húmeda / podredumbre seca", Capítulo 1)

Inspección del jardín:
- Saque todas las plantas y hojas muertas
- Recorte los setos y las plantas
- Busque evidencia física de termitas (*véase* "Termitas", página 315)

Sólo en primavera:
- Busque las conexiones sueltas en las cañerías que tienen grifos en el exterior
- Abra la llave de paso de agua al exterior
- Aceite el equipo para sacar nieve antes de guardarlo
- Limpie y repare los juegos y muebles del patio

Sólo en otoño:
- Llame a la compañía de electricidad, para que corten las ramas secas cerca de las líneas eléctricas; lo harán gratuitamente
- Refuerce y proteja los setos y los árboles
- Drene los grifos exteriores y cierre la llave de paso de agua al exterior
- Drene el combustible de la podadora de césped
- Aceite las herramientas eléctricas de jardín antes de guardarlas
- Cubra los muebles del patio, póngales antioxidante si es necesario

Inspección de puertas y ventanas:
- Pinte los marcos de madera si es necesario
- Arregle las grietas
- Reemplace la masilla suelta en los marcos de madera (y no pinte hasta que haya curado, por lo menos una semana)
- Pruebe que todas las puertas cierren adecuadamente

Sólo en primavera:
- Quite los guardaventanas de tormenta
- Remiende los mosquiteros

Sólo en otoño:
- Vuelva a poner los guardaventanas de tormenta

Inspección de plomería / drenajes y calefacción / enfriamiento:
- Revise la bomba de desagüe
- Examine las válvulas del agua para saber si están congeladas
- Inspeccione el sistema de calefacción

Sólo en primavera:
- Limpie o reemplace los filtros en los equipos de aire acondicionado de las habitaciones
- Aspire y reinstale las unidades

• Haga cita para un control del aire acondicionado central

Sólo en otoño:

• Limpie los contactos en el termostato vertical

• Limpie y lubrique los ventiladores de aire y escape

• Revise los desagües de la casa

• Guarde los equipos de aire acondicionado, cúbralos y selle las unidades de ventana; cubra la unidad central de aire y pida una limpieza en unos pocos años

• Limpie filtros y contenedores de agua de los humidificadores

• Inspeccione las tiras de aislamiento de la puerta del garaje que no tiene calefacción

• Drene los radiadores de las habitaciones y la caldera

• Limpie las canalitos de desagüe del techo, poniendo recogedores de hojas en los drenajes verticales

Anualmente

• Inspeccione la caldera a gas o el horno de aceite, a finales de la primavera o al comienzo del otoño

• Revise la chimenea

• Haga deshollinar la chimenea e inspeccionar los conductos de drenaje

Si ha cambiado de calefacción de aceite a calefacción de gas, lea las instrucciones especiales en calefacción y enfriamiento, en página 221.

• Inspeccione la calidad del agua, si tiene agua de pozo

• Haga inspeccionar el tanque séptico (limpiar cada 2 a 3 años)

Cómo hacerlo o a quién llamar

Muchas de estas tareas parecen más complicadas de lo que realmente son. Personalmente prefiero tener a alguien con experiencia, para que me indique cómo hacer estos trabajos importantes de mantenimiento, antes que leer en un libro sobre cómo hacerlo, y yo asumo que usted lo preferirá también. Deberá pedir por lo menos anualmente una visita de servicio de su compañía de combustible, que no tiene costo adicional.

Inspección de la caldera

La debe hacer un profesional. La inspección debe comenzar con un examen del CO_2, para verificar que el regulador barométrico del tiro de la chimenea esté balanceado; deberá incluir un examen de la succión del tiro (para asegurarse que no pierda demasiado calor por la chimenea) y un análisis del humo (para ver si el combustible se quema limpiamente).

Mantenimiento del aire acondicionado central

Saque los deshechos. Pida que un técnico mire si el drenaje de condensación está quitando la humedad y que le indique cómo limpiar el filtro.

Drenaje del calentador de agua

Corte la electricidad del calentador desde la caja general de electricidad. Pregúntele al plomero cómo drenarlo por completo, para que salga toda la costra, el óxido y el sedimento.

Limpieza del filtro de la campana de extracción de la cocina

Lea las instrucciones del fabricante.

Inspección de extinguidores de fuego

Vea que el medidor de presión esté alto, que el alfiler del seguro esté en su puesto y que la punta no está obstruida. No descargue parcialmente un extintor; si lo ha hecho, haga que se lo llenen de nuevo. De todas maneras hágalo llenar cada seis años. Si no está seguro de su buen funcionamiento, contacte al fabricante.

Inspección de la chimenea y limpieza del hogar

La chimenea deberá ser inspeccionada profesionalmente por las cenizas, la corrosión y los nidos de los pájaros. (Hasta el interior de la chimenea se avejenta. Si tiene más de 60 años, la acumulación de hollín y de ácido sulfúrico causarán problemas.)

Abra la tapa del tiro (tapa que sella la chimenea; está por encima de la abertura del hogar). Mire hacia arriba por el conducto (la abertura que va hacia arriba) y vea si hay alguna obstrucción. La tapa en sí, debe sellar perfectamente o perderá aire. Si hay trocitos de cemento, cepíllelos hacia fuera. Los ladrillos de la caja de fuego (laterales y fondo del hogar) deberán estar intactos. Si las cenizas en el pozo de ceniza están húmedas, el pozo puede necesitar sellamiento.

HOGAR DE LA CHIMENEA

Sistema de calefacción de aire forzado

Pídale al técnico que le muestre cómo limpiar los filtros, lubricarlos, abrir las válvulas de seguridad de presión y temperatura.

Limpieza del calentador / caldera de gas

Apague y vea si las aberturas de ventilación están sucias. Limpie el polvo y la mugre de la unidad. Pregúntele al técnico si necesita mantenimiento adicional.

Refuerzo de las canaletas de desagüe

Pregúntele a su techador lo siguiente: ¿necesitan soporte las canaletas? ¿Debería instalar mallas o recogedores de hojas? Para evitar que se oxiden las canaletas galvanizadas y que las de madera se pudran, ¿debe forrarlas con cemento de canaletas? Pregunte cómo construir diques de hielo, si es necesario.

Reparación de grietas finitas

Examine la chimenea, los costados de la casa, el sótano, los caminos y la entrada. Pida en la ferretería que le recomienden un compuesto y las herramientas necesarias.

Inspección del caño general de bajada de aguas negras

Generalmente está situado en el sótano, justo antes de la unión con la cañería cloacal. Puede estar localizado debajo de una tapa de madera o de metal. Si falta la tapa, gases, pestilencia u olores pueden entrar a la casa. Asegúrese que la tapa cierra perfectamente, o reemplácela. Engrásela para que abra con facilidad.

Mantenimiento del sistema de aceite

Un profesional deberá revisar el filtro, el colador, la empaquetadura y las aspas del ventilador. Haga que esta persona lubrique el motor del quemador. Pida las lecturas de succión, temperatura de la cañería de desfogue, humo y dióxido de carbono. Pregunte qué mantenimiento debe hacer regularmente y aprenda a revisar la cañería de desfogue usted misma. (Grandes depósitos de hollín demuestran que el equipo no es eficiente y no está siendo mantenido apropiadamente.) Pida que le midan la eficiencia durante la estación de uso de la calefacción, para ver si el quemador necesita ser afinado.

Drenaje de la grifería exterior

Cierre la llave de paso de agua, abra el grifo y voltee la manija que se encuentra al lado de la llave de paso, para que drene la válvula y la cañería. Hable con el plomero, para saber si necesita conducto de calefacción para las cañerías expuestas o para las que corren a lo largo de las paredes exteriores.

Drenaje de la máquina para cortar el césped

Prenda la máquina y déjela funcionar hasta que se acabe la gasolina y la máquina se apague sola. Raspe la mugre de las aspas y del cuerpo de la máquina y si tiene batería quítela. Ponga un poco de lubricante como WD-40 en cada cilindro y guárdela cubierta con plástico, y si el piso es húmedo, sobre bloques.

Drenaje de radiadores

Con un destornillador afloje el drenaje, la válvula (de aire) que hay en la parte superior; tenga un balde listo para recoger el agua.

¿ESTÁ SU CUENTA DE ACEITE POR LAS NUBES?

Pídale a su proveedor las cuentas de consumo de su casa por los últimos 5 años, más la "graduación diaria" anual total, esto es, la cantidad de días al año que la temperatura bajó de un cierto punto. La proporción diaria de galón / grados debe permanecer estable. Si pone aislamiento, contraventanas de tormenta, etc., debería bajar, si éste no es el caso, está quemando combustible en exceso.

Mantenimiento del sistema de caldera de vapor

Fíjese que las válvulas abran con regularidad; saque el óxido abriendo la válvula y dejando salir el agua hasta que salga limpia. Pídale al técnico que le enseñe.

Inspección de la bomba de desagüe

Vierta agua en la bomba y mire si funciona eléctricamente.

Fíjese si hay termitas

Busque montones de alas en el piso o túneles de barro de ¼ de pulgada a lo largo de las paredes de los cimientos, de los postes enterrados en el suelo y cañerías de agua. Contrate una inspección profesional periódica; pregunte al exterminador cada cuánto recomienda que se haga, lo que puede resultar tan infrecuente como cada 5 a 10 años, a menos que se vean signos de problemas. (*Véase* "Termitas" en la página 315.)

Podando setos y plantas

Pode cualquiera planta o árbol que se acerque a la casa más de 18 pulgadas. Pode las perennes en invierno y las demás cuando no estén florecidas.

Inspeccione la calidad del agua

Lleve una muestra del agua del pozo en una botella esterilizada a la oficina local de salud pública.

Inspeccione las llaves del agua

Si están duras, aplique lubricante de silicona o Liquid Plumber. Si gotean, reemplace el empaque de grafito. Si están congeladas *véase* "Plomeria" en página 212.

Mire si hay el deterioro en la madera

Donde la madera sin tratar esté cerca del suelo, o expuesta a humedad, pínchela con un picahielo para ver si encuentra partes blandas. Quite cualquier parte que esté podrida, complete con relleno plástico. *Véase* el recuadro "Podredumbre húmeda / podredumbre seca" en Capítulo 1.

CAPÍTULO 6

Los arreglos

ARREGLOS PEQUEÑOS Y PRIMEROS AUXILIOS PARA ELECTRODOMÉSTICOS

Nada dura para siempre, incluyendo su casa o lo que contiene. Aun las cosas que usted pensó que eran inertes, como las paredes, los pisos y las cañerías, pueden cambiar. Las cañerías se pueden dilatar o encoger a una velocidad y un alcance que depende del material en el que están hechas. El óxido que crece en su interior las puede angostar. La madera se puede hinchar o encoger. Cada cambio se convierte en un problema potencial. Cuando las cañerías se obstruyen, el agua rebalsa. Cuando la madera se expande, la puerta no cierra.

Es posible que alguien hábil para las reparaciones viva en su casa. Es posible que esta persona haya aceptado hacer el trabajo "pronto". En ese caso "pronto" muchas veces es un término relativo en otras palabras, dentro del próximo millón de años.

Usted puede contratar a alguien, al menos en teoría, pero es costoso. El cargo mínimo para el arreglo de un electrodoméstico es un montón de dinero, y más agravante aún cuando se da cuenta que el "problema" era que no lo había conectado. Muchos estarán contentos de pasar un presupuesto para reparaciones mayores. Pero tratar de contratar a alguien para que venga a arreglar una grieta, o a colgar un cuadro, es como tratar de conseguir una niñera el día de fin de año.

Por esto yo prefiero que aprenda a hacerlo usted misma. No tendrá que pagar, ni esperar; y como tendrá que vivir con los resultados de su trabajo, es posible que lo haga con más cuidado que la persona que contrata para ello. En mi casa un carpintero me instaló unas puertas plegadizas sobre un riel que dio problemas desde el mismo instante en que terminó la obra. Años más tarde, descubrí que el problema era el riel barato que escogió el carpintero (sin yo saberlo), para ahorrarme un dinero. El gran ahorro, 5 dólares.

Idealmente, yo hubiera debido instalar mi propio riel, pero no sé hacerlo. En mis 25 años como dueña de mi propia casa, he acometido tan sólo las tareas más simples, y esas son las que le voy a contar, porque son las que aparecen más a menudo.

Si quiere algo más avanzado, puede escoger entre docenas de libros sobre cómo hacerlo. ¿Cuál debería comprar? El que tenga ilustraciones que sean más claras para usted.

Ya sea que usted se incline por los arreglos, o por las cosas mecánicas, le sugiero que visite una ferretería, se sorprenderá de todo lo que puede encontrar; artefactos, soluciones, herramientas y / o compuestos que le resolverán problemas actuales o que se le presentarán con los años. Muchos de ellos (como los modernos pegamentos) no requieren de ninguna habilidad especial.

De todas maneras cuando esté comenzando cualquier reparación casera, deberá tomarse unos minutos para pedirle al gerente o al dueño de la ferretería un consejo experto o sugerencias acerca de los materiales que pueden hacer de su trabajo más fácil, mejor o más rápido.

Reparaciones caseras

La información mínima que necesita para hacerlo usted mismo:

- Herramientas básicas y equipo
- Cómo hacer reparaciones menores
- Pegando y despegando
- Evitar problemas con los electrodomésticos

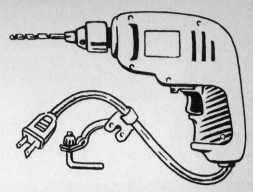

TALADRO ELÉCTRICO

Caja de herramientas

Si su elección actual de herramientas es la cinta, le recomendaría que mejorara un poco. Aun si no espera utilizar las herramientas personalmente, si le pide ayuda a alguien, las necesitará, especialmente para reparaciones de emergencia.

También compre una caja de herramientas, o una caja de pesca para poner sus herramientas, en lugar de amontonarlas en el cajón de la cocina. Como siempre necesitará más de una a la vez, la caja sirve para tenerlas todas juntas. Compre una caja grande y fuerte, su colección crecerá más rápido de lo que se imagina. Lo más importante es mantener sus herramientas lejos de la vista de sus amigos y de la familia: si alguien toca sus herramientas las daña y si las presta desaparecerán. La solución ideal, pero impracticable, es mantenerlas con usted siempre.

Taladro

El taladro eléctrico es la herramienta eléctrica que siempre debe tener, aunque lo único que haga con él sea colgar cosas. El taladro hará el agujero y (con el accesorio de destornillador), atornillará el tornillo. Con un clavo podrá colgar cosas livianas, pero un tornillo bien puesto entra en la pared de forma más segura. Además con un taladro, usted logrará un trabajo más rápido, mejor, más limpio y tal vez más seguro. Es difícil dañar con él una superficie, a diferencia del taladro manual que es incómodo. Si va a colgar algo pesado como un espejo, es obligatorio.

El taladro es una herramienta versátil. No sólo hace agujeros y atornilla o saca tornillos, hay algunos que tienen aditamentos para revolver la pintura, remover óxido y pintura, lijar y pulir. Si es reversible, la punta también sacará los tornillos, muy cómodo para desarmar repisas.

Los taladros vienen en tamaños de $\frac{1}{4}$, $\frac{3}{8}$ y $\frac{1}{2}$ pulgadas. Las medidas se refieren a la mecha más grande que pueden sostener. El de $\frac{1}{2}$ pulgada es el más fuerte, pero el de $\frac{3}{8}$ es el adecuado para el hogar. Compre un taladro reversible, de velocidad variable, para que lo pueda utilizar para todo.

Necesita mechas de diferentes tipos y tamaños para hacer agujeros de diferentes medidas o para utilizarlas en diferentes materiales. El juego básico cubre la mayoría de las necesidades para taladrar metal y madera.

Cuando está trabajando en madera, utilice la mayor velocidad, para el metal, la más baja.

Pistola para goma

La pistola para goma caliente es una nueva herramienta que tiene muchos usos, desde trabajos manuales hasta reparaciones caseras. Uno de los mejores usos es para hacer antideslizante una superficie, como las patas de las sillas que se deslizan en el piso de madera, el plato del agua de la mascota y más. Tan sólo haga zigzag o remolinos en la base.

Martillo

Compre uno de 16 onzas, de cara plana con una superficie de golpe grande. Deberá tener un buen mango de goma, que absorba el golpe cuando se usa o un cabo de grafito resistente a los golpes. Cuanto más largo sea el asa, mejor será el equilibrio entre fuerza y peso. Sienta el martillo sosteniéndolo en la mano para elegir el adecuado para usted. Hay martillos que tienen un lado de la cabeza con forma de garra que se usa para sacar clavos que han entrado en el ángulo incorrecto o que se han puesto en el lugar equivocado.

Hay martillos para tachuelas, con cabeza magnética —para sostener las tachuelas en su lugar cuando las va a poner— es uno de los martillos para especialidades.

Alicates, tenazas

El alicate de articulación que se desliza es una herramienta que parece una pinza y viene en muchos tamaños, se utiliza para agarrar y doblar. También sirve para soltar pernos, retirar ganchos o para sostener si está pegando algo pequeño. (Ponga el artículo entre las puntas del alicate y asegurar el mango con una banda elástica). Otra herramienta versátil, es el alicate de cadenero, que puede cortar metal, doblar alambre y sacar clavos.

Sopapa o bomba

La bomba también se conoce como el ayudante del plomero. Una sopapa común tiene una base plana (como una taza boca abajo) y se utiliza en los lavamanos obstruidos. Una sopapa especial —con un reborde adicional— se puede utilizar para los inodoros. Es un regalo para el hogar, en lo que a mí respecta. Un tamaño sirve para todo y todo indica que será un regalo muy especial.

Destornilladores

Necesitará varios, para que se adapten a los diferentes tamaños y tipos de tornillos. Uno de mala calidad o de punta roma, se deslizará fuera de la ranura del tornillo mientras usted trabaja, lo que es molesto y peligroso.

Hay dos clases de destornilladores básicos (tres si le apasionan).

Los de cabeza plana, que vienen en varios tamaños para acomodarse a las diferentes ranuras de los tornillos. Si la punta del destornillador que está utilizando es demasiado angosta, se resbalará y dañará la cabeza del tornillo. Si es demasiado ancha, raspará el área alrededor. Puede comprar un juego de 3 ó 4 diferentes tamaños.

El destornillador Phillips que se ajusta a los tornillos que tienen una pequeña "estrella" en la cabeza. También vienen en diferentes tamaños. Pídale al vendedor que le ayude a escoger uno grande y uno pequeño.

Un destornillador manual automático, al presionarlo hacia su punta, gira como un sacacorchos, lo que ayuda a poner el tornillo en su lugar.

También puede conseguir un destornillador a pilas, pero creo que tiene más sentido, un taladro con punta de destornillador.

Llaves

Si tiene alguna emergencia de plomería, probablemente necesitará una llave de tuercas ajustable para sostener el tubo. Una llave para caños de 14 pulgadas cubrirá casi todas las emergencias. No compre la más económica. Si las muescas no están en el ángulo correcto, no podrá usarla.

Muy a menudo se recomiendan artículos

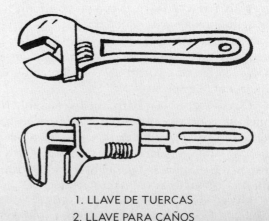

1. LLAVE DE TUERCAS
2. LLAVE PARA CAÑOS

como sierras, limas y cinceles etc., para la caja de herramientas caseras. Si las necesita para un proyecto especial, cómprelas o alquílelas según la necesidad.

TENGA CUIDADO

Si está trabajando sobre cualquier material que puede rasparse o marcarse (como el cromo), no utilice una herramienta con dientes. Envuelva el artículo con un trapo antes de poner la llave. Si tiene problemas con una válvula endurecida, incrementar la fuerza puede dañar la pieza. Utilice líquido para llaves o silicona. Si realmente está trabada, no se arriesgue a romperla forzándola. Llame al plomero.

Otras cosas que necesitará

Escalera. Una escalera de madera es la menos costosa, pero es pesada al moverla de un lado a otro. Las escaleras de aluminio con patas son bastante estables y no se aflojan con el tiempo. Para su casa es mejor escoger una con una marcada Tipo II o Tipo III, lo que quiere decir que sostienen con seguridad 200 ó 250 libras de carga respectivamente, habiendo sido examinadas para soportar cargas de 4 veces más del peso aceptado. Sin embargo, es más seguro si la escalera sostiene sólo su peso y el del material que va a utilizar.

PRECAUCIÓN: Si va a trabajar con herramientas eléctricas o con líneas de energía, debe utilizar una escalera de madera, o una de fibra de vidrio / aluminio, pero no de sólo aluminio.

Cuando usted transporta una escalera horizontalmente, a menos que la coja por el centro exacto, una parte de ella irá arrastrándose por el piso. Una vez que encuentre el punto de equilibrio, márquelo y siempre levántela por el mismo sitio.

Lubricantes. Hay tres tipos genéricos de lubricantes: el rociador de silicona (como WD-

SEGURIDAD EN LA ESCALERA

No deje nada en el escalón superior de la escalera.

Nunca ponga la base de la escalera a una distancia de la pared de más de un cuarto de su longitud. (Si la escalera tiene 16 pies, no retire la base más de 4 pies de la pared.)

40) es un producto para todo propósito. El grafito en polvo, para utilizar en las cerraduras, ya que no contiene aceite y no atrae la mugre. El aceite penetrante (como el líquido para llaves para caños), que afloja las conexiones de plomería oxidadas, los tornillos y las tuercas.

Clavos y tornillos. Para comenzar, compre una caja pequeña de clavos y tornillos surtidos, aunque terminará comprando los tornillos y clavos específicos para las necesidades de cada trabajo.

Los clavos *comunes* tienen cabezas grandes y planas. (Los que tienen recubrimiento agarran mejor que las que no lo tienen.) Los clavos para acabados y los de tapicería tienen las cabezas más pequeñas. Los que se utilizan en molduras finas y en marcos, tienen las cabezas más pequeñas de todas. Cuando se colocan, las cabezas no se ven.

Los clavos *para el techo*, o los que se utilizan en exteriores, deben ser galvanizados a prueba de óxido. Es importante recordar esto, si decide hacer maceteros para las ventanas y otras piezas para el jardín.

Los clavos *de mampostería* tienen estrías verticales, que son útiles para meterlos en las paredes de ladrillos, generalmente entre el cemento. También se utilizan para colgar cuadros. Sin embargo, los equipos para colgar cuadros, que incluyen clavos y una guía para clavarlos derecho, funcionan en la mayoría de los casos en que tiene que colgar cuadros. Estos equipos vienen marcados de acuerdo al peso de los cuadros que pueden sostener.

Los *tornillos* tienen mejor agarre que los clavos. La mayoría son acanalados (con una ranura en la parte superior) o son Phillips (con una pequeña estrella en la cabeza) que se atornillan al ras con la superficie. Los tornillos con las cabezas redondas u ovaladas son decorativos y se sobresalen de las superficies.

Cinta métrica retráctil. (¡Es mi herramienta favorita!) Las cintas para medir retractables baratas muchas veces se traban y no vuelven a su lugar. Compre una de buena calidad de 16 a 25 pies de largo, por 1 pulgada de ancho, manténgala en la caja de herramientas para saber siempre dónde está. Yo generalmente la llevo conmigo cuando voy a comprar muebles, cortinas y en cualquier otra situación donde las medidas sean importantes.

Las nuevas cintas métricas rodantes son excelentes. Uno no tira de la cinta, sólo hace rodar la herramienta sobre el sitio que debe medir y el número aparece en la pantalla.

Equipo de seguridad. Para trabajar con herramientas eléctricas, trabajar por sobre su cabeza, y / o para trabajar con químicos cáusticos, deberá utilizar anteojos protectores con lentes plásticos.

Cuando lija, necesita máscara contra el polvo; y cuando trabaja con ciertas emanaciones tóxicas, utilice un respirador de cartucho. Algunas pulidoras vienen con bolsa de tela. También necesita guantes de goma cuando trabaja con solventes. Las precauciones en las etiquetas se lo advertirán. *Siempre lea las etiquetas con cuidado.*

Cinta aisladora. También necesitará cinta aisladora y cinta de enmascarar en su caja de herramientas, lo mismo que esa maravillosa cinta para emergencias, la cinta para conductos *duct tape.* Yo la he utilizado hasta para mantener un

dobladillo descosido cuando estaba realmente desesperada. Lo bueno de ella es que tiene un agarre a muerte.

Lo malo de ella es que tiene un agarre a muerte. Es increíblemente fuerte, así que tenga cuidado al usarla sobre paredes pintadas o empapelados. Si cuando la saca deja residuo, utilice un solvente comercial o alcohol, aceite de ensalada, removedor de esmalte para uñas o fluido para encendedores (bencina).

PRECAUCIÓN: El removedor de esmalte, el alcohol y el fluido para encendedores son muy inflamables.

Además de la cinta, yo incluyo un par de **tijeras.**

Problemas y soluciones

Persianas que cierran o abren torcido
Mire el lazo en el cordón que opera la persiana, busque una traba, que está en un cordón cerca del final, donde está la comba. Asegúrese que los dos cordones tengan el mismo largo por encima de la traba.

Persianas con cordones rotos
Los equipos de reparación para la inclinación y los cordones se consiguen en la ferretería.

Persianas con los cordones enredados
Baje la persiana, desenrede los cordones por dentro de la parte superior de la persiana, llamada cabezal.

OTROS USOS DE LAS DISTINTAS CINTAS

Tapar temporalmente una gotera	Cinta aisladora
Reparaciones plásticas	Cinta para conductos
Sellar empalmes en los conductos	Cinta para conductos
Sellar, sujetar	Cinta de enmascarar
Emparchar metal	Cinta de aluminio
Reparar la cortina de la ducha	Burletes transparentes
Sellar puertas y ventanas	Burletes transparentes
Paquetes	Cintas de plástico o con fibras ajustables

Persianas, cinta o cordón que necesita reemplazo

Los equipos de reparación se compran en la ferretería.

Juntas deslucidas

No ponga sellador juntas en áreas que no estén secas, limpias y si es necesario lijadas. Compre el sellador apropiado para el área interior o exterior, si va a estar expuesto al sol y si lo va a pintar. Deberá leer las etiquetas, y / o escuchar sugerencias en la ferretería.

Para arreglar alrededor de la bañera, utilice un producto con silicona que viene en tubos, con boquilla. Primero quite las partes sueltas y lave el sitio con un detergente para remover el jabón y la grasa (también limpie el moho si lo hay). Restriegue, enjuague y deje secar. Luego fuerce el producto entre las grietas con la boquilla de la pistola de silicona.

El sellador no se quedará en su lugar si la grieta que se forma entre la bañera y la pared se amplía cuando la bañera recibe el peso del agua. Si es así, llene la bañera con agua antes de comenzar el trabajo y hágalo cuando la grieta sea más grande.

Esmaltes saltados

La goma blanca la puede reconstruir por capas, para rellenar una marca profunda. Aplique una capa y déjela secar, repita. Cuando esté completamente lleno, cubra con pintura o con marcador y dé una última capa con esmalte transparente para uñas.

Silla con los resortes vencidos

Si un resorte se vence, voltee la silla y haga un patrón del marco del asiento. Transfiera el patrón a una pieza de sobrante de masonite o en madera terciada de ¼ de pulgada. Corte y clave la pieza sobre el marco para empujar los resortes dentro del asiento, para corregir lo cedido.

Silla o mesa con los ensambles sueltos

Como el pegamento nuevo puesto sobre el pegamento viejo no forma uniones fuertes, para hacer una buena reparación, separe las juntas del todo. Si es imposible, sepárelas todo lo que sea posible y con un hilo dental esparza la goma en su lugar. O

taladre un agujero en el ensamble e introduzca el pegamento con una aguja hipodérmica o un inyector de la ferretería.

Desarme completamente un mueble flojo. Retire todo el pegamento, vertiendo sobre la superficie una solución hervida de mitad agua y mitad vinagre o utilice removedor de adhesivo comercial. Limpie la goma que se suelta o quítela frotando con esponjilla de lana de acero. No la arranque, porque puede romper trocitos de madera. Lije las superficies, lávelas con trementina y luego use pegamento para madera.

Para hacer un arreglo extra fuerte, cubra el pegamento con un poco lana de acero de la esponjilla, entierre algunos escarbadientes en el orificio o envuelva la parte que va a insertar con un trozo de tela. Ajuste con bandas elásticas.

Silla o mesa con una pata más corta

Ponga un trocito de masilla de madera o de madera plástica sobre un pedazo de papel encerado, acomode la pata más corta sobre él, deje secar. Quite el sobrante de papel con una cuchilla y suavice con papel de lija. O pegue un botón a la base de la pata, con pistola de goma caliente.

Pintura saltada

Utilice fluido corrector para máquina de escribir, en electrodomésticos, sillas plásticas de jardín, etc. Viene en varios colores. Los equipos de retoques para el esmalte de automóviles, o el esmalte para las uñas, (que de acuerdo a la moda del año, pueden venir en más colores que rojo) son perfectos para cubrir pequeñas saltaduras y marcas, porque el pincel pequeño hace fácil la aplicación. Siempre guarde los sobrantes de pintura en botellas chicas para reparaciones.

Utilice un fósforo de papel en lugar de un pincel para hacer los retoques: no se verán los trazos las pinceladas ni habrá exceso de pintura. ¡Truco de un vendedor de autos!

Teclado del ordenador trabado

Si salta o actúa extrañamente, antes de ir a la tienda de ordenadores, pare el teclado sobre el costado y con la mano plana dele un golpe por detrás. Desalojará mugre y otras partículas, destrabando el teclado.

Rajadura en la madera

Ábrala todo lo posible, utilice un hilo dental o un trozo de cuerda para poner el pegamento por dentro de la rajadura. Luego presione la pieza para cerrar la rajadura. Retire el exceso de pegamento, utilice bandas de goma para mantener las junturas en posición y deje que el objeto se seque durante toda la noche, antes de sacar las bandas elásticas.

Puerta trabada

La puerta puede estar trabada porque las bisagras están sueltas. Si no puede ajustar los tornillos porque los agujeros son muy grandes, pruebe poner un tornillo más grueso de cabeza roma, o ponga un fósforo de madera dentro del orificio, para dar al tornillo algo de agarre. O, siga las instrucciones de "Tornillo suelto" en página 241.

Si el problema es un marco combado, aplique lubricante de silicona. O clave un clavo sin cabeza en el marco, en el punto donde roza la puerta para obligarlo a que regrese a su posición.

Si la humedad hace que la puerta se hinche, espérese a que seque para sellarla con un preservante para madera, pintura o cera de vela (sólo frote la vela por los bordes). Si lija mucho la puerta para poder abrirla y cerrarla, cuando se seque y se encoja, quedará un resquicio. Se puede lijar suavemente, pegando papel de lija en los bordes donde roza. A medida que la puerta se abre y se cierra, frotará contra el papel.

Si la puerta se traba porque ha sido mal colgada, inserte una o dos piezas de cartón, o "cuñas" debajo de la bisagra que está en el marco. Deslice un libro o varias revistas por debajo de la puerta para mantenerla derecha; si la puerta raspa por debajo, acuñe la base y ajuste los tornillos de la bisagra superior; si raspa por arriba, haga lo contrario.

Si se traba con la alfombra, instale bisagras elevadoras de base. Se instalan como las bisagras normales, pero elevan la puerta sobre la alfombra. Quite primero la bisagra de abajo, para que la puerta no se caiga sobre usted.

Cajón trabado

Ábralo con una sopapa o una bomba de goma de plomero. Tirará sin dañar la superficie.

Si no abre, saque los cajones vecinos y apunte un secador de pelo, (en calor medio) a varias pulgadas de la madera. El calor seca la humedad que ha hecho que el cajón se expanda. Mueva el secador de adelante hacia atrás del cajón, por varios minutos. Trate de abrir el cajón cuando esté frío.

Una vez abierto, rocíe las guías metálicas del cajón con un lubricante como WD-40 o frote las guías de madera con vela o jabón.

Marcas y ranuras en los pisos

Antes de arreglar marcas y ranuras, saque del piso toda la cera, lustrador, mugre y todo lo demás que pueda interferir con la adhesión de cualquier compuesto con un producto especial para hacerlo. Para una marca no muy profunda, sólo ponga un trapo húmedo, o varias capas de papel madera de empacar, sobre la marca y pase la plancha caliente por encima. Las fibras de la madera se hincharán y se elevarán. Si la marca continúa, ponga un recipiente plástico de un galón, con agua bien caliente, sobre ella por media hora, retírelo y planche de nuevo.

Para daños pequeños o agujeros, utilice compuestos para rellenar madera o empaste con aserrín (tomado del mismo tipo de madera) mezclado con pegamento blanco para formar una pasta. (La misma técnica sirve para pisos de linóleo: pulverice un poco de linóleo en la licuadora, y mézclelo con pegamento blanco).

Para un agujero grande utilice madera plástica o masilla de madera. Asegúrese de rellenar bien el agujero dejando sobrante, ya que estos compuestos se encogen cuando se secan, nivele con una pieza de madera más grande que el agujero, y tiña. También puede cortar un parche de otra pieza de madera, utilizando masilla plástica para rellenar las grietas, luego tiña todo para que haga juego.

Hay muchos compuestos disponibles, todos con instrucciones y son fáciles de aplicar. *Véase* el cuadro "Eligiendo compuestos de parcheo" en este capítulo, pero también pregunte en la ferretería qué le recomienda el vendedor, o dese una vuelta leyendo etiquetas.

Generalmente, hay productos mejorados en el mercado, que resolverán su problema a la perfección.

Pisos que crujen

En una casa vieja es posible arreglar el problema del crujido del piso con talco o grafito en polvo (utilice un cisne o borla para polvo para hacerlo penetrar en las grietas) o unos chorritos de jabón líquido caliente, entre los tablones. O introduzca la hoja de un cuchillo en goma líquida y luego trabaje con ella hacia dentro y hacia fuera el punto problemático. Si estas soluciones no resuelven el problema, escriba a la National Oak Flooring Manufacturers Association, P.O. Box 3009, Memphis, TN 38173, y pida un manual, que es de mucha ayuda y tiene más sugerencias.

Bombilla rota

Si una bombilla se ha roto dentro del portalámparas, presione una barra de jabón seca contra las puntas quebradas, luego gire la barra de jabón contra reloj, para soltar la base de la bombilla y quítela.

Molduras astilladas

Suavice el área dañada con lija de grano grueso. Introduzca varios clavos en la madera, dejando las cabezas por encima de la superficie de la ranura, para que el relleno tenga de qué agarrarse. Rellene la ranura con masilla para autos. Lije y pinte.

Clavar clavos

Tal como en los dibujos animados, las personas se martillan los dedos al clavar clavos. No le sucederá si usted sostiene el clavo, metiendo entre los dientes de un peine. O páselo a través de varias piezas de papel o de cartón, sosténgalo en el lugar, y cuando el clavo está segura, retire el papel o el cartón.

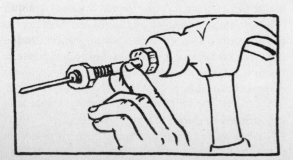

CLAVAR LOS CLAVOS EN EL PUNTO EXACTO

Para poner un clavo en un punto exacto, meta parcialmente un perno dentro de una tuerca, dejando espacio sólo para la cabeza del clavo. La tuerca mantendrá al perno en su lugar, usted podrá martillar sobre el perno para poner el clavo. Si le da miedo dañar una superficie al golpearla con el martillo, pida en la ferretería un equipo para clavar clavos con las indicaciones.

Yeso partido

Para reparar grietas pequeñas en una pared de yeso, limpie el agujero, quite todo el yeso suelto, humedezca los lados de la grieta y rellene con masilla, utilizando su dedo como espátula. O suavícelo con una esponja húmeda, y nivele con un palo que sea más largo que el ancho de la grieta, para que el área del parche quede nivelada con la pared. No necesitará lijar.

Problemas de plomería

Véase "Mantenimiento", Capítulo 5.

Tornillo suelto

Si el agujero se ha vuelto tan grande que el tornillo está suelto y se puede sacar, empuje un fósforo de

CUANDO ES DIFÍCIL ATORNILLAR

Si un tornillo no entra fácilmente, cúbralo con un poco de jabón, aceite para ensaladas o rociador de silicona. Si sus dedos son demasiado grandes para mantener el tornillo en un lugar pequeño, deslice un trozo de tubo plástico sobre la hoja del destornillador, de manera que agarre la cabeza del tornillo.

Si no puede mantener el taladro nivelado para hacer un agujero derecho, pegue un nivel pequeño en un lado del taladro y mire la burbuja.

Si no quiere que el taladro haga un agujero demasiado profundo, póngale un poco de cinta de enmascarar a la mecha que está usando, marcando dónde quiere parar. La cinta también recogerá un poco del aserrín o el polvo, y tal vez se corra del lugar. Así que pruebe la marca cada tanto con una regla.

madera, masilla plástica de madera, o un par de escarbadientes dentro del agujero, o forre el tornillo con envoltura plástica. Vuelva a ponerlo y ajústelo.

Si eso no resuelve el problema, coloque un chazo (que ajuste el tornillo como la vaina a la espada) dentro del agujero para llenarlo, luego ponga un nuevo tornillo. Si el agujero es muy pequeño para el anclaje, tendrá que agrandarlo un poco; si es demasiado grande ponga un poco de masilla o yeso plástico (en una pared de yeso) o masilla de madera (para una pared de madera) y deje secar alrededor del anclaje, antes de insertar el tornillo. O llene completamente el agujero de masilla y comience de nuevo.

Tornillo apretado

Si tiene problemas para aflojar un tornillo, caliente el borde del destornillador antes de insertarlo, o corte o limpie la ranura con una cuchilla. O utilice aceite penetrante, vinagre blanco o un refresco de cola para soltarlo.

Cortina enrollable de ventana, dañada o manchada en el dobladillo

Saque la cortina del tubo y colóquela de nuevo al revés. Para hacerlo, primero desenróllela, retírela de la ventana y quite los ganchos que ajustan el material al tubo. Retire la tablilla pequeña, tire de la argolla del dobladillo, y abra el dobladillo hasta que el material se estire.

Cosa o pegue con goma caliente un nuevo dobladillo en el borde superior del material. Inserte de nuevo la tablilla y vuelva a pegar la argolla vieja de tirar, o ponga una nueva. Vuelva a colgar el material utilizando ganchos o tachuelas. Trabaje con cuidado. El tubo de enrollar no operará con suavidad, a menos que los lados largos de la cortina queden exactamente perpendiculares al tubo.

Cortina que enrolla mucho / muy poco

Si la cortina sube demasiado rápido, descuélguela, desenrolle un par de vueltas, y vuélvala a colgar. (Repita si es necesario.) Si no está subiendo con suficiente rapidez, bájela y enrolle la cortina varias veces para el lado contrario.

Cortina que no desenrolla

Bájela. Hay un alfiler plano en una esquina del tubo. Utilice pinzas para doblarlo un poco en el sentido del reloj. Luego dele al tubo de la cortina un par de vueltas. Si necesita mayor ajuste, lea lo anterior.

Masilla

La masilla es un compuesto que parece pasta, con la textura del queso crema. Se endurece cuando seca. Para sustituir la masilla en un agujero pequeño, puede utilizar crema dental blanca, arcilla para niños, o una mezcla de pegamento blanco con bicarbonato de soda o con talco, combinados con aceite de linaza hervido hasta lograr la consistencia correcta. Aplique con los dedos. No necesitará enyesar por un tiempo.

Para grietas recurrentes —en la madera y las lajas de piedra, por ejemplo— utilice sellador de silicona para reparar los baños. A diferencia de la masilla se contrae y se expande.

Mientras la masilla se usa generalmente para las grietas en el yeso, la masilla de madera se utiliza en las grietas de la madera y la masilla de plomero se utiliza para sellar cañerías.

Pie de una copa roto

Voltee la copa bocabajo, y pegue el pie con goma epoxy. Si no se sostiene en el sitio sin sostén, amase dos largos de arcilla para modelar y utilícelos verticalmente a lo largo de los dos lados del pie como un "collar". Asegúrese de retirar un poco la arcilla de la juntura, para que no interfiera con la reparación. Déjelo toda la noche. Como la goma epóxica es resistente al agua, puede lavarse en el lavaplatos.

Azulejos sueltos

Raspe el adhesivo que está suelto, aplique cemento para azulejos de la ferretería y colóquelo nuevamente. Después que esté perfectamente seco (lea en las instrucciones), aplique la lechada (lo que rellena alrededor de los azulejos) con su dedo. Limpie el exceso.

Agujero en la pared

El marco básico de una casa consiste en piezas de madera llamadas 2 × 4 que realmente son $1\frac{1}{2} \times 3\frac{1}{2}$

pulgadas. (Toda la madera tiene por lo menos ½ pulgada menos que la medida nominal.) Cuando están verticales se llaman postes o parantes, y se ponen cada 16 a 24 pulgadas de centro a centro. En las construcciones de paredes huecas están cubiertos con recubrimiento para exteriores y con láminas de piedra o tablas de revestimiento en el interior. Generalmente hay 3 ó 4 pulgadas de aislamiento entre ellos.

Se puede hacer un agujero en cualquiera de las áreas 14½ pulgadas láminas de piedra entre los postes. Para hacer una reparación necesitará cartón piedra para hacer un parche, una herramienta de corte, masilla (o el adhesivo que recomiende la ferretería) para poner el parche, cinta para fijarlo en el lugar y pintura para cubrirlo.

Ponga el cartón piedra por el revés. (Para saber cuál es el revés: el frente es más suave y los bordes frontales están biselados, o ligeramente recortados, para permitir la limpieza del borde.) Recorte un cuadrado o rectángulo alrededor del agujero a distancia de una pulgada ó ½ pulgada. Luego corte un parche del tamaño del agujero con un borde de 1 pulgada alrededor. En otras palabras, si el agujero quedó de 4×6, corte un parche de cartón piedra de 6×8. Por el revés del parche marque cuidadosamente las líneas del tamaño correcto del agujero, aplique un poco de presión al borde y el exceso del cartón se caerá. Arranque lo que sobre de material sobre el papel: tendrá un parche de cartón piedra con un borde de una pulgada de papel autoadhesivo o pestaña.

Cubra los bordes del agujero con masilla o con cualquier otro compuesto adhesivo recomendado, presione el parche dentro del agujero, y alise la pestaña contra la pared. Retire el exceso de masilla con una espátula, primero de forma horizontal, luego hacia abajo y luego diagonalmente hacia cada esquina. Repita el proceso de enmasillado por dos días seguidos. Al cuarto día puede pintar la reparación.

Ventana trabada

Si las ventanas han sido pintadas cerradas, *véase* la página 261.

Si la humedad del verano ha causado dilata-

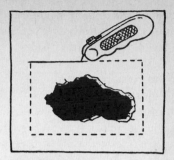

REPARAR UN AGUJERO EN LA PARED

ción, es posible que no pueda hacer nada hasta que el aire esté más seco. Entonces, rocíe un poco de lubricante en los rieles. Si una ventana de marco metálico se traba, apriete los tornillos de las bisagras. Luego limpie y engrase las partes móviles. Quite la pintura vieja, mantenga los rieles limpios y lubrique las ventanas regularmente.

MANTENIENDO LAS COSAS EN SU LUGAR

La cinta, las bandas elásticas, los broches para colgar ropa o un poco de arcilla de floristería, se pueden usar como abrazaderas, para mantener un artículo pequeño en el lugar para repararlo. Un hermostato o una pinza quirúrgica (de la farmacia) es útil para muchas otras tareas pequeñas. O use pinzas apretándolas con una banda elástica.

Tipos de pegamento

Si los pegamentos que usted utiliza parecen no pegar tan bien como debieran, es posible que esté utilizando uno equivocado. Uno de estos cuatro, hará casi todas las reparaciones caseras. Lea la etiqueta para conocer el ingrediente genérico y siga las instrucciones. Para trabajos especiales, como la colocación de tejas o revestimientos, etc., los vendedores de estos artículos le pueden recomendar el adhesivo correcto.

Goma de carpintero o goma amarilla. (Goma resina alifática) poder adhesivo excelente. Resistencia media al agua. Para madera o superficies porosas como el cuero, el fieltro y el corcho.

Necesita prensado. Cura (alcanza su máxima fuerza) a las 24 horas. No rellena resquicios. Saque el sobrante con agua. Se seca de un color crema suave y puede ser lijada y pintada.

Superglue. (Cianoacrilato) excelente poder adhesivo, resistencia media al agua. El líquido es para superficies no porosas como el vidrio. El gel es para superficies porosas como la porcelana.

No necesita prensado. Cura en 24 horas. Sólo para reparaciones pequeñas. No rellena resquicios. Seca transparente. Se quita con acetona, quitaesmalte o un producto especial para remover superglue.

Cemento casero es similar al cianoacrilato y menos costoso, pero más débil, seca despacio y necesita prensado. Es del tipo de base de solvente, dañino al respirar y se vuelve pegajoso en un minuto; el que viene en base de silicona es más seguro, pero le toma 10 minutos volverse pegajoso.

Epoxy. Poder adhesivo excelente. Resistencia al agua excelente. (Perfecto para trabajos de exteriores.) El pegamento epoxy viene generalmente en dos tubos, uno de resina y uno de endurecedor. Mézclelo como indican las instrucciones. Demasiada resina demora el secado y demasiado endurecedor debilita el pegador.

Debe mantener las partes juntas, pero el de tipo rápido necesita presión sólo por 5 minutos. Cura en (dependiendo del tipo) 30 minutos o hasta en 3 días.

Al secar adquiere un color crema. Se puede pintar (pero es difícil de lijar).

PRECAUCIÓN: Inflamable. Irrita la piel. Utilícelo en áreas bien ventiladas.

Goma blanca. (Acetato de polivinilo o PVA) poder adhesivo bueno. Poco resistente al agua. Parecida a la goma del carpintero.

Utilícela para materiales livianos porosos como el papel, el cartón, la tela y el cuero.

Seca transparente.

Si se seca, mézclela con un poco de vinagre blanco. O póngala en el horno microondas por 15 segundos. Repita si es necesario.

Goma casera. Esmalte transparente para uñas y clara de huevo crudo (sobre papel, joyería y porcelana). Para reparar una grieta en porcelana, sumerja el artículo en leche por 30 a 40 minutos.

Problemas pegajosos
Calcomanías en la bañera. Las nuevas calcomanías afortunadamente son fáciles de quitar, pero las antiguas se quedan pegadas, incluso mejor que los mejores pegamentos. Rubbermaid recomienda que usted las despegue con una espátula plástica de borde afilado, y luego saque el adhesivo con un rocío de prelavado como Shout o Spray 'n Wash; si no puede despegarlas, trate que el prelavado entre por debajo de las calcomanías. Tam-

REMOVER ETIQUETAS PARA UTILIZAR LOS CUPONES

Para remover intacta una etiqueta, sumerja el recipiente en agua caliente por unos 30 minutos, séquela un poco, luego aplique cinta de celofán transparente autoadhesivo, sobre la etiqueta, dejando una punta a cada lado para levantarla. Luego ponga la etiqueta sobre un pedazo de papel o de cartón.

O cubra la etiqueta de una botella plástica o de vidrio con una toalla de papel mojada, o toalla de platos o de manos. Quite la tapa metálica, e introduzca el recipiente en el horno microondas a temperatura alta por 2 minutos.

bién sirve empaparlas con aceite de bebé o con WD-40, dejándolo por unas horas. Muchas personas dicen que se pueden rociar con limpiador de hornos, dejarlo un rato y luego enjuagar. Es posible que necesite removedor comercial de adhesivos, aceite de ensaladas, o fluido de encendedor (bencina) para quitar el residuo.

Epoxy. Si quiere saber cuándo el pegamento estará "listo", guarde la paleta en donde los mezcló. Cuando está duro, el trabajo que hizo también estará "listo".

Goma de mascar (chicle). Cada nueva generación de mamás descubren que cuando chicle se pega en el pelo, hay que buscar mantequilla de maní (*peanut butter*) (o aceite para ensaladas; o rociador de prelavado) y no las tijeras. La mantequilla de maní quita la goma de los muebles, ropa y alfombras. Después de restregar un poco para suavizar la goma, limpie el sofá o el tapete y enjuague con trapo.

Etiquetas, calcomanías, y calcomanías en los parachoques de los coches. Las etiquetas más pegajosas se pueden despegar saturándolas con vinagre caliente, aceite para ensaladas o quitaesmalte para uñas (precaución: éste puede dañar ciertas áreas, así que haga una prueba en un lugar poco visible), o con Energine. El fluido para encendedores (bencina) también es efectivo, pero como es inflamable utilícelo con precaución.

Si queda algún residuo quítelo con lubricante como WD-40, solvente de laca o solvente de cemento plástico (haga una prueba primero), o con una cuchilla de un solo filo (manténgala en el ángulo correcto para evitar rayones), esponjilla de nylon o un cepillo de cerdas duras.

Sobre madera, utilice alcohol. O, seque las calcomanías con un secador de pelo y luego ráspelas.

CÓMO APLICAR Y SACAR EL PAPEL DE CONTACTO

• Para evitar que el papel contacto se pegue mientras lo está poniendo, ponga un poco de jabón sobre una esponja húmeda, luego frote la esponja suavemente sobre el lado pegajoso del papel contacto. El papel se deslizará hasta que usted lo coloque en la posición correcta y luego pegará sin ningún problema.

• Para poner papel contacto que se pueda remover después con facilidad, no le quite todo el papel base. Arránquelo sólo en los bordes antes de ponerlo en su lugar.

• Quite el papel contacto, calentándolo brevemente con un secador de pelo. O levántele una punta y rocíelo con agua caliente. Esto disuelve el adhesivo. Tire y continúe rociando un poquito cada vez. Si quedan restos de pegamento, utilice removedor comercial, aceite para ensalada o fluido para encendedores.

Colgándolo todo

Colgado básico

Los clavos se salen de las paredes que no son de madera, yeso o mampostería. Y junto con los clavos se cae todo lo que usted colgó. Hasta los tornillos que vienen con las repisas a veces se caen. No puede colgar nada que pese más de 35 libras o que sea demasiado pesados sin utilizar un taladro eléctrico con la mecha adecuada. Qué mecha necesita, dependerá de la composición de la pared: unas son apropiadas para madera y otras para yeso.

Si un clavo que se clava en la pared entra fácilmente, la pared es hueca. Si comienza a entrar
fácilmente, pero luego tiene que golpear fuerte, es
que la pared es hueca y usted encontró un poste.
(*Véase* "Agujero en la pared", página 242.) Utilice
un taladro.

COLGANDO REPISAS

Las repisas vienen en varios colores y largos
y anchos estándar de 8 y 12 pulgadas. Se
instalan parales verticales con tornillos, se
deslizan ganchos en los parales y las repisas sobre ellos. Para repisas más largas
puede necesitar un soporte central adicional a los dos de los lados.

También puede comprar repisas cortadas a pedido, en alambre recubierto de
vinilo. Como no son sólidas no necesitan
desempolvarse. Vienen en largos mayores
que las sólidas. (Si usted prefiere la repisa
sólida, puede cubrir la de alambre con un
trozo de madera aglomerada cortada a
medida; es fácil de quitar para limpiar.)

Fíjese que los agujeros para los tornillos que soportan la repisa estén derechos y
que los soportes estén alineados unos con
otros. Por ejemplo, si un soporte queda $1/2$
pulgada más o menos alto que el otro, la
repisa no se apoyará.

Colgando cosas livianas

Para cuadros y espejos de menos de 35 libras, utilice
clavos especiales para colgar cuadros (tienen un
guía que le ayuda a clavar el clavo en el ángulo
correcto). Sólo hace un pequeño agujero en la pared
y los clavos son fáciles de quitar si usted lo desea.

La mayoría de los artículos livianos, se pueden colgar de la pared con una aguja de máquina
de coser o con goma caliente. Unos pocos segundos, con su secador de pelo calentará la goma de
nuevo y podrá retirar el artículo sin dejar muestras. Este método evita los agujeros de clavos que
dañan las superficies.

¿CÓMO ENCONTRAR UN POSTE?

Estoy hablando de los postes que sostienen las paredes. Los postes son piezas verticales, generalmente localizadas cada 16
pulgadas y en las casas más nuevas hasta
24 pulgadas entre uno y otro. El mejor
lugar para buscarlos no es cerca de las
ventanas o a las puertas ni en las esquinas, sino en el centro de las paredes. Si no
tiene un detector magnético de postes que
localiza los clavos del poste, golpee la
pared con los nudillos (escuche el sonido
de vacío que es diferente al sonido sólido
del poste). Mire el zócalo (las cabezas de
los clavos generalmente estarán en el centro del poste) o saque el protector de un
enchufe. Generalmente está atornillada a
un poste.

Colgando cosas de peso medio

No ponga el tornillo directamente en la pared.
Haga primero un agujero con el taladro. Evite que
la pared se dañe, marcando con una X de cinta de
enmascarar, poniendo la punta del tornillo en el
centro. (Si no tiene taladro, un clavo y un martillo
servirán). El hueco inicial no puede ser muy
grande, pues el tornillo se deslizará en vez de
atornillar.

Para mantener la pieza firmemente en su
lugar (una repisa, un espejo o un gabinete para las
medicinas), haga un agujero ligeramente más
grande que el tornillo. Meta el anclaje en el agujero, que será la funda para el tornillo, y martíllelo. Luego, meta el tornillo. A medida que
atornille, el anclaje se abrirá y ajustará dentro del
agujero, haciendo el agarre más seguro. El anclaje
debe tener el tamaño apropiado para el agujero, y
el tornillo el tamaño apropiado para el anclaje.
Puede comprar anclaje y tornillos en conjuntos.
En el paquete viene la información de la medida
de hueco que necesita.

Si tiene problemas con el tornillo, *véase* la
información sobre ellos en la página 241.

Colgando cosas pesadas

Si usted tiene algo pesado para colgar, necesita un tornillo con anclaje T o un *molly*, en lugar de un anclaje común. El tornillo con anclaje, es un perno con dos "alas" que se doblan hacia abajo; se hace un agujero lo suficientemente grande, para que quepa el tornillo con las dos alas dobladas, se empuja el tornillo atravesando el artículo que se va a colgar, y con las alas cerradas se empuja todo a través de la pared. Luego tire el tornillo hacia usted para que las alas se abran. ¿Cuánta gente se necesita para poner un tornillo con anclaje? Dos: uno para que sostenga el objeto con el tornillo adentro y el otro para que atornille.

TORNILLO CON ANCLAJE T

Una mejor opción es un *molly*, que es un tornillo dentro de una vaina de metal. Taladre un hueco, deslice el molly dentro, luego inserte y atornille el tornillo. A medida que lo hace, el anclaje se encoge por detrás, contra la pared. (Cuando es difícil dar una vuelta, y cuando la pequeña arandela que está detrás del tornillo, comienza a dar la vuelta al mismo tiempo que él deje de atornillar.) Esto se comprende fácilmente cuando usted mira el molly. El anclaje queda siempre en la pared, pero se puede sacar el tornillo, lo que le permite la flexibilidad de cambiar cualquier objeto que haya colgado.

MOLLY

COLGANDO COSAS EN PAREDES DE LADRILLO U OTRA MAMPOSTERÍA

Necesitará una mecha para mampostería en su taladro, y un clavo para mampostería, que está canalado verticalmente. Para dar más poder de agarre, puede instalar primero un anclaje de plomo y luego clavar el clavo para mampostería.

1. MECHA DE TORNO PARA MAMPOSTERÍA
2. CLAVO DE MAMPOSTERÍA

Colgando cosas muy pesadas

Objetos muy pesados como un espejo, la cabeza de un alce o una repisa para libros, se pueden caer llevándose un pedazo de pared con ellos. Estos objetos siempre deben estar clavados a un poste. Si el poste no está en el lugar indicado, ponga una o más "tablas entre listones", tiras horizontales de 2 a 3 pulgadas, que se aseguran a los postes de la pared con tornillos largos para madera de 3 pulgadas o con pernos. ¿Cómo encuentra los postes? La forma más fácil en este caso es taladrar una serie de agujeros pequeños detrás de donde va a poner la tabla, y cuando salga aserrín, es que encontró un poste. De allí mida 16 pulgadas y encontrará el siguiente. (*Véase* página 246.)

El invento más popular para evitar el trabajo es una buena excusa.

Cómo arreglar electrodomésticos para los que no entienden de mecánica

Antes de llamar a los expertos
He llevado la impresora de mi computadora para que me la arreglen, porque no pasaba automáticamente el papel. Ya en el taller descubrí que el papel no pasaba porque la impresora estaba programada en "manual" en vez de "automático". He llamado al técnico de la calefacción, porque la casa estaba muy fría, y cuando vino el técnico me enteré que el termostato estaba programado muy bajo. Aparentemente estas cosas bobas no son poco comunes. Un electrodoméstico sin conectar, es la causa número uno que encuentran los técnicos, cuando son llamados a investigar y se estima en el 49% de todas las llamadas son innecesarias.

Si los sitios obvios para buscar no son tan obvios para usted, lea su manual de instrucciones y busque la sección de "guía de arreglos" (*troubleshooting section*), donde le informarán cómo resolver algunos de los problemas más comunes.

Si el problema continúa, llame al teléfono que figure en su garantía, que aunque ésta ya no esté vigente, podrán ayudarla a diagnosticar y posiblemente a corregir el problema inclusive por el teléfono. Asegúrese de tener el número de serie y el modelo, del electrodoméstico antes de llamar. Debe tenerlo anotado en el manual, o en una copia del registro de la garantía, que usted fotocopió para su archivo.

La mayoría de lo que sigue, ha sido adaptado de un material excelente aportado por el Servicio de Información de Electrodomésticos de la Corporación Whirlpool.

Evitar problemas básicos: ¿Qué revisar primero?

Enchufes y cables
¿Están enchufados con firmeza? ¿Las patas ajustan bien? (Si no, doble las puntas con un alicate.) ¿Están limpias las patas? ¿Está el cable gastado o roto? Si es así reemplácelo.

Fusibles e interruptores de circuito
¿Saltaron los fusibles? ¿Saltó el interruptor eléctrico de seguridad circuito? Si es así reemplace el fusible y prenda el interruptor. Si salta de nuevo, llame al técnico. Si no hay electricidad en ningún lugar de la casa, llame a la compañía de electricidad.

Interruptor
¿Está prendido? ¿Está el botón encendido? Es posible que la máquina aparente estar prendida, pero el contacto no se ha hecho, así que apáguela y préndala de nuevo. Tal vez fue un apagón accidental.

Puerta o tapa
¿Está cerrada? Muchos electrodomésticos no encienden hasta que la puerta o la tapa están cerradas.

Enchufe, toma eléctrica
Pruebe un electrodoméstico que usted sabe que funciona, para saber si es el enchufe de la pared la que está fallando. Si es así, llame a un electricista.

Interruptor sobrecargado
Algunos electrodomésticos, como las lavadoras y los trituradores de basura, tienen un sistema de seguridad para casos de malfuncionamiento: si el aparato está sobrecargado, o el motor está recalentado, el interruptor de seguridad (generalmente un pequeño botón rojo) corta el paso de la corriente. Saque la sobrecarga, o enfríe la máquina y programe de nuevo el interruptor, presionando el botón.

Falla eléctrica local
El problema puede no estar en su electrodoméstico, sino en una falla local de la compañía de electricidad. Es posible que usted sólo lo note cuando el televisor que se ve borroso. Llame a la compañía de cable para saber si el problema afecta toda la zona.

Problemas específicos

Si ha leído todos las posibilidades de la lista y ninguna es la que afecta a su electrodoméstico, fíjese en lo siguiente:

Aire acondicionado (de ventana) y deshumidificadores
Si no funciona:
- Mire si el control del deshumidificador está en "apagado" (*off*) en lugar de en "lo más seco" (*dryest*).
- Si su máquina tiene bandeja de agua, ¿está llena?

Si saltan los fusibles / interruptores de seguridad:
- Mire si están bien: el tomacorriente, el calibre del cable, el interruptor de circuito o si está utilizando un fusible para programar el tiempo (*time-delay*).
- ¿Está la unidad enchufada a un cable alargador? ¡Esto es tan peligroso!
- ¿Hay un circuito separado para el aire acondicionado? Se necesita para todos los modelos, excepto para los de 115 voltios que estén por debajo de 7.6 amperios (verifique la placa serial).
- ¿Se apagó y prendió de inmediato? Espere por lo menos dos minutos.

Aire acondicionado que no enfría / se prende y se apaga:
- Puede que no sea del tamaño apropiado. Si

es muy pequeño, trabaja todo el tiempo, enfría poco y se congela. Muy grande, se siente frío pegajoso y no saca la humedad ambiental.
- El filtro puede necesitar limpieza. Es posible que los paneles y los sellos no estén en su lugar.
- ¿Están limpios los espirales de adentro (evaporadores) y de afuera (condensadores)?
- ¿Está la habitación muy húmeda por la cocina, la ducha o la lavandería?
- ¿Están los controles suficientemente altos? (Velocidad correcta del ventilador, termostato frío.)
- ¿Está la unidad programada para "ahorro de energía" (*energy-saving*)?
- ¿Está el frente del aire acondicionado bloqueado por cortinas, o algo fuera de su lugar?
- ¿Están las puertas de la habitación abiertas hacia otras áreas más calientes?

Sonidos desconocidos / ruidos:
- Ignore los sonidos normales (como cuando cae el agua sobre el condensador; los cambios de ciclo en el termostato; el ventilador hace ruido a altas velocidades) si la unidad enfría bien.
- Si vibra o cascabelea, revise la instalación, el diseño de la ventana y la construcción de la casa.
- Ponga el control en ventilador continuo para reducir la frecuencia en que el acondicionador para y arranca.

Cuando el deshumidificador se congela:
- ¿Está la humedad de la habitación muy baja o el control programado por debajo de 65°F?
- ¿Está la temperatura de la habitación por debajo de 65°F?

Deshumidificador que gotea:
- ¿Está nivelada la unidad?
- ¿Está la bandeja bien colocada sobre los rieles?
- ¿Está la bandeja rebalsando? Vacíela a menudo cuando la humedad es alta.

Lavaplatos
No prende / el reloj de tiempo no avanza:
- Fíjese en la lista de problemas generales y vea si es alguno de ellos.
- Si es un lavaplatos portátil, ¿está el cable enchufado y abierta la llave del agua?
- ¿Está el control al comienzo del ciclo?

• ¿Programó el lavado para alta temperatura? El cronómetro demora el ciclo hasta que el agua está caliente.

• Si el motor suena pero no inicia, puede haber algo trancando el brazo de rociado. Apague la máquina y saque el objeto.

Platos que no salen limpios:

• ¿Está el agua suficientemente caliente (140°F)?

• ¿Están las canastas cargadas, de manera que el brazo rociador pueda dar vueltas libremente, para que los artículos grandes no bloqueen el paso del agua hacia los dispensadores de la puerta y de las canastas?

• ¿Ha usado usted suficiente detergente? ¿Detergente fresco? Si encuentra partículas que parecen arena sobre los vasos en la rejilla superior, quiere decir que el detergente es viejo.

• ¿Tiene su unidad una malla de filtro o un filtro removible que necesite limpieza? Lea su manual o llame al fabricante.

• La presión del agua puede estar muy baja, si están utilizando agua en otra parte de la casa. Si el problema persiste, llame a la compañía proveedora de agua.

Los platos no se secan:

• ¿Está el agua por lo menos a 140°F?

• Si está programado en "seque con aire", (*air dry*) puede tomar toda la noche.

• ¿Queda agua en la base del lavaplatos después del ciclo? La manguera de drenaje puede estar obstruida.

• Utilice un enjuague, como Jet-Dry, para favorecer un mejor drenaje del agua y un secado más rápido.

Goteras o pérdidas:

• No utilice ningún otro detergente que no sea el detergente para máquina lavadora de platos automática.

• Los sobrantes de comida espumosa (como huevos y leche) deben ser desechados antes de cargar la máquina.

• Si algún artículo fue agregado durante el ciclo, el agua pudo salpicar el piso.

• ¿Está la rejilla parar platos puesta al revés (con el parachoques para atrás) o fue sacada?

• ¿Hay algún artículo grande recostado contra la entrada de agua?

• Si se rebosa: *Véase* Capítulo 5.

Congelador

Forma escarcha en la tapa interior (descongelación manual):

• ¿Está cerrando apropiadamente la puerta del congelador? La parte de afuera de la puerta puede necesitar reparación o cambio. O las bisagras de la puerta necesitan ajuste.

• ¿Está la humedad alta?

• ¿Está la escarcha localizada? Generalmente, primero se forma en los compartimientos superiores, allí es más densa.

• Si la escarcha es más gruesa que ½ pulgada de grasor, descongele la unidad.

Los compartimentos superiores del congelador están tibios:

• Es normal cuando está recién instalado. Las paredes tibias indican enfriamiento normal.

Secadora

No se prende:

• Lea la lista de problemas generales y fíjese si se debe a alguno de ellos. Además fíjese si los controles están programados en la posición de secado.

Funciona pero no calienta:

• Hay dos fusibles para la secadora eléctrica. ¿Están funcionando los dos?

• ¿Está el gas abierto tanto en la línea principal de la casa, como en la válvula de gas detrás de la secadora?

• ¿Está el control de la secadora programado en "sólo aire" (*air only*) en lugar de calor?

La ropa no se seca bien:

• Limpie el filtro de las hilachas.

• Lea las instrucciones para el control automático de secado.

• "Secado a tiempo limitado" (*timed dry*) debe ser programado como mínimo por 15 minutos sino la secadora que tiene un breve ciclo de enfriamiento de ropa comenzará a enfriar después de un ciclo de secado demasiado corto.

• Si la carga es muy pequeña agregue unas toallas secas que no suelten hilachas al ciclo de secado.

• ¿Está el conducto de desfogue limpio y sin obstrucciones?

• ¿Está la secadora sobrecargada o está secando ropas de telas gruesas y finas mismo tiempo? Cuando el tiempo de secado parece largo:

• Una carga enjuagada con agua fría es más húmeda y más fría.

• Los sintéticos necesitan más tiempo en programas de poco calor (más 10 minutos para enfriar).

• Baja velocidad en el centrifugado de la lavadora (vuelve a los sintéticos a prueba de arrugas) deja más agua en la carga.

• La carga puede ser muy grande.

• Las secadoras que funcionan en áreas sin calefacción tienen ciclos de secado más largos.

• Las secadoras de bajo voltaje son más lentas que las de 220 / 240 voltios.

• ¿Están bien la instalación y los conductos de la secadora?

El reloj comienza y para:

• En un programa de secado automático, el del reloj no se mueve hasta que la carga está parcialmente seca.

Triturador de basuras
El motor para de trabajar:

• Espere 3 a 5 minutos a que se enfríe, luego presione el protector de sobrecarga. Si el triturador se ha atascado con algo, apáguelo y lea en su manual.

Horno microondas
No funciona:

• Lea la lisa de "Problemas generales" y fíjese si se debe a alguno de ellos.

• ¿Están programados los controles, trabó la puerta, presionó el botón para comenzar?

• ¿Está el interruptor prendido / apagado puesto en "prendido"?

• ¿Está el horno en "espera" (*hold*) después de descongelar o programado para cocinar después?

El horno cocina demasiado rápido / despacio / desparejo:

• ¿Puso la potencia correcta?

• ¿Son la cantidad de comida y la temperatura como dice el libro de cocina?

• ¿Ha dejado usted el tiempo de reposo indicado para la comida?

• ¿Está la ventilación de la parte superior del horno cubierta o bloqueada?

• ¿Ha sido la comida volteada o mezclada según las indicaciones?

Rayos y chispas (relámpagos como destellos y sonido cesante):

• ¿Quedó en el paquete algún alambre plastificado que lo cierra?

• ¿Es el plato de metal? ¿Tiene un borde metálico, un dibujo o una banda circular metálica? ¿Estaba hecho de cristal con plomo?

• ¿Utilizó papel de aluminio? ¿El papel de aluminio tocó la pared del horno? El papel de aluminio está prohibido en algunos hornos, en otros es aceptado en pequeñas cantidades. Lea su manual.

El sensor de temperatura no funciona apropiadamente:

• ¿Está bien conectado?

• ¿Está la punta del sensor (que está en la primera mitad del sensor) en el centro de la comida o la bebida?

• ¿Ha esperado usted el tiempo de reposo suficiente para que la comida termine de hacerse?

• ¿Está el sensor en el centro de la carne (sin tocar el hueso o la grasa)?

• ¿Están los controles programados apropiadamente?

Interferencia en la televisión cuando el horno está prendido:

• El horno debe estar en un circuito separado, pero alguna interferencia es normal (también interfieren las radios, los controles remotos para abrir la puerta del garaje, las afeitadoras eléctricas).

• En áreas de mala recepción, la interferencia se nota más.

Cocina
No funciona:

• Lea la lista de problemas generales y fíjese si se debe a alguno de ellos.

• ¿Está la perilla del horno en "hornear" (*bake*) o "parrilla" (*broil*) que opera inmediatamente?

• ¿Está la perilla de temperatura en alguna temperatura?

• ¿Están los quemadores conectados?

• ¿Las perillas giran? Oprímelas y gírelas.

Las perillas de los quemadores no giran:

• ¿Lo oprimió antes de girarla?

• ¿Sacó las perillas para limpiarlas y olvidó poner el resorte al instalarlas de nuevo?

La comida hierve cuando el botón indica baja temperatura:

• Gire la perilla hasta que pase el programa más bajo (hacia "apagado") para bajar la temperatura.

El horno de auto limpieza no funciona:

• ¿Están el selector y el control de temperatura del horno en "limpiar" (*clean*)?

• ¿El botón que indica el "tiempo de comenzar" (*start time*) está en la hora correcta?

• ¿Está el botón que indica el "tiempo de parar" (*stop time*) programado (2 ó 4 horas) más tarde para hacer que el ciclo de limpiado termine?

• ¿Está la puerta trabada ("limpio" enciende la luz)? Mire qué señala la perilla del horno (o la traba de la puerta, para que permanezca bien cerrada).

• ¿Ha puesto el protector de la ventana antes de programar los controles?

Un horno de limpieza continua que se ve sucio:

• Al hornear en temperaturas cercanas a los 400°F debe ser alternado con la función de "parrilla". El horno sólo limpia cuando está "horneando".

• La puerta puede requerir de alguna limpieza manual (pero no utilice ningún limpiador comercial para hornos, porque puede dañar el acabado o crear vapores).

• Un poco de papel aluminio en la base facilita la limpieza de cualquier derrame.

Cocina que no cocina como debería:

• Horno: Asegúrese que el horno esté nivelado. Deben quedar 2 pulgadas alrededor de las ollas, para la circulación del aire. Ponga la comida en el centro del horno, no muy cerca de la parte de arriba o de abajo. Seleccione "hornear" (*heat*) o "parrilla" (*oven*) pero no "precalentar" (*preheat*). Asegúrese que la ventilación no está obstruida.

• En los quemadores: las ollas y sartenes deben tener bases planas y lisas y el tamaño correcto, o no las utilice.

Refrigerador

No funciona:

• Lea la lista de problemas generales.

No está lo suficientemente frío (el helado queda blando):

• ¿Están los controles programados correctamente? (Permita 24 horas para estabilizar después de un nuevo programa).

• ¿Están limpios los serpentines? Pueden estar obstruidos por el polvo, hilachas, pelo de la mascota y grasa de la cocina.

• ¿Tiene el espacio adecuado, para la ventilación de los modelos de condensación en la parte de atrás?

• ¿Cierran las puertas perfectamente bien, con un buen burlete? (Si la luz permanece prendida, el burlete ya no sirve.)

Agua en la bandeja de descongelar o en el cajón de las verduras:

• La bandeja normalmente tiene agua a menos de la mitad; en clima cálido puede llenar hasta la mitad.

• Algo de agua en el cajón de las verduras es normal; demasiada quiere decir que usted deberá lavar y secar la comida antes de guardarla. Comidas viejas y en mal estado pueden causar humedad.

Humedad / sudor en el exterior del aparato / tapa:

• Si la humedad es alta, programe la unidad para ahorro de energía (activa un calentador de bajo vatiaje en el frente del aparato).

• Mueva la unidad lejos del área de calor y humedad: lejos de la secadora, la cocina, la estufa, o el sol.

• ¿Está el aparato nivelado? ¿El burlete de la puerta / tapa sella adecuadamente?

Sonidos de traqueteo:

• ¿Hay algo encima, debajo, detrás o dentro que pueda vibrar cuando el compresor está prendido?

• ¿Son la base y el piso apropiados para sostener el peso de la unidad?

• ¿Tocan las paredes o el aparato las cañerías de agua o los serpentines del condensador?

(*Véase* "Ruidos que no necesitan arreglo" en página 254.)

La máquina de hielo no funciona:

• Lea la lista de problemas generales.

• Las recién instaladas necesitan enfriar por una noche.

• ¿Está instalado el tubo del agua, está la palanca marcando "prendido", está la válvula abierta?

Utiliza mucha energía y arranca muy seguido:

• La firmeza del helado y el frío de la leche son la guía para el programa de temperatura; pruebe una más baja.

• ¿Hay adecuada circulación de aire alrededor de la unidad?

• ¿Abre las puertas muy seguido?

• ¿La base de la unidad sella apropiadamente?

• ¿Necesita descongelar el congelador?

• ¿Está caliente la habitación? Si está cerca de los 100°F puede trabajar continuamente.

• ¿El ventilador interno del congelador trabaja todo el tiempo? (Debería, a menos que esté descongelando.)

Los cubos de hielo desaparecen o se encogen:

• Si han estado allí por un tiempo, la evaporación es normal.

Lavadora

Vibra cuando centrífuga / es ruidosa:

• ¿Sacó el protector de Icopor de debajo de la batea?

• ¿Ha sido la máquina nivelada e instalada sobre un piso duro?

• ¿Está bien balanceada la carga? Pare la máquina y arregle la ropa.

• ¿Se han introducido ganchos o alfileres en los agujeros de la batea, causando sonidos silbantes?

No funciona o no centrífuga:

• Lea la lista de "Problemas generales".

• ¿Está el ciclo en la posición de pausa? Debe comenzar en 2 minutos o más.

• ¿Está cerrada la tapa? No funcionará ni centrifugará con la tapa abierta.

No llena / zumba / llena y se vacía:

• ¿Están abiertos los grifos del agua fría y del agua caliente?

• ¿Puso la perilla en el tiempo de lavado (14 min., 8 min., etcétera)?

• ¿Está limpia la malla del filtro de la manguera de entrada?

• ¿Tiene la lavadora una sola manguera? Conéctela a la boca de salida superior y ponga el selector de temperatura del agua en "lavado frío / enjuague frío" (*cold water wash*).

• ¿Están las mangueras de llenado obstruidas?

• ¿Está la manguera de drenaje embutida en la cañería, de manera que no deje espacio de aire, haciendo que el agua haga un sifón desde la lavadora?

• ¿Se ha caído la manguera de drenaje o está instalada por debajo de la parte superior de la lavadora?

No hay agua caliente:

• ¿Está la lavadora en un ciclo que acepta agua caliente?

• ¿No hay agua caliente o el calentador de agua está programado muy bajo?

• ¿Las mangueras de frío y caliente han sido instaladas al revés?

La carga queda muy mojada después de centrifugar:

• El enjuague en frío, deja las cargas más frías y mojadas que el enjuague tibio.

• ¿Ha usado usted el ciclo adecuado? "normal / regular / pesado" (*normal / regular / heavy*) deben ser usados para algodones pesados como las toallas y los jeans.

• ¿Está sobrecargada la lavadora?

• ¿Está la carga bien balanceada? Puede necesitar ser reacomodada.

• ¿Está quedando agua dentro de la lavadora después que termina el ciclo? Nudos retorcidos en el drenaje pueden causar un centrifugado lento.

• ¿Está cerrada la tapa? La lavadora no centrifuga si no lo está.

• Para las pelusas, problemas de detergentes, *véase* la sección "El cuidado de la ropa", Capítulo 4.

Compactador de basura

No funciona / para / el cajón no abre:
• Lea la lista de problemas generales.
• ¿Está el cajón abierto en forma de cuña o encendida la luz de reinicio? Empuje firmemente el cajón hacia dentro, volteando al mismo tiempo el botón de inicio.
• ¿Hay material suelto, caído detrás del cajón, que lo mantenga abierto?
• ¿Hay artículos rígidos (tarros y botellas) en el frente del cajón? Reacomode la carga.

No acomoda / acomoda mal:
• ¿Está el cajón lleno hasta una tercera parte para comenzar la compactación?
• ¿Se prende el compactador cada vez que se agrega basura?
• ¿Es el voltaje de la casa muy bajo o está usando una extensión?
• ¿Se han agregado botellas grandes y duras a una carga de basura de mucho papel? Las botellas no se romperán porque el papel las amortigua.

PIEZAS DE BAJA TECNOLOGÍA PARA EQUIPOS DE ALTA TECNOLOGÍA

• **Radio:** Si usted recibe estática cuando lo apaga o cuando lo está usando, rocíe lubricante alrededor de los botones o los selectores deslizables, utilizando el aditamento pequeño, con forma de tubo que viene con la lata. El problema puede ser el polvo.
• **CD:** Si se apaga sin ninguna razón cuando usted lo toca, puede ser que usted haya generado una chispa al caminar sobre la alfombra. Apague el aparato por 30 segundos, luego vuelva a prender.
• **Cámara:** Si no dispara y el obturador parece trabado, puede necesitar baterías nuevas. Las baterías de la cámara necesitan reemplazarse tan pocas veces, que usted puede olvidar que están ahí.

Ruidos que no necesitan arreglo

Como un padre primerizo, el nuevo dueño de un electrodoméstico, tiene un período de sobresaltos hasta que él o ella aprenden lo que ciertos sonidos significan, los que son normales y los que necesitan atención. Usted escucha un ruido sordo en la cocina, y eso significa que: a) El refrigerador no funciona más. b) El gato tiró todas las compras de la mesa de cocina. c) Alguien entró por la ventana. La respuesta no es ninguna de estas. El ruido sordo viene de la máquina de hielo que está haciendo cubos.

Generalmente un sonido "pip" indica que una selección ha sido programada o que hay algo mal (se apagó, la puerta está abierta), un zumbido es una advertencia (la carga no está balanceada) o es el signo para el final de un ciclo.

Para otros diagnósticos, consulte la siguiente información adaptada de un material preparado por el Servicio de Información de los Electrodomésticos Whirlpool.

Aire acondicionado (de ventana)

NOTA: La alta velocidad del movimiento del aire en una unidad nueva pueda ser sorprendente.

Golpe / silbido. El compresor puede estar cambiando los ciclos de prendido a apagado.
"Hirviendo". Es el movimiento del refrigerante a través de los tubos, después que el compresor para.
Timbre / goteo. Gotas de agua pegan en las aspas del ventilador de enfriamiento, o gotean de los serpentines hacia la base de la máquina.
Tick / clic. Los controles de prendido y apagado del compresor o los metales contrayéndose y expandiéndose.

Deshumidificador

Nota: La alta velocidad del movimiento del aire en una unidad nueva puede ser sorprendente.

Golpe / silbido. El compresor puede estar cambiando los ciclos. "Hirviendo" es el movimiento del refrigerante a través de los tubos, después que el compresor para.

Timbre / goteo. El agua goteando de los serpentines sobre la bandeja del agua.

Tick / clic. El control de humedad, el compresor y el ventilador hacen un sonido acompasado cuando están prendiendo o apagando; el metal puede estar expandiéndose y contrayéndose.

Lavaplatos

Lluvia / silbido. El agua corriendo a través de las mangueras y de la tubería; el rociador salpicando los platos.

Tick / clic. El dispensador de detergente produce un golpe seco cuando se abre; el elemento que produce calor se expande y contrae cuando calienta y enfría.

Golpe / crujido. La trituración de las partículas de comida; movimiento de los artículos que no se han colocado bien (con posibilidad de daño).

Secadora

Golpe / clic. Puede ser la ignición retardada (y puede suceder varias veces durante el ciclo); los botones de metal o las hebillas pueden golpear el tambor; cargas pequeñas no rotan libremente y oirá los sonidos de artículos cayendo (así que puede agregar toallas que no suelten hilachas, para mejorar el movimiento).

Tick. El cronómetro moviéndose a través del ciclo.

Microondas

Algo gira. Proviene de los ventiladores de enfriamiento o las aspas de batido.

Estallido / chisporroteo. Puede ocurrir mientras cocina ciertas comidas. Asegúrese de seguir las indicaciones del manual para la preparación de la comida.

Cambio en el tono del sonido. Depende del programa de poder, los tubos del magnetrón prenden y apagan durante el ciclo.

Cocina

Estallido / crujido. Durante el horneado o el proceso de autolimpieza, es el resultado de la expansión y de la contracción.

Susurro / silbido. Durante el proceso de auto-limpieza el seguro de la puerta del horno puede zumbar o susurrar, mientras asegura y desasegura durante el ciclo de limpieza; la grasa puede estallar o silbar; el ventilador puede estar funcionando.

Clic / chasquido / soplido. Las igniciones electrónicas (en las cocinas a gas) puede hacer un sonido seco y la ignición del horno y de los quemadores pueden causar los otros ruidos.

Refrigerador, congelador, máquina de hielo

Susurro / silbido. De los motores del ventilador y el compresor, el aire circulando en la cabina. O el refrigerante que "hierve" en el evaporador tan pronto como el compresor para.

Zumbido / chorreo / golpe. Las válvulas de agua de la máquina de hielo o del dispensador de agua, abriendo y cerrando; el agua cayendo en la máquina de hielo; el hielo cayendo del molde a la caja de almacenamiento.

Clic / chasquido / cascabeleo. El reloj de descongelación hace un sonido seco, cuando comienza y termina el ciclo de descongelación; o algo encima del electrodoméstico puede causar el cascabeleo.

Motor del compresor. Trabaja la mitad de tiempo en una habitación fría y seca, y continuamente en una habitación caliente y/o húmeda.

Gorgoteo. Movimiento del agua dentro del tubo o goteo sobre la bandeja de salida.

Compactador de basura

Girar / quejarse. Durante un ciclo, la cadena que maneja el pistón hidráulico (la parte que golpea) normalmente suena como un quejido. El tono sube a medida que la carga está siendo compactada.

Crujido / estallido / detonación. El crujido de las botellas al romperse. Los artículos grandes que quedan contra los lados en lugar de en el centro, pueden detonar cuanto el pistón desciende. Los sonidos se incrementan hacia el final del ciclo.

Pausa / sin sonido. Es típico cuando el pistón llega hasta el punto más bajo y va a comenzar el movimiento contrario. O alguna cosa puede estar trabada de manera que el cajón no cierra, y la máquina no inicia.

Lavadora

Lluvia / silbido. Cuando está llenando o cuando está comenzando el rocío del enjuague.

Zumbido. Cuando la válvula abre para soltar el blanqueador o el suavizante de ropas de los dispensadores, o durante los ciclos de la lavado y enjuague.

Clic / gorgoteo / golpe. El cronómetro da un golpe seco cuando comienza el ciclo; la lavadora gorgotea a medida que el agua es bombeada hacia adentro y el aire es succionado hacia fuera; las pausas de la lavadora pueden causar golpes cuando el motor cambia de velocidad.

Ruidos que deben ser solucionados

Los sonidos dentro del baño se escuchan. Póngale un recubrimiento a la puerta. Alfombrar el piso, lo mismo que poner cortinas y recubrimientos de paredes en vinilo, sirve para absorber los sonidos. Si hay aberturas grandes alrededor de las cañerías de agua y de calefacción, rellénelas con yeso o con material aislante.

Ruidos en el techo. Si son molestos, alfombrar es la solución. Bajar los techos y otras soluciones requieren de la ayuda de expertos.

Las puertas no acallan los ruidos. Es posible que necesite ponerle burletes alrededor de los bordes y una goma ajustable debajo de la puerta. Agregar un recubrimiento de madera terciada de ¼ de pulgada, ayudará a hacer un centro de vacío, haciendo que los paneles de las puertas sean a prueba de ruido.

Puertas que golpean. Instale topes de goma acolchonados en la pared o en el piso, tope de goma en la misma puerta o un aparato automático de cierre, de la ferretería, que hace que la puerta cierre suavemente.

Sistema de calefacción. Si usted oye un ruido de tambor cuando el calor del aire forzado sale, los conductos pueden necesitar refuerzo. Un sonido extraño cuando se prende el horno de gas (o calentador o caldera) o el quemador de aceite, significa que los quemadores están sucios o necesitan ajuste. Si usted oye golpear dentro del radiador, *véase* "Problemas comunes con la calefacción de vapor" en Capítulo 5.

Cañerías ruidosas. Lea en las secciones de calefacción y plomería de este libro.

Paredes que son "delgadas". Una biblioteca con espaldar sólido, llena de libros y que no toque la pared, ayudará a hacer la la habitación a prueba de ruidos. Lamentablemente los paneles acústicos no ayudarán. Puede tener que instalar paneles de yeso.

Calentador de agua. Un gorgoteo o rumor puede indicar sedimento; drene el tanque.

Pintura

Lo mínimo que necesita saber acerca de pintar:
- Qué equipo y qué pintura comprar
- Preparación de las superficies
- Cuál pintura para trabajos especiales
- Técnicas básicas
- Limpiar

Aunque la pintura es parte de la decoración de su hogar, también es importante para el mantenimiento, generalmente para sellar y proteger, pero también para otros propósitos. Se pintan los bordes de madera de las ventanas para evitar que se deterioren, se utiliza pintura con compuestos que previenen el moho para evitar que éste crezca en las habitaciones húmedas, y se utiliza pintura con arena para incrementar el agarre en las escaleras.

Una gran superficie a pintar en el interior o exterior, generalmente requiere ayuda profesional. Pero usted puede hacer una parte usted mismo. Hay personas que creen que tomar ésta decisión es el error inicial de su proyecto de pintura.

La verdad, el error más común es apresurarse y no preparar correctamente la superficie. El segundo es economizar: comprar materiales de mala calidad. El tercero es no leer la etiqueta de la pintura, comprando la equivocada para el trabajo o aplicándola incorrectamente. Y el cuarto es utilizar las herramientas equivocadas. Todos estos errores se pueden evitar.

Preparación

Preparando la superficie

La pintura es como cualquier otra cosa en la vida. No puede mejorar tan sólo la superficie y asumir que todos los problemas que hay debajo quedarán cubiertos.

Los agujeros deben repararse. Para trabajos grandes necesitará a un profesional, pero si sólo tiene unos pocos agujeros aquí y allá, utilice yeso o masilla teñida (en madera) y lije hasta suavizar. Lea la etiqueta para saber cuánto tardará el material en curar u obtener su máxima dureza. Si está cubriendo madera sin acabado, deberá tapar los agujeros de los nudos con goma laca. Si no tiene yeso, podrá llenar un agujero pequeño con pasta dental o plastilina.

Las áreas ásperas y **algunas superficies brillantes** necesitan lija, las primeras para hacer que la pared se vea uniforme y en ambos casos para hacer que la pintura se adhiera. En una superficie brillante como la de un gabinete, utilice una lija de grano mediano o una preparación líquida de lija del almacén de pinturas.

Si usted utiliza una **capa repelente al agua** (por ejemplo, para los marcos de las ventanas) compre una que pueda ser pintada, y lea en la etiqueta cuánto tiempo debe esperar antes de aplicar la pintura. Generalmente se sugieren dos días.

LIJAR CON SUAVIDAD

Para hacer una herramienta, para poder alcanzar a lijar un punto alto, quítele la esponja a su estropajo, cúbrala con papel de lija, y póngala de nuevo en el palo. Para hacer una herramienta que le permita empujar con más fuerza sin pelarse la mano, corte una pelota de goma por la mitad y cubra la parte lisa con papel de lija. También puede lograr bastante fuerza para lijar, con un bloque para lijar como los que se compran o los que puede hacer usted mismo, cubriendo con papel de lija una superficie pequeña de 2 × 4.

Si la pintura se está **pelando,** debe sacarse con una espátula para pintura.

PRECAUCIÓN: Si tiene alguna sospecha que hay pintura de plomo en las paredes de su casa (lo que es el caso de las tres cuartas partes de todas las casas construidas antes de 1980, de acuerdo al Departamento Federal de Hogares y Desarrollo Urbano [Federal Department of Housing and Urban Development], con mayor incidencia en las casas privadas que en los apartamentos), debe pedir una inspección y contratar a un pintor especializado en la supresión del plomo, para que pele las paredes.

Para más información sobre el plomo, *véase* "La seguridad" en Capítulo 7.

El empapelado que se está pelando, o que contiene **teñidos que se pueden correr,** también deberían ser arrancados. (Si no está segura acerca del teñido, cubra un pequeño parche del papel con la pintura y observe que sucede.) Siga las instrucciones para sacar el papel que hay más adelante es este capítulo. Cualquier **pegamento** que quede, sáquelo con un removedor comercial de adhesivos.

El óxido se saca con un producto comercial, con un cepillo de alambre y con lija de grano grueso.

Las manchas de grasa deben ser cubiertas con goma laca para que no pasen a través de una nueva capa de pintura.

Limpie **el moho,** pero no use un limpiador hogareño en rociador. Muchos de ellos contienen aceite. Aun un residuo fino puede evitar que la pintura adhiera bien. Compre un fungicida comercial o utilice una solución de 1 parte de blanqueador por 2 partes de agua (o más fuerte si es necesario).

Limpie **la mugre** o **el polvo** superficiales o la pintura se pelará. Aspirar y desempolvar, o frotar con una esponja seca pueden hacer el trabajo. Pero si la superficie está grasosa, o sucia o cubierta con marcas de crayón, deberá ser lavada con una solución fuerte de amoníaco y agua. Trate de pintar dentro de las 24 horas siguientes para que la superficie se mantenga limpia.

Emparejar la pintura o el teñido con el resto de la superficie

Probablemente necesitará dar una base o una mano de pintura en la mayoría de los casos y definitivamente la necesitará si está haciendo un cambio de color drástico, pintando una superficie que está en mal estado, o una que nunca ha sido pintada. No demore más de 14 días para pintar sobre la primera capa.

Las diferentes superficies necesitan diferentes tipos de base. Una pared metálica necesita una base resistente al óxido, los muebles del jardín un preservante contra manchas de aceite y una pared exterior pueden necesitar pintura para mampostería. Las paredes interiores necesitarían un sellador de poliuretano, o sello y teñido y los tablones interiores del piso barniz para yates. Como mencioné antes, pregunte en la tienda de pinturas qué le recomiendan para su trabajo en particular.

Tenga cuidado con las rebajas. Lo barato sale caro. La pintura barata se puede caer cuando trate de limpiarla. Lea en la sección de Pinturas, para calcular la cantidad a comprar, en la sección de "Equipar el hogar" en Capítulo 1.

Pinturas especiales para trabajos especiales

Cielorrasos de paneles acústicos. El látex puede interferir con la absorción del sonido. Use una capa delgada de caseína o de pintura al aceite.

Aluminio (muebles, tachos de basura, etc.). Limpie con un trapo, luego cubra con base para zinc, cromo y termine con dos capas de esmalte. O simplemente limpie el aluminio. Utilice un limpiador a base de ácido fosfórico (siguiendo las instrucciones con cuidado), enjuague y pula con una esponjilla de lana de acero fina, limpie con solvente para pintura y luego cubra con acrílico transparente que no se amarillee.

Grifería del baño (porcelana y azulejos de cerámica). Utilice pintura epoxy para obtener un pigmento durable. Necesita un ingrediente para el color y otro para el endurecimiento y una vez que los ha mezclado, utilícelo de inmediato. Lea las precauciones y las instrucciones para la preparación de la superficie. Generalmente esto incluye lavar, enjuagar, frotar con piedra pómez y enjuagar de nuevo. Dejar la superficie secar y luego pintar. Esto no le dará un resultado de alta calidad —para eso necesita recibir brillo profesionalmente— pero puede quedar bien en una cabaña de campo.

Sótano. Necesita alquilar una pistola eléctrica para cubrir las junturas expuestas en el techo y el material del piso superior. (No es una tarea simple.) Utilice pintura látex para paredes de mampostería (si está cubriendo bloques de látex, primero rellene las junturas con relleno para bloques de látex).

Pinturas a prueba de agua o a prueba de humedad. Están disponibles. Qué tan bien trabajan depende de qué tan húmeda sea el área y qué tan bien se aplique la pintura. Utilice **pintura especial para pisos** y *porches* para pintar los pisos.

Pintura para pizarrón. Se puede escribir en ella con tiza. Es buena para una sección de la cocina o para el cuarto de los niños.

Lona. Primero levante el material hacia la luz. La pintura adherirá solamente si puede ver luz a través de la lona. Si así no fuera, significa que la tela fue tratada con un compuesto a prueba de agua que es resistente a la pintura. Si no se puede pintar, compre **pintura para toldos o marquesinas** (le servirá para los toldos y para las sillas plegables). Antes de pintar, friegue la lona con agua y detergente, enjuague con manguera y deje secar.

Armarios y otras áreas húmedas. Pida pintura que resista el moho.

Pisos de concreto. El concreto debe dejarse curar por 3 meses antes de pintarlo. En la tienda de pinturas le pueden recomendar la aplicación de ácido muriático antes de pintar. El ácido raya el piso y ayuda a que la pintura se adhiera. El vinagre puro, es un ácido suave y hace lo mismo con más seguridad pero con menor efectividad. Si va a utilizar el ácido, siga las instrucciones y trabaje con cuidado: siempre agregue el ácido al agua y no al revés (se puede salpicar).

Si ha puesto sellador al concreto, dígaselo al que le vende la pintura.

Pintura para pisos y terrazas. La pintura para pisos es fuerte. Si le agregan goma, la hacen más durable. En áreas de alto tráfico, puede necesitar un acabado con una capa de poliuretano o de barniz, pero estas capas se amarillean.

Interior de los gabinetes de la cocina. No utilice pinturas tóxicas. La ventilación puede ser un problema.

Metal (cercas, bicicletas, muebles de exterior). Utilice lana de acero o un cepillo de cerdas de alambre duras o removedor comercial de pintura, para quitar la pintura vieja, lana de acero mediana y / o papel de lija de grano mediano o removedor comercial de óxido (es posible que tenga que rasparlo con un cincel), continúe con un acondicionador fosfórico de metal, luego lave y seque. Es posible que tenga que dar textura a las superficies con vinagre o con un ácido suave. (*Véase* "Pisos de concreto" arriba.) Luego, utilice base de metal y pintura de esmalte.

Cañerías. Las cañerías de cobre no necesitan pintura. Esa cosa verde que les ve es óxido; para limpiarlo utilice una esponjilla de lana de acero.

Utilice base para metales en las cañerías de hierro, las cañerías de hierro galvanizado y los conductos de calefacción. El acero galvanizado resiste la pintura cuando es nuevo, pero una vez que se ha gastado, se le puede dar una base y pintar con dos capas de esmalte. Compre base y pinturas especiales para este propósito.

Como las cañerías de agua fría sudan cuando hay humedad, tendrá mejores resultados si las pinta en tiempo seco o cuando la calefacción está puesta. Para las cañerías de agua caliente hay esmaltes resistentes al calor, algunas veces llamados pinturas para máquinas. En la tienda de pintura le aconsejarán qué grado de resistencia necesita.

Radiador. Desempólvelo bien y no lo pinte hasta que no esté a la temperatura de la habitación. El color más práctico para pintarlo es el negro, que absorbe el calor, pero no ganará ningún premio en decoración, así que escóndalo debajo de una cubierta para radiadores. Utilice una base con protección para el óxido y una capa de barniz protector.

Escalones. Agregue arena o material parecido a ésta. Cómprelo premezclado con la pintura, o haga una mezcla de ⅓ de arena por ⅔ pintura. Esto también se puede usar para evitar que los **pisos de alto brillo** sean resbalosos.

Texturas. La arena es tan sólo un tipo de textura, y se puede utilizar para cubrir problemas en las paredes. Puede comprar texturas o inventárselas. Una amiga mía consiguió la textura de su pared mezclando relleno de la caja del gato con pintura.

Utilizando diferentes aplicadores, como esponjas, se puede lograr que una pared lisa se vea texturizada. Los libros de decoración están llenos de esas ideas.

Mimbre y rattan. Utilice pintura en rociador. Prepare la superficie, restregando con un cepillo de cerdas duras, para remover la pintura suelta y vieja, luego lave con agua caliente y detergente, enjuague con manguera y deje secar.

Madera. Lea la sección a continuación sobre acabados para muebles e información sobre manchas.

Comprar pinceles

Los pinceles baratos pierden pelos. Mucho después que la pintura se haya secado, usted puede encontrar un pelo suelto en la mitad del techo o de la pared. La solución rápida en tal caso es pasar un papel de lija sobre él, pero sería mejor que comprara desde el comienzo un pincel de buena calidad. Esto es lo que tiene que fijarse:

El zuncho, la banda que está envuelta alrededor de los pelos del pincel, debe estar apretado. Si está flojo los pelos se pueden salir. Lamentablemente, este problema es obvio cuando ya lo está usando.

También revise el **contorno** del pincel. Da mejores pinceladas y mejor cubrimiento cuando los pelos del pincel están cortados como una cuña o como un cincel cuando la mira de lado. La punta de los pelos deben formar un borde fino, angosto y casi invisible. Un pincel barato tiene la punta roma.

PINCEL DE PUNTA FINA

Doble **los pelos** del pincel contra una superficie dura para ver su elasticidad. Deben ser firmes sin ser duros, flexibles sin ser blandos. Cuando usted presiona hacia abajo un pincel barato, formará brechas entre los pelos, esto quiere decir que dejará gotear.

Utilice pinceles sintéticos para las pinturas a base de agua, porque los pelos naturales absorberán demasiado la humedad. El pero natural deberá usarse sólo para los esmaltes y los alkyds.

Para las paredes, el pincel estándar es de 4 pulgadas de ancho, pero hay pinceles especiales para trabajos especiales. Pregunte en la tienda de pinturas cuál le recomiendan para su trabajo en particular.

Otros elementos

Cubiertas. Grandes hojas de plástico. Mueva todos los muebles que pueda hacia el centro de la habitación y cúbralos.

Escalera. Necesitará una escalera larga, con una repisa para sostener la lata de pintura. (*Véase* la información sobre escaleras, página 237) Si usted está pintando una pared larga, utilice dos escaleras con una plancha extendida entre las dos. Camine a lo largo de la plancha para pintar una buena sección de la pared, sin tener que subir y bajar. Puede comprar un gancho fuerte que se pueda colgar del borde de la escalera, para sostener la lata de pintura.

Cuerda. Pegue con cinta un trozo de cuerda o de alambre a lo largo del centro superior de la lata, para limpiar contra él el pincel; si lo limpia contra el borde de la lata, se llenará de pintura y luego la tapa no cerrará bien.

Platos de cartón y esponjas. Si está pintando por encima de su cabeza, deslice el mango rodillo por un plato de cartón o el cabo del pincel a través de una esponja para que recojan las gotas. Y pegue un plato de cartón debajo de la lata, en lugar de ponerla sobre hojas de papel periódico que terminan haciendo desorden.

Guantes. Guantes de algodón suave mantendrán sus manos limpias. Si utiliza guantes de goma con forro de algodón, sus manos sudarán demasiado.

Rodillos. Para superficies grandes como el techo o las paredes, es más fácil trabajar con rodillos, utilizando pincel sólo para pintar los bordes y las esquinas. Los rodillos vienen en diferentes anchos y diferente grosor de tejido; un tejido corto logra una superficie suave, un tejido más largo da algo de textura. Los rodillos de esponja dan un acabado suave a la pintura de alto brillo. Vea si los rodillos eléctricos sirven su propósito.

Balde de pintura o bandejas de pintura para rodillos. Para verter la pintura en pequeñas cantidades. Una "rejilla de malla para rodillo" le permite introducir el rodillo en la pintura y luego escurrir el exceso a través de la malla. Se ve como una red pequeña para ping pong. La malla está agarrada a pequeños trozos de madera, situada verticalmente dentro de un balde de 5 galones.

Es fácil lavar la pintura de látex de una bandeja para rodillos, pero si usted va a utilizar pintura al aceite, cubra la bandeja con una bolsa plástica. Una vez que eche la pintura dentro, la bolsa se conformará a la bandeja. Cuando usted termine quite la bolsa volviéndola por el revés y tírela a la basura.

Alargador para pincel. Para atornillar a la manija del rodillo para pintar techos.

Extracto de vainilla. Ponga unas pocas gotas dentro de la pintura y quitará el olor.

Trapos y un balde con agua. O con solvente si está utilizando alkyds, para limpiar.

Patineta. Si está pintando muy abajo, la puede utilizar como silla movible.

Equipo de seguridad. Una máscara si está enyesando la pared. Anteojos protectores transparentes para proteger sus ojos de las emanaciones, polvo, salpicaduras, etc. Máscara con cartucho para protegerlo contra las emanaciones de la pintura, especialmente si va a trabajar en un lugar que no está bien ventilado.

PINTURA SIN MOSCAS

Si está pintando el exterior de la casa, o haciendo cualquier trabajo de pintura afuera, agregue unas gotas de citronela a la pintura y los insectos no volarán sobre ella.

Protección del goteo

Aunque es mucho trabajo prepararse a fondo para pintar, es mucho más difícil remover la pintura seca después. Además, si usted ha cubierto las áreas que no debe pintar, el proceso de pintura será mucho más rápido.

Si es posible, quite los adornos del techo, los apliques de las paredes o cúbralos con bolsas plásticas para la basura. Quite las tapas de los interruptores y los tomacorrientes o hágales un borde protector con cinta de enmascarar. Saque o cubra las manijas de las puertas con bolsas plásticas o cinta. Ponga la bocina del teléfono dentro de una bolsa plástica, de manera que pueda contestar sin mancharla cuando alguien llame.

Puede aplicar cinta de enmascarar por los bordes de cada vidrio de las ventanas y después remover el residuo con un removedor comercial de adhesivo, aceite de ensalada, o fluido para encendedor (bencina) (precaución: muy inflamable). Sin embargo, yo prefiero cortar papel periódico al tamaño, mojarlo, y presionarlo sobre el vidrio. Cuando está mojado se pegará y cuando esté seco será fácil de quitar. Si tiene problema para pegarlo en su lugar, agregue un poquito de detergente al agua con la que lo moja.

O pinte la ventana con una solución de agua y detergente.

Cómo pintar

Comience desde arriba

Antes de comenzar mire en donde va a terminar. Comience de arriba hacia abajo y pinte en el orden siguiente: techos, paredes, ventanas, obra en madera y puertas.

Si usted tiene un techo que es de un color diferente al de las paredes, o si está pintando alrededor de una puerta o el marco de una ventana, la parte más difícil es lograr una línea derecha bonita donde los dos colores se encuentran. Comience su trabajo utilizando un pincel pequeño de borde oblicuo, donde el techo se encuentra con la pared y donde las paredes se juntan con el zócalo.

Golpee (no raspe) el pincel contra el lado del balde o de la bandeja para conseguir la cantidad justa de pintura.

Pinte una W grande más o menos de 3 × 3 sin levantar el rodillo primero alejándolo de usted. Luego cargue de nuevo el rodillo con más pintura y rellene, trabajando horizontalmente atravesando la W y en pequeñas áreas cada vez. Y usted se preguntará ¿Y la W? La idea es trabajar siempre desde un borde húmedo y si usted trabaja el largo de la habitación haciendo rayas, puede terminar con un patrón rayado en la pintura.

Es posible que termine toda salpicada cuando va demasiado rápido con un rodillo empapado. Trabaje primero en la pared más pequeña. Para pintar la pared, haga una M grande o cualquier forma parecida de zigzag de unos 3 pies de altura y 3 ó 4 pies de ancho, con los puntos superiores tocando la parte superior de la pared y los inferiores llegando hasta el piso o el zócalo.

Si está utilizando un pincel, rellene la M comenzando por el techo horizontalmente, haciendo líneas cortas, unas al lado de las otras. Si está utilizando rodillo, muévalo horizontalmente de un lado a otro, rellenando la M.

Toques finales

Molduras. Utilice un pincel pequeño para lograr una superficie lisa, no sobrecargue el pincel; esté pendiente del goteo y corríjalo de inmediato.

Ventanas. Proteja el vidrio está enmascarándolo como se describió anteriormente en la protección del goteo. Utilice un pincel delgado de punta cónica y no sobrecargue el pincel. Primero pinte verticalmente alrededor de los vidrios, luego horizontalmente y luego por dentro del marco. Haga el antepecho interno y el externo del marco al final.

Evite pintar el vidrio o sólo deje que el pincel se deslice y luego limpie el exceso de inmediato. Retire la cinta de enmascarar mientras la pintura esté ligeramente húmeda, de manera que no se pegue a la pintura que quedó en la cinta. Si usted vive en un clima cálido o está pintando en un día soleado, no deje la cinta en las ventanas porque el sol la pegará al vidrio.

SI PINTÓ LAS VENTANAS CERRADAS Y QUEDARON PEGADAS

Utilice un cortador de pizza para cortar la pintura. O ponga un pequeño taco de madera o una espátula en el borde pegado, y martíllelo. (No use un formón; saltará la pintura.) Repita el proceso en varios puntos, alrededor de la parte de madera de la ventana. Una vez que haya comenzado utilice el gato de su carro para terminar de subirla, pero hágalo con cuidado. Mucha presión puede causar que el marco de la ventana se rompa. Después utilice un rociador de silicona a lo largo de los rieles y deslice la ventana hacia arriba y hacia abajo varias veces.

Puertas. Doble papel periódico sobre la parte superior de la puerta, ciérrelas antes de comenzar a pintar.

Haga el marco primero, los bordes después. El frente y la parte de atrás de último. (Si la puerta es nueva, pinte los bordes, inferior y superior de manera que queden sellados contra la humedad.) Pinte los pequeños paneles hundidos primero, comenzando desde arriba, luego las porciones horizontales y finalmente las verticales.

Sótanos. Quedarán más ordenados si usted

utiliza "una guía de borde", que básicamente es una tira de plástico (un poco más ancha que una regla) con una manija a un lado. Compre una o improvise una. Presione la guía entre el piso y el zócalo (el borde entra fácil y se ajusta en una fracción de pulgada), sosténgalo con una mano y pinte el zócalo, dejando que un poco de pintura escurra por la guía.

¿CUÁL PINTURA PARA LA PUERTA?

Si usted está pintando una puerta entre dos habitaciones que tienen diferentes colores, combine el lado de la bisagra con la habitación hacia la que cierra y pinte el lado del cerrojo para que haga juego con la habitación hacia la que abre.

Alquilando un compresor

Pintar con compresor es una tarea mucho más complicada de las que yo quiero tratar aquí, pero creo que si usted está pintando superficies exteriores texturizadas, como el estuco, o que tengan superficies múltiples como los postigos, ésta es la manera de hacerlo.

Es un trabajo sucio, mucha pintura vuela por todos lados, así que necesita ser muy cuidadoso cubriendo y enmascarando áreas que no deban ser pintadas.

Utilice anteojos de protección y guantes cuando sostenga la pistola del compresor. La presión de la boquilla de pintura puede introducir pintura debajo de su piel, lo que es una amenaza para su salud.

Causas de fallas en la pintura

Si la pintura empieza a pelarse o rajarse al poco tiempo de haber pintado, el problema más probable es la humedad por una u otra causa: goteras del techo o alrededor de los marcos de las ventanas, canaletas de desagüe que rebalsan o poca ventilación en una casa muy húmeda.

El problema también puede ser por demasiadas capas de pintura, preparación incorrecta de la superficie, o pintar sobre un tipo de pintura que es incompatible con la última capa. Por ejemplo, usted no puede usar un látex de calidad media sobre un alkyd.

También debe examinar que las ventanas estén bien impermeabilizadas, que no haya goteras en el techo ni problemas en las canaletas de desagüe.

Si la pintura de la casa se está pelando afuera del baño, la cocina, o el lavadero, probablemente necesitará agregar ventilación a la habitación donde están la lavadora y secadora e instalar ventiladores de succión en el baño y / o la cocina.

EN LA BOLSA

Para proteger las ventanas de la pintura cuando está pintando el exterior de la casa, ponga los mosquiteros dentro de bolsas plásticas para las hojas y luego colóquelos nuevamente donde van. Pegue la bolsa si el ajuste no es perfecto. Después no tendrá que raspar y podrá usar las bolsas de nuevo.

Guías generales para pintar el exterior de la casa

Para un exterior en mampostería puede utilizar pintura para cemento (viene seca), látex para exteriores (es como el del interior, pero a prueba de agua y con aditivos que lo hacen resistente al moho), látex reforzado, al que se le ha agregado un material fino, parecido a la arena que es muy resistente al agua, pintura para mampostería a base de solvente, o acabados texturizados. Lea las instrucciones del fabricante para saber cual es la base correcta que necesita.

Para un exterior de madera, se puede utilizar pintura látex o alkyd. Si está utilizando alkyd, trabaje en las tardes el lado de la casa que recibe todo el sol. La pintura que recibe el sol a las pocas horas de ser puesta, se ampolla.

Pintar con compresor es mucho más rápido que con brocha.

Obtendrá mejores resultados si pinta en un día con tiempo seco y tibio. No pinte si el tiempo es húmedo, ni temprano en la mañana cuando las superficies todavía están cubiertas de rocío. Pare por lo menos una hora antes que llegue la humedad de la tarde. La pintura no se adhiere bien a las superficies húmedas y se puede ampollar y quebrar.

Deje los detalles (los aleros o las ventanas) para el final.

Preparación del exterior

Para quitar el moho de los recubrimientos exteriores, restriegue el área con una mezcla de 3 litros de agua tibia, 1 litro de blanqueador de cloro y 1 cucharada de jabón para la ropa en polvo. (Utilice anteojos protectores y guantes de goma.)

Verifique con la tienda de pintura, sobre la forma exacta de preparar la superficie si tiene grietas, peladuras, o pintura soplada. Es probable que tenga que remover la pintura suelta con un raspador de pintura, un cepillo de metal o con una pequeña lijadora eléctrica. (Utilice anteojos de protección contra el polvo y las astillas.) Si la pintura es demasiado gruesa, es posible que tenga que sacar varias capas, o llegar hasta la madera desnuda.

Un aparato interesante es una peladora de pintura, que ayuda a remover la pintura de del recubrimiento exterior. Pequeña, segura y fácil de usar, se ve como un cepillo con una manija y un elemento que calienta. Otra alternativa es la pistola de agua a presión, que quite la mugre, la pintura pelada, la tiza, los cristales de sal y el moho.

Utilice clavos galvanizados para las reparaciones en el exterior, porque como no se oxidan, no mancharán la pintura.

Utilice masilla a prueba de agua para llenar huecos y grietas entre los aleros y las paredes donde puede entrar la humedad. Lea la etiqueta para asegurarse que el material puede pintarse.

El color de la pintura exterior

Algunos colores resultan una mejor inversión que otros.

Los rojos y los amarillos se decoloran rápidamente, y es posible que necesite poner tres capas para lograr una cobertura pareja. El azul y el verde son mejores para esconder los colores que hay debajo, y muchos blancos y negros pueden cubrir con sólo una capa, aunque el alkyd negro puede decolorarse a gris.

La pintura blanca que se cae como "tiza", generalmente es una desventaja, pero es buena en una ciudad sucia y con hollín porque al des-

gastarse se cae, llevándose el hollín y la mugre con ella.

Los colores claros o cálidos hacen que su casa resalte y se vea más cerca de la acera.

Una casa se ve más pequeña, si el contraste entre el color y la intensidad de los postigos y de la casa es muy grande (ejemplo extremo: una casa blanca, con postigos negros) y se ve más grande si los tonos se parecen.

TRUCOS DE LIMPIEZA PARA EL PINTOR CASERO

No lave los pinceles todos los días. Si las va a seguir usando al día siguiente o relativamente pronto, envuélvalas en papel de aluminio y déjelas en el congelador. Deles un tiempo para descongelar antes de usarlas de nuevo. También puede guardar una pequeña brocha de esponja cargada de pintura en una bolsa plástica dentro del congelador, cuando finalice el trabajo para futuros retoques. Congele y descongele a necesidad.

Antes de guardar la lata de pintura, pinte una línea por fuera de la caneca indicando el nivel del sobrante y el color que hay adentro.

Limpiar

Limpie los pinceles en el solvente recomendado en la lata de pintura, o pregúntele al vendedor cual usar, después lave con agua y jabón. Envuélvalos en papel alisándolos o abroche los pelos en una percha para pantalones. O taladre un agujero en el mango de cada brocha de manera que pueda pasarles un alambre (deshaga una percha de alambre —del tipo que la actriz Joan Crawford odiaba— por una punta, deslice los pinceles en ella y cierre la punta de nuevo). Sólo asegúrese que los pelos de los pinceles no toquen ninguna superficie.

Para limpiar los rodillos fácilmente, llene con solvente un cartón de un litro de leche vacío o un tarro de pelotas de tenis, ponga el rodillo en el interior, enrolle los bordes para cerrarlo. Dele unas sacudidas, y déjelo allí por algunas horas.

Cuando raspe las ventanas, pele primero un

camino a lo largo del marco de la ventana. Esto le ayudará a no dañar la pintura del propio marco, mientras trabaja en el resto.

Empapelados

Lo mínimo que necesita saber para poner empapelados:

- Lo que va a necesitar
- Cómo hacerlo
- Problemas menores

Lo que necesita para instalar empapelados

Le estoy dando las instrucciones para el papel pre-engomado, porque es el más fácil. Si usted está utilizando un papel que requiere engomado —o quisiera una instrucción más detallada sobre empapelados—, el vendedor le puede proporcionar la literatura disponible o pida una publicación de la Asociación Nacional de Productos para la Decoración (National Decorating Products Association).

Para elegir el empapelado y calcular la cantidad que necesita, *véase* la información en Capítulo 1. Antes de comenzar, déjeme aconsejarle que no intente colgar el más costoso (y difícil) usted sola y tenga cuidado porque usted y su pareja pueden terminar no hablándose cuando terminen el trabajo. Hasta mi madre y yo tuvimos algunos disgustos. El trabajo es más complicado de lo que usted se imagina. Si está decidida, esto es lo que necesitará:

Mesa en donde poner el papel y aplicar el pegamento con un rodillo. Si no es una mesa de trabajo proteja la tapa cubriéndola ajustadamente con plástico transparente y papel madera kraft que viene en rollo. No use papel de periódico, porque la tinta ensuciará el empapelado.

Cubiertas (plástico poco costoso que se compra en la tienda de pintura). Si puede retire todos los muebles de la habitación, si no empújelos hacia el centro y cúbralos (y el piso) con ellas.

Escalera. *Véase* "Escaleras", página 259.

Esponjilla de pintor. Para humedecer el papel engomado.

Metro de madera. Para medir y cortar.

Nivel. Para marcar líneas perfectamente rectas.

Cortante. Con un paquete adicional de cuchillas nuevas, para cortar el papel. Corte el largo del empapelado por lo menos 4 pulgadas más largo que la pared, y cuando esté pegado a la pared recorte el sobrante con el cortante.

Espátula ancha. Utilizada junto con la cuchilla, para recortar el papel en los zócalos y el techo. Con la espátula sostenga el papel en el lugar y corte con la cuchilla.

Cepillo emparejador de 12 pulgadas. Con cerdas suavemente firmes: para remover las burbujas y las arrugas cuando ponga el papel.

Rodillo para bordes. Pega junturas lisas entre los bordes de los paños de papel. También puede utilizar un escurridor para limpiar ventanas.

PAPEL QUE SE ENROLLA

Si enrolla el papel hacia el lado contrario algunos días antes de colgarlo, lo enderezará y será más fácil trabajarlo.

Preparar las paredes

Pelar. Saque todos los clavos, ganchos, etc., y ponga escarbadientes en los agujeros que quiere encontrar después. (Cuando ponga el papel, presione suavemente para que el escarbadientes agujeree el papel.)

Puede pintar o poner un papel nuevo directamente sobre el papel viejo sólo si éste está en muy buena condición. (Pregúntele a su vendedor si deberá poner una base.) Pero si se está pelando, tendrá que arrancarlo.

Algunos empapelados simplemente se arrancan. Otros dejan atrás la base, que puede ser un forro ideal para el nuevo papel, pero es posible que el vendedor le sugiera removerlo por completo.

Si hay paredes de yeso debajo del papel, puede utilizar una espátula (cómprela en la tienda de pintura). Asegúrese que el piso esté protegido con plástico o con rollos de papel madera, ya que éste es un trabajo sucio. La espátula arranca varias capas de papel a la vez, y luego usted quita el residuo con removedor para adhesivos de la tienda de pintura o con lana de acero y agua tibia. Si usted utiliza la lana de acero, asegúrese de enjuagar a fondo para que no queden partículas. Pinte con pintura base.

El papel que es resistente al agua, deberá ser raspado con una espátula. O tendrá que lijarlo todo o una parte para sacarle la superficie a prueba de agua. Después de lijar, moje la pared con agua fría mezclada con removedor de goma de empapelado. Siga las instrucciones del tiempo de remojo y utilice una espátula. O haga una solución de partes iguales de vinagre y agua caliente. Empape el papel a fondo con una esponja grande, un rodillo o rocíelo. Entonces el papel deberá pelarse de la pared. También se debe pelar la pintura y luego lijar hasta que quede liso. Si hay más de tres capas de pintura, deberá lijar toda la superficie.

PRECAUCIÓN: Si la casa fue construida antes de 1980, puede haber pintura con plomo por debajo. Por favor lea Capítulo 8 antes de raspar la pintura.

Marcas y agujeros. Los huecos y las grietas, deben ser rellenados con yeso o masilla para madera, luego lijados. Espere el tiempo necesario para que el yeso cure de acuerdo a las instrucciones del paquete. Las superficies de *drywall* deben quedar lisas con los bordes finos y sin clavos.

Limpiar. Cuanto más limpia esté la superficie mejor se verá el papel nuevo. Lave y enjuague los puntos grasosos o con hollín. Si hay algún punto de grasa rebelde, cúbralo con una capa de goma laca y déjela secar. Si no la mancha atravesará el papel.

Pintar. Si usted está instalando el empapelado sobre un color brillante, tal vez el color resalte en las junturas de los paños de papel. Pinte del color del techo todas las juntas pared-techo antes de poner el papel. Pinte el techo y los marcos de madera antes de instalar el papel.

Sellador. A menos que haya una pintura de alta calidad a base de aceite por debajo, es posible que necesite un sellador debajo del papel, para evitar que la pared absorba el pegamento. Si

no el pegamento no se adherirá. El sellador también evita que la pintura de debajo transparente a través del papel de colgadura. Pregunte en la tienda si necesitará uno a base de aceite o uno acrílico o soluble en agua, y permita un tiempo de secado de 2 a 4 horas. Los nuevos selladores casi han eliminado la necesidad del apresto, un producto para las paredes que se utilizaba en el pasado.

Es posible que deba "rayar" una superficie demasiado lustrosa, para que sostenga el empapelado. Esto quiere decir lijar o lavar con jabón y amoníaco o utilizar un sellador especial para este propósito.

Nunca instale un recubrimiento para paredes cuando la pared está recién hecha o recién restaurada, el pegamento no adherirá con propiedad.

Cómo cortar el papel

Asegúrese de tener la cantidad necesaria de rollos, del mismo dibujo o color, y del mismo lote de teñido.

Antes de cortar, mire todo el rollo, o parte para asegurarse que no tiene defectos, no puede devolver un rollo cortado. Si tiene que devolver un rollo, a menos que pueda conseguir el mismo lote de teñido, tendrá que devolver todos los rollos y comenzar de nuevo.

Deberá planear con cuidado si tiene que hacer coincidir un dibujo. Levante la primera pieza contra la pared para comprender cómo es el dibujo. Deje unas 3 pulgadas libres arriba y abajo. Una vez que caiga en su lugar adecuadamente, corte la siguiente tira del largo adecuado para la pared, más un patrón repetido. Desperdiciará un poco de papel, pero logrará el cace correcto.

Instalar el papel

Quite la corriente de los enchufes y retire las tapas. (Instalará el papel por encima, luego presionando con los dedos hará una impronta, como guía para el corte. Luego utilice un cortante para sacar el sobrante.)

Utilice el nivel y un lápiz para trazar en la pared una línea a plomo para guiarse. Calcule el número de paños de papel que va a necesitar y ponga el primer paño de papel a no menos de 4 pulgadas del rincón de la pared.)

Moje el paño cortado con una esponja, luego doble juntas las superficies mojadas. No marque los dobleces, sólo doble suavemente. Este proceso activa el pegamento y ayuda al paño de papel a suavizarse y evita que se seque. Espere de 1 á 5 minutos, pegue el papel donde va, utilizando la guía que marcó. Alise con el cepillo emparejador de 12 pulgadas. (Trabaje de arriba hacia abajo, no de lado a lado).

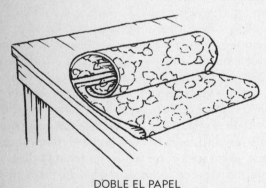

DOBLE EL PAPEL

Utilice el rodillo para bordes para alisar el papel bordes y juntas. Utilice la espátula para empujar el papel contra el techo. Ponga el cortante en la parte superior de la espátula y recorte el sobrante. Con la misma técnica, retire el sobrante en el zócalo.

Con la esponja limpie hacia abajo para sacar el exceso de pegamento y presione todo el paño de nuevo. Retire todo el pegamento sobrante del zócalo o de la moldura.

Cuando haya cortado el segundo paño (con el patrón adicional repetido), póngalo de manera que el dibujo coincida y los bordes se toquen, sin que no se sobrepongan. El pegamento del empapelado se seca lentamente, así que tiene algunos minutos para corregir los errores.

Para instalar el papel detrás de un radiador, alíselo hasta donde alcance con un escurridor de vidrios, luego envuelva una toalla de manos alrededor de un palo y pásela por detrás del radiador, alisando a medida que baja. Apague la calefacción por 24 horas o el papel secará demasiado rápido.

Ponga papel alrededor de las puertas y las ventanas, recorte con cuidado. Unos cortes diagonales pequeños, en las esquinas, harán que se pueda ajustar mejor.

En habitaciones que se calientan o se llenan de vapor (cocina, baño, lavadero, sótano), el vendedor le recomendará pintar las uniones con una capa de barniz transparente para evitar que se combe o se pele.

EMPAPELANDO UN RINCÓN

Como las esquinas no son siempre parejas, poner el paño de papel del rincón es un poco complicado. Antes de poner el papel en el rincón de la habitación, mida la distancia que hay entre el rincón y el último paño de papel que ha colocado. Mida en varios lugares y tome la medida más ancha, luego agregue $1/2$ pulgada más para que dé la vuelta. Mida y corte el paño para el rincón antes de mojarlo. Haga coincidir el dibujo con el paño que ya está instalado, y luego acomode al rincón utilizando un rodillo para bordes, para presionar firmemente el papel. Corte el exceso en el techo. Dibuje una nueva línea con el nivel, para comenzar el próximo panel, para asegurarse que cuelgue perfectamente derecho.

— Problemas al empapelar y cómo evitarlos

Burbujas

Normalmente las burbujas de aire que se ven cuando está pegando el papel, se aplastan y desaparecen cuando se seca. Si hay muchas, es probable que usted haya enrollado el papel demasiadas veces. Utilice un cortante para hacer una X en el centro de la burbuja. Si su papel tiene diseño, corte siguiendo las líneas lo mejor que pueda para que los cortes resulten invisibles. Levante con cuidado las puntas y limpie el adhesivo que está debajo y en la pared. Presione en el puesto, con la esponja limpie el exceso de pegamento y pase el rodillo para bordes.

Bordes enrollados

Cuando se instaló la tira, los bordes fueros repasados demasiadas veces o muy vigorosamente. Si todavía está trabajando en la habitación, espere un poco (aproveche el tiempo pegando más papel), luego presione de nuevo los bordes con el rodillo, una sola vez y con presión uniforme.

Si ya terminó de empapelar la habitación y ve bordes enrollados a la mañana siguiente, ponga pegamento por detrás del papel y en la pared, y presione. Pase el rodillo y limpie el exceso de pegamento.

LA PESADILLA DEL EMPAPELADO

Sale directo de un episodio de *I Love Lucy*: el papel que se veía perfecto por la noche parece haberse encogido, los bordes se despegan hacia todos lados, dejando grandes espacios entre ellos. La causa: papel barato. La verdad es que sí encoge. Claro que puede preparar las paredes de nuevo y volver a comenzar, esta vez dejando que los bordes se encimen por lo menos 1/8 de pulgada, en lugar de hacerlos coincidir. Si tiene la paciencia para esto, quiero ofrecerle un puesto … trabajando para mí.

Punto dañado

Para hacer un parche, arranque, no corte con tijera una pieza de papel más grande que el daño, y péguela encima, haciendo coincidir el dibujo del papel lo tiene. Después de una hora, utilice el cortante para cortar a través de las dos capas y retire las dos piezas. Ya ha llegado a la superficie de la pared. Limpie el agujero con una esponja, separe las capas de papel de colgadura y pegue la pieza nueva. Después de otros 15 minutos, utilice el rodillo para bordes (pequeño) para alisar los bordes.

Acabados para muebles

Lo mínimo que debe saber acerca de los acabados:
- Alternativas de preparación
- Herramientas y equipo
- Cómo sacar acabados anteriores

Las técnicas para darle nuevos acabados a cualquier superficie de madera —pisos, paredes o muebles— son las mismas, pero yo recomendaría que usted llame a profesionales, si se trata con pisos y paredes.

¿Es necesario?

Agua limpia y detergente suave pueden hacer un trabajo bastante bueno, al limpiar cualquier acabado de madera, a excepción de esmalte o laca, en los que causaría puntos blancos, halos o película. (Pruebe con un algodón humedecido con un poco de removedor de esmalte para uñas en un lugar poco visible; si el algodón suaviza o se pega al acabado, no utilice agua en él.) Después de limpiar, le puede dar a la madera una capa de aceite mineral para que brille un poco. A mí me gustan los muebles y otras superficies de madera sin brillo, así que yo me salto éste último paso.

Pero si a usted no le gusta como se ve, después que han sido limpiados, y si no se está pelando, puede pintar de nuevo. Primero pegue cualquier parte que esté suelta, luego quite el sobrante de la goma —o la pintura no se adherirá a la superficie— usando removedor comercial de adhesivo o una solución de mitad y mitad de vinagre y agua hirviendo. Lije para quitar cualquier resto de acabado brillante que quede. Luego pinte con esmalte, siguiendo las instrucciones del fabricante.

Algunos problemas no se solucionan limpiando y pintando. Por ejemplo:
- Si la madera está muy decolorada: el acabado claro se ha oscurecido, la veta está escondida.
- Si hay grietas pequeñas, llamadas "piel de cocodrilo" o "agrietamiento" por todo el acabado.
- Si el acabado se está pelando o escamando.
- Si hay puntos desgastados por toda la superficie.
- Si el acabado está pegajoso o blando.

En tales casos hay tres soluciones: vivir con los muebles así, tirarlos a la basura o darles un nuevo acabado nuevo.

Darles un nuevo acabado es un proceso de dos pasos. Primero pela la pintura vieja, llegando a la madera desnuda y luego aplica el acabado nuevo.

———— Cómo lijar sin dañar la ropa

Trabaje a temperatura media y en un área bien ventilada, a menos que esté utilizando uno de los solventes nuevos, para los que la ventilación no es un problema. Para evitar el polvo, las huellas de las manos y cualquier otra materia extraña sobre su trabajo mientras éste se seca, ayudará si encuentra la manera de aislar su área de trabajo. Una mosca atrapada en el acabado tiene un cierto valor como elemento para empezar una conversación, pero sólo se acomoda a la decoración del campo.

Si la madera no es especialmente atractiva, o si intenta utilizar un acabado mate o semi mate, puede quitar el acabado anterior con una lijadora eléctrica. Pero si quiere preservar la apariencia de la madera, el proceso será un poco más complicado. Afortunadamente, los nuevos solventes han hecho la tarea más fácil y menos peligrosa.

Esto es lo que necesitará:

Periódicos o una superficie de plástico para trabajar sobre ellos.

Ropa vieja para trabajar. Si espera utilizarla de nuevo, póngasela del revés, si se mancha, por lo menos no se verá.

Una buena cantidad de trapos que no suelten pelusa. Puede conseguir trapos de estopilla de algodón en la tienda de pintura o en la ferretería. O utilice pañales de tela u otro tipo de trapo que he mencionado como aceptables para limpiar el polvo.

Solvente para remover el acabado viejo. Diferentes solventes funcionan para los distintos acabados. En un acabado transparente haga la prueba del quitaesmalte con pompón de algodón ya descrito. Si el acabado se ablanda o se pega al algodón, es laca o goma laca; compre un solvente que las saque. Si es un acabado transparente, pero no laca ni goma laca, puede ser barniz. El solvente mineral o la trementina removerán el esmalte y el barniz al aceite; el solvente de pintura quita la pintura al aceite; el agua quita la pintura látex. En el pasado, muchos solventes estaban hechos con solventes irritantes y volátiles como el metanol y la acetona, cuyas emanaciones causaban dolores de cabeza y daño nervioso, o con cloruro de metileno, que producía ataques cardíacos.

Tenía que utilizar guantes de goma y máscaras y trabajar en áreas bien ventiladas. Ahora, los productos para sacar acabados son menos tóxicos e irritantes, pueden ser inodoros, la ventilación no es un problema y no se necesita usar guantes. Si le cae en las manos no penetra hasta el hueso. Lo malo: son mucho más costosos y demoran más en actuar. Pregúntele al vendedor y lea la etiqueta para saber si el solvente sirve para su trabajo y si hay alguna precaución a tener en cuenta.

Aplicador de solvente. Generalmente es un pincel de cerdas naturales, o una esponjilla de acero grueso. Lea la etiqueta.

Espátulas para limpiar la pintura, barniz, etc. que el solvente ha ablandado. Lea la etiqueta del solvente. Entre muchas cosas, puede utilizar raspadores de madera, espátulas que pueden estriar la madera; cepillos de cerdas de alambre, que la pueden rayar; raspadores de nylon (utilícelos sólo con los solventes no tóxicos); un cepillo de dientes o una tarjeta de crédito vieja.

Recipiente que no sea de plástico para poner el deshecho que sale con el solvente.

Herramientas para lijar. Se pueden necesitar, pero con algunos solventes no las necesita. Si lo hace, puede usar lana de acero. Es flexible, se puede usar mojada, no marca, produce una superficie más fina, pero suelta partículas metálicas que son difíciles de quitar. La alternativa es el papel de lija y el bloque de lijar; un bloque de madera, una pieza de goma o una almohadilla de fieltro, con el papel de lija pegado, le dará un mejor agarre y mayor control. Si la superficie es larga, es posible alquilar una lijadora eléctrica.

Para lijar superficies especiales puede necesitar herramientas especiales. Estas incluyen una rasqueta de madera para pulido grueso, para cuando no puede sacar fácilmente el material viejo; una rasqueta de mano que afina aún más la superficie; y un cepillo (rebajador) que suaviza las superficies curvas como las patas. O haga su propio cepillo cosiendo con ganchos varias piezas de papel de lija, a una pieza de malla de nylon de tapicería, comprada en una mercería o en una tienda de materiales para tapicerías. La malla de nylon es flexible y puede desechar cada pedazo de lija a medida que se gasten.

UNA BUENA IDEA

Mientras esté dando nuevo acabado a sus muebles, ponga los herrajes de los muebles dentro de un recipiente con líquido para limpiar joyas. Quita la suciedad y da brillo.

Teñidos o pinturas, pinceles y recipientes para mezclar. Prepare la pieza, removiendo los herrajes y cubriendo el piso. Clave un clavo hasta la mitad, por debajo de cada pata, en mesas y sillas, para levantarlas un poco, de manera que cuando el acabado escurra hacia abajo, no se pegue al papel periódico o al plástico.

Aplique el solvente. En minutos la superficie comenzará a arrugarse. (Los solventes menos tóxicos trabajan más despacio.) Luego, con suavidad utilice una espátula para quitar el material que se desprende. Repita si es necesario. (Una de las razones, por la cual el solvente no tóxico es más lento, es que se seca. Si cubre la boca del recipiente que contiene el solvente, con una envoltura plástica, lo mantendrá pegajoso por más tiempo y trabajará mejor.)

Para muebles con mucho tallado, o superficies verticales, puede necesitar un removedor de pintura en aerosol.

Una vez que la mayoría del acabado viejo haya desaparecido, frote las superficies redondeadas con lana de acero fina. Creo que dejar un poco del acabado viejo dentro de las curvas y agujeros del tallado, le da a la pieza carácter. Muchos de los solventes actuales pueden ser lavados con agua. Antes de lijar, seque y deje que se seque aún más de acuerdo con las instrucciones de la etiqueta.

Preparar la madera para dar un nuevo acabado

Si el solvente que utilizó no necesita de lija o viene con un lavado que quita cada partícula de pigmento, puede omitir esta sección.

SACAR LOS ACABADOS CON UNA PISTOLA DE CALOR

Las pistolas de calor (*heat gun*) se utilizan a veces para sacar la pintura de superficies grandes porque son rápidas, pero no son recomendables para el metal pintado, en las superficies que tienen una capa delgada de pintura o para quitar acabados transparentes como el barniz. Tampoco se recomiendan para remover pintura que contenga plomo, ya que puede diseminar polvo con contenido de plomo, por toda la casa. (*Véase* la sección de "Seguridad" para la información sobre la pintura de plomo, página 283.)

Como la punta puede quemar su piel, y el calor causar quemaduras y hasta incendios, no utilice la pistola de calor, a menos que una persona experimentada le pueda enseñar como, y consiga una que tenga enfriado rápido.

Lijar sirve para sacar absolutamente todo el acabado antiguo, las imperfecciones de la superficie y para hacer que la madera quede uniformemente suave. Para las superficies planas, puede utilizar el bloque de lijar como he explicado, o el papel de lija. Si utiliza el papel, comience con uno de grano medio (el que elija dependerá de lo blando de la madera) y continúe con uno de grano más fino. Siempre frote a favor de la veta.

Si hay marcas en la superficie, cúbralas con varias capas de trapos y planche con ésta con el vapor más bajo, por 30 segundos a 1 minuto. Repita hasta que las fibras de la madera se dilaten. Trabaje con precaución; el calor y la humedad pueden causar marcas blancas. Las marcas y los agujeros que quedan deberán rellenarse con masilla para madera, madera plástica o crayones de cera del mismo color.

Aspire todo el aserrín y limpie con un trapo que no suelte pelusa.

El próximo paso será levantar la veta de la madera y lijar que todo lo que aparezca desnivelado. Empape la superficie de la madera, luego quite el exceso. Cuando el mueble se seque, lije hasta que el área quede lisa.

Blanquear la madera

El blanqueado es un proceso que me intrigó durante años, principalmente en relación con el pelo. Aprendí que blanquear los muebles es un proceso similar en lo que se trata de hacer el color más claro o sacarlo del todo. Puede utilizar blanqueador casero sin diluir —inunde la superficie y deje secar sin retirar el sobrante— pero las soluciones comerciales blanqueadoras, que generalmente requieren de un proceso de dos pasos, son más efectivas.

Los blanqueadores, como los removedores de pintura, deberán ser utilizados en áreas bien ventiladas. Use guantes de goma y anteojos protectores, para reducir el riesgo de irritación en la piel y los ojos.

Oscurecer la madera

La madera se oscurece con un tinte, luego se cubre con una capa de acabado protector; algunos productos combinan los dos procesos.

Prepare apropiadamente la madera. Si necesita repararla, utilice el relleno correcto (se explica más adelante en esta sección). Lea y siga las instrucciones en el tarro del tinte, y deje que el mueble seque bien entre capas para evitar que se dilate y se encoja.

El grano del final de la veta expuesta es muy poroso, así que absorberá más tintura y quedará más oscuro que otras áreas. Cúbralo con sellador uno o dos tonos más claro, antes de llegar al tono final del resto de la madera.

Para ir sobre seguro, elija un tinte que sea ligeramente más claro, que el tono que más le gusta. Siempre podrá oscurecer el mueble poniendo más capas de tintura. También es posible aclarar el tono del mueble cuando ha puesto un tinte demasiado oscuro, pero es más difícil; *véase* la sección "Problemas de los acabados" en página 271.

No mezcle ni empareje colores de diferentes fabricantes; si va a necesitar más de un tarro y tiene varios colores, mezcle todo primero para obtener un color uniforme. En lo posible, trabaje sobre una superficie horizontal para evitar que chorree y aplíquelo a favor de la veta.

Encime sólo las pinceladas mojadas para mantener el color uniforme. Mire la pieza desde distintos ángulos para ver los puntos que haya olvidado teñir, estos se verán opacos. Tiña de inmediato.

Tinture por último la superficie más grande.

Lea las precauciones de la etiqueta.

Escoger el acabado

Ya sea que usted blanquee y tiña la madera, o no, tendrá que protegerla del daño y de la humedad. Para elegir el acabado, la primera consideración es que uso va a darle al mueble. Una biblioteca recibe menos uso que la parte frontal de una cómoda. Cualquier cosa en la habitación de los niños, tiene muchísimo uso. (Una habitación con todo de acero sería la mejor elección, pero no tiene calor de hogar.)

Algunos acabados son difíciles de trabajar, algunos son más durables, algunos son más costosos. Pero yo creo que su preocupación mayor será cómo se verá el mueble. Analice las posibilidades en la tienda de pinturas o en la ferretería. Los acabados vienen en colores variados y grados de transparencia: desde transparente, a translúcido y opaco. También hay técnicas y equipos especiales para marmolizar, anticar y otros acabados para todos los gustos.

Acabados opacos

Los acabados opacos incluyen esmalte, pintura y laca pigmentada. La laca es difícil de aplicar en áreas grandes, porque tiene que hacerse con compresor. Si se trabaja con una pistola aspersora y un compresor, se necesita cierta habilidad. La pintura en rociador sirve para áreas y muebles pequeños.

Cualquier tipo de pintura se puede esparcir con pincel. Aunque la pintura látex, puede elevar el grano de la madera, porque es a base de agua, sólo lije cuando esté seca y aplique una segunda capa.

Acabados semiopacos

El acabado semiopaco se ve transparente, pero trabaja igual que el maquillaje: la superficie de la madera puede estar parcial o totalmente oscure-

PINTURA EN ROCIADOR

• La etiqueta puede advertir la necesidad de utilizar máscara.

• Agite bien el tarro. Antes de comenzar a trabajar, pruebe el rociador sobre un pedazo de papel. Si la pintura es transparente, necesita sacudirla más.

• Si rocía desde muy cerca, la pintura chorreará; si lo hace desde muy lejos, hará nubes de polvo y un acabado arenoso.

• Rocíe toda la superficie, incluyendo las esquinas, de una sola vez; no mueva las manos en forma de arco.

• Rocíe de izquierda a derecha, luego de derecha a izquierda, bajando una franja a la vez y encimando la franja anterior por la mitad.

cida. Esto se usa muchas veces para hacer que una madera barata se vea como una que vale mucho más. Puede utilizar un acabado transparente que ha sido mezclado con un agente colorante o una anilina.

Entre los acabados de aceite y cera, los mejores son los penetrantes que contienen una base de aceite de resina o una cera de resina con un tinte sellante. Como penetran entre los poros de la madera formando una capa sólida dentro de ellos, no trabajan bien en madera blanqueada, cuyos poros ya están cerrados por acabados anteriores. Por otro lado, tienen varias ventajas. Es fácil aplicar un acabado penetrante o un tinte sobre la madera natural, ya que sólo se frota, no hay necesidad de lijar entre capas, el acabado es durable, a prueba de agua y fácil de reparar. (Para arreglar un rayón, sólo frótelo con lana de acero y aplique otra capa.) Claro está que la desventaja es la dificultad que presentan para removerlos.

Acabados transparentes

Si la madera es bella y usted quiere mostrar la veta o si ya tiene en el color de su preferencia, deseará darle un acabado transparente y protector. Este puede ser un sellador como el poliuretano, una tintura al aceite como el aceite de linaza o el de teca, o barniz y laca. Para sellar y teñir al mismo

tiempo, puede utilizar un tinte preservante de aceite, que combine la transparencia con el poder protector de la pintura, o una combinación de tinte y sellador.

Problemas de los acabados

Desteñido. Después de aplicar un acabado al aceite, algunas maderas destiñen el exceso. Sólo limpie ocasionalmente, hasta que termine. Si hay puntos que han quedado muy secos, púlalos suavemente con una esponjilla de lana de acero fina.

Manchado. Algunas maderas (pino, abeto, abedul, arce) pueden teñir desparejo, porque los poros son variables. Ponga un poco de aceite en un trapo y frote las manchas suavemente, pero pruebe primero en un lugar poco visible.

Color demasiado oscuro. Si se ve muy oscuro en la lata, agregue una tinte más claro de la misma marca, del mismo fabricante. Si se da cuenta que está muy oscura después de haber pintado, limpie un poco y si ya ha secado, lave la madera con agua mineral.

Déjela secar. Lije suavemente, limpie y aplique un acabado natural para mantener la madera en el tono que eligió.

Pegajoso, viscoso. El acabado no se secó con un trapo, la madera está muy húmeda, o el color está destiñendo fuera de la madera. Moje de nuevo con más acabado y frote hasta secar con un trapo seco. Si esto continúa, pula con lana de acero fina y agua mineral.

Manchas de agua. Si el acabado no ha curado, el agua lo puede manchar. Pula con más acabado sobre una esponjilla de lana de acero.

Reparaciones de las superficies de los muebles
(*Véase* también, "Cómo quitar las manchas de los muebles", Capítulo 3.)

Rajaduras y rayas. Muchas rayas finas se pueden cubrir con lustrador para muebles. O puede utilizar un simple remedio casero como cubierta: mercurio, cromo y yodo, para caoba, cerezo o arce; betún líquido para zapatos para nogal y roble. Aplique con un copito de algodón, pula con trapo cuando esté seco. O frote la raya en el nogal con un trozo de la nuez del mismo árbol o una nuez pacana. Parece vudú, pero funciona.

Rellene rayas profundas con crayón o barras de cera. (Derrita el crayón o la cera, y guíe el líquido con la punta de un picahielo calentado en una vela, poniendo la punta sobre el daño, y manteniendo el crayón o la barra de cera sobre él). Rellene hasta que se desborde y después que haya enfriado por una hora, utilice una tarjeta de crédito plástica para raspar el exceso.

Un grupo de rayas como pelos pueden ser eliminadas, si disuelve un poco la superficie y el líquido fluye, juntándose en un proceso que se llama "reamalgamiento". (Yo quisiera que se inventara algo como esto, para la piel que envejece.) Primero, use un raspador de cera para sacar toda la cera acumulada. Luego necesitará, el solvente adecuado para el acabado específico. Si no sabe cuál es, tendrá que hacer una prueba en un lugar escondido de la pieza. Pruebe con un poco de solvente sobre la superficie y si se licua, ese es.

Comience con alcohol desnaturalizado (disuelve la goma laca). Si sólo la saca a medias, es probable que el acabado sea barniz de goma laca, así que combine 3 partes de alcohol desnaturalizado con 1 parte de solvente de laca. Si el acabado es barniz, puede mezclar mitad y mitad de trementina y aceite de linaza hervido. Si es esmalte con base de laca, requerirá solvente de laca. Necesitará un toque muy suave para que esto funcione correctamente. Si no quiere hacer la prueba, o si hay muchas rayas, sacar el acabado y volver a acabarlo de nuevo.

De todas maneras, este problema puede ser el resultado de saturación de agua en la madera, porque el ambiente esté muy húmedo. Aun si usted vuelve a hacer el acabado, puede volver a suceder.

Abolladuras. Aquí trabajaremos con calor y humedad, así que debe tener cuidado o puede producir manchas blancas que son peores que las mellas. Ponga algunas capas de tela sobre el área abollada. Luego, con la plancha de vapor en bajo, sosténgala por encima de la tela de 30 a 60 segundos y repita. Una barra de cera también puede rellenar una abolladura no muy profunda. Si no, pida ayuda profesional.

Podredumbre seca. Como se explicó anteriormente (*véase* "Podredumbre seca / podre-

---

CUANDO LAS TALLAS NO SE PUEDEN REPARAR

Muchas "tallas" en muebles poco costosos, son en realidad de plástico. Si se han agujereado o quemado, no tienen reparación posible con los métodos que se utilizan para reparar la madera. Si se dañó, lea la etiqueta del mueble —espero que la haya guardado— o contacte al fabricante para averiguar en qué madera es la del mueble, si es sólido o enchapado y qué componentes artificiales, si los tiene, se usaron para "hacer" la talla.

---

dumbre húmeda" en Capítulo 1), la humedad puede lograr que el moho crezca sobre la madera y otras paredes. También puede afectar los muebles, llegando a convertirlos en polvo. Si ve moho, pele y pida en la ferretería un fungicida y un retardante de la podredumbre seca. Si al pelar tuvo que sacar mucha madera desintegrada, es posible que necesite emparcharla.

Emparchar la madera. Lea la etiqueta del paquete para asegurarse que tiene el relleno apropiado para su trabajo. Aplíquela según las instrucciones y deje secar a fondo, antes de cubrirla con cualquier acabado, o se dilatará, encogerá o formará pequeños orificios. Un parche pequeño puede alisarse con una espátula de goma y lijarse con lima para uñas. Cubra con esmalte transparente o barniz, si quiere un acabado brillante.

Acabado descascarado y ampollado. Cuando un acabado es aplicado incorrectamente o cuando lo ha mezclado con otro acabado, con el que es químicamente incompatible, la pintura se levantará de la madera y deberá ser pelada. Muchas ampollas pequeñas en un solo lugar se podrían re-amalgamar (*véase* "Rajaduras y rayas", página 271), pero si el problema se presenta a causa de un ambiente demasiado húmedo puede probar, pero ocurrirá de nuevo.

Madera combada. El alabeo o combadura ocurre en una mesa cuando la parte inferior, que generalmente no se le da acabado (por costos), absorbe humedad, mientras que la parte supe-

TRATAMIENTO DE CALOR PARA LAS AMPOLLAS

Se puede reparar una ampolla pequeña en una superficie enchapada cubriéndola con un cartón y pasando la plancha tibia por encima hasta que la ampolla se aplaste. Deje el cartón allí, póngale encima varios libros u otros objetos pesados. Déjelos así por un día.

rior (que es a prueba de agua por el acabado) no. Como resultado, la mesa se comba un poco, y usted puede terminar con los platos y el salero en las rodillas. Para corregir el problema se requiere humedad y presión. Ponga la tapa de la mesa del lado que no tiene acabado, sobre el pasto húmedo y ponga peso sobre ella. Cuando se haya secado, dele acabado por los dos lados. O llévela a un ebanista.

ELIGIENDO COMPUESTOS DE PARCHEO

Compuesto	Buenas noticias	Malas noticias
Madera Plástica	Fuerte; seca rápido; premezclada. Viene en diferentes colores para diferentes maderas.	Sin veta, opaca, el parche se nota.
Masilla para Madera	Seca rápido; se encoge menos que la madera plástica.	Sin veta, opaca. El parche se nota; para colorear mezcle con betún líquido.
Masilla en barra	Fácil de usar; frote y retire el exceso.	No es muy durable.
Cera en barra o crayón	Viene en varios colores; frote, fácil de aplicar y rehacer.	No resiste mucho; puede desteñir sobre los otros acabados.
Compuesto madera / látex	Durable; se puede pintar y teñir.	

CAPÍTULO 7

La seguridad
EVITE Y SOLUCIONE EMERGENCIAS

Lo mínimo que debe saber acerca de la seguridad en el hogar:

- Qué hacer cuando hay fugas de gas
- Prevención de incendios
- Lugares importantes para la seguridad
- Preparándose para un apagón de corriente
- Solucionar peligros del medio ambiente
- Prevención contra intrusos
- A prueba de niños
- La comida sin peligros
- El botiquín de medicinas

El problema con mucha de la información sobre seguridad, es que no está *donde* la necesita, *cuando* la necesita. Si hay un incendio en la cocina, dudo que tenga la presencia de ánimo —o el tiempo— para sacar este libro y mirar el índice. Así que fotocopie y pegue la información donde la pueda necesitar: la información sobre los incendios en la cocina por ejemplo, dentro de un gabinete de la cocina.

Fugas de gas

Lea esta información con todos los miembros de su hogar.

Nunca utilice un fósforo para inspeccionar una fuga de gas.

Si usted *cree* que olió una fuga, con un pincel y una solución jabonosa pinte el área de la cañería en donde usted cree que está saliendo. Si hay una fuga, aparecerán burbujas en el sitio.

Si hay un fuerte olor inconfundible a gas, no verifique nada. Actúe de inmediato:

Apague todas las llamas: cigarrillos, estufa, etc. Pero si ve una llama saliendo del sitio de la fuga, déjela. Está quemando el gas y reduciendo la posibilidad de una explosión. También muestra el sitio de la fuga. Generalmente una llama no viaja por las cañerías si las válvulas están cerradas.

En una casa privada, puede cerrar la llave de paso del gas adentro de la casa, cerrándolo en el sentido de las agujas del reloj, hacia la derecha. (Recuerde: hacia la derecha está cerrado.) No toque los interruptores. Una vez que usted los haya cerrado, sólo la compañía de gas puede volverlos a abrir.

Abra las ventanas.

Si el olor es muy fuerte, evacue la edificación.

NO encienda fósforos ni encienda ningún motor.

NO encienda ni apague ningún electrodoméstico. La chispa que se crea en el interruptor, puede ser suficiente para encender el gas que se ha fugado. Por el peligro de las chipas, NO utilice el teléfono dentro de la casa. Si vive en un apartamento, golpee en las otras puertas para avisar a los demás residentes de la necesidad de evacuar, pero NO timbre. El pequeño interruptor que hay dentro del timbre puede crear la mínima chispa peligrosa. En vez, golpee en las puertas para advertir a los vecinos.

Llame a la compañía de gas desde un teléfono fuera del edificio.

Otras precauciones de seguridad

- No almacene blanqueador (o ningún otro producto que contenga cloro) cerca del calentador

ENVENENAMIENTO POR MONÓXIDO DE CARBONO

La combustión incompleta de los quemadores de gas puede hacer que se acumule el monóxido de carbono. Con el tiempo esto puede ser tóxico. Si usted y los demás miembros de su hogar se quejan crónicamente de dolores de cabeza, mareos, tos, zumbido en los oídos y / o visión de puntos frente a sus ojos, puede estar sufriendo de envenenamiento por monóxido de carbono. Busque atención médica inmediata y demande a la compañía de gas.

En casos más graves, las víctimas presentan náuseas, vómito, pierden el control muscular y a la larga pierden la conciencia y mueren.

Si cualquier llama de gas de la casa está ardiendo amarilla en lugar de azul, la situación es crítica. Llame a la compañía de gas.

de gas. La mezcla de gas con cloro produce vapores de cloruro de hidrógeno, que pudre las cañerías y la chimenea.

• Mantenga los solventes de pintura y los líquidos limpiadores lejos del gas.

• Si tiene un electrodoméstico que se prende con fósforo, tenga listo el fósforo frente al quemador ANTES de abrir el gas.

• Antes de hacer un pozo en el jardín, llame a la compañía de gas para saber dónde están las líneas. Si llega a una línea de gas, aunque sea por muy poco, llame a la compañía de gas para que la repare y la entierre de nuevo.

• El técnico del gas debe hacer una inspección anual.

Prevención de incendios

Me imagino que usted ya conoce las precauciones básicas, pero las repito para que quede anotado: no fume en la cama; no acumule basura inflamable o trapos empapados de aceite (*véase* "Limpiar la grasa" en Capítulo 3); haga limpiar regular-

mente las chimeneas y corrija o elimine cualquiera de los problemas siguientes.

Inventario de amenazas de incendio

(*Véase* también "Emergencias potenciales", Capítulo 5.)

Toma de corriente dañado. Si no funciona bien (por ejemplo, el electrodoméstico que se conecta allí, funciona unas veces sí pero otras no), revíselo, arréglelo o anúlelo.

Estufa. Debe estar lejos de materiales combustibles. Manténgala limpia.

Conexiones sueltas. Puede suceder si los electrodomésticos vibran. Los cables deben estar ajustados y los interruptores y los enchufes seguros.

Se apaga solo frecuentemente. Llame a un electricista para que llegue a la raíz del problema.

Demasiados cables alargadores o adaptadores de tomas múltiples. Es posible que necesite un circuito adicional.

Calefacción en el zócalo. Las cortinas que están sobre ella pueden incendiarse.

Lámparas de calor en el techo. Si una puerta abre directamente debajo de una lámpara de calor en el baño, una toalla que esté colgada de la parte superior de la puerta puede causar un incendio. Prevenga a sus amigos e invitados.

Equipo eléctrico o electrodomésticos dañados. Si no trabajan correctamente, tienen un cable dañado, un enchufe suelto, está conectado a un cable alargador defectuoso o si el panel de control no está instalado adecuadamente, hay peligro de incendio.

Sistemas de prevención

Detectores de humo

En nuestra casa cuando el detector de humo comienza a sonar, sabemos que el tocino está listo. Las falsas alarmas pueden ser increíblemente molestas pero valen la pena, los detectores de humo y los de calor salvan vidas. Conozco a una mujer que pone su gorro de baño sobre el detector de humo cuando está cocinando y a otras personas que lo desconectan, pero estas prácticas son potencialmente peligrosas. Puede olvidar quitar el gorro de baño o reconectar la alarma de nuevo.

LA MEJOR MANERA DE DOMAR UNA ALARMA DE HUMO SALVAJE

Si la alarma está sonando y no hay fuego, rocíe el aire debajo de la alarma con una botella rociadora de plantas. Esto acalla la alarma sin necesidad de retirarla de su sitio.

Instale detectores de humo sobre los marcos de las puertas de toda su casa, o por lo menos uno en cada nivel y uno para cada dormitorio. (Si los dormitorios están todos juntos, uno solo puede ser suficiente. Si hay dormitorios individuales alejados, es posible que necesite uno para cada uno.) En un piso sin dormitorios, ponga el detector de humo cerca de la sala. También debe haber un detector al comienzo de las escaleras del sótano. Instálelos siguiendo las instrucciones del fabricante o pida ayuda al Departamento de Bomberos.

Hay dos tipos de detectores. En un **detector de humo fotoeléctrico**, una célula fotoeléctrica "ve" las moléculas de humo y responde a ellas y al fuego sin llama —el tipo de fuego que causa un fumador— más que a los vapores. Generalmente los expertos recomiendan los detectores fotoeléctricos. Casi todos los fuegos de una casa producen humo denso más que vapores, antes de estallar en llamas y los detectores fotoeléctricos le dan una advertencia pronta.

La mayoría de los hogares sin embargo —más o menos el 85%— tienen **detectores de humo ionizadores.** Este tipo capta partículas ionizadas y responde rápidamente a incendios calientes con poco humo. También es más dado a las falsas alarmas.

Algunas compañías han combinado tecnologías utilizando sensores fotoeléctricos que también tienen sensores de calor.

Algunos detectores de humo tienen una instalación de luz que ilumina una ruta de escape, cuando el detector empieza a sonar. Otros vienen con voces sintetizadas por ordenador, que dan instrucciones de las salidas de emergencia. Y aunque la mayoría trabajan con batería, también hay detectores con cable resistentes, conectados al sistema eléctrico. (Se deben conectar para que todos suenen simultáneamente.) El problema con este sistema es que en caso de una falla eléctrica es inútil.

Pruebe el nivel de sonido del detector. Algunos llegan a 95 decibeles. El mínimo debe ser de 85, y el sonido debe atravesar algunas habitaciones. Por lo menos asegúrese que todos en la familia estén familiarizados con el sonido de la alarma de humo, de manera que si comienza a funcionar, no la confundan con la alarma de un carro que va por la calle.

Una amiga una vez comentó sobre las píldoras anticonceptivas: es increíble cómo pierden su efectividad si las deja en un cajón. De la misma manera, algunos detectores de humo no tienen ningún valor, si están rotos o sin baterías. Algunos de ellos zumban cuando las baterías necesitan cambiarse. Creo que vale la pena utilizar fechas importantes, como su cumpleaños o el primer día de cada estación para recordar tareas periódicas, como cambiar las baterías del detector de humo (y pedir la cita anual a su médico).

Cuando le cambie la batería aproveche para limpiarlo. Un limpiador para todo uso o un poco de alcohol servirán (pero lea las etiquetas por si acaso). La mugre sobre la superficie es una de las razones de las falsas alarmas, o —peor aún— para que no funcione.

Underwriters Laboratories, Inc., recomiendan limpiar y probar las alarmas *semanalmente*, para asegurarse que estén en orden.

Otros sistemas de prevención

Detectores de calor. Son particularmente útiles cuando se sitúan en el sótano, cerca del horno o del calentador del agua. Pueden detectar el cambio de temperatura causado por un incendio súbito, que puede no producir humo hasta estar muy avanzado.

También hay **empapelado "inteligente"** que trabaja en combinación con el detector de humo tipo ionizador. Early Warning Effect encontró que los recubrimientos de paredes de vinilo Koroseal, pueden "captar" el fuego antes de que se inicie y aun antes que el detector de humo dé la alarma. Si un pie cuadrado de él es calentado a 300°F (bastante por debajo del punto de ignición de los objetos más comunes de una habitación, aun del papel, que se enciende a 445°F), produce un vapor sin olor ni color, que enciende el detector de humo tipo ionización. El Early Warning

Effect le dará algunos segundos más de tiempo en el caso de un incendio que se mueva rápidamente y hasta media hora, cuando el calor de un posible incendio está aumentando.

Plan de emergencia

Todos en la casa deben saber en dónde está la alarma de incendios más cercana si hay un incendio y es peligroso demorar llamando desde la casa. Los niños deben saber cómo llamar al Departamento de Bomberos y cómo utilizar la alarma de incendios.

Haga una ruta de escape desde cada habitación y discútala con los miembros de la familia. Adviértales que si oyen la alarma, deben cerrar la puerta de la habitación en que estén. Si se siente caliente, la puerta no se deberá usar como salida. Planee rutas alternativas de escape si la salida obvia no está disponible. Una ventana que dé a un techado y acorta el salto hasta el suelo es una buena elección. Evite las ventanas que están localizadas justo encima de otras ventanas, porque las llamas pueden estar saliendo de la más baja.

Por seguridad guarde una escalera plegable de escape, cerca de cualquier ventana que pueda ser usada como ruta de escape. Si una habitación sólo tiene ventanas altas, o sólo delgadas, o el sótano sólo tiene escaleras para salir, piense si puede instalar una ventana más grande u otras escaleras.

Si usted vive en un área de alto riesgo, donde los incendios son comunes, es mejor que ponga los papeles importantes en una caja fuerte que pueda agarrar con facilidad cuando salga. Las jaulas y las correas de las mascotas, también deben estar en un sitio donde las pueda encontrar en un apuro.

Decida en dónde se encontrarán afuera si hay un incendio. Si hay un sitio específico donde encontrarse, será más fácil contar cabezas rápidamente y asegurarse que todos han escapado. Si hay un niño o un inválido en la casa que necesita ayuda especial si se presenta un incendio, contacte al Departamento de Bomberos de la localidad, para saber si tienen calcomanías especiales con este anuncio que se puedan pegar en la casa.

Tenga un taladro de incendios. Las compañías y los colegios los tienen, pero las familias muy pocas veces. Hasta que usted no tenga un simulacro, no sabrá dónde están los problemas potenciales.

Compra y uso de los extintores de incendios

Un extintor químico seco para todo uso con la más alta calificación (ABC), es efectivo contra cualquier fuego pequeño localizado, causado por un electrodoméstico, un líquido inflamable o cualquier otra situación cotidiana. Busque el sello que dice UL (Underwriters Laboratories, Inc.) o CSA (Canadian Standards Association).

La efectividad y la cantidad de material presurizado está en relación con el tiempo. Un extintor corriente contiene de 2½ a 7 libras que duran de 8 a 20 segundos. Elija uno que contenga como mínimo 4 ó 5 libras.

Revise el medidor de presión del extintor mensualmente. Si lo ha descargado sobre un fuego, o si la flecha indica "recarga" (*recharge*), hágalo con un profesional o compre uno nuevo. Instale uno lejos del fuego abierto, a 5 pies de altura del piso en cada habitación que tenga riesgo potencial de incendio (cocina, cuarto de trabajo, cuarto de servicio, garaje).

Los extintores caseros apagan el fuego con químicos secos o con dióxido de carbono. Es muy peligroso echar agua a un incendio eléctrico, porque si los líquidos son inflamables el agua hará que el incendio se extienda. Y si hay algún cable expuesto, recibirá una descarga.

PROBANDO UN EXTINTOR

Pruébelo en un fuego pequeño en un día sin viento. Para hacerlo funcionar recuerde la palabra **TAO. T:** tire del pasador. **A:** apunte. **O:** oprima la manija. No sostenga el extintor demasiado cerca del fuego. Después, deberá ser recargado.

Procedimiento en caso de incendio en la cocina

Copie estas instrucciones y péguelas donde las encuentre en un apuro.

NO USAR AGUA EN LOS INCENDIOS ELÉC-TRICOS.

El agua puede extender las llamas y ocasionar una descarga.

Utilice un extintor.

NO USAR AGUA, HARINA O ALMIDÓN SOBRE UN INCENDIO DE GRASA.

Utilice un extintor. O arrójele encima bicarbonato de soda o sal.

(El bicarbonato suelta dióxido de carbono, la sal extingue la llama.)

SI LA CARNE SE INCENDIA.

Apague la llama, saque la bandeja, y tírele encima un trapo mojado.

Si no le cuenta lo sucedido a la familia, es posible que pueda servir la carne como siempre.

FUEGO EN UNA OLLA.

Póngale encima la tapa, otra olla o hasta un plato.

Esto apaga la llama.

FUEGO EN EL TACHO DE BASURA.

El agua está bien.

Probablemente fue un fósforo.

SI EL FUEGO SIGUE CRECIENDO, LLAME A LOS BOMBEROS.

Otros peligros potenciales

Electrodomésticos

La clave para la seguridad de los electrodomésticos es la instalación. Todo deberá quedar perfectamente bien instalado por un electricista con licencia, que sepa cómo aplicar los códigos, cómo poner polo a tierra y como hacer las conexiones de agua, gas, cañerías y ventilación.

No utilice cables alargadores, o modifique el cable o el enchufe.

Todos los electrodomésticos grandes deben ser conectados directamente en circuitos eléctricos separados y toma de tierra.

Desconecte los electrodomésticos para lim-piarlos y para revisarlos. Desconecte los electrodomésticos pequeños después de utilizarlos.

Las puertas del horno de la cocina no deberán utilizarse como asiento o como escalera.

Las condiciones de temperatura deben ser las indicadas para cada aparato.

Lea los manuales para asegurarse que está usando todos los aparatos en forma segura.

PRECAUCIÓN: Hay cierta inquietud por el efecto carcinógeno de las ondas electro-magnéticas de bajo nivel, particularmente cuando afectan su cabeza y el área de los hombros. Algunas fuentes advierten acerca del uso del secador de pelo y reco-miendan no dormir con la cabeza cerca del reloj eléctrico. (Sepárelo a 3 pies.)

Lavaplatos

Utilice sólo los químicos recomendados por el fabricante.

No deje que los niños se suban o se sienten en la puerta.

Si algo se cae por debajo de la rejilla inferior, no lo retire hasta que la máquina se haya enfriado. (Por lo menos después de 20 minutos del final del ciclo.)

Lavadora y secadora

No combine cloro con amoníaco o vinagre, ni con removedor de óxido o cualquier otro ácido. Se pueden producir vapores peligrosos. (*Véase* "Recetas para el desastre", Capítulo 3.)

Mantenga los líquidos inflamables como los solventes, gasolina y queroseno, lejos de la lava-dora y la secadora.

Lave a mano y seque al aire cualquier tela que haya sido tratada con líquidos inflamables, antes de ponerla en la lavadora. Es sabido que algunos trapos empapados en aceite, han prendido fuego espontáneamente dentro de lavadoras y secado-ras. (*Véase* el recuadro de la página 135.)

Seguridad en el baño

Para prevenir escaldaduras, *véase* el recuadro "Prevenga quemaduras de agua caliente", Capí-tulo 5, en la sección del Mantenimiento.

Si su bañera no tiene texturizado de seguridad, instale **pegatinas antideslizantes.** Saque y cambie las viejas, si se están despegando.

Asas de soporte. Instaladas al lado de la bañera, son buenas para los ancianos y los niños.

Cambie el vidrio de las puertas, por vidrio templado o por plexiglás.

Secadores de pelo, cepillos de dientes eléctricos y otros aparatos deberán estar alejados del agua. Si alguien está sentado en el borde de la bañera y deja caer un aparato eléctrico que está prendido, el resultado puede ser fatal. (Algunos aparatos nuevos tienen un implemento que corta la electricidad automáticamente, diseñado para prevenir ésta situación.)

Abastecimiento de agua

El plomo (de la cañería de la ciudad) se puede acumular en las cañerías y pasar al agua que bebe. Utilice sólo el agua fría del grifo, dejándola correr por dos minutos cada mañana, antes de utilizarla para beber. (Guarde el agua que deja correr, para regar las plantas, para lavar ropa o el baño.) Hervir el agua no ayudará y más bien puede concentrar el plomo, lo que es muy peligroso si va a utilizar el agua para el biberón del bebé. Estudios nuevos muestran que ningún nivel de plomo es seguro para los niños.

Seguridad en el automóvil

Una banda fluorescente a lo largo de la puerta y del baúl del automóvil, le indicará a los otros conductores si su auto tiene una puerta abierta o si ha parado con el baúl abierto.

Yo compré un letrero de vinilo grande que se puede doblar y poner en la guantera. Dice ¡AYUDA! LLAME A LA POLICÍA. Lo pone en la ventana de atrás en caso que tenga que salir de la carretera. Creo que es una gran medida de seguridad. Si no lo puede comprar, haga uno en un pedazo grande de plástico, utilizando un marcador de color fluorescente contrastando.

Durante el invierno, mantenga en el baúl una pala, piedritas para la caja del gato o arena (para conseguir tracción).

Piscinas

Las piscinas son lo que legalmente se considera un "problema atractivo" y si hay un accidente, será usted al que ellos culpen, no el chico que se cae dentro. Probablemente hay regulaciones locales que le piden que cerque la piscina y si no es así, hágalo de todas maneras. La cerca debe tener una puerta con llave y un sistema de alarma de aviso. Asegúrese que el candado sea a prueba de niños.

Un salvavidas, una cuerda salvavidas y un gancho de rescate, deberán estar disponibles de inmediato. Coloque carteles con técnicas de salvamento de emergencia, en un lugar donde las puedan ver niños mayores y adultos.

Recoja todo lo que se infle y flote cuando vaya a abandonar la piscina, para evitar que un niño tenga la tentación de regresar a recogerlos.

Si tiene baldosas alrededor de la piscina, pegue apliques antideslizantes para la bañera, especialmente si hay niños pequeños. No mejoran todo el piso, pero ayudan.

Muchas piscinas públicas prohíben que los niños utilicen alitas de inflar para los brazos, porque dan exceso de confianza a los niños que no saben nadar. Si su niño las usa, adviértale que no se las puede quitar si no está usted presente.

Después de fiestas, limpie para que los niños pequeños no tengan la tentación de investigar lo que quedó. Inmediatamente retire vasos, botellas, jarros y bebidas alcohólicas.

Seguridad en la escalera

Las luces en línea son excelentes para los peldaños de las escaleras, especialmente para las de los sótanos o las muy empinadas o las escaleras angostas de servicio. Se puede utilizar cinta o pintura fluorescente, en los tramos que no están bien iluminados.

Si está proyectando los escalones, haga los pasos lo más anchos posible para que apoyen bien el pie.

Se consigue más tracción, mezclando arena en la pintura de la escalera.

También puede utilizar láminas de metal en forma de V o pirlán en vinilo. Se ajustan sobre el borde del escalón en el paso y el contrapaso, más o menos 1½ pulgadas. La parte superior, el escalón, es acanalado. Cómprelos por yardas en el centro de proveedores para la construcción. Los pirlanes metálicos se atornillan, los de vinilo se pegan con cemento de contacto fuerte.

O utilice una alfombra continua o camino, Para calcular las yardas que necesita, mida los escalones y los contrapasos y agregue 10 pulgadas. Elija un tejido plano y denso. Asegure el camino con una tachuela cada 2 pulgadas (cepille el pelo de la alfombra hacia delante y hacia atrás varias veces para esconder las cabezas). O utilice una varilla metálica en cada escalón, ajustada con tornillos con argolla. Los escalones gastados son peligrosos; mover la alfombra periódicamente (*véase* el recuadro "Dando pasos" en Capítulo 1) ayuda a reducir el uso.

Si su escalera no tiene baranda, instale una a lo largo de la parte de afuera de los peldaños, o ponga un pasamanos "flotante" a lo largo de la pared. Puede comprar las barandas en un depósito de maderas o en el centro de proveedores de construcción, con las abrazaderas apropiadas para su instalación.

Agregue un segundo pasamanos a la altura de los niños, si tiene algunos en casa.

La escalera debe estar iluminada desde arriba hasta abajo, asegúrese de tener un interruptor que la encienda desde los dos puntos; desde arriba si va a bajar o desde abajo si va a subir.

Pinte el peldaño superior e inferior de la escalera del sótano, con pintura brillante blanca o amarilla o neón. Ayuda con una sola mirada a ver el comienzo y el final de la escalera.

— Prevención de problemas en el aire libre

El sendero y la vía de acceso deben estar despejados.

Mantenga **las mangueras del jardín** enrolladas y colgadas o guardadas, no estiradas por el jardín, donde se puede tropezar. En un día muy caluroso, el agua que queda dentro de la manguera se puede calentar hasta alcanzar la temperatura de escaldamiento.

Si tiene **una toma eléctrica exterior**, ciérrela con una cubierta ajustable a prueba de los cambios en las estaciones.

Instale **iluminación a ras de piso** de bajo voltaje para la acera, la vía de acceso, el patio y la piscina, que se enciendan con un interruptor (desde adentro de la casa) o automáticamente con un cronómetro o por un sensor de luz, sonido o movimiento.

Instale una **luz de techo automática para la entrada** de la casa, unos 8 pies por encima del nivel del piso.

Párese en una plancha de madera o un tapete de goma, cuando trabaje sobre piso húmedo y **quite la electricidad cuando reemplace una bombilla exterior**.

—————— Otras medidas de seguridad

Alfombras. Incremente la tracción en los tapetes de área, con material antiescurridizo o cinta para alfombras. El material antiescurridizo se vende por yardas en los almacenes de alfombras. Compre uno que sea una pulgada más pequeño que el tapete. Póngalo en el suelo y luego cúbralo con el tapete. Si está utilizando la cinta de doble lado, compre suficiente para que le alcance para el perímetro del tapete, excluyendo los flecos. Corte tiras a la medida y pegue una a la vez. Para comenzar, pele sólo un pie del papel protector superior de la cinta, luego ponga el tapete en su lugar, presione firmemente. Continúe por los cuatro costados.

Chimenea. La cerosota, una sustancia inflamable parecida al alquitrán, se acumula en la chimenea y el conducto. Una forma para evitar esto es quemar tan sólo madera bien curada y seca, no productos de papel, o madera verde. Deje que el hogar se enfríe por 12 horas, luego retire las cenizas y el hollín que pueda tener chispas. La chimenea debe recibir una limpieza profesional periódica. (*Véase* "Limpieza de chimeneas", Capítulo 5.)

Puertas corredizas. Ponga calcomanías al nivel de los ojos en las puertas corredizas. Aun la gente sobria tiene la tendencia desafortunada de tratar de atravesarlas.

Teléfono. Para minimizar los riesgos de descargas e incendios:

• No utilice el teléfono en la bañera, ducha o piscina.

- No utilice el teléfono cerca de una fuga de gas. Una chispa puede comenzar un incendio.
- No utilice el teléfono durante una tormenta, los rayos pueden alcanzar las líneas.

Prepararse para apagones

Si vive en un área donde las tormentas eléctricas son comunes, prepárese de la siguiente manera:

Abastecimientos de emergencia. Un radio transistorizado, linternas a prueba de agua, baterías, linterna de alto poder, lámparas de aceite y velas. (No deje el combustible dentro de las lámparas, pero si en un lugar fácil de localizar.)

Comida y agua. Si el congelador no está lleno, guarde cartones de leche desocupados y limpios, llenos de agua. Si el congelador se apaga, el hielo mantendrá la temperatura baja. Mantenga 1 ó 2 galones de agua embotellada y un abastecimiento de comidas enlatadas y secas, reemplazándolas cada uno o dos años, por abastecimientos frescos.

Equipo de cocina. Si se va la electricidad, no podrá cocinar —las nuevas de gas, tienen ignición eléctrica—, así que compre alguna parrilla tipo *hibachi*.

Calefacción. Si hay alguna forma de operar manualmente su calentador de gas o de aceite, deberá saber como hacerlo. Si usted depende de calefacción eléctrica, investigue acerca de calentadores a gas, no eléctricos. Son peligrosos e ilegales en algunas comunidades, como en la ciudad de Nueva York.

Si recibe advertencia con anticipación:

Compre comida, agua, baterías, velas o combustible para las lámparas de aceite.

Llene el tanque de gasolina del automóvil.

Llene la bañera con agua, porque el servicio puede ser interrumpido.

Saque las velas y las lámparas de aceite.

Si el tiempo lo permite, ponga todo el hielo que esté hecho al refrigerador y prepare más en cartones de leche llenos de agua en el congelador.

Desconecte todos los equipos eléctricos; si la electricidad se va de manera súbita y regresa de la misma forma, esto previene que una sobrecarga cause daños.

Cuando se daña el congelador

Si está lleno, mantendrá la comida congelada por dos días, si está medio lleno, durará sólo un día. Mantenga la puerta cerrada y averigüe por cuánto tiempo faltará la electricidad.

Si no hay manera de encenderlo y la electricidad no volverá antes de dos días, mire si amigos (o el colegio, la iglesia o las tiendas locales) pueden mantener la comida en sus congeladores. También podrá alquilar espacio en congeladores comerciales o en una planta de almacenamiento en cuartos fríos, envuelva la comida en periódicos para aislarla, mientras la transporta.

O compre hielo seco, más o menos 2¼ libras por pie cúbico de capacidad del congelador. Unas 25 libras para mantener frío por 2 días un congelador de 10 pies cúbicos que esté medio lleno. Hágalo cortar en lajas, transpórtelo en un contenedor y no lo toque. Congela todo lo que haga contacto, incluyendo su piel. Ventile el área en la que esté trabajando, porque el hielo seco quita el oxígeno del área a medida que se evapora. Ponga el hielo seco en los compartimientos desocupados alrededor de los artículos congelados, pero sin tocarlo directamente, o coloque un cartón sobre la comida y ponga el hielo sobre él. 25 libras de hielo seco mantendrán un congelador de 10 pies cúbicos a una temperatura por debajo del punto de congelación por 3 a 4 días y si está medio lleno, por 2 a 3 días.

Si tiene el congelador lleno de hielo seco, no agache la cabeza sobre él, porque saca el oxígeno del aire y puede tener un problema respiratorio. Deje que el aire se mezcle dentro del congelador por unos minutos, antes de mirar dentro.

Cualquier comida que se vea extraña —en color u olor— deséchela. Si duda de algo, tírelo.

Para recongelar la comida, no la amontone. Ubíquela de manera que el aire frío circule a su alrededor. La comida será segura si se mantiene dentro de los parámetros, pero la calidad se puede ver afectada.

La carne descongelada, el pollo, los vegetales se pueden volver a congelar una vez que han sido cocinados. Si tiene una cantidad de comida descongelada, cocine un buen puchero con todo y congélelo por otro día. (Para más información sobre comidas congeladas, *véase* página 291.)

QUÉ DESCARTAR SI SE DAÑA EL CONGELADOR

Tipo de comida	Qué hacer
Aves,* carne,* pizzas, huevos, cacerolas con carne,* helado, queso crema, tarta de queso.	Vuelva a congelar si todavía tienen cristales de hielo y se siente como si estuviera refrigerado. Tírelo a la basura si se descongeló y estuvo expuesto a temperaturas de más de 40°F por más de 2 horas. (Compruebe poniendo un termómetro entre la comida y la envoltura.)
Quesos duros (Cheddar, Suizo, Parmesano)	Se puede volver a congelar, aunque haya estado a más de 40°F por más de 2 horas, si la calidad no ha cambiado.
Mariscos	No congele de nuevo.
Jugos de vegetales y vegetales	Congele de nuevo si todavía tiene cristales de hielo y se siente como si hubiera estado refrigerado. Tire a la basura los artículos que hayan descongelado y hayan estado expuestos a temperaturas superiores a los 40°F por más de 6 horas.

*Llame a USDA para consultas sobre carnes y aves: 1–800–835–3455.

Cuando se daña el refrigerador

La comida resistirá de 4 a 6 horas, menos tiempo si en la cocina hace mucho calor. Puede poner bloques de hielo para mantenerlo por un poco más de tiempo. He aquí algunas pautas específicas.

Las siguientes comidas no se deben mantener a temperaturas de más de 40°F. por más de 2 horas: cacerolas, requesón, crema, natillas, huevos, salchichas, jamones, carnes frías, carne, leche, ensaladas de pasta, aves, pudines, comida de mar, queso crema, crema agria, cocidos y yogur.

Peligros ambientales

Cuáles son los problemas

Hoy en día hay más cosas por las cuales preocuparse que nunca: peligros ambientales sobre los que no habíamos oído hablar hace una década. Por supuesto usted querrá examinar las condiciones de la casa que piensa comprar, pero también debería analizar la que vive actualmente. Una inspección de seguridad de su casa, con exámenes estándar, tiene un costo aproximado de 250 dólares. Si aparecen problemas, y se necesita una inspección más detallada, los exámenes de laboratorio pueden alcanzar 500 dólares o más. Deberá llamar a un profesional (búsquelo en las páginas amarillas bajo Servicios Ambientales y Ecológicos [Environmental and Ecological Services] o llame al Departamento de Salud [Department of Health] para una recomendación), pero puede comenzar por su propio inventario.

Asbesto. El asbesto es un aislante efectivo, pero a medida que se deteriora, quedan en el aire fibras carcinógenas. Lo que lo sorprenderá es en cuántos lugares se encuentra asbesto: laminados de piedra, pisos de baldosa, techos, calefacción y conductos, aislamientos, cielos rasos acústicos, y hasta en el yeso decorativo. Antes de comenzar una remodelación, pídale a su contratista que haga una inspección. Una amiga mía iba a arrancar una sección de piso viejo de vinilo, hasta que lo examinaron y descubrieron que contenía un 45% de asbesto. En lugar de arrancarlo, tomó el camino más seguro y lo cubrió con otro piso. Esto podría ser obligatorio en algunos Estados.

Por ejemplo en Connecticut es ilegal arrancar una sección de piso de asbesto de más de 3 × 3 pies. Si se encuentra asbesto en el piso o la pared, la solución es sellarla y no tocarla durante la remodelación.

Fumigantes. Un fumigante altamente tóxico para exterminar termitas llamado Chlordane, fue utilizado hasta 1987. Sus efectos duran por años y causan tanta preocupación, que hay personas que no comprarían una casa que tenga rastros de éste.

Pintura de plomo. Aunque el contenido de plomo de la pintura ha sido limitado por ley desde 1978, todavía es muy común en las casas que han sido construidas antes de 1980. Las casas tienen más pintura con plomo que los apartamentos, especialmente sobre las superficies de metal (radiadores y rieles) y muchas veces en las ventanas, puertas, escaleras y columnas. Como ocasiona problemas neurológicos (especialmente en los niños), es un motivo de preocupación.

Los equipos de prueba no son tan seguros como una inspección ocular de un experto para determinar si hay plomo. Pero la pintura vieja que se está descascarando generalmente lo contiene. Si lija, el polvo vuela por toda la casa, si lo raspa los pedacitos se meten en la alfombra y la tierra. La mejor solución es cubrirlo con pintura nueva o empapelado.

Si hay que raspar y repintar una pared que se está pelando y descascarando, contrate un pintor que sea especialista en la supresión del plomo; ésta no es una obra para que haga usted misma. Los trabajadores deberán utilizar máscaras con filtros de aire de alta eficiencia. Para limitar el polvo, cuelgue cubiertas plásticas y pida que limpien cada día. No aspire usted, porque las partículas se adherirán a la bolsa de la aspiradora y después las esparcirá por toda la casa. Manténgase alejada de la casa mientras remueven la pintura con plomo. El polvo es el problema real para todos, especialmente para mujeres embarazadas.

El agua que gotea de los aleros de la casa y sobre la pintura exterior con plomo, puede causar eventualmente, contaminación de plomo en la tierra, así que no será el mejor lugar para sembrar vegetales.

Hay folletos gratis disponibles acerca de la prevención del envenenamiento por plomo en el estado de Maryland. Llame al (401) 631–3859 o escriba a Maryland Department of the Environment, 2500 Broening Highway, Baltimore, MD 21224.

Radón. Es más común en el Este de los Estados Unidos, el gas radón subterráneo es la primera causa de cáncer pulmonar. Puede comprar un equipo para examen casero y enviarlo completo para los exámenes de laboratorio. Si el radón está presente, disponga una supresión, lo que conlleva la instalación de un sistema de ventilación, que aprisiona el gas o lo expulsa fuera de su casa por el techo.

Medidas contra los intrusos

He leído muchos artículos sobre cómo incrementar la seguridad de su casa contra los ladrones y dan consejos como: "No muestre lo que tiene". En otras palabras si lo tiene, no lo ostente; una recomendación que para mucha gente es imposible de seguir. Si pertenece usted a esta categoría, entonces deberá prestar atención especial a los consejos sobre cómo mejorar la seguridad de su casa.

Muchas recomendaciones terminan siendo simple sentido común. Deje luces prendidas cuando sale de la casa, para que piensen que hay alguien allí. Todo el mundo sabe esto, incluso los ladrones, pero creo que de todas maneras vale la pena. Muchos ladrones sacan ventaja de parecer tonto. El robo típico ocurre en un día soleado de verano, y uno de cada cuatro ladrones entra en su casa por una puerta o ventana sin seguro. Generalmente dejan los televisores y las computadoras todas las cosas pesadas y se llevan las cosas fáciles como los radios, vídeos, cámaras y joyería.

Usted puede comprar aparatos costosos que encienden las luces cuando usted no está —éstas trabajan con el sistema eléctrico y tienen cables—

pero hay muchas alternativas poco costosas para enchufar en las tomas de la pared:

• Pequeñas luces nocturnas automáticas, que tienen un "sensor de luz día" que enciende las luces de noche y las apaga con la luz del día.

• Los interruptores automáticos de luz se pueden equipar con un sensor de sonido que prende una lámpara cuando "oye" un ruido, luego la apaga cuando el sonido se va; presta un buen servicio en una casa desocupada. Una lámpara con cronómetro se puede programar para encender y apagar las luces a la misma hora todos los días o en horarios diferentes.

Obviamente, usted deberá programar los tiempos, de manera que las luces estén en diferentes habitaciones en las horas apropiadas: comedor y cocina a las horas de las comidas, los dormitorios más tarde, las luces del pasillo o las exteriores de último. Para ser un poquito más cuidadosa, puede conectar también radios y / o televisores a los cronómetros, para que se oiga el sonido de personas conversando.

Las pantallas cerradas son una advertencia de que no está en casa. Las puertas del garaje abiertas —sin un auto adentro— ofrecen el mismo mensaje. Una amiga que vive sola mantiene en el garaje una chatarra que ya no funciona, como segundo auto, y así se ve ocupado cuando ella no está.

Mantenga el perímetro y la entrada de su casa bien iluminados y visible desde la calle. Corte los setos y los árboles que se acerquen demasiado a las puertas y ventanas. Instale rejas en las ventanas en las áreas peligrosas.

En un edificio de apartamentos, es posible que usted tenga una puerta especial, resistente al fuego, pero si su casa o apartamento tiene una puerta de entrada hueca, de madera blanda, reemplácela por una de madera dura o metálica. O refuerce una hueca, de manera que no pueda ser empujada hacia adentro fácilmente. Puede hacerlo usted misma, clave una lámina de madera terciada de ½ pulgada, o una de metal en el interior de la puerta. (Necesitará taladrar el orificio para la manija y reinstalar las cerraduras.)

Para probar si la puerta está bien asegurada en las bisagras, sostenga una pieza de madera de ⅜ de pulgada de ancho, contra la placa de metal que recibe la cerradura y trate de cerrar la puerta. Si la puerta cierra por encima de la madera, las bisagras están sueltas y necesitan reparación.

INSPECCIÓN DE SEGURIDAD

Dispositivos de seguridad

Sistemas de alarma. Es buena idea instalar una alarma, ya que las casas sin alarma tienen seis veces más posibilidades de ser robadas. En 1992, 17 millones de hogares las habían instalado. Como las alarmas se han vuelto muy populares, más compañías las están fabricando y por eso los precios han bajado. Además, las compañías de seguros bajan la prima de las pólizas entre un 2% a un 15%, cuando el dueño tiene una alarma instalada.

Pregunte en la policía local para que le recomienden el sistema más útil. Algunas suenan, otras son silenciosas. Para estar bien protegido, necesita un sistema de alarma con sensores que monitoreen límites, como el jardín del frente, la verja, las ventanas o las puertas.

Los sensores de movimiento / calor, tanto como las alarmas baratas unitarias (operadas por baterías o enchufadas), son propensas a las falsas alarmas y como no se encienden hasta que el intruso está adentro, no son de mucha ayuda si usted está sola en casa.

Como medida de seguridad adicional, debería tener una sirena exterior o un teléfono de marcado automático, que alerte a alguien fuera de la casa, avisando que ha sido transgredida la seguridad.

Los sistemas sin cableado utilizan sensores para enviar transmisiones de radio a una central

ANTES QUE LE ROBEN

• Haga un inventario y marque la joyería, los equipos electrónicos, las cámaras, las obras de arte, las antigüedades, la ropa costosa, etc. Anote los números de serie y las marcas de identificación.

• Consiga una "herramienta para grabar con tinta invisible", del departamento de policía, para marcar su cámara, televisión, etcétera, ya sea con un código especial que ellos le proporcionen, o con el número de su licencia de conducir. Si las cosas están marcadas, son más fáciles de identificar.

• Fotografíe sus valores individualmente, o en su posición normal (por ejemplo el VCR con la televisión). Haga duplicados de las fotografías y guarde un juego de ellas en una caja de seguridad o con un abogado. (*Véase* "Cómo proteger los objetos preciados", Capítulo 8, para saber más sobre los inventarios de la casa.)

de control. Los sistemas de cableado duro, de bajo voltaje, habitualmente se arman y desarman en un tablero de programación, situado en la puerta de entrada. En general, el paquete básico para el sistema incluye la instalación; un panel de control, respaldado por baterías (4, 6 ó 12 horas); tablero con botón de pánico; marcador digital para la línea telefónica que contacta automáticamente a la policía local o a un servicio central de monitoreo de seguridad; detector de movimiento y/o de humo/calor; 3 contactos de puerta/ventana; y una sirena interior (u otro ruido, luces fuertes, o ambos).

Se puede incluir un tablero adicional, más contactos para las ventanas, sensores para las puertas de vidrio, con un detector de vidrio roto. Algunas compañías le venden un paquete con el sistema y la instalación. Otras permiten que usted la instale o que un contratista lo haga. La instalación de un sistema central tiene un costo de 2.000 dólares o más; hacerlo usted mismo le costará unos 300 dólares.

Los instaladores deben estar certificados por la Asociación Nacional de Alarmas contra Ladro-

nes e Incendios (National Burglar and Fire Alarm Association). Compare los precios de 2 ó 3, y antes de firmar ningún contrato, asegúrese que incluye un plan completo que cubre los siguientes puntos:

Instalación del equipo (incluyendo el panel de control).

Localización de todos los sensores.

Cableado si se necesita y si la instalación necesita meterse dentro de las paredes.

Nombre y costos del servicio de monitoreo. Si la alarma está conectada a un teléfono de marcado automático, el servicio llama a su casa. Si alguien da bien la contraseña, la llamada se considera falsa alarma. Si no el servicio contacta a la policía o al Departamento de Bomberos. La mayoría de las veces, la policía no acepta sistemas conectados directamente, porque las falsas alarmas son frecuentes.

Términos de las garantías: generalmente entre 90 días y 18 meses.

Visor en la puerta. Es una mirilla que le da una visión de ángulo amplio sobre el que llama, manteniendo la puerta cerrada. Si sus hijos corren a abrir la puerta, instale una segunda mirilla a su nivel.

Cerraduras. Para seguridad completa necesita una cerradura, montada en la superficie o instalada en un cilindro que atraviesa la puerta. En ambos casos, usted le da vuelta a una llave o presiona con el pulgar, para soltar el pasador que cae horizontal o verticalmente. A mí no me gustan las cerraduras que requieren una llave en el interior, y que en algunos lugares son ilegales. Aunque usted puede decidir dejar la llave puesta, las cosas no siempre funcionan como uno quiere. Si hay una emergencia de incendio o de gas y la puerta está cerrada desde adentro y no está la llave, podría ocurrir una tragedia. Y si se deja la llave y está cercano a una ventana, el ladrón puede romper el vidrio y abrir desde adentro.

Revise los tornillos del cuerpo de la cerradura, que es el "marco" metálico a través del cual pasa la chapa. Si tienen menos de 3 pulgadas de largo reemplácelos.

Placas metálicas. Dan excelente protección. Son atornilladas a través de la puerta para cubrir los cilindros de la cerradura. Es difícil para los ladrones taladrar para removerlas, ya que sólo queda expuesto el orificio de la llave.

Iluminación exterior. Tener un interruptor al lado de su cama que pueda encender las luces de afuera, no sólo es un buen disuasivo sino da tranquilidad. Si usted oye un ruido sospechoso afuera, puede iluminar el área.

Puertas corredizas. Se pueden asegurar con una cerradura de cuña especial. O tan sólo con una barra de madera de ¾ de pulgada cortada al largo exacto, para que quede dentro del riel inferior con la puerta cerrada. Nadie podrá abrir la puerta, aunque el cerrojo esté abierto. (De la misma manera, si usted introduce una barra igual en el riel vertical de la ventana, justo encima del pestillo, la ventana no podrá abrirse.)

CERRADURA DE CLAVIJA

ASEGURAR CON UNA BARRA

CONSEJOS SOBRE LLAVES

• No ponga su identificación en las llaves. Si se pierden, ¿por qué darle la oportunidad a un ladrón en potencia, de saber exactamente a qué dirección ir? Si usted quiere algún tipo de identificación en ella, utilice la dirección de algún vecino. La llave no servirá allá.

• Taladre un orificio en la llave de la puerta principal, de manera que la encuentre fácilmente entre todas las demás, aún en la oscuridad.

• Mantenga las llaves de su casa en un llavero distinto de las llaves del carro, de manera que si pierde la llave de su carro en alguna parte, nadie pueda copiar la llave de su casa.

Cerraduras de ventanas. Generalmente un intruso en potencia se desanima con sólo encontrar trabadas las ventanas. Utilice además una barra vertical de seguridad, o asegure una ventana de guillotina taladrando un par de huecos de ⁵⁄₁₆ de pulgada, en los dos extremos del bastidor de la ventana, en donde los dos marcos se sobreponen. (No atraviese el bastidor externo.) Deslice un perno o una clavija de 3 pulgadas, cuando quiera abrir la ventana retírelos desde adentro.

A prueba de niños

En la última década, los fabricantes han ideado una gran cantidad de artilugios a prueba de niños (cerraduras, rejas, manijas, etc.), pero no hay artefactos que garanticen seguridad absoluta. Conozco a un niño que se las ingenió para encontrar y tragarse una píldora contra el asma que estaba dentro de un recipiente cerrado, en una cartera cerrada, dentro de un cajón cerrado y en una habitación cerrada. Creo que ni siquiera Houdini lo hubiera hecho mejor.

Nada es mejor que vigilar a los niños uno mismo, pero debe tomar todas las precauciones mecánicas posibles. La mayoría de los padres primerizos que conozco, van al almacén en donde compran biberones, pañales, y otras provisiones para bebés, para investigar todos los artículos diseñados para hacer su casa a prueba de niños. Yo supongo, que usted también. Mucha de la información que doy a continuación, usted ya la debe conocer, pero he tratado de incluir algunos problemas que tal vez no haya imaginado. Algunas personas piensan que enseñar a los niños a obedecer a un "No" en voz alta, es un sustituto adecuado a las medidas de protección del bebé, pero obviamente son padres de niños inusualmente dóciles.

Dentro de la casa

Electrodomésticos. Los electrodomésticos pequeños con aspas que rotan o cuchillas, como las batidoras y los procesadores de comida, deben ser guardados fuera del alcance. Nunca deje un cable colgando de la mesada, porque el chico lo puede agarrar y tirar el electrodoméstico al suelo. Desenchufe la tostadora —y otros electrodomésticos— cuando no los esté utilizando.

Almohadas de bebé. Si tienen relleno suelto con bolitas plásticas, cuentas, o espuma, pueden causar sofocación.

Baño. Un niño se puede ahogar hasta en una pulgada de agua en una bañera y hay niños que se han caído de cabeza y ahogado dentro de la taza del inodoro. Hay una tapa de inodoro con bisagras y seguro, que se agarra al borde de la taza.

Gabinetes y cajones. Los niños pequeños quedarán fuera de los gabinetes con sólo poner una banda elástica entre dos manijas paralelas, pero necesitará algo más sofisticado a medida que los chicos crecen. Hay gran variedad de seguros disponibles, desde los artefactos en forma de U, que se deslizan agarrando dos puertas del gabinete al mismo tiempo, evitando que un niño (pero no un adulto) sea capaz de abrir las puertas o deslizar los cajones.

Cuna. Las cunas nuevas deben tener entre los barrotes menos 2⅜ de pulgada. Una cuna con barandas que se bajan, puede tener los barrotes tan separados que el niño pueda meter la cabeza a través de ellos y quedar atrapado. Asegúrese que no haya barrotes sueltos y que las partes funcionan perfectamente (las que bajan, que no se bajen con la sola presión que hace un niño al recostarse) y que no haya bordes filosos o herrajes sueltos. Si la cuna es vieja, *véase* las precauciones sobre la pintura de plomo, página 283.

Manijas. Hay cubiertas especiales que evitan que el niño dé vuelta a la manija y entre a la habitación equivocada o que se quede encerrado adentro o afuera. También hay un seguro para niños para puertas plegadizas. Un buen truco de seguridad es poner una toalla colgada en la parte superior de la puerta del baño cada vez que un niño entra: así no hay forma que la puerta se cierre. (Pero si hay una unidad de calefacción en el techo, esto puede causar un incendio.)

Puertas. Si hay una mascota o un niño en la casa, usted puede no desear que él / ella entren a la habitación donde duerme el bebé. Instalar una puerta de malla en esa habitación mantiene los huéspedes indeseados afuera, mientras usted puede vigilar lo que sucede adentro. O instale una puerta Holandesa (cierra abajo y abre arriba).

Escondites. Deshágase de los cajones vacíos o semivacíos, del congelador dañado o de la secadora fuera de uso. Quítele las puertas. Llame y averigüe si el Departamento de Sanidad local o la empresa de servicio público tienen programado recoger estas cosas.

Sillas altas y cochecitos. Estos deben tener cinturones de seguridad. Ponerle una bandeja o topes de goma bajo la silla hace que ésta no se deslice. Plantas de interior. Además del problema potencial de la mugre y los fragmentos de maceta cuando un niño tumba una planta, también existe el peligro de envenenamiento inadvertido. Saque las plantas pequeñas o póngalas en un sitio completamente inaccesible.

Tomas eléctricas. Mi hijo era capaz de retirar los protectores de la toma fácilmente. Finalmente lo solucioné con una cubierta para tomas dobles que se atornilla a la tapa; cada cubierta debe ser girada 90 grados para exponer el enchufe. También puede encontrar pequeñas cerraduras, que caben dentro de los huecos de los conectores de los enchufes de los electrodomésticos. Cuando está colocada, el aparato no se puede enchufar. Cuando usted lo retira para utilizar su máquina, guárdelo temporalmente alrededor del cable para encontrarlo fácilmente.

Puerta del patio. Hay un seguro con una ventosa, que evita que el niño pueda abrir las puertas corredizas y una guardaportazo (*slam guard*), que evita que los dedos del niño, queden aprisionados cuando se cierra la puerta.

Envenenamientos. Casi todos los químicos de la casa pueden ser tóxicos para los niños. Compre ipecacuana (*ipecac*), que induce el vómito si tiene niños pequeños y mire periódicamente la fecha de vencimiento. Sin embargo, si usted cree que su niño se ha tragado algo distinto a la comida, no administre la ipecacuana ni ningún otro remedio contra venenos, sin llamar primero al Centro de Control de Envenenamiento (Poison Control Center) de su localidad. (Tenga el número donde lo encuentre rápidamente. En algunos casos se debe inducir el vómito y en otros es muy peligroso, así que averigüe primero antes de actuar.)

Corrales. Si están hechos de malla, pueden formar bolsillos entre el costado y la base que pueden atrapar a los niños. El tejido no debe tener más de ¼ de pulgada.

Refrigerador. Algunos tienen cerradura incluida, pero también puede comprar uno en forma de barra que se traba sobre la manija que está en la puerta. Bordes filosos. Deshágase de las mesas de café en vidrio y ponga cubiertas sobre las sillas que tengan bordes filosos.

Estufas. Necesitan atención especial. Instale una malla de 3 lados alrededor de la estufa (ajuste los lados a la pared con abrazaderas) de manera que el niño no los pueda tocar ni caerse encima.

Escaleras. Las rejas de seguridad modernas (con barras verticales a lo largo de la parte superior y la base de la escalera) son mejores que los modelos tipo acordeón, donde los chicos pueden atrapar su cabeza.

Cocina. Si los controles están en el borde frontal, sáquelos. Es incómodo tener que ponerlos cada vez que quiera cocinar, pero si están descuidados son un gran peligro. Voltee las manijas de las ollas hacia la parte de atrás de la cocina mientras está cocinando. (Si no lo recuerda, pegue un recordatorio.)

Tapetes blandos. Muy resbalosos. Peligroso.

Ventanas. Asegúrese que sus muebles y objetos no están colocados de tal forma, que el niño sea atraído o tenga la posibilidad de treparse hasta la ventana. Instale rejas para ventanas (que pueden ser requeridas por la ley en donde hayan niños pequeños).

Juguetes seguros

En esta industria hay una gran cantidad de autorregulaciones y a menudo se oyen reportes de reclamos. Pero nadie puede anticiparse a lo que

---

SUSTANCIAS VENENOSAS

Productos hogareños que son potencialmente venenosos:

- Blanqueadores
- Solventes de limpieza
- Limpiadores
- Detergente para lavaplatos
- Limpiadores de cañerías
- Removedores de agua dura (depósitos minerales y de cal)
- Jabones para ropa
- Lustradores de aceite para muebles
- Limpiadores de hornos
- Prelavado y removedores de manchas
- Removedores de óxido
- Limpiadores para la taza del inodoro

---

un chico considera un "juguete", generalmente comestible. Fichas de crucigrama, globos reventados y hasta piezas pequeñitas de Lego, pueden ser ingeridas. De todas maneras, hay unas normas de seguridad que usted puede tener en cuenta: los juguetes de armar anteriores a 1976, pueden estar pintados con pintura de plomo. Tírelos.

Sonajeros. No deben tener bordes filosos y deben ser suficientemente fuertes para que no se rompan si el bebé los golpea, pues las piezas pueden terminar en la boca del bebé.

Juguetes de tiro. Las cuerdas no deben tener más de 12 á 14 pulgadas, para ser seguras ante una estrangulación accidental.

Juguetes blandos. Deben estar etiquetados con "retardante de fuego" (*fire retardant*). Las costuras deben ser fuertes para que el niño no las pueda abrir. Las caras más seguras de los juguetes son las que están bordadas, porque la nariz de una muñeca, los ojos, la boca, las orejas y las lenguas pueden ser arrancadas y tragadas.

Juguetes que se aprietan y hacen ruido. Son más seguros cuando el pito está moldeado dentro del juguete y no suspendido en la cavidad del juguete o sobresaliendo parcialmente de él (como un ombligo). Los niños que rompen los juguetes se pueden tragar los pitos.

Pila de anillos. El juguete está bien, pero aléjese de los que están construidos con un poste central de madera. Los niños se pueden caer sobre él. Elija uno con una base mecedora o sin base.

Baúles de juguetes. Deben tener una de dos, o tapa removible liviana o un artefacto que mantenga la tapa abierta cuando está abierto. A los chicos les gusta meterse adentro aunque estén llenos, así que asegúrese que el baúl tenga huecos de ventilación apropiados y bordes con un terminado suave que no los raspe ni los pinche.

Supervise los juegos donde los niños pequeños quieran jugar con los chicos mayores. El sobrino de seis años de mi amiga le estaba dando hojuelas de maíz a su primo de dos años, y quiso saber si el bebé tenía dientes. No todos los niños comprenden lo que un pequeño puede morder.

Fuera de la casa

Aunque este tópico está un poco por fuera de los intereses de este libro, quisiera señalar que del cuidado con que usted haga y comunique las reglas, puede haber una diferencia entre la vida y la muerte.

De todas formas, no tiente a la suerte. Un niño pequeño solo en el jardín de atrás o en un área abierta, ignorará sus advertencias de no gatear ni investigar nada interesante y se meterá en la boca el primer bicho que se encuentre.

Un teléfono inalámbrico o un cable de alargue, son una buena inversión para la seguridad: con ellos, puede estar afuera vigilando aunque suene el teléfono.

Una de las mejores recomendaciones para los niños es decirles que si se pierden o se separan de sus padres, le pidan ayuda a alguien que esté trabajando, más que a cualquier otra persona. Con un poquito de práctica, hasta un niño chiquito puede identificar quién está trabajando —el dependiente de una tienda, una persona en uniforme, el vendedor de billetes— la mayoría de las veces.

Animales. Enséñele a los niños a no tocar, no perseguir, no dar de comer a ningún animal que no conozcan.

Balcones. La cincha de tejer asientos se puede colocar por entre los postes del balcón cuando las aberturas son peligrosamente amplias.

O cúbralas con malla para jardín (que se vende para mantener los pájaros fuera).

BALCÓN A PRUEBA DE NIÑOS

Automóviles. Cuando usted está buscando la silla para el auto, seleccione una que esté etiquetada como "probada dinámicamente" (*dynamically tested*). Esto quiere decir, que ha pasado pruebas de accidentes en la fábrica. Siga las instrucciones del fabricante con exactitud, cuando instale la silla. Si el niño es muy activo, asegúrese que no pueda destrabar los seguros de la puerta o que de alguna manera sea capaz de salirse de su silla y colgar por fuera de la ventana. Asegúrese que las ventanas estén cerradas, dejando una abertura de 1 pulgada. Adviértale a los niños que el auto no se moverá, hasta que todos tengan el cinturón puesto.

Cercas. Deben tener postes verticales (donde sea difícil hacer pie para trepar) y la puerta debe tener un cerrojo.

Venenos. Todos los fertilizantes o pesticidas deben estar bajo llave.

Columpios. Asegúrese que los columpios estén instalados por lo menos a 6 pies de la pared o la cerca, para que los niños no golpeen ningún objeto sólido cuando los utilizan. Inspeccione las amarras especialmente después del invierno, cuando la nieve y el hielo pueden haberlas dañado. Asegúrese que todas las partes trabajen bien, que las sillas estén agarradas por las cuatro esquinas, que no haya lazos ni cadenas que necesiten ser reemplazados y que todos los pernos estén ajustados. Las cadenas muy oxidadas deben ser reemplazadas, pero las que apenas comienzan a oxidarse se pueden cubrir con plástico, y un trozo de manguera puede acolchonar el frente de la silla de un columpio.

Herramientas. Una podadora de césped eléctrica y las herramientas afiladas del jardín son juguetes tentadores, especialmente si los chicos han visto como se usan, guárdelas bajo llave.

Piscina para niños. Ponga en el fondo apliques de bañera, evitará resbalones.

Manejo seguro de la comida y el almacenaje

Evitar el envenenamiento

Para mí, las cosas más peligrosas de la cocina son las galletas. Pero la intoxicación por comida no es un chiste. La gente de edad, la gente con el sistema inmunológico débil y los niños son los más vulnerables, pero muchos de los hoy llamados "casos de influenza" y los estómagos indispuestos, verdaderamente son intoxicación por comida.

Asegúrese que su refrigerador está a 40°F y el congelador a 0°F o menos.

Los alimentos enlatados deben estar en un lugar frío y seco, no sobre la cocina ni debajo del fregadero, ni en el garaje o en el sótano húmedo.

No descongele la comida a temperatura ambiente.

No disemine las bacterias de las comidas crudas a otras comidas. Lávese las manos, utilice una tabla de picar de plástico y no coloque las hamburguesas cocinadas o las carnes en la bandeja sin lavar donde usted marinó la carne o la llevó hasta la barbacoa.

No deje la carne a temperatura ambiente más de 2 horas, si no puede mantener las cosas del *buffet* sobre hielo, entonces vaya sacándolas del refrigerador poco a poco. Lo mismo sucede con las comidas calientes.

No cocine parcialmente la comida, para terminar de cocinarla más tarde. Pueden crecer las bacterias que no han sido destruidas por la cocción final.

Si tiene bastante comida caliente para refrigerar, viértala en recipientes playos pequeños, para un enfriamiento rápido.

DESCONGELAR EL PAVO

Si lo va a descongelar en el refrigerador, necesitará uno o dos días (para 12 á 19 libras) y 4 á 5 días (para 20 á 24 libras). Para apresurar la descongelación del pavo, póngalo en el fregadero o en la nevera portátil sin abrir la bolsa plástica en la que viene empacado, y cúbralo con agua fría. Vuelque el agua y agregue más cada cuarto de hora. Descongelar de esta manera le tomará de 4 a 6 horas para un pavo de 8 a 12 libras y de 11 a 12 horas para uno de 20 a 24 libras

En caso de envenenamiento por comida

Si la comida viene de una fuente donde otros la pueden comer (un restaurante, mercado, fiesta grande, vendedor de la calle o si se vende comercialmente), llame a las autoridades locales de

¿CÓMO SABER CUÁNDO LA COMIDA ESTÁ LISTA?

Compre un termómetro para carnes. Las bacterias no mueren hasta que usted ha cocinado la carne el tiempo suficiente, para que alcance una temperatura interna de 160°F para carnes rojas, 170°F para las pechugas de pollo y 180°F para las aves enteras. Usted puede también hacer una inspección visual. La USDA dice que el pollo está listo cuando los jugos salen claros, el pescado cuando se desprende con el tenedor y la carne roja cuando está marrón o gris en el interior. Malas noticias para aquellos que les gusta rosa, medio cruda (más o menos a 140°F) y que se sienten culpables por comer carnes rojas, de todas maneras la USDA habla sobre organismos envenenadores de comida, que pueden sobrevivir a esa temperatura. Hay algunos riesgos que las personas sienten que tienen que correr.

salud. Ellos querrán saber el origen de la comida y cualquier información de la etiqueta.

¿Estará fresco todavía?

La gente tiene ideas muy extrañas sobre cuánto tiempo dura la comida. Conozco gente que no comerá nada que haya sobrado, incluyendo una tajada de queso de un paquete que se abrió ayer y conozco otros que se comen cualquier cosa que no tenga pelos.

Con algunas comidas, la única diferencia es que baja la calidad. Pero con otras, como la carne, su salud corre un gran riesgo. Afortunadamente las preguntas sobre la carne pueden ser respondidas fácilmente. El Departamento de Agricultura de los Estados Unidos (The U.S. Department of Agriculture) tiene un teléfono para información sobre carnes y aves: 1–800–535–3455 (y en Washington, D.C., 447–3333),

Si usted está muy preocupado sobre este tópico, también puede ordenarle a The Food Keeper un cartel grande que le muestre los tiempos de almacenamiento para muchas comidas,

del Food Marketing Institute, 1750 K Street N.W., Washington, D.C. 20006; (202) 452–8444. Envíe 50 centavos de dólar y un sobre de gran tamaño con estampillas dirigido a usted mismo.

En el recuadro que sigue, hay algunas comidas corrientes y cuánto tiempo duran, de acuerdo al fabricante.

Comida congelada

Dentro de su **congelador**, hay claves que le indican que la comida está vieja y que debería ser usada lo más rápidamente posible (si tiene mal olor, descártela, sino, no es peligrosa, sólo que ya no es de la mejor calidad):

Hielo. Los cristales de hielo significan que la comida ha sido descongelada y vuelta a congelar. Esto sucede mucho con los vegetales congelados: algunas veces se congelan en un bloque sólido.

Quemadura de congelador. Esos puntos grisáceos y secos demuestran que la comida ha perdido la humedad y no estará tierna.

Texturas raras. Vegetales blandos, carnes duras, salsas que se ven extrañas.

DÍAS DE EXPIRACIÓN

Comida	Dura por:
*Salsa de manzana abierta	2 semanas
*Comida de bebés abierta	2 días
*Salsa de tomate abierta	2 meses en plástico, 3 en vidrio (las tapas deben ajustar bien)
Café, congelado seco	2 meses
*Café molido abierto	2 meses
Café en tarro sin abrir	2 años
Harina	6–8 meses, en tarro bien cerrado
*Jamones enlatados	9 meses
*Carne fresca	3–5 días en el refrigerador
*Carnes empacadas al vacío	2 semanas sin abrir, 5–7 días abierta
*Comida de mascotas abierta	3 días
*Pepinillos	2 meses
*Pollo fresco	1–2 días, en el refrigerador
*Salsa para pasta abierta	5–7 días a menos que usted le haya adicionado carne, en cuyo caso 2–3 días
Azúcar	2 años en tarro bien cerrado
Bolsas de té	18 meses en tarro bien cerrado

Los artículos que tengan * deben ser refrigerados, y en algunos lugares, en tarro bien cerrado.

CUBRA LA COMIDA PARA CONGELAR

Bien: Envoltura plástica, envoltura plástica para trabajo pesado, jarros de vidrio para el congelador con lados rectos, recipientes de polietileno con tapas ajustadas, cajas para congelación recubiertas de cera con interior plástico, bolsas plásticas especiales para congelador.

Mal: Envoltura para pan, papel encerado, envoltura encerada para congelador, envoltura plástica delgada que no sea de polietileno, recipientes de plástico que no sean de polietileno.

LA HISTORIA DEL MOHO

Usted no puede asegurar que la comida mohosa sea comestible tan sólo por olerla. Algunas comidas mohosas deben ser desechadas. Otras se pueden salvar, si usted recorta alrededor del punto (deje una pulgada de comida limpia, y no contamine el cuchillo mientras corta). Luego empaque de nuevo y úsela lo más pronto posible.

Se puede salvar: queso duro, salame, frutas duras, vegetales y jaleas. Deseche: lácteos, comidas horneadas, harina, granos enteros, nueces, arvejas secas y frijoles, mantequilla de maní y maíz.

HISTORIA FRÍA

Qué congelar:

Tocino, picado
Migas de pan
Azúcar morena
Coco
Frutos secos
Huevos crudos (congélelos en bandejas de hacer cubos de hielo, enteros o separados; transfiera los cubos a bolsas plásticas)
Jamón picado
Queso duro
Hierbas (excepto el cilantro y el eneldo)
Leche (agite bien después de descongelar)
Nueces
Cebollas crudas picadas
Pimientos crudos picados

Qué no congelar (y por qué):

Suero de manteca (pierde la textura)
Requesón (se separa)
Natillas (se aguan)
Claras de huevo cocinadas (se endurecen)
Verduras (se marchitan)
Crema ligera (pierde la textura)
Mayonesa (se separa)
Papas cocinadas (se ablandan)
Yogur (pierde la textura)

Color desteñido. Está muy vieja o ha sido expuesta.

Comida enlatada

Cuando usted compra comida enlatada, coloque al frente la que tenga guardada para usarla primero.

Las latas y frascos con comida contaminada por botulismo, generalmente gotearán, se hincharán, estarán golpeadas o rotas; o las tapas estarán sueltas o infladas; o la comida olerá muy mal; o puede salir líquido cuando la abre. No use latas o frascos de vidrio con golpes, grietas o tapas infladas. Y si piensa que la comida está mala, no la pruebe, tírela.

Las comidas bajas en ácidos como la carne, el pollo, los quesos, y los vegetales se pueden utilizar

POLLOS FRESCOS

¿Puede usted congelar pollo "fresco", que se ve congelado en el mercado, pero que se ha descongelado cuando usted llega a casa? Sí, porque nunca estuvo realmente congelado. Aunque parezca como tal, el procesador tan sólo lo mantuvo bien refrigerado. Aunque los tejidos superficiales se han podido congelar, todavía es seguro para que usted lo congele.

con seguridad de 2 a 5 años. Los productos muy ácidos como las comidas con tomate, frutas, jugos, salsas para las ensaladas con vinagre, y el repollo agrio deberán utilizarse en 18 meses.

Comidas enlatadas en casa deberán utilizarse dentro del mismo año. Si accidentalmente congela una lata bájela al refrigerador, descongélela inmediatamente, cocine y use la comida, o cocínela y vuelva a congelar. Si la comida en lata se descongeló sin estar refrigerada o si las costuras de la lata se oxidaron o reventaron, o si la comida enlatada ha sido congelada y descongelada más de una vez, tírela a la basura.

Almacenar comida en latas abiertas no es peligroso, pero la comida puede no saber tan bien.

QUÉ NO PONER EN EL MICROONDAS

• Huevos en cáscara, huevos que no tengan la yema rota
• Maíz para palomitas, excepto en empaque para microondas o en un recipiente especial
• Parafina
• Alambre plastificado para cerrar bolsas
• Vidrio con plomo
• Cualquier plato que no sea para microondas. Para examinarlos *véase* Capítulo 2.
• Bolsas de papel marrón, fibras sintéticas, toallas de papel que no sean especiales para microondas (pueden tener partículas metálicas)
• Nada de metal (aunque algunos hornos aceptan pequeñas cantidades de papel de aluminio. *Véase* "Rayos y chispas", Capítulo 6.)
• Un ave relleno debe ser cocinado solamente en el horno regular.
• Comidas grasosas cubiertas con plástico: agentes carcinógenos de ciertos químicos pueden "migrar" del plástico a la comida. Las marcas Saran y Glad Wrap contienen menos de éstas que otras marcas.
• Biberones de bebés: el contenido se puede calentar demasiado y el interior puede explotar sobre el bebé cuando se alimenta.

ALMACENAMIENTO EN EL CONGELADOR
(CUÁNTO TIEMPO SE MANTENDRÁ CADA ARTÍCULO A 0°F.)

Carne, aves y huevos	Tiempo en meses
Tocino y salchichas	1–2
Claras de huevo, sustitutos de huevo	1–2
Salsas de carne o pollo	2–3
Jamón, perros calientes, carnes frías	1–2
Carne sin cocinar	9
Carne chuletas o bistec	4–12
Carne molida	3–4
Carne cocinada	2–3
Pollo entero crudo	12
Pollo trozado crudo	9
Pollo molido crudo	3–4
Pollo cocinado	5–6
Sopas y asados	2–3

Productos lácteos	Tiempo en meses
Leche	1
Queso duro	4
Mantequilla	9

Acompañamientos	
Arándanos frescos	12
Pasta cocinada	1–2
Arroz cocinado	1–2
Rellenos o aderezos	1–2
Vegetales	8

Postres y panes	
Torta	3
Galletas	8
Panes horneados	3
Masa para pan sin hornear	1
Helado y sorbete	2
Pastel horneado	2
Pastel de frutas sin hornear	8

Fuente: USDA

LO QUE HAY EN EL GABINETE

Artículo	Uso
Bandas adhesivas	Para cortes pequeños; algunas tienen el tamaño apropiado para los nudillos y las articulaciones
Cinta adhesiva	Para asegurar la gasa; viene en rollo
Esparadrapo	Para sostener los vendajes
Rociador o loción para la picazón	Calamina o hidrocortisona; para la hiedra venenosa y picaduras
Ungüento antibiótico	Para infección localizada
Antidiarreico	Pida una recomendación en la farmacia
Antihistamínico	Reduce los síntomas de los resfriados y alergias
Aspirina o sustitutos	Para reducir la fiebre, inflamación y dolor
Acido bórico / copa de ojo	Por recomendación médica para la irritación de los ojos
Ungüento, quemaduras	Para quemaduras menores
Solución de Burrows	Para aliviar torceduras
Sal de Epson	Agregue al baño para aliviar el dolor del cuerpo y de los pies debidos a músculos cansados
Colirios	Para irritación de los ojos
Vendaje de gasa	Para mantener la curación en su lugar, viene por yardas
Gasa para curaciones	Viene en cuadrados estériles para cubrir heridas grandes
Agua oxigenada	Como el alcohol, limpia heridas no profundas
Ipecacuana	Para inducir el vómito del envenenamiento (¡Llame primero al médico!)
Gotero dosificador	O cuchara; mide las dosis de los niños
Atomizador nasal	Para descongestionar la nariz
Paquete de hielo reutilizable	Cuando esté en duda, aplique frío para la mayoría de los traumas
Alcohol	Para esterilizar termómetros y pinzas, limpia heridas
Algodón estéril	Para aplicar alcohol o calamina
Termómetro	Digital, o el modelo antiguo de vidrio
Vendaje triangular	Se dobla como cabestrillo o torniquete o como vendaje para la cabeza

Fiambres y embutidos

El salami y bologna tajados se pueden guardar de 3 a 5 días; el pavo, pollo, y rosbif de 2 a 4 días. Cortes fríos y perros calientes empacados al vacío 2 semanas sin abrir y refrigerados, una semana abiertos. Coma las comidas marcadas con "véndase antes de" (*sell by*), dentro de los 5 días siguientes a la compra y las comidas marcadas "úsese hasta", (*use by*) como indican. Pero si cualquiera de estas comidas está babosa o pegajosa, huele mal o está decolorada, tírela. También descarte los perros calientes si el líquido alrededor de ellos está turbio.

Sin embargo, ese color verde brillante del *corned beef* puede ser otra cosa. Puede ser el resultado de la luz sobre la grasa y el hierro de la carne, o el resultado del calor y el procesamiento. Si fuera carne dañada, también estaría babosa y pegajosa y con un olor espantoso.

Las aves rellenas enteras no son una buena idea, pero productos rellenos más pequeños (como chuletas de cerdo o pechugas de pollo) estarán bien. Utilícelos el día que los compra.

Contenido del botiquín de medicinas

Estoy asumiendo que usted tiene al alcance de su mano el analgésico favorito y la medicina para el estómago descompuesto, remedios para resfriados, tos y alergias. También debería mantener los artículos que anoto en el recuadro a continuación.

Cuando las medicinas se vuelven viejas

Tire las medicinas que han cambiado de color, huelen ácido, se deshacen o su fecha de caducidad está vencida. Aunque algunas medicinas sólo pierden su fuerza cuando se pasa la fecha de expiración, hay otras que pueden causar efectos secundarios o problemas serios.

Por ejemplo, cuando a un jarabe de codeína se le evapora el líquido, se vuelve más potente y usted puede marearse. Aún peor, la tetraciclina vencida puede causar daño renal.

CAPÍTULO 8

Espacio para guardar las cosas

Un lugar (seguro) para todo

Cuando Freud preguntó qué era lo que las mujeres realmente querían, yo hubiera podido contestarle: más lugar para guardar cosas.

Me imagino que los hombres también necesitan más lugar. En lo que difieren hombres y mujeres, es en lo que creen que vale la pena guardar. Las mujeres guardan trabajos manuales sin terminar, zapatos viejos para ponerse en los días lluviosos y ropas que ya no le cabe. Los hombres guardan revistas, cables alargadores, y partes rotas que algún día les pueden servir para alguna reparación. Los expertos dicen que las parejas pelean por el dinero, el sexo y la familia, pero yo creo que el lugar para guardar cosas también forma parte de éstas.

El problema se vuelve peor después de comenzar una familia. No sólo cada chico guarda sus cosas, sino que al tenerlos, se agrega un propósito a lo que usted guarda. Comienza a guardar fotografías de parientes no identificados y artículos completamente inútiles, que pueden convertirse en colecciones valiosas para ellos.

Elegir qué guardar y dónde, guardarlo es importante. Asegúrese que cualquier cosa que usted guarde no se dañe con el polvo, la humedad, y los insectos, sin importar cuán dudoso sea que lo vuelva a utilizar.

Lo mínimo que usted debe saber sobre guardar cosas:
- Utilización del espacio disponible
- Cómo guardar papeles importantes
- Guardar la decoración navideña
- Protección de la ropa
- Control de plagas

La importancia de cada rincón

Una forma de lograr que su espacio de almacenaje sea mayor y más conveniente, es simplemente reorganizar el espacio que ya tiene.

¿Son las cajas demasiado grandes para lo que tienen adentro?

¿Tienen la forma correcta las cajas que usa? (Por ejemplo, cuando usted tiene cajas cuadradas y el espacio sería mejor aprovechado con cajas redondas.) Si usted tiene un artículo voluminoso —como un televisor— que no cabe del todo en el gabinete, ¿vale la pena cortar el espaldar del gabinete, para que el aparato quede a ras por el frente?

¿Hay mucho espacio aéreo perdido? ¿Tiene dos estantes donde podría tener tres?

¿Se puede utilizar el espacio de la pared debajo de una ventana, para una biblioteca pequeña o un banco de ventana?

Orden, orden en todas partes

Todo lo que guarda se verá mejor —y funcionará mejor para usted— si utiliza el sentido común.

Las cosas deben estar donde es más conveniente y no donde es convencional. Si el único momento en el que usted puede maquillarse, es mientras sus hijos desayunan, ¿no debería tener un espejo y su maquillaje en un gabinete de la cocina? ¿No sería más lógico tener las bombillas de repuesto del candelabro en un cajón del comedor donde se necesitan, y no en un cajón en el sótano? ¿No sería mejor guardar los cubiertos, la porcelana y la cristalería en alacenas y cajones cerca de la mesa para ponerla más rápidamente y tenerlos a mano durante las comidas?

Las cosas que usted utiliza a menudo deben estar a mano. Si hay una olla en la que cocina a diario, no la ponga en la parte de atrás de la alacena, porque tendrá que mover todas las demás ollas para poder alcanzarla. Esto parece obvio, pero en ocasiones he encontrado que hasta yo rompo la regla. No guarde sartenes en el horno, ni productos de limpieza dentro del balde, porque tendrá que volver a organizar todo cada vez que vaya a utilizar el horno o cuando necesite usar el balde. Busque otro lugar para esas ollas —cuélguelas del techo— y ponga una repisa para los artículos de limpieza. Reserve los lugares inaccesibles para cosas que probablemente no necesita, pero que tampoco desecha, como sus pagos anteriores de impuestos y las viejas cartas de amor.

Las cosas que se necesitan al mismo tiempo, deben estar en el mismo lugar. Mantenga el costurero para reparaciones menores junto a la lavadora y el papel de carta y los sobres junto con las estampillas.

Dele a cada cosa un lugar propio siempre que le sea posible. Si cada implemento de la aspiradora tiene su propio sitio y si las herramientas no están amontonadas, con los ganchos, los tornillos y las arandelas, todo será más fácil de encontrar y usar, y probablemente se mantendrán así. Coloque ganchos cerca de la puerta de atrás, la mayoría de la gente cuelga tiende más a colgar las chaquetas de un gancho, que en perchas. Si hay niños, ponga una segunda fila de ganchos a su altura. Cuelgue una bolsa de zapatos o broches para la ropa en un tablero para poner mitones y guantes.

Marque todo. Usted no debería tener que abrir las cajas para saber qué hay dentro. Si usted tiene bolsas opacas para colgar la ropa, identifique el contenido en algún sitio exterior. Pegue listas de inventario en la parte de enfrente de cada caja o archívelas en una carpeta.

Mantenga las cosas cubiertas (para que no se ensucien) y las cajas ordenadas. Las tiendas de artículos de oficina y las compañías de mudanzas venden cajas de cartón de buen tamaño y con tapa hasta por un dólar. Si usted no quiere pagar por las cajas, recoja lo que le sea posible en el mercado o en la tienda de licores, haciéndolas lucir uniformes, cubriendo los frentes con papel contacto. (No se preocupe por cubrir los lados ni las partes superiores, a menos que sean visibles.)

Aprovechar del espacio de la alcoba lo más posible

Las cómodas necesitan ser lustradas, y en la parte superior se acumula infinidad de cosas. La ropa que está en cajones es menos accesible que la que está en estantes. Considere instalar estantes de 12 pulgadas de profundidad detrás de las puertas de persiana, en lugar de comprar una cómoda. Los estantes más bajos pueden sostener cajas de zapatos; los de la mitad, ropa interior, medias y medias largas, suéteres y camisetas y los más altos, artículos fuera de estación. Use cajas de alambre plastificado que no necesita limpieza. En lugar de doblar los camisones y los pijamas, cuélguelos en el armario. Se arrugarán menos.

Cajones bajo las camas pueden contener la ropa de cama, un colchón adicional para huéspedes, y hasta todas las piezas de un tren de juguete.

Los almohadones decorativos se pueden utilizar como apoyos contra la pared. Las fundas pueden guardar cobijas o almohadas, ambas para ser utilizadas en las camas de los invitados.

Los casilleros usados del gimnasio se pueden comprar, repintar, y poner en la habitación de los niños para guardar guantes, bates, cascos, tablas de patinar y juguetes.

Las mesitas de noche pueden guardar ropa fuera de estación, y lencería adicional. Compre un tacho de basura grande, haga que le corten una superficie redonda de madera terciada para cubrirla, ponga encima un mantel, ordene un vidrio redondo para ponerlo sobre el mantel y siempre se verá ordenada.

Los cajones de una cómoda vieja se pueden utilizar debajo de las camas. Póngales ruedítas en la base y serán fáciles de mover.

Las cobijas se pueden guardar entre el colchón y la base de la cama.

Aumente el espacio del armario

¿Puede su armario acomodar una o dos barras, que vayan de adelante hacia atrás en lugar de una sola barra que va horizontalmente? A lo mejor logra más espacio para colgar. También tendría que cambiar el estante superior. Si usted está utilizando un arreglo de dos barras con una división en medio, haga el estante superior en forma de U, para que sea accesible desde todos lados.

Un armario convencional se puede convertir en armario y medio, si usted deja la mitad para la ropa larga, como vestidos y abrigos y pone dos barras para colgar blusas y camisas en la parte de arriba y faldas o pantalones en la de abajo. Hacer el cambio es fácil y poco costoso.

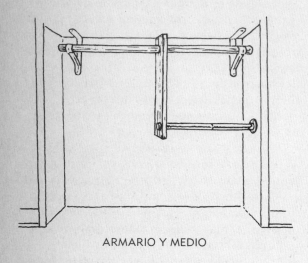

ARMARIO Y MEDIO

En el primer paso, debe subir las abrazaderas que sostienen la barra principal a una altura de seis pies del piso. Luego tome una pieza de madera de 1 × 4 y 40 pulgadas de largo. Taladre un orificio en cada lado. Atraviese la barra vieja por el orificio superior y regrese la barra a su lugar.

Luego deslice la pieza de madera de 1 × 4 hasta el centro. Introduzca otra barra más pequeña, de ¼ de pulgada de diámetro, a través del orificio inferior de la pieza de madera y empújela hasta que toque la pared. Marque el punto para instalar una abrazadera. Una vez que esté en su lugar, introduzca de nuevo la barra hasta que apoye en la abrazadera.

Si quiere mantener todo realmente orde-

nado, haga muescas en la barra de madera cada pulgada, así las perchas no se apiñarán en un solo lugar.

EL TAMAÑO DE LO QUE CUELGA

La mayoría de los armarios están diseñados con un espacio de 39 pulgadas para blusas, faldas y pantalones, pero cuando cambia a un armario de dos barras, no tendrá todo ese espacio. Puede subir la barra a más de 6 pies, si tiene el espacio; o cambiar la posición de los huecos en la pieza de madera de 1 × 4, para lograr más espacio para las barras de arriba o abajo.

Estos números a continuación le darán una idea del espacio que va a necesitar, pero mi recomendación es que mire lo que contiene su guardarropa, para saber qué espacio necesita. (Las mujeres deben recordar que así como los dobladillos suben, también bajan. No asuman que utilizarán minifaldas de 21 pulgadas toda la vida.)

Ropa	Pulgadas de espacio que necesita para colgar
Vestidos largos	69
Vestidos y abrigos	50–52
Faldas	31–34
Blusas y camisas	8–32
Bolsas para prendas	57
Bolsas para vestidos	48
Bolsas para sastres	41
Chaquetas	38
Pantalones colgados por la botamanga	41–44
Pantalones colgados al medio	20

Las barras del armario deben colgarse a 12 ó 14 pulgadas de la pared. Puede hacerlo a 10 pulgadas, pero será muy justo.

El espacio entre los estantes debe ser de 7 pulgadas para zapatos, 8 a 10 pulgadas para sombreros.

Ampliadores de espacio

Cinturones. Atornille ganchos en una percha de madera. O quítele el espinazo con ganchos a una carpeta de 3 ganchos (como la que se usa en la escuela), clávelo de lado y utilícelo para colgar cinturones.

Botas. Amarre una gomita para el pelo a un orificio pequeño en la parte de arriba de una bota de lluvia, así las botas se podrán colgar en lugar de ponerlas en el piso.

REEMPLAZAR LA BARRA PARA COLGAR PERCHAS

Cuando la barra del armario se está doblando por el peso, quítele algunas prendas o reemplace la barra de madera. Ordene el mismo largo de la barra, en tubo galvanizado de $1/2$ pulgada, y en tubo de PVC (cloruro de polivinilo). Introduzca el tubo dentro del PVC y si el nombre del fabricante le molesta, sáquelo con solvente de laca.

Joyería de fantasía. Los broches se pueden prender en una percha forrada.

Artículos delicados. Pegue hombreras a los bordes de las perchas donde va a colgar prendas tejidas y otras prendas delicadas.

¿QUÉ HAY ALLÁ ARRIBA?

Ponga una baldosa de espejo en el techo del armario para ver qué hay en el estante superior sin necesidad de una escalera.

MANTENIENDO EL ARMARIO SECO

Puede comprar deshumidificadores comerciales para los armarios que son húmedos, ponga trozos de aglomerado de carbón en una lata de café vacía, y haga huecos en la tapa. Una lata será suficiente para un armario de 3×5.

Ropa para niños. Cosa una presilla grande al cuello de todas las chaquetas. Esto mejora las posibilidades que la chaqueta sea colgada, en lugar de aterrizar en el suelo, en la baranda o en el sofá.

Cordones finitos. Si usted pone tiras de Velcro al final de la percha, éste agarrará los cordones finitos para que no se deslicen.

——— Más lugar para guardar en el baño

Ponga un mueble debajo del lavamanos, una estantería sobre el inodoro o una biblioteca delgada (hasta de 12 pulgadas cuadradas) para poner toallas y otros artículos.

Tenga cuidado con lo que pone sobre los estantes del inodoro. Los pequeños artículos de plástico se pueden caer dentro del inodoro, obstruyéndolo.

Un botiquín de medicinas instalado en la pared es una forma económica y de mucha ayuda para tener más espacio.

Dentro del botiquín de medicinas pegue imanes pequeños en la puerta para que sostengan las limas y los alicates de manicura.

Cuelgue una canasta del caño de la ducha. Sobre la barra de la cortina, deslice los nuevos ganchos dobles: un gancho mira hacia dentro y el otro hacia fuera de la ducha. Allí puede colgar las toallas y / o las batas de manera adecuada. Instale dispensadores de pared para el champú y el acondicionador adentro de la ducha.

Las bolsas para zapatos colgadas detrás de la puerta o las canastas de tres hileras de la cocina, suspendidas a la barra de la cortina de la ducha, pueden sostener jabones, máquinas de afeitar desechables, champú, motas de algodón, etc.

Tome una canasta de las que se cuelgan debajo de las repisas —del tipo de alambre recubierto de vinilo—, dóblele los ganchos en la dirección opuesta, de manera que se puedan colgar en el costado de la bañera. Utilícela para poner el champú, los juguetes de la bañera y todo lo que se le ocurra.

Instale una segunda barra para cortina de ducha al mismo nivel del primero, pero un poco más adentro, para poder movilizar la cortina sin problema. Es excelente para colgar a secar la ropa o para sostener la alfombra del baño mientras se seca.

DÓNDE PONER LAS TOALLAS

Enróllelas: Manténgalas en una canasta o en mueble de rattan para vinos.

Cuélguelas extendidas: Aumente el espacio para extenderlas, instalando una barra de armario, a todo lo largo de la pared de la bañera.

Póngalas en una rejilla: Utilice rejillas tipo hotel que almacenan las toallas horizontalmente.

Cuélguelas: Instale ganchos en lugar de barras (las que su familia probablemente nunca usa) y tendrá lugar para muchas toallas adicionales. Rotule con los nombres de los miembros de la familia cada gancho, para que todos sepan a quien corresponde.

Colóquelas en barras: Instale una barra detrás de cada puerta de los dormitorios y haga que los miembros de la familia cuelguen las toallas grandes allí a secar. Esto elimina el desorden, reduce la humedad del baño y humidifica la alcoba.

Elimínelas: ¡No las use más! Dele a cada uno en la familia una bata de toalla que pueda colgar de un gancho en su propia alcoba. No tendrá que lavar una cantidad de toallas de baño, tan sólo una bata por persona una vez a la semana.

Lo peor del mundo —bueno, una de las peores cosas— es encontrarse en un baño donde no hay papel higiénico. Mantenga un rollo a mano en una cubierta plástica hecha para cubrir uno grande, o en una caja cuadrada de pañuelos desechables. O almacene dos rollos, uno al lado del otro en una caja rectangular de pañuelos desechables. O instale una clavija larga de las que se utilizan para sostener las toallas de papel, en lugar de la clavija convencional que sostiene el papel higiénico: ésta sostendrá dos rollos.

Más espacio en el sótano y el ático

Toalleros metálicos se pueden utilizar como abrazaderas para sostener postes, tubos, barras y madera de buena longitud. Ajústelos verticalmente a la pared en el sótano o el garaje, y sostenga entre ellos los postes y los tubos.

Más estantes se pueden instalar fácilmente con trozos de cadena y ocho ganchos en S, cuatro clavados a la repisa y los otros cuatro al techo. Son fáciles de quitar, volver a poner y ajustar. (*Véase* también "Colgando repisas", Capítulo 6.) Haga, un colgadero de ropa en el ático con un caño; utilice abrazaderas de tubo para ajustarlo a las vigas.

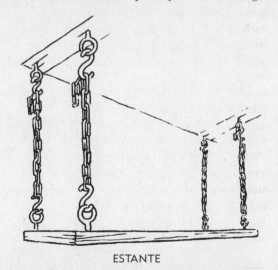

ESTANTE

El vano de la puerta que va al sótano puede servir como "ropero" temporal cuando tiene fiestas. Instale unas abrazaderas y compre una barra para armarios cortada a medida (o compre una barra extensible). Ponga la barra arriba cuando se necesite y quítelo cuando no.

Organizar los materiales de trabajo

Hacer la silueta de las herramientas del taller y la cocina sobre un tablero con clavijas, ayuda a man-

PAPEL SIEMPRE

Mi truco favorito para asegurarme de no quedarme sin papel en el baño o toallas en la cocina, es comprar un rollo de un color que no uso comúnmente y ponerlo al fondo del gabinete. Si ese rollo aparece en el baño o en la cocina, ¡sé que es tiempo de salir de compras!

tenerlas en orden y le ayuda a saber con una mirada, dónde va cada cosa y qué está haciendo falta.

Cualquier cosa que no esté en el piso siempre estará más limpia que si lo está. Si no tiene ganchos especiales para los cepillos y los estropajos, etc., ponga un gancho en la punta de cada uno de ellos y pegue otros a la pared, cuélguelos allí.

Guarde pequeños frascos con tapa. Atornille las tapas por debajo de la repisa, llene los frascos con clavos, tornillos, ganchos para cuadros, etc.; ajuste los frascos a las tapas. Para mantener los recipientes plásticos y las tapas organizados en la cocina, apile las tapas en un lado y los recipientes en otro. La gente que es muy organizada, me dice que numeran las tapas con las bases para ponerlos en pareja cuando están apurados. Yo sólo pongo las tapas en una canasta plástica y saco toda la canasta para encontrar lo que necesito.

Cobertizo de herramientas y caja de herramientas

Usted puede comprar planos para construir fácilmente una casita exterior para herramientas o unas cajas de herramientas para intemperie. Mi amigo Dick ha construido una en la terraza de su apartamento en Manhattan, para mantener sus macetas y los implementos para la parrilla de barbacoa, donde no estorben.

En cualquier sitio que usted mantenga sus herramientas, siempre téngalas separadas las unas de las otras: cables alargadores separados de las herramientas, tornillos separados de los ganchos de colgar cuadros. Si todo está en un solo montón, no querrá utilizarlos.

———— Otras posibilidades para guardar

Debajo y detrás de las sillas

Si tiene un sofá de estilo plataforma hecho a medida, puede almacenar detrás de los cojines del espaldar, en recipientes debajo de los cojines del asiento o en cajones en la base. (Esta clase de sofá, pueden ser construidos relativamente con poco costo, con la cojinería hecha a su gusto. Puede retapizarlos cuando están viejos, con solo recubrir o cambiar los cojines, así que son una buena inversión.) Guarde artículos de estación, archivos viejos y otras cosas que no vaya a necesitar regularmente.

Construya una mesa para café con una tapa con bisagras que cierre un mueble que tenga cajones.

Detrás de las puertas

Detrás de las puertas se pueden colgar clavijas, ganchos, barras y repisas angostas. También tablas de planchar plegadas.

En valijas o bolsas de paño

Guarde colchas, mantas, los regalos de Navidad en noviembre, el equipo deportivo fuera de estación y bolsas más pequeñas.

En la cocina

Instale una mesa rebatible.

Si tiene un pequeño espacio entre la pared y el refrigerador, es posible que sea lo suficientemente ancho para permitir un carrito angosto con rueditas.

El interior de las puertas de los gabinetes de la cocina se puede poner a usar. Fije una rejilla para sostener las tapas, el soporte para el papel de aluminio y la envoltura plástica, las clavijas para los estropajos, la repisa de las especias, las bolsas para la basura, los tableros de corcho para pegar notas, cuentas, las tarjetas de los técnicos y las listas de mercado.

Las latas redondas desperdician más espacio que las cuadradas.

Los cubiertos se pueden colgar en cabestrillos debajo de las alacenas. Las copas se pueden colgar al revés, de manera que la base se desliza por un riel (como en los bares.)

Una bandeja puesta sobre un cajón abierto, le da más espacio para apoyar cosas.

Varios gabinetes unidos pueden ser la base para una mesa de cocina.

Si hay mucho espacio libre sobre los gabinetes superiores, se puede construir una repisa adicional o para evitarse la instalación, ponga estantes de alambre plastificado que se encuentran en la sección de ferretería de las tiendas por departamentos. Tendrá más lugar para guardar productos o platos.

Si no tiene suficiente espacio en las paredes para colgar todos sus utensilios, mejor póngalos en un jarro grande y no todos juntos en un cajón.

Pero si el jarro no es pesado, se volcará cada vez que necesite sacar algo.

PÓNGALE UNA MANIJA

Los cubiertos viejos que se consiguen en los mercados de pulgas, sirven para hacer manijas interesantes para sus cajones y gabinetes. Laquéelos o píntelos con poliuretano para no tener que brillarlos.

Mi amiga Karen trajo una cantidad de letras y números de una imprenta antigua —están en las tiendas de antigüedades en todas partes— y las puso al azar en los muebles de la cocina. Cuando alguien necesita un plato o un vaso para soda, ella tan sólo apunta hacia el mueble o el gabinete 7.

Utilice todo el frente del refrigerador como un centro de mensajes (con un marcador de agua) o utilice un trozo de papel contacto negro como tablero. Podrá escribir hasta un menú en la puerta. Si le deja saber a la familia qué pueden comer, pasarán menos tiempo dejando el refrigerador con la puerta abierta, no gastarán electricidad y tal vez no se coman lo que sobró —la comida de esta noche— por error.

Dentro de las canastas de la ropa
Guarde las cobijas y las almohadas.

En el pasillo
Instale pequeñas bibliotecas. Los libros de tapa blanda necesitan poco espacio.

En el comedor
Utilice abrazaderas para sostener las hojas extras de la mesa debajo de la mesa misma. (O cuélguelas en el sótano y úselas como repisas. Si no le gusta la vista de las clavijas saliendo del borde, taladre unos orificios para guardarlas dentro de las molduras, y deslícelas sobre las clavijas cuando vaya a guardar las tablas.)

O cuelgue un acolchado para las hojas de la mesa, debajo de la mesa. Busque ganchos o ángulos de hierro, instálelos de manera que el acolchado descanse sobre ellos.

Construya un anaquel angosto a lo largo de toda la habitación para poner platos como hacían en las antiguas tabernas. (Una acanaladura en el borde del anaquel, o una moldura por el frente, sostendrán los platos en el lugar). Carritos de servicio sobre rueditas pueden almacenar bandejas, servilletas, cubiertos, etc. Pero si vive en un lugar donde hay hollín, o no rota muy seguido todos sus platos y cubiertos (como lo haría con una familia grande), el almacenamiento abierto de estos artículos no es para usted.

Detrás de la barra de una cortina
Ponga una en una pared para sostener tapas (las manijas le ayudarán a que no se caigan). O ponga dos en la puerta de un ropero para poner zapatos. Para un toque decorativo, recubra la barra (haciendo una funda de tres veces su tamaño, lo que le dará el tamaño necesario), utilice ganchos en forma de S para colgar allí canastas de flores.

En el antepecho de una ventana
Si instala una barra de cortina como riel de protección, una pulgada por encima de un antepecho angosto, lo puede utilizar para sostener plantas. Aunque las bases de las plantas van a sobresalir un poco del borde, la barra las mantendrá en su lugar. Píntela para que haga juego con el antepecho.

A nivel del techo
Se puede poner una línea de estantes arriba de la pared, justo debajo del cielorraso. Un poco más bajo que el cielorraso del garaje se puede hacer una plataforma para un desván.

Debajo de las escaleras

Almacene el equipo de limpieza y artículos fuera de estación. Si hay cañería, instale una ducha pequeña o un fregadero. O haga una pequeña cabina telefónica para que los adolescentes tengan privacidad, en casa todos los adolescentes quieren su propio teléfono.

Instale correderas para cajones debajo de las escaleras abiertas, y cuélgueles cajones. Podrá almacenar lencería, ropa y más.

En el descanso de la escalera

Utilice el espacio para una biblioteca, equipo de deportes (una bicicleta colgada de lado), prendas de exterior. Si tiene bastante profundidad, puede llegar a contener un ropero con las prendas fuera de estación o se puede convertir en un área de minioficina.

En la canasta

Una canasta de tres pisos, de las que recomendé para el baño, también se puede utilizar al lado de la mesa para cambiar al bebé, para guardar juguetes pequeños, pañales, etc., y en la cocina para guardar implementos pequeños.

Dónde guardar las decoraciones de fiesta

Aunque no hay motivo para sugerencias de cómo decorar su hogar para las fiestas, creo que las personas necesitan más recomendaciones sobre la parte menos amable del trabajo: cómo guardar todo para que no se dañe ni se rompa.

Sobrantes

No tire el papel de regalo en la chimenea, se puede encender y comenzar un incendio. Envuelva con él los adornos.

Cuando los árboles artificiales ya no se vean bonitos, guarde las ramas. Luego las podrá prender de un alambre que se pueda doblar, como una percha, para hacer una guirnalda con alambre de hacer flores o con alambres plastificados para de cerrar bolsas como adorno.

Luces

Para guardar las luces, enróllelas en lazos y póngalas en latas de café. O enrolle el cable de las luces sobre un tubo delgado de cartón, luego deslícele por encima uno más grueso (por ejemplo una caja cilíndrica de avena) como protección. Selle los bordes con cinta de enmascarar.

O vea si el "amigable" electricista local, le regalar algunos de los carretes de 6 pulgadas donde viene el cable eléctrico. Enrolle alrededor de ellos los cables de las luces.

Misceláneas

Cuando esté guardando sus decoraciones navideñas (o de otras fiestas), ponga los artículos de todos los días que está reemplazando con ellas, en la caja donde se almacenan las decoraciones. En lugar de tenerlo mezclados en gabinetes y cajones, estarán ordenadamente fuera del camino, hasta que sea el tiempo de volver a usarlos. Al mismo tiempo, junto con las toallas de fiesta, la lencería, las decoraciones de tela y las guirnaldas, empaque los discos, las cintas y los delantales.

Agregue unas bolsitas con astillas de canela y clavos enteros a las cajas de almacenamiento. Perfore las bolsitas y selle las cajas. Todo estará agradablemente oloroso cuando abra sus cajas al año siguiente.

Forre las cajas en papel de regalo, de manera que las pueda identificar con facilidad con un golpe de vista.

Haga y marque una caja que se debe abrir en noviembre, que contenga los artículos que va a necesitar al comienzo de la estación, como las tarjetas de Navidad, la lista de las cosas que se compraron en las rebajas del final de la estación y las que deben comprarse ahora; los calendarios de Adviento, etc. La caja también puede incluir un vídeo de las últimas Navidades, un álbum de las fotos familiares, con las tarjetas y notas diarias sobre como se disfrutó la fiesta, cosas para mirar para entrar en el ambiente de la Navidad.

Las demás cajas se pueden abrir más cerca del tiempo del corte de los pinos y el tiempo de adornarlos.

Guarde las cajas de los electrodomésticos, los juguetes, etc., para guardar los adornos y las cosas de las fiestas, así que si algo sale mal, tiene la caja original para mandar el artículo para arreglar o al fabricante. Las garantías generalmente duran un año.

Adornos

Las bolas de adorno que se están desarmando, se pueden rociar con laca para el pelo y ajustar los bordes en su lugar.

Los adornos de vidrio que se están pelando, pueden terminar de pelarse con amoníaco y agua. Cuando la pintura vieja haya desaparecido, píntelos de nuevo con rociador de esmalte brillante y vuélvalos a utilizar.

Para guardarlos, meta los adornos dentro de medias viejas. O dentro de pequeñas bolsas plásticas de sellar (sople aire con una pajita dentro de las bolsas, saque la pajita y selle; la protección del colchón de aire es excelente). O empáquelos en cajas de frutas, de licores, cilindros de papel higiénico y cartones de bombillas.

Si pone los adornos en una caja con papel periódico picado (cubriéndolos por todos lados), no necesita envolverlos por separado. Pero la tinta del papel puede dañar ciertos adornos. Servirá lo mismo si lo hace en papel picado de impresora del ordenador o papel de regalo usado.

Cintas

Guarde las cintas enrolladas en los cilindros vacíos de envoltura plástica y regréselas a las cajas dispensadoras o cuélguelas en una barra de cortinas, instalada dentro de un armario, y con cinta adhesiva pegue las puntas de las cintas, para evitar que se enrollen.

O utilice un tubo de cartón que haya quedado del papel de regalo. Corte el tubo a lo largo, apriete los bordes juntos y enrolle las cintas. El tubo se expandirá cuando usted lo suelte y mantendrá ajustadas las cintas; un tubo de 36 pulgadas, sostendrá hasta 32 cintas de 1 pulgada. Párelo en un rincón o cuélguelo para tener un acceso fácil.

Árbol

Un árbol artificial se puede guardar completamente decorado. Cúbralo con una sábana o una bolsa plástica.

Guirnaldas y moños

Para evitar que la guirnalda se rompa, amárrela a un gancho para ropa (con alambre floral o alambre plastificado para cerrar bolsas). Haga un hueco en el fondo de una bolsa para la basura con cierre de jareta. Saque la punta por el orificio y deslice la bolsa sobre la guirnalda, tire de la cuerda y cierre la jareta. Cuelgue la guirnalda con un clavo en el ático o en el garaje. Rellene los moños con papel de seda arrugado, antes de empacarlos para preservar su forma. Una pinza de rizar puede devolverles la forma.

Papel de envolver

Ponga el papel de envolver en una bolsa para ropa fina, una caja de palos de golf o una caja de florista. O enrolle el papel bien apretado y deslícelo dentro de un tubo de cartón para evitar que no se arrugue. Ponga una muestra en la parte de afuera del cartón para identificarlo.

O deslice una pierna cortada de unas medias de nylon por encima de cada rollo para protegerlo.

Cómo proteger los objetos preciados

Documentos

Cuando la madre de mi amiga enviudó, mi amiga le hizo un sistema de carpetas para ayudarla a organizarse. Ella le etiquetó un archivo para gastos médicos, uno para los gastos de la casa, uno para los seguros y así con todo. Varios meses después mi amiga verificó el funcionamiento del sistema. Todas las carpetas estaban desocupadas, menos una etiquetada "misceláneos". Por lo menos todos los papeles estaban en un mismo sitio.

Organice un cajón de archivo o compre carpetas en una tienda de artículos de oficina, para mantener todos sus papeles en orden. En un archivo marcado "papeles importantes", ponga fotocopias de los documentos que pueda necesitar (certificados de acciones, con el número de derechos; pasaportes; etc.) y una lista de donde puede encontrar los originales (vea el recuadro).

DÓNDE GUARDAR DOCUMENTOS IMPORTANTES

Caja fuerte en un banco: Acciones y bonos, licencia de matrimonio, certificado de nacimiento y otros documentos legales (escritura de hipoteca, y copia del testamento; un abogado debe tener el testamento original), certificaciones militares, plan de pensiones, pasaporte, inventario de los bienes del hogar y una relación de los costos del hogar (como se describe en Vendiendo en la sección de Cambiando).

Como la caja fuerte de un banco queda sellada en el momento de la muerte, usted puede querer tener una copia de algunos de estos documentos en el archivo de su casa.

Caja fuerte a prueba de incendios: Las pólizas de seguros y la libreta bancaria.

Cajón de archivo: Estados bancarios, devoluciones de impuestos, fotocopias de todas las identificaciones (tarjetas de crédito, licencias de conducción, tarjetas de seguridad social), garantías, lista de instrucciones a seguir después de su muerte y una relación de los gastos de la casa.

Deje instrucciones claras en el archivo "papeles importantes", donde le diga a su ejecutor qué hacer en el caso que usted se enferme o muera. Esto debe incluir, por ejemplo, los nombres de su abogado, su agente de seguros, su contador, un documento explicando qué tratamientos médicos que soporten la vida acepta o no acepta si está seriamente enferma (su abogado debe tener el original), información acerca de su hipoteca, su plan de pensión, depósito de la caja fuerte del banco y todo lo demás.

Una de mis amigas que se enviudó hace muchos años, estuvo muy agradecida al encontrar esas listas. Con ellas y la otra información importante, su esposo había incluido un artículo etiquetado Smithfield Ham (jamón) con un número de teléfono. El documento decía: "Si estoy muy enfermo quisiera comer este plato por última vez. Esta persona tiene la receta".

Haga una segunda carpeta etiquetada "tarjetas de crédito". Fotocopie cada tarjeta que tenga en su billetera: es un salvavidas si su billetera se pierde. Una copia es la forma más segura para no equivocar el número cuando llama a denunciar la pérdida.

CONTROL DE LLAVES

Con sus papeles importantes, mantenga una libreta con una silueta de cada llave importante, la de la casa, el carro y cualquiera otra. Cuando encuentre llaves perdidas, poniéndola sobre la silueta, rápidamente descubrirá dónde pertenece.

Fotografías

Usted tal vez ha oído hablar de algunos álbumes de fotografía que dañan las fotos. La base de cartón de un álbum magnético puede manchar la parte blanca de las impresiones, y el adhesivo hará que la foto se pegue a la página. El papel negro de los álbumes viejos y las cubiertas plásticas de los nuevos, sueltan gases que atacan las fotos, lo mismo que el cemento plástico y las gomas animales.

Los plásticos seguros para utilizar en los álbumes son los que no contengan cloruro de polivinilo como poliéster (Mylar), polietileno, polipropileno, triacetato y Tyvek. También puede comprar álbumes especiales en algunas tiendas de fotografía. Otra alternativa es guardar sus fotografías sueltas en archivos de tarjetas de 3×5 ó 4×6, que las mantienen ordenadas con poco trabajo. Utilice los divisores de cartón para poner las fechas. Utilice archivos de metal. Los de madera, madera prensada, aglomerados y cartones, producen vapores que dañan las fotografías.

Los negativos y transparencias deben guardarse en acero, acero inoxidable o cajas de aluminio, o álbumes de archivo que no tengan cubiertas de polivinilo o en hojas de papel tratado, libres de ácidos (no en papel marrón ni en vidriados). Para conservar una foto en marco, utilice un papel libre de ácidos para enmarcarla, de manera que el vidrio no la toque directamente. Póngalas en marcos que no sean de madera sin sellar la parte de atrás, para que tenga ventilación.

COMPRUEBE LA EXISTENCIA

En el evento de una pérdida, destrucción o robo, debe hacer un inventario de su casa. La forma más fácil es hacer un vídeo o un registro fotográfico de todo lo que usted posee. Idealmente esto debería incluir todo (desde la lencería, la vajilla hasta los electrodomésticos), descritos perfectamente con tamaño, color, y condición. Si esto le parece abrumador, por lo menos haga una práctica de mantener al día los artículos valiosos que compre, en un álbum de fotografías con el recibo de compra.

Ropa

Nunca guarde las prendas sin limpiarlas. Con el tiempo, algunas manchas se vuelven más difíciles de remover. Tenga especial cuidado cuando lave prendas que va a guardar. Enjuague bien para retirar cualquier traza de detergente que pueda causar cambios químicos. Lave todo en agua blanda para evitar el amarilleo y las manchas de óxido. No almidone los artículos que va a guardar porque el almidón es corrosivo.

Las prendas deben ser cubiertas para evitar la humedad, polvo, moho, bacterias y humo. Usted puede comprar bolsas de almacenamiento que están hechas de "materiales barrera" como el Gore-Tex (dejan entrar el aire sin causar cambios químicos porque están libres de ácidos), utilice bolsas de muselina o cubra con una sábana por encima de la percha. Sólo asegúrese que las prendas queden cubiertas completamente. Nunca guarde telas finas, cuero o gamuza en plástico. El plástico corta la entrada de aire, y el cuero y la gamuza se secan y las telas se degradan y desintegran. (Encontrará algunos de esos puntos amarillos misteriosos.) A medida que los hilos se pudren, botones, pedrerías y lentejuelas se caen,

también pueden desintegrarse o decolorarse. (Las prendas bordadas con pedrería, deben ser guardas por el revés de manera que no se enganchen y se dañen.)

Para evitar que las prendas se rasguen y se agranden, evite el estiramiento. Por ejemplo, no deje los tejidos en perchas por períodos largos de tiempo.

Los vestidos de bodas pueden ser "heredados", así que guárdelos en una percha de madera acolchonada con un trozo tela de algodón limpio y sin blanqueador. Para que los hombros no se dañen por el peso del vestido, cosa unas tiras de

---

EXPECTATIVA DE VIDA PARA LA ROPA Y LAS CORTINAS

¿Cuánto tiempo debe durar un vestido? ¿Cuál será el precio si en la lavandería lo dañan cuando tiene dos años de uso? La ropa se deprecia como los automóviles, y la siguiente es una guía de Reclamo Justo (Fair Claims Guide) que le dará una idea sobre qué esperar si tiene un problema, o si va a recibir el dinero que vale ese traje costoso.

Prendas	Expectativa de vida en años
ABRIGOS	
Tela o paño	3
Cuero	4
CAMISAS	
Algodón y mezclas	3
Otras fibras	2
SUÉTERES	4
GABARDINAS	2
VESTIDOS	
De día	2
De gala y fantasía	3
TRAJES, CHAQUETAS, PANTALONES	
Lana y mezclas	3
Otras fibras	2
Livianos	2

Fuente: Asociación de Lavanderías en Seco del Vecindario (Neighborhood Dry Cleaning Association).

mucho cuidado; porque esto puede dañar las plantas). O vierta amoníaco dentro del nido y luego en un círculo alrededor. Esto es más efectivo en un día tibio y soleado cuando las hormigas se mueven más cerca de la superficie.

Para matar a las hormigas que ya están dentro, persígalas con una botella rociadora que contenga una solución de agua con una cucharada de detergente para platos.

Moscas de la fruta. Como las moscas de la fruta crecen en la fruta que se está pudriendo, refrigerar la fruta tiende a eliminar el problema.

La albahaca fresca en el tazón de las frutas, también repelerá las moscas. Lo mismo sucederá con la albahaca sembrada en macetas afuera de la puerta.

Atrápelas con un trozo pequeño de fruta madura cortada, licor, o cerveza en una jarra. Si usted le pone un embudo sobre la parte superior, entrarán y no se podrán escapar. Si no se ahogan, viértales agua hirviendo por encima para matarlas.

Lapas y percebes
Si son atraídos al casco de su bote, la próxima vez que pinte el casco, agregue una buena dosis de pimienta de Cayena a la pintura. Las lapas y los percebes se adherirán a otra parte.

Abejas
Evite usar colores brillantes y perfumes que atraigan a las abejas. Mantenga el área del almuerzo campestre libre de abejas, colgando una salchicha en una cuerda a buena distancia de los participantes. Usted puede sacar una abeja de la casa oscureciendo la habitación —volará hacia la luz de una ventana abierta— pero si la abeja insiste en quedarse aspírela. O rocíela con fijador para el pelo. Sin embargo, si ve muchas abejas entrando y saliendo de la casa, saliendo rápidamente pero dando vueltas antes de entrar, lo más probable es que haya una colmena en alguna parte dentro de la casa. Si usted la ve o sospecha que está dentro de la casa o fuera, llame a un apicultor.

Si la han picado, *raspe* el aguijón. Si trata de tirar o presionarlo hacia fuera, puede inyectar más veneno en la herida. Una pasta de bicarbonato de soda y agua absorbe y saca el veneno.

Escarabajos
Para desanimar a los escarabajos japoneses, plante cebollas de primavera o ajos. Espolvoree los rosales con harina con levadura y espantará a los escarabajos.

Escarabajos de tapete. Se parecen a las mariquitas negras, son un gran problema en el interior porque comen la misma "comida" que las polillas, particularmente lana y piel y también la mayoría de las telas y tapetes. Aspirar con cuidado— debajo, detrás, y por encima de todo— es la mejor forma para mantenerlos bajo control. El repelente para las polillas sirve también para los escarabajos del tapete.

Escarabajos de la madera. Crecen dentro de las paredes de madera y de los muebles y pueden hacer mucho daño. Pequeños orificios donde los adultos mascan su salida son signos de infestación, Llame a un profesional.

Pájaros
Es muy triste cuando los pájaros hacen sus nidos alrededor de las unidades del aire acondicionado, porque el calor evita que los pequeños sobrevivan. Trate de ahuyentarlos, poniendo un animal de felpa de ojos grandes en la ventana: actúa como un espantapájaros.

Cualquier artefacto que haga ruido, particularmente uno brillante, también desanima a los pájaros a anidar allí. Haga uno con tapas metálicas o con vasos desechables cubiertos de papel aluminio, colgados de cuerdas como los móviles de campanillas. O trate con los juguetes de los niños, el molinete o la guirnalda de Navidad brillante, amarrada a la antena del televisor o colgada en una columna de la entrada.

Manténgalos fuera de la cerca, colocando armellas en los postes y pasando a través de ellas nylon de pescar. Los pájaros no se pueden parar en el nylon de pesca.

Piojo de libro
Ponga los libros en envolturas plásticas selladas o envuélvalos en papel periódico y póngalos en el fondo del refrigerador por 3 á 4 días.

O cultive una hierba perenne llamada Atanasia. Sus hojas largas y fragantes hacen tan buen trabajo repeliendo insectos, cuando se utiliza como marcador de página, que los colonizadores la llamaban la Hoja de la Biblia.

Los piojos del libro también se pueden introducir en la ropa de cama y la ropa. Lave todo.

Sabandijas del saúco

Mezcle agua con detergente para platos (8 partes de agua por 1 parte de detergente). Rocíe con esto los arbustos, los matorrales, los árboles, etc. La mezcla no dañará los arbustos de bayas.

O destiérrelos dejando cáscara de cebolla por ahí.

Gatos

No quiero ofender a los amantes de los gatos relacionando estos animales como plaga, pero aun sus más grandes admiradores deben admitir que hay ocasiones que por su comportamiento lo parecen, escarbando las plantas de la casa y arañando los muebles.

Para mantener alejados a los gatos de las plantas de la casa, agregue vinagre blanco a la botella de rociar, ponga conos de pino o carbón de horticultura alrededor de la planta. O cubra las plantas para protegerlas. Ponga un tazón plástico sobre la planta (haga un hueco para el tallo, y utilice ese mismo hueco para echarle el agua). O haga una cubierta de estopilla de algodón con forma de rosquilla, con un orificio suficiente para el tallo (prenda el círculo interno y utilice hilo elástico para el círculo externo de manera que ajuste sobre la maceta).

Mantenga los gatos fuera del sofá cubriendo los cojines con papel de aluminio. O frote con un poco de salsa de chili o ají Tabasco (en madera oscura) o linimento (para la madera clara). Usted no puede olerlo, pero el gato sí y se mantendrá alejado.

Algunas personas dicen que plantar ruda en el jardín desanima al gato de escarbar en el jardín. La ruda es una planta perenne que crece dos pies de alto y está siempre verde durante el año en climas suaves.

Grillos

El ruido de un grillo dentro de la casa puede ser enloquecedor. Peor, los grillos se comen la lana, seda, papel y comida.

Mantenga los mosquiteros para las ventanas y las puertas bien seguros. Busque el sitio por donde entran los grillos y ponga allí un largo de cinta con el lado pegajoso hacia arriba. Voltee las esquinas por debajo para mantener la cinta en su lugar. Cuando los grillos se quedan pegados a la cinta en su intento para entrar, los puede remover.

Ciervos

Aperitivo repelente de ciervos: mezcle 1 taza de leche, 2 huevos, 2 cucharadas de detergente líquido y 2 cucharadas de aceite de cocina, en 2 galones de agua, y rocíe sus plantas con ésta. O mezcle 18 huevos crudos con 5 galones de agua (suficiente para un acre). El olor molesta al ciervo, pero es demasiado suave para que los humanos lo perciban. Después de un tiempo, la lluvia lo lava, y como todos los tratamientos orgánicos, tiene que volverse a aplicar.

O utilice sangre seca de la tienda de jardinería.

O esparza recortes de pelo humano. (Vea si su peluquero se los puede guardar.)

O cuelgue barras de jabón en los árboles y los arbustos.

O amarre una cuerda alrededor del jardín a unos 3 pies de altura y ate trozos de tela blanca a lo largo de ella con intervalos de 2 pies. El destello del blanco a la altura de las colas es un signo de peligro.

Perros intrusos

Rocíe los tachos de basura con limpiador con esencia de pino o con amoníaco. Puede ser suficiente para mantener alejados los perros. Otro remedio casero que funciona, aunque no sé por qué, es poner alrededor del borde de su propiedad recipientes de vidrio o plástico de 1 galón llenos de agua en dos terceras partes. Si esto falla la primera vez que lo haga, ponga más botellas, más cerca.

Pulgas

¿No está seguro si su mascota tiene pulgas? Péinelo estirando el pelo sobre un papel blanco húmedo. El excremento de la pulga se ve como pequeños puntos negros y se volverán rojos al contacto con el papel húmedo (de la sangre que han ingerido). Si usted lo peina regularmente, puede ir removiendo las pulgas, si es necesario, ahogándolas en agua jabonosa.

Aunque hay mucha polémica acerca de si estos remedios sirven, hay mucha gente que confía en ellos. Primero hable con su veterinario: agregue ajo a la comida del perro o mezcle levadura de cerveza en su comida o frótesela en la piel. O haga un "té" de cáscara de limón y agua dejándolo reposar por una noche, o un líquido para un baño de 3 cáscaras de naranja y 3 tazas de agua hirviendo en la licuadora. Lave el pelo del perro con el té de limón o el agua de naranja fría.

Los expertos dicen que mezclar 1½ onzas de Skin-So-Soft de Avon con 1 galón del agua del enjuague del baño del perro (junto con un enjuague anti pulgas) también es muy efectivo.

Si usted no tiene mascotas, pero se va a trasladar a una casa donde sí las había y quedaron pulgas, espolvoree los pisos con bórax y déjelo por 48 horas, luego aspire.

PRECAUCIÓN: No utilice este remedio donde haya niños o mascotas porque es venenoso.

SUS MANOS PARA UNA MISIÓN DE INTELIGENCIA

Si usted se acerca a la mosca no sólo sosteniendo el matamoscas en una mano, sino con las dos manos extendidas y moviéndolas de adelante hacia atrás, tiene mejores posibilidades de pegarle a su blanco antes de que vuele. La mosca no podrá calcular el mejor ángulo de despegue, suficientemente rápido para evitar el golpe.

Moscas
Para desanimar a todos los insectos nocivos y las moscas en particular, cubra todos los puntos de entrada y limpie todas las áreas de crecimiento potenciales, como la basura húmeda y los pañales sucios.

La albahaca, las hojas de laurel, los clavos o la menta sembrada cerca de la casa o colgada en bolsitas hechas en casa, todas ayudan a repelar las moscas. O atrápelas con alguna de las trampas para moscas que venden en el mercado o con el antiguo matamoscas. Si quiere hacer de ello un deporte, alcáncelas con fijador para el pelo o alcohol en una botella rociadora y véalas caer. Esta es una actividad de exteriores que divertirá a los niños, (pero asegúrese que tengan la edad adecuada para no dispararse los unos a los otros).

Si un enjambre de moscas invade su casa, aspírelas y luego aspire insecticida en polvo. Espere algunas horas antes de vaciar la bolsa.

Plagas en general del jardín
Hierva un galón de agua con 4 cebollas grandes y mucho ajo por 45 minutos. Cuando la solución esté fría, rocíe las plantas con ella. No huele y no le hará daño a los vegetales.

O compre una tortuga. Las tortugas comen insectos.

Jején
Frote un poco de extracto de vainilla sobre su piel.

O mezcle mitad de Skin-So-Soft de Avon y mitad de agua y rocíese con ello.

Variedad de topos
Ponga una piedra de patio de por lo menos de 12 pulgadas de diámetro en la mitad del césped. Tome una pala con un mango de madera derecho y péguele a la piedra por 2 ó 3 minutos, 2 veces al día, por 2 ó 3 días. La vibración los alejará.

Si usted está usando una trampa para topos, póngale mantequilla de maní como carnada.

Plagas en general de las plantas de la casa
Limpiar las hojas planas con un trapo húmedo, saca la mayoría de los insectos comunes de las plantas del hogar o lávelas con una solución suave de detergente para platos y agua (½ cucharadita por un litro). O dele una ducha a la planta para sacudirle la plaga.

O mezcle ¼ taza de cigarrillo o picadura de cigarro en 1 litro de agua, déjela hervir, enfríe y cuele la mezcla, viértala en una botella rociadora y rocíe las plantas.

O ponga una tira de collar contra las pulgas (de las mascotas) en la tierra de la planta de la casa.

Como a las violetas africanas no les gustan los baños, deslice una bolsa plástica por encima de ellas, rocíe dentro un poco de fijador para el pelo que no sea de aerosol y con rapidez cierre la bolsa con un alambre plastificado. Déjela toda la noche y luego saque la bolsa.

Ratones

Si usted no está segura de qué tiene: ratones o ratas, espolvoree bicarbonato de soda alrededor del área infestada y observe las huellas— ½ pulgada para los ratones, 3 pulgadas para las ratas. También podrá rastrear las huellas de regreso al nido. Si el problema son ratas, llame a un profesional. Son peligrosas.

Los ratones son más fáciles de manejar, pero como se reproducen muy rápido, puede tener una infestación mayor que requerirá un exterminador.

Si usted vive en un edificio de muchos pisos —con muchas paredes donde esconderse— el problema puede ser muy grande, antes que usted se dé cuenta.

Selle todos los huecos de ratones en donde los encuentre. La lana de acero es excelente para esto.

Todo el mundo parece tener una carnada favorita para ratones. La nuestra es la mantequilla de maní. Algunas personas dicen que la cuerda que se puede usar como material para los nidos, es una carnada efectiva y supongo que esto tiene más sentido que comprar mantequilla de maní sólo para darle de comer a los ratones.

El que usted utilice trampas con pegamento o trampas convencionales, se trata de su gusto personal. Si usted pone las trampas en un talego de papel abierto con los lados vueltos hacia atrás, para que esté más rígido, cuando el ratón es apresado usted puede sellar la bolsa y tirarla. Si usted es una persona que cree en los derechos de los animales y está tratando de recuperar la mascota de su hijo (un ratón, un gerbo o un hámster), es posible hacerlo utilizando una de las trampas Havahart que agarran a los roedores vivos. Un tazón grande de vidrio o de acero, bien engrasado, con la carnada en el centro es también una alternativa más bondadosa y gentil. Si usted provee al ratón de un camino para trepar (una pila de libros, o una "rampa" de revistas), él

irá por la carnada, y luego encontrará los lados del tazón demasiado resbalosos para poder salir.

Topos

Los molinetes puestos a intervalos en el césped asustan a los topos.

Inundar sus túneles también servirá pero llevará un tiempo más largo especialmente si han cavado mucho. (La inundación también funciona para algunas especies de ardillas).

Mosquitos

Limpie los sitios de criadero. Drene todas las fuentes de agua incluyendo las canaletas de desagüe tapadas y hasta los platos de debajo de las macetas de las plantas o los floreros que tengan agua estancada. Si usted tiene un cobertizo con el techo plano, vierta aceite en cualquier pozo que se forme para hacerlo menos atractivo.

La manzanilla frotada en la piel es un remedio de los indios para repeler mosquitos. También servirá si toma té de manzanilla. Además, no use perfume, y coma menos azúcar (los mosquitos atacan a las personas que comen mucho dulce).

O frótese con vinagre o con un cubo de hielo de pepino. (Para hacer cubos de hielo de pepino, pele y licue los pepinos y congele el líquido en bandejas para hacer cubos de hielo. Frote los cubos en su cara y sus manos.)

La citronela y el poleo, que vienen como aceites, están considerados como buenos repelentes de mosquitos. Sólo abra la botella y deje que los vapores llenen la habitación. Velas de citronela se consiguen en tiendas de jardín y de campamento.

En el exterior, cuelgue luces del árbol de Navidad para la iluminación.

El color ámbar no atraerá a los mosquitos como lo hacen las luces blancas.

Conejos

Si los conejos están comiendo más ensalada de su jardín de la que le dejan a usted, esparza cortes de pelo humano por todas partes, o cuélguelo en bolsas hechas con medias de nylon viejas. O espolvoree pimienta roja en polvo o sangre seca de la tienda de jardinería.

Plante rábano picante (o hierbas de olores

fuertes) para mantener a los conejos lejos de sus vegetales.

Mapaches

Si vuelcan el tacho de la basura, espolvoree pimienta de Cayena alrededor de los tachos. O rocíe los tachos con amoníaco o salsa picante.

Mantenga los mapaches alejados de su maíz, plantándolo en medio de las calabazas, que no les gustan.

Lepisma

Estos se crían en lugares de mucha humedad (así que los podrá encontrar en el baño) y también se meten dentro de los libros. Aspire y deshumidifique, pero si continúan ahí, espolvoree el área con clavos o sales de Epsom, o utilice ácido bórico (donde no haya niños ni mascotas). Las buenas noticias: se comen las hormigas pequeñas en sus nidos.

Zorrillos

Rocíe sangre seca de la tienda de jardinería y permanecerán alejados.

Babosas

Llene una mantequera por la mitad con cerveza, y póngala en el suelo entre las matas. Las babosas vendrán a ella, atraídas por el olor a levadura, se caerán adentro y se ahogarán. ¡Qué forma de morir!

Si no se siente con ganas de invitar a las babosas a tamaña fiesta, mezcle algunas cucharadas de harina con el mismo número de cucharadas de azúcar y levadura, y unas tazas de agua tibia. Es más barato.

Caracoles

Esparza jengibre alrededor de las plantas. Esto también sirve para las babosas.

O distribuya cáscaras de huevo picado alrededor del jardín recién plantado para mantenerlos alejados.

Arañas

Deje cuñas de manzana en los antepechos de las ventanas.

Los sobrantes del jabón y los bloques de desodorante perfumados también detienen a las arañas.

Desempolve los rincones altos para deshacerse de las telarañas. Un trapo húmedo puesto sobre un globo de helio, también puede alcanzar las telarañas alejadas en sitios demasiado altos.

O salpique una mota de algodón con poleo (una variedad de la menta, se consigue en la tienda de hierbas), alcohol, o rociador para insectos, póngalos o rocíelos en los sitios por donde entran las arañas, también frote el interior y el exterior de los antepechos de las ventanas. Si está tratando de erradicar las arañas de debajo de la basura, etc., utilice guantes, ya que la pueden morder.

O déjelas quedarse, ellas se comen las moscas.

Ardillas

Para mantener a las ardillas alejadas de un árbol o de un poste, ajuste un tubo de cocina en la base —no hay suficiente tracción para que la ardilla pueda subir— o cubra la base con jalea de petróleo.

Las ardillas abandonarán el ático y las chimeneas, si pone cristales repelentes de polillas, o amoníaco en moldes de aluminio para pasteles. Luego, cubra las persianas del ático y el hueco de la chimenea con malla bien tupida (pregunte en la ferretería).

Termitas

De los tres tipos de termitas —subterráneas, de madera húmeda y de madera seca—, las primeras son las que causan más daños. Evitan la luz y el aire, y cavan profundo en la tierra, por eso son difíciles de detectar. En primavera o al comienzo del verano, ellas se enjambran —tal vez sólo por unas horas— para buscar una nueva colonia, luego cuando sus alas se caen, se establecen bajo tierra.

Como las termitas no pueden vivir en ausencia de humedad, mantenga la mampostería sellada y no permita que la madera entre en contacto con la tierra. Si tiene una pila de madera, apílela sobre una base de concreto para que se mantenga seca.

Las termitas de la madera húmeda son nativas de la costa Oeste. No necesitan un piso húmedo, tan solo madera húmeda. Las termitas de la madera seca, a lo largo de algunas costas, necesitan muy poca humedad y tienen la costumbre de meterse en la madera que está por encima del suelo (como los muebles), haciendo huecos detrás de ellos.

Los tubos de protección que se ven arenosos, es signo de termitas. Lugares suaves en la madera, que se hunden cuando usted los golpea con un destornillador —o en el peor de los casos, cuando los toca con la mano— son otro más.

Hormigas carpintero con alas. Se parecen a las termitas y hacen daños similares, aunque no tan severos. Las hormigas tienen cintura, y dos pares de alas de anchos distintos, mientras que las termitas tienen el cuerpo derecho y todas las alas son iguales. Las termitas tienen un depósito de aserrín en sus túneles y las hormigas carpintero no.

Para eliminar a cualquiera de las dos, necesita pesticidas comerciales o un exterminador profesional. Aunque puede deshacerse de las termitas en artículos pequeños de madera, poniéndolos en el congelador por unos días, si usted sospecha que tiene un problema de termitas en la estructura, llame a un profesional. Cuando debilitan los cimientos, las termitas pueden literalmente destruir su casa. Hay nuevos métodos de control no tóxico, que incluyen calor, frío, electricidad y cierta clase de parásitos.

Avispas

Haga una solución de agua y azúcar en una pequeña batea de margarina, cubierta. Haga un pequeño orificio y cuelgue la batea en un árbol, donde las avispas se meterán dentro, pero no podrán salir; o ponga jugo de frutas en un frasco con una pequeña abertura (de nuevo, podrán entrar pero no salir). Ponga la trampa contra el viento en el área que está tratando de mantener despejada, ya que ellas vendrán de esa dirección.

Aunque hay muchas maneras de deshacerse de un nido (la forma más fácil es poner un tazón de vidrio sobre la abertura de un nido en el suelo; o puede preguntar en la tienda de jardinería por un generador de humo), usted deberá estar completamente cubierta. Las avispas son realmente feroces, y si usted no sabe exactamente lo que está haciendo, le recomiendo llamar a un profesional.

Los antihistamínicos son el tratamiento para las picaduras de avispas. Las compresas frías dan algún alivio.

CAPÍTULO 9

Los cambios

RENOVACIONES, VENTAS Y MUDANZAS

Después de haber pasado por dos de ellas, he descubierto que las renovaciones siempre son más complicadas y más costosas de lo que uno anticipó. Lo que comienza con una simple ala, termina siendo toda la fuerza aérea.

Si usted no está dando acabados al sótano o agrandando su espacio (y si está en un apartamento, o en una casa de ciudad, es difícil anexar algo, tendría que ser de la vecindad), los mayores cambios y los más costosos que puede hacer, son tal vez en los baños y la cocina.

O puede elegir la mejor forma, de gran resultado, de poner su casa en excelente estado y mudarse a otra.

Renovaciones

Lo mínimo que debe saber acerca de la renovación:

- Buscar un contratista
- Detalles del contrato
- Posibilidades de bajar los costos

¿Vale la pena renovar?

Si está renovando su casa, porque piensa que va a recobrar su inversión dólar por dólar cuando sea el momento de vender, cancele sus planes inmediatamente. Hacer una renovación de 15.000 dólares, no subirá automáticamente 15.000 dólares el precio de su casa o apartamento. Si va a pasar por el tiempo, el costo y los problemas de una renovación, hágalo por su propio gusto y no por el valor de la reventa.

Se me ha dicho que uno no debe gastar más de un 30% del valor total del costo del inmueble en una renovación, pero esta información les llega de una mujer que ha hecho exactamente eso no sólo una vez, sino dos. Si usted ama el vecindario donde vive, es posible que no tome en consideración ese consejo.

Renovación creativa

Aun un apartamento puede ampliarse comprando el apartamento vecino, o el de arriba, o el de abajo, atravesando paredes. O puede comprar una porción del corredor de acceso, para agregarle a la entrada. Cuando compra un segundo apartamento, puede transformarlo por completo, o construir una entrada común; este último llamado el apartamento de la suegra, aunque también es un buen lugar para alojar a un hijo que se acaba de graduar del colegio, regresando a su nido antes vacío. Un buen arquitecto le puede ayudar a mirar su espacio —aun un espacio pequeño— de una manera distinta: un armario de linos se puede convertir en lavadero, si se le pone la cañería necesaria; la segunda cocina del apartamento anexado se puede convertir en un baño principal. La terraza se puede cerrar, o se pueden comprar los derechos para techarla y se puede poner una cubierta para convertirla en un jardín exterior, un piso más arriba.

En una casa las posibilidades son mayores, porque se puede expandir hacia arriba, hacia el costado y hacia abajo, o de dos formas al mismo tiempo. Amigos y vecinos que la visiten con frecuencia pueden tener sugerencias creativas, así que si piensa ampliar, pregúnteles; y cuando llegue el momento de conseguir ayuda profesional sobre la construcción, haga una lista de todo lo que quiere lograr —espacio para vestidores, más privacidad para cada chico, una oficina en casa— aunque se enfoque sólo en uno. Puede haber una solución que le dé más de lo que esperaba.

Antes de comenzar

La zonificación en su vecindario puede afectar lo que usted quiera construir, aun cuando sus planes sean para el interior de la casa. Para terminar una sección del sótano, por ejemplo, necesita permisos y consentimiento del código de construcción, porque una vez que tenga el sótano remodelado, usted ha cambiado la capacidad básica de espacio de vivienda de su casa, de espacio para almacenamiento, a espacio de "vivienda". (Se considera vivienda, sólo con que un adolescente coloque allí sus tambores.)

Si usted es dueña de su apartamento, la junta administradora deberá aprobar sus planes. Si usted planea tumbar una pared, cambiando la configuración del espacio interior, o tomar una parte del corredor, es probable que el departamento de construcción de edificios local, también tenga algo que decir.

Si el trabajo es complicado —lo que podrá suceder aun con una restauración del baño o la cocina—, es posible que quiera llamar a un arquitecto. Pida recomendaciones y preste atención a los costos que involucra cada paso del proceso. Cuando un arquitecto se ofrezca a dibujar unos planos, puede haber un costo.

De todas maneras, no vale la pena tener planos arquitectónicos hechos, si no le van a permitir continuar con el proyecto, así que antes de gastar su dinero en ello, haga algunas preguntas preliminares a la junta, o llame al Departamento de Construcción (Buildings Department) o a la Alcaldía Local (Town Hall), para ver si hay prohibiciones que se puedan interponer con sus proyectos.

Buscando un contratista

El arquitecto puede recomendar un contratista, o usted puede conseguir el suyo. Mucha gente que ha estado involucrada con la construcción, encuentra este proceso agotador y costoso. Es posible que usted tenga suerte.

En general, los precios del contratista pareciera que se basaran más en las necesidades de él que en las suyas: por ejemplo, el precio no se basa en los costos de la mano de obra y de los materiales para la piedra que usted quiere instalar en la chimenea, sino en cuanto va a necesitar el contratista para unas deliciosas vacaciones de dos semanas en las Bahamas y una nueva camioneta. Esta actitud no ayuda a crear una atmósfera general de amistad y buena voluntad. De manera que para que usted no se sienta asaltada, pregunte para obtener referencias y obtenga varias cotizaciones.

Lo mejor que puede hacer es pedir las referencias a gente que conozca personalmente, pero es posible que quiera llegar más lejos. Llame a la Asociación Nacional de la Industria de las Remodelaciones (National Association of the Remodeling Industry). No todos los contratistas son miembros, pero uno que sí es, se puede asumir que alcanza ciertos estándares profesionales.

Póngase en contacto con el gobierno local y / o con el estatal para saber si los contratistas locales deben ser licenciados o registrados. Si es así, pida ver los papeles de registro y la licencia. También averigüe las agencias locales de protección al consumidor, estatales o nacionales (como el Better Business Bureau) para ver cuánto tiempo lleva la compañía trabajando y si la mención del nombre del posible contratista, levanta algún tipo de sospecha.

Contratar a alguien con experiencia es mejor que a alguien que apenas comienza, es más posible que todo sea hecho a satisfacción y de acuerdo a la ley. Un contratista experimentado le puede ayudar a evitar errores mayores. Él deberá estar preparado para inspeccionar asbestos —que pueden encontrarse en las láminas de piedra, los pisos y el aislamiento (sacarlos puede ser un riesgo mayor)— y anticipar los problemas de remover la pintura vieja contaminada por plomo. (*Véase* la información de los asbestos en Capítulo 7 en la sección de Seguridad.)

Pida dos o tres cotizaciones escritas, basadas en los mismos aspectos: materiales, diseño y tiempo. (Una cotización escrita es un documento legal; un estimado tan sólo es una adivinanza.) Si una cotización está muy lejana a las otras, cuestiónela cuidadosamente. Lo que parece ser una ganga, puede estar incompleto o ser una cotización incompetente.

Si quiere algo con qué comparar su obra, le puedo decir que en el año 1992, el costo promedio de una cocina nueva (incluyendo 20 pies lineales de mostrador) era de 9.000 dólares; para una remodelación de un baño de 5 × 7, cerca de 7.500 dólares. Claro que esos costos pueden variar considerablemente, dependiendo de donde se vaya a hacer el trabajo y qué se va a hacer (y también de acuerdo a lo que el contratista piense que el mercado aguanta).

El arreglo con el contratista

Idealmente, debería tener un contrato por escrito que incluya la información del contratista.

Nombre, dirección, número telefónico, número de la licencia profesional. No deberán quedar espacios en blanco en este (y en ningún otro) contrato.

Lista de materiales. Deberá ser detallada (específica en tamaño, color, peso, modelo, marca, cantidad) con la relación exacta de los precios.

Obligación de garantía. Es la obligación de mantener su dinero en una cuenta de garantía, si hay muchos subcontratistas y / o una cláusula de libre responsabilidad, para evitar el embargo de su casa en el caso que los subcontratistas no reciban pago.

Costo que sobrepasa el límite. Una provisión limitando el máximo sobrecosto aceptable. Esto probablemente no deberá ser más del 10%, ya que el contratista debe haber hecho un presupuesto exacto, desde el primer momento.

Condiciones de pago. (Puede estar determinado por la ley local.) No debe hacer un primer pago de más del 30%, y debe tratar de pagar a medida que se desarrolla el trabajo. Lo ideal sería que no hubiera más de una discrepancia del 10% entre la cantidad del trabajo que se ha terminado y la cantidad del pago que se ha hecho a medida que la obra está en curso. Siempre trate de retener un 10% hasta que se haga la inspección final.

Garantías. Los electrodomésticos deben ser instalados y los materiales utilizados como indican los fabricantes, de manera que las garantías

sean válidas; el trabajo que no esté hecho de acuerdo a las reglas, después de una inspección deberá ajustarse a éstas, sin costos adicionales; y usted está protegido contra daños a los bienes de su hogar.

Provisión para una limpieza diaria. Puede haber un costo adicional para realizarla.

Cláusula(s) de cancelación. Si usted ha firmado el contrato de remodelación con un vendedor, tiene un período de tres días para "arrepentirse", pero si lo firmó directamente con el contratista, no hay vuelta atrás, a menos que usted haya escrito una cláusula de cancelación. Por ejemplo, si usted necesita un préstamo para hacer el trabajo, debe quedar anotado que el contrato no es válido a menos que usted obtenga la financiación. Averigüe si hay alguna multa por esta cancelación y a cuanto asciende.

Seguros. Solicite ver una copia de la póliza de seguro que el contratista tiene para su trabajo. Debe tener su nombre en ella. La póliza de seguro debe cubrir compensación para los trabajadores, daño a la propiedad y lesiones personales, para protegerlo a usted en caso de un accidente.

Licencia (permiso). Asegúrese que la solicitud ha sido hecha. Si el contratista hace la solicitud de la licencia a su nombre, él es financieramente responsable por las correcciones a que haya lugar, si las medidas no se ajustan.

Garantías. Obténgalas por escrito. (*Véase* "Qué garantizan las garantías", Capítulo 1.) Antes de firmar el certificado de terminación del trabajo y de hacer el pago final, haga una inspección.

PÓNGALO EN VÍDEO

Hacer un vídeo del progreso de su construcción, puede ayudarle a rastrear cosas como el emplazamiento de las cañerías, los conductos de la aspiradora, el cableado eléctrico y todo lo demás, para cuando usted quiera continuar con otra remodelación. (También, así como hay gente que insiste en mostrarle el vídeo del nacimiento de su hijo, usted puede vengarse con un documental de 20 minutos sobre el progreso de su cocina.)

Control de costos

Haga algo del contrato usted mismo. Los contratistas profesionales le incrementan un 30% a los materiales y la mano de obra. A cambio de eso, ellos compran los materiales, organizan el trabajo y vigilan al equipo. Si usted trabaja todo el día, esto puede tomarle demasiado tiempo. Y aunque disponga de tiempo, puede ser más de lo que usted imagina. Encontrar los proveedores para todo, desde las baldosas hasta la pileta de lavar, demanda una cantidad de esfuerzo, pero el mayor problema es tratar con los obreros. Si los electricistas, carpinteros y plomeros tienen que elegir entre hacer su trabajo o terminar el trabajo de algún contratista profesional, que tal vez los vuelva a contratar en el futuro, ¿cuál de los dos trabajos cree usted que harán primero? De la misma manera, un profesional obtendrá mejores descuentos y mejor servicio de los proveedores, del que obtendrá usted. De todas formas, haciéndolo usted puede ahorrar mucho dinero.

Restaurar en lugar de reemplazar. En lugar de arrancar los gabinetes de la cocina, puede pintarlos, poner nuevas puertas y herrajes, y hacer que la habitación se vea completamente diferente. Otro ejemplo, en lugar de poner una bañera nueva, puede hacer recubrir la que tiene por un quinto del precio (o menos), ya que el valor de la mano de obra de la instalación, es la mayor parte del costo.

Utilice artículos de tamaño estándar para su remodelación. Averigüe los tamaños convencionales para ventanas, gabinetes, etc., de manera que pueda comprar sobre existencias. Los gabinetes representan un tercio del costo de la remodelación de la cocina, y los gabinetes que se consiguen en el departamento de cocina de un depósito de madera o de un centro del hogar, pueden costarle entre un cuarto y un octavo (o menos) del precio de mandarlos hacer. Si usted tiene un espacio de 54 pulgadas y los gabinetes vienen en 48 pulgadas de ancho solamente, valdrá la pena comprar la pieza de tamaño estándar (con entrepaños y / o cajones incluidos), que hacer construir una pieza especial que llene el espacio. Algunas veces, pequeños espacios sobrantes, se pueden utilizar con provecho; por ejemplo, un espacio vertical delgado en la cocina, puede sostener bandejas, latas de galletas, tablas de picar, etc.

Evite cambios estructurales. Las paredes medianeras son las que separan una habitación de la otra. Los muros de carga sostienen el peso del techo. Si usted cambia alguno, necesita medios alternativos de soporte. Ese precioso espacio abierto que usted imaginó, puede terminar con una gran columna en la mitad: una gran columna *costosa*. Mover electrodomésticos como el refrigerador, la cocina o el inodoro a una pared diferente, equivaldrá a tener que cambiar las líneas de agua y / o gas. ¿Vale la pena el costo?

No cambie de idea. Naturalmente, la gente lo hace, y el contratista estará feliz de saber que usted lo hizo. La razón para su respuesta feliz le quedará clara cuando él le presente la orden de trabajo y usted vea cuánto dinero cuesta hacer lo que usted dice. La temida orden de trabajo es una adición a su contrato, cubre la posibilidad de cambios sobre el precio original de la cotización. Las órdenes de trabajo son un doble golpe: suben los precios y demoran el proyecto. Y al final termina pagando más dinero y esperando más tiempo para que el trabajo esté hecho.

HAGA INSPECCIONAR LA ILUMINACIÓN

Antes de hacer mejoras eléctricas, lea la póliza de seguro de su casa. Puede requerir una inspección profesional de la nueva instalación, antes que usted encienda una sola luz.

Renovar la cocina

Si usted está comprando o viviendo en una casa con una cocina anticuada, es probable que quiera remodelarla en parte o completamente. La localización de las cañerías le indicará dónde poner el nuevo equipo, pero la meta es tener una organización en "triángulo" entre el fregadero, la cocina y el refrigerador; los lados del triángulo no deben medir en total menos de 12 pies ni más de 22. La idea es tener una libertad de movimientos en una distancia relativamente corta.

La distancia recomendada de la cocina al fregadero (el área más ocupada) es de 4 a 6 pies; del fregadero al refrigerador de 4 a 7 pies; y del refrigerador a la cocina (la menos ocupada) de 4 a 9 pies. Diseñe el triángulo básico antes de planear el resto de la cocina.

Yo realmente confiaría en un arquitecto que incluyera un cajón para el desorden en el proyecto de la cocina.

Si usted va a tener un área de comedor en la cocina, trate de imaginar cuidadosamente el resultado final. Tengo amigos que tienen unas cocinas espectaculares en todos los aspectos, menos en la mesa donde comen. Está metida en un rincón, donde ninguna de las sillas tiene una vista, aunque la cocina mira hacia el jardín. Los arquitectos deberían tener en cuenta estas cosas, pero algunas veces no lo hacen.

Estudie el espacio para guardar todo lo que necesite. Hágalo ordenado pero conveniente. Una cocina demasiado llena se ve sucia y es difícil de limpiar, pero una cierta cantidad de "amontonamiento" tiene sentido. He descubierto que en el instante en que decido guardar un aparato en la alacena, es como si se lo hubiera tragado la tierra. Difícilmente lo volveré a usar.

Los empotrados reducen el amontonamiento, todo, desde los estantes de esquina hasta las canastas sacables y los contenedores de reciclamiento, la rejilla que baja para sostener el libro de cocina o la tabla extraíble para picar. Una amiga mía que cocina mucho, incluyó un mostrador de mármol que es perfecta para amasar. Pero algunas de estas opciones realmente cuestan demasiado. Las bandejas giratorias por ejemplo, son costosas de instalar, y aunque incrementa el acceso, reducen el espacio. Si de todas maneras las quiere, siempre puede comprar los modelos plásticos menos costosos, en la sección de hogar de las tiendas de departamentos.

Mostradores

Si usted es mucho más pequeña o mucho más alta que el promedio, es un lujo mandar hacer el mostrador a su necesidad. El truco para determinar la medida más cómoda, generalmente es la distancia de su codo doblado hasta el piso. Los próximos dueños de la casa pueden no tener su misma estatura, pero será difícil que noten el problema del mostrador hasta que se hayan mudado.

Usted puede racionalizar esto, recordando que la altura del mostrador debería variar dependiendo del trabajo que vaya a hacer. Mezclar y picar debería hacerse de 6 a 7 pulgadas por debajo de la altura común de los mostradores, y el fregadero debería estar 2 pulgadas por encima de la medida general.

Si la persona que vivía en la casa antes que usted, instaló un mostrador con una altura incómoda, utilice la solución que existe en las cocinas profesionales. Construya una plataforma deslizable: dos largos verticales de madera, con soportes puestos horizontalmente (la comida que se cae en medio se puede limpiar fácilmente). Si el mostrador es demasiado baja, eleve el área de trabajo con varias tablas de picar.

Los mostradores más profundos de lo normal, 25 pulgadas, son convenientes para guardar electrodomésticos en la parte de atrás. Deje de 24 á 36 pulgadas de ancho a los dos lados del fregadero, o como mínimo 18 pulgadas de espacio para el escurridor de platos. Siempre deje 24 pulgadas junto al fregadero, para instalar el lavaplatos automático (en un futuro si todavía no lo tiene).

He aquí los pro y los contra de cada tipo de superficie para los mostradores (pero antes de decidirse, lea con cuidado la información del fabricante; se sorprenderá de ver lo fácil que se manchan la mayoría de las superficies):

Acrílico, es muy durable.

Mármol, no le afecta el calor pero se mancha con facilidad, por eso deberá ser sellado y vuelto a sellar regularmente.

Mármol sintético, es un acrílico que parece mármol y no tiene que ser sellado.

Azulejos de cerámica, vidriados y no vidriados, resisten el calor y duran bastante. Pero son costosos. Además, la lechada se estropea con la comida y es muy difícil de limpiar.

Laminado plástico (Formica es una de las marcas), se quema, se mancha, se raya. Está formada por varias capas delgadas de plástico o de papel kraft, que se sobreponen sobre madera aglomerada o madera terciada. Sólo la superficie es coloreada y terminada, así que si hay un rayón o una mella, es difícil corregir el daño. Los laminados más nuevos como el Colorcore tiene color en todas las capas. Si usted va a utilizar laminados, elija el acabado brillante en lugar del mate o el texturizado. Es más fácil de mantener limpio.

Otro plástico sólido para mesones es el Corian (de DuPont), es costoso pero prácticamente indestructible; hasta los rayones se pueden quitar con papel de lija fino. Granito, es costoso pero durable, aunque he oído de problemas de manchas por el agua. Acero inoxidable, es durable pero no se puede utilizar como superficie de corte. También necesita mucho trapo, especialmente si el terminado es brillante. Pida uno que se vea cepillado, pero el más económico, porque se pela fácilmente.

El bloque de carnicero se ve espectacular, hasta que usted decide usarlo para preparar la comida. Una pequeña sección que se vea usada, da la impresión que usted cocina a menudo, el mostrador completo que se vea usado, da la impresión que usted nunca limpia. El calor y el agua manchan y decoloran la madera, especialmente alrededor del fregadero. Pero un terminado de poliuretano contiene materiales tóxicos.

Una de las mejores inversiones que se pueden hacer es poner una sección resistente al calor al lado de la cocina, en donde poner las ollas calientes. Utilice acero inoxidable, azulejos o el bloque de carnicero, aunque este último se puede chamuscar. Si usted inadvertidamente quema una parte del mostrador, sáquele el mejor partido, reemplazando la sección con unos azulejos que le sirvan para poner ollas calientes.

No pinte la pared detrás del mostrador con esmalte o empapelado. Para mayor durabilidad y fácil limpieza, utilice el mismo laminado o acero de la mesada.

Gabinetes de cocina

Los gabinetes estilo americano tienen las puertas montadas por el frente del marco, mientras que en los gabinetes europeos están a ras de él (y son tan fáciles de limpiar). A menos que usted tenga mucho tiempo disponible y que la limpieza sea su afición, no elija esas puertas de gabinete de vidrio, tan atractivas pero tan difíciles de mante-

---

LAS MEJORES SOLUCIONES PARA LA BASURA EN LA COCINA

Mis amigos Jerry y Elaine cortaron un hueco cuadrado en el mostrador de madera, y metieron un tacho de basura enorme en el gabinete de abajo. Una tabla de picar cubre el orificio la mayor parte del tiempo. La retiran cuando van a tirar cualquier desecho y cuando están trabajando con la tabla de picar tan sólo empujan las cáscaras dentro del hueco.

Si el espacio lo permite, usted puede meter un carrito con rueditas junto al tacho y poner ya sea cajas para los periódicos, las botellas y las latas. (Si usted empaca el papel, ponga primero las cuerdas, dejándolas salir por los bordes. Cuando la pila esté completa, levante las puntas de la cuerda y ate.)

Si usted quiere utilizar el tacho para hacer abono, debería estar ajustado contra el hueco. Necesita un desodorante (como las piedritas para la caja del gato) y repelente de insectos (como bolas de naftalina), y el compartimiento probablemente debería estar aislado. Contacte con el departamento de conservación de su estado para recibir sugerencias específicas.

---

ner. El vidrio en sí es fácil de limpiar, pero un vidrio dividido en una cantidad de cuadritos pequeños, no lo es. Además, todo estará a la vista, incluyendo el desorden ocasional o crónico.

Yo nunca pondría gabinetes sin puertas en la cocina. Cocinar siempre crea residuos de grasa y carbón, y es más fácil limpiar el frente del gabinete, que una cantidad de platos y tazones. Pero si tiene gabinetes abiertos, úselos para los platos y el cristal que usted usa —y limpia— frecuentemente.

Restaure los gabinetes; como le he dicho, es menos costoso y puede ser tan satisfactorio como comprarlos nuevos. Si de todas maneras compra algunos nuevos, minimice la limpieza eligiendo herrajes incrustados alrededor de las manijas, que no se ensucian, o gabinetes que se abran desde abajo sin necesidad de herraje. La madera debe estar cubierta por pintura a prueba de agua o barniz, pues son más durables que la laca, que se pela, o la laca para automóviles, que es tóxica. Los gabinetes de cerezo y de roble, con frentes de madera dura y marcos de madera terciada, duran mucho. Los laminados y los metales se rayan y se pelan, pero el metal no se mancha.

Construya los gabinetes hasta el techo. Encontrará espacio adicional y no tendrá que limpiar encima de ellos.

Los estantes de plexiglás son una idea excelente. No se rompen y usted puede ver a través de ellos lo que hay en las repisas de arriba. Pero tienden a atraer la grasa, así que yo no los pondría en los gabinetes abiertos.

Los gabinetes de color oscuro muestran las huellas de dedos, más que los de color claro. Mi amiga Jill, que es zurda, instaló gabinetes que abren hacia la izquierda. Planee la menor cantidad de movimientos innecesarios. Si instala el lavaplatos más alto de lo usual, tendrá que agacharse menos y el acceso será más fácil. Por las mismas razones es mejor tener cajones en lugar de estantes debajo de la mesada. No hay ninguna razón para que los cajones no contengan vasos ni jarros.

Piso de la cocina

Lea acerca de la compra de madera para pisos duros y blandos en Capítulo 1.

Hay consideraciones especiales para tener en cuenta específicamente en la cocina. Deberá limpiarla más que la mayoría de los otros pisos, así que evite la alfombra y las superficies texturizadas. Tenga en mente que la madera sellada necesitará de acabados a menudo. Y que el piso blando es más confortable para pararse y los artículos que se caen más difícil que se rompan.

Fregaderos

Reemplace el fregadero sencillo por uno doble: utilice uno para lavar y el otro para remojar, uno para agua jabonosa y el otro para enjuague, etc. Los fregaderos de color no se mantienen tan bien como los de porcelana blanca, que se pueden limpiar con abrasivos por años, sin mostrar el uso.

El acero inoxidable necesita mucha limpieza, pero es todavía más fuerte que la porcelana. Aun-

que el terminado "cepillado" no brilla, las marcas y puntos de agua no se ven tanto como en el acero común.

Las canastas de alambre y / o las tablas de picar que se ajustan sobre la abertura del fregadero, son opciones convenientes que vienen con algunos de ellos.

Para modernizar su fregadero, puede reemplazar los grifos dobles por un mezclador, agregue un aditamento para rociar, un dispensador de jabón y / o una conexión con el agua caliente. Moen produce un "grifo elevado", que se puede instalar 6 pulgadas más alto de lo normal: así puede poner una olla grande debajo para lavarla fácilmente.

Deje un área libre de 20 pulgadas para la puerta el lavaplatos, cuando esté abierta. No instale el lavaplatos en ángulo recto con el fregadero, ni al lado de uno que esté angulado en un rincón, o directamente enfrente del horno o del refrigerador.

Iluminación

Para una cocina de tamaño corriente (entre 7×10 pies y 10×12 pies), necesita entre 150 y 200 vatios de luz incandescente y de 60 a 80 vatios de luz fluorescente.

Computadora

Aunque una computadora no es todavía un accesorio de cocina, creo que en poco tiempo lo será, como fuente de información nutricional rápida, en recuentos de grasas y calorías, para mantener las recetas a mano (y para buscar en los archivos algún ingrediente en particular, en caso que tenga sobrantes), para inventarios (de manera que usted sepa qué hay en lo más profundo del congelador), para ayudarle en sus fiestas (de manera que usted pueda saber cuántas sodas y cervezas necesitó la última vez que tuvo 20 invitados). Si está planeando para el futuro, hágale un espacio desde ahora. Podría ser parte de un centro de oficina y cocina del hogar, que también tendría un archivo de sus cuentas pagadas y por pagar, el registro de los costos del hogar, las garantías, la información de decoración, el número de los colores de la pintura que usted utilizó en toda la casa y más.

Renovar el baño

Cuando mi madre comenzó su negocio de baños con Whirlpool, mucho antes de fundar Pearl Baths, la renovación del baño era más fácil porque las elecciones eran menores. El inodoro, por ejemplo, era estándar (una de las pocas situaciones en la que de verdad "una talla es para todos"). Hoy en día usted debe tomar muchas decisiones, si está remodelando parcial o totalmente su baño. No sólo el equipo principal viene en un número increíble de modelos, colores y tipos, sino que también toda la grifería —como las llaves y los mezcladores— se venden por separado.

Invertir dinero en un baño parece que agrega al valor de venta de su casa.

Aparentemente todos tienen espejo de maquillaje y otras fantasías.

Mostrador

El mármol sintético es el más durable, el laminado de plástico el menos durable. Los comentarios generales sobre las mesadas de la cocina se aplican aquí también.

Bañera

Las bañeras son de porcelana, fibra de vidrio, mármol o mármol sintético. Las de hierro colado recubiertas con porcelana se saltan menos que las de acero recubiertas de porcelana. La bañera de porcelana vitrificada sólida es durable pero se puede romper. Con la escala de durabilidad y costo más bajo está la fibra de vidrio, que se raya y se mancha fácilmente; en la escala más alta de los dos está el mármol. El mármol sintético —como es sólido y no un enchape— es especialmente práctico, muy resistente al daño y de fácil reparación si es necesario.

También están las bañeras de remojo (más cortas pero más profundas que la corriente) o la de gran lujo, la bañera de remolinos. (Por su peso, es posible que la junta administradora del edificio no se la apruebe.) La mayoría de éstas están hechas de plástico moldeado, que no es más durable que la fibra de vidrio. Como las boquillas y las duchas salen de la pared, la bañera en sí no tiene más que el drenaje, así que se puede parar sola o se puede colocar en muchas posiciones distintas.

El conjunto de la bañera y la ducha prefabricadas son a prueba de agua y no necesitan azulejos ni lechada; esto hace más fácil la limpieza.

Los colores muy oscuros o muy claros son más difíciles de limpiar que los colores de medianos.

Ducha

El mármol sintético y el Corian son costosos pero fáciles de mantener; también lo son el vinilo, los laminados y las baldosas cerámicas. La fibra de vidrio se puede manchar. Las duchas prefabricadas en forma de concha sin costuras son fáciles de limpiar. También puede lograr un "recinto", cubriendo las paredes laterales y la parte de atrás de la bañera.

> **DUCHA DE MANO**
>
> La ducha de mano europea tiene una manguera flexible que conecta por un lado a la plomería de la ducha y por el otro a una pequeña cabeza rociadora, que se ajusta a un gancho instalado por separado. Usted sostiene la cabeza como un micrófono o un teléfono y la dirige hacia donde usted quiere. Una ducha de mano se puede agregar a la instalación de la ducha convencional; sólo al bajar una llave de paso, desvía el agua de la ducha principal hacia la ducha de mano.
>
> Este aditamento es muy conveniente para bañar y lavarles la cabeza a los niños pequeños (que pueden tenerle miedo a la ducha corriente), para dirigir el flujo del agua cuando está lavando la bañera y para cualquiera que tiene una dificultad física para entrar a la bañera o pararse debajo de la ducha, con una ducha de mano puede bañar a una persona sentada.

¿Puertas o cortinas para la ducha?

Si usted cuelga una cortina translúcida a prueba de moho o una cortina de vinilo, tendrá tan sólo un artículo para limpiar, pero puede preferir una cortina de tela con combinación de forro. Las telas transparentes generalmente tienen forros de vinilo de color sólido, y el vinilo transparente generalmente es utilizado detrás de una tela de color sólido. Necesitará aros o ganchos para deslizarla sobre la barra. Los aros que se abrochan, sostienen mejor la cortina que los ganchos.

Las cubiertas para la barra de la ducha —largos de plástico moldeado abiertos por un lado que simplemente se deslizan sobre la barra— están disponibles en varios colores en las ferreterías. No sólo son decorativas, sino que también ayudan a que los aros se deslicen con facilidad si el rodillo está viejo o un poco oxidado.

Yo me divertí mucho haciendo que una cortina de tela para la ducha, hiciera juego con el patrón de las baldosas del baño de mi amiga. Para lograr sus propios diseños, utilice telas lavables, como género de algodón o tela de lona, y cosalo o utilice cinta de pegar con plancha engomada por las dos caras, o goma caliente para pegar elementos sobre la tela de fondo, luego cosa o pegue con cinta de planchar o con goma caliente un dobladillo en la base. En la parte superior, necesita 12 agujeros para poner los ganchos.

Puede comprar unas máquinas de poner ojalillos de metal en la ferretería. Las cortinas para el baño deben poder lavarse en la lavadora (Capítulo 3). Las puertas de la ducha —especialmente los rieles— son difíciles de limpiar. Por otro lado, las puertas de la ducha mantendrán el agua adentro y pocas veces tendrá que sacar el piso después de usarla.

Si se decide por las puertas, compre vidrio translúcido. Le da privacidad y es más fácil de mantener limpio que el vidrio transparente o texturizado.

Para una limpieza más fácil, pida que le pongan los rieles con rueditas arriba y no abajo. Y no ahorre en la calidad, porque es muy molesto tener una puerta que suena a lo largo del riel o que se cae.

Lavamanos
Cuanto más grande y más profundo sea el lavamanos, menos agua salpicará. Si el lavamanos está montado contra la pared, no tendrá que limpiar el pedestal.

Si el lavamanos está moldeado dentro del mueble y no puesto dentro de él, no tendrá que limpiar los bordes.

Los lavamanos blancos o muy oscuros requieren de mucha limpieza.

La grifería de cromo necesita mucha atención. La de bronce plateado y cepillado se ve bien casi siempre y no tiene mayor problema.

Un grifo da menos trabajo que dos. Consiga uno con la mejor válvula que pueda comprar, para minimizar los problemas de goteo.

Inodoro
En inodoros, lo último son los de poco flujo, un tipo de inodoro que sólo utiliza 1.6 galones de agua por cada descarga. Esto es un avance sobre los "conservadores de agua" de 3.5 galones por descarga de hace 20 años y un paso gigante frente a los inodoros americanos estándar (muchos de los cuales todavía se usan) que utilizan 5 galones. Como un inodoro tiene una expectativa de vida de 20 años, si sus cuentas del agua son altas, puede ser más económico cambiarlos por inodoros de poco flujo.

Para propósitos de limpieza, los inodoros montados en la pared —del tipo de los lugares públicos— es el ideal. Si usted no puede encontrar uno, decídase por el que tenga el tanque más pequeño (y la superficie de limpieza más pequeña) que pueda encontrar.

Si el asiento del inodoro está pintado con una pintura barata, comenzará a pelarse de inmediato (o tal vez los herrajes se dañen primero); los de vinilo suave se rajan; los de roble y otras variedades de lujo son un problema para limpiar. Busque un modelo fuerte de precio medio.

Si tiene algún problema de condensación (agua en los costados del tanque) considere la compra de un tanque de inodoro que venga con forro. O instale una válvula de temperatura (que permite agua caliente en el tanque). *Véase* también "Tanques que sudan", Capítulo 5.

Mueble del baño y botiquín de medicinas
Evite amontonar sobre todas las superficies del baño, colgando artículos como el secador de pelo en un gancho, comprando electrodomésticos instalados en la pared cada vez que pueda y la instalación de un segundo botiquín de medicinas.

Botellas, cepillos, etc., sobre la superficie del tanque o del mueble del baño, atraen la mugre y la demoran a usted cuando está limpiando las superficies. Y si tiene un problema dentro del tanque que tenga que destapar en un apuro, no querrá perder tiempo retirando todo lo que tiene encima.

Pisos y paredes

Cualquier recubrimiento de pared resistente al agua (azulejos de cerámica, vinilo, empapelado, esmalte) está bien. Evite los azulejos negros que muestran cada mancha, o los azulejos muy pequeñitos que significan más lechada que limpiar.

El agua se puede deslizar por debajo del vinilo y hasta el tapete creando un gran problema de moho. Los azulejos resistentes al agua y fáciles de limpiar son mejores. Trate de usar una lechada distinta al blanco brillante, que es muy difícil de mantener impecable.

Reemplazando los accesorios del baño

Cuando usted remodela el baño, es posible que desee comenzar de nuevo con los accesorios.

Un tapete de baño que se puede quitar con regularidad, es más higiénico que la alfombra. Los tapetes de puro algodón son los más absorbentes. Los que tienen base de goma resbalan menos, pero con el tiempo el caucho se cae, especialmente si lo pone en la secadora. Reemplácelos o arréglelos. (*Véase* "Deslizantes" en el recuadro de la página 114.)

JUZGANDO LA CALIDAD DE UNA TOALLA

Las buenas toallas tienen argollas de algodón gruesas y apretadas, y un orillo fuerte (el borde tejido). Revise la "trama", que es el corazón de la toalla, separando las argollas (o mirando hacia la parte lisa de la toalla, cerca del dobladillo). Una toalla de buena calidad tiene la trama apretada.

Las argollas que son recortadas producen una toalla aterciopelada, que se siente como tal (pero que no es tan absorbente como la toalla convencional). En algunas toallas el diseño es impreso, pero en los *jacquards* es tejido.

Ahora es tiempo de reemplazar las toallas de baño por batas de toalla. La toalla de baño promedio tiene 27 × 52 pulgadas. Las grandes (de playa) que son mucho más grandes (44 × 72 pulgadas) son muy voluminosas para guardar.

Las toallas de mano (12 × 16 pulgadas) son sólo ligeramente más grandes que los paños. Compre las de mejor calidad para secarse el pelo, y las menos absorbentes en colores que contrasten para ponerlas como toallas de invitados.

Si usted está comprando toallas grandes (de playa) para una cabaña de verano, o una casa de playa, cómprelas en un surtido de diferentes colores. Si los invitados pueden saber cuál es la propia, no utilizarán toallas nuevas continuamente.

La cubierta para el tanque del inodoro, es de mucha ayuda si tiene problemas con el inodoro que "suda", pero es también algo más lavar. La cubierta para la tapa del inodoro es agradable y más cálida para sentarse que la tapa fría del inodoro. Una cubierta puede ser problemática si hay caballeros en la familia, pues impide que el asiento permanezca arriba mientras utilizan el servicio. Resuelva este problema, cosiendo o pegando un punto de Velcro en el tanque y uno que haga juego sobre la cubierta de la tapa.

Si no puede encontrar una cubierta para la tapa de la taza alargada, hágala con una toalla. Haga un dobladillo y pásele un elástico, o pídale a alguien que lo haga por usted.

Cuando usted compra un tacho de basura o una balanza para el baño, busque alguna con patas pequeñas o que no tenga la base en metal (ni en mimbre). O péguele botones por debajo, para que nunca vaya a descansar sobre agua derramada.

Ventas

Lo mínimo que necesita saber acerca de la venta de su casa:

- Minimizar la carga de los impuestos
- Utilizar o no un agente de bienes raíces
- Embellecerla

Cálculos financieros

Cuando usted está vendiendo su casa, es bueno tener un registro completo del dinero que ha gastado en ella, esto hará que baje el impuesto de ganancia sobre su capital. También ayuda, tener estos costos calculados planea pedir un préstamo hipotecario, esto ayudará a determinar el precio actual de la casa.

Mantenga un registro del precio de compra original y todos los gastos en conexión con la compra. También necesitará los contratos, las cotizaciones, las cuentas, los recibos y los cheques de cancelación que cubren la mano de obra, los materiales, y los otros costos de las remodelaciones, más los permisos y los certificados de ocupación en relación con una variación mayor o una mejora. (Tome fotografías —antes y después— para documentar la diferencia entre los cambios mayores y los de mantenimiento de rutina.) Si usted tiene una oficina en casa, mantenga los registros de cuando la abrió, más los costos de mantenimiento. Esto también puede afectar los impuestos después de la venta y ciertamente afectará los impuestos sobre los ingresos anuales.

No se moleste en mantener registros del mantenimiento de rutina, como pintar de nuevo, ya que esto no afecta su capital.

Por otra parte, la pintura y las reparaciones, lo mismo que las mejoras del capital, iniciadas no más de 90 días antes de firmar el contrato de venta, también pueden ser deducidas. Y por supuesto debe incluir primas de seguros, costos de hipoteca, costos de abogado, costos de inspección y avalúo y costos de cierre. Comprar otra casa más costosa dentro de los 24 meses siguientes, también hace que usted pueda posponer cualquier impuesto a las ganancias de capital. O por lo menos, su contador debe ser capaz de organizar un plan de pago a plazos, que difiera sus impuestos por más de dos años.

También hay una deducción, por una sola vez de 125,000 dólares, disponible si usted tiene más de 55 años cuando vende y si ha vivido en esa casa por 3 a 5 años, antes de la venta. Contáctese con el Servicio de Alquiler Interno de los Estados Unidos (IRS) para mayor información acerca de esto y otros impuestos por la venta.

¿Quién maneja la venta?

Hay cuatro formas para estar en las listas de ventas de bienes raíces: La **lista abierta** (*open listing*), que le permite contratar a otros agentes de bienes raíces o hacer la venta por su cuenta y por una razón obvia, la mayoría de los agentes no están interesados en este arreglo. Un agente inmobiliario que acepte esto, es posible que no esté haciendo verdadero esfuerzo por usted.

La mayoría de los agentes tampoco están muy interesados en la **lista de red** (*net listing*), lo que le permite a usted poner un precio base fijo, al que el agente le agrega la comisión.

El derecho exclusivo a vender le da al agente una comisión, aunque usted venda por su cuenta (aunque podría evitarse esta comisión, si usted se las ingenia para vender inmediatamente después de haber sido listado).

Esto es diferente a un **listado exclusivo** (*exclusive listing*), que le da derechos únicos a un agente en particular, para vender su casa en un tiempo especificado o hasta que se pueda vender.

El **listado múltiple** (*multiple listing*), permite a los agentes inmobiliarios representar propiedades de otros agentes, compartiendo la comisión. La desventaja de esto es una posible falta de

---

FORMAS POCO COSTOSAS DE EMBELLECER LA CASA PARA UNA VENTA

• Vuelva a pintar la puerta principal y las paredes del garaje.

• Reemplace el botiquín de las medicinas, la cortina del baño, los toalleros y los herrajes de los gabinetes de la cocina.

• Compre tapete y toallas nuevas para el baño y repasador de cocina.

• Instale lámparas en la puerta principal y la cocina.

• Ponga flores y una hamaca en el jardín.

• Retoque el acabado de los pisos de madera y vuelva a teñir la madera de la terraza.

CONSÍGALO POR ESCRITO

• Ayude a la gente a recordar su casa, preparando una "hoja para llevar" que usted puede fotocopiar. Incluya un plano simple de la casa, una lista de la información vital y las mejores cualidades de la propiedad. Utilícela para aclarar qué se incluirá y qué no en la venta de la casa o el apartamento.

• Para responder a las preguntas que le harán la mayoría de los compradores, ponga la siguiente información acerca de su casa:

Es co-op o condominio: Reporte financiero anual, año en que el edificio fue convertido en co-op.

Casa: Fotografías de la casa en las diferentes estaciones; costos de la compañía de aceite; registros del servicio y del mantenimiento de la calefacción, el sistema séptico y la piscina.

Apartamento: Cuántas unidades hay en el edificio, servicios comunitarios, información

acerca de la junta, el nombre de la compañía administradora.

Cualquier hogar: Cuándo fue construido, impuestos anuales o costos de mantenimiento del apartamento, costos de calefacción y aire acondicionado, información acerca de la comunidad, lugares para los deportes de verano; lista de los niños vecinos y sus edades.

• Cuando usted ya haya vendido, el nuevo dueño le agradecerá cualquier historia especial de la casa; un mapa del vecindario con nombres y números de los vecinos; el horario del bus del colegio; la forma para renovar la entrega del periódico; la información acerca de los electrodomésticos, las telas, la pintura, o el tapete que usted está entregando; la lista de las personas de servicio (todos, desde el chico del periódico hasta el que limpia las ventanas en un apartamento; o el que destapa las canales en una casa).

comunicación, pues el agente que vende, el comprador y el dueño pueden no haberse entendido en los puntos específicos del trato, como que electrodomésticos están incluidos. Asegúrese que cualquier oferta que le llegue, venga a través del agente inmobiliario listado.

Vendiendo su casa usted misma

Básicamente, lo que tiene que hacer es lo mismo que en una compra, sólo que al revés. Vendiéndola usted misma, sin un agente inmobiliario, puede ahorrarle mucho dinero, pero piénselo dos veces, si el mercado es débil y usted no es muy bueno negociando. Para tener una idea realista de lo que vale su casa, pida una tasación profesional.

Hable con su abogado y su contador antes que nada.

Su abogado debe escribir una arreglo de compraventa, que debe ser firmado por el posible comprador. Debe incluir un pago de arras o primer pago, lo suficientemente alto, que justifique sacar su casa del mercado y establecer una cláusula que le permita buscar otros compradores si el posible comprador no consigue la financiación o no alcanza el dinero al vencimiento de tiempo.

——— Prepararse para una "casa abierta"

Casa limpia. Si usted no puede limpiarla sola, llame a un profesional.

Despejada. Es posible que algunas personas puedan ver la belleza potencial en una casa sucia y atestada. Pero pagarán mejor si la ven clara y aireada.

Sin roturas. Una reparación obvia que no se haga, aun si es menor, dará la impresión que todo el lugar ha sido mal mantenido.

Acicale. Corte el césped, deshierbe y barra. El exterior debe verse bien.

Refresque. Abre las ventanas, retire las mascotas. *Véase* "Olores" en Capítulo 3 para sugerencias y remedios.

Calor de hogar. Agregue un toque adicional— flores, una bandeja de galletas, algo que se está cocinando en el horno, un fuego en la chimenea, cualquier cosa que haga que el lugar se vea más como un "hogar"— o, por lo menos de la forma como se supone que lo ve uno.

Mudanzas

— Cómo escoger la compañía de mudanzas

Si está haciendo una gran mudanza, asumo que trabajará con una de las grandes compañías. La mayoría de ellas entrega información escrita, que incluye sugerencias para ayudarle con su planeación y empaque.

Los precios para las mudanzas interestatales son competitivos, pero la gran mayoría de los estados tienen precios regulados para las mudanzas interestatales. Pida una cotización escrita y si puede, una garantía de cumplimiento de la empresa. Ha sucedido que la empresa abandone el trabajo, por considerar que es muy pequeño.

Para mudanzas locales, con artículos que no son especialmente valiosos, puede arriesgarse con una compañía local que no tenga licencia. Para mudanzas de Estado a Estado, sólo utilice los nombres conocidos. Siempre es más fácil arreglar problemas con una compañía grande.

Como los costos se basan en primera instancia en el peso y la distancia, ahora es el momento para deshacerse de esos muebles grandes o pesados, de dudoso valor. ¿Realmente quiere transportar ese sofá manchado de Seattle a Jacksonville? Los muebles viejos se ven realmente sucios en una casa nueva y reemplazarlos puede costar lo mismo que transportarlos.

Lea su póliza de seguro de su casa, fíjese si cubre sus posesiones mientras las están transportando. Probablemente no, así que compre la cobertura de la compañía de mudanzas. La mejor de todas es probablemente la cobertura que paga el costo de reemplazar un artículo dañado o perdido, con un deducible único de 250 dólares.

—————————— Prepararse para la mudanza

• Llene una tarjeta de correo para cambio de dirección, luego, lleve un paquete de tarjetas de fichero sin líneas, de 4 × 6 en blanco, fotocópielas. El costo de ello será compensado por el ahorro en tiempo y energía. No olvide enviarlas a todas las revistas a las que esté suscrita y a la(s) compañía(s) de seguros, para notificar su mudanza.

• Una vez que la mudanza esté planeada, consiga las Páginas Amarillas y Blancas (White and Yellow Pages) de su nueva comunidad, ya que estará trabajando con los abastecedores de esa área. También valdrá la pena obtener una suscripción al periódico local. Y si se puede comunicar con el nuevo colegio, vea si puede conseguir algún amigo por correo para sus hijos, en su nueva comunidad.

• Haga una lista de los artículos de su refrigerador unas semanas antes de la mudanza, y utilícela como modelo para las compras de su nueva casa. Ponga la lista modelo del mercado, una lista de los números telefónicos de emergencia y otras listas especiales en un tablero que sea difícil de perder.

• Una información extraña: es ilegal que los profesionales de la mudanza transporten plantas, sin un sello de inspección del Departamento de Agricultura (Department of Agriculture). Llame con tiempo al agente de la sección de agricultura y concerte una cita para la inspección, el día anterior a la mudanza.

• Los de la mudanza probablemente no transportarán comidas perecederas o combustibles, como fluidos limpiadores, pinturas o madera para la chimenea. Transporte personalmente los artículos valiosos o irremplazables —colecciones de estampillas, fotografías— o, mándelas por correo, aseguradas por UPS o por un correo registrado.

• Si usted vive en un edificio de apartamentos, asegúrese que el personal sabe que usted se mudará, para que le reserven el elevador de servicio y le cuelguen el acolchado protector.

• Los refrigeradores, las lavadoras y los otros electrodomésticos grandes, deben ser protegidos para el transporte.

• No haga quitar ni el agua ni la luz hasta el día siguiente de la mudanza. Al mismo tiempo, asegúrese de notificar a las compañías, para que le instalen la luz y el agua en su casa nueva.

• Si usted ha logrado un arreglo de fotografías o cuadros del que esté orgullosa, fotografíelo para no tener que preocuparse de cómo volver a hacerlo de nuevo.

Empacarlo todo

• Si está empacando usted misma, hágalo poco a poco. Comience semanas antes. Varias cajas grandes son más fáciles de mudar que una cantidad de cajas pequeñas, pero (dependiendo de que tan rápido va a desempacar) ciertas habitaciones —como el baño y la cocina— pueden utilizar cajas más pequeñas, cada una conteniendo artículos que va a necesitar inmediatamente.

LA ABERTURA FÁCIL

Antes de sellar una caja, ponga una cuerda a lo largo del sitio por donde va a colocar la cinta adhesiva. Presione la cinta en su puesto, cubriendo la cuerda, deje un trozo colgando. Cuando sea el momento de abrir las cajas, tire de la cuerda y rompa la cinta adhesiva.

• Las cómodas deben ser movidas con los cajones puestos, así que deje en el interior los artículos suaves y selle los cajones con cinta.

• Asegúrese que cada caja esté marcada con la habitación en la cual quiere que la coloquen. Los códigos de color son los más obvios y probablemente la mejor solución, y / o asígnele un número a cada habitación y colóqueselo a cada caja. Dele al de la mudanza un plano de la casa nueva, donde aparezcan los números de las habitaciones.

• Cuando etiquete las cajas, hágalo detalladamente —cocina / ollas, cocina / latas, cocina / cubiertos— así, no tiene que desempacar todo para encontrar la tetera.

• También numere cada caja para su propio inventario. Haga que una persona de su familia marque cada artículo que sube al camión y luego lo revise de nuevo cuando sea descargado.

• Si está haciendo la mudanza con profesionales, ellos empacarán todo, incluyendo las colillas de los cigarrillos. Reserve un poco de jabón, papel higiénico, toallas de papel y cualquier otra cosa que pueda necesitar a última hora. (Es también muy agradable para el nuevo dueño, encontrar éstos artículos donde son necesarios.)

• La tienda local de descuentos, proveedora de oficinas, le puede vender cajas económicas, envoltura de burbujas y otros artículos necesarios para una mudanza. Pero si usted utiliza las cajas del mercado, hágalas más fáciles de llevar, abriéndoles huecos por los lados para utilizarlos como manijas, refuerce los cortes con cinta de empacar. Son más frágiles de lo que usted piensa.

• Haga una caja para el dormitorio (con ropa blanca, los animalitos de peluche preferidos), una para el baño (jabón, papel higiénico y artículos del botiquín de las medicinas) una para la cocina, y una con herramientas. Las cajas de vino con divisiones son ideales para este propósito, allí puede empacar las herramientas de cocina, herramientas de trabajo y artículos del botiquín de las medicinas etc., en compartimentos separados, donde todo es fácil de alcanzar. Puede utilizar las cajas temporalmente para guardar cosas por algunos días si es necesario.

• Traiga una provisión de bombillas de luz.

• Si no le pidió a la compañía que empaque las cosas frágiles, hágalo usted misma, utilizando sábanas, toallas, servilletas y manteles. Si usted utiliza papel periódico, la tinta puede dañarlos, así que vea si el periódico local le puede mandar el final de los rollos de papel periódico sin imprimir.

• No se moleste en empacar la ropa de colgar. Sólo ate las perchas de prendas parecidas, con un alambre plastificado, y deslice una bolsa para la basura por encima de ellas. Puede llevarlas así y colgarlas en el armario tan pronto llegue. O estire la ropa sobre una sábana y amarre las puntas juntas, formando una argolla para transportarlas. Para evitar que la ropa se ensucie, puede utilizar alfileres a lo largo de la sábana. Trabajando juntos, dos personas pueden transportar cargas pesadas.

• Si está quitando repisas, fotografías etc., de una pared, utilice cinta de enmascarar para pegar todos los tornillos (y pequeñas piezas de ferretería) al artículo al que corresponde.

• Finalmente si se muda muy a menudo, es bueno mantener ciertas cosas siempre en el mismo lugar. Por ejemplo, las cuentas siempre se ponen en un mueble especial, el cajón que queda junto al de la plata, es siempre el "cajón del desorden", etc.

CAPÍTULO 10

La diversión

RECIBIR INVITADOS, DISFRUTAR DEL JARDÍN Y TOMARSE UNAS VACACIONES

Organizar una fiesta

Lo mínimo que debe saber acerca de la organización:
- La forma más fácil de hacerlo
- Cantidades
- Listas

Entretener sin esfuerzo

A menos que sea una cocinera fabulosa y le gusten las situaciones de mucho estrés, nunca haga una comida para sentarse a la mesa. La única forma de recibir invitados, en lo que a mí concierne, es con un bufé.

El bufé es un formato flexible: usted puede tener un bufé desayuno / almuerzo (con frutas y quesos, una variedad de panes, quiches, y / o ensaladas); un bufé para té (emparedados de tomate y pepino, una buena selección de sus galletas, panes y mermeladas); un bufé barbacoa; un bufé de fiesta cóctel (quesos, vegetales crudos, albóndigas calientes); un bufé de postres; un bufé caliente (chile, cacerolas y todo lo demás); o un bufé frío (carnes frías y ensaladas). Usted misma puede preparar las cosas, pedir a sus amigos que le qyuden, comprar platos ya preparados, hacer que se lo traigan o cualquier combinación y si planea con cuidado. Casi todo se puede hacer con tiempo.

Si vive en un apartamento con área de comedor, es probable que no tenga lugar para una comida, pero hasta el apartamento más pequeño, puede acomodar bastante gente para un bufé, lo que elimina todos los problemas que se presentan con una comida. Por ejemplo:

- **Si usted tiene que abandonar la habitación,** para ir a mirar el asado, la conversación de la mesa se puede interrumpir. En un bufé no tiene la responsabilidad de mantener a todos conversando.

- **Si sus invitados no se llevan bien.** Cuando sus invitados comienzan a discutir sobre política, o alguien ensucia el piso, una comida en la mesa puede ser un desastre. En un bufé, los invitados circulan alrededor.

- **Si alguien cancela al último minuto, o un invitado más aparece de repente.** Uno o dos más no tienen importancia, si usted está preparada para mucha gente.

- **Si una comida se quema o si algún invitado es vegetariano o está en una dieta baja en colesterol o si es alérgico.** Todos generalmente encuentran algo que comer en una mesa de bufé. Y si no comen, no están haciendo sentir incómodos a los demás.

- **Si usted no es una excelente cocinera.** Lo que se prepara para una comida, es el evento principal, pero nadie espera una comida elegante en un bufé. La gente ya le da mucho crédito, tan sólo por haber tenido el coraje de dar una fiesta grande.

Yo siempre hago mi lista lo más grande posible— una vez que tiene que limpiar la casa y hacer los preparativos para atender una fiesta, es lo mismo preparar para cuarenta que para catorce. De todas maneras no vendrán todos. Cuanta gente invite es por supuesto asunto suyo, pero siempre invite algunas personas más que el número de asientos que tenga, y verá a pequeños grupos de gente conversando, en lugar de una discusión general.

Una buena anfitriona hace que todos se sientan en su casa, aun si ella desea que en verdad lo estuvieran.

Planear una fiesta

Cuando usted envía las invitaciones, anote las horas de la fiesta (de 4 a 7) para que los invitados no lleguen o se vayan demasiado tarde. No sé quién inició la costumbre de llegar a las reuniones tarde pero es casi un requisito. Las únicas personas que llegan a tiempo son los anfitriones y muchas veces ni siquiera ellos están listos, como descubrirá si alguna vez llega a la hora indicada.

Si realmente tiene mucha gente invitada, puede alternar las llegadas, invitando a la mitad de 4 a 7 y al resto de 5 a 8.

Ponga en el baño jabón, papel higiénico y toallas de manos adicionales y tenga a mano, bombillas de luz en caso de necesitar un reemplazo de emergencia.

Cuando esté haciendo la limpieza no se moleste en lavar el tapete. Si hay suficiente gente en el salón, nadie lo notará y probablemente necesitará limpiarlo al final de la fiesta.

———— Prepararse para una muchedumbre

Alquile una percha para abrigos, o mire las sugerencias para almacenar en Capítulo 8.

Si necesita equipamiento adicional, llame a una compañía de alquiler. Artículos como una ponchera grande, asientos y perchas donde colgar los abrigos, pueden alquilarse en un hotel local, un club campestre, la iglesia u organizaciones fraternales.

Las bebidas y el hielo se pueden guardar en la lavadora. Está aislada y es fácil de limpiar. Al final de la fiesta, retire las latas, deje que el hielo se derrita completamente y ponga la máquina en "centrifugar" (*spin*) para sacar el agua.

Ponga las bebidas en un lugar, la comida en otro. Y si tiene espacio, sirva los postres y el café en un tercer ambiente. Esto evita la congestión, y mantiene a la gente circulando, dándole tiempo para limpiar y volver a llenar las fuentes vacías.

Utilice un par de escaleras con un tablón sobre ellas para hacer una mesa extra.

Haga una lista de lo que va a servir y péguela en la puerta del refrigerador para que recuerde poner todo sobre la mesa.

Ponga los cubiertos en vasos altos, use pinzas para servir (son más fáciles de usar para la ensalada), y mantenga la comida en fuentes calientes u ollas de barro para que la gente se sirva.

Trate de hacer la menor cantidad posible de cosas que requieran preparación de último momento. Ponga las albóndigas en cocinillas, o sirva una salsa de cangrejo caliente, pero evite las comidas que tienen que ser calentadas en el horno. No querrá estar en su fiesta con un guante de horno en la mano.

Contrate ayuda si le es posible. Pueden ayudarle en la instalación, en el bar, y —más importante— ayudarle a limpiar. Si quiere mantener los costos de servicio lo más bajo posibles, contrate a alguien que venga al final de la reunión para limpiar, servir el café y el postre y lavar.

———— El bar

Ya no tomo alcohol y no estoy muy interesada en ese aspecto de las fiestas, pero un proveedor en cuyo sentido común confío, me dijo que asumiera que en una muchedumbre de bebedores moderados, la mitad de los invitados beberán vino y la otra mitad licor y cócteles.

Si usted tiene una fiesta de 50 invitados, eso significa que 25 personas beberán vino. Cuente con una botella por cada tres personas, y ordene ocho botellas (de las pequeñas de 750 ml. y no los botellones) de vino. Elija un vino blanco seco. A la mayoría de la gente le gusta, y en el caso de un derrame, su alfombra no sufrirá.

Calcule una botella de licor por cada seis o siete de los bebedores. Para servir a los otros 25 de este ejemplo, una buena lista de compras incluirá media botella de *vermouth* seco, y media de dulce, un quinto de botella de ginebra, un quinto de *vodka* y un litro de *whisky*. (En verano invierta las cantidades de *vodka* y *whisky*.)

También necesitará un litro de mezcladores por cada tres de licor / bebedores de mezclas. En este caso, compre ocho litros en las siguientes proporciones: un litro de tónica, un litro de bebida gaseosa y un litro de jugo de naranja; dos litros de gaseosa dietética y tres litros de club soda o agua mineral.

Calcule media libra de hielo por persona.

Planear el menú

Es imposible decir cuánta comida debe preparar, porque las cantidades varían de acuerdo a la estación y al número de sus invitados que estén a dieta. Cada vez que tenga una fiesta, haga una lista de lo que ha servido y las cantidades que ha utilizado. Si usted repite la fiesta al año siguiente, puede repetir también todo el menú, sabiendo exactamente cuánto comprar. Si usted es muy organizada, puede guardar una lista de las bandejas en que lo sirvió.

LISTA PARA EL BAR

Copas de vino
Vasos para gaseosas (10 o 12 onzas)
Vasos altos (6 onzas)
Servilletas
Posavasos
Licor
Vino
Mezcladores (tónica, jugo de naranja, etc.)
Limas
Limones
Una pequeña tabla de picar y un cuchillo
Aceitunas
Hielera
Hielo
Destapador de botellas y descorchador
Barras mezcladoras

No importa qué otro plato de entrada haya, siempre sirvo pavo. Es económico; fácil de preparar; la mayoría de la gente no lo comió en la comida de la noche anterior; y no importa en qué dieta estén, la mayoría de las personas pueden comerlo. Se puede servir con gran variedad de condimentos (maíz, salsa de arándanos, aderezo de mayonesa), dependiendo de la estación.

Sirva algunos platos de almidones —frijoles, papas, pastas— son fáciles de hacer, poco costosos y a todo el mundo le gustan. Si hace algunos platos fáciles de congelar, no importa que haga demasiado, porque lo que sobra puede servir como futuras comidas familiares. Si está sirviendo comidas que deban ser calentadas, prepárelas en varias bandejas pequeñas y vaya sacándolas una por una. Un plato caliente dejado fuera por varias horas comienza a verse poco apetitoso después de una hora o dos de haber sido comenzado, además puede intoxicar a sus invitados si ha comenzado a abombarse. Una bandeja de vegetales crudos es más fácil de preparar y servir para una muchedumbre, que una ensalada.

También puede reutilizar lo que sobre, o congelar el apio y las zanahorias para utilizarlos en la cocina (en las sopas o los cocidos, o para procesarlos como ingredientes de un molde de carne). La ensalada condimentada se marchita.

Una cafetera grande es una ayuda maravillosa en una fiesta. Yo pido prestada una segunda, porque algunos invitados no beberán café con cafeína y los otros no lo beberán sin ella.

LISTA PARA EL BUFÉ

Platos
Servilletas
Manteles
Cubiertos (y vasos altos para sostenerlos)
Calentadores para las bandejas calientes
Fuentes y ollas de barro para mantener la
    comida caliente (le servirán también baldes de hielo aislados)
Salero y pimentero
Condimentos
Cafetera y tazas
Misceláneas para el café: azúcar, sustitutos del azúcar, crema, cucharitas y un tazón para poner las cucharitas usadas
Canasta del pan
Plato de mantequilla
Fuentes e implementos de servir

Diseño del jardín

Lo mínimo que necesita saber sobre su jardín:
- Cómo escoger cercas, patios, plantas
- Mantenimiento simple del jardín

Si usted vive en un apartamento en la ciudad, o en un apartamento jardín o en un conjunto de casas en la ciudad, donde la administración se encarga del mantenimiento del jardín, lo que usted plante estará confinado a potes, macetas y los maceteros de ventanas. Pero si usted es el dueño de una casa con jardín, cuidarlo puede absorber su vida.

Hace algunos años, comencé la jardinería como un pasatiempo. Más tarde me encontré tan ocupada podando, fertilizando y rociando las rosas, que ya no era un pasatiempo. Me tomaba todo el día. Pero todavía pienso que la jardinería es uno de los grandes placeres de la vida.

La jardinería y el paisajismo son temas enormes, y hay docenas de libros maravillosos sobre cada aspecto de ellos. Lo que yo quiero es darle algunas sugerencias y consejos prácticos.

Cercas

Según el poeta americano Robert Frost, las buenas cercas hacen buenos vecinos, pero usted no tendrá una buena relación con los vecinos de alado, si usted viola la ley inoficial que dice que la parte estructural de los postes y los rieles debe mirar hacia su propiedad y no hacia fuera. Las cosas se pueden poner realmente tensas, si usted construye su cerca en el césped del vecino o destruye la cerca que no es suya. Asegúrese de conocer sus límites antes de comenzar con tales trabajos.

También infórmese sobre las restricciones zonales. Generalmente puede construir cercas hasta de seis pies de altura sin problema, pero si está adyacente a una autopista puede tener reglas distintas.

Tipos básicos de cercas

Metal. Las cercas que vienen con unión de cadena son buenas para marcar los límites y pueden sostener plantas livianas. Aunque no son muy durables, tampoco son muy costosas y cuando están hechas de metal galvanizado, que es a prueba de óxido, también son de poco mantenimiento. Las de hierro forjado deben tener una base selladora y pintura.

Madera. Las cercas de madera vienen en varios estilos, incluyendo las de tablones unidos (tiras de planchas verticales que se sobreponen unas con otras, generalmente hechas de cedro o pino tratado; costosas pero durables), enrejados, y postes o estilo rancho (que deben ser familiares para usted por las películas de vaqueros). Algunas de ellas están hechas con paneles prefabricados, que son tratados a presión para resistir la descomposición. Otras están construidas a pedido, en cuyo caso las vigas y especialmente los postes (las piezas que se entierran en el piso) deberán ser tratados con conservantes, varios días antes de la instalación. Aunque generalmente están ancladas en concreto, algunas veces pueden anclarse introduciéndolas en el encaje de una pica de metal. Sólo se deben usar clavos, tornillos y tuercas galvanizadas o de aluminio en cualquier construcción exterior o se oxidarán, desintegrarán y mancharán la madera.

Los conservantes se deben aplicar de nuevo cada rato a las cercas y puertas de madera. Algunos conservantes tienen color y otros son transparentes para pintar sobre ellos. En mi opinión, no se debe ni siquiera considerar pintar una cerca, porque tendrá que hacerlo de nuevo constantemente.

Plástico. Las cercas puntiagudas, las de postes y los enrejados se hacen hoy en plástico prefabricado. A mí me encantan. Se ven bien y aunque son un poco más costosas, a la larga le ahorran una cantidad tremenda de tiempo, mantenimiento y dinero. Son durables.

Mampostería. Los muros de ladrillo y piedra son muy costosos y muy durables, no necesitan mantenimiento a menos que el cemento necesité ser reemplazado o que haya sido atacado por la podredumbre seca. Como los ladrillos son pesados para transportar, generalmente se hace el muro con ladrillos fabricados en la localidad, generalmente habrá muchas variedades disponibles. Los ladrillos vienen amarillos, azules y grises, además de rojo, y en diferentes texturas de superficie. Los bloques de concreto también vienen en varias calidades y tipos. Los bloques estructurales sólo se utilizan para interiores, pero los bloques de fachada se usan para decoración y los bloques de enchape son puramente decorativos. Las cercas también se pueden construir de piedra, ya sea cortada y cuadrada o natural.

Cerca de setos. Estas se ven bien pero pueden ser atacadas por los insectos y necesitan de podas continuas. Las leyes locales pueden restringir su altura.

LA MADERA TRATADA

La madera tratada a presión marcada LP-22 es para uso en la tierra, y la marcada LP-2 es para superficie. La madera para cercas que ha sido tratada a presión con conservantes, puede ser dañina para las plantas. Nunca queme los sobrantes de esta madera ni la serruche sin utilizar máscara de protección, pues es muy tóxica. La madera de las cercas que no es tratada a presión, debe ser tratada con conservantes, que son inflamables y cuyos vapores son peligrosos. Deberá usarlas sólo en los lugares que estén bien ventilados utilizando guantes protectores y máscara.

Portones

Los de **cedro** o **roble** cuestan más que los otros de madera pero duran más.

El **hierro forjado** debe ser pintado con base selladora y galvanizarse. Los postes se deben instalar en concreto.

Los portones de **metal** incluyen bisagras y cerrojo, pero para las cercas de madera se necesitan los implementos de ajuste separados. Elija bisagras fuertes en metal a prueba de óxido. Después de haber sido sacado el óxido, las bisagras necesitan ser pintadas regularmente.

El largo de los tornillos se debe meter en grasa antes de usar para darle protección adicional.

Caminos y escalones

Asegúrese que las piedras o lajas de los caminos estén bien espaciadas (separadas por un paso confortable) y bajo el nivel del suelo para que no le estorben a la podadora de césped.

Los contrapasos (parte parada del escalón) de toda la escalera deben ser uniformes, de cuatro a seis pulgadas de alto, y los escalones de la profundidad ideal de un pie y el ancho de dos pies.

Patios y terrazas

Después que haya diseñado su patio y su jardín, márquelo con estacas. Utilice la manguera o ladrillos para marcar una línea curva. Camine por allí para ver si marcó los caminos suficientemente anchos, para ver si sus muebles caben en el patio, si la parrilla para asar y una mesa quedarán demasiado lejos de la cocina.

No siempre se necesita una base de concreto para el patio. Puede utilizar ladrillos rotos compactados, pedacitos de piedra o las nuevas bandejas plásticas que forman un patrón sobre el cual poner el ladrillo.

Como la lechada se romperá a temperaturas por debajo de 32°F, puede utilizar arena cepillada sobre la superficie, para que rellene los espacios entre los ladrillos o las piedras. Con el tiempo va desapareciendo y debe ser reemplazada cada tanto, pero sigue siendo menos problema que la lechada. Aunque la arena puede servir para un camino, es posible que no le guste para el patio.

Si le preocupa mantener el patio limpio, levántelo del piso.

Para las terrazas de madera, al igual que para las cercas de madera, le recomiendo los tintes más que las pinturas. Necesita un tinte hecho especialmente para exteriores. Los tintes de aceite penetrante, generalmente le dan a la madera la mejor protección. Los barnices transparentes no envejecen bien.

Entrada de coches

Deje libres diez pies de ancho para el camino —debe ser lo suficientemente ancho para acomodar su automóvil o un camión de reparto— y asegúrese que haya suficiente espacio, para abrir la puerta del auto sin rayarla contra la pared.

Si su calzada es empinada y la pendiente no es correcta, es posible que le pegue al silenciador cada vez que entre o salga, especialmente si el carro está cargado.

Las calzadas de concreto, grava consolidada, y asfalto necesitan cimientos. La grava consolidada necesita ser aplanada ocasionalmente y mantenimiento. El asfalto es el más costoso.

¿Para qué sale la gente a hacer ejercicio, cuando hay tanto trabajo para hacer en el jardín?

Plantas

Si usted nunca ha estado en un vivero, esto es lo mínimo que debe saber:

Plantas anuales. Viven sólo un año y muchas son perfectas para jardinería en maceta. Muchas de las flores son anuales.

Plantas perennes. Retornan cada año, pero generalmente tienen una estación corta, así que planee su jardín con tipos diferentes, que florezcan en distintas épocas.

Siempre-verdes de hoja ancha. (Arbustos como las azaleas y los rododendros) y las coníferas (las que tienen semillas de cono; árboles grandes) ambos son permanentes.

Árboles frutales. Florecen en primavera; necesitan condiciones ideales para el crecimiento. Consulte con el jardinero o el paisajista acerca del tipo de plantas, arbustos y árboles que puede comprar para su jardín. Estará limitada por unos pocos factores generales:

Condiciones climáticas. ¿Cuáles son las temperaturas mínimas y máximas en el área, qué tanta lluvia recibe, cuál es su orientación? (Para las plantas la orientación hacia el oeste y el sur son las mejores.)

Elevación. El aire frío desciende para descansar en las áreas bajas. Las plantas a las que les gusta el calor deben ser sembradas en las partes superiores o los lados de las colinas y las plantas que pueden resistir las heladas, en la parte baja.

Sombras. ¿El área recibe sol directo, sol parcial, o ningún sol?

Condiciones del suelo. Algunas plantas crecen en suelos arenosos, otras no. Usted puede crear un tipo de suelo hasta cierto punto.

El servicio de extensión local colegio de agricultura (*local extension service or agricultural college*),

le puede proveer un mapa climático, y los catálogos de jardín, contienen muchas recomendaciones útiles sobre lo que puede cultivar y en donde. También sus vecinos le pueden ayudar diciéndole qué crece y qué no en su área.

Árboles y arbustos

El error más grande al comprar arbustos es comprar demasiados. La mayoría de las plantas crecen rápido y necesitan más espacio del que usted cree.

Los árboles y los arbustos deben ser plantados alejados de la casa, de manera que usted se pueda acercar a ella para hacer cualquier trabajo exterior como pintar, lavar ventanas y limpiar el moho.

Plantar un árbol a una distancia de la casa equivalente a las dos terceras partes de su altura en la madurez, para evitar problemas con las raíces. Si las raíces chupan demasiada humedad del suelo de la casa, la tierra reseca bajo los cimientos se puede hundir causando daño estructural. Por otra parte, si usted corta un árbol cercano a la casa y la tierra se humedece tanto que se hincha, puede hacer que los cimientos se rajen o cualquier otro daño.

Para sembrar un árbol, ponga una pieza larga de plástico o un mantel viejo con base de franela al costado del pozo y eche la tierra encima de él. Una vez que el pozo está hecho, y el árbol está en posición, deslice la tierra allí.

No siembre donde no hay drenaje. Para probar esto, llene el hueco con agua y si esta sigue allí doce horas más tarde, tiene problemas de drenaje. Y no siembre árboles muy cerca del jardín de flores o de vegetales. Ellos se llevarán todos los nutrientes y bloquearán el sol. Antes de cortar un árbol pida consejo a su jardinero. Es posible que tenga que contactar al departamento de construcción local, para saber si el árbol está protegido. Usted puede ser multado por cortar un árbol protegido, aún más en algunas partes del país, ni siquiera es claro quién es el responsable de cortar las ramas de los árboles sembrados en la calle frente a su casa.

Diseño de un jardín de poco mantenimiento

Cuando la gente habla del placer de la jardinería, no creo que estén pensando en cortar el césped o recoger las ramas rotas. No es posible eliminar estas tareas, pero si es factible acelerarlas. Por ejemplo, si usted pone un borde de cemento alrededor de los sembrados de flores y un reborde de concreto que se extienda algunas pulgadas fuera de los cimientos de su casa, puede bordear con la cortadora de césped toda la edificación y alrededor de los sembrados y no necesitará utilizar un ribeteador.

Rebordee en piedra en vez de madera los jardines de flores y no tendrá problemas con la madera que se pudre o que se llena de termitas.

Ciertas clases de césped crecen más despacio y necesitan menos corte. La tienda local de jardinería le puede recomendar cuál es el mejor para su área. Regar poco y con frecuencia desarrolla raíces poco profundas. En lugar de ello, dele al césped una regada profunda una vez a la semana para estimular las raíces a crecer más largas y a buscar la humedad del subsuelo. Así el césped se acostumbrará a rociados menos frecuentes y podrá sobrevivir una época seca. La mayoría del césped necesita una pulgada de agua cada semana. Los suelos arcillosos necesitan menos agua que los de limo (una mezcla de tierra, arena y arcilla) o que el suelo seco, porque no absorbe el agua tan rápidamente. Para saber si el césped necesita agua, saque una muestra de dos pulgadas de profundidad. Si la tierra esta húmeda, no necesita regar.

Las cubiertas para pisos, como la viruta de madera, la gravilla (no demasiado fina por que se erosionará), o la hiedra prácticamente no necesitan mantenimiento. Son especialmente prácticas alrededor de los arbustos porque mantienen la humedad y las plantas no necesitan tanta agua.

Los árboles y arbustos que no sueltan tantas agujas y piñas, o una excesiva cantidad de hojas (como lo hacen los sauces llorones), necesitan menos trabajo para mantenerlos.

Deshágase de los yuyos (mala hierba) fácilmente
Espere hasta que una lluvia fuerte haya empapado el suelo, luego, con un cuchillo afilado, arranque los yuyos que crece entre las junturas del camino. El trabajo será mucho más fácil.

Una forma rápida de remover el pasto que está creciendo entre las junturas del cemento, es

hervir agua en una tetera y verterla sobre él. O rociar sal sobre el pasto, déjela todo el día, luego vierta agua hirviendo sobre él.

Para deshacerse de las hortigas, rocíe el área con una solución de dos galones de agua jabonosa con tres libras de sal. Unas pocas dosis la matarán.

Trucos de jardinería
Taladre un agujero para pasar una cuerda de tiro en un lugar grande de la mampostería y podrá acarrear fácilmente cargas pesadas sobre el pasto y el pavimento. O utilice el trineo de los niños.

Corte los pequeños brotes de las plantas con un par de alicates.

Si los insectos voladores lo molestan mientras trabaja, cuelgue una hoja de suavizante de telas alrededor del cuello y / o pelo.

Ponga sus semillas dentro de la tierra a la profundidad adecuada, marcando las pulgadas en la herramienta con esmalte rojo para uñas.

MANEJO DE LA MANGUERA
Si usted enrolla la manguera de su jardín cuando el agua todavía fluye a través, no se enredará. Y abra la llave del agua antes de desenrollar la manguera hacia el área del jardín.

Equipo de jardín

Herramientas de mano
Utilice un poco de cera de automóviles en la podadora de césped y las otras herramientas —también en los muebles de jardín metálicos y en los columpios— para mantenerlos limpios y sin óxido. Aplique una vez al año, o más si los artículos están muy gastados.

Para limpiar las herramientas, llene un balde de metal con arena seca, luego, vierta un litro de aceite lubricante por encima. Empuje las herramientas moviéndolas hacia arriba y hacia abajo dentro del balde para limpiarlas. Las herramientas se pueden guardar dentro de un balde de arena seca o con un trozo de tiza para evitar el óxido.

Podadora de césped

Escoger una podadora de césped es muy difícil. Yo encontré más de 20 modelos en una tienda grande. La mejor elección es una fácil de manejar, que cubra un área grande, que no sea demasiado grande o costosa para sus propósitos y que necesite poco mantenimiento. Como en el pasado hubo muchos accidentes con podadoras de césped, todas las máquinas actuales tienen un dispositivo que para la cuchilla cuando usted suelta el manubrio.

Si usted no está podando con un recogedor de pasto, necesita que la podadora desparrame los recortes amplia y parejamente, de manera que usted no tenga que utilizar el rastrillo.

Una podadora grande que se pueda conducir es excelente, si usted tiene muchos acres, pero no si tiene muchos sembrados de flores y árboles. Para un jardín trasero pequeño, no necesitará una podadora de césped poderosa. *Véase* el recuadro a continuación.

Mejor compre su podadora en la ferretería local, en lugar de en una tienda de descuentos. La gente de la ferretería le ayudará a elegir la máquina que se ajuste a sus propósitos y serán responsables por los problemas de mantenimiento y servicio.

Recoger las hojas

Como no se pueden quemar las hojas, recomiendo conseguir una desmenuzadora de hojas y ramas o una podadora desmenuzadora que reduzca todos los restos del otoño.

Utilice una sábana extendida para recoger y rastrille todos los trozos de hojas y ramas sobre ella, luego sólo levante las cuatro puntas y cárguela hasta el tacho de la basura.

O utilice una mesa vieja para la televisión, con patas de doblar, como un sostén movible para la basura, para ir empacando las hojas (y también para lo que sobra del almuerzo campestre). Ponga la mesa a un lado, luego inserte entre las patas una bolsa de la basura grande, doblando la parte superior de la bolsa sobre la parte superior de las patas. La bolsa permanecerá abierta, hasta que esté llena y lista para cambiar.

Las hojas pueden ser usadas como base para hacer abono. El abono, substituto de la tierra, se puede hacer con cualquier combinación de hojas de árboles y arbustos y otras sustancias orgánicas, como los brotes, el recorte de pasto (a menos que el césped haya sido tratado con un herbicida hormonal), cáscara de papa, hojas de té, cáscaras de huevos molidas, papel periódico picado (pero no revistas de papel encerado), recortes suaves de seto, flores marchitas, cáscaras de arveja, hojas y tallos de vegetales. Junte todas las cosas en un tacho y los procesa. Yo estaba un poco insegura al hacerlo por primera vez, pero contacté la oficina del condado y recibí la información. No es difícil de hacer, es excelente para el ambiente y para su jardín.

Si no quiere lavar con manguera las entradas de acceso, patios y caminos para remover las hojas, y encuentra que rastrillar es muy pesado, o le preocupa que el rastrillo raye la cubierta de su terraza, puede utilizar una pequeña escoba eléctrica, un soplador de mano (que aunque es liviano es más fácil de usar con una tira sobre el hombro), o un soplador para trabajo pesado cuyo motor se cuelga a la espalda, mientras usted utiliza la manguera y el tubo para soplar las hojas fuera del camino. Si usted tiene muchos árboles (o si está interesada en utilizar la máquina para limpiar las canales y la terraza, es posible que valga la pena invertir en un soplador para colgar. (Son ruidosos, por lo tanto utilice protección para los oídos.)

¿PODADORA MÁS O MENOS PODEROSA?

Tamaño del césped	Tipo de podadora	Mantenimiento
$1/8$ acre o menos	Aspas de 3–5 cuchillas	Afilar las cuchillas
$1/8$ acre o menos	Eléctrica	Recargar las baterías
$1/2$ acre o menos	Rotador de gas de 3–5 hp	Cambio anual de filtro aceite y botón de chispa
1 acre	de conducir, 8–12 hp	Inspección anual de llantas, correa y más

Quitar la nieve

Palas eléctricas. Sirven para trabajos pequeños, como las entradas, los escalones, las cubiertas y los puntos difíciles. Pueden limpiar un paso de 12 a 20 pulgadas de ancho y lanzar hacia arriba 200 libras de nieve por minuto.

Aventadores de nieve. Son para trabajo pesado, como entradas de coches y otras áreas grandes. Cuando esté eligiendo entre varios modelos, recuerde que los sistemas con encendido eléctrico son más confiables que los sistemas de retroceso. También los tubos deben rotar de manera que puedan acercarse a las paredes de cimentación y a las puertas del garaje. Y los aventadores deben tener velocidades variables, para evitar que se traben en la nieve densa o mojada.

Macetas y flores

Jardín en macetas

Cuando usted está instalando sus maceteros de ventana (cajas), asegúrelos al alfeizar de la casa con bisagras de pines para puertas. Son fáciles de quitar si usted quiere trabajar con las flores sobre una mesa, o tenerlas dentro de la casa al final de la estación. También puede retirarlas cuando va a pintar la casa.

Utilice un palo de escoba pintado o el mango de un estropajo para hacer un rodillo donde colgar plantas, utilice cadenas para colgar el rodillo con ganchos en S, atornillados al techo de la entrada o del patio, y luego cuelgue las plantas.

Para hacer una maceta liviana tipo cemento, combine tres partes de vermiculita y una parte de cemento, agregue suficiente agua para humedecer y dele la forma que desee. Si usted quiere una forma tipo tazón, haga un hueco en la arenera de su hijo o en una pila de arena y utilícela como molde.

Regar plantas pequeñas en macetas es más fácil y limpio, si pone un filtro de café o una hoja de suavizante de ropa sobre el hueco del drenaje para que no se salga la tierra.

Si usted inserta un embudo dentro de la planta para ponerle el agua, la tierra no se saldrá por el lado. La vermiculita adicional en la tierra de

FLORES SECAS

Deje el tallo o córtelo por debajo de la base del cáliz (la parte verde con hojas debajo de la flor). Ponga la flor en una caja que contenga una mezcla de una parte de bórax y dos partes de harina de maíz, y suavemente (sin estrujar) cubra la flor con más mezcla. (Para flores con muchos pétalos, como las rosas, rocíe la mezcla directamente dentro de la flor antes de ponerla en la caja). No deje espacios de aire alrededor de la flor, y no permita que las flores se toquen entre sí. Selle la caja con cinta y almacénela a temperatura ambiente en un sitio seco por siete a diez días. Suavemente retire la mezcla hasta que pueda agarrar la flor con dos dedos, luego vierta el resto.

Limpie cualquier residuo que quede en los pétalos con un pincel suave, ya que el residuo de bórax puede causar puntos quemados. (Los pétalos que se hayan caído se pueden pegar). Cuele la mezcla para quitar los restos, luego guárdela en un lugar fresco y seco para usos futuros.

Si la mezcla se humedece, cocínela en horno bajo —a 200°F— durante una hora.

NOTA: Esto puede no funcionar en flores que han sido cortadas y puestas en agua con algún conservativo agregado por el florista o por usted. Las flores que son más adecuadas para someter a este proceso son los ásteres, crisantemos, dalias, lilas, margaritas, peonías y rosas.

la maceta mantiene la humedad; la planta necesita agua menos frecuentemente.

Ponga una tapa plástica de un bol por debajo de las plantas colgantes, para recoger el goteo cuando les pone agua. Mejor aún, transfiera las plantas a la ducha o a la bañera o sobre el fregadero; puede colgarlas de ganchos del techo o de un gancho de pared puesto allí para este propósito.

Colgar alambres no es atractivo y pueden quedar cortos, los colgantes de macramé pueden dañar tallos y flores. En lugar de esto, saque el alambre original para colgar, ponga pequeños ganchos para cortinas en los huecos y póngales cuerdas de colores que complementen las flores.

PARA MANTENER LAS PLANTAS DE LA CASA HÚMEDAS CUANDO USTED NO ESTÁ

Rocíelas a fondo (pero no le ponga comida para plantas, por que esto estimula el crecimiento del moho). Séllelas dentro de bolsas de plástico grandes transparentes, cerradas por las dos puntas. Para plantas más grandes, pegue varias bolsas por los dobladillos. Deberán mantenerse por varios días sin necesidad de más agua.

O llene la bañera con una o dos pulgadas de agua, utilice canastas de fresas boca abajo como soportes. (Las plantas no se deben poner directamente en el agua). Cubra las plantas sin apretar, con bolsas de plástico grandes transparentes. Durarán hasta dos semanas, ya que el agua se condensará dentro de las bolsas y "lloverá" sobre las plantas dándoles humedad.

Arreglos florales

Cuado lleva flores como un regalo, manténgalas frescas metiendo los tallos en un globo lleno de agua. Asegúrelo con bandas elásticas.

Pase los tallos a través de un filtro para café o una servilleta para mantener las flores en su lugar.

Si el florero no tiene el tamaño apropiado para su ramo, ponga un frasco de aceitunas dentro del recipiente más grande y luego ponga las flores en él. El jarro no se verá, aunque el florero sea transparente. O arrugue envoltura plástica en el fondo del florero.

Corte los tallos en ángulo con unas tijeras muy afiladas o un cuchillo y abra las puntas de los tallos gruesos antes de meter las flores en el agua, para que absorban mejor la humedad. Saque las hojas que quedan por debajo del agua, ya que la materia vegetal pudriéndose es tóxica para las flores. He oído todos los trucos sobre qué hay que agregarle al florero para mantener las flores frescas, y me gusta el de poner un penique con los tulipanes, pero creo que algunas cucharadas de vinagre y azúcar agregadas al agua del florero, son la mejor solución.

El vinagre es bactericida; el azúcar alimenta las flores. Agregando dos onzas de Listerine por galón al agua de los floreros funciona de forma similar: el Listerine provee sacarosa (comida) y es bactericida, y su acidez promueve la absorción de agua por parte de la flor. Poner las flores dentro del refrigerador durante la noche, también las mantendrá frescas.

La piscina

Mantenimiento de la piscina

He aquí consejos generales, pero *asegúrese de seguir las recomendaciones del fabricante de su piscina.*

Abriendo la piscina

Antes de volver a llenar la piscina, mire los hilos del tapón de seguridad del agua a presión y la cañería y asegúrese que ajustan perfectamente. Saque todas las obstrucciones. Reemplace y ajuste los tapones, revise el nivel de pH, el balance ácido—alcalino, con un equipo de prueba. Si está alto, redúzcalo con un componente bajo en pH (bicarbonato de soda común). Tire un paño lleno dentro de la piscina y espere 24 horas y vuelva a medir el pH. Si pone demasiado, verá el agua lechosa o verde. Si el pH está muy bajo, le arderán los ojos. Suba el nivel con un poco de ceniza de soda y vuelva a medir el pH después de 24 horas.

Agregue un estabilizador de cloro para aguas que no han sido tratadas.

Utilice un clarificador (aclarador líquido para la mayoría de los filtros, alumbre para los filtros de arena). Esto aclara el agua y neutraliza los minerales para evitar que la piscina se manche.

Haga funcionar el filtro las 24 horas del día al comienzo de la estación, hasta que el agua esté perfecta.

Durante la temporada

Agregue cloro cada dos días, líquido mejor que granulado y durante la noche para que no se disipe. Revise el nivel semanalmente (debe ser de 1 a 2 partes por millón).

Prenda el filtro de 4 a 5 horas al día.

Durante el invierno

Utilice un producto contra las algas.

Mire el pH y utilice los químicos que preparan para el invierno, recomendados por los técnicos.

En una piscina que no ha sido drenada, baje el nivel del agua según la recomendación técnica. No ponga ningún objeto dentro de la piscina para evitar que se congele.

Drene el agua de las cañerías y de las espumaderas.

Prepare para el invierno la bomba y la caldera.

Lave los elementos del filtro y enjuague el tanque con agua fresca.

Cubra la piscina antes que caigan las hojas de otoño o retire las que ya hayan caído antes de cubrirla. Si el agua se acumula en la cubierta, deberá removerla con una bomba; pregunte en la tienda de artículos para piscina.

Piscinas para niños

Recortes autoadhesivos (*bathtub decals*) para las bañeras, en el fondo de la piscina de los niños, la hacen más segura.

Haga una espumadera con una percha de alambre para colgar la ropa y un par viejo de medias de nylon (córtele las piernas y ate). No es elegante, pero funciona.

Un simple mantel de vinilo forrado, puesto dentro de la piscina con el lado del forro hacia abajo, puede extender la vida del interior de su piscina. Será el amortiguador entre el forro original de su piscina y los juguetes de los niños, las piedritas, la arena, etc.

Los manteles de las mesas con sombrillas ajustan perfectamente sobre algunas piscinas para niños, de plástico moldeado. (Cubra el orificio del mango de la sombrilla con cinta para ductos.) Llene la piscina temprano por la mañana y cúbrala. Esto mantiene fuera los insectos y la mugre mientras el agua se calienta.

Para vaciar fácilmente la piscina de plástico, compre un pequeño tapón de goma, de fregadero y perfore un orificio cerca del fondo de la piscina. Los niños pueden hacer este trabajo ellos mismos.

Cocinar al aire libre

Compre ganchos metálicos en forma de S en la ferretería, y deslícelos sobre el borde de la parrilla para colgar el tenedor y las pinzas de mango largo.

Las hojas de lechuga se pueden utilizar como abanicos desechables y sobre las llamas para mantener el fuego controlado.

Refriegue la base de una sartén con jabón, antes de ponerla sobre el fuego y será más fácil de limpiar. Frote un poco de vaselina sobre sus dedos y uñas, antes de comenzar con el trabajo sucio de la barbacoa, y serán más fáciles de limpiar.

Si el fuego se ha apagado antes de tostar los malvaviscos, revívalo vertiendo unas cucharaditas de aceite por encima.

La parrilla se puede limpiar sola; cuando los carbones están más calientes, la envuelve apretadamente en papel de aluminio grueso, con el lado brillante hacia el interior, la pone sobre los carbones calientes por 10 minutos y cuando la desenvuelva, la comida quemada, se desprenderá fácilmente.

Si su parrilla tiene tapa, también puede acortar la limpieza, vaporizando la costra. Ponga papel periódico en una tina de agua, cuando prenda el carbón. Tan pronto como retire la carne de la parrilla, ponga varias capas de papel mojado, cierre la tapa y deje que los carbones calientes vaporicen y limpien la parrilla por usted. Cuando se enfríe, retire el papel.

Para limpiar una parrilla fría, *véase* la sección de Limpieza en Capítulo 3.

ENCENDIENDO UN FUEGO

• **Una lata de café de tres libras con briquetas de carbón:** Agregue suficiente fluido encendedor de carbón para cubrirlos. Cuando quiera hacer una barbacoa, tan sólo ponga 4 o 5 briquetas "marinadas", en la base de la parrilla, agregando los carbones secos que se necesiten de la bolsa. El fluido encendedor y el carbón durarán más y usted no tendrá problemas para mantener su fuego encendido aunque el tiempo esté malo.

• **Trozos de velas:** Corte las velas viejas en pequeños trozos. Rocíelas por encima del carbón antes de agregar el fluido encendedor y prender.

• **Hilachas de la secadora:** Rómpalas y póngalas dentro de los huecos de una caja de huevos desocupada. Derrita parafina y viértala sobre la caja completa, asegurándose de rellenar los huecos. Cuando la cera esté seca y dura, rompa la caja en dos secciones y póngalas sobre el carbón y la madera para comenzar el fuego.

• **Toallas de papel:** Tuérzalas y haga nudos en las puntas. Sumerja cada nudo en aceite de cocina o cualquier otra grasa de cocinar que esté disponible. Coloque la esquina aceitada debajo del carbón y encienda la otra punta.

• **Cartones de leche de medio galón:** Rellénelos con papel de periódico arrugado.

Para un picnic

Utilice tiras de espuma de poliéster, de la tienda de telas para forrar la canasta del almuerzo. Adhiéralas con pegamento, y empaque sólo artículos que hayan sido enfriados muy bien. A la sombra, el contenido se mantendrá frío por 2 ó 3 horas, o más.

Enfríe el melón en el refrigerador, luego envuélvalo en varias capas de periódico seco para llevarlo al almuerzo. Se mantendrá frío por varias horas. Lo mismo para el vino y otras comidas. Las envolturas de papel periódico son baratas, cuestan menos que el papel de aluminio y trabajan mejor, y después puede reciclar el papel. (Además mantiene caliente las comidas calientes.)

Sirva comidas calientes (como los fríjoles cocidos) o fríos (como la ensalada de repollo) en un balde para hielo. El aislamiento las mantendrá calientes o frías. Un hueco en una nevera grande de espuma se puede tapar con parafina derretida (*con cuidado porque es inflamable*). Un hueco pequeño se puede tapar con un poco de esmalte transparente para uñas.

Un jabón en una bolsa de malla se puede colgar cerca del grifo exterior para limpiezas rápidas.

DESAGÜE FÁCIL

Para hacer de forma rápida y fácil un tapón de desagüe para neveras de telgopor, tome la tapa de una botella plástica de jabón para platos (del tipo de las que tiene que tirarr para poder abrir), mídala, y taladre un hueco cerca al fondo de la nevera del tamaño exacto. Empuje la tapa de la botella plástica dentro del hueco y péguela con goma de carpintero a prueba de agua. Cada vez que necesite sacar el agua de la nevera, tire y abra la tapa.

Juegos y equipo de diversión

Rocíe un poco de WD-40 sobre **un guante de béisbol** nuevo para amoldarlo fácilmente. Para evitar tener que limpiar el óxido de su **bicicleta**, frótela, dando una ligera capa de aceite de maíz (o con aerosol de aceite vegetal que no se pega) en la rueda metálica alrededor de los rayos, para evitar que se forme el óxido. O pula con lustrador de limón.

Reviva **pelotas de Ping-Pong** hundidas (pero sin grietas) dejándolas caer dentro de una olla con agua hirviendo y un poco de sal. Deles algunas vueltas por unos minutos y las abolladuras saldrán.

Si el **tobogán** pierde su capacidad de deslizar, rocíelo con una capa generosa de aerosol de almidón, luego límpielo con toallas de papel. O frótelo con papel encerado.

Si las **cadenas de los columpios** están oxidadas y peligrosas y el mismo columpio está dañado, compre un antideslizante para escaleras y cubra la silla. También cubra las cadenas con cojincillos de goma (cubiertas para los manubrios de la bicicleta) o con cubiertas plásticas para el rodillo de la ducha. Si la silla está resbalosa, cúbrala con un esmalte de poliuretano para exteriores, rociándola con arena por encima, antes que el esmalte seque para darle un poco de agarre a la silla.

Revitalizar **pelotas de tenis**, poniéndolas en una lata destapada en un horno cerrado por toda la noche. El calor de la llama del piloto las pondrá nuevamente en forma.

Irse de viaje

Lo mínimo que debe saber al dejar su casa sola:
- Cerrar la casa por vacaciones
- Hacer los planes para vacaciones

Al final del fin de semana

Cerrar una casa de vacaciones no es muy complicado si sólo es por algunas semanas o para visitas entre dos fines de semana.

El moho puede ser un problema en climas

TRUCO DEL HIELO

Si usted va a dejar un congelador / refrigerador por un tiempo corto y tiene que dejarlo enchufado, tiene que pensar qué ocurriría si hay un corte de luz durante su ausencia. Siempre mantenga un tazón con cubos de hielo en la sección del congelador, o ponga una moneda en una sección de la bandeja de hielo. Si los cubos están intactos o la moneda todavía está en la superficie, el congelador / refrigerador operó bien. Si encuentra un solo bloque de hielo, o la moneda está en la mitad o en el fondo del cubo, el sistema dejó de trabajar.

---

húmedos, así que nunca se vaya sin asegurarse que todo queda limpio y seco.

No deje ninguna comida que se pueda descomponer en el refrigerador y desconecte todos los electrodomésticos pequeños.

Ni la lavadora ni la secadora —y ningún otro electrodoméstico— deberán quedar encendidos después que usted se vaya.

Asegure puertas y ventanas.

La casa de verano durante el invierno

Si está dejando su casa o condominio por varios meses, además de la limpieza adicional, puede utilizar cubiertas para polvo sobre los electrodomésticos pequeños o poner sábanas sobre los muebles, aunque esto es un indicio para un ladrón en potencia de que la casa estará desocupada por un tiempo.

Si usted va a dejar la casa sin ningún uso por algunos meses, en temperaturas que pueden llegar a bajo cero, desconecte la electricidad de todos los electrodomésticos, limpie los interiores y lea la guía de cuidados y uso de todos los electrodomésticos, para saber cuál es el mantenimiento de rutina que debe hacerles y qué deberá ser desarmado (y cómo volver a armarlo cuando regrese). Es posible que necesite llamar a un plomero. A continuación, instrucciones específicas:

Sistema de agua caliente circulante. Las cañerías se pueden reventar si la temperatura del edificio es más fría adentro que afuera. En una construcción que se deja sin calefacción por un período breve, las cañerías deben aislarse. La alternativa es dejar los grifos goteando permanentemente (el agua que fluye se congela a una temperatura más baja), pero esto no tiene mucho sentido en períodos largos de desuso. Las cañerías deberán ser drenadas y prepararlas a prueba de congelación.

Hacer esto personalmente significa cerrar llave de paso de agua (o llamar al Departamento de Agua [Water Department]), abrir todos los grifos interiores y exteriores, luego agregar anticongelante al sistema de desagüe. Si no sabe cómo hacerlo, llame al plomero. Cierre la válvula de gas, pero deje la línea de gas flexible conectada.

La lavadora. Cuando usted se vaya, cierre la

llave de pase del agua y desconecte la manguera de llenado. Vierta un litro de anticongelante de automóviles dentro de la tina de la lavadora. Prenda la lavadora y centrifugue y drene y déjela por lo menos treinta segundos para que mezcle el anticongelante con el agua que quedó dentro. Luego desconecte la electricidad y drene la manguera. Pegue una nota en la lavadora para recordarle que la máquina contiene anticongelante y que debe ser acondicionada y enjuagada antes del próximo uso.

Cuando regrese, conecte de nuevo la electricidad y las mangueras. Prenda la lavadora en el ciclo normal y bajo, con llenado de agua caliente. Agregue una taza de detergente. Prenda la lavadora por un ciclo completo sin carga. Examine si hay pérdidas.

Lavaplatos automático. Cuando se vaya, desconecte la electricidad. Desconecte las líneas de agua que están a los dos lados de la válvula de entrada de agua (siguiendo las instrucciones del manual para operación o instalación) drene las mangueras en un balde. Desconecte la manguera de drenaje del lado de la bomba y del ensamblaje del motor. Utilice un balde para recoger el agua que drenará, más o menos medio litro. Ponga una nota sobre la lavadora de platos para acordarse que las mangueras han sido desconectadas.

Cuando regrese, reconecte el drenaje y las líneas de entrada. Abra la entrada del agua. conecte la electricidad. Agregue un litro de agua en el interior y mire por debajo de la máquina para ver si hay pérdidas. Agregue detergente y prenda la máquina desocupada por un ciclo corto de limpieza y asegúrese que está trabajando.

Refrigerador, congelador, máquina de hielo. Cuando se vaya, desconecte la entrada del agua al refrigerador. Drene cualquier tubería de agua. Limpie la bandeja de drenaje. Para la máquina independiente de hacer hielo, revise el manual de uso y cuidado. Saque la rejilla, desconecte la entrada de agua y drénela. Retire el tapón de la bandeja de drenado (localizado debajo de la bandeja de la bomba de agua), drene y seque las bandejas.

Cuando regrese, limpie e higienice antes de usar de nuevo. Conecte de nuevo la entrada de agua.

Deshumidificador. Después de desconectar la electricidad, limpie el deshumidificador, retire cualquier humedad, y seque el gabinete interior. Guarde la unidad parada y no sobre su parte superior, costado o parte de atrás.

Compactador de basuras. Desconecte el compactador asegure el control en "apagado", y retire la llave guardándola en un lugar seguro y conveniente.

Protección contra el clima y las plagas

El metal no puede ser penetrado por ratones y otras plagas, así que en lo posible instale alacenas metálicas en la cocina y utilice baúles metálicos de campamento para guardar la ropa de cama. Los gabinetes de madera pueden ser forrados con láminas de aluminio.

Los huecos detrás de las cañerías y las grietas deben ser rellenadas. Las chimeneas deben estar cubiertas con malla para protegerlas de las ardillas y los pájaros.

Irse de viaje

Conozco gente a la que no sólo le gustaría llevarse el fregadero de la cocina, sino la casa entera en sus vacaciones, porque se preocupan mucho de no encontrarla intacta cuando regre-

---

PREPARANDO SU CASA PARA IRSE DE VACACIONES

Con una semana de anticipación

- Pida que suspendan la entrega del periódico
- Pida que le guarden su correo
- Deje las llaves con algún vecino y las instrucciones para que le rieguen las plantas
- Haga arreglos para el perro o el gato, con quien lo pasea / cuida o el veterinario
- Prepare por escrito un itinerario / vacación para la persona que vigila su casa
- Guarde sus valores (visite la caja fuerte del banco)

sen. En la sección de Seguridad, encontrará información sobre cómo cuidarse de los intrusos. También encontrará cómo prevenir daños causados por pérdidas de agua, incendios causados por electricidad e insectos nocivos y animales. Pídale a un vecino en el que pueda confiar, que vigile su casa por si se presenta algún incendio. Haga una lista de cosas para hacer antes de salir de vacaciones.

Hogar, dulce hogar. No hay otro como él.

Por otra parte, no hay nada malo con registrarse en un hotel cinco estrellas de vez en cuando.

El día del viaje:

- Cierre y asegure todas las ventanas y las puertas
- Programe cronómetros para las luces
- Desconecte los electrodomésticos
- Vacíe el refrigerador
- Vacíe la basura
- Cierre los grifos y tire de la cadena de los inodoros
- Ajuste el termostato, apague el horno o la caldera del agua caliente

Agradecimientos

AUNQUE MI COLABORADOR Dale Burg y yo quisiéramos saberlo todo, no lo sabemos. Así que estamos agradecidos a las personas y a las organizaciones que nos ayudaron a reunir —y en algunos casos, a interpretar y corregir— la información contenida en este libro.

Encontramos información valiosa en las siguientes organizaciones y fabricantes: Sociedad Estadounidense del Gas; Sociedad Estadounidense de Fabricantes de Tejidos; Sociedad de Fabricantes de Electrodomésticos Domésticos; Instituto de Alfombras y Tapetes; Compañía de Productos Gerber; Sociedad Nacional de Proyectos de Decoración; Sociedad Nacional de Muebles Domésticos; Instituto Nacional de Pisos de Madera de Roble; Sociedad de Jabones y Detergentes; Compañía S. C. Johnson; y la Oficina de Información de Recubrimientos para Paredes. Fue de gran ayuda la revista *The Retailer's Guide to Home Textiles*, publicada por la Sociedad Nacional de Baños, Camas y Lencería.

Estamos en deuda con el Servicio de Información de Electrodomésticos de la compañía Whirlpool, por el permiso para reimprimir la información de algunos de sus más importantes folletos, y a los laboratorios Underwriters Laboratories, por su asistencia y el permiso de reimpresión.

Gracias a Randy Amengual, un abogado que entiende sobre cajas de fusibles, por las revisiones personales que hizo en secciones de este libro y por darnos su apoyo y estímulo. Y también a Jack Rosmarin de Alwyn Hand Laundry y Curtis Cleaners; al teniente Drew Kelly de los Bomberos de Nueva York; a Brad Burg; y Harold Koch, Presidente de los Importadores Internacionales de Alfombras.

Por sus consejos y su pericia, gracias a Susan Treanor de Susan Treanor y Asociados; a Nadia Henry, editora de *Safe Home Digest*; a Michael Lennon de Home Pro Systems, Inc.; y al proveedor Nicholas Baxter.

Estamos muy agradecidos con Solomon Schwartz, director del programa de Entrenamiento de Alternativas de Administración, por el permiso que nos concedió para asistir al maravilloso Programa de Entrenamiento para el Mantenimiento de Edificios, patrocinado por el Departamento de Conservación de Hogares y Desarrollo del Ayuntamiento de Nueva York, y nuestros agradecimientos muy especiales para LaVerne Lum, director delegado. El profesionalismo y la devoción de ambos, por sus trabajos, son inspiradores.

Gracias también a nuestra compañera Connie de Swaan, por su magnífica asistencia durante la investigación y al equipo profesional de Random House Español que ayudó a darle forma a este libro.

Nuestra gratitud a Dick Marek y Joyce Engelson por creer en nosotros y en este proyecto. Finalmente, gracias a nuestras familias, a Tom y Andrew y a Dick y Alden, por estar en nuestras respectivas (y generalmente limpias) esquinas.

Índice